Hildegard Bonacker Bruni

VON DEN
WELTKRIEGEN
BERAUBT

Gottes Liebe heilt alle Wunden

Portrait der Autorin

novum pro

Dieses Buch ist auch als
e-book
erhältlich.

www.novumverlag.com

Bibliografische Information
der Deutschen Nationalbibliothek:

Die Deutsche Nationalbibliothek
verzeichnet diese Publikation in
der Deutschen Nationalbibliografie.
Detaillierte bibliografische Daten
sind im Internet über
http://www.d-nb.de abrufbar.

Gedruckt in der Europäischen Union
auf umweltfreundlichem, chlor- und
säurefrei gebleichtem Papier.

© 2023 novum Verlag

ISBN 978-3-99146-139-5
Lektorat: CP
Umschlagfotos: Peter Hermes Furian,
Katalinks, Luis Seco I Dreamstime.com
Umschlaggestaltung, Layout & Satz:
novum Verlag
Innenabbildungen, Autorenfoto:
Hildegard Bonacker Bruni

Die von der Autorin zur Verfügung
gestellten Abbildungen wurden in der
bestmöglichen Qualität gedruckt.

www.novumverlag.com

Inhaltsverzeichnis

Bestätigungen

Ich möchte meiner Mutter und meinem Vater viel Dankbarkeit dafür aussprechen, dass sie meine Brüder, Schwestern und mich mit christlichen und hohen moralischen Werten erzogen haben. Ich bin meinen Brüdern und Schwestern und ihren Ehepartnern dankbar, dass sie mir halfen, mich daran zu erinnern, wie wir vor dem Zweiten Weltkrieg zu Hause lebten. Ich bin auch allen Menschen dankbar, die uns während unserer Flucht aus Ostpreußen Unterkunft gewährten, uns zu essen gaben, und den Soldaten, die uns halfen und beschützten.

Ich danke meinem verstorbenen Ehemann, Dr. Aldo R. Bruni, MD, der mich innig liebte und mir einen faszinierenden Lebensstil jenseits meiner Träume bot. Ich schätze die Liebe und Ermutigung meiner Familie und bin dankbar für die vielen Freunde, die ich traf.

Ich freue mich, die Hilfe und Freundlichkeit meiner Freunde Kathryn Teitzel und David Long anzuerkennen. Sie nahmen sich die Zeit, das Manuskript meines Buches zu lesen und zu bearbeiten, und ihre Liebe und Freundschaft haben mich in vielerlei Hinsicht gesegnet.

Ich danke Joachim Vonhoff, einem Funkoffizier der Handelsmarine. Nach dem Zweiten Weltkrieg lebte er in Berlin. Er hat auch zu meiner Geschichte beigetragen. So auch meine Freundin Ilse Stritzke, die in Ostpreußen lebte, nachdem die Russen einen Teil davon beansprucht hatten. Sie erzählte mir, wie die russischen Soldaten ihre Familie misshandelten.

Am meisten bin ich Gott dankbar, der mein Leben viele Male verschont und mir erlaubt hat, meine Geschichte zu erzählen.

Ich gebe ihm die Ehre, dass er mich mein ganzes Leben lang beschützte und leitete.

Wo mein Gedächtnis zu kurz kam, übernahm die Vorstellungskraft, um die Fakten mit Fiktion zu vervollständigen.

Einleitung

Meine Eltern Gustav und Emilie (Schlikat) Bonacker wurden in Ostpreußen geboren, ebenso wie ihre vier Töchter Emma, Marta, Meta, Hildegard und ihre vier Söhne Georg, Edmund, Richard und Horst.

Die Vorfahren meines Vaters lebten in Frankreich vor der Verfolgung durch die Hugenotten im 16. und 17. Jahrhundert. König Luis XIV und die katholische Kirche betrachteten die Protestanten als Bedrohung für ihr Land. Einige flohen nach Salzburg, Österreich. Später zogen die Vorfahren meines Vaters nach Ostpreußen.

Die Vorfahren meiner Mutter gehen auf den ursprünglichen preußischen Stamm (Prussen) zurück, der an der Ostsee lebte. Meine preußischen Vorfahren bestellten den reichen Boden, jagten in den Wäldern und fischten in den vielen Seen. Jeder Stamm sprach eine andere Sprache, aber alle praktizierten heidnische Mythologie.

Meine Großeltern mütterlicherseits, Jan August und Ana Schlikat, und meine Eltern wuchsen während des Ersten Weltkriegs auf, ihre acht Kinder während des Zweiten Weltkriegs. Sie ertrugen die Tragödien der beiden Weltkriege. Im Juli 1944 wurde mein Vater zur Armee eingezogen. Die russische Front näherte sich schnell der ostpreußischen Grenze und unserem Dorf Wizajny. Am 3. August 1944 sandte der Bürgermeister unserer Dorfes Boten an alle Einwohner und forderte sie auf, zu fliehen, um nicht von der russischen Roten Armee massakriert zu werden. Alle Personen sollten sich am nächsten Morgen um 9:00 Uhr auf dem Dorfplatz treffen. Mutter hatte keine Zeit und keine Mittel, unsere Schwester Marta zu benachrichtigen,

11

die für die Familie eines Lehrers im nahegelegenen Dorf Hellrau arbeitete. Mutter begann mit ihren sieben Kindern eine acht Monate lange Reise auf einem Pferdewagen. Horst, der jüngste Sohn, war erst ein Jahr und neun Monate alt. Ich war sieben Jahre alt, als wir unsere Reise nach dem Westen ohne bekanntes Ziel antraten.

Nach der Kapitulation der deutschen Generäle am 7. Mai 1945 endete der Zweite Weltkrieg. Leider stimmten die Alliierten gemäß dem Potsdamer Vertrag zu und gaben die nördliche Region Ostpreußens Russland und den südlichen Teil Polen. Nach 700 Jahren wurde das schöne, fruchtbare Land entlang der Ostsee mit einem reichen kulturellem Erbe von Russland und Polen weggenommen. So war Ostpreußen mit dem Zweiten Weltkrieg für immer verloren.

Nach meinem Abschluss an der medizinischen Fakultät als kaufmännische und praktische Arzthelferin arbeitete ich ein Jahr lang in einer medizinischen Klinik in Deutschland. Im Dezember 1956 immigrierte ich in die Vereinigten Staaten. Sechs Monate lebte ich mit der Familie von Dr. und Mrs. Jefferies in Des Moines, Iowa. Dann beschloss ich nach Chicago, Illinois zu meinem Bruder Edmund und der Familie meiner Schwester Emma zu gehen. Meine Kenntnisse der medizinischen Terminologie in englischer Sprache reichten nicht aus, um in einer Arztpraxis angestellt zu sein. So begann ich als Laborantin im Bethesda Hospital in Chicago zu arbeiten. Ich befreundete mich mit Ärzten, Fachleuten und Opernsängern, die üppige Partys gaben und uns unterhielten. Bei einem der musikalischen Zusammenkünfte hatte ich das Vergnügen, den amerikanischen General Healy kennenzulernen. Wir sprachen über den Zweiten Weltkrieg. Ich erwähnte eine Aufnahme eines Tonbands gehört zu haben. Auf dem Tonband wurden die deutschen Soldaten und Menschen als Barbaren und Kriegstreiber beschrieben. Ich erzählte ihm, dass wir einen Monat lang mit deutschen Soldaten auf einem großen Gut lebten, bevor der Krieg endete. Die Soldaten halfen auf den Feldern, unterhielten die Menschen und waren immer freundlich und respektvoll zu uns.

General Healy antwortete: „Nun, Hildegard, es war so; wir hatten Propaganda gegen England, Frankreich, Russland und Deutschland geschrieben. Wir mussten das Land, gegen das wir kämpfen wollten, so schlecht beschreiben, um unseren Eintritt in den Krieg zu rechtfertigen. Wenn die Propaganda jedoch oft genug wiederholt wird, wird sie geglaubt; leider ist der Schaden dem Land und den Menschen zugefügt, und nur wenige finden die Wahrheit heraus."

General Healys Kommentar veranlasste mich, nach der Wahrheit über die Weltkriege und die historischen Ereignisse in den turbulenten Jahren vor, während und nach den Kriegen zu suchen. Die Informationen über beide Weltriege sind endlos; ebenso wie die Vielzahl von Gründen und Schuldzuweisungen für den Beginn des Ersten und Zweiten Weltkriegs. Ich schildere nur die Oberfläche in meinem Buch als Hintergrund für die Geschichte meiner Familie. Es braucht viel Zeit und Hingabe, die Wahrheit von Lüge und Fakten von Fiktion zu trennen. Die Wahrheit ist immer noch die Wahrheit, auch wenn niemand sie glaubt. Eine Lüge bleibt eine Lüge, auch wenn jeder sie glaubt. Nur Gott kennt die ganze Wahrheit. Er ist der ultimative Richter über die Menschen und die Welt.

Ich danke Gott und meinem Erretter Jesus Christus, die meine Familie beschützt haben, und dank derer wir die Gefahren und Schwierigkeiten des Krieges überlebten. Ich hatte das Privileg, ein vollständiges Spektrum positiver und negativer körperlicher, emotionaler, intellektueller und spiritueller Erfahrungen zu erleben. Ich habe Leid und Ekstase des Lebens während meiner gefährlichen und schwierigen, aber auch friedlichen und aufregende Lebensreise gekostet. In seiner Barmherzigkeit lehrte mich Gott, andere zu verstehen, zu lieben, zu trösten und denen zu helfen, die in schwierigen Lebenslagen sind. Meinem Schöpfer gebe ich die Ehre, mich gelehrt zu haben, wie ich alle Herausforderungen, Leiden und Hindernisse auf der Reise des Lebens als Sprungbrett nutzen kann, um Ihm näher zu kommen. Jetzt bin ich auf meiner letzten Reise hier auf Erden zu meiner himmlischen Heimat, ohne zu wissen, wann sie enden wird. Ich glaube, es wird im Himmel enden. Gott hat mich triumphierend durch alle Stürme des Lebens geführt, und ich vertraue Ihm, dass Er dasselbe tun wird, bis ich den Himmel erreiche, das Endziel meiner Reise.

Kapitel 1

Kurze Geschichte Preußens

Bevor ich die Geschichte meiner Familie beginne, reise ich gerne in die Vergangenheit und beschreibe kurz die Geschichte Preußens, des Landes, in dem meine Großeltern und Eltern geboren wurden.[2] Die Vorfahren meiner Mutter gehörten dem alten preußischen Stamm (Prussen) an, einem der zehn ethnischen Stämme, die um die Jahrhundertwende an der Ostsee, östlich der Weichsel, lebten. Sie bildeten Kommunen, um sich vor den Feinden von Menschen und Natur zu schützen. Jeder Stamm sprach eine andere Sprache und praktizierte heidnische Mythologie. Sie bestellten den reichen Boden, jagten in den vielen Wäldern, fischten in den zahlreichen Seen und lebten vom Land.

Während des 13. Jahrhunderts erklärte sich der Deutsche Orden, ein deutscher Militärorden unter Herman Salza, bereit, dem polnischen Herzog Konrad von Masowien im Krieg gegen die heidnischen Preußen zu helfen. Obwohl die Kreuzfahrer den Widerstand durch viele blutige Schlachten mit den zähen Preußen überwinden mussten, gelang es ihnen, sie zu erobern. Der Herzog versprach, dass die Kreuzfahrer in Preußen bleiben könnten, um den Frieden zu wahren, zu regieren und die Entwicklung der neu eroberten Domäne zu überwachen. Herzog Konrad verlieh den Kreuzfahrern, die zurückblieben, Adelstitel und große Grundstücke – das Anwesen wurde Rittergut genannt.

Unter der Herrschaft des böhmischen Königs Ottokar II. heirateten die Preußen mit den Kreuzfahrern und den Siedlern. Sie entwickelten ein deutsches christliches Land der Freiheit, der Gerechtigkeit, des Patriotismus und einer tiefen Liebe zu Gott.

Der König baute die bekannte preußische Stadt Königsberg, die nach ihm benannt wurde, und 1400 Dörfer und 93 Städte. Siedler kamen aus verschiedenen Teilen Deutschlands und anderen europäischen Ländern, bauten Städte, kultivierten das Land und bekehrten die Heiden zum Christentum. Zu gegebener Zeit veränderten die Siedler zusammen mit den einheimischen Preußen das Land und praktizierten eine gute und moderne Regierung, Religionsfreiheit und Toleranz. So wurde Preußen zu einem Zufluchtsort für verfolgte religiöse und politische Personen.

Während der Reformation wurden 200.000 bis 300.000 französische Protestanten (bekannt als Hugenotten), die als Bedrohung für den Thron von König Ludwig XIV und der katholischen Kirche galten, verfolgt und aus Frankreich vertrieben. Viele Protestanten flohen nach Österreich.

Als der österreichische Erzbischof Leopold von Firmian am 31. Oktober 1731 ein Dekret erließ, wurden alle Protestanten und Lutheraner, die nicht zum Katholizismus konvertierten, ins Exil geschickt. Viele nahmen ihre Bibeln und religiösen Bücher, verließen Österreich und ließen sich in Preußen nieder.

Unter den Siedlern in Preußen waren einige französische Bankiers, Ärzte, Anwälte, Handwerker, Stoffarbeiter und Bauern, die ihr Gastland bereicherten.

Preußen begann in den schönen Künsten und der Wissenschaft aufzutauchen. 1544 gründete König Leopold II in Königsberg die erste Universität, an der Naturwissenschaften, Philosophie und höhere Bildung gelehrt wurden. Der weltbekannte deutsche Philosoph Emanuel Kant (1714–1804) wurde in Königsberg geboren (wo er zunächst Philosophie studierte) und lehrte später an der Universität. „Kritik der Praktischen Vernunft" und „Zum Ewigen Frieden" sind zwei der vielen bekannten Bücher, die er schrieb und veröffentlichte. Er förderte den deutschen Idealismus und auch heute noch inspirieren und beeinflussen seine Werke die europäische und weltweite Philosophie.

Preußen blühte unter der sechsundvierzigjährigen Herrschaft Friedrichs II, der am 24. Januar 1712 in der königlichen

Familie der Hohenzollern geboren wurde. Später wurde Friedrich II, Friedrich der Große genannt. Er betrachtete sich selbst als absoluter Herrscher, als Diener des Staates und Gottes. Er reiste in alle Teile des Königreichs, um die Bedürfnisse der Menschen zu sehen und sicherzustellen, dass Arbeiter und Arme gerecht behandelt wurden. Er hob den Arbeitsstandard, aber er erwartete auch, dass jeder Mann seine Pflicht tut, den gesunden Menschenverstand benutzt und die Gesetze des Landes befolgt. Er entfernte den ganzen Pomp von seinem Hof, arbeitete täglich selbst und praktizierte eine solide Haushaltsführung. Er verstand sich als Verteidiger der Armen. Die Menschen schätzten ihn sehr.

In Potsdam, in der Nähe von Berlin, führte er ein diszipliniertes Leben in seinem Schloss „Sanssouci" und machte täglich Spaziergänge in den herrlichen Gärten des Schlosses. Er liebte Kunst, Wissenschaft, Religion und Philosophie und gewährte seinem Hof und seinen Untertanen die Freiheit, ihren Glauben zu wählen, im Gegensatz zu anderen Herrschern, die ihren Untertanen ihre Religion aufzwangen.

Die österreichische Herrscherin Maria Theresia drohte mit einem Angriff auf das preußische Königreich. Friedrich der Große verteidigte sein Land und führte einen Siebenjährigen Krieg (1756–1763). Mit Hilfe seiner Elitesoldaten (der preußischen Junker) und Zar Peter II von Russland gewann er die letzte Schlacht und den Krieg selbst. Nachdem sein Königreich sicher war, baute er Kirchen, Schulen, Theater und Dörfer und entwickelte Industrien.

Historiker behaupten, dass die Größe des Königs nicht darin bestand, Schlachten zu gewinnen, denn er erlitt auch Niederlagen. Friedrich der Große hatte die Fähigkeit und Entschlossenheit, Ressourcen zu finden, um Herausforderungen zu seinem Vorteil zu nutzen. Sein christliches Streben und seine Toleranz gegenüber der Religion seines Volkes trugen zu seiner Größe bei. Er regierte seine Monarchie nach christlichen Prinzipien. Er fühlte sich Gott gegenüber verantwortlich für alle Entscheidungen, die er traf und die Handlungen, die er unternahm.

Ein Jahr vor seinem Tod am 10. September 1785 schloss er einen Vertrag mit den Vereinigten Staaten von Amerika und gründete die Verfassung der Regierung auf christlichen Prinzipien. Die beiden jungen Nationen, Preußen und die Vereinigten Staaten von Amerika, unterzeichneten einen Freundschafts- und Handelsvertrag, der 132 Jahre dauerte, bis Amerika 1917 in den Ersten Weltkrieg eintrat.

Fast hundert Jahre später vereinigte Wilhelm I, siebter König von Preußen (1871-1888), unterstützt von seinem fähigen Staatsmann und Kanzler Otto von Bismarck, die verschiedenen Königreiche Deutschlands. Er wurde auch Kaiser des vereinten Deutschlands. Während seiner Regierungszeit blühte Deutschland auf und wurde zum bestverwalteten Land in Europa – zum Neid Großbritanniens und Frankreichs. Deutschland und die wohlhabenden europäischen Länder erwarben mehrere Kolonien in Afrika und anderen Teilen der Welt.

Meine Mutter und mein Vater wuchsen während der Regierungszeit von Wilhelm II, dem neunten König von Preußen, auf, der am 15. Juni 1888 der dritte Kaiser Deutschlands wurde. Er übernahm den Thron seines Vaters, Kaiser Friedrich III, der an Kehlkopfkrebs starb, nachdem er nur neunundneunzig Tage als Kaiser von Deutschland regierte.

Kaiser Wilhelm II wurde am 27. Januar 1859 in Berlin geboren. Seine Mutter, Victoria, war die Tochter von Königin Victoria von England. Sie hatte Schwierigkeiten, ihren ersten Sohn zur Welt zu bringen, und sie nannte ihn Wilhelm. Ihre Freude schwand, als sie später entdeckte, dass sein linker Arm defekt war. Ärzte verwendeten grausame Behandlungen und Methoden an, um die normale Entwicklung des Armes zu stimulieren, mit negativen Ergebnissen. Später versuchte er, sein Handicap zu überwinden, aber der Groll seiner fordernden Mutter hinterließ eine angespannte Beziehung zwischen ihm und ihr. Er liebte jedoch seine Großmutter, Königin Victoria von England.

Der strenge calvinistische Erzieher Kaiser Wilhelms II flößte ihm ein, an Gott zu glauben und Frieden, Gerechtigkeit, Schönheit und Kunst zu lieben. Er studierte auch Politikwissenschaft und Rechtswissenschaften in Bonn. Seine militärische Ausbildung erhielt er unter den wachsamen Augen des Oberbefehlshabers und Kanzlers Otto von Bismarck.

Im Jahr 1881, noch König von Preußen, heiratete er Prinzessin Augusta Victoria von Schleswig-Holstein. Zusammen hatten sie sechs Söhne und eine Tochter.

Kaiser Wilhelm II genoss die Jagd in der Rominter Heide, einem wunderschönen Gebiet aus Heidekraut und Wäldern, gut bestückt mit Hirschen und Wildtieren. Obwohl er selbst aufgrund seiner Behinderung nicht jagen konnte, genoss er Jagdrituale und -feiern. Er hielt sich häufig in Rominten in seinem Lieblingsjagdschloss auf, das aus Holz im norwegischen Baustil erbaut worden war. Neben der königlichen Loge ließ er eine Kirche errichten. Rominten war nicht weit entfernt von Wizajny, unserem Geburtsort. Die Wälder von Rominten erstreckten sich in der Nähe unseres Dorfes. Die Dorfbewohner und Verwandten genossen es Pilze, Haselnüsse und Beeren in der Rominter Heide und den umliegenden Wäldern unseres Bauernhofes zu pflücken. Das deutsche Volk verehrte seinen König und Kaiser, von dem es glaubte, dass er gerecht sei und sich um das Wohl des Volkes kümmere. Sie lebten gut unter seiner Herrschaft.

Während seiner Monarchie wandelte sich Deutschland schneller von einer Agrargesellschaft zu einer Industrienation. Die Zahl der Arbeitnehmer nahm rapide zu; sie gründeten 1875 eine politische Partei und nannten sich Sozialdemokraten (SPD). Als ihre Zahl zunahm, nahmen auch ihre Macht und ihre Forderungen zu. Bundeskanzler von Bismarck initiierte Sozialprogramme wie Krankenversicherung, Arbeiterentschädigung und Pensionspläne für ältere Menschen und Invaliden, um die Arbeiter zu befriedigen.

Kaiser Wilhelm I und Kaiser Wilhelm II hatten einen kompetenten Kanzler und Oberbefehlshaber, Otto von Bismarck. Er wurde als preußischer Prinz Otto Eduard Leopold von Bismarck in Schönhausen geboren. Kaiser Wilhelm I und Otto von Bismarck vereinigten die deutschen Truppen und Königreiche zum Deutschen Reich und verwalteten verantwortungsvoll und gerecht die nationalen und internationalen Angelegenheiten. Er besaß außergewöhnliche, weise, politische und diplomatische Fähigkeiten und verdiente den Ruf, der „Eiserne Kanzler „ zu sein. Während dieser Zeit florierte Deutschland und gründete Kolonien in Südwestafrika (heute Namibia), Kamerun, Neuguinea, Bismarck-Archipelen und den Marshallinseln. England, Frankreich und Italien kolonisierten auch Teile Afrikas und Asiens. Kaiser Wilhelm II erweiterte seine Flotte unter der Leitung des hochkompetenten Admirals Alfred Tirpitz erheblich, um die Kolonien vor Aggressoren zu schützen. Großbritannien blickte mit Verachtung auf die Fortschritte in der deutschen Flotte.

Kapitel 2

Erster Weltkrieg

Bestimmte Ereignisse führten zum Ausbruch des Ersten Weltkriegs.[3] Kaiser Wilhelm II war eifersüchtig auf den Ruhm Otto von Bismarcks und es entwickelten sich Konflikte zwischen ihnen. Der Kaiser zwang Otto von Bismarck 1890 zum Ruhestand. Der Kaiser selbst wurde Oberbefehlshaber des Militärs und setzte seine eigenen Pläne durch. Er ernannte Leo von Caprivi zu seinem neuen Kanzler. Der Kaiser verbrachte viel Zeit mit dem Militär und den Marinebeamten. Wenn er wichtige militärische oder politische Entscheidungen treffen musste, bat er zuerst seine Generäle und Admirale um Rat und präsentierte später seinem Kanzler die Fakten. Der Kaiser verachtete die zivile Meinung. Während seiner dreißigjährigen Herrschaft strebte er nach Macht und hinterließ Spuren seines Einflusses auf Deutschland und der Welt. Deutschland wurde zur dominierenden Industriemacht in Europa, zum alleinigen Rivalen Englands. Kaiser Wilhelm II versäumte jedoch, den Vertrag mit Russland, den Bismarck unter Kaiser Wilhelm I geschlossen hatte, zu erneuern. Frankreich füllte das Vakuum schnell, indem es einen Vertrag mit Russland unterzeichnete. Nun umzingelten die drei Alliierten Russland, Frankreich und England, genannt Entente, Deutschland.

Dann geschah ein unglückliches Ereignis in Österreich-Ungarn. Erzherzog Franz Ferdinand, der zukünftige Thronfolger Österreich-Ungarns, wurde am 28. Juni 1914 von einem Studenten, Gavrilo Princip, der der Schwarzen Hand, einer serbischen Geheimgesellschaft, angehörte, getötet. Herzog Berchtold von Österreich-Ungarn stellte Serbien ein Ultimatum, den Attentäter vor Gericht zu stellen und die Souveränität Serbiens aufzuheben. Serbien akzeptierte alle Bedingungen des Antrags, weigerte sich jedoch, seine Unabhängigkeit aufzugeben. Österreich-Ungarn stellte seine diplomatischen Beziehungen mit Serbien ein. Österreich-Ungarn befahl zunächst eine Teilmobilisierung, um Serbiens nationalistische Bewegung zu beseitigen und ihren politischen Einfluss in Bulgarien zu festigen.

Im Falle eines Kriegsausbruchs versprach Kaiser Wilhelm II. Hilfe und gab Österreich-Ungarn einen Blankoscheck, den die anderen europäischen Nationen falsch interpretierten und Deutschland beschuldigten, handeln zu wollen. Der Kaiser betrachtete den Konflikt zwischen Österreich-Ungarn und Serbien als persönlichen Konflikt und hoffte, den Kriegseintritt zu vermeiden. Der deutsche Blankoscheck ermutigte jedoch Österreich-Ungarn, Serbien am 28. Juli 1914 den Krieg zu erklären. Russland, das durch einen Vertrag mit Serbien gebunden war, kündigte eine Mobilisierung zur Verteidigung Serbiens an. Zar Nikolaus II. erkannte, dass seine Hilfe für Serbien einen indirekten Krieg gegen Österreich-Ungarn und Deutschland bedeutete. Er versuchte, sich an die Mobilmachung zu erinnern, aber seine Generäle waren anderer Meinung als er. Der russische Kommandeur Sergej Dobrorolski sagte später dem Zaren, dass die Generäle beschlossen hätten, am 25. Juli 1914 in den Krieg zu ziehen. Drei Tage zuvor Österreich-Ungarn Serbien den Krieg erklärte. Die russischen Generäle wussten, dass ihre Mobilmachung Deutschland zum Kriegseintritt provozieren würde, was Russland erreichen wollte. Deutschland versuchte, den Konflikt zu beenden, indem es ihnen ein Ultimatum stellte, die Kriegsvorbereitungen sofort einzustellen, aber Russland kam dem nicht nach. Deutschland betrachtete dies als Kriegshandlung, und Kaiser Wilhelm II. erklärte Russland am 1. August 1914 den Krieg.

Nun erklärte Frankreich, das durch einen Vertrag an Russland gebunden war, Deutschland den Krieg und begann mit der Mobilmachung. Im Krieg an der Ost- und Westfront hoffte Deutschland den Sieg über Frankreich durch den Schlieffen-Plan zu sichern: durch Belgien zu marschieren, die französische

Armee schnell zu schlagen und sich dann auf den Kampf gegen Russland zu konzentrieren. Als die deutsche Armee durch das neutrale Belgien marschierte, wehrte sich das belgische Volk. Als Verbündeter Frankreichs wurde England am 4. August 1914 provoziert und dezentralisierte den Krieg gegen Deutschland. Nachdem England Deutschland den Krieg erklärte, appellierte Kaiser Wilhelm II in einer Rede am 6. August 1914 an das deutsche Volk:

„Seit der Gründung der deutschen Monarchie war es der Wunsch meiner Vorfahren und auch meiner, den Frieden zu bewahren und unsere Ziele friedlich zu erreichen. Unsere Gegner sind jedoch eifersüchtig auf unseren Erfolg. Bisher haben wir die offene und geheime Feindseligkeit von Ost und West und von jenseits des Meeres toleriert. Jetzt wollen sie uns demütigen. Sie erwarten, dass wir die Invasion unseres österreichisch-ungarischen Verbündeten tolerieren, der um die Anerkennung als Supermacht kämpft. Indem wir diese Demütigung zulassen, gehen auch unsere Kraft und Ehre verloren. Also, lasst die Welt entscheiden! In Friedenszeiten greift uns der Feind an. Greift daher zu euren Waffen und kämpft. Jedes Zögern und jede Unsicherheit wäre Verrat an unserem Vaterland. Es geht um die Existenz oder Nichtexistenz unseres Reiches, wie unsere Vorfahren feststellten, und um das Sein und Nicht-Sein der deutschen Macht und der deutschen Kultur. Wir werden uns bis zum letzten Atemzug mit Infanterie und Kavallerie verteidigen. Wir werden diesen Kampf gegen eine Welt der Feinde überwinden. Nie wurde Deutschland belagert, wenn es vereint dastand. Vorwärts mit Gott, der mit uns sein wird, wie er es mit unserem Vorfahren war."[4]

Die Deutsche-Armee begann durch Belgien zu marschieren, brach ihr Neutralitätsabkommen und die belgischen Zivilisten griffen die deutschen Soldaten an. Beide Länder erlitten schwere Verluste an Soldaten und Zivilisten. Viele Gebäude wurden ebenfalls zerstört.

Als der britische Kommandeur Sir John French erfuhr, dass Deutschland die Neutralität Belgiens missachtete, entsandte er 100.000 Soldaten seines Infanteriekorps nach Mons, Belgien. General Horace Smith-Dorrien versuchte, die deutsche Armee am Vorrücken zu hindern. Die britischen Füsiliere sprengten die Brücke über den Mons-Conde-Kanal.

Am 23. August 1914 griff Alexander von Kluck die britische Front an. Obwohl die deutschen Soldaten durch das britische Gewehrfeuer schwere Verluste erlitten, zogen sich der Oberbefehlshaber Sir John French und seine Armee an die französische Marne zurück. Als die deutsche Armee, die nun unter dem Kommando von General Falkenhayn stand, nach Antwerpen und Brügge vorrückte, leisteten die alliierten Streitkräfte bei Yepern starken Widerstand. Am 4. September 1914 zog sich die deutsche Armee, obwohl sie die Front durchbrochen und die Marne überquert hatte, aufgrund schwerer Verluste zurück und gab den Plan von Schlieffen auf, über Belgien nach Paris vorzudringen. Ein stationärer Krieg oder Grabenkrieg brach aus.

Die Franzosen führten den Einsatz chemischer Waffen ein: Tränengas und Xylol Bromid. Beide erwiesen sich jedoch als unwirksam, da sie sich in der Luft auflösten, bevor sie ihr Ziel erreichten. Am 22. April 1915 setzten die Deutschen in der Schlacht bei Yepern, in der man 5.000 Feinde tötete, erfolgreich Chlorpicrin Gas ein. Die neu erfundenen Gasmasken verhinderten viele Todesfälle. Später entwickelte ein Chemiker das tödliche Senfgas, auch gelbes Gas genannt. Der April 1915 gilt als Beginn der chemischen Kriegsführung.

An der Ostfront waren die Russen der deutschen Armee zahlenmäßig überlegen. Zunächst erlitt die deutsche Armee Rückschläge und schwere Verluste, als die Russen in Ostpreußen einmarschierten. Die deutsche Armee verlor zwanzigtausend Soldaten. Dann ersetzten General Erich Ludendorff und Paul von Hindenburg den vorherigen General, Maximilian von Prittwitz. Sie trafen den russischen General Alexander Samsonow und seine Artillerie bei Tannenberg, Ostpreußen, mit verstärkten Truppen. Nach sechs Tagen intensiver Kämpfe erlitt Russland schwere Verluste. General Alexander Samsonow versuchte erfolglos, sich zurückzuziehen, aber die meisten seiner Soldaten wurden ermordet oder gefangen genommen. Von 150.000 russischen Soldaten wurden 92.000 verhaftet, 10.000 entkamen und der Rest wurde getötet. Eine solche Niederlage war zu viel für den russischen General und er beging Selbstmord.

Zu Beginn des Ersten Weltkriegs wurden die schwach konstruierten Flugzeuge aller Supermächte hauptsächlich zur Überwachung an der Westfront eingesetzt. Die Piloten berichteten über die genaue Lage und Vorstöße der Front und wie Angriffe genauer geplant werden könnten. Später, durch den Einbau von Maschinengewehren in die Flugzeuge, fanden Luftschlachten statt. Die deutschen Piloten konnten die französischen, britischen und belgischen Flugzeuge übertreffen. Tatsächlich verlor das Allied Air Corps in der Luftstreitmaschine „Bloody April" (Blutiger April) 912 Piloten.

Manfred Albrecht Freiherr von Richthofen, bekannt als der Rote Baron, wurde das Ass der Asse und das Idol der deutschen Piloten. Allein er schoss achtzig Flugzeuge ab. Kapitän Douglas Connell und Albert Woodbridge fügten ihm jedoch eine Schusswunde in den Kopf zu, woraufhin er unter starken Kopfschmerzen litt und eine Weile nicht fliegen konnte. Als er am 21. April 1918 wieder in die Luft ging, flog er zu weit und zu tief in das britische Territorium, wurde abgeschossen und stürzte zu Boden. Sein Leichnam wurde später geborgen und nach Wiesbaden geflogen, wo er mit allen militärischen Ehren begraben wurde.

Gegen Ende des Ersten Weltkriegs rüsteten die Hersteller Flugzeuge aus, um Bomben zu tragen und abzuwerfen. Die Bomber zielten darauf ab, militärische Standorte und Industrieanlagen zu zerstören. Leider töteten die Bomber auf diesem Weg, auch viele Zivilisten, in der Hoffnung die Moral des Feindes zu senken.

Obwohl Präsident Wilson absolute Neutralität der Vereinigten Staaten versprach, wurde er von Winston Churchill in den Krieg hineingezogen. Die Vereinigten Staaten traten in den

Krieg ein und brachten viele Flugzeuge und gut ausgebildete Piloten nach Europa. Unfähig, schnellen Flugzeugersatz zu bekommen, erkannte das zahlenmäßig unterlegene deutsche Geschwader, dass der Sieg auf See oder am Boden und nicht in der Luft entschieden würde.

Die britischen und amerikanischen Flotten setzten den Prototyp eines Flugzeugträgers ein. Wasserflugzeuge starteten von einer Schiffsplattform, mussten aber auf dem Wasser landen und von einem Kran auf das Deck des Flugzeugträgers gezogen werden.

Der 1915 begonnene deutsche U-Boot-Krieg kam zum Stillstand, nachdem das britische Passagierschiff Lusitania am 7. Mai 1915 von dem deutschen U-Boot 20 an der Südküste Irlands versenkt wurde. 1.192 Passagiere starben. Unter ihnen waren 128 Amerikaner.

Als Herr Colin Simpson, ein Korrespondent der „Sunday Times of London", der auch Geschichte an der Universität Oxford studierte, widersprüchliche Berichte über diese Tragödie las, begann er eine sechsjährige Suche nach der Wahrheit über den Lusitania-Vorfall, den er in seinem Buch „The Lusitania" beschreibt.[5] Mr. Simpson entdeckte die Inventarliste der letzten, am 30. April 1915 in New York verladenen, Fracht der Cunard-Linie, die von der Originalkopie abwich, die Präsident Woodrow Wilson in seinem Besitz hatte.

Die britische Regierung informierte den Präsidenten der Cunard Lines, Herrn Alfred Booth, ein schnelleres Passagierschiff als das deutsche Schiff namens Kaiser Wilhelm II zu bauen, das mit 23.5 Knoten pro Stunde fuhr – das damals schnellste Schiff. Herr Booth versprach, zwei Schiffe zu bauen, Lusitania und Mauretanien, die 25 Knoten pro Stunde erreichen würden. Zu dieser Zeit besuchte Mr. Winston Churchill, der Marine-Minister, Mr. Booth und gab ihm spezifische Anweisungen, um die notwendige Ausrüstung zu installieren, damit sie schnell in ein Schlachtschiff umgewandelt werden konnte. Die Regierung würde ihm eine bestimmte Summe und jährliche Betriebskosten von 75,000.00 Pfund als Entschädigung zahlen.

Am 12. Mai 1913 wurde die Lusitania unter dem Vorwand, die neuesten Turbinentriebwerke zu installieren, während die tatsächlich vorgenommenen Änderungen geheim zu halten waren, in ein Trockendock gelegt. Winston Churchill drängte den Kaimeister, die Ausrüstung schnell zu installieren, da ein Krieg mit Deutschland unvermeidlich war. Die Lusitania nahm am 21. Juli 1913 ihre Kreuzfahrtpassage nach New York wieder auf. Der Admiral befahl, vierzehn weitere Handelsschiffe mit Waffen auszustatten.

Als England Deutschland am 4. August 1914 den Krieg erklärte, war England gut vorbereitet. Die Lusitania hatte die Waffen installiert und wurde am 17. September 1914 als eines der bewaffneten Schlachtschiffe der Heimatflotte der britischen Admiralität registriert.

Winston Churchill plante, die deutsche Patrouille mit Flaggen neutraler Länder, insbesondere der Vereinigten Staaten, zu durchqueren. Schiffe neutraler Länder konnten nicht angegriffen werden. Winston Churchill befahl auch, die deutschen Kapitäne, wenn sie gefangen genommen würden, wie Kriminelle zu behandeln und ihnen keinen Gefangenenstatus zu gewähren. Für Winston Churchill war es bequemer, sie zu erschießen, als sie gefangen zu nehmen. Die englische Admiralität leugnete diese Praktiken. Als jedoch das deutsche U-Boot U-21 das Schiff Ben Cruachan durchsuchte, entdeckten sie den Befehl der englischen Admiralität, eine amerikanische Flagge zu führen und jedes U-Boot zu rammen, das gegen das Gesetz verstieß. Der deutsche Kapitän rettete die britische Besatzung und versenkte dann die Ben Cruachan.

Solche Praktiken entsetzten die deutsche Regierung und die U-Boot-Offiziere. Sie forderten, die Blockade aufzuheben, die Seeverkehrsregeln einzuhalten und der deutschen Marine zu erlauben, jedes Handelsschiff ohne Vorwarnung anzugreifen. Deutschland erklärte auch die Gewässer um England und Irland, einschließlich des Ärmelkanals, zum Kriegsgebiet. Die Engländer erklärten nur die Nordsee zum Kriegsgebiet.

Die deutsche Regierung schickte eine Absendung dieser unlauteren Praxis und eine Kopie der britischen Admiralitätsbefehle, die ihre Erklärung an den amerikanischen Außenminister William Bryan dokumentierte. In seiner Abwesenheit nahm Herr Robert Lansing die Depesche an. Er entwarf seine Antwort und unterließ es absichtlich zu erwähnen, dass er eine Kopie des Befehls der britischen Admiralität hatte und warnte die amerikanischen Passagiere, keine Kreuzfahrten auf den englischen Kreuzfahrtschiffen zu buchen.

Als Mr. William Bryan zurückkehrte und von solchen Auslassungen erfuhr, war er verärgert. Dennoch setzten sich der Entwurf und die Stellungnahme von Herrn Robert Lansing durch.

Um das Gesicht der amerikanischen Neutralität zu wahren, warnten die Vereinigten Staaten England und verboten den englischen Schiffen, amerikanische Flaggen zu fliegen. Deutschland erhielt die Nachricht, dass es im Falle eines Angriffs auf ein anderes neutrales Schiff vor Gericht gestellt würde. Die Folgen einer solchen Aktion würden die Vereinigten Staaten dazu bringen, in den Krieg einzutreten.

Der britische Außenminister antwortete mit einer glatten diplomatischen Lüge. Er behauptete, dass weder die britische Regierung noch die Admiralität solche Befehle erteilt hätten. Die Warnung erschreckte die Deutschen, erfreute aber die Engländer, insbesondere Winston Churchill. Seine Taktik, die Deutschen in einen Konflikt mit neutralen Ländern zu locken, zahlte sich aus. Er glaubte, einen Schritt näher daran zu sein, die Vereinigten Staaten in den Krieg hineinzuziehen.

Im Falha-Vorfall versäumte es die englische Admiralität erneut, 13 Tonnen Schießpulverfracht zu melden. Sie ließ den Bericht aus, dass der deutsche Kapitän warnte, alle Passagiere aus dem Schiff zu räumen, bevor er es versenkte. Stattdessen porträtierten die Medien den deutschen Gefangenen und seine Offiziere als kaltblütige Mörder.

Viele Deutsche, die in den Vereinigten Staaten lebten, verachteten solche Falschmeldungen. Eine Gruppe prominenter Deutschamerikaner traf sich in New York. George Viereck, ein Herausgeber der Pro-German-Zeitung „Das Vaterland", leitete das Treffen. Er sagte, sollte ein Kreuzfahrtschiff mit ameri-

kanischen Passagieren versenkt werden, würde der Teufel freigelassen. Eine anwesende Person sagte, dass die Lusitania im
Hafen von New York vor Anker liegt und am 1. Mai 1915 nach
Liverpool, England, segeln sollte. Herr Viereck erhielt einstim-
mig die Genehmigung, durch einen Artikel in fünfzig verschiedenen Zeitungen die amerikanischen Passagiere, die auf der
Lusitania gebucht waren, zu warnen, ihre Reservierungen ab-
zubrechen und ihre Kreuzfahrten mit einem amerikanischen
Kreuzfahrtschiff zu buchen. Die Lusitania transportierte Munition nach England und konnte von deutschen U-Booten angegriffen oder versenkt werden.

Die Warnungen, die in fünfzig Umschlägen mit beiliegen-
den Schecks versiegelt waren, verließen das Büro am 23. April
1915 und brauchten eine Woche, um die Passagiere zu erreichen.
Aufgrund von Bürokratie erreichte diese Warnung nur eine Zeitung. Das Register von Des Moines, Iowa, druckte die Warnung.
Nach langem Warten ging Herr Viereck sogar zum Außenminister und sprach mit ihm persönlich. Herr Viereck wies Herrn
Bryan darauf hin, dass die Lusitania Munition nach England
bringen wird und dies auf allen Reisen getan hatte, bis auf einer.

In New York arbeitete der Zollbeamte mit Herrn Bryan zusammen, indem er nur eine unvollständige Versandliste des
Gemeinwohls akzeptierte. Er erhielt die Liste des tatsächlichen
Kriegsmaterials der Lusitania fünf Tage nachdem sie New York
verlassen hatte. Herr Bryan versprach, Präsident Wilson zu informieren, um das amerikanische Volk zu warnen, seine Kreuz-
fahrtreservierungen auf der Lusitania umzubuchen, weil es
Kriegsmaterial transportierte. Präsident Wilson tat nichts. Er
muss jedoch über die tatsächliche Ladung und die Gefahr, der
die Passagiere begegnen könnten, Bescheid gewusst haben. Als
Präsident Wilson hörte, dass die Lusitania von einem deutschen
U-Boot angegriffen wurde und sank, gab er zu, das Schicksal
des Schiffes gekannt zu haben. Es veranlasste ihn, viele schlaf-
lose Nächte zu verbringen.

In der Zwischenzeit trafen sich Winston Churchill und Admiral Fisher. Sie schauten sich die Karte an, auf der jeder deut-

sche Schlachtschiff- und U-Boot-Standort markiert war, und gaben U-20 besondere Aufmerksamkeit, die ihren Kurs auf Fastnet Rock, Irland, lenkte. Kreuzfahrtschiffe erhielten vor dem Einlaufen in einen Hafen einen besonderen Schutz durch Schlachtschiffe. Das Schlachtschiff Juno war auf dem Weg, die Lusitania zu treffen. Winston Churchill benutzte die Ausrede, dass Juno einem Angriff eines U-Bootes nicht standhalten könne; er befahl Juno, nach Queenstown zurückzukehren. Winston Churchill erwähnte dies gegenüber Admiral Fisher und bat Milford um einen Zerstörer, um die Lusitania zu schützen. Dennoch informierte er ihren Kapitän, William Turner, nicht über diese Tatsache und darüber, dass sich ein deutsches U-Boot in den umliegenden Gewässern befand. Kapitän Turner erhielt auch einen Admiralitätsbefehl, den Kurs zu ändern und in den Hafen von Queenstown einzulaufen, anstatt in Liverpool, das ursprüngliche Ziel der Lusitania. Der neue Kurs führte die Lusitania zur Station von U-Boot 20. Diese Entscheidung führte zum katastrophalen Versinken der Lusitania am 7. Mai 1915. Bis heute ist nicht bekannt, wer den englischen Schiffen die Befehle gab. Winston Churchill und Admiral Fisher haben jedoch angeblich diese unglückliche Verschwörung aufgestellt. Nachdem Kapitän Hunter schließlich die U-Boot-Warnung erhalten hatte, konnte er den Kurs ohne einen Admiralitätsbefehl nicht ändern. Captain Hunter reduzierte die Geschwindigkeit nur auf 15 Knoten. Als die Lusitania sich innerhalb von 700 m von U-20 befand, feuerte Kapitän Schwieger von U-Boot 20 nur einen Torpedo auf das Steuerbordschiff. In seinem Logbuch schrieb er, dass eine zweite Explosion die Brücke in Stücke riss und das Schiff zuerst mit dem Bug sinken ließ. Kapitän Hunter gab den Befehl, das Schiff sofort aufzugeben. Aufgrund der ungünstigen Position des Schiffes konnten nur sechs der achtundvierzig Rettungsboote sicher ins Wasser gesetzt werden.

Viele Passagiere sprangen vom Boot und schwammen zwischen den Trümmern, in der Hoffnung, von einem anderen Schiff gerettet zu werden. Allerdings sanken 1198 Passagiere mit dem Schiff. Unter ihnen waren 128 Amerikaner und der Millionär Alfred Vanderbilt. Als Admiral Fisher hörte, dass das

Boot Juno die Überlebenden fast gerettet hatte, befahl er dem Kapitän Junos, den Kurs zu ändern und in den Hafen zurückzukehren. Die Überlebenden ertrugen zwei Stunden Angst und Panik, bevor andere Boote kamen und sie aus dem Wasser fischten und aus den Rettungsbooten entfernten. Als Präsident Wilson die Nachricht von dieser Seekatastrophe erhielt, beschaffte er die Liste der vollständigen Lieferungen der Lusitania vom Zoll Büro. Es stellte sich heraus, dass fast die gesamte Ladung aus Contra-Band-Kriegsmaterial und explosivem Material bestand. Präsident Wilson und Mr. Lansing, die Angst hatten, entdeckt zu werden, weil sie dem Volk der Vereinigten Staaten die Wahrheit vorenthielten, beschmutzten die Wahrheit und gaben eine Warnung an Deutschland heraus, in der sie erklärten, dass die deutsche Regierung und Kaiser Wilhelm II falsch informiert seien. Herr Bryan, der die Wahrheit kannte, weigerte sich, die Warnung zu unterschreiben. Winston Churchill, Admiral Fisher und das englische Volk waren enttäuscht, dass Präsident Wilson Deutschland nicht sofort den Krieg erklärte. Deutschland hörte jedoch auf, die U-Boote in Seeschlachten einzusetzen. Winston Churchill und Admiral Fisher schoben alle Schuld auf Lusitanias Captain Hunter, um ihre Beteiligung an dieser Verschwörung vor der Entdeckung zu schützen.

Drei Jahre nach diesem Vorfall übergab der Leiter des New Yorker Zollamtes Präsident Wilson die ursprüngliche Versandliste von Lusitania. Er versiegelte sie in einem großen Umschlag und schrieb darauf, sie solle nur vom Präsidenten der Vereinigten Staaten geöffnet werden, und übergab es dann den Archiven des Finanzministeriums. Es blieb bis 1940 unberührt, als sich Großbritannien und die Vereinigten Staaten im Mai 1945 in einer ähnlichen Position befanden. Zu dieser Zeit wusste Präsident Franklin D. Roosevelt, der auch Unterstaatssekretär der Marine war, von diesem Dokument, öffnete es und machte es zu einem Teil der privaten Marine Memoire-Sammlung.

In diesem Vorfall zeigte er uns, wie das Schicksal der Menschen in den Händen der Regierung liegt, die Intrigen planen und Menschenleben opfern, wenn es ihrem Zweck dient.

Winston Churchill fühlte, dass er einen Schritt näher daran war, die Vereinigten Staaten in den Ersten Weltkrieg zu verwickeln. Ein weiterer Vorfall, den der britische Marine Secret Service nutzte, war die Entschlüsselung des Zimmermann-Dispatch und die Weiterleitung an Präsident Wilson, der dies in amerikanischen Zeitungen veröffentlichte. In diesem Telegramm vom 16. Januar 1917 bat Kaiser Wilhelm II den mexikanischen Präsidenten Venustiano Carranza, sich Deutschland als Verbündeter anzuschließen, um einen Krieg gegen die Vereinigten Staaten zu beginnen. Im Gegenzug bot die deutsche Regierung an, die Bundesstaaten Arizona, Texas und New Mexico für Mexiko zurückzugewinnen. Die mexikanischen Generäle bewerteten die Durchführbarkeit einer solchen Allianz und lehnte dies ab.

Nachdem das amerikanische Volk solche Nachrichten erfuhr, gab der Kongress Präsident Wilson die Genehmigung, in den Krieg gegen Deutschland einzutreten. Am 6. April 1917 erklärte Präsident Woodrow Wilson Deutschland offiziell den Krieg.

Meine Großeltern und das deutsche Volk, aber vor allem das Militärpersonal, waren durch diese Nachricht alarmiert und befürchteten, dass das schlimmste Szenario eintreten könnte. Deutschland hätte keine Chance, den Krieg zu gewinnen, wenn amerikanische Truppen in Deutschland einmarschieren würden.

In seiner Verzweiflung initiierte der Kaiser erneut den U-Boot-Krieg als letztes Hilfsmittel, um für Deutschland eine favorable Veränderung herbeizuführen. Dies führte jedoch dazu, dass sich andere europäische Länder engagierten. Zuerst vermied Italien den Krieg, schloss sich aber später dem Konflikt an, brach seine Loyalität zu Österreich-Ungarn und Deutschland und schloss sich ihrer gegnerischen Triple Entente an.

Griechenland, das bisher neutral geblieben war, spürte den Druck der britischen und französischen Regierung, als sie eine Blockade um die griechische Küste errichtet hatten. Um das Embargo aufzuheben, schlossen sie sich am 27. Juni 1917 den Alliierten an. Zuvor hatte der französische Befehlshaber Jonnart König Konstantin von Griechenland ein Ultimatum zur Abdankung gestellt, welches nicht erfüllt worden war, woraufhin er sein Amt tatsächlich niederlegte. Die neue griechische Regierung von Präsident Venizelos kooperierte mit der Triple Entente und erklärte Österreich-Ungarn und Deutschland den Krieg.

In der Zwischenzeit kehrte Lenin, der in Finnland gewesen war, nach Russland zurück. Er und die Bolschewiki übernahmen die provisorische Regierung, die während der Oktoberrevolution gebildet wurde. Am 8. November 1917 erließ Lenin ein Dekret zur Beendigung des Krieges, das Kaiser Wilhelm II und der österreichische König und Oberbefehlshaber Karl I begrüßten. Ein Waffenstillstand fand am 15. Dezember 1917 statt, aber der Friedensvorschlag brachte zunächst keinen Erfolg. Nach langwierigen Verhandlungen erzielte Deutschland am 9. Februar 1918 ein Friedensabkommen, zunächst mit Rumänien und später, am 3. März 1918, mit Russland, das Lenin in Brest-Litowsk unterzeichnete. Russland opferte fünfundzwanzig Prozent seines europäischen Territoriums, um die Kämpfe im Krieg zu beenden.

Nun konnten die deutschen Armeen, von der Ostfront befreit, die westlichen Schlachten verstärken. Am 21. März 1918 planten die deutschen Generäle eine erfolgreiche Frühjahrsoffensive, und die deutsche Armee durchbrach die französische Front und rückte bis zur Marne in Frankreich vor.

Bald schlossen sich amerikanische Truppen den französischen Streitkräften an und stoppten den deutschen Vormarsch. Der amerikanische General Hunter Liggett bestellte 300 Panzer, und General William Mitchell flog in 500 Flugzeugen für einen Gegenangriff in der Schlacht von Amiens am 8. August 1918. Die deutschen Soldaten erlitten schwere Verluste durch die alliierten Streitkräfte. Die Schlacht wurde von der deutschen Armee, die sich zurückziehen musste, „Der Schwarze Tag" genannt.

In seiner Verzweiflung zog der Kaiser siebzehnjährige Jungen ein. Mein Vater entkam der Einberufung, aber seine älteren Brüder Matheus und Georg wurden in die Armee eingezogen. Gott sei Dank erlitten sie nur leichte Verletzungen und kehrten am Ende des Krieges sicher zurück.

Anfang September drangen die alliierten Streitkräfte auch in Bulgarien ein und eroberten Mazedonien. Die deutschen Oberbefehlshaber von Hindenburg und Ludendorff erkannten, dass ein Sieg gegen die Alliierten, der ständig durch frische amerikanische Truppen und Kriegsausrüstung verstärkt wurde, hoffnungslos wurde. Am 29. September 1918 schlugen die deutschen Generäle Kaiser Wilhelm II und dem Deutschen Reich vor, einen Waffenstillstand auszuarbeiten. Präsident Woodrow Wilson forderte die deutsche Armee auf, sich unverzüglich aus allen besetzten Gebieten zurückzuziehen. Er versprach, einen Vertreter zu entsenden, um die Bedingungen des Abkommens aufzuschreiben.

Am 7. November 1918 begannen die Verhandlungen in einem Eisenbahnwaggon im Compiègne Wald, wo sich Frankreich, die Vereinigten Staaten und Deutschland einigten. Sie stellten achtzehn Forderungen an Kaiser Wilhelm II und das Deutsche Reich:

„1. Gültig sechs Stunden nach der Unterzeichnung. 2. Die Räumung Belgiens, Frankreichs, des Elsass-Lothringens ist innerhalb von vier Tagen abzuschließen. Alle in diesen Gebieten verbliebenen Truppen sollten interniert oder in Kriegsgefangenschaft gebracht werden. 3. Übergeben Sie 5000 Kanonen und 30.000 Maschinengewehre, 3000 Grabenmörser, 2000 Flugzeuge, 4. Evakuierung des linken Rheinufers. Mainz, Koblenz, Köln bis zum Feind in einem Umkreis von 30 km. 10. Verzicht auf die Verträge von Brest-Litowsk und Bukarest, um nur einige Forderungen der Alliierten zu nennen." (Waffenstillstandsforderungen veröffentlicht in der Kreuz-Zeitung vom 11. November 1918)

Alle Vertreter unterzeichneten das Dokument am 11. November 1918 um 5:00 Uhr.[6] Der Waffenstillstand begann am selben Tag um 11:00 Uhr.

Die „New York Times Headlines" schrieb:

„Mit der amerikanischen Armee in Frankreich, 11. November – Sie hörten heute Morgen um 11:00 Uhr auf zu kämp-

fen. Im Handumdrehen hörten vier Jahre des Tötens und
Massakers auf, als ob Gott seinen allmächtigen Finger über
den Schauplatz des Gemetzels der Welt gestreichelt und
schrie: „Es ist genug!"

Jedes Jahr wird in den Vereinigten Staaten am 11. November der Veteran Day gefeiert, der an die Soldaten erinnert, die im Ersten Weltkrieg und in allen Kriegen ihr Leben verloren. Ein Soldat ist erst tot, wenn er vergessen ist. Der Soldat jedes Landes brachte in den Kriegen Opfer, aber einige opferten ihren wertvollsten Besitz – das Leben selbst. Soldaten aus allen Ländern verdienen Respekt, Ehre und Dankbarkeit von ihren Patrioten.

Opa Heinrich und Oma Marta begrüßten die gute Nachricht, dass der Krieg beendet war und dass ihre beiden älteren Söhne Matheus und Georg mit nur leichten Verletzungen vom Schlachtfeld zurückkehrten. Sie und die meisten Deutschen waren jedoch traurig, dass Kaiser Wilhelm II zur Abdankung gezwungen wurde. Am 10. November 1918 floh er aus seinem Hauptquartier in Spa in die Niederlande. Später kaufte er ein Haus in Doorn in der Provinz Utrecht, wo er mit seiner Frau Augustine Victoria und seiner Familie einen bescheidenen Haushalt gründete. Und so endete die 300 Jahre lange Herrschaft des Hohenzollern-Königshauses nach dem Ersten Weltkrieg.

Die Entente forderte die Auslieferung des Kaisers, um ihn als Kriegsverbrecher vor Gericht zu stellen, aber Königin Wilhelmina der Niederlande gab den Forderungen und Drohungen der Entente nicht nach. Der vertriebene Kaiser blieb in Doorn bis zu seinem Lebensende. Nach dem Tode seiner ersten Frau, Augusta Victoria, heiratete er erneut Prinzessin von Schoenach, Hermine von Reuß. Er schrieb und veröffentlichte seine Kriegserinnerungen, in denen er sich von der Schuld des Ersten Weltkriegs freisprach. Er hielt sich über die politischen Aktivitäten Deutschlands auf dem Laufenden und hoffte immer noch, wieder als Kaiser abberufen zu werden, aber seine Hoffnungen blieben nur Hoffnungen. Er starb am 4. Juni 1941 während des Zweiten Weltkriegs. Doorn ehrte den Kaiser mit einem aufwendigen Staatsbegräbnis. Später brachte die deutsche Regierung die sterblichen Überreste Kaiser Wilhelms II zurück nach Berlin.

Nach dem Ende der Monarchie machten sich meine Großeltern Sorgen darüber, wie sich die neue Regierung, die Weimarer Republik, auf sie und das deutsche Volk auswirken würde. Sie hatten beobachtet, wie das Bündnis mit Österreich-Ungarn und das Bündnis unter anderen Nationen, in der Hoffnung, den Krieg abzuwehren, einen Dominoeffekt auslösten und ein Land nach dem anderen in den Ersten Weltkrieg verwickelten. Zweiunddreißig Nationen nahmen an diesem Krieg teil, der als erster Welt Krieg bezeichnet wurde, forderten 10 Millionen Menschenleben, verwundeten 20 Millionen Soldaten und 8 Millionen wurden Kriegsgefangene.

Das Deutsche Reich, das preußische Königreich und viele europäische Monarchien waren nach dem Ende des Ersten Weltkriegs verschwunden. Vorbei war die Epoche des eleganten Hoflebens der königlichen Familien. Mit einem anderen politischen Regime entstand eine neue Gesellschaft der Massen. Die afrikanischen und asiatischen Kolonien forderten ihre Unabhängigkeit, und die Vereinigten Staaten wurden zu einer Supermacht.

Kapitel 3

Vertrag von Versailles

Am 18. Januar 1919 begann die berüchtigte Friedenskonferenz des Völkerbundes mit den Verhandlungen für den Vertrag von Versailles. An dieser Versammlung nahm jeweils ein Vertreter aus den folgenden Ländern teil: Vereinigte Staaten von Amerika, Belgien, Bolivien, Brasilien, Großbritannien, Kanada, Australien, Südafrika, Neuseeland, Indien, China, Kuba, Ecuador, Frankreich, Griechenland, Guatemala, Haiti, Hedjaz, Honduras, Italien, Japan, Liberia, Nicaragua, Panama, Peru, Polen, Rumänien, serbisch-kroatisch-slowenischer Staat, Siam, Tschechoslowakei und Uruguay. Russland hatte sich entschieden, keinen Vertreter zu entsenden. Deutschland, dessen Schicksal und Zukunft vom Ergebnis dieser Konferenz abhingen, wurde verboten, an den Verhandlungen teilzunehmen, aus Angst, dass der deutsche Vertreter Nation gegen Nation zum Vorteil Deutschlands ausspielen könnte. Die Deutschen konnten nur schriftlich antworten, was meist keine Ergebnisse brachte.

Georges Clemenceau von Frankreich leitete die Versammlung; aus Rache stellte er unzumutbare Forderungen an Deutschland. Er wurde der Tiger genannt, bereit, seine Beute zu zerreißen. Der US-Präsident Woodrow Wilson, der britische Premierminister Lloyd George und der italienische Außenminister Victor Emanuele Orlando waren ebenfalls anwesend. Präsident Woodrow Wilson schlug vor, den Vertrag einfach zu halten und die Forderungen in vierzehn Punkten zu kombinieren, aber er gab während der Verhandlungen anderen Vertretern nach. In sechs Monaten entwarfen sie vierhundertvierzig Artikel mit vielen Anhängen.

In Anhang II Absatz 12 schreibt CI-3: Deutschland ist ver-
pflichtet, für die Reparatur, den Wiederaufbau und den Wie-
deraufbau des Eigentums in den überfallenen Ländern zu
zahlen. Die Kosten werden zu dem Zeitpunkt berechnet, zu
dem die Arbeiten erledigt sind.
Anhang III:
1. Deutschland erkennt das Recht der alliierten assoziier-
ten Mächte auf Ersatz an, Tonne für Tonne und Klasse für
Klasse, Handelsschiffe, Fischerboote, die während des Krie-
ges verloren gingen oder beschädigt wurden.
2. Deutschland übergibt den alliierten Streitkräften und asso-
ziierten Regierungen das Eigentum an allen deutschen Han-
delsschiffen, über 1600 Tonnen, die Hälfte der Schiffe zwi-
schen 1000 und 1600 Tonnen und ein Viertel aller anderen
Fischerboote. Alle Schiffe müssen innerhalb von zwei Mona-
ten nach Inkrafttreten dieses Vertrags abgeliefert werden."[7]

Deutschland konnte nur eine Armee von 100.000 Soldaten haben. Der Bau von Panzern, U-Booten und Flugzeugen war strengstens verboten. Deutschland durfte sich niemals mit Österreich verbünden.

Der Bund der Nationen befahl Deutschland, alle seine Kolonien aufzugeben und ihr Mandat zu erteilen. Ein Teil Westpreußens, einschließlich Posen und des polnischen Korridors, und ein Teil Schlesiens, wurde an Polen vergeben. Danzig blieb eine freie deutsche Stadt. Belgien übernahm Eupen und Malmedy, Dänemark forderte einen Teil von Schleswig-Holstein. Frankreich eroberte Elsass-Lothringen zurück und verwaltete das Saarland fünfzehn Jahre lang. Deutschland verlor ein Achtel des Deutschen Reiches.

Die Alliierten gaben der deutschen Regierung am 7. Mai 1919 die 440 Artikel, Anhänge und Unterabsätze des Versailler Vertrags. Die Frist war der 28. Juni 1919, die Forderungen zu lesen, aufzunehmen und darauf zu reagieren. Die Alliierten haben die geforderten Änderungen der hohen Reparationskosten und Einschränkungen, die Deutschland gefordert hatte, nicht gesenkt.

Sie haben auch nicht Artikel 231 entfernt, in dem Deutschland die Schuld für den Krieg anerkennt.

Die alliierten Streitkräfte drohten, Deutschland zu besetzen und den Krieg wieder aufzunehmen, wenn es das Dokument nicht wie vorgelegt unterzeichnen würden. Mit schwerem Herzen und tiefsitzendem Groll gegen die Verfasser des Versailler Vertrags unterzeichneten die deutschen Vertreter das Dokument unter Protest am 28. Juni 1919.

Meine Großeltern und das deutsche Volk fühlten sich beleidigt, gedemütigt und verärgert, dass die Verantwortung für den Ersten Weltkrieg ausschließlich Deutschland zugeschrieben wurde und nicht teilweise Österreich-Ungarn, das den Ersten Weltkrieg begann. Man verlangte von dem deutschen Volk auch Reparationszahlungen, die Demontage ihrer Industrien und die Reduzierung ihrer Streitkräfte. Sogar Lieferung von Vieh und anderen Gütern sowie der Verlust von Gebieten und alle anderen Forderungen wurden von den Deutschen für ungerecht und zu streng empfunden.

Präsident Woodrow Wilson fand den Versailler Vertrag weder akzeptabel, noch ratifizierte ihn der Senat der Vereinigten Staaten. Zweimal lehnte der Senat die Ratifizierung ab. Einige Senatoren befürworteten den Isolationismus, andere lehnten den Völkerbund ab, und andere beklagten die exzessiven Reparationen. Marschall Ferdinand Foch, der die Vereinigten Staaten vertrat, unterzeichnete am 25. August 1921 ein separates Abkommen.

Am 10. September 1919 unterzeichneten die Europaminister einen Friedensvertrag, und Österreich musste Jugoslawien, der Tschechoslowakei, Ungarn und Polen die Unabhängigkeit gewähren. Die Alliierten verboten Österreich, sich Deutschland anzuschließen. Weitere Friedensverträge zwischen Bulgarien, Ungarn und der Türkei folgten. Mit der Gründung des Völkerbundes wollte Präsident Woodrow Wilson die Welt sicherer machen, indem er Probleme diskutierte, ohne Krieg zu führen. Der britische Premierminister David Lloyd George, der die Meere kontrollieren und den Handel ausweiten wollte, bat darum, nicht zu hart mit Deutschland umzugehen. Er sagte den Vertretern der Länder, dass es in Zukunft zu einem weiteren kostspieligeren Krieg kommen könnte, wenn wir in unseren Forderungen zu streng sind. Deutschland zahlte zu Unrecht einen unerschwinglichen Preis für die Unterstützung Österreichs während des Konflikts mit Serbien.

Kapitel 4

Weimarer Republik

Die Monarchie Kaiser Wilhelms II endete 1919. Der erste Präsident, Friedrich Ebert, entwarf eine neue Verfassung für die Weimarer Republik[8] benannt nach der Stadt Weimar, wo die Beamten die neue Verfassung schrieben. Friedrich Ebert war der erste und Paul von Hindenburg der zweite gewählte Präsident der neuen Weimarer Republik.

Die Weimarer Republik versuchte, ihr Vaterland wieder aufzubauen, aber die enormen Restitutionsforderungen brachen ihre Wirtschaft und Industrie. Die Regierung begann, viel mehr Geld zu drucken, als ihre Sicherheiten wert waren, um ihren finanziellen Verpflichtungen nachzukommen, was zu einer Hyperinflation von einer Größenordnung führte, die in der Geschichte noch nie zuvor gesehen wurde. Stellen Sie sich vor, 1923 war ein US-Dollar 4,21 Milliarden Mark wert. 1923 ersetzte die Reichsmark die Papier-Mark zu einem Wechselkurs von 1:1.000.000.000,00 (eine Reichsmark zu einer Milliarde Papier-Mark). Im Jahr 1923 kostete ein Ei 320 Milliarden Papier-Mark. Familien brauchten eine Schubkarre voller Geld, um Lebensmittel zu kaufen. Nachdem die neue Reichsmark zur deutschen Währung wurde, verbesserte und stabilisierte sich die Ökonomie für kurze Zeit. Die Weimarer Republik gliederte sich in drei Phasen: die Krise, die Jahre der Stabilisierung, Niedergang und Auflösung. Die hohen Zahlungen Deutschlands an Frankreich und Belgien, die im Versailler Vertrag festgelegt wurden, konnten nicht geleistet werden; Frankreich und Belgien drangen in das Industriegebiet des Ruhrgebiets ein und nahmen alles, was sie wollten, um die deutsche Warenproduktion zu ersticken und Arbeitsplätze in den Kohlebergwerken abzubauen. Dieser Zustand führte zu schweren Depressionen und stellte eine enorme Belastung und Not für meine und alle deutschen Familien dar.

Kapitel 5

Anfang meiner Familie

Meine Großeltern lebten während der Regierungszeit von Wilhelm II, dem letzten Kaiser von Deutschland. Sie respektierten den Kaiser und lebten gut mit den gerechten Regeln für seine Untertanen. Die ganze Familie blühte auf.

Meine Großeltern väterlicherseits, Heinrich und Marta Bonacker, lebten in der kleinen Stadt Wirballen, in Ostpreußen; später zogen sie nach Wizajny um. Sie hatten zwei Töchter namens Minna und Marta und fünf Söhne: Matheus, Georg, Gustav, Otto und August. Großvater war ein ausgezeichneter Schreiner und sorgte dafür, dass jeder seiner Söhne einen Beruf erlernte. Mein Vater, Gustav, wurde Maurer. Während dieser Zeit mussten die Töchter keinen Beruf erwerben; Sie heirateten und zogen ihre Familien groß. Opa Bonacker war dankbar, dass die drei jungen Söhne Gustav, Otto und August zu jung waren, um in der Armee des Ersten Weltkriegs zu kämpfen. Matheus und Heinrich kehrten mit leichten Verletzungen zurück, nachdem sie als Soldaten in diesem Krieg gedient hatten.

Meine Großeltern mütterlicherseits, Jan August und Anna Schlikat, hatten drei Töchter: Marie, Lene und meine Mutter Emilie, geboren am 11. März 1898. Leider brachten die russischen Geheimdienstagenten die Eltern meiner Mutter gewaltsam in ein Arbeitslager und ließen die drei jungen Töchter zurück, um für sich selbst zu sorgen. Um zu überleben, mussten die drei Schwestern Unterkunft und Nahrung finden, indem sie in Haushalten arbeiteten. Sie hörten weder, was mit ihren Eltern geschah, noch erfuhren sie von ihrem Aufenthaltsort.

Tante Katarina & Ehemann

Im Alter von zwanzig Jahren zog mein Vater, Gustav Bonacker, nach Wizajny auf den Bauernhof seiner Tante Katarina. Als Tante Katarinas Ehemann, Georg Klaus, plötzlich starb und ihr einziger Sohn, Martin, nach Amerika ausgewandert war, bat sie ihren Neffen Gustav, ihr bei der Verwaltung des Bauernhofes zu helfen. Da er im Herzen ein Bauer war, schaffte Gustav fleißig, bearbeitete den Boden und züchtete Tiere für den persönlichen Verbrauch und Verkauf. Nach dem Ende des Ersten Weltkriegs war das Leben in der Weimarer Republik schwer. Die Regierung schränkte die Bauern ein, sie ordnete an, wie viele Tiere sie für den persönlichen Gebrauch züchten durften und wie viel Vieh sie an die Regierung liefern mussten. Die strengen Einschränkungen stellten eine enorme Belastung für die Bauern dar. Aufgrund der hohen monetären Nachfrage nach Restitution war die Inflation weit fortgeschritten.

Im Laufe der Zeit wurde Tante Katarina schwächer. Sie beschloss, Hilfe für ihre Hausarbeiten anzustellen. Jeden Freitag gingen Dorfbewohner und Viehzüchter auf den Marktplatz von Wizajny. Die Kaufleute des Dorfes bauten Stände auf, um ihre Waren und Produkte zu verkaufen. Die Bauern brachten in ihren Wagen Schweine, Schafe, verschiedenes Geflügel und alles, was sie verkaufen wollten, einschließlich der Früchte ihres Landes. Viele andere Aktivitäten fanden auf dem Dorfplatz statt. Arbeitnehmer, die Arbeit brauchten, warben für ihre Fähigkeiten und warteten darauf, einen Arbeitgeber zu finden. Eines Tages ging Tante Katarina mit Gustav auf den Markt, um eine Haushaltshilfe zu suchen. Nachdem sie herumgelaufen war und eine Weile gesucht hatte, blieben ihre Augen bei einer jungen Dame, einer attraktiven Brünetten, stehen. Tante Katarina kam auf sie zu und fragte, wie sie heiße und ob sie bereit wäre, auf ihrem Bauernhof zu arbeiten. Emilie Schlikat stellte sich vor und stimmte zu, mit Tante Katarina auf den Bauernhof zu gehen, um für sie zu arbeiten.

Während sie durch grüne Wiesen und Weizenfelder fuhren, fragte Tante Katarina Emilie, wo ihre Eltern lebten und warum sie ihr Zuhause verlassen hatte. Der bloße Gedanke an die schreckliche Szene als ihren Eltern mit vorgehaltener Waffe gedroht wurde, ihre Töchter zu töten, wenn sie nicht mit dem russischen Agenten gehen würden, brachte ihr einen Kloß an die Kehle. Die Szene blitzte vor ihren Augen auf, als ihre Eltern, emotional gequält und in der verzweifelten Hoffnung, ihre Töchter zu retten, sie zurückließen und dem russischen Agenten folgten. Tränen flossen über die Wangen ihrer Eltern und der Töchter, und viele blieben unvergossen in ihren schmerzenden Herzen, als das Betteln um Gnade vergeblich war und sie die Eltern von ihren Töchtern wegrissen. Emilie erklärte ganz kurz das schreckliche Schicksal ihrer Eltern. Als Emilie die traumatische Erfahrung noch einmal in Gedanken erlebte, begann sie zu weinen. Tante Katarina zeigte viel Mitgefühl für Emilie. Sie hieß sie willkommen und forderte sie auf, die tragische Vergangenheit zu vergessen. Sie ermutigte Emilie, sich auf ein besseres Leben auf ihrem Hof am Land zu freuen. Doch weder Emilie noch Tante Katarina konnten die Tragödie ihrer Familie und die schrecklichen Ereignisse des Krieges, die Folgen und die harten Zeiten danach vergessen.

Emilie fühlte sich wohl bei Tante Katarina. Sie erfüllte alle Haushaltsaufgaben zu ihrer Zufriedenheit. Im Laufe der Zeit gewann Gustav Emilie lieb und bat sie, seine Frau zu werden. Am 28. März 1923 war der Frühling laut Kalender gerade erst angekommen, aber Schnee bedeckte immer noch den Boden; Gustav und Emilie tauschten in der lutherischen Kirche in Wizajny ein Eheversprechen aus. Es folgte eine Familienfeier zu Hause für das Brautpaar.

Wizajny Schule und katholische Kirche

Tante Katarina, behandelte Gustav und Emilie wie ihre eigenen Kinder und machte sie zu Erben ihres Nachlasses. Sie glaubten an Gott und lebten in Harmonie miteinander, mit den Nachbarn und der Natur.

Fast ein Jahr verging, und Winterwinde wehten über die Felder und türmten Schnee um die Gebäude und Bäume. Gustav bereitete den Schlitten vor und eilte in die Stadt, um die Hebamme ins Haus zu holen. Emilie sollte ihr erstes Kind zur Welt bringen. Ein Nachbar kam vorbei und ließ einen Topf mit Wasser auf dem Herd kochen. Neben Emilies Bett stand eine Wiege, die Gustav für das neue Familienmitglied gebaut hatte. Tante Katarina und Gustav waren erleichtert, als die Hebamme am 20. Februar 1924 ein kleines Mädchen zur Welt brachte. Gustav hätte einen Sohn als seinen Erstgeborenen bevorzugt, aber er tröstete sich schnell, da er wusste, dass Mutter und Tochter gesund waren. Er sah seine kleine Tochter in der Wiege an und war stolz, Vater zu sein. Sie nannten ihre erstgeborene Tochter Emma.

Mutter, Schwestern Marie, Lene und Tochter Emma

Ein Jahr und acht Monate später, am 3. Oktober 1925, erwartete Emilie ihr zweites Kind. Auf dem Weg zur Hebamme pfiff Gustav, als er durch die brachliegenden Felder fuhr und beobachtete, wie sich die kanadischen Gänse auf dem Flug in den Süden sammelten. Diesmal erwartete er einen Sohn, der ihm auf den Feldern und zu Hause helfen würde. Gustav wurde sehr enttäuscht, als Emilie ihm eine weitere Tochter schenkte. Emma begrüßte jedoch ihre kleine Schwester, Marta. Sie ging zur Wiege und schaute sie sich genau an. Gustav überwand bald seine Enttäuschung und akzeptierte seine zweite Tochter als sein neues Familienmitglied. Tante Katarina verehrte ihre beiden Großnichten, Emma und Marta. Sie behandelte sie, als wären sie ihre Enkelkinder. Emilie war erleichtert zu wissen, dass ihre Töchter in liebevollen Händen waren. Nun begleitete sie ihren Mann gerne zu den Feldern, um ihm bei der Ernte von Weizen, Roggen oder Kartoffeln zu helfen.

Im Oktober lagen die Kartoffelpflanzen trocken auf den erhöhten Furchen. Den ganzen Sommer über wuchsen winzige Kartoffeln unter den grünen Stauden. Wenn sie eine bestimmte Größe erreichten, hörten sie auf zu wachsen, und die Pflanze über dem Boden starb. Das war der Hinweis, sie vom Feld zu entfernen, bevor sie einfrieren und verrotten würden. Vater führte den Pflug durch jedes Hochbeet, um den Boden umzudrehen und die Kartoffeln freizulegen. Emilie und einige Nachbarn oder Verwandte folgten hinterher, lösten die Kartoffeln von der getrockneten Pflanze und dem Boden, legten sie zuerst in Körbe und entleerten sie dann in Säcken. Gustav lud die vollen Säcke auf den Wagen und fuhr sie nach Hause. Er ließ genug im Keller für den Winterverbrauch, und den Rest vergrub er unterhalb der Frostgrenze im sandigen Boden nicht weit vom Haus entfernt. Gustav harkte die getrockneten Kartoffelpflanzen, legte sie in große Haufen und verbrannte alle.

Gustav und Emilie nahmen die Früchte der fruchtbaren Felder mit Dankbarkeit auf und dankten Gott für eine reiche Ernte. Jede Jahreszeit brachte einen bestimmten natürlichen Rhythmus, der das Ende einer Routine und den Beginn einer anderen markierte.

Zwei Jahre vergingen schnell. Bald sollte Emilie ein drittes Kind zur Welt bringen. Diesmal wurden Vaters Hoffnungen groß, einen Sohn zu bekommen. Er war jedoch zutiefst enttäuscht, als seine Tochter Meta am 8. Januar 1928 geboren wurde und kein Sohn, wie er erwartete.

Endlich zwei Jahre später, am 15. Dezember 1930, wurde sein lang erwarteter Sohn an einem kalten Wintertag geboren. Er nannte ihn Georg, nach seinem Bruder. Georg war der Stolz und die Freude seines Vaters. Für seine Taufe lud er seine ganze Familie ein, dieses besondere Ereignis mit ihm zu feiern. Er konnte es kaum erwarten, ihn erwachsen zu sehen und mit ihm zu arbeiten. Emma und Marta kümmerten sich um ihren kleinen Bruder und spielten häufig mit ihm. Nachdem Georg laufen konnte, nahm Marta ihn mit zum Teich. Vater hatte ein langes Brett über den schmalen Teil des Teiches gelegt, damit Emilie die Kleidung dort waschen konnte. Marta fand das Brett verlockend und rannte von einer Seite zur anderen. Der kleine Georg folgte ihr, rutschte aus und fiel ins Wasser. Martas Herz stand still, als sie ihn nicht sofort hochkommen sah. Sie hatte Angst, dass er ertrunken war. Endlich, nach einer scheinbar langen Zeit, kam Georg an die Oberfläche. Marta packte ihn und zog ihn schnell aus dem Wasser. Er lag leblos auf dem Gras, fing dann an, Wasser zu husten und begann wieder zu atmen. Marta war erleichtert, ihn lebend zu sehen. Sie rannte mit ihm zu ihrer Mutter und erzählte ihr, was passiert war. Mutter beschimpfte sie und verbot ihr, Georg zum Teich zu bringen.

Georg musste nicht lange warten, um einen kleinen Bruder namens Edmund zu bekommen, der am 14. November 1932 geboren wurde. Vater freute sich über zwei Söhne, die, wenn sie erwachsen waren, ihm auf den Feldern und bei der Pflege der Pferde und Kühe helfen würden. Mutter begnügte sich damit, drei Töchter zu haben, die ihre Hausarbeit teilten und auf die jüngeren Brüder aufpassten.

Nachdem ein Jahr vergangen war und Edmund immer noch nicht laufen konnte, wurde Emilie besorgt, als sie sah, dass sich keine Muskeln an seinen dünnen Beinen entwickelten. Sie befürchtete, dass er Polio hatte und für den Rest seines Lebens verkrüppelt leben musste. Zu dieser Zeit gab es keine Heilung für Polio. Nachdem zwei Jahre vergangen waren und er immer noch nicht auf den Beinen stehen oder ein paar Schritte machen konnte, war sich seine Mutter sicher, dass er Polio hatte.

Ihr Herz brach, als sie sah, wie er zu seinem Bruder oder seinen Schwestern kroch. Oma Katarina, so nannten die Kinder sie, hob Edmund auf, setzte ihn neben sich, massierte seine Beinmuskulatur und bewegte sie hin und her. Emma, Marta und Meta halfen bei den Übungen. Schließlich, im Alter von drei Jahren und mit Hilfe seiner Schwestern, machte Edmund seine ersten Schritte und konnte allein auf seinen Füßen stehen. Allmählich verbesserte er sich und bald konnte er normal gehen und laufen. Mutter betrachtete es als ein Wunder und dankte Gott dafür, dass er ihren Sohn geheilt hatte und dass keine Atrophie in beiden Beinen blieb.

Als die Familie wuchs, wurde das Haus überfüllt. 1933 beschloss Vater, ein neues Haus zu bauen. Während die Felder und Wälder noch unter einer dicken Schneedecke lagen und Winterwinde ihren Polargesang pfiffen, spannte Vater die Pferde an den Schlitten und fuhr in den Wald. Er wählte junge, gerade Bäume aus, um als Wandträger für das Haus zu dienen. Vater schnitt alle Äste ab und legte die sauberen Baumstämme auf Pfähle. Als er genug Baumstämme hatte, rief Vater einen Nachbarn an, er solle ihm helfen, sie zur Ranch zu bringen. Das Holz für die Fenster, Türrahmen, das Dach und die Böden, kaufte er in der Stadt. Vater sammelte das beste Stroh, um das Dach zu bedecken.

Ende März lugten die ersten Schneeglöckchen durch den schneebedeckten Boden und kündigten die Ankunft des Frühlings an. Vater baute bei angenehmem Wetter temporäre Wohnräume in der Scheune, bevor er das alte Haus abriss. Die Kinder genossen es, in der Scheune zu schlafen, aber Tante Katarina, Mutter und Vater fanden es unangenehm. Da sie wussten, dass dies nur eine vorübergehende Unterkunft war, ertrugen sie geduldig die Unannehmlichkeiten und das Unbehagen.

Vaters Brüder Matheus, Georg, Otto und August halfen, das Fundament zu graben und die Eckpfosten in den Boden zu treiben. Nachbarn kamen auch, um zu helfen. Vater musste auch das Land bestellen und Weizen, Roggen, Hafer säen und Kartoffeln pflanzen während des Baus des Hauses.

Langsam waren die Wände errichtet, und mit den Dachsparren an Ort und Stelle gab es der Struktur das Aussehen eines Hauses. Als Vater und seine Helfer die letzten Balken am Dach befestigten, machte Emilie einen Blumenkranz, und Gustav befestigte den Kranz mit farbigen Bändern am oberen Dachsparren. Dieser alte deutsche Brauch namens „Richtfest" wird gefeiert, um Gott zu bitten, das Haus zu segnen und allen Arbeitern Dankbarkeit auszudrücken. Onkel, Tanten, Cousins und Nachbarn schlossen sich der Feier an. Onkel August spielte Schifferklavier, und alle sangen bis spät in die Nacht hinein. Mutter servierte eine Auswahl ihrer hausgemachten Würstchen, frisch gebackenes Brot und Kuchen. Vater bot sein selbst gebrautes Bier und Schnaps an, die er für diesen besonderen Anlass aufbewahrt hatte. Saft aus den Beeren des Gartens erfreute die Geschmacksknospen der Kinder.

Nun begann die Eile das Getreide zu ernten und das Haus fertigzustellen, bevor der Winter kam. Als Ende September die Winde von Nordwesten wehten und die Temperaturen zu sinken begannen, beendete Vater das Strohdach auf den Sparren. Nachbarn halfen, die Außen- und Innenwände zu isolieren. Vater verwendete eine Mischung aus Lehm, Gips und fein geschnittenem Stroh anstelle von Zement, um die Innen- und Außenwände zu bedecken. Die kanadischen Gänse, die sich auf den Weizenfeldern versammelten, um nach Süden zu wandern, deuteten auf die Ankunft des Herbstes hin. Vater beeilte sich, die Fenster und Türen zu installieren, um die Kälte draußen zu halten. Vater trug mehrere Schichten weißer Farbe auf die Innen- und Außenwände auf, und die Familie zog ein. Was für ein glücklicher Tag das für Vater und Mutter war. Sie dankten Gott, dass niemand während des Baus verletzt worden war und dass das Haus fertig war, bevor der Winter begann. Der November kam mit einem Wirbelwind aus Schnee, der in wilder Wut um das Haus peitschte und alle Felder und Wiesen mit einem dicken, flauschigen Teppich bedeckte.

Nun musste das Haus möbliert werden. Opa Heinrich Bonacker war ein feiner Tischler. Er bot an, Tische, Bettrahmen,

Bänke und alles zu bauen, was notwendig war, um es zu einem komfortablen Zuhause zu machen. Eine Woche vor Weihnachten fuhr der Vater mit dem Schlitten in den Wald, brachte eine hohe Tanne nach Hause und stellte sie ins Wohnzimmer. Vater heizte den grünen Kachelofen, damit Emilie und die Mädchen den Baum bequem schmücken konnten. Mutter öffnete eine Kiste nach der anderen mit leuchtenden, farbigen Kugeln, Papiersternen, Lametta und vielen anderen Ornamenten, die Emma, Marta und Meta an den Baum hängten. Als letzten Schmuck, platzierten sie viele Kerzen in Kerzenhalter und befestigten sie an verschiedenen Zweigen.

Heiligabend, nachdem die Dunkelheit über das schneebedeckte Land hereingebrochen war, zündete Mutter die Kerzen an, die den Raum beleuchteten, und die flackernden Lichter spiegelten sich in den farbigen Kugeln wider. Die Familie trat ein, und die Kinder standen voller Ehrfurcht vor diesem magisch verwandelten Baum. Mutter erzählte die Weihnachtsgeschichte über das Gedenken an die Geburt Christi am Heiligabend. Die Familie versammelte sich um den Weihnachtsbaum und sang: „Oh Tannenbaum, Oh Tannenbaum" und „Stille Nacht, Heilige Nacht" und einige andere Weihnachtslieder. Mutter gab jedem Kind ein Geschenk, handgestrickte Handschuhe oder Socken, servierte dann ein kleines Abendessen, bevor Vater die Pferde an den Schlitten spannte und seine Familie in die Kirche fuhr, um die Geburt Christi mit den Gemeindemitgliedern in Wizajny zu feiern. Als die Pferde durch den Schnee trabten, läuteten Schlittenglocken und die dunkle Kuppel des Himmels füllte sich mit Myriaden von Sternen. Die Kinder, in Pelze gekuschelt, beobachteten ehrfürchtig die herrliche Winterlandschaft. Nachdem Vater auf dem Kirchenplatz angekommen war, löste er die Pferde vom Schlitten, befestigte sie an einem Balken und band einen kleinen Sack Hafer an ihr Geschirr. Während sie ihren Hafer verschlangen, hielten sie sich während des Gottesdienstes beschäftigt und ruhig.

Mutter und die Kinder betraten zuerst die Kirche, dann folgte Vater. Vor dem Weihnachtgottesdienst spielte der Organist eine Komposition von Johann Sebastian Bach. Dann sangen die Gemeindemitglieder ein Weihnachtslied, gefolgt von der Predigt über die Geburt des Christkindes in Bethlehem. Am Ende der Predigt zündeten zwei Jungen alle Kerzen an beiden großen Weihnachtsbäumen rechts und links vom Altar an und schalteten alle anderen Lichter aus. Der Kirchenchor sang „Stille Nacht, heilige Nacht" und schuf eine festliche Atmosphäre, um die Feier hervorzuheben. Nach dem Segen löschten die Ministranten alle Kerzen aus mit einem kleinen glockenförmigen Becher am Ende eines langen Stocks. Begleitet von Orgelmusik verließen die Gemeindemitglieder die Kirche. Die Männer spannten die Pferde an die Schlitten, zündeten die Laternen auf jeder Seite an und traten ihre Heimreise an. Mondlicht glitzerte wie Diamanten in den schneebedeckten Wiesen und Feldern unter dem Sternenhimmel.

Am nächsten Tag fand jedes Kind einen Teller voller Kekse, Süßigkeiten und Äpfel auf dem Tisch. Wir nannten es „Bunte Teller". Der Weihnachtsmann brachte die Leckerbissen während der Nacht. Die Kinder verzehrten die Leckereien sofort. Am Nachmittag kamen Verwandte, um Weihnachten zu feiern. Vater zeigte seinen Verwandten stolz sein neu gebautes Haus. Mutter bereitete mehrere gebratene Gänse, Rotkohl und Kartoffelknödel. Zum Nachtisch servierte sie einen hausgemachten Stollen, gefüllt mit Marzipan. Am zweiten Weihnachtstag kamen Nachbarn, um mit der Familie zu feiern. Das magische Weihnachtsfest im neuen Haus verging schnell, ebenso wie das Jahr 1933.

An Silvester fuhren Vater und Mutter mit den Kindern zu Opa Heinrich; zusammen mit anderen Familienmitgliedern feierten wir das neue Jahr 1934.

In den Wintermonaten baute unser Vater einen Ofen in der Küche, damit unsere Mutter zu Hause ihr Brot und ihre Kuchen backen konnte. Er konstruierte auch eine rechteckige Ziegelbank von etwa vier Fuß Höhe, sechs Fuß Tiefe und acht Fuß Länge mit offenen Kanälen, die unter der Bank mit dem Küchenherd verbunden waren. Während das Feuer im Küchenherd brannte, zog der Rauch im Sommer direkt durch den Schornstein nach draußen. Im Winter öffnete Vater die Falle, die zur Bank im Wohnzimmer führte. Der Rauch und die heiße Luft würden durch die Kanäle gehen und die Steinbank und den Raum aufwärmen, ohne sich mit Holz und Asche im Wohnzimmer zu befassen. Im Winter war es der beliebteste Treffpunkt. Oma Katarina faszinierte die Kinder, indem sie ihnen Märchen oder Geschichten aus ihrer Vergangenheit erzählte. Mutter strickte Socken, Handschuhe oder Schals; so auch ihre Töchter.

Vater formte eine quadratische Struktur aus Lehm und Stroh auf dem Dachboden, die sich oben verengte und mit dem Schornstein des Küchenherds verbunden war. Es diente als Räucherkammer. Mit einem Schieber konnte die Rauchmenge reguliert oder ganz abgeschaltet werden. Metallstangen, die sich von einer Seite zur anderen kreuzten, dienten dazu, Würste oder Fleisch von einem geschlachteten Schwein zum Räuchern aufzuhängen. Als Maurer genoss Vater es, an verschiedenen Projekten rund um das Haus zu arbeiten, wenn die Felder keine Aufmerksamkeit benötigten.

Der erste Winter im neuen Haus verging schnell und der Frühling kam. Emma, Marta und Meta halfen ihrer Mutter, einen Gemüsegarten vorzubereiten und Blumenbeete rund um das Haus anzulegen. Die Blumen standen im Juli und August in voller Blüte und erfüllten die Luft mit einem herrlichen Duft. Mitte August 1934 verkündete ihre Mutter die Ankunft ihres sechsten Kindes. Am 15. August brachte die Hebamme einen weiteren Jungen zur Welt, Richard genannt. Richard war ein sehr zartes Baby, hatte große blaue Augen und die Familie begrüßte ihn mit Neugier und Freude. Vater und andere waren dankbar, dass alles gut ging, und sie dachten, drei Töchter und drei Söhne würden ihre Familie vervollständigen.

Emma, Marta und Meta halfen Richard aufzuziehen und nachdem ein Jahr vergangen war, konnte er gehen und ein paar Worte sagen. Edmund und Richard saßen auf dem Boden und spielten. Manchmal legte Mutter eine Decke in den Garten, damit sie frische Luft und Sonnenschein bekamen.

Anfang August 1935 wurde der Himmel dunkel und düster, und die schwangeren Wolken sammelten sich am Himmel. Donner rollte, dröhnte und erschütterte das ganze Haus. Blitze zogen im Zickzack durch die Atmosphäre, während die warmen und kalten Luftmassen kollidierten. Plötzlich beobachtete unser Vater, wie der Himmel vom Feuer erleuchtet blieb. Er sah, wie das Haus des Nachbarn in Flammen aufging. Vater dachte, der Blitz müsse das Haus getroffen haben. Schnell spannte er die Pferde an den Wagen und eilte zur Nachbarsfamilie Reinke. Als Vater ankam, hatten die Flammen den größten Teil des Hauses und all ihren Besitz verzehrt. Herr und Frau Reinke haben nur einige Dokumente, ein paar Möbelstücke und einige persönliche Gegenstände retten können. Gott sei Dank wurde keines der Familienmitglieder vom Blitz getroffen und verletzt. Plötzlich öffnete sich der Himmel, und ein Regenguss überflutete das brennende Haus und löschte langsam das Feuer aus. Die Familie, Vater und andere Nachbarn suchten Schutz in der Scheune. Traurigkeit erfüllte das Herz von Frau Reinke, und Tränen flossen über ihre Wangen, als sie erkannte, dass das Feuer ihr Haus und den geschätzten Inhalt zu einem schwarzen Haufen verkohlter Trümmer reduziert hatte.

Vater hatte Mitleid mit den Nachbarn und bat Herrn und Frau Reinke, in unserem Haus zu bleiben, bis sie eine andere Wohnmöglichkeit gefunden hatten, während sie ihr Haus wieder aufbauten. Sie warteten, bis der Regen nachließ. Dann bat Vater Alfred, Ophelia und ihre drei Söhne Erwin, Oswald und Helmut, in den Wagen zu steigen und mit ihm zu kommen. Mutter begrüßte die Nachbarn, und die Jungen waren froh, temporäre Spielkameraden zu haben.

Am nächsten Tag fuhr Vater mit Herrn und Frau Reinke zu ihrem Hof, um zu sehen, ob sie etwas aus den verkohlten Trümmern des Hauses retten und das Vieh füttern könnten. Sie sagten unserem Vater, er solle zurückkehren, und sie würden ihn am Abend in ihrem Wagen begleiten. Alfred und Ophelia planten, ihr Haus sofort wieder aufzubauen. Sie waren dankbar, eine Unterkunft zu haben, bis sie eine provisorische Küche und Quartiere in ihrer Scheune eingerichtet hatten. Die Nachbarn arbeiteten tagsüber an ihrem Haus und kamen nur, um die Nacht bei uns zu verbringen. Ihre Verwandten und andere Nachbarn halfen beim Bau des Hauses. Die Struktur war fertig bevor der Winter kam und Familie Reinke konnte in das neue Haus einziehen.

Auch ins Haus von Gustav und Emilie würde eine neue Person einziehen. Mutters Schwester Marie arbeitete in einem wohlhabenden Familienhaushalt in Sudauen und litt an Knochentuberkulose. Die starken Schmerzen und eiternden Wunden hinderten sie daran, ihren Dienst fortzusetzen. Sie hatte keinen anderen Ort, an den sie gehen konnte, und fragte ihre Schwester Emilie und ihren Schwager Gustav, ob sie bei ihrer Familie leben könne. Sie stimmten zu, und Vater fuhr nach Sudauen, um Tante Marie abzuholen. Sie brauchte einige Zeit, um sich daran zu gewöhnen, die ganze Zeit von sechs Kindern umgeben zu sein. Obwohl Tante Marie eine intelligente und schöne Frau war, hatte sie nicht geheiratet. Bald gewann sie ihre Nichten und Neffen lieb und war dankbar für die Liebe, die sie in vielen Taten der Freundlichkeit ihr gegenüber zum Ausdruck brachten. Emma und Meta halfen ihr jeden Tag aus dem Bett, und Marta übernahm das Reinigen ihrer Wunden und die Unterstützung beim Anziehen. Sie war dankbar und beschwerte sich nie. Die Liebe und der Glaube ihrer Nichten und Neffen an Gott gaben ihr die Kraft, ihre unheilbare Krankheit zu ertragen. Die Kinder versammelten sich abends um ihr Bett, und sie erzählte Märchen und Geschichten, die den Kindern Spaß machten.

In der Zwischenzeit wurde Tante Katarina, unsere adoptierte Oma, gebrechlich und ihr Gesundheitszustand verschlechterte sich. Sie brauchte Hilfe, um aus dem Bett zu kommen und sich auf den Stuhl zu setzen. Die Mädchen halfen ihr, wo immer sie konnten, und wann immer sie in der Schule waren, kümmerte sich Mutter um Tante Katarina und ihre Schwester Marie. Tante Katarina gewann im Sommer wieder etwas an Kraft, aber sie tat ihren letzten Atemzug am 9. September 1936 und ging zu ihrem Himmlischen Vater, dem sie ihr ganzes Leben lang gedient und vertraut hatte. Bevor sie starb, schenkte sie Emma ihren goldenen Ehering als Andenken, den Emma ihr ganzes Leben lang schätzte. Oma Katarina hinterließ eine große Lücke für Emma, Marta und Meta. Viele Verwandte und Nachbarn kamen zur dreitägigen Totenwache zum Haus. Vier Tage später fuhr der Leichenwagen den geschlossenen Sarg zur Kirche. Der Pastor sprach eine Abschiedspredigt zu allen Trauernden, bevor die Sargträger den Sarg zum nahegelegenen Friedhof trugen, wo ihr Leichnam zur Ruhe gelegt wurde.

Ein Leben vergeht und ein neues kommt. Emilie kündigte ihrem Mann an, dass der Storch bald ein neues Baby bringen würde. Weihnachten verging, so auch 1936! Das Jahr 1937 begann und die Hebamme kam am Neujahrstag. Am 2. Januar 1937, drei Stunden nach Mitternacht, schrie ein kleines Mädchen danach, in die Familie und die Welt aufgenommen zu werden, während es sich vom Mutterleib trennte. Alle begrüßten sie mit Freude, und Emma wählte den Namen Hildegard für sie. Als das eine Licht verblasste, begann ein anderes zu leuchten. Der ewige Kreislauf von Leben und Tod geht weiter – sie gehören zusammen wie Tag und Nacht.

Laut meiner Schwester Emma war ich, Hildegard, ein glückliches Kind und bereitete meinen Eltern, Brüdern und Schwestern Freude, die sich um mich kümmerten und mit mir spielten. Leider habe ich meine Großtante Katarina, die alle liebten und Oma nannten, nie kennengelernt. Ich erinnere mich auch nicht an Tante Marie. Die Infektion der Tuberkulose verzehrte langsam ihre Knochen. Sie verwelkte wie eine schöne Blume in voller Blüte am Gründonnerstag, dem 4. April 1938, im Alter von achtunddreißig Jahren. Emilie, ihre Schwester Lena, die Neffen und die älteren Nichten schätzten Tante Marie. Ich erinnere mich nur, sie auf einem Foto gesehen zu haben, das während der Arbeit für eine Adelsfamilie in Sudauen aufgenommen wurde. Sie sah reizend aus, mit lockigem Haar und einem schönen Lächeln.

Kapitel 6

Das Dritte Reich

Die Weimarer Republik bestand fünfzehn Jahre, von 1918 bis 1933. Die Regierung versuchte, ihr Vaterland wieder aufzubauen, aber die enormen Restitutionsforderungen des Versailler-Vertrags brachen ihre Wirtschaft und Industrie.

Wie wurde Adolf Hitler, deutscher Staatsbürger und Kanzler der Weimarer Republik?

Adolf Hitler wurde am 20. April 1889 in Braunau, Österreich, geboren. Sein Vater, Alois, war ein uneheliches Kind von Maria Ana Schicklgruber und Leopold Frankenberger. Seine Mutter, geborene Klara Poeltz, war seine Cousine. Adolf Hitler schämte sich für seine Inzucht-Vorfahren und versteckte oder zerstörte alle Dokumente und sogar Gräber seiner österreichischen Ahnen. Nachbarn nannten ihn einen jüdischen Jungen, als er noch ein Kind war. In einem Artikel über Geschichte stellt Jeannie Cohen fest, dass Jean-Paul Mulders und Marc Vermeeren, ein belgischer Historiker, Hitlers Wurzeln ausgiebig studierten. Sie sammelten Speichel von neununddreißig verschiedenen entfernten Verwandten Hitlers. Ihre Studie kam zu dem Schluss, dass Hitlers Vorfahren afrikanisch-jüdische Genes hatten.

Als er in die österreichische Armee einziehen sollte, floh er nach München. Am 8. und 9. November 1923 versuchte er, die deutsche Regierung zu stürzen. Dieser unglückliche Aufstand ist als Bierhallen-Putsch bekannt. Hitler wurde des Hochverrats für schuldig befunden und zu fünf Jahren Gefängnis verurteilt. Bevor er neun Monate später entlassen wurde, schrieb er das Buch *Mein Kampf*.[23] Darin drückt Hitler seinen Hass auf die Juden aus. Er hielt während des Gericht Prozesses heftige Reden über Deutschlands schwierigen Zustand, die sogar die

Richter beeindruckten, und sie ließen ihn nach neun Monaten frei. Später erhielt er die deutsche Staatsbürgerschaft und gründete die Nationale Sozialistische Arbeiterpartei (die jeder die Nazi-Partei nennt).

Während dieser chaotischen Zeit wurden die Deutschen demoralisiert und gedemütigt. 1933 wurde Adolf Hitler Reichstags Kanzler und 1934 zum Präsidenten der Weimarer Republik gewählt; er kombinierte beide Titel und nannte sich Führer. Er nannte die Weimarer Republik das Dritte Reich.[10] Am 12. März 1938 annektierte Adolf Hitler Österreich an Deutschland. Die Ermordung des deutschen Diplomaten Ernst Rath am 7. November 1938 durch den Juden Herschel Grynszpan löste den Beginn der Judenverfolgung in der Kristallnacht aus. Hitler gab den jüdischen Bürgern zunächst die Wahl, Deutschland zu verlassen, bevor er sie aus Deutschland und später aus Europa eliminieren würde. Adolf Hitler hatte die Idee, eine reine Arienrasse zu schaffen. Viele Menschen litten unter seiner Diktatur, andere folgten ihm nach. Er wollte auch das Territorium des Dritten Reiches erweitern. Seine eloquenten Reden spielten mit den Emotionen der kämpfenden Arbeiter, und er gewann langsam an Macht. Adolf Hitler verlangte absoluten Gehorsam und von allen „Heil Hitler" gegrüßt zu werden.

Hitler ignorierte den Versailler Vertrag, stellte den Nationalstolz der Deutschen wieder her und baute Deutschlands Infrastruktur, Schulen und Industrie wieder auf. Zu Beginn des Dritten Reiches schien er Deutschlands rechter Führer zu sein. Er trainierte Soldaten und baute Schiffe, Flugzeuge und zerstörerische Waffen, auch Raketen in unterirdischen Fabriken.

Adolf Hitler schuf die Hitlerjugend (HJ) für die vierzehn- bis achtzehnjährigen Jungen. Ihre Anführer indoktrinierten sie mit Hitlers politischer Ideologie und unterwarfen sie einem kräftigen körperlichen Training, um sie darauf vorzubereiten, gute Krieger zu werden.

Er gründete auch den Bund Deutscher Mädchen (BDM) für die jungen Mädchen im gleichen Alter. Sie erhielten Anweisungen, kompetente Hausfrauen, gute Ehefrauen und Mütter zu sein. Sie machten auch körperliche Übungen und Sport, um gesunde Körper zu entwickeln.

Leider wurde Adolf Hitler, nachdem er den Höhepunkt seiner Macht erreicht hatte, zu einem rücksichtslosen Diktator. Jeder, der sich ihm, seinen Ideen und seinem Regime widersetzte, wurde ins Gefängnis gesteckt oder mit dem Tode bestraft.

Er begann mit militärischen Eroberungen, um deutsche Gebiete zurückzugewinnen, die während des Ersten Weltkriegs verloren gegangen waren. Am 1. September 1939 marschierte Hitler in Polen ein und begann den Zweiten Weltkrieg. England und Frankreich, Verbündete Polens, erklären Deutschland am 3. September 1939 den Krieg. Sogar die Armee der Sowjetunion marschierte nach der Bombardierung in Warschau ein und kapitulierte. Dann konzentrierte sich Hitler auf die Eroberung der westeuropäischen Länder. Hitler erreichte den Höhepunkt seiner Popularität, als er Paris übernahm und Frankreich besetzte.

Italien und Japan schlossen sich Deutschland am 27. September 1940 an und bildeten eine Loyalität, die als Achse bezeichnet wird.

Am 13. August 1940 begann Hitler einen Luftangriff auf England. Nach den schweren Stürzen der deutschen Luftwaffe fühlte sich Hitler besiegt und hörte auf, London und andere englische Städte zu bombardieren. Premierminister Winston Churchill suchte die Hilfe von Präsident Roosevelt, aber erst vier Tage nach dem japanischen Angriff auf Pearl Harbor am 7. Dezember 1941 erklärte Präsident Roosevelt Japan den Krieg. Adolf Hitler erfuhr, dass Amerika, obwohl es noch neutral war, deutsche U-Boote angriff, und Adolf Hitler erklärte am 11. Dezember 1941 den Krieg gegen die Vereinigten Staaten. Das deutsche Volk, die Generäle und die meisten Amerikaner stimmten nicht überein mit Adolf Hitlers Entscheidung und stellten seinen Verstand in Frage. Adolf Hitler beging seine unmenschlichen Gräueltat, als er begann, Juden zu verfolgen. Er füllte die Konzentrationslager, nicht nur mit Juden, sondern mit jedem, der sich ihm und seinem Regime widersetzte. Die Gefangenen wurden zu harter Arbeit gezwungen, und einige starben an Unterernährung und Krankheiten. Über den Massenmord durch Zyklon B-Gas ist so viel geschrieben worden; einiges sind Fakten und einiges Fiktion.

Britische und amerikanische Truppen marschierten 1943 in Sizilien ein und beendeten den Faschismus in Italien, indem sie Benito Mussolini die Macht entrissen. Der neue italienische Ministerpräsident Badoglio unterzeichnete im Juli 1943 einen bedingungslosen Waffenstillstand mit General Dwight Eisenhower.

General Dwight Eisenhower, der Befehlshaber der alliierten Streitkräfte, landete am 6. Juni 1944 (D-Day) am Omaha Strand in der Normandie, Frankreich. Er brachte tausende neue Flugzeuge und Schiffe mit sich und über einer Million Soldaten. Die Truppen rückten am 26. August 1944 nach Paris vor, und General Charles de Gaulle und die Bürger Frankreichs begrüßten die amerikanischen Befreier mit großem Jubel.

Währenddessen drangen drei Millionen Russen der Roten Armee auf Berlin zu und trafen am 25. April 1944 die amerikanischen Truppen. Nachdem viele deutsche Soldaten im Kampf gefallen waren, zog Hitler ältere Männer, einschließlich meines Vaters, und die Hitlerjugend ein, um sie zu ersetzen. Nach einer schrecklichen Schlacht kapitulierte Berlin am 2. Mai 1945.

Als Adolf Hitler sich besiegt fühlte und er keinen Ausweg aus der Gefangennahme sah, versteckten er und Eva Braun sich im Berliner Bunker. Er heiratete Eva Braun einen Tag bevor beide am 30. April, 1945, Selbstmord begangen. Hitler nahm zuerst eine Zyankalikapsel und schoss sich dann in den Kopf. Die deutschen Generäle einigten sich darauf, die Kämpfe einzustellen und sich zu ergeben, und General Alfred Jodl unterzeichnete die Kapitulationserklärung in Reims, Frankreich. Die Alliierten forderten die Kapitulation aller kämpfenden Truppen, und General Wilhelm Keitel unterzeichnete am 8. Mai 1945 in Berlin das bedingungslose Kapitulationsdokument, das den Zweiten Weltkrieg in Deutschland beendete. Der Krieg im Pazifik setzte sich jedoch mit Japan fort, bis die Vereinigten Staaten mit der Duldung Großbritanniens am 6. August 1945 eine Atombombe über Hiroshima und drei Tage später eine weitere über Nagasaki abwarfen. Sie töteten sofort über 200.000 Zivilisten. Monatelang starben viele Menschen an Verbrennungen, Strahlung, Krankheiten, Unterernährung und schweren Verletzungen. Sechs Tage später ergab sich der Kaiser von Japan, Hirohito. Am 2. September 1945 unterzeichneten Japans Außenminister Mamoru Shigemitsu und General Yoshijiro Umezu mit ihren Namen auf dem Schiff der USS Missouri das Kapitulationsdokument, das Teil des Potsdamer Vertrags wurde. Auch General Douglas MacArthur war bei dieser düsteren Zeremonie anwesend, als der Zweite Weltkrieg offiziell endete. Die Alliierten erlaubten Kaiser Hirohito, auf dem Thron zu bleiben, beschränkten aber seine politische Macht in einer neu gegründeten japanischen Regierung.

Die Alliierten zwangen Deutschland erneut, schwere Reparationen zu zahlen, und waren gezwungen, bestimmte Gebiete Deutschlands und andere Regionen, die Hitler zu Beginn des Krieges erobert hatte, endgültig aufzugeben. Wie im Potsdamer Friedensvertrag des Zweiten Weltkriegs gefordert, beanspruchte Russland den nördlichen Teil Ostpreußens und Polen den südlichen Teil von Ostpreußen, Pommern und Schlesien. Dänemark beanspruchte einen Teil von Nordschleswig und Frankreich einen Teil von Elsass-Lothringen.

Verloren mit beiden Weltkriegen war insgesamt ein Drittel des deutschen Territoriums. Vierzehn Millionen Menschen mussten ihre Häuser und ihr Eigentum zurücklassen und in den Westen fliehen. Millionen von ethnischen Deutschen, die in Russland, Polen, der Tschechoslowakei, Ungarn und den osteuropäischen Ländern lebten, wurden aus ihren Häusern vertrieben, oft Opfer von Gewalt und Terror, einschließlich Mord, Folter und Vergewaltigung. Hunderttausende Deutsche landeten in Internierungslagern, die früher Konzentrationslager waren.

Viele deutsche Einwohner, darunter meine eigene Familie, flohen 1944, bevor russische Armeen in Ostpreußen einmarschierten und es umzingelten. Aber diejenigen, die blieben, wurden ihres Eigentums beraubt, brutal behandelt und wie Vieh in überfüllten Güterzügen nach Westdeutschland transportiert.

Ostpreußen wurde eine russische Enklave. Die russische Bevölkerung, die sich in Ostpreußen niederließ, zerstörte alle historischen Sehenswürdigkeiten und baute die vom Krieg zerstörten Städte und Dörfer wieder auf.

Die polnische Regierung behandelte die deutschen Einwohner in Ostpreußen schlecht. Auch sie konfiszierten ihr Eigentum und befahlen den Deutschen, das Land zu verlassen; Sie erlaubten jedoch einigen, zurückzubleiben. Polen annektierte das Gebiet, in dem ich geboren wurde.

Vorbei mit dem Zweiten Weltkrieg waren das Dritte Reich und meine geliebte Heimat Ostpreußen. Die vier Alliierten teilten Deutschland in militärische Zonen ein. Norddeutschland wurde von England besetzt, der Süden von Frankreich, Mitteldeutschland von den Vereinigten Staaten und der Osten von Russland. Vier Jahre lang hatte Deutschland keine Regierung. Jeder Verbündete regierte seine besetzte Region nach den Gesetzen seines Landes.

Am 23. Mai 1949 formierte sich unter Bundespräsident Theodor Heuss und Bundeskanzler Conrad Adenauer eine neue Regierung, die Bundesrepublik Deutschland (BRD). Mit der amerikanischen Marshallplan-Hilfe und harter Arbeit wuchsen Deutschlands vom Krieg zerstörte westliche Teile langsam zu einer wohlhabenden Nation heran. Drei Jahre nach Kriegsende wurde die Reichsmark wegen der hohen Inflation durch die Deutsche Mark oder D.M. ersetzt.

Unter der russischen Besatzung Ostdeutschlands, der sogenannten Deutschen Demokratischen Republik (DDR), blieb der östliche Teil jedoch zurück. Die russische Regierung begann am 13. August 1961 eine Mauer zu bauen, Eiserner Vorhang genannt. Eine fünf Kilometer breite entmilitarisierte Zone sollte die Menschen daran hindern, Ostdeutschland zu verlassen. Wer illegal aus der DDR über die Grenze fliehen wollte, wurde ins Gefängnis gesteckt oder auf der Stelle erschossen.

Vorbei mit dem Zweiten Weltkrieg waren Ost- und Westpreußen und die 700 Jahre alte preußische Kultur. Fast achtzig Jahre sind vergangen, seit der Flucht meiner Familie aus Ostpreußen, ich trauere immer noch um den Verlust meines geliebten Heimatlandes und der preußischen Kultur. Die Tatsache, dass ich meinen Geburtsort nie wieder sehen werde, löste tiefe Traurigkeit in meinem Herzen aus und brachte Tränen in meinen Augen hervor.

Das Land, das einst vielen religiös und politisch Verfolgten Asyl anbot, befahl nun seinen Bewohnern, das Land zu verlassen, um zu verhindern, dass sie von brutalen Armeen massakriert werden. Sie entkamen, suchten Zuflucht in anderen deutschen Regionen oder im Ausland.

Wie seltsam das Leben sein kann; ich fand eine neue Heimat in Nordamerika, das vor über zweihundert Jahren einmal ein Freundschafts- und Handelsabkommen mit dem preußischen König Friedrich dem Großen unterzeichnete. Ich liebe mein neu adoptiertes Land und bin ein integrierter Mitbürger. Ich werde jedoch immer das Andenken meiner Heimat Ostpreußen in Ehren halten, ihren Verlust betrauern und meine Wurzeln nie vergessen.

Mutters starker Glaube half mir und all meinen Geschwistern durch die Tragödie des Krieges und die Nöte des Lebens. Sie fand Trost in Gott, der versprach, dass wir uns nur vorübergehend auf der Erde aufhalten, aber unsere permanente Heimat ist im Himmel, wo wir wieder mit unseren Lieben vereint und für immer mit Gott und unserem Erlöser, Jesus Christus, leben werden.

Nach einem Einblick in den historischen Hintergrund Preußens und Deutschlands werde ich an meinen Geburtsort, das kleine Dorf Wizajny, Ostpreußen, zurückkehren und Erinnerungen an meine Kindheit und die Geschichte meiner Familie schildern.

Kapitel 7

Leben zu Hause

Vater fühlte sich zufrieden, als er mit seiner großen Familie auf dem Bauernhof lebte. Am 19. November 1942 kam zu seinen sieben Kindern ein weiterer Sohn namens Horst hinzu. Gustav genoss das Leben, war fröhlich, sang und hatte einen guten Sinn für Humor. Er war Maurer und auch ein guter Bauer. Er war groß, blond und hatte blaue Augen. Emilie war brünett, hatte braune Augen, war schweigsam und sehr religiös. Beide arbeiteten fleißig, um den Boden zu bestellen und Tiere zu züchten, um ihre große Familie zu ernähren, und verkauften den Überschuss, um notwendige Waren für das Haus und die Kinder zu kaufen.

Die Jahreszeiten bestimmten den Rhythmus unseres Lebens, und die Natur veranlasste uns, ihrem Befehl zu folgen. Das Leben begann sich unter dem Schnee zu rühren, als die Winterschatten kürzer und die Tage länger wurden. Bald bohrten die ersten Frühlingsblumen ihre zarten Blättchen durch den Schnee, formten Knospen und blühten auf. Die zarten weißen Schneeglöckchen waren die ersten Frühlingsboten.

Einige Hühner zeigten im Frühjahr Anzeichen einer Verhaltensänderung. Sie hörten auf, Eier zu legen, verloren die Federn auf dem Bauch und machten ein seltsames Geräusch.

Meine Mutter wusste, wann eine Henne bereit war, Eier auszubrüten. Emma, Marta und Meta bereiteten Nester in Holzkisten und Körben vor, füllten sie mit Stroh und säumten sie mit Gänsefedern. Sie platzierten sie im großen Eingang vor der Küche, weil der Hühnerstall nicht beheizt war und die kalten Nächte die Inkubation der Eier behindern könnten. Bevor meine Mutter etwa ein Dutzend Eier in ein Nest legte, hielt sie jedes Ei gegen das Sonnenlicht, um zu überprüfen, ob es fruchtbar war oder nicht. Dann setzte sie eine Glucke auf jedes Nest. Die Mädchen errichteten Nester für Enten, Gänse und Truthähne im Kuhstall.

Wärmere Winde wehten jeden Tag und schmolzen den Schnee um den Hof und das Eis auf dem Teich. In der Nähe des Ufers des Teiches erschienen Seerosenblätter und andere Blumen und Gräser. Die Bäume und Sträucher rund um das Haus entfalteten ihre zarten Blätter und schönen Blüten. Auf den Wiesen wuchsen saftig grünes Gras und bunte Wildblumen, und die brachliegenden Felder legten ihren reichen dunklen Boden frei.

Vater war bestrebt, den Boden zu bearbeiten. Zuerst fuhr er in speziellen Wagenladungen Kuhmist zu den Feldern und verteilte ihn mit einer Mistgabel über den ganzen Boden. Am nächsten Tag nahm er einen Pflug auf das Feld, hängte ihn hinter ein Pferd und begann, eine Reihe nach der anderen umzudrehen, um den natürlichen Dünger zu bedecken und den Mutterboden zu lockern. Er pfiff oder summte eine fröhliche Melodie, während er die Klinge des Pfluges zu Beginn einer Reihe in den Boden drückte, sie in einer bestimmten Tiefe hielt und sie am Ende jeder Reihe hob. Er ging hin und her, bis die Erde des gesamten Feldes der Sonne und der frischen Luft ausgesetzt war. Krähen folgten dahinter, um einen fettexponierten Wurm zu fangen. Eine Lerche zwitscherte ein fröhliches Lied, während sie zur blauen Himmelskuppel aufstieg.

Vater wartete einige Tage, bis der Boden getrocknet war, bevor er das Feld harkte, um die Klumpen zu zerbrechen und den Boden für die Aussaat vorzubereiten.

Am nächsten Tag half ihm Georg, nachdem er von der Schule nach Hause kam. Vater schwang einen Sack voll Weizen auf den Wagen und befestigte auch den Rechen daran. Als sie auf dem Feld ankamen, füllte Vater einen Sack mit einem Riemen, der an jedem Ende befestigt war, halb voll mit Weizenkörnern und schwang den Gurt über seinen Kopf und seine Schulter. Dann ging er von einem Ende des Feldes zum anderen und breitete eine Handvoll Samen nach der anderen in einer ausladenden Bewegung über den lockeren Boden aus. Georg entfernte den Rechen, befestigte ihn an den Pferden und harkte den Teil, in den mein Vater die Samen geworfen hatte. Georg ging mehrmals hin und her, um die Samen locker mit Erde zu bedecken. Nun hoffte Vater auf sanften Frühlingsregen, um den Keimprozess zu beschleunigen.

Als der Abend den Bauernhof und die Felder in Dunkelheit hüllte, zündete meine Mutter die Öllampe an und stellte sie auf den Tisch. Damals gab es auf dem Land keine elektrische Energie. Nach dem Abendessen, für zwei oder drei Stunden, machten Edmund und Georg ihre Hausaufgaben. Richard und ich spielten Brettspiele wie Mühle, oder Mensch-Ärger-Dich-Nicht, während Mutter und Emma Wolle spannen oder Kleidung für die jüngeren Geschwister nähten.

Mutter, Emma und Meta bereiteten den Gemüsegarten vor. Sie machten Beete für die verschiedenen Gemüsearten mit dem Ende der Harke. Emma und Meta gruben zwischen jedem Beet einen Weg aus, den Emma harkte. Hin und wieder drehte sie den Rechen um und gab einem Klumpen von Lehm einen Schlag, um ihn aufzubrechen. Sobald die Erde locker war, zeichnete Mutter flache, schmale Furchen auf die Gemüsebeete. Sie legte Samen, die sie von der vorherigen Ernte aufbewahrt hatte, von Karotten, Radieschen, Gurken, Meerrettich, roten Rüben, Bohnen, Zuckerrüben, verschiedenen Salatsorten und Kohl in sie. Sie bedeckte die Samen locker mit Erde. Rüben, Zuckerrüben und weiße Rüben, die als Schweinefutter dienten, wurden auf einem größeren Grundstück außerhalb des Hauses gepflanzt. Ich konnte es kaum erwarten, bis die Sämlinge sprießten und ihre ersten beiden Blättchen durch den Boden stachen.

Kurz nach der Ankunft des Frühlings kehrten die Zugvögel zurück. Mit großer Begeisterung begrüßte ich die beiden Störche, die oben auf unserer Scheune ein Nest gebaut hatten. Ich genoss es, dem Klappern ihrer Schnäbel zuzuhören. Ich rannte aus dem Haus, um mit ihnen in ostpreußischem Dialekt zu sprechen: „Storch, Storch, goder, bring mi e kleenem Broder. Storch, Storch, bester, bring mi e kleene Schwester." Übersetzung: Storch, Storch, guter, bring mir einen kleinen Bruder. Storch, Storch, bester, bring mir eine kleine Schwester.

Das Hupen der nach Norden fliegenden Wildgänse, der Ruf des Kuckucks und der süße Gesang der Nachtigall kündigten die offizielle Ankunft des Frühlings an, und mit ihm kam Ostern. Wir freuten uns alle auf Ostern, weil unsere Schwester Marta nach Hause kam, um uns zu besuchen. Nachdem Marta im Alter von vierzehn Jahren die Volksschule abgeschlossen hatte, fand sie eine Stelle in dem nahe gelegenen Dorf Hellrau bei einer Lehrerfamilie, namens Kessler, mit drei Kindern, denen sie half. Sie sammelte genug Erfahrung zu Hause, während sie Mutter half, ihre jüngeren Geschwister großzuziehen. Jetzt genoss sie es, sich um die Kinder des Lehrers zu kümmern. An den besonderen Feiertagen, wie Ostern, Pfingsten und Weihnachten, erlaubte Herr Kessler ihr jedoch, ein paar Tage frei zu nehmen, um sie mit ihrer eigenen Familie zu verbringen.

Jeden Tag in der Woche vor Ostern, hielt ich Ausschau nach Marta. Schließlich sah ich, wie sie den Hügel entlangkam und Pakete in beiden Händen trug. Ich rannte ihr entgegen, um sie zu begrüßen. Sie legte ihre Koffer ab, umarmte mich und hob mich hoch, um mich im Kreis herumzudrehen: „Ach, bist du aber gewachsen", bemerkte sie, „Wie schön, dich zu sehen und wieder zu Hause zu sein." „Was ist in diesen Paketen drin?", fragte ich.

„Du wirst bis Ostern warten müssen. Das kann ich dir noch nicht sagen. Es ist eine Überraschung."

Ich hüpfte neben ihr, hielt mich an einer Tasche fest und fragte mich, ob sich darin eine Puppe befand. Als wir zu Hause ankamen, umarmten sie alle und die Geschwister begrüßten sie mit vielen Fragen:

„Wie gefällt es dir, für den Lehrer zu arbeiten?"

„Behandeln sie dich gut?"

„Wie viele Kinder haben sie?"

„Sind die Kinder so gehorsam wie wir?"

Die Fragen gingen weiter, bis meine Mutter Fürsprache hielt: „Hört auf, so viele Fragen zu stellen; Marta ist müde von dem langen Gehen. Lasst sie eine Weile ruhen!"

Am nächsten Tag feierten wir Karfreitag. Mutter erzählte uns die Geschichte von der Kreuzigung Christi, und aus Respekt vor dem Leiden Christi durften wir keine unnötigen Gespräche führen. Mutter und Vater, Emma, Marta, Meta und Georg fasteten, weil sie am Heiligen Abendmahl in der Kirche teilnahmen.

Mutter bestand darauf, dass jeder um Vergebung für unfreundliche Worte oder Fehlverhalten bat. Mutter und Vater umarmten sich, ebenso wie die Schwestern und Georg, die zuerst ihre Eltern um Vergebung baten und dann einander. Manchmal drückten Tränen aus, wie leid es ihnen tat, eine kleine Lüge erzählt oder ihrer Mutter oder ihrem Vater nicht gehorcht zu haben. Alle fühlten sich erleichtert, als Vater die Pferde an die Kutsche anspannte und uns zur Kirche fuhr. Ich kuschelte mich in Martas Schoß. Sie legte ihre Arme um mich, aber wir wagten es nicht, ein Wort zu sagen oder das Schweigen zu brechen.

Vater und Georg nahmen die Pferde von der Kutsche auf dem Kirchplatz ab und banden sie an einen langen Balken, wo die Pferde der anderen Dorfbewohner bereits standen. Wir alle betraten die große Kirche. Richard und ich gesellten uns zu den anderen Kindern in den ersten Reihen, während unsere Eltern und die Erwachsenen hinter uns saßen. Rechts neben dem Altar standen drei Kreuze. Ein schwarzer Schleier drapierte das Mittelkreuz.

Nachdem die Gemeindemitglieder Platz genommen hatten, spielte der Organist ein Vorspiel, gefolgt von einem Gemeinschaftslied. Der Pastor las die Kreuzigungsgeschichte Christi aus der Bibel. Die Predigt folgte dem Thema: Christus starb und litt für unser Heil, und wir sollten auch unser Kreuz und das der anderen würdig tragen. Dann lud der Pastor die Gemeindemitglieder ein, am Heiligen Abendmahl teilzunehmen. Sie gingen zum Altar, knieten nieder, empfingen zuerst die Hostie und dann den Wein. Nachdem der Pastor dem letzten Kommunionteilnehmer das Abendmahl gab, folgte ein weiteres Lied. Dann entließ der Pastor die Gemeinde mit einem Segen. Alle verließen feierlich die Kirche.

Eine alte Tradition war es, am Karfreitag nur Fisch zu essen. Nach dem Mittagessen bereiteten Emma, Marta und Meta die

Zutaten zum Färben von Ostereiern vor. Sie kochten rote Beete, Zwiebelschalen, Moos und Eier in separaten Töpfen. Marta schälte die rote Beete und schnitt sie in Scheiben, so dass die satte violette Farbe in das heiße Wasser sickerte. Sie ließ den Saft in einen kleinen Topf abtropfen und legte vorsichtig mit einem Löffel Eier in den Topf. Nach ein paar Minuten hob Marta jedes Ei aus dem Topf und legte es in eine Schüssel. Emma färbte Eier gelb oder bernsteinfarben im Zwiebelschalensaft und Meta, grünlich-braun in der Moosflüssigkeit. Bald füllten Eier in verschiedenen Farben den Behälter. Ich rannte auf die Wiese, pflückte Butterblumen, Vergissmeinnicht und Rittersporn und reichte sie Marta. Marta schnitt die Stiele kürzer und arrangierte sie erfreulicherweise auf einem tiefen Teller neben den bunten Eiern auf dem Esstisch.

Am nächsten Morgen bereitete meine Mutter den Hefeteig für Weizen- und Roggenbrot in zwei separaten großen Schüsseln vor und legte ihn beiseite, damit er aufgehen konnte. Emma heizte den Ofen mit Brennholz. Als der Ofen fertig war, tupfte meine Mutter den Weizenteig in längliche Formen und den Roggenteig in runde Brote, legte sie auf ein Backbrett und stellte sie auf den Tisch, um sie wieder aufgehen zu lassen. Als der Teig hoch genug war, legte meine Mutter jeden Laib auf einen Schieber und schob es in den Ofen. Emma mischte Mehl, Butter und Zucker und streute die Mischung über einen besonderen Teig, den unsere Mutter später in den Ofen schob. Nachdem Mutter den Ofen geöffnet und einen Laib nach dem anderen herausgenommen hatte, erfüllte ein herrliches Aroma die Küche. Wir konnten es kaum erwarten, bis sie es servierte.

Am Samstag musste jeder von uns seine Schuhe putzen und die Kleidung für Sonntag rauslegen. Ich fragte meine Schwester Marta: „Kannst du mir ein Kleid aussuchen?"

„Komm her, Hildke", so nannte sie mich früher, „Ich habe etwas für dich." Sie ging ins Schlafzimmer und kam zurück, eine Hand hinter ihrem Rücken haltend. „Schließe deine Augen, Hildke." Ich drückte meine Augenlider schnell nach unten und wieder nach oben, als Marta verkündete: „Du kannst jetzt deine Augen öffnen, schau, was ich für dich gemacht habe." Ich warf einen Blick auf ein rotes ärmelloses Kleid mit Stickereien um den Ausschnitt.

„Es ist wunderschön; Du hast das für mich gemacht? Danke, danke, Marta", sagte ich, während ich sie umarmte und sie auf die Wange küsste.

„Vielleicht musst du morgen eine Bluse unter dem Kleid tragen. Die Luft ist immer noch kühl", fügte Marta hinzu. Ich bewunderte die schöne Stickerei und konnte es kaum erwarten, das Kleid für die Kirche zu tragen.

Samstag war Badezeit. Mutter kochte einen großen Topf mit Wasser, goss ihn in eine ovale Wanne und fügte genug kaltes Wasser hinzu, bis die Temperatur stimmte. Marta führte mich an der Hand, half mir, mich auszuziehen, und ich trat in die Wanne, die sich in der Mitte der Küche befand. Sie nahm ein Stück Seife und wusch zuerst meine Haare und dann den Rest meines Körpers, während ich glücklich im Wasser spritzte. Marta trocknete mich in einem großen Handtuch, half mir, mein Nachthemd anzuziehen, und brachte mich dann ins Schlafzimmer. Zuerst kniete sie mit mir nieder, um zu beten, bevor sie mich unter das Federbett steckte und mir gute Nacht küsste. Meine Schwestern Emma, Marta und Meta nahmen als nächstes ihr Bad. Jeder fügte mehr heißes Wasser hinzu, bevor er in die Wanne stieg. Dann wechselten sich meine Brüder Georg, Edmund und Richard ab. Als sie fertig waren, kippten sie das Badewasser in den Garten. Mutter goss neues heißes und kaltes Wasser in die Wanne für ihren Mann und sich selbst.

Die Morgendämmerung schlich auf Zehenspitzen über das Land und verzierte die Landschaft mit bunten Farben. Emma erhob sich, um Wasser aus dem fließenden Bach zu holen. Wir nannten es Osterwasser. Es sollte heilende Kräfte haben. Alle wuschen ihre Gesichter mit diesem gesegneten Wasser und hofften, dass es etwas Magie wirken würde.

Marta versteckte alle farbigen Eier an verschiedenen Stellen im Haus und sagte uns: „Der Osterhase nahm die Eier und versteckte sie draußen für euch. Geht und sucht sie." Meine drei

Brüder und ich rannten nach draußen und fingen an, nach Ostereiern zu suchen. „Ich habe welche gefunden", rief ich, als ich ein Nest unter einem Busch sah.

„Schau, wo ich Eier entdeckte!" Edmund rief und zeigte auf den Wagen in der Scheune. Georg fand ein Nest in einer Kiste vor dem Haus. Richard entdeckte Ostereier in einem Korb neben der Scheune. Wir stürmten hinein, um unserer Mutter, unserem Vater und unseren Schwestern unsere gefundenen Schätze zu zeigen. Obwohl jeder die gefundenen Eier behalten konnte, teilten wir sie mit jedem Familienmitglied.

„Kinder, es ist jetzt Zeit, sich für die Kirche vorzubereiten; Wir gehen in zehn Minuten." Mutter erinnerte uns daran. Schnell zogen wir uns in unsere Sonntagskleidung um. Als unser Vater die Kutsche vor das Haus brachte, sprangen wir alle hinein. Meine Mutter saß vorne neben meinem Vater. Stolz fuhr Vater mit seiner ganzen Familie über die holprige Landstraße zur Kirche. Hin und wieder knackte er die Peitsche, um die Pferde schneller traben zu lassen. Ich kuschelte mich auf Martas Schoß und genoss es, die grünen Felder zu beobachten, die an uns vorbeizogen. Die Lerche zwitscherte eine fröhliche Melodie.

Heute, am Ostersonntag, schlossen sich die Gemeindemitglieder an, die Auferstehung Christi freudig zu feiern. Emma sang im Kirchenchor, bevor die Predigt begann. Am Ende der Predigt rief der Pastor aus: „Christus ist auferstanden!" Die Gemeindemitglieder antworteten freudig: „Er ist in der Tat auferstanden!" Nach der Predigt über die Auferstehung Christi und den Segen verließen alle die Kirche. Die Nachbarn und Freunde unterhielten sich auf dem Kirchplatz. Georg und Vater spannten die Pferde an die Kutsche und fuhren zügig nach Hause.

Am Ostersonntag kamen uns Verwandte besuchen. Mutter und meine Schwestern bereiteten gebackte Ente mit einem speziellen Kartoffelgericht, Kugel und Rotkohl zum Mittagessen. Da mein Vater es sich nicht leisten konnte, echten Kaffee zu kaufen, folgten Hickory-Kaffee und Kuchen zum Nachtisch. Besonders willkommen hießen wir Tante Minna Schlösser, die Schwester meines Vaters, und ihre fünf Kinder. Meine Schwestern spielten Brettspiele mit unseren Cousinen Greta, Wilma und Emma, während die Jungs und Cousin Erich sich auf dem Hof mit den Tieren amüsierten. Herta, die jüngste Cousine, und ich unterhielten uns mit den Ostereiern. Wir rollten jeweils ein Ei den Hügel auf dem Rasen hinunter, um zu sehen, wessen Ei am weitesten gehen würde. Wir spielten auch mit meiner Puppe, die meine Schwester Marta im Jahr zuvor für mich gemacht hatte. Leider konnte Onkel Schlösser nicht zu uns kommen, weil er im Zweiten Weltkrieg als Soldat diente, ebenso wie Onkel Otto, August und Georg. Der Tag verging nur zu schnell, bevor meine Tante und meine Cousinen und Cousins ins Dorf zurückkehrten und wir zufrieden schlafen gingen.

Die nächsten Tage verbrachte ich glücklich in der Nähe meiner Schwester Marta. Eines Tages, als wir an der Glucke vorbeigingen, die Eier ausbrütete, hörten wir ein Zwitschern. Vorsichtig schob Marta die Glucke zur Seite, und wir sahen ein zierliches Küken, das die Schale eines Eies zerbrach. Ich rannte zu Mutter, nahm ihre Hand und sagte zu ihr: „Mutter, Mutter, komm schnell; ein Küken lugt aus einem Ei!" Mutter folgte mir, und ich zeigte ihr das Baby Küken in der zerbrochenen Eierschale.

„Es ist noch zu früh, um es aus dem Nest zu nehmen, aber wir werden die Eier von nun an sehr genau beobachten", antwortete Mutter. Sie holte eine Kiste und legte sie neben das Nest. Später holten meine Mutter und Marta ein kleines Küken nach dem anderen, legten es vorsichtig in eine Kiste am Herd und warfen die zerbrochenen Eierschalen weg. Nach zwei oder drei Tagen waren alle Küken geschlüpft. Die Henne verließ das Nest, um mit ihren Küken in einem kleinen Gehege, umgeben von Hühnerdraht, rumzulaufen. Leider war es auch Zeit für Marta zu gehen, was uns alle traurig stimmte.

„Musst du gehen?", fragte ich sie. „Warum kannst du nicht die ganze Zeit bei uns bleiben?"

„Ich muss Frau Kessler mit ihren drei Kindern helfen", antwortete Marta. „Komm, lass mich von allen verabschieden, bevor ich gehe." Ich ließ ihre Hand nicht los und ging mit ihr bis zum Ende des Hügels.

„Du solltest jetzt besser nach Hause laufen." Marta bestand darauf.

„Wann kommst du wieder?", erkundigte ich mich, während Marta sich bückte, um mich zu umarmen.

„Ich hoffe bald, geh jetzt, geh." Ich drehte mich um und eilte schnell nach Hause.

Ein paar weitere Tage vergingen, und die Entenküken schlüpften, und vier Wochen später kamen die Babygänse und -truthähne an. Nachdem Edmund von der Schule nach Hause kam, beobachtete er die kleinen Entenküken, die Babygänse, und wehrte Krähen und Falken ab, die sie wegschnappen wollten. Ich half Richard bei den Küken. Jeden Morgen zählte Mutter jedes Babygeflügel und tat dasselbe am Abend, bevor sie alle für die Nacht in den Hühnerstall sperrte. Eines Tages spielten Richard und ich mit einem alten Fahrrad und fuhren mit den Küken weit weg von zu Hause. Eine Krähe tauchte runter, schnappte ein kleines Küken und flog damit davon. Wir schrien die Krähe an, in der Hoffnung, dass sie ihre Beute fallen lassen würde, aber ohne Erfolg. Den Rest des Nachmittags verbrachten wir in Angst vor erwarteter Bestrafung. Wir hofften, dass Mutter vergessen würde, die Küken an diesem Tag zu zählen, aber sie tat es nicht – stattdessen beschimpfte sie uns und gab uns einen Schlag mit Vaters Lederriemen auf den Hintern. Von da an blieben wir mit der Henne und den Küken immer in der Nähe des Hauses. Ich genoss es, die kleinen Entchen und die Babygänse zu beobachten, die zum Teich watschelten, ins Wasser sprangen und ihr erstes Bad nahmen, wobei sie der Mutter Ente und Gans sehr genau folgten. Während mein Bruder Edmund die Babyenten und -gänse am Teich hütete, fischte er mit seiner selbstgebauten Angelrute und einem Haken. Er band, als Bobbe einen Korken an die Leine. Wenn der Korken im Wasser verschwand, wusste er, dass er einen Fisch gefangen hatte. Err zog den Stock schnell hoch und brachte den Fisch ans Ufer. Manchmal war er mehr mit dem Fischen beschäftigt, als seine Arbeit zu erledigen. Eine Strafe erwartete ihn am Ende des Tages, als meine Mutter ein vermisstes Entlein entdeckte.

Etwa eine Woche nach Ostern bereitete mein Vater das Feld für den Anbau von Kartoffeln. Mutter und Emma schnitten jede Kartoffel in zwei Hälften und legten sie in große Körbe. Dann setzten sie jede Hälfte mit der geschnittenen Seite, etwa einen Fuß voneinander entfernt in flache Furchen. Vater bedeckte die Kartoffeln mit einem Pflug von jeder Seite und bildete Rillen und Reihen von Hügeln.

Pfingsten folgte Mitte Juni, als die Natur die festlichste und bunteste Kleidung anzog. Emma und Meta gingen in den nahegelegenen Hain und schnitten Birkenzweige. Ich rannte mit und pflückte Blumen, die ich auf dem Weg fand. Wir setzten einen Strauß Wildblumen auf den Esstisch. Wir webten eine Girlande aus zartgrünen Zweigen und befestigten sie am Rahmen der Eingangstür. Alle jungen Mädchen trugen weiße Kleider. Wir feierten Pfingsten zu Hause oder besuchten Onkel, Tanten und Cousins. Die ganze Familie ging in die Kirche. Zu unserer großen Freude kam Marta wieder, um diesen unvergesslichen Feiertag mit uns zu feiern. Wir ahnten nicht, dass dies das letzte Pfingstfest sein würde, das wir alle zusammen als Familie feierten.

Im Juli stand das Gras in den Wiesen hoch und viele Wildblumen, Klee und andere Blattpflanzen breiteten einen dicken bunten Teppich über die Felder aus. Als wir das musikalische Klirren des Schleifsteins hörten und Vater seine Sense schärfte, wussten wir, dass es Zeit war, das Gras auf den Wiesen zu mähen. Mutter und ich brachten Vater Mittagsessen auf dem Feld, damit er keine Zeit verlor, nach Hause zu kommen. Mutter breitete eine kleine Tischdecke auf dem frisch geschnittenen Gras aus und wickelte Sandwiches mit hausgemachter Wurst aus. „Setz dich hin, Gustav, es ist Zeit, eine Pause einzulegen und zu essen. Du hast schon einiges gemäht; glaubst du, du wirst heute Abend noch fertig?", fragte Mutter, während sie Vater ein Sandwich zusammen mit einer Flasche Himbeersaft reichte.

„Ich sollte vor Sonnenuntergang fertig werden", antwortete Vater und nahm dann einen Bissen nach dem anderen, bis er zwei Sandwiches konsumierte. Mutter und ich aßen jeweils eine, während wir im Gras saßen und das herrliche Aroma des frisch geschnittenen Heus und der vielen Blumen, die in lang verblassten Reihen lagen, einatmeten. Ich rannte auf die Wiese und pflückte einige Wildblumen, bevor mein Vater sie niedermähte. Fröhlich ging ich mit Mutter nach Hause.

Mehrere Tage lag das Heu zum Trocknen in der Sonne. Dann gingen Emma, Meta und Georg auf die Wiese, um das Heu mit einem Rechen zu drehen und Reihen zu bilden. Nachdem die Sonne das Gras vollständig getrocknet hatte, brachten Vater Emma, Meta und Georg den Heuwagen auf die Wiese. Georg hielt die Pferde. Emma blieb auf dem Wagen, während Vater und Meta das Heu mit einer Mistgabel hoben. Emma stapelte das Heu zuerst vorn auf dem Wagen und ging dann zurück, bis sie das Ende des Wagens erreichte. Meta harkte das Heu, das Vater zurückließ. Manchmal fuhren Edmund, Richard und ich im weichen Heu auf dem Wagen zum Hof. Zu Hause angekommen luden Vater und Georg das Heu aus und stapelten es in der Scheune.

Der Weizen schwankte in der Brise sanft in Wellen über das Feld. Vater wusste Ende August, dass es Zeit zum Ernten war. Er bat die jungen Männer und Frauen aus unserer Nachbarschaft, uns zu helfen. Im Gegenzug halfen Vater, Emma und Meta den Nachbarn, wenn sie für ihre Ernte bereit waren. Die Männer schnitten Reihe um Reihe mit ihren Sensen. Eine Frau folgte jedem Mann, nahm schnell zwei Handvoll Weizenhalme und machte am Ende einen Knoten, um ein Band zu bilden. Sie sammelten einen Arm voller Weizenhalme, wickelten das Band um die Halme und formten eine Garbe, die sie auf den Boden fallen ließen.

Mutter blieb zu Hause, um ein kräftiges Mittagessen zuzubereiten, das sie auf das Feld brachte. Ich rannte mit und half ihr, ein Bündel Teller zu tragen. Alle begrüßten die Mittagspause, um sich auszuruhen und zu essen und lebhafte Gespräche zu führen. Die Männer diskutierten die jüngsten politischen Angelegenheiten, während Frauen und Mädchen über Familienereignisse plauderten. Die Männer halfen den Frauen und Mädchen, die Garben in Stapel zu stellen. Bevor die Sonne den westlichen Himmel golden färbte, schwangen die Männer ihre Sense über die Schultern und marschierten nach Hause. Frauen und Mädchen folgten ihnen. Alle eilten zum Teich, um den Staub von ihren Gesichtern, Armen und Beinen abzuwaschen. Die Frauen und Mädchen trugen keine Socken, und ihre Beine und Füße bluteten von den Schnitten der Stoppeln.

Während alle sich wuschen und fröhlich plauderten, stand ich am Ufer und beobachtete die frohen Badegäste. Emma kam mit einem Stein in der Hand auf mich zu: „Hier, Hildke, nimm diesen Stein und wirf ihn ins Wasser, um den Nachbarn nass zu spritzen." Ich nahm den Stein und schleuderte ihn ins Wasser. Leider traf er das Bein unseres Nachbarn Gustav Both, anstatt direkt ins Wasser zu fallen. Er schrie: „Wer war der Schurke? Warte, bis ich dich kriege." Er humpelte aus dem Wasser und betrachtete die blutende Wunde an seinem Bein. Als er mich weglaufen sah, wusste er, dass ich es war, die den Stein geworfen hatte.

Ich raste bergauf und versteckte mich im Plumpsklo, in der Hoffnung, dass er mich dort nicht finden würde. Ich wollte auch nicht Mutter gegenübertreten; sie hätte mich auch bestraft. Ich befestigte schnell die Tür mit dem Haken, stellte mich hinter die Tür und spähte durch das herzförmige Loch, um sicherzustellen, dass mir niemand folgte. Niemand tat es. Einer nach dem anderen kam aus dem Teich und betrat das Haus. Ich lauschte dem Plaudern beim Abendessen, während ich im Plumpsklo zitterte und mein Magen knurrte. Ich war hungrig, sehr hungrig. Ich beobachtete und wartete, beobachtete und wartete. Dunkelheit umhüllte den Hof; nur die Lichter des Hauses beleuchteten schwach den Innenhof. Ich dachte, niemand hätte meine Abwesenheit bemerkt. Die Zeit schien stehen zu bleiben. Mir war kalt und ich hoffte, die Nachbarn gehen zu sehen, aber sie blieben und blieben. Es schien wie Mitternacht, als ich endlich sah, wie die Nachbarn und Vater aus dem Haus kamen und einander gute Nacht sagten. Ich wartete noch etwas länger, bevor ich mich traute, ins Haus zu gehen.

„Es war deine Schuld, Emma", schimpfte ich mit ihr. „Du hättest mich nicht bitten sollen, den Stein ins Wasser zu werfen."

„Es tut mir sehr leid; ich bitte dich um Verzeihung", antwortete Emma, während sie mich umarmte. „Wo warst du die ganze Zeit?"

„Ich versteckte mich im Plumpsklo, bis ich sah, wie die Nachbarn gingen."

„Die ganze Zeit hast du im Plumpsklo gewartet, du armes Kind. Du musst kalt und hungrig sein. Setz dich hin und iss etwas, bevor ich dich ins Bett bringe."

„Gib mir ein Glas Milch und ein Sandwich", antwortete ich. „Wird Mutter mich tadeln?", dachte ich. Als sie nichts sagte, fühlte ich mich erleichtert, und ich sprang auf das Bett und kroch schnell unter die warme Federdecke. Es dauerte noch drei Tage, um die Weizenfelder zu mähen. Aber von da an versteckte ich mich immer irgendwo, wenn unser Nachbar Gustav Both uns besuchte. Ich fühlte immer noch Reue und hatte Angst vor seiner Bestrafung.

Vater wartete, bis die Garben des Getreides auf dem Feld getrocknet waren, bevor er sie nach Hause brachte. Sie entluden die Garben in der Scheune. Nachdem der letzte Wagen nach Hause fuhr, machte Emma eine Erntekrone. Mit einer Schnur befestigte sie kurze Kornstiele an einer kronenförmigen Form aus Draht. Sie hängte es an die Küchendecke. Es war eine jährliche Tradition, dem Schöpfer Dankbarkeit für eine reiche Ernte zu zeigen. Nachbarn, Verwandte und Familie feierten mit gutem Essen und Trinken den reichen Ertrag der Felder.

Nachdem alle Nachbarn die Ernte beendeten, halfen sie sich gegenseitig beim Weizen-, Hafer- und Roggendreschen. Wir hatten weder Elektro- noch Benzinmaschinen; Vater baute eine spezielle Vorrichtung, Roßwerk genannt, um die Räder der Dreschmaschine zu bewegen. Vater befestigte zwei oder mehr Pferde am Ende eines langen Balkens. Jemand führte ein Pferd oder ritt darauf, um es in einem gleichmäßigen Tempo in Bewegung zu halten. Wenn die Pferde gingen, setzten sie die Räder und den Riemen in Bewegung. Im Gegenzug bewegte das Band den Mechanismus in der Dreschmaschine, die Körner von Spreu trennten. Eine Person drückte nur eine kleine Menge auf einmal in die Dreschmaschine runter, damit es nicht klemmte und stehen blieb. Es dauerte mehrere Tage, bis der Dreschprozess auf unserem Hof endete. Dann ging mein Vater zu Nachbarn oder Verwandten, um ihnen beim Dreschen zu helfen.

Torf Stechen und Flachs ernten

Wenn bunte Wildblumen im Sommer die Wiesen und die Sümpfe schmückten, bereitete Vater einen Teil des Sumpfes für das Torf Stechen vor. Vater steckte ein Quadrat von etwa fünf Meter ab, und grub einen schmalen Graben um das Gebiet. Dann schnitt er den Sumpf Stück für Stück mit einem Spaten ab und warf ihn auf den angrenzenden Rasen. Nachdem er zwei oder drei Schichten Torf entfernt hatte, füllte Wasser das Loch. Er grub einen Graben, um das Wasser in eine niedrigere Wiese zu leiten. Als der Haufen eine bestimmte Größe erreichte, gab Vater Emma und Meta Eimer, mit denen sie das Wasser über den Sumpf warfen. Vater kletterte aus der Grube, schnallte die beiden Pferde an und trampelte barfuß hinter dem Pferd her, bis die Rasenstücke und der Sumpf aufgebrochen waren und einen dicken halbfesten schwarzen Schlamm bildeten. Vater fuhr eine schlittenartige Kiste mit Schlamm weiter weg zur Wiese. Emma und Meta füllten eine Form, die in ziegelgroße Fächer eingeteilt war, hoben sie hoch und ließen die ziegelartige Masse auf dem Boden zurück. Sie wiederholten den Vorgang, bis sie den ganzen schwarzen Rasenschlamm verwertet hatten. Nach ein paar Tagen drehten meine Mutter und meine älteren Schwestern die Torfziegel um, damit sie auf beiden Seiten vollständig trockneten. Dann brachte Vater sie auf den Hof und lagerte sie im Schuppen. Da Torf langsamer brannte als Holz, verwendete meine Mutter ihn neben Brennholz zum Kochen auf dem Holzherd und zum Heizen des Kachelofens im Winter.

Torf Stechen

Die Flachsernte begann, als sich die zarten blauen Blüten in kleine Samenkörner verwandelten. Vater, Mutter und Emma gingen durch das Feld und sammelten zuerst die Samen. Die ganze Familie zog dann die Pflanzen Handvoll aus dem Boden und band sie zu Garben. Vater lud die Flachsgarben in einen Wagen und fuhr sie nach Hause. Er grub ein Loch, baute eine quadratische Holzkonstruktion aus dünnen Pfosten herum und stapelte die Flachsgarben dagegen. Er zündete ein Feuer im Inneren des Lochs an, um die Flachsstängel schnell zu trocknen. Vater und Mutter lösten ein Bündel nach dem anderen, legten sie auf den Boden in der Scheune und schlugen sie mit einem Holzschlegel, bis die Stängel in kleine Stücke zerbrachen und, wenn sie geschüttelt wurden, aus der Schale fielen. Mutter wusch die Fasern in einem anderen Wasserbad, und als sie halbtrocken waren, zog sie eine Handvoll nach der anderen durch einen feinen Metallkamm aus vielen Reihen dünner Nägel, um die Stängelteile zu entfernen und die Fasern in zarte Fäden zu teilen. Wieder einmal mussten die Fäden trocknen. Bevor meine Mutter sie zu kleinen Bündeln band, teilte sie den Kindern mit, dass ein Baby bald kommen wird. Am 19. November 1942, brachte die Hebamme einen Sohn namens Horst zur Welt. Wir begrüßten ihn mit Freuden. Ich konnte kaum warten, bis er groß genug war, um mit ihm zu spielen.

Im Winter lagen die Felder brach und die Arbeit begann zu Hause. Mutter, Emma und Meta wechselten sich ab, um die Flachsfäden zu feinem Garn zu spinnen. Später webten sie Leinentücher und nähten Bettwäsche, Hemden und Unterwäsche aus dem gewebten Material. Der selbstgewebte Stoff fühlte sich zunächst rau an, wurde aber nach wiederholtem Waschen etwas weicher. Im Sommer breitete meine Mutter die Bettwäsche auf dem Rasen aus und ließ sie vom Sonnenlicht bleichen. Manchmal watschelten die Gänse oder Enten über die Laken und hinterließen grüne abstrakte Muster, die es notwendig machten, sie wieder zu waschen.

Erster Schultag

Im Jahr 1943 tobte der Zweite Weltkrieg um uns herum, aber wir fühlten uns immer noch sicher zu Hause. Im Januar feierte ich meinen sechsten Geburtstag und wurde berechtigt, mich für die Volkschule anzumelden. Am ersten Tag machte es sich mein Vater zur Aufgabe, mich mit meinen Brüdern zum großen Schulhaus in Wizajny zu fahren. Ich schaute mich um, als mein Vater mich zum Klassenzimmer führte, das der Lehrer ihm zuwies. Zuerst stellte sich die Lehrerin vor: „Mein Name ist Fräulein Brandt." Fräulein Brandt nannte jeden Schüler beim Namen und bat ihn, aufzustehen, damit sich die Klassenkameraden miteinander namentlich machen. Der Lehrer überreichte jedem Schüler eine Schiefertafel, umgeben von einem Holzrahmen und einem Stift aus hellgrauem Schiefer. Eine fußlange Schnur, die an ein Loch im Rahmen gebunden war, mit zwei kleinen Schwämmen, die an den Seiten baumelten. Die Schwämme dienten dazu, die Schrift zu löschen, und die Tafel zu trocknen. Auf der einen Seite der Schiefertafel waren kleine Quadrate zum Schreiben von Zahlen und auf der anderen Seite

Linien zum Schreiben von Wörtern eingraviert. Am ersten Tag schrieb Fräulein Brandt die Zahlen von 1 bis 10 auf die große Tafel. Sie bat uns, jede Zahl in ein kleines Quadrat zu kopieren und jede Zahl nach ihr zu wiederholen. Dann schrieb sie die Buchstaben des ABCs an die Tafel und sagte uns, wir sollten sie auf den Linien der anderen Seite schreiben. Als wir unsere Tafeln mit Zahlen und Buchstaben voll hatten, gingen wir nach vorne und zeigten es der Lehrerin. Sie sagte uns, wo wir unser Schreiben verbessern müssten. Wir tauchten einen Schwamm in Wasser, löschten die Buchstaben und Zahlen und wischten die Tafel mit dem trockenen Schwamm ab. Dann fingen wir wieder von vorne an zu schreiben.

Mein Bruder Georg, der die gleiche Schule besuchte, wartete, bis meine Klasse endete und ging mit mir nach Hause. Vater hatte zu viel Arbeit auf dem Hof zu erledigen, um mich von der Schule abzuholen. Ich rannte zu meiner Mutter und zeigte ihr die ersten Buchstaben und Zahlen, die ich geschrieben hatte.

„Schau, hier, ich kann schreiben", rief ich aus, während ich auf die Buchstaben auf der Schiefertafel zeigte. Nach dem Mittagessen setzte ich mich hin und übte und übte, bis die Buchstaben leichter flossen und ordentlicher aussahen.

Am nächsten Tag, mit meiner Schiefertafel unter dem Arm, ging ich mit Georg, Edmund und Richard zur Schule. Wir nahmen eine Abkürzung über die große Weide, die uns viel Zeit sparte. Ich habe es genossen, jeden Tag neue Dinge zu lernen und meine Klassenkameraden kennenzulernen. Nachdem Fräulein Brandt mehrere Monate die Schüler unterrichtete, trennte sie die schnell und langsam Lernenden voneinander. Zu meiner Freude platzierte sie mich in die Oberstufe. Sie unterrichtete zuerst alle Schüler zusammen; dann gab sie den langsam Lernenden Projekte, während sie den schnell Lernenden fortgeschrittenere Fächer beibrachte und umgekehrt. Ich befriedigte meine Neugier, indem ich jeden Tag neue Dinge lernte. Es machte mir auch nichts aus, sobald ich die Abkürzung nach Wizajny kannte, alleine zur Schule zu gehen. Ich hatte samstags und sonntags keinen Unterricht.

Im Laufe der Zeit flogen auch die Störche davon und ließen das leere Nest auf dem Scheunendach zurück. Als Horst geboren wurde, dankte ich den Störchen im folgenden Frühjahr dafür, dass sie uns einen weiteren kleinen Bruder brachten. Ich habe es genossen, mit ihm zu spielen, nachdem ich von der Schule nach Hause kam. Im Oktober siedelten sich Schwärme von Wildgänsen auf den nahegelegenen Feldern an, um sich zu ernähren. Sie hoben dann ihre Flügel, um die Flucht zu ergreifen. Sie versammelten sich in V-Formationen und flogen zum Süden, um den Winter in einem wärmeren Klima zu verbringen. Viele andere Zugvögel flogen fort, und der November markierte das Ende des Herbstes.

Vater und Georg eilten in den nahegelegenen Wald, um Brennholz für den Winter zu schneiden. Ja, der Winter kam schnell und veränderte die Landschaft und bedeckte unseren Weg zur Schule mit Schnee. Wir brauchten viel länger, um durch den tiefen Schnee über die Weiden zur Schule zu gehen. Einmal geriet ich in einen Schneesturm. Ich konnte keine Bezugspunkte sehen und habe mich verlaufen. Ich machte einfach weiter, während der Wind die Schneeflocken in mein Gesicht und meine Augen trieb und mich blendete. Als ich anfing, den Hügel zu besteigen, den einzigen in unserer Gegend, wusste ich, dass ich in der Nähe unseres Hauses war, und meine Mutter würde mich bald zu Hause willkommen heißen. Nach dieser Episode fuhr uns mein Vater oder ein Nachbar mit dem Schlitten zur und von der Schule heim, wenn ein Schneesturm durch unsere Gegend tobte.

Unsere handgestrickten Wollsocken, Handschuhe und Pullover bewahrten uns vom Frieren. Mäntel aus selbstgewebtem Wollmaterial hielten Wind und Kälte von unserem Körper fern. Bevor wir das Klassenzimmer betraten, mussten wir unsere Mäntel, Mützen und Schuhe ausziehen und Hausschuhe aus Stroh anziehen. In der Pause gab die Schule rohe Karotten, frische Rüben oder Sauerkraut zum Essen.

Kriegsbedingt waren die Vorräte knapp; nur die Schule besaß Bücher, die die Schüler im Unterricht verwenden konnten. Wir durften keine Bücher mit nach Hause nehmen. Wir bildeten

Sätze mit den verschiedenen Wörtern, die wir gelernt hatten. Wir kopierten auch Sätze auf unsere Schiefertafeln und lasen sie wiederholt, bis wir die Sätze auswendig kannten. Wir begnügten uns jedoch mit dem Wenigen, das die Schule uns gab. Nachdem wir die Zahlen lernten, zeigte uns die Lehrerin, wie man einfache mathematische Additions- und Subtraktions-probleme löst.

Vor Weihnachten nahm uns unsere Lehrerin mit zum Rodeln. Wir zogen unsere Schlitten einen kleinen Hügel hinauf, dann saßen zwei Studenten zusammen, und mit einem Stoß der Füße ging es bergab. Immer schneller rasten wir bergab auf den zugefrorenen See. Die Schlitten fuhren noch einige Zeit auf dem Eis weiter, bevor sie komplett zum Stillstand kamen. Schnell gingen wir den Hügel hinauf, um noch eine weitere und eine weitere Abfahrt zu machen, bis die Lehrerin, Fräulein Brandt uns bat, nach Hause zu gehen. Als ich zu Hause ankam, war ich erschöpft und kroch kurz nach dem Abendessen unter die warme Federdecke, nachdem ich mein Abendgebet gesagt hatte.

Edmund und Richard nahmen jeweils zwei gebogene Bretter aus einem großen Fass, nagelten einige Lederriemen an, um ihre Schuhe an den Brettern zu befestigen, und fuhren den nahegelegenen Hügel hinunter. Manchmal stolperten und überschlugen sie sich mehrmals und rutschten eine Weile, bevor sie auf ihren selbstgebastelten Skiern aufstehen und die Abfahrt absolvieren konnten. Edmund machte Schlittschuhe für meinen Bruder Richard und mich, indem er zwei dicke Drähte an jede Sohle unserer Holzschuhe nagelte. Wir liefen auf dem zugefrorenen Teich hin und her und sahen, wer am schnellsten laufen konnte. Meistens gewann Richard die Rennen.

Der Winter und das Jahr 1943 gingen zu Ende, und 1944 brachte viele Veränderungen. Fast fünf Jahre vergingen, seit Deutschland den Zweiten Weltkrieg begonnen hatte. Im Frühjahr gruben deutsche Soldaten Schützengräben in der Nähe unseres Dorfes und bereiteten das Gelände für den Kampf gegen die russische Rote Armee vor, die sich langsam der Grenze Ostpreußens näherte. Bis zum Hochsommer wurde vielen Zivilisten, Jungen, die der Hitlerjugend angehörten, und jungen

Mädchen befohlen, tiefe, breite Gräben entlang der Ostgrenze zu graben, um zu verhindern, dass die russischen Panzer in Ostpreußen eindringen konnten.

Mitte Juli 1944 wurde mein Vater zur Armee eingezogen. Mit gebrochenem Herzen hinterließ er seine Frau und seine acht Kinder. Tränen rollten über seine Wangen, während er jedes seiner Kinder umarmte, um sich zu verabschieden. Ich sah meinen Vater noch nie weinen. Ich fragte mich, was passiert ist? Meine Mutter erklärte uns später, dass mein Vater zur Armee eingezogen wurde. Er musste nicht als Kampfsoldat kämpfen, sondern erhielt den Befehl, das Schlachtfeld vorzubereiten, Gräben zu graben, Strukturen zu bauen oder Brücken zu zerstören.

Nur für kurze Zeit konnten die deutschen Soldaten verhindern, dass die russische Armee die Grenze erreichte und in Ostpreußen einmarschierte. Hitler und sein örtlicher Befehlshaber, Erich Koch, sorgten bei einer russischen Offensive nicht für die Zivilisten. Ihr Befehl war es, die preußische Front unter allen Umständen zu halten und dem Volk nicht zu erlauben die Heimat zu verlassen. Er wollte die Autobahnen und Straßen für die Soldaten freihalten, um die Russen zu bekämpfen, wenn sie in Ostpreußen einmarschierten. Viele Bürgermeister nahmen es jedoch auf sich, ihren Bürgern zu befehlen, ihre Häuser zu verlassen und in den Westen zu fliehen.

Kapitel 8

Flucht aus Ostpreußen

Es geschah am 3. August 1944, ein Bote aus Wizajny kam mit dem Fahrrad. Er klopfte um Mitternacht an die Tür. Mutter wachte auf und eilte zur Tür, weil sie dachte, dass vielleicht ein Nachbar Hilfe brauchte. Stattdessen war sie, als sie die Tür öffnete, fassungslos, als sie einen Fremden vor sich stehen sah. Er verkündete: „Die Russen kommen! Beeilen Sie sich, beeilen Sie sich, Sie müssen fort! Seien Sie heute Morgen um 9:00 Uhr auf dem Dorfplatz." Bevor meine Mutter die Möglichkeit hatte, Fragen zu stellen, stieg der Fremde auf sein Fahrrad und eilte davon.

Mutter, fassungslos über solch düstere Nachrichten, eilte ins Schlafzimmer und schrie: „Kinder steht schnell auf; wir müssen in ein paar Stunden fliehen; die Russen kommen." Wir sprangen aus dem Bett und folgten den Befehlen von Mutter: „Georg, du machst den Wagen fertig, fütterst die Pferde und nimmst viel Hafer mit. Gib auch genug Heu für die Kühe. Emma, du sammelst alle Würste und Schinken aus der Rauchkammer. Packe die Konserven aus dem Keller und nimm einen Sack Mehl vom Dachboden. Meta, du packst Kleidung für alle. Nimm Wintermäntel, warme Pullover, Wollsocken und Handschuhe mit. Edmund, Richard, ihr füttert die Truthähne, Gänse, Enten und Hühner. Hilde, du wäschst und ziehst Horst an." Von Mitternacht bis zum Morgengrauen eilten wir hin und her, um uns so schnell wie möglich fertig zu machen. Mutter entdeckte nur zwei Brote in der Speisekammer. Sofort zündete sie ein Feuer im Ofen an und bereitete Brotteig zu. Während der Teig aufging, sammelte sie all ihr gutes Porzellan, Besteck und andere wertvolle Haushaltsgegenstände in einer Holzkiste. Sie bat Georg und Edmund, ein tiefes Loch in den Garten zu graben, um die Kiste zu begraben, in der Hoffnung, ihre Sachen zu finden, wenn sie nach Hause zurückkehrte. Mutter schaffte es, vor Sonnenaufgang fünf zusätzliche Brote bereit zu haben. Noch warm, legte sie die Brote zum Abkühlen in einen sauberen Sack und trug sie dann auf den Wagen. Wir eilten bis zum Morgengrauen ununterbrochen bei Laternenlicht und packten alle Dinge und Gegenstände ein, von denen wir dachten, sie würden nötig sein.

Die Sonne ging auf und breitete ihre goldenen Strahlen wie an jedem anderen Tag um unser Haus und über die Felder aus. Schnell versammelte Mutter ihre Familie um den Esstisch und nachdem sie ein Tischgebet sagte, servierte sie ihnen eine Suppe aus in Milch gekochten Mehlknödeln; wir nannten es Klunker Suppe im ostpreußischen Dialekt. Sie frittierte auch einige Pfannkuchen hauptsächlich aus Eiern und Mehl. Emma stapelte sie auf einem Metallteller, band sie in ein sauberes Tuch und legte sie mit all den anderen Lebensmitteln auf den Wagen. „Meta, fülle eine Milchkanne mit Wasser und binde sie an den Wagen", forderte Mutter.

Ich packte mein Puppenhaus, rannte zu meiner Mutter: „Kann ich auch mein Puppenhaus mitnehmen?" „Nein, Hildke, wir haben nicht genug Platz auf dem Wagen; nimm nur die Puppe mit." Obwohl ich traurig war, mein wunderschönes Puppenhaus hinter mir zu lassen, gehorchte ich der Bitte meiner Mutter.

Wir versammelten uns alle draußen am Wagen. Mutter ging noch einmal von Zimmer zu Zimmer und warf einen letzten Blick auf all die Dinge, die sie schätzte. Traurigkeit füllte ihr Herz und Tränen rollten aus ihren Augen und benetzten ihre Wangen, als sie von ihrem geliebten Zuhause Abschied nahm. Hier fand sie ihren Ehemann, und gebar alle ihre acht Kinder und zog sie auf. Sie wusste nicht, ob oder wann sie ihr Gehöft jemals wiedersehen würde.

Sie machte sich auch Sorgen um Marta, was mit ihr passieren würde. Wir konnten ihr keine Nachricht schicken. Konnte sie rechtzeitig mit der Familie des Lehrers fliehen? Diese Gedanken betrübten Mutter. Sie faltete ihre Hände, hob ihre Augen zum Himmel und empfahl ihre Sicherheit in die Hände

Gottes. Sie rief Emma und Meta und bat sie: „Sammelt alle Federbetten und legt sie auch auf den Wagen." Mutter ging schnell in den Stall und warf einen letzten Blick auf ihre Kühe, Kälber und Schweine. Sie öffnete die Tür zum Hühnerstall und ließ die Hühner, Gänse, Enten und Truthähne heraus. Sie verteilte reichlich Getreide im Freien, damit sie für mehrere Tage genügend Futter hatten.

Emma rannte zu unserem Schäferhund Senta, umarmte sie und befreite sie aus der Kette. „Hildke und Richard, ihr steigt auf den Wagen." Mutter kletterte auch mit Horst auf den Vordersitz neben Emma, die die Zügel in die Hand nahm. Emma knackte die Peitsche, und unsere beiden Pferde Kastan und Kobel begannen, unseren beladenen Wagen in Richtung unseres Dorfes Wizajny zu ziehen. Meta, Georg und Edmund gingen bergauf zu Fuß neben dem Wagen, bis wir den Gipfel erreichten. Emma stoppte die Pferde und ließ alle auf den Wagen steigen. Mutter schaute noch einmal zurück, um sich ihr geliebtes Zuhause anzusehen. Der Gedanke, nicht zu wissen, wann oder ob sie ihr Gehöft wiedersehen könnte, erfüllte ihr Herz mit tiefer Traurigkeit. Sie war besorgt über Martas Schicksal. Sie machte sich auch Sorgen um den Aufenthaltsort ihres Mannes.

Als Emma Senta, unsere treue Hündin, sah, die uns folgte, kletterte sie vom Wagen herunter. Sie nahm ihren Kopf, schaute ihr in die Augen und forderte unter Tränen: „Senta, du musst zurückgehen und die Farm bewachen. Du kannst nicht mit uns kommen; geh, geh zurück, Senta." Senta verstand Emma; gehorsam drehte sie sich um und trabte langsam nach Hause. Emma sprang auf den Wagen. Wir fuhren durch goldene Weizen- und Roggenfelder, die in zwei bis drei Wochen geerntet werden sollten. Rechts und links vom Weg grasten Kühe auf den grünen Wiesen.

Kurz vor 9:00 Uhr. erreichten wir Wizajny. Wagen um Wagen füllten den Stadtplatz. Frauen, Kinder und ältere Erwachsene saßen auf dem gesammelten Haushaltsgut, das schnell auf die Wagen geladen worden war. „Bilden Sie eine Reihe und los geht's", rief der Bürgermeister und zeigte auf den nächsten Wagen, um sich einzureihen, und eine lange Prozession begann sich zu bewegen. Unsere Reise zu einem unbekannten Ziel begann am 4. August. 1944, und niemand wusste, wie lange sie dauern würde oder wo sie enden würde.

Die Augustsonne breitete ihre warmen Strahlen über die düstere Wanderung von Menschen aus, die auf ihren beladenen Wagen saßen. Kinder plauderten und stellten viele Fragen, aber die Erwachsenen fanden keine Worte, denn ihre Herzen quollen vor Trauer und Melancholie, weil sie so plötzlich ihre Häuser und Heimat verlassen mussten. Die Pferde trabten mehrere Stunden über die staubige Landstraße, bevor sie im Wald der Rominter Heide zum Stehen kamen. Wir hielten inne, um die Pferde zu füttern und ihnen Wasser zu geben, und die Leute aßen Sandwiches oder was auch immer sie mitgebracht hatten. Mutter gab uns ihre hausgemachten Pfannkuchen und eine Tasse Wasser zu trinken. Georg packte Hafer zwei kleine Futtersäcke und befestigte sie am Zaumzeug jedes Pferdes, damit sie fressen konnten, ohne Futter zu verlieren. Nachdem er den Futterbeutel entfernt hatte, gab er ihnen einen Eimer Wasser. Nun übernahm Georg die Zügel, und Mutter und Horst saßen neben ihm; ich saß direkt hinter Horst, während Emma, Meta, Edmund und Richard neben dem Wagen herliefen.

Die Wagen rollten weiter bis die Dämmerung langsam die Landschaft in einen grauen Schleier einhüllte; es war Zeit, innezuhalten und im Wald Schutz zu suchen. Die Wagen bewegten sich so weit wie möglich nach rechts, um genügend Platz für vorbeifahrende Lastwagen zu lassen. Während Mutter und Emma Sandwiches machten, liefen Edmund, Richard und ich in den Wald. „Bleibt in der Nähe des Wagens", warnte Mutter. „Das werden wir tun", antwortete Edmund. Los ging's. Wie gut es sich anfühlte, herumzulaufen, nachdem wir den ganzen Tag im Wagen gesessen hatten.

„Es wird dunkel; wir sollten zum Wagen zurückkehren", signalisierte uns Edmund, ihm zu folgen, was wir auch taten. In der Dämmerung konsumierten wir unsere Sandwiches und ließen uns nieder, um auf dem offenen Wagen zwischen den Federbetten zu schlafen. Vier von uns reihten sich vorne und vier im Heck des Wagens ein – alle Beine nach innen gerichtet. Die Mütter trösteten ihre weinenden Kinder, während sie einschliefen. Meine Augen schauten auf zum schwindenden Licht am Himmel und beobachteten einen Stern nach dem anderen, der die dunkle Leere füllte. Bald ging der Vollmond hinter dem Wald auf, breitete einen blassen Schleier über den Wald und die müden Reisenden und löschte das Licht der Sterne aus. Hin und wieder brach ein Schrei eines Kindes, ein Stöhnen der älteren Menschen oder das Heulen von Wölfen das Schweigen. Schließlich, nachdem ich mein Abendgebet gesagt hatte, schlief ich ein.

Sobald die Sonne die Dunkelheit der Nacht durchbrach und die Schöpfung zum Leben erweckte, erhoben wir uns. Vögel zwitscherten glücklich im Wald, während traurige, lautlose Melodien in den Herzen der Frauen und Männer widerhallten. Nachdem wir gegessen und die Pferde ihren Hafer gefressen hatten, spannte Georg die Pferde an den Wagen und schloss sich dem Treck an. Das Klirren der Pferdehufe erzeugte einen rhythmischen Klang, während sie ihre kostbare Ladung von Menschen, Lebensmitteln und Haushaltswaren Stunde für Stunde bis zum Sonnenuntergang zogen. Die goldenen Strahlen streiften über die Felder und Wiesen, als wir uns der Stadt Goldap näherten.

Wir betraten den Stadtplatz, umgeben von einer schönen Kirche und anderen bedeutenden Gebäuden. Soldaten wiesen die Wagen für die Nacht zu verschiedenen Häusern. Einige Bewohner waren bereits geflohen und hatten ihre leeren Häuser zurückgelassen. Andere warteten noch zu Hause und hofften, dass die deutsche Armee die Russen daran hindern könnte, nach Ostpreußen vorzudringen. Wir fanden Unterkunft mit zwei anderen Familien in einem schönen leeren Bauernhaus am Stadtrand von Goldap. Georg hängte den Wagen ab und machte sich auf die Suche nach etwas Futter für die Pferde. Die Mütter gingen zuerst hinein, um zu überprüfen, wo jede Familie schlafen würde. Da wir mit acht Köpfen die größte Familie waren, beschlossen sie, ein Schlafzimmer für Mutter, Horst und mich zu besetzen, und der Rest der Familie sollte im Wohnzimmer schlafen.

Beide anderen Kirstein-Familien ließen sich jeweils in den übergroßen Schlafzimmern nieder. Die Mütter versammelten sich in der Küche. Sie schauten sich um und fanden einige Obstkonserven in der Speisekammer und Kartoffeln im Keller. Sie beschlossen, Kartoffelsuppe zu kochen und die Dosenfrüchte als Dessert zu servieren.

Die Kinder erkundeten die anderen Gebäude auf dem Bauernhof. Wir gingen in die Scheune und entdeckten einen großen Bullen, der von Heuwänden umgeben war. Der Besitzer wollte sicherstellen, dass der Bulle mit einem so reichlichen Heuvorrat lange alleine überleben konnte. Wir waren fasziniert von seiner Größe und seinem gemeinen Aussehen und versuchten, ihn zu necken, indem wir ihm Heu auf den Kopf warfen. Er schüttelte es ab und fing an, mit seinem rechten Bein am Boden zu kratzen. Je mehr Heu wir auf seinen Kopf warfen, desto schneller kratzte er und gab uns bösartige Blicke, die mir einen Schauer über den Rücken jagten.

„Wir sollten ins Haus zurück gehen, bevor jemand in die Grube des Stieres fällt", flehte ich meine Brüder an. Wir kletterten hinunter und gingen zurück zum Haus, wo uns das Abendessen erwartete. Wir trugen unsere Federbetten ins Haus und ließen uns für die Nacht nieder.

Am nächsten Morgen, als das goldene Leuchten der Sonne den Horizont erhellte, traten wir unsere Reise in Richtung Angerburg an. Inzwischen begleiteten Soldaten den Treck. Sie richteten Außenküchen an strategischen Standorten ein, um den Reisenden ein Sandwich oder eine Gemüsesuppe mit einer kleinen Menge Fleisch anzubieten. Heute war es schwül. Im Westen eilten dunkle Wolken auf uns zu. Wir sahen Blitze, die den Himmel durchquerten. Der Donner rollte immer näher. Mutter beschäftigte sich und zog ein großes Stück der Leinwand heraus, die sie unter die Federbetten gepackt hatte. Mit Hilfe von Emma breitete sie es über die Federbetten aus.

„Kinder, klettert auf den Wagen und kriecht unter die Leinwand, bevor der Regen einsetzt."

Gegen Mittag erreichten wir das Dorf Budden. Alle hofften, dort für eine kurze Pause anzuhalten. Der Anführer schickte jedoch eine Nachricht von Wagen zu Wagen, dass wir weiterfahren sollen, um die nächste Stadt vor Einbruch der Dunkelheit zu erreichen.

Mutter rief uns, zum Wagen zu kommen. Sie bereitete für jeden von uns ein Sandwich zu mit hausgemachter Wurst. Es schmeckte so gut im Freien. Müde vom Spielen, legte ich mich auf den Wagen und schlief ein. Als ich aufwachte, sah ich in der Ferne die Stadt Angerburg. Der Turm der Kirche und die Burg mit dem Turm, die auf einem Hügel standen, bildeten eine schöne Silhouette. Wir fuhren kurz am Fluss Angerapp entlang, bevor wir den Marktplatz der Stadt erreichten.

Die Bewohner der Stadt trafen die Wagen und boten den Treckern ihre Häuser an, um die Nacht zu verbringen. Als wir an die Reihe kamen, fragte der offizielle Beamte des Ortes: „Wer hat Platz für eine Mutter mit sieben Kindern?" Ein älterer Herr trat vor und sagte: „Ich werde sie nehmen." Als er sich unserem Wagen näherte, stellte er sich als Herr Lemke vor und lud uns ein, zu ihm zu kommen. Georg bat ihn, den Wagen zu montieren. Er begrüßte die ganze Familie, und meine Mutter dankte ihm, dass er uns zu seinem Haus nahm. Herr Lemke und meine Mutter unterhielten sich auf dem Weg. Er fragte sie, woher sie käme und wohin sie ihrer Meinung nach gehen würde.

„Ich möchte so nah wie möglich an Wizajny bleiben, damit ich, wenn der Krieg vorbei ist, wieder nach Hause zurückkehren kann", antwortete Mutter.

„Heute Morgen hörte ich im Radio, dass die russische Armee innerhalb der letzten sechs Wochen 1000 Kilometer vorrückte, und liegt nicht allzu weit von der ostpreußischen Grenze entfernt. Bis jetzt war Ostpreußen eine Oase des Friedens, aber jetzt fürchte ich, dass die Rote Armee in unser Gebiet eindringen könnte. Ich weiß nicht, wie lange die deutschen Soldaten die vorrückende russische Armee zurückhalten können. An diesem Punkt ist es mir egal, ob wir den Krieg gewinnen oder verlieren. Ich will nur, dass er endet, bevor Ostpreußen in die

Hände der Russen fällt. Ich fürchte um meine Frau; sie hat lähmende Arthritis und ist bettlägerig. In ihrem Zustand kann sie nicht reisen. Also habe ich keine andere Wahl, als hier zu bleiben. Allein der Gedanke, dass sie von den russischen Soldaten gefoltert oder getötet werden könnte, erschreckt mich", brachte Herr Lemke meiner Mutter gegenüber seiner Besorgnis zum Ausdruck.

„Ich hätte Angst zu sehen, dass meine Töchter auch von den russischen Soldaten brutal behandelt werden könnten. Ich habe gehört, dass sie jede Frau vergewaltigen, unabhängig vom Alter. Gott bewahre, dass sie meine Töchter verletzen oder töten würden", sagte Mutter, bedrückt, und zuckte mit den Schultern.

„Hoffen wir, dass es nie passieren wird", antwortete Herr Lemke. Dann zeigte er auf die Farm vor ihm: „Das ist mein Haus. Kinder, ihr könnt runterkommen und vorauslaufen. Aber seid still, meine Frau ist krank und sie könnte schlafen."

Edmund, Richard und ich sprangen vom Wagen und rannten zum Haus. Leise schauten wir uns um, bis der Wagen im Hof ankam. „Wartet, Kinder, zuerst möchte ich, dass meine Frau euch alle begrüßt." Mit diesen Worten wartete er, bis alle an der Haustür versammelt waren, und bat uns dann, hereinzukommen. Herr Lemke klopfte zuerst an die Schlafzimmertür: „Ich habe eine Mutter mit sieben Kindern mitgebracht, um eine Weile bei uns zu bleiben. Liebling, ist es dir Recht, dass wir hereinkommen?" Als er hörte, wie sie sagte: „Ja, komm rein", öffnete er die Schlafzimmertür. Frau Lemke trug eine rosa Strickbettjacke und sah sehr gepflegt aus. Sie begrüßte uns mit einem Lächeln, als Herr Lemke sie uns vorstellte: „Das ist meine Frau, Erna Lemke", und dann auf Mutter zeigte, „und dies ist Frau Bonacker und ihre sieben Kinder. Ich lasse Frau Bonacker ihre Kinder vorstellen." Mutter nannte zuerst die Namen meiner beiden Schwestern, dann die drei Jungen, dann mich und schließlich Horst, den sie auf dem Arm hielt. Die Mädchen lächelten und machten einen Knicks, und die Jungen neigten ihre Köpfe und lächelten, als meine Mutter sie einen nach dem anderen vorstellte.

Frau Lemke begrüßte uns freundlich. Dann zeigte uns Herr Lemke das Wohnzimmer, in dem wir schlafen sollten. Er nahm uns auch mit in die Küche. „Das ist unsere Küche. Wir werden uns beim Kochen abwechseln müssen. Jetzt können Sie die Küche benutzen. Wir haben schon gegessen, bevor ich in die Stadt ging. Ihre Kinder müssen hungrig sein."

Mutter streckte ihre Hand aus und antwortete mit einem Händedruck: „Vielen Dank, dass Sie Ihr schönes Zuhause mit uns teilen." Dann wandte sich meine Mutter an uns: „Geht und bringt alle Federbetten und die Bettwäsche ins Haus. Emma und Meta, ihr bereitet das Abendessen vor." Emma und Meta brachten die Lebensmittelvorräte in die Küche und bereiteten Wurstsandwiches für uns zu.

Nach dem Abendessen gingen Richard und ich nach draußen, um die Farm zu erkunden. Wir fanden Herrn Lemke beim Melken der Kuh. Wir entdeckten den Gemüsegarten neben der Scheune. Wir wagten es nicht, eine Gurke zu pflücken oder eine Karotte aus dem Boden zu ziehen. Die roten Äpfel und reifen Birnen, die uns von den Bäumen anschauten, führten uns noch mehr in Versuchung. Aber Mutter hatte uns strengstens verboten, etwas zu nehmen, was uns nicht gehörte. Also gingen wir vorbei, jedoch sehnten wir uns nach dem Geschmack eines saftigen Apfels oder einer süßen Birne. Als wir am Hühnerstall vorbeiliefen, sprangen die Hühner auf und krächzten laut. Georg und Edmund hatten unsere Pferde neben Herrn Lemkes angebunden und ihnen Heu zu fressen gegeben. Bald rief uns meine Mutter ins Haus. Es war Schlafenszeit.

Am zweiten Tag erlaubte mir Herr Lemke, Frau Lemke zu besuchen. Ich betrat das wunderschön eingerichtete Schlafzimmer und begrüßte Frau Lemke mit einem Knicks und einem „Guten Morgen, Frau Lemke".

„Komm her, kleines Mädchen", sie lud mich ein, ihr nahe zu kommen. Sie nahm meine Hand und fragte mich, wie mein Name sei.

„Hildegard", antwortete ich.

„Woher kommst du?"

„Von Wizajny."

„Wohin gehst du?"

„Ich weiß es nicht", antwortete ich und zuckte mit den Schultern.

Frau Lemke stellte keine weiteren Fragen; stattdessen lud sie mich ein, auf ihrem Bett neben ihr zu sitzen:

„Soll ich dir eine Geschichte erzählen? Kennst du das Märchen von Hänsel und Gretel?"

„Nein!"

„Dann werde ich es dir erzählen."

Sie begann: „Hänsel und Gretel lebten im Wald. Eines Tages verirrten sie sich im Wald als sie Beeren pflücken gingen. Sie kamen zu einem Lebkuchenhaus, in dem eine böse Hexe wohnte, die sie töten und essen wollte. Aber Hänsel war klug und mutig; er stieß die böse Hexe in den brennenden Ofen. Sie fanden den Weg zurück nach Hause. Ihre Eltern begrüßten ihre Kinder mit großer Freude, als sie unverletzt aus dem Wald zurückkehrten."

„Siehst du, Hildegard, geh niemals alleine von zu Hause weg; sonst könnte dir auch eine böse Hexe begegnen", warnte sie mich.

„Nein, nein, ich werde niemals von Mutter weggehen", beruhigte ich sie, während ich an die böse Hexe dachte. Sie zog ihre Hand zurück und ließ mich gehen.

„Du kannst morgen wiederkommen, wenn du willst."

„Vielen Dank! Ich werde kommen. Kann ich auch meinen Bruder Richard mitbringen?", fragte ich.

„Klar, das kannst du."

Ich rannte zu meiner Mutter und berichtete ihr, dass die freundliche Dame mir ein Märchen erzählt hatte. Sie lud Richard und mich ein, morgen für eine anderes Märchen wiederzukommen.

„Das ist gut; du kannst gehen", teilte mir Mutter mit. Ich war so froh, dass sie zustimmte. Ich freute mich auf meinen nächsten Besuch bei Frau Lemke.

Nach dem Mittagessen lud Edmund Richard und mich ein, in die Stadt zu gehen. Wir gingen am See entlang und erreichten den Stadtplatz, wo die rote Backsteinkirche St. Peter und

Paul stand. Die Kirche war in einer einfachen römischen Architektur erbaut worden. Die kolossale Uhr auf dem Turm schlug 13:00 Uhr. Edmund wollte das Innere der Kirche sehen. Er drückte gegen die schwere Tür und musste feststellen, dass sie leider verschlossen war. Wir gingen durch einen Teil der Stadt und entdeckten die alte Burg. Wir erkundeten den Innenhof und suchten nach offenen Türen, aber wir hatten kein Glück, sie waren alle verriegelt. Dann schlenderten wir den See entlang, bevor wir zum Bauernhof zurück gingen.

Als Georg Edmund sah, fragte er ihn, ob er ihm helfen könne, den Kuhstall sauber zu machen. Richard und ich schauten uns um, ob wir einen Chip von einem Porzellanteller finden könnten, um „Klasse" zu spielen. Als er keinen fand, hob er zwei kleine flache Steine auf und gab mir einen: „Das wird reichen."

Er nahm einen Stock und zeichnete ein großes Rechteck auf den Boden. Dann teilte er es in sechs gleiche Quadrate von ungefähr einem halben Meter Breite. Er zeichnete einen Halbkreis am Ende des Rechtecks, der Himmel genannt wurde.

Richard bot mir an, das Klassen-Spiel zu beginnen. Ich nahm meinen Stein und warf ihn nach hinten. Wenn es außerhalb der Linien oder auf einer Linie landete, verlor ich meinen Zug. Wenn es in einem Quadrat oder im Himmel landete, begann ich, den Stein mit dem rechten Fuß schnell in das folgende Quadrat zu schieben, während ich den linken Fuß schnell vom Boden hob. Mein Stein landete im zweiten Quadrat, also schob ich ihn in das dritte. Wir konnten in jeder Runde nur einen Schubs geben.

Richard warf seinen Stein rückwärts direkt in den Himmel und schob ihn dann direkt in die 4. Klasse. Das Ziel war, den Stein durch alle Klassen so schnell wie möglich fehlerfrei durchzuschieben, um das Spiel zu gewinnen. Man konnte seinen Gegner auch aus der Klasse oder auf eine Linie schieben, dann musste er wieder von vorne anfangen. Wir haben vier Spiele gespielt. Richard gewann drei Spiele und ich nur eines.

Als wir Herrn Lemke sahen, fragten wir ihn: „Können wir Frau Lemke jetzt besuchen?" Er sagte ja. Wir gingen ins Haus und klopften an die Schlafzimmertür. „Kommt rein", antwortete Frau Lemke. Wir öffneten die Tür und gingen zu ihr hinüber. Nachdem ich sie begrüßte, stellte ich meinen Bruder Richard vor. „Setzt euch auf den Boden neben meinem Bett. Welches Märchen wollt ihr heute hören, Rumpelstilzchen oder Rotkäppchen?"

Bevor Richard die Gelegenheit hatte, zu sprechen, antwortete ich schnell: „Rotkäppchen, bitte." Wir saßen ruhig da, als sie erzählte, wie das kleine Rotkäppchen ihrer Großmutter, die im Wald lebte, einen Korb voller Essen brachte. Rotkäppchen entdeckte, dass der große, böse Wolf ihre Großmutter verschlang und zu ihrem Entsetzen im Bett ihrer Großmutter schlief. Sie rannte zum Schneider. Er kam, öffnete den Bauch des Wolfes und entfernte die Großmutter, die noch am Leben war. Der Schneider füllte den Magen des Wolfes mit Steinen und nähte ihn wieder zusammen. Als der Wolf aus seinem Schlaf erwachte, war er durstig. Er humpelte zum Fluss, um zu trinken, kippte um, fiel ins Wasser und ertrank. Rotkäppchen und Großmutter lebten glücklich bis ans Ende ihrer Tage.

„Das ist alles für heute. Ihr könnt morgen wiederkommen." Richard und ich standen auf. Ich drückte unsere Dankbarkeit mit den folgenden Worten aus: „Danke, vielen Dank, dass Sie uns ein Märchen erzählten; Wir sehen sie morgen."

Wir rannten zurück in die Küche, wo uns meine Mutter und das Abendessen erwarteten. Herr Lemke brachte einen Metallkrug mit warmer Milch, etwas Wurst und frisch gebackenem Brot mit. Er zeigte auf die Küchenschränke: „Sie können die Porzellanteller und -tassen verwenden, die im Schrank sind."

Nachdem sich meine Mutter bei Herrn Lemke bedankt hatte, deckten Emma und Meta den Tisch mit den bunten Porzellantellern. Der Tisch sah festlich aus. Ein Strauß frischer Blumen hätte es jedoch bereichert. Nachdem wir uns hingestzt und die Hände gefaltet hatten, neigte Mutter ihren Kopf und dankte Gott für die Sicherheit ihrer Kinder, den großzügigen Vermieter und seine Gaben. Sobald sie Amen sagte, griffen alle Hände nach einem Stück Brot und etwas Wurst. Es schmeckte so gut mit einem Glas frischer Milch.

Die warme Augustluft, erfüllt vom Blumenduft, trat durch das offene Fenster ein. Die Sonne begann zu sinken und malte den Horizont orange und goldgelb. Eine leichte Brise trug ein melodisches Lied einer Nachtigall durch das Fenster. Die Nacht breitete sanft ihren weichen, dunklen Mantel über das Land aus und bat Natur und Menschen zu ruhen. Ich konnte jedoch einige Zeit nicht einschlafen, dachte an den großen, bösen Wolf und hoffte, dass er nicht kommen würde, um einen von uns zu verschlingen.

Am nächsten Tag, als wir frühstückten, hörten wir eine männliche Stimme rufen: „Achtung, das ist ein Befehl." Wir rannten alle aus der Küche und sahen einen Boten zu Pferd. Als er uns sah, fuhr er fort, durch das Megafon zu verkünden: „Die Weide ist voll von Kühen, die gemolken werden müssen. Kommt und bringt so viele Behälter wie möglich mit. Geht zum Stadtplatz, und jemand wird euch auf die Weide bringen." Der Bote senkte das Megafon mit diesen Worten und ritt davon, um seine Botschaft zum nächsten Hof zu bringen.

„Mutter, Mutter, können Richard und ich mitgehen?", bat ich sie.

„Nur wenn du versprichst, in der Nähe von Emma und Meta zu bleiben und ihnen zu helfen", antwortete sie.

Ich antwortete: „Ich werde in der Nähe von Emma bleiben, das verspreche ich." Voller Aufregung liefen Richard und ich zu Emma und Meta, die Eimer und Milchkannen sammelten und wuschen. Los ging's. Emma und Meta trugen die Milchkanne und einen Eimer; so auch Georg und Edmund. Richard und ich folgten ihnen, während Mutter und Horst zu Hause blieben.

Wir kamen zum Marktplatz, wo die Menschen zu den angewiesenen Weiden gingen. Kurz nachdem wir die Stadt verließen, hörten wir das Muhen der Kühe in der Ferne. Je näher wir kamen, desto lauter wurde es.

„Wow, schau dir all diese Kühe an", rief Georg erstaunt aus.

Edmund fügte überrascht hinzu, als er einen Blick auf die große Anzahl von Kühen auf zwei getrennten Wiesen warf: „Ich habe noch nie so viele Kühe gesehen. Woher kamen sie alle?"

Die gemolkenen Kühe standen auf einer Weide, und die nicht gemolkenen füllten die angrenzende Weide.

Viele Frauen hatten bereits gemolken, und immer mehr kamen, um ihre Behälter mit frischer Milch zu füllen. Emma und Meta fanden jeweils eine Kuh. Sie klopften der Kuh zuerst auf den Kopf und dann auf den Bauch, bevor sie sich auf die Eimer setzten und anfingen zu melken. Wir hörten, wie der laute Milchstrahl auf den Metallboden des Eimers traf, vermischt mit dem Muhen der Kühe. Einige Kühe, die mehrere Tage lang nicht gemolken worden waren, hatten große Euter und Schmerzen, wenn sie berührt wurden. Zuerst stampften und muhten sie vor Qual, beruhigten sich aber, nachdem der Druck ihres Euters nachgelassen hatte und der letzte Tropfen Milch in den Eimer geflossen war.

Emma bat uns, immer in ihrer Nähe zu bleiben. Emma und Meta füllten einen Eimer nach dem anderen und gossen ihn dann in die Milchkanne. Als die Milchkanne halb voll war, bat Emma Georg und Edmund, sie zurück zur Farm zu bringen und meine Mutter sie leeren zu lassen.

„Kommt so schnell wie möglich wieder zurück", betonte Emma.

„Das werden wir", versicherte Georg ihr.

Georg und Edmund brachten die Milch zu Mutter. Sie goss die Milch in einen großen Metallbehälter, wusch die Milchkanne und schickte die Jungen zurück auf die Weide. Sie gab den Jungen sechs Sandwiches, die sie auf einen Teller legte, und in ein sauberes Geschirrtuch einwickelte. Sie gab das Bündel Georg und warnte ihn: „Esst sie ja nicht auf dem Weg."

Die Uhr des Kirchturms schlug zwölfmal, als Edmund und Georg durch die Stadt zogen. Sie wussten, dass es Mittagszeit war, und eilten auf die Weide. Es dauerte eine Weile, Emma, Meta, Richard und mich in der Menge zu finden. Wir freuten uns alle, unsere hungrigen Mägen mit einem Metwurst-Sandwich zu füllen und mit warmer Milch herunterzuspülen.

Nach der kurzen Mittagspause melkten Emma und Meta weiter, bis sie sowohl die Milchkannen als auch ihre Eimer aufgefüllt hatten. Dann gingen wir alle mit unserer frischen Milch zurück auf den Hof.

„Ich bin froh, dass der Tag vorbei ist. Meine Hände schmerzen", bemerkte Emma.

Meta fügte hinzu: „Meine sind auch wund. Ich habe noch nie so viele Kühe an einem Tag gemolken. Viele Kühe müssen seit einiger Zeit nicht mehr gemolken worden sein. Ihre Euter waren bis zum Platzen aufgeschwollen."

„Ja, die armen Kühe leiden, wenn sie niemand regelmäßig melkt."

„Ihr seht, die Bullen sind besser dran; sie müssen nicht gemolken werden", unterbrach Georg und kicherte.

Emma und Meta begannen auch zu schmunzeln: „Ja, sie haben Glück; sie gebären auch keine Kälber."

Als wir die Farm erreichten, stand die Sonne tief und färbte unsere Brauen mit einem goldenen Schein. Mutter begrüßte uns mit einem Abendessen. Sie benutzte die frische Milch und kochte eine Suppe mit Mehlknödeln darin. Sie nahm uns die gefüllten Eimer ab und goss sie in die Metallwanne. Dann stellte sie die beiden Milchkannen in die Speisekammer, die keine Fenster hatte und kühler war als die anderen Räume. Kurz nach dem Abendessen gingen Emma und Meta ins Bett. Wir saßen alle um den Tisch herum und unterhielten uns eine Weile, bevor wir uns ihnen anschlossen, und der Sandmann kam schnell und drückte unsere Augen zu.

Als die leichte Röte der Morgendämmerung durch das Fenster schaute, standen wir auf und begannen einen weiteren geschäftigen Tag. Mutter bat Emma und Meta, nach dem Melken die Milch jemand anderem zu geben. Wir hatten genug für den Moment. So gingen sie mit ihren leeren Eimern auf die Weide, und meine Brüder und ich folgten ihnen.

Mutter wartete, bis sich eine Schicht Sahne auf der Milch absetzte. Sie entfernte sie und goss sie in ein Fass, um Butter herzustellen. Sie setzte sich dann neben das Fass und steckte den Stiel mit der runden Holzscheibe hinein. Sie schloss das Fass mit einem Holzdeckel und begann, die innere Scheibe kräftig rauf- und runterzudrücken, um die Creme schnell zu bewegen. Nach einiger Zeit bildeten sich Fettklumpen. Mutter entfernte die Butterklumpen und legte sie in einen Topf mit kaltem Wasser. Sie bewegte sie hin und her, um die Milch herauszuwaschen. Sie wiederholte die Prozedur, bis das Wasser klar war. Dann drückte sie alle kleine Butterbälle zusammen und bildete einen großen Butterball. Sie legte ihn in einen Topf und brachte ihn in den kalten Keller. Sie speicherte auch die Buttermilch im Keller, um zu verhindern, dass sie ranzig wurde. Mutter gab auch Herrn und Frau Lemke ein großes Stück Butter, um ihre Dankbarkeit dafür auszudrücken, dass sie ihre große Familie aufnahm und allen benötigten Schutz gewährten. Das Melken und Buttermachen ging für eine kurze Zeit weiter, bevor ein Bote kam und uns sagte, wir sollten bereit sein, die Stadt in zwei Tagen zu verlassen.

Mutter, Emma und Meta wuschen alle Bettwäsche und Kleidung und backten Brot für die Reise. Georg und Edmund pflegten die Pferde und baten Herrn Lemke um etwas Hafer, den er für die Pferde mitnehmen konnte. Richard und ich fragten Mutter, ob wir Frau Lemke noch einmal besuchen und vielleicht noch ein Märchen hören können. Frau Lemke genoss es, Kindern Märchen zu erzählen und begrüßte die Gelegenheit, uns zu unterhalten. Sie erwähnte auch einige Streiche von Max und Moritz aus Wilhelm Buschs Buch, um uns aufzumuntern. Am Ende warnte uns Frau Lemke davor, die schelmischen Streiche von Max und Moritz nicht zu wiederholen. Obwohl Traurigkeit ihr freundliches Gesicht umhüllte, weil sie wusste, dass sie uns nie wieder sehen würde, wollte sie dennoch, dass wir in diesen kurzen Stunden, die sie mit uns teilte, glücklich waren.

Nach dem Frühstück trugen wir alle unsere Sachen und Federbetten zum Wagen.

„Kann ich zu Frau Lemke laufen und mich von ihr verabschieden?", flehte ich Mutter an.

„Mach es schnell; wir müssen abreisen und die anderen Wagen in wenigen Minuten treffen."

„Ich werde; ich werde", versprach ich und rannte zu Frau Lemke. „Ich bin gekommen, um mich zu verabschieden."

Ich griff nach ihrer Hand, und sie nahm meine. Sie hielt meine Hand einige Zeit in ihrer, bevor sie mit Tränen in den Augen aussprach:

„Auf Wiedersehen, kleines Mädchen, Gott behüte dich vor aller Gefahr."

„Auf Wiedersehen, Frau Lemke. Danke für das Erzählen der Märchen", antwortete ich, während ich sie auf die Stirn küsste. Ich eilte hinaus, als ich hörte, wie meine Mutter mich rief. Mutter betrat das Schlafzimmer, um sich bei Frau Lemke zu bedanken und verabschiedete sich im Namen der ganzen Familie. Dann bedankten wir uns alle bei Herrn Lemke, dass er uns so liebevoll versorgt und uns Essen zum Mitnehmen gegeben hatte.

Los ging's. Wir schlossen uns den anderen Flüchtlingen auf dem Stadtplatz an und begannen unsere Reise. Wir fuhren am Ostufer des Mauer Sees entlang und dann weiter nach Westen. Wir machten nur eine kurze Pause zum Mittagessen und fuhren weiter bis es dämmerte. Als wir ein geräumtes großes Gut erreichten, beschloss Herr Kirstein, unser Leiter, dort zu übernachten, und sechs Wagen schlossen sich an.

Mehrere Kinder stiegen aus den Wagen und lernten sich kennen. Frau Marta Kirstein, eine Kriegswitwe, hatte ein neun Monate altes Mädchen namens Renate, neben dem Sohn Waldemar. Ernst Hein war nur ein Kind, so alt wie mein Bruder Horst, Ewald Heisel war fünf. Frau Heisels Mann starb während des Krieges im Kampf. Wir trafen auch den achtzigjährigen Vater von Frau Helene Hein; wir nannten ihn Herr Maschat. Fritz Kirstein, ein verwundeter Soldat im Urlaub, schloss sich seiner Familie an.

Meine Schwestern führten Gespräche mit Grete Kirstein, Wanda und Greta Liedtke sowie Erna Ambrosat, während die Mütter sich um die Bedürfnisse ihrer kleinen Kinder kümmerten. Die Frauen versammelten sich in der Küche. Sie überprüften die Speisekammer, in der Hoffnung, etwas zum Essen zu finden. Leider sahen sie nur leere Regale.

„Vielleicht gibt es einen Keller unter dem Haus. Warum schauen wir uns nicht um, ob wir den Eingang zum Keller finden können, ich bin mir sicher, dass sie irgendwo einen haben", dachte Emma nach.

„Ich werde raus gehen und mich im Haus umsehen, ob ich den Eingang finden kann", bot Meta an. Sie ging um das Haus herum. Da stolperte sie über etwas, das wie ein Fenster aussah, aber es hatte eine Metalltür anstelle eines Fensters. Sie rannte zurück in die Küche und verkündete: „Ich glaube, ich habe den Eingang zum Keller gefunden, aber ich brauche Hilfe, um hinunterzusteigen." Meine Schwester Emma und Greta Liedtke folgten Meta zum Eingang.

„Wir bräuchten eine Leiter, um in das Loch hinunterzuklettern. Wo finden wir eine Leiter?", fragte Emma.

„Ich sage dir was, Meta, du gehst rückwärts hinab und Grete und ich werden deine Hände halten und dich senken."

Also taten sie es. Meta sah eine Tür, öffnete sie, und ein großer halbdunkler Raum erschien. Zum Glück stand dort eine Leiter, die in den Keller führte. Meta, ohne Angst, trat auf die Leiter und kletterte hinunter. Langsam gewöhnten sich ihre Augen an die Halbdunkelheit, und sie entdeckte einige Fässer auf den unteren breiten Regalen. Sie hob den Deckel hoch und roch Sauerkraut. Dann ging sie zum nächsten und sie entdeckte eingelegtes Schweinefleisch. „Ich habe Essen gefunden", rief Meta, „geht und holt ein paar Behälter." Meta schaute sich noch um und stolperte in einen Haufen Kartoffeln. Sie nahm eine Kartoffel nach der anderen und begann, sie hochzuwerfen, und einige landeten auf dem Boden.

Währenddessen kamen Emma und Greta mit einigen großen Töpfen zurück. „Hör auf, Kartoffeln auf uns zu werfen; komm hoch und hol die Töpfe", rief Emma. Meta kam hoch und nahm die Töpfe, füllte einen mit Fleisch, und den anderen mit Sauerkraut.

„Greta, trage das Fleisch in die Küche und bringe einen Behälter für die Kartoffeln mit."

Greta und Emma sammelten die losen Kartoffeln und legten sie in den Korb. „Habt ihr genug Kartoffeln?", erkundigte sich Meta.

„Wirf noch mehr hoch; wir werden aus dem Weg gehen."

Als Emma dachte, es sei genug, rief sie: „Komm hoch; wir haben genug."

Meta kletterte die Leiter vom Keller hinauf. Sie schloss die Kellertür und Emma und Greta zogen sie an den Händen hoch.

Mütter und ihre älteren Töchter versammelten sich in der Küche, schälten Kartoffeln und bereiteten einen großen Topf Sauerkraut, eingelegtes Schweinefleisch und Kartoffeln zu. Jeder verschlang das Essen mit Begeisterung. Nach dem Abendessen fütterten die Männer die Pferde mit Heu. Die Erwachsenen versammelten sich im Wohnzimmer und führten Gespräche, während die Kinder draußen spielten. Wir kamen herein, als die Nacht das Land und Gut umarmte und in einen dunklen Mantel hüllte.

Mütter und die kleineren Kinder schliefen im Haus, während die Jungen die Nacht in der Scheune auf dem Heuboden verbrachten. Ich kuschelte mich neben meine Mutter und meinen kleinen Bruder. Ich sagte mein Abendgebet und schlief ein.

Die Nacht schwand. Ein neuer Morgen dämmerte. Die Sonnenstrahlen drangen durch die zerbrochenen Wolken und warfen Schatten über das Land. Wir begannen unsere Reise. Vögel zwitscherten, und der Gesang der Lerche, die zum Himmel aufstieg, begleitete uns. Wolken schwanden und die Sonne glitzerte über den goldenen Weizenfeldern, die bereit waren, geerntet zu werden. Wir überquerten den Fluss Angerapp, der in den Mauersee mündete. Der Fluss murmelte sein altes Lied, ohne zu wissen, dass der lange Wagentreck über die Brücke fuhr. Hin und wieder erhaschten wir einen Blick auf den Mauersee, bevor wir in den dichten Wald von Görlitz fuhren. Emma wies darauf hin, dass Hitler in diesem dichten Wald einen Bunker für sich und sein Personal gebaute hatte, um sich vor den Schlachten des Krieges zu verstecken.

Wir kamen an dem berühmten Bunker Wolfschanze vorbei, den Hitler 1941 im Görlitzer Wald zwischen Angerburg und Rastenburg errichtete. Bis 1944 war Ostpreußen nicht direkt unter Beschuss geraten, und Hitler und seine Mitarbeiter fanden in dieser Gegend einen Zufluchtsort. Der Bunker bestand aus

Gebäuden für den Führer selbst und seine Generäle, Kommandanten, hohen Regierungsbeamten und engen Mitarbeitern. Es beherbergte Hotels und ein Casino für die Unterhaltung seiner Mitarbeiter und Gäste. Zu den verschiedenen Gebäuden gehörte eine Tankstelle, die über asphaltierte Straßen erreichbar war. Ein täglicher Zug aus Angerburg fuhr durch und hielt am Bunkerbahnhof, bevor er in Berlin ankam. Hitler hatte eines der ältesten preußischen Regimenter, das auf Friedrich den Großen zurückführte, das seinen Bunker bewachte. Nach einem gescheiterten Attentat auf Hitlers Leben am 20. Juli 1944 durch General und Herzog von Stauffenberg wurde Hitler finsterer und brutaler und befahl den Bewohnern von Ostpreußen, an ihren Plätzen zu bleiben, auch wenn es für sie den Tod bedeutete.

Ich schaute mich um, in der Hoffnung, einen Blick auf einen Soldaten zu erhaschen, der den Bunker bewachte; ich sah jedoch keinen. Stattdessen hörten wir das Stampfen der Pferdehufe und das Quietschen und Klappern der Wagenräder die Stille des dichten Waldes unterbrechen.

Wir fuhren durch die Stadt Rastenburg, die von den Kreuzfahrern im 14. Jahrhundert gegründet wurde, als sie eine Burg bauten, um sich vor den preußischen Kriegern zu schützen.

Nach ein paar Tagen des Durchquerens reifer Weizen- und Kartoffelfelder, Wiesen und Wälder erreichten wir die Stadt Allenstein. Wir fuhren durch den Bogen des hohen Burgturms, der in die Altstadt führte. Wir sahen die mächtige St. Jakobskirche, die die Skyline dominierte. Eine Statue des deutsch-polnischen Astronomen Nikolaus Kopernikus bewachte den Burgeingang.

Wir hielten auf dem Stadtplatz an und warteten auf Instruktionen. Der Bürgermeister der Stadt sagte uns, wir sollten in Allenstein bleiben bis wir weitere Anweisungen erhalten. Dann bat er jede Familie zu einem anderen Bauernhof oder einer anderen Residenz zu fahren.

Wir landeten auf einem wunderschönen Gut, das von drei Schwestern verwaltet wurde. Ihre Ehemänner, die in den Zweiten Weltkrieg eingezogen waren, dienten immer noch als Soldaten im aktiven Kampf. Die drei Schwestern begrüßten uns herzlich und wiesen uns Zimmer zu, eines davon mit einer geschlossenen Veranda und Blick auf einen Garten. Meine Mutter dankte den Damen und bat Emma und Meta, unsere Federbetten und Kleidung ins Haus zu bringen. Georg spannte die Pferde aus, brachte sie in den Stall und gab ihnen Heu und Wasser. Edmund und Richard begannen, die Umgebung der Farm zu erkunden. Ich schloss mich ihnen später an. Die Apfel- und Birnbäume waren mit reifen Früchten beladen. Wir starrten auf die Birnen und sehnten uns so sehr danach, eine zu essen. Eine der Schwestern sah, wie wir die Frucht beäugten; sie bemerkte: „Pflückt keine Früchte vom Baum; ihr könnt nur die Früchte essen, die zu Boden fielen." „Ja", antworteten wir alle zur gleichen Zeit. Jeden Tag schauten wir unter dem Birnbaum nach, ob wir eine Birne auf dem Boden finden konnten. Als ich die erste im Gras entdeckte, schrie ich vor Freude, und hob sie auf. Jeder Bruder bekam auch einen Bissen. Wir warteten immer auf starke Winde oder darauf, dass überreife Birnen vom Baum fielen. Wenn wir an einem stürmischen Tag mehrere Birnen fanden, brachten wir auch welche zu Mutter und meinen Schwestern.

Nach ein paar Tagen gewöhnten wir uns an die Routine der drei Schwestern. Emma und Meta gingen mit den Schwestern jeden Morgen und Abend auf der nahegelegenen Weide Kühe melken. Edmund, Richard und ich rannten entlang und trieben die Kühe in einem kleinen eingezäunten Bereich zusammen. Georg kümmerte sich um die Pferde und reinigte die Kuh- und Schweineställe. Ich habe die Namen der drei Schwestern nie erfahren; wir haben sie jeweils mit Liebe Frau angesprochen.

Mutter blieb zu Hause, beobachtete Horst und bereitete Frühstück, Mittag- und Abendessen vor.

Der Bürgermeister von Allenstein schickte allen Flüchtlingen einen Boten zu Pferd und teilte ihnen mit, dass die Ostfront nicht vorgerückt sei und wir hier bleiben könnten. Wir haben die gute Nachricht begrüßt. Emma fragte meine Mutter, ob sie mit ihrer Freundin Martha zu uns nach Hause in Wizajny gehen konnte, um die Ernte auf unserem Hof zu retten. Mutter hielt es für riskant, dass zwei junge Damen alleine reisten. Aber Emma bestand darauf, dass sie sofort zurückkehren werde, wenn sie auf Gefahr stieß. Widerwillig gab Mutter nach und ließ sie gehen.

Am nächsten Tag bereitete meine Mutter Sandwiches für ihre Reise vor. Mit Tränen in den Augen umarmte sie Emma und verabschiedete sich mit den Worten: „Gott beschütze dich, mein Kind, und bringe dich sicher zurück." Emma nahm das Bündel mit den Sandwiches und einer Flasche Saft und eilte zu ihrer Freundin Martha.

Emma und Martha gingen nach Allenstein und innerhalb einer Stunde erreichten sie den Bahnhof. Nachdem sie eine Weile gewartet hatten, stiegen sie in einen Zug nach Rastenburg, wo sie umsteigen mussten nach Goldap. Sie kamen spät am Abend an. Keine Züge fuhren von Goldap nach Wizajny. Sie mussten den Weg zu Fuß gehen. Sie beschlossen, die Nacht am Bahnhof in Goldap zu verbringen, um sich auszuruhen. Früh am nächsten Tag, als der Vollmond noch durch den Wald drang, begannen sie ihren langen Heimweg. Bald glitt die Sonne durch die Bäume und kündete einen neuen Tag an. Emma und Martha legten die nächsten vierzig Kilometer zu Fuß zurück und gingen durch Rominten, wo sie für kurze Zeit anhielten.

„Weißt du, dass Kaiser Wilhelm II sein Jagdschloss in Rominten hatte?", fragte Emma Martha.

„Ja, ich erinnere mich, dass meine Oma mir von den häufigen Jagdausflügen erzählte, die der Kaiser in diese Gegend unternahm."

Emma antwortete: „Obwohl der Kaiser selbst nicht jagen konnte, genoss er die Natur und das Jagdritual mit seinen Freunden."

„Emma, wäre es nicht aufregend, das Schloss zu sehen?"

„Ja, Martha, aber wir haben keine Zeit. Auf! Lass uns gehen!"

Sie hörten auf zu reden, als sie den Wald betraten. Vorsichtig sahen sie sich um, ob Soldaten oder Räuber sich vielleicht hinter Bäumen versteckten. Der Ruf eines Kuckucks und das Dröhnen von Flugzeugen unterbrachen die Stille. Erschöpft, müde und hungrig erreichten sie Wizajny vor Sonnenuntergang. Eine Stunde später trennten sie sich bei Marthas Haus und ein paar

Minuten später betrat Emma unseren Bauernhof. Emma war überrascht, Stimmen zu hören, als sie sich dem Eingang des Hauses näherte. Ihr Herz klopfte bei dem Gedanken, dass russische Soldaten im Haus sein könnten. Emma stand vor der Tür und lauschte aufmerksam und versuchte, die Sprache zu entziffern, die die Personen drinnen sprachen.

Plötzlich öffnete sich die Tür. Ein deutscher Soldat mit einem Blick der Überraschung und des Unglaubens rief erstaunt aus: „Fräulein, was machen Sie hier? Woher kommen Sie?"

„Mein Name ist Emma; ich bin die Tochter des Besitzers dieses Hofes. Ich wollte überprüfen, ob ich das Gemüse des Gartens für den Winter konservieren und etwas Weizen ernten könnte, um Nahrung zu haben, wenn wir bald nach Hause zurückkehren sollten." Der Soldat neigte leicht den Kopf und sagte: „Mein Name ist Hans; bitte, kommen Sie herein und lernen Sie meine anderen Kameraden kennen." Sie betrat die Küche und ging in das Esszimmer, wo sie drei weitere Soldaten am Tisch sitzen sah, die ihr Abendessen verzehrten. Sie schauten Emma erstaunt an, als wäre sie ein Phantom, das vom Himmel erschien. Hans zeigte auf jeden Soldaten und stellte seine drei Kameraden, Erich, Dieter und Peter, vor.

„Woher kommen Sie?", fragte Erich.

„Ich komme aus Allenstein, wo sich meine Familie vorübergehend aufhält."

„Wie sind Sie hierhergekommen?", erkundigte sich Dieter.

„Meine Nachbarin Martha und ich fuhren mit dem Zug nach Goldap und gingen dann den Rest des Weges zu Fuß", antwortete Emma, schaute dann auf das Essen und fühlte sich plötzlich sehr hungrig.

„Sie müssen hungrig sein, kommen Sie und essen Sie mit uns." Peter machte eine Geste zu Emma, sich hinzusetzen, ging dann, um ihr einen Teller und Besteck zu bringen, und füllte ihren Teller mit Schweinefleisch und Gemüseeintopf.

„Danke", sagte sie und stillte ihren Hunger, denn sie hatte den ganzen Tag nichts zu essen gehabt. Die Soldaten warteten, bevor sie Emma mit Fragen und Warnungen bombardierten:

„Was hat Sie dazu bewegt, zurückzukommen?" „Wissen Sie nicht, dass es für Sie gefährlich ist, hier zu sein? Die russische Front ist nur wenige Kilometer von hier entfernt. Einige russische Soldaten streifen bereits in dieser Gegend umher. Bleiben Sie nur im Haus und wagen Sie es nicht, auf die Felder zu gehen."

Emma hörte zu und antwortete dann: „Ich werde drinnen bleiben." Dann begann sie, den Tisch abzuräumen und half beim Abwaschen des Geschirrs.

„Sie müssen müde sein. Sie können mein Bett für heute Nacht nehmen und ich schlafe mit meinen Kameraden im Wohnzimmer", versicherte Hans ihr.

Sie saßen eine Weile am Tisch und unterhielten sich, bevor sie sich gegenseitig eine gute Nacht wünschten.

Müde von dem langen Gehen sank Emma ins Bett ohne sich auszuziehen und schlief tief und fest ein.

Emma stand auf, als die Sonne am östlichen Horizont erschien und die Wolken in vielen Rosa-, Orange- und Goldtönen malte. Sie nahm ein Handtuch und ging zum Teich, um ihr Gesicht zu waschen, dann kämmte sie mit ihren Fingern durch ihr Haar, um es in Ordnung zu bringen, bevor sie zum Haus zurück ging. Die Soldaten bereiteten das Frühstück vor und begrüßten sie freundlich: „Haben Sie gut geschlafen?"

„Oh ja, sehr gut. Kann ich Ihnen in der Küche helfen?", antwortete Emma, als sie Hans am Holzofen stehen sah, der weitere Baumstämme auf die glühende Glut legte.

„Sie können die Eier braten, wenn Sie möchten; wir werden etwas Milch aufwärmen und Brot schneiden." Erich, Dieter und Peter kamen auch in die Küche, um Emma zu begrüßen und zu frühstücken.

„Emma, ich glaube nicht, dass Sie hierbleiben können; Sie sollten so schnell wie möglich zu Ihrer Familie zurückkehren", betonte Erich. „Es sieht düster aus für unser Vaterland. Hitler floh in seinen Bunker in Berlin. Sogar er befürchtet, dass Deutschland eine Niederlage erleiden wird.", fügte Dieter hinzu.

„Die russische Front rückt jeden Tag nach Westen vor und umzingelt Ostpreußen. Ich weiß nicht, wie lange unsere Armee in der Lage sein wird, sie zurückzuhalten. Russische Soldaten durchbrachen bereits die deutsche Front und versteckten sich tagsüber im Wald. Nachts vandalierten sie, erschiessen die Deutschen und vergewaltigten die Frauen", warnte Dieter. „Sie sollten morgen abreisen. Sie können hier nichts tun", fügte Peter hinzu.

Emma hörte aufmerksam zu und antwortete: „Lassen Sie mich ein oder zwei Tage ruhen und euch helfen, bevor ich zu meiner Familie zurückkehre." Sie waren sich alle einig, dass sie höchstens zwei Tage bleiben sollte. „Wenn Sie darauf bestehen, werde ich übermorgen gehen", antwortete Emma, „Was kann ich für Sie tun?"

„Vielleicht können Sie beim Kochen helfen", antwortete Peter.

„Das tue ich gerne." Mit diesen Worten stand sie vom Tisch auf, räumte das Geschirr ab und wusch es.

Die Soldaten standen auf und gingen zum Stall, um die Pferde zu füttern und zu pflegen.

Emma ging zu dem Teppich im Esszimmer, schob ihn beiseite und hob die losen Bretter hoch, die den Eingang des Kellers bedeckten. Langsam stieg sie die Leiter hinunter, während sich ihre Augen an die Dunkelheit gewöhnten. Emma war überrascht, ein Fass halb voll Sauerkraut und ein weiteres mit eingelegtem Schweinefleisch zu finden, das ihre Mutter zurückgelassen hatte. Sie hatte wohl gedacht, wir kämen bald zurück und würden etwas zu essen finden. Ein kleiner Haufen alter, verrunzelter, sprießender Kartoffeln lag auf dem Kellerboden. Die Soldaten hatten den geheimen Eingang zum Keller nicht entdeckt.

Emma ging nach oben, um Behälter zu holen und nahm ein Gefäß voller Sauerkraut, ein Stück Schweinefleisch und einige Kartoffeln mit in die Küche. Sie mochte das Aussehen der Kartoffeln nicht. Emma erinnerte sich, dass ihre Mutter im Frühjahr immer Kartoffeln im Gemüsegarten gepflanzt hatte. Emma ging in den Garten und entfernte die Erde von einer Kartoffelpflanze, um zu schauen, ob sie einige neue größere Kartoffeln zum Essen finden könnte. Sie eilte zur Scheune, um eine Hacke zu holen. Dann grub sie in den Boden und entfernte die Erde vorsichtig an der Seite mehrerer Kartoffelpflanzen. Um das

Wachstum der Pflanze nicht zu stören, entfernte sie nur die größeren Kartoffeln von jeder Pflanze und legte sie in einen Korb. Sie freute sich, dass sie genug fand. Sie zog eine Handvoll Zwiebeln heraus und ging zum Teich, um das Gemüse zu waschen. Sie legte das Fleisch und Sauerkraut in einen Topf, goss Wasser rüber und stellte ihn auf den Herd. Sie legte mehr Holz und Torf in den Herd, um das Essen zu kochen. Später fügte sie die geschälten Kartoffeln und die gehackten Zwiebeln hinzu und ließ sie sieden.

Dann ging sie nach draußen, um zu überprüfen, wie viele Kühe auf der nahegelegenen Weide grasten. Sie zählte nur fünf und fragte sich, was mit den anderen sechs passiert war. Alle Gänse und Enten waren verschwunden, nur ein paar Hühner blieben im Hühnerstall und ein Schwein lag auf dem Stroh im Schweinestall. Hans sah Emma aus dem Schweinestall gehen und kam auf sie zu: „Sie fragen sich, was mit den anderen Schweinen und Kühen passiert ist, nicht wahr?"

„Ja, das tue ich", antwortete sie.

„Wir haben sie an Ihren Nachbarn verkauft, der beschloss, hier zu bleiben, auch wenn die Russen in das Gebiet einmarschieren.

„Ich wünschte, ich könnte Ihnen sagen, dass der Krieg bald vorbei sein wird und Sie in Ihre Heimat zurückkehren können, aber die Bedingungen für unser Vaterland sehen sehr düster aus. Nachdem der amerikanische General Dwight Eisenhower unter Beteiligung seiner Verbündeten am 6. Juni 1944 in die Normandie einmarschierte, wurde unsere Verteidigung geschwächt. Die deutschen Generäle Erwin Rommel und Gerd von Rundstedt halten ihre Positionen, obwohl sie weniger als ein Viertel der personellen Reserven und weniger Flugzeuge als ihre Gegner haben, um ihre Truppen zu verteidigen. Tausende von Amerikanern, ihre Verbündeten und deutsche Soldaten haben bereits im Krieg ihr Leben verloren", erklärte er traurig.

„Wir wissen nicht, wie lange das deutsche Militär seine Position halten kann." Hans hielt einen Moment inne und betrachtete Emmas traurigen Gesichtsausdruck. Dann fuhr er fort: „Ich wünschte, ich könnte Ihnen Hoffnung geben, anstatt an der Zukunft Ihrer Heimat zu zweifeln."

Emma schaute zu ihm auf, hielt die Tränen zurück und sagte: „Ich wusste nicht, dass das Schicksal unseres Vaterlandes so hoffnungslos aussieht."

Schwermut füllte ihr Herz, während sie daran dachte, ihre geliebte Heimat zu verlieren.

„Komm, komm, junge Dame, sei nicht so traurig. Lasst uns hineingehen und sehen, was meine Kameraden machen", versuchte Hans vergeblich, sie aufzumuntern.

„Gehen Sie zuerst; ich habe einen Topf auf dem Herd. Ich gehe besser in die Küche und überprüfe das Essen", antwortete Emma. Auf dem Weg in die Küche stiegen ihr Tränen in die Augen und benetzten ihre Wangen. Sie ging in den Garten und pflückte eine Handvoll Astern und stellte sie auf den Tisch. Die Blumen hellten ihre düstere Stimmung auf und verliehen dem Raum etwas Schönheit.

Sie rührte das Essen um und legte noch etwas Holz in den Herd, bevor sie den Tisch deckte. Dann ging sie von Raum zu Raum und erinnerte sich an ihre Kindheit und Jugend. Sie schaute auf die Wiege, die ihr Vater gebaut hatte, und sah, wie ihre Mutter ihre acht Babys schaukelte. Als älteste von acht Kindern erinnerte sich Emma, wie sie ihre jüngeren Geschwister geschaukelt hatte, während sie ihnen ein Schlaflied sang. Nun stand die Wiege leer und verlassen im Wohnzimmer.

Sie ging zum Spinnrad in der Ecke und drehte das Rad mit der Hand. Sie dachte daran, wie viel feine Fäden sie aus Wolle gesponnen hatte, um Socken, Handschuhe und Pullover für ihre jüngeren Brüder und Schwestern zu stricken. Melancholie und Nostalgie erfüllten ihr Herz, als ihre Gedanken in der Vergangenheit verweilten. Auf der Fensterbank stand die Myrtenpflanze, die sie seit vielen Jahren gepflegt hatte, um eines Tages ein Stirnband für ihren Hochzeitsschleier zu flechten. Sie wagte es nicht, darüber nachzudenken, was passieren würde, wenn die Russen in ihr Haus eindrangen.

Die Stimmen der Soldaten brachten ihre Gedanken zurück in die Gegenwart. Sie verließ das Wohnzimmer und ging in die Küche, um die Soldaten zu begrüßen.

Sie kündigte an: „Mittagessen ist in einer Stunde fertig."

„Wir werden zu Pferd die Gegend überprüfen", empfahl Peter.

„Es ist gefährlich für Emma, hier allein zu sein; eine Person sollte bei ihr bleiben", schlug Erich vor.

„Du kannst gehen, ich bleibe hier", antwortete Hans.

„Vielleicht könnten Sie meine Freundin Martha wissen lassen, dass sie bereit sein sollte schon morgen aufzubrechen. Ich werde Ihnen zeigen, wo sie wohnt."

„Das können wir tun", bestätigte Peter, bevor er und seine beiden Kameraden in den Stall gingen und ihre Pferde bestiegen. Emma folgte ihnen und zeigte auf das Haus ihrer Freundin. Sie sagten: „Auf Wiedersehen", und ritten davon.

Als sie das Haus von Martha erreichten, stiegen sie von ihren Pferden, befestigten sie an einem Baum und klopften an die Tür: „Hallo, wir bringen Ihnen eine Nachricht von Ihrer Freundin Emma", rief Peter, um sich zu vergewissern, dass sein Ruf die Tür durchdrang. Das Klopfen an der Tür erschreckte Martha. Sie eilte zur Tür und fragte, bevor sie öffnete:

„Wer ist das?"

„Wir bringen Ihnen eine Nachricht von Ihrer Freundin Emma!", wiederholte Peter. Als sie den Namen Emma hörte, öffnete sie die Tür: „Guten Tag, Soldaten, was ist mit Emma?"

„Guten Tag, Fräulein. Ihre Freundin Emma lässt Sie wissen, dass Sie bereit sein sollten, morgen früh abzureisen. Es ist zu gefährlich für euch beide, hier zu bleiben!", versicherte ihr Peter.

„Die russische Front ist nur wenige Kilometer östlich von Wizajny, und ich weiß nicht, wie lange unsere Soldaten in der Lage sein werden, die Russen zurückzuhalten", fügte Erich hinzu.

„Können wir etwas für Sie tun, während wir hier sind?", erkundigte sich Dieter.

„Danke, ich brauche im Moment nichts", antwortete Martha.

„Warum kommen Sie nicht heute zu Ihrer Freundin und übernachten dort, damit ihr früh am Morgen zusammen abreisen könnt. Es ist nicht sicher für Sie, alleine hier zu sein. Wir haben russische Soldaten in der Gegend gesehen", warnte Dieter.

Der Gedanke, dass russische Soldaten in der Nacht erscheinen könnten, versetzte Martha in Angst und Schrecken, und sie antwortete: „Ich werde mich um ein paar Dinge kümmern, das Haus schließen und dann komme ich zu Emma. Vielen Dank für die Nachricht von Emma und Ihre Fürsorge. Auf Wiedersehen. Wir sehen uns später." Die Soldaten kehrten zu ihren Pferden zurück und ritten davon.

„Es ist noch früh; lasst uns ins Dorf reiten!", schlug Peter vor.

„Ja, das können wir", stimmte Erich zu. Sie galoppierten durch die Wiesen neben dem Friedhof und erreichten das Dorf Wizajny innerhalb kurzer Zeit.

Normalerweise füllten samstags und sonntags Verkäufer den Marktplatz. Sie versuchten, ihre hausgemachten Waren, ihr Vieh und ihre Produkte zu verkaufen. Heute bot nur noch eine kleine Anzahl polnischer Bauern ihre Waren einigen wenigen Kaufinteressenten an. Die meisten deutschen Einwohner waren bereits geflüchtet.

Peter und Erich trafen drei weitere Soldaten zu Pferd, mit denen sie sich unterhielten. Sie erkundigten sich nach Änderungen in den Befehlen des Kommandanten und ob die russische Grenze vorgerückt sei. Einer der Soldaten antwortete: „Jeden Tag bewegt sich die russische Armee etwa einen Kilometer nach vorne. Unsere Abwehrkräfte sind einfach zu schwach, um sie zurückzudrängen. Wir können nur versuchen, die russische Invasion zu verlangsamen, damit unser Volk den Russen sicher entkommen kann."

„Ja, es sieht trostlos für uns aus. Es gibt keine Hoffnung mehr, den Krieg zu gewinnen. Alles, was wir jetzt tun können, ist, die Russen so lange wie möglich zurückzuhalten, um zu verhindern, dass sie unsere Zivilisten brutal behandeln oder ermorden", fügte der andere Soldat hinzu. Erich schauderte bei dem Gedanken, dass seine Mitbürger in die Hände der brutalen russischen Soldaten fallen könnten, und er sagte: „Der Himmel helfe allen Opfern und uns, die Folgen dieses sinnlosen Krieges zu ertragen." Erich und Peter verabschiedeten sich mit einem militärischen Gruß und begannen, sich in die Kadenz der Pferde zu bewegen.

Als sie die Spitze des Hügels Fuchsenberg, erreichten, hielten sie inne. Die Sonne stand auf ihrem Höhepunkt und warf einen goldenen Schleier über die hügelige Landschaft, die mit reifen Weizenfeldern und grünen Weiden bedeckt war.

„Was für eine wunderschöne Landschaft! Wie traurig, dass die Besitzer, die den Boden ihr ganzes Leben lang kultivierten und bestellten, fliehen mussten.", äußerte sich Peter.

Erich fügte hinzu: „Ich habe viel Mitgefühl für Emma und alle Bewohner, die ihr Gehöft verlassen mussten. Wer weiß, ob sie jemals zurückkehren können? Ich hasse, was der Führer unserem Land und unserem Volk angetan hat. Seine grandiose Idee, der oberste Herrscher Europas zu sein, hat zu so viel Blutvergießen geführt, viele Menschenleben geopfert und so viel Verwüstung nicht nur für unser eigenes Land, sondern auch für die Welt gebracht. Und trotzdem will er den Kampf nicht aufgeben, auch wenn ein Sieg aussichtslos ist."

„Nein, er wird sich nicht ergeben; sein Motto lautet: ‚Sieg oder Tod.' Er hörte nicht auf seine Generäle, als sie vorschlugen, sich zu ergeben, um Menschenleben zu retten und eine weitere Zerstörung unseres geliebten Vaterlandes zu verhindern.", zitierte mit Verachtung Peter, „Ja, wofür kämpfen wir Soldaten?"

„Ich habe es schon vor langer Zeit aufgegeben, für den Führer zu kämpfen. Ich kämpfe für meine Landsleute und dafür, ihr Leben vor der Brutalität des Krieges zu schützen. Ich hoffe, dass wir alle lebend aus diesem Kampf herauskommen", stimmte Erich zu.

Als sie an die bevorstehende russische Invasion und das Schicksal ihres geliebten Landes dachten, ergriff ein Schmerz ihre Herzen als ob die Krallen eines Adlers die Kehle seiner Beute umklammerten. Ein Schmerz, der sich über die Tränen erhob und die bevorstehende Gefahr verkündete. Dann zogen sie am Geschirr, um die Pferde in Bewegung zu setzen. Als sie am Hof ankamen, deckte Emma den Tisch und bat sie zum Mittagessen.

„Wo haben Sie Sauerkraut und Schweinefleisch gefunden? Ich habe es nicht gegessen, seit ich von zu Hause weggegangen bin. Es schmeckt so gut.", kommentierte Erich, nachdem er mehrere Häppchen gegessen hatte.

„Mutter ließ einiges im Keller zurück. Ich zeige Ihnen, wo die Öffnung zum Keller ist. Dort finden Sie noch mehr."

„Wir schlugen vor, dass Martha vorbeikommen sollte, um die Nacht mit uns hier zu verbringen. Es ist zu gefährlich für sie, allein zu bleiben. Sie hat zugestimmt und wird am Nachmittag vorbeikommen.", informierte Peter Emma.

„Ich bin froh, dass sie kommt; sie wird hier sicherer sein", antwortete Emma.

Sie aßen mit Begeisterung und dankten Emma dafür, dass sie so ein leckeres Mittagessen zubereitet hatte. Dann entschuldigten die Soldaten sich mit diesen Worten: „Wir werden das Gebiet begutachten."

„Ich glaube, ich würde lieber hierbleiben, um Emma zu beschützen", informierte Hans seine Kameraden und begann Emma beim Abräumen des Tisches zu helfen, während seine Kameraden ihre Pferde bestiegen und davon ritten, um die Gegend zu beobachten.

Als sie mit dem Geschirr fertig waren, erwähnte Emma, dass sie gerne sehen würde, welches Gemüse sie im Garten zum Abendessen finden könnte. Sie nahm einen Korb aus der Küche und ging zum Schuppen, um eine Hacke zu holen. „Kann ich Sie begleiten?", fragte Hans. „Natürlich", antwortete Emma. Sie zog ein Bündel Karotten heraus, schüttelte die Erde ab und legte sie auf den Boden.

„Ich möchte auch nach mehr Kartoffeln für heute Abend graben."

„Lassen Sie mich graben, und Sie sammeln die Kartoffeln ein." Emma übergab Hans die Hacke und er begann, die Erde von mehreren Pflanzen zu entfernen. Hans stellte viele Fragen über die Familie. Er bewunderte Emmas Mut, dass sie die Familie verlassen hatte und nach Hause gekommen war, um sich um den Hof zu kümmern. Er fand Gefallen an Emma. Sie hatte nicht nur einen guten, starken Charakter, sondern sie war auch attraktiv, hatte blonde Haare, blaue Augen und auch eine gute Figur. Er sah Emma liebevoll an und sagte: „Sie sind nicht nur schön, sondern auch mutig und gutherzig. Ich mag Sie."

Emma war völlig überrascht und errötete. Als Hans sie verlegen sah, schaute er zu Boden und begann wieder zu graben. Sie füllten den Korb im Handumdrehen mit Kartoffeln. Emma zog auch einige Zwiebeln heraus.

„Lasst uns gehen und unser Gemüse im Teich waschen. Es spart uns Zeit, Wasser aus dem Brunnen zu holen und es zum Haus zu tragen." Hans trug den Korb mit Kartoffeln, während Emma das Bündel Karotten und Zwiebeln zu dem Brett trug, das den schmalen Teil des Teiches überspannte.

„Gib mir die Kartoffeln; Ich werde sie waschen", sagte sie zu Hans.

Hans reichte ihr den Korb. Sie tauchte ihn im Wasser auf und ab, um die Erde von den Kartoffeln zu entfernen. Sie schwang die Bündel der Karotten und Zwiebeln im Wasser hin und her bis sie sauber waren.

„Warum lassen wir nicht alles hier und machen einen Spaziergang? Der Tag ist zu schön, um drinnen zu bleiben." Emma stimmte zu. Sie gingen am Teich entlang und kamen dann an den goldenen Feldern mit reifem Weizen vorbei, die zur Ernte bereit waren.

„Ich wünschte, ich könnte etwas tun, um zu verhindern, dass dieses schöne Getreide verloren geht", bemerkte Emma traurig.

„Ja, es ist herzzerreißend. Sie mussten Ihr schönes Gehöft verlassen. Wer weiß, was mit unserem Land und all den Menschen geschehen wird? Wenn wir lebend aus diesem Krieg herauskommen, kann ich vielleicht zurückkehren und ihnen helfen, ihr Land zu rekultivieren." Mit diesen Worten näherte er sich Emma, nahm ihre Hand, blieb stehen und schaute ihr in die Augen, in Erwartung eines Ausdrucks der Akzeptanz. Emma errötete wieder und konnte kein Wort sagen. Sie nickte nur als positive Antwort mit dem Kopf. Sie begannen wieder zu laufen. Beide schwiegen für einige Zeit; sie dachten an die Zukunft und eine mögliche Wiedervereinigung nach dem Krieg. Schließlich brach Hans das Schweigen: „Sie brauchen mir jetzt keine Antwort zu geben; ich werde Ihnen meine Privatadresse geben. Nachdem der Krieg vorbei ist, können Sie mir schreiben, wenn Sie möchten."

„Ich hoffe, dass wir nach Kriegsende wieder in unsere Heimat zurückkehren können. Ich liebe meinen Geburtsort, an dem ich mein ganzes Leben verbracht habe", fuhr Emma fort.

„Ich bin in Palmnicken an der Ostsee geboren. Auch ich liebe Ostpreußen. Mein Vater ist Fischer und meine Mutter Gymnasiallehrerin. Ich habe meine Eltern seit einiger Zeit nicht mehr gesehen. Ich hoffe sehr, dass auch sie entkommen sind und nicht in die Hände der russischen Armee fallen werden", fügte Hans hinzu.

Hans entdeckte eine Menge Kornblumen im Weizenfeld. Er bückte sich und pflückte sie. Dann reichte er sie Emma mit den Worten: „Schöne Blumen für ein hübsches Fräulein." Emma nahm sie mit einem Lächeln und einem: „Dankeschön", entgegen. Hans hob seine Hand an sein Ohr und flüsterte: „Horch, hören Sie, die Lerche singt ein frohes Ständchen für Sie."

Emma schaute auf und sah nur einen kleinen dunklen Punkt am Himmel und verkündete freudig: „Was für ein melodiöses Lied! Ich bin so froh, dass ich die Lerche noch einmal singen höre, bevor ich morgen abreisen muss."

„Das fröhliche Lied der Lerche drückt meine Zuneigung zu Ihnen aus", sagte Hans, während er sich Emma näherte und versuchte, sie zu umarmen.

Obwohl Emmas Herz auch ihm zugeneigt war, trat sie zurück und fügte hinzu: „Morgen muss ich Sie verlassen, wer weiß, ob wir diesen Krieg überleben werden, lassen Sie uns die Abreise nicht schwieriger machen."

„Gehen wir lieber zurück zum Haus. Es ist Zeit, an die Zubereitung des Abendessens zu denken", schlug Emma vor. Sie sprachen kaum für den Rest des Weges. Jeder war tief in seinen Gedanken versunken über die eigene Zukunft, den hoffnungslosen Ausgang des Krieges und das Schicksal Ostpreußens und Deutschlands.

Sobald sie ankamen, steckte Emma zuerst die Kornblumen in eine Vase, stellte sie auf den Tisch und bereitete das Abendessen vor. Sie wollte die Soldaten überraschen und etwas Besonderes für sie vorbereiten – Kartoffelpuffer. Nachdem Emma genug Kartoffeln geschält hatte, rieb sie die Kartoffeln auf einem feinen Reibeisen. Inzwischen kamen auch Dieter, Erich und Peter nach Hause. Als sie Emma so schwer arbeiten sahen, bot Dieter seine Hilfe an. Emma, dankte ihm und ließ ihn noch mehr Kartoffeln reiben. Sie schaute sich in der Küche nach etwas Schmalz oder Öl um, konnte aber keines finden. „Was kann ich zum Braten der Pfannkuchen verwenden?", überlegte sie.

„Oh ja, ich kann den Schweinespeck anbraten und das Fett zum Braten der Kartoffelpuffer verwenden. Das ist gut; wir haben noch etwas mehr im Keller."

„Kommen Sie, ich zeige Ihnen, wo der Eingang zum Keller ist, damit Sie den Rest der Vorräte, die dort verbleiben, verwenden können."

Als sie in den Speisesaal kamen, rollte sie den Teppich auf und entfernte die drei Bretter, die die Tür bildeten. „Lass mich runtergehen, sagen Sie mir, was sie wollen. Auch möchte ich mich mit den Vorräten vertraut machen, die dort sind.", bot Dieter an.

„Bitte, bringen Sie mir ein Stück Schweinespeck", bat Emma.

„In Ordnung, ich werde Ihnen ein Stück bringen", antwortete Dieter. Er kletterte die Leiter hinunter und wartete einen Moment, bis sich seine Augen an das Halbdunkel gewöhnt hatten, bevor er zu den beiden Fässern hinüberging. Dieter hob einen Deckel hoch und sah Sauerkraut am Boden des Fasses. Als er das zweite Fass öffnete, nahm er einige Stücke gesalzenen Bauchspeck. Emma bedankte sich bei Dieter, bevor er von der Leiter auf den Boden stieg. Dann legten sie die losen Bretter über die Balken und zogen den Teppich wieder darüber, um den Kellereingang zu verbergen.

„Es ist gut zu wissen, dass wir immer noch etwas mehr zu essen haben, falls wir nicht genug Vorräte von der Armee bekommen", bemerkte Dieter, bevor er in die Küche zurück ging, um den Rest der Kartoffeln zu reiben.

Emma wusch das Salz vom Fleisch ab, trocknete es, schnitt das ganze Stück in Streifen und frittierte sie. Sie entfernte die gebratenen Speckstreifen und goss das Fett in einen Topf, bis sie genug Fett hatte. Emma ging zu Dieter und dankte ihm für seine Hilfe. Sie nahm die Schüssel mit den geriebenen Kartoffeln, fügte Eier und eine Prise Salz dazu, rührte die Mischung um und ließ sie eine Weile ruhen.

In der Zwischenzeit kam Martha an und begrüßte Emma mit einer Umarmung. Sie bemerkte: „Was kochst du? Es riecht so gut."

„Ich brate Speck und werde das Fett für Kartoffelpuffer verwenden", antwortete Emma. Martha bot ihre Hilfe an. „Du kannst den Tisch decken, Martha, und mir dann helfen, die Pfannkuchen zu braten", bat Emma.

Martha deckte den Tisch und half Emma beim Braten. Dann legte Emma neue Torfstücke in den Herd, wärmte Sauerkraut- und Schweinefleischreste vom Mittagessen auf und wartete auf die Soldaten.

Es war fast 18:00 Uhr, als Peter und Dieter von ihrem Überwachungsritt zurückkehrten. „Ich bin ausgehungert", rief Peter.

„Ich bin es auch. Es riecht so gut. Was habt ihr Damen vorbereitet?", fragte Dieter.

Bevor Emma antworten konnte, schaute Peter auf den Herd und verkündete froh: „Kartoffelpuffer, mein Lieblingsgericht. Ich kann mich kaum erinnern, wann ich sie zuletzt gegessen habe. Es ist so lange her."

Ein paar Minuten später kamen Hans und Erich herein und alle setzten sich hin, um ihr besonderes Abendessen zu genießen.

„Danke, Emma, dass Sie heute Abend unsere Paletten befriedigen. Sie sind eine gute Köchin", lobte Hans Emma.

„Danke, Hans, es ist mir eine große Freude, etwas Besonderes für Sie und Ihre Kameraden zu tun", antwortete Emma, „Ihr gebt Euer Leben, um unser geliebtes Vaterland zu verteidigen, und die Zubereitung eures Lieblingsgerichts ist das Mindeste, was ich unter diesen Umständen für euch tun kann", antwortete Emma.

Alle genossen das Abendessen. Peter wurde jedoch düsterer, als er verkündete: „Die ostrussische Front rückt täglich vor; sie ist weniger als fünfzehn Kilometer entfernt. Leider wird unsere begrenzte Verteidigung nicht in der Lage sein, die russische Armee zurückzuhalten. Sie könnten uns jederzeit überrennen.

Nicht nur das, sondern die russische Luftwaffe brachte 1.400 Flugzeuge fünfundzwanzig Meilen nordöstlich von hier. Wer weiß, wie lange unsere 28. Infanterie Division in der Lage sein wird, die Russen zurückzuhalten? Meine lieben Damen, ihr habt euer Leben riskiert, indem ihr hier hergekommen seid. Ich hoffe sehr, dass ihr sicher zu euren Familien zurückkehrt."

Nachdem alle mit dem Abendessen fertig waren, entschuldigten sich die Soldaten vom Tisch:

„Warum geht Ihr nicht mit uns in den Garten? Es ist so ein schöner Abend", schlug Hans vor.

„Wir kommen, nachdem wir den Tisch abgeräumt und das Geschirr gewaschen haben", stimmte Martha zu.

Die Soldaten gingen um das Haus herum, um zu überprüfen, ob Eindringlinge durch die Nachbarschaft streiften, bevor sie sich in den Garten unter den Apfelbaum setzten. Emma und Martha schlossen sich ihnen später an. Der Duft der Resedablüten erfüllte die Luft und trug zur Schönheit des Sommerabends bei. Auf dem Teich begannen die Frösche ihr krächzendes Konzert, ergänzt durch den melodischen Gesang der Nachtigall. Alle absorbierten ein kurzzeitiges, friedliches Zwischenspiel der Natur, bevor ihre Träume zerbrachen und sie sich der brutalen Realität des Krieges stellten.

Hans brach das Schweigen und begann kläglich, sein Mitgefühl für sein Volk und sein Land zu lüften: „Wie anders wäre das Schicksal Deutschlands jetzt, wäre die Verschwörung, Hitler zu töten im Bunker Wolfschanze in Rastenburg, Ostpreußen, erfolgreich gewesen. Claus Schenk Graf von Stauffenberg platzierte während einer Konferenz am 20. Juli 1944 eine Bombe im Bunker. Leider tötete sie Hitler nicht; sie verbrannte nur sein Hosenbein, tötete drei seiner Mitarbeiter und verletzte andere Anwesende. Schwer bewacht floh Hitler von Rastenburg zu dem Bunker in Berlin."

Dieter enthüllte: „Wissen Sie, was mit all den Generälen und Tausenden von Zivilisten passieren wird, die an der Widerstandsbewegung teilnehmen? Sie werden von Hitler verfolgt und hingerichtet werden. Viele Generäle und ihre Familien begingen Selbstmord, anstatt von Hitlers Gestapo- oder SS-Soldaten gehängt oder erschossen zu werden. Wer weiß, wie viele unschuldige Menschen aufgrund der brutalen Aktionen des Führers und der mangelnden Kooperation der Alliierten noch ihr Leben opfern müssen?"

„Bereits 1938, 1939 und während des gesamten Krieges versuchten die deutschen Generäle der Wehrmacht, mit der britischen und amerikanischen Regierung zu verhandeln, um Hitlers Nazi-Regime zu stürzen. Weder Premierminister Churchill noch Präsident Roosevelt kooperierten mit der Widerstandsbewegung und ihren Generälen", sagte Erich. „Sie befürchteten, dass eine neue Militärregierung in Deutschland wieder an die Macht kommen würde. Ihr Ziel war es nicht nur, Hitler und sein Nazi-Regime auszurotten, sondern auch Deutschland zu zerstören. Die Alliierten veröffentlichten Propaganda, dass alle Deutschen grausame Nazis seien. Sie stellten ihren auserwählten Feind, die deutsche Armee und das deutsche Volk, als bösartig und schlecht dar, um ihren Eintritt in den Krieg gegen Deutschland zu rechtfertigen."

„Carl Friedrich Goerdeler, einer der vielen Abgesandten des Widerstands, versuchte, die Alliierten davon zu überzeugen, dass die meisten Deutschen anders dachten, anständige Menschen seien und Hitlers Nazi-Regime hassten, und er flehte die Alliierten an, Hitler zu töten oder einzusperren. Der deutsche Widerstand plante, Hitlers brutale Diktatur durch eine friedliche Regierung zu ersetzen. Der Widerstand hatte bereits heimlich eine Namensliste für den neuen Präsidenten und die anderen Staatsoberhäupter einer neuen deutschen Regierung aufgestellt. Leider sind alle diplomatischen Verhandlungen und Versuche gescheitert", setzte Peter traurig hinzu.

Währenddessen gingen Emma und Martha in den Garten. Peter und Erich standen auf und boten ihnen ihre Plätze an. „Bitte, setzen Sie sich und leisten Sie uns Gesellschaft."

„Danke, das werden wir. Was für ein friedvoller Abend", bemerkte Emma.

„Ich hoffe natürlich, dass der Krieg bald enden wird und meine Familie nach Hause zurückkehren kann."

Peter ging in den Stall und holte zwei große Eimer. Sie stellten sie vor die Bank und setzten sich. Eine Zeit lang schwiegen alle, verzaubert von der Ruhe und Schönheit des Abends.

Hans brach das Schweigen: „Meine lieben Damen, um wieviel Uhr möchten Sie morgen früh gehen?"

„Vielleicht um 7:00 Uhr", antwortete Martha.

„Ich denke, Sie sollten früher aufbrechen, damit Sie Goldap erreichen, bevor es dunkel wird. Dort können Sie den Zug nach Angerburg nehmen. Sie werden nachts im Bahnhof sicherer sein als auf der Straße", bemerkte Hans. „Vielleicht wäre 5:00 oder 6:00 Uhr vorteilhafter."

„Haben Sie genug Geld für eine Fahrkarte?", fragte Erich.

„Ich habe 10.00 RM", antwortete Emma. „Ich habe 15.00 RM", fügte Martha hinzu.

Die Soldaten dachten, es würde für den langen Weg zurück nach Allenstein nicht ausreichen. Jeder Kamerad griff in seine Tasche und gab ihnen etwas von seinem Geld.

Mit den Worten „Vielen Dank" drückten Emma und Martha gleichzeitig ihre Dankbarkeit aus und fügten hinzu: „Wie großzügig von Euch, aber werdet Ihr genug Geld haben?"

„Wir haben genug für unsere Bedürfnisse", antwortete Dieter.

Niemand sprach eine Weile; jeder dachte an sein Zuhause, seine Familien und die tiefe Zuneigung zu seinem Land mit einer so schönen Landschaft. Sie dachten darüber nach, was noch passieren könnte, bevor und nachdem der Krieg endet. Diese momentane Stille verkündete den bevorstehenden Sturm, der sich im Osten zusammenbraute.

In Erwartung der russischen Invasion und der Tragödie, die sein Volk und Land heimsuchte, wollte Hans diese wenigen friedlichen Momente mit seinen Kameraden und den jungen Damen genießen. Er zog eine Mundharmonika aus der Tasche und begann das ostpreußische Volkslied „Land der dunklen Wälder und kristallenen Seen" zu spielen. Seine Kameraden summten zuerst, dann sangen sie Vers um Vers, begleitet von Emma und Martha. Als sie die vierte Strophe erreichten, waren Tränen in Emmas und Marthas Augen aufgestiegen, und anstatt die Worte zu singen, schluchzten sie nur noch. Sie dachten an die Russen, die ihre schönen Häuser und das geliebte Ostpreußen zerstören könnten.

Hans verstand ihre Gefühle und wartete eine Weile, bis Emma und Martha ihre Fassung wieder erlangten. Er fing an, fröhlichere Melodien zu spielen, um sie aufzumuntern. Sie sangen vertraute Volkslieder und unterhielten sich, bis die Nacht das Himmelsgewand mit Sternen und einem Halbmond schmückte, der über die Felder aufstieg.

Hans stand auf und sagte: „Meine Damen, ihr solltet besser etwas schlafen." Er ging zu Emma und Martha, gab beiden die Hand und wünschte ihnen eine gute Nacht.

Mit der Antwort „Gute Nacht" entschuldigten sie sich und gingen ins Haus.

„Ich denke, ich werde mich einfach so hinlegen, wie ich bin, nur für den Fall, dass wir in Eile aus dem Haus gehen müssen", schlug Emma vor.

„Ich werde dasselbe tun", antwortete Martha. Beide ließen sich im selben Bett nieder, schlossen die Augen und warteten darauf, einzuschlafen.

Draußen beschlossen die Soldaten, dass Peter während der Nacht Wache halten würde, und die anderen würden versuchen, auch etwas Schlaf zu bekommen. Eine Zeit lang brach eine Eule mit ihrem qualvollen Geschrei die Stille.

Plötzlich, nach Mitternacht, geweckt von mehreren Schüssen, sprangen Emma und Martha aus dem Bett und rannten aus dem Haus. Verängstigt fragten sie Peter, der am Eingang stand: „Was ist passiert?" „Geht sofort zurück ins Haus!", rief Peter, während er vor sie trat, und fügte hinzu: „Polnische Partisanen greifen uns an." Hans, Erich und Dieter stürmten aus dem Haus und schlossen sich Peter an. Alle eröffneten das Feuer. Emma und Martha betraten das Wohnzimmer und fielen auf den Boden. Emma schaute zum Himmel auf und bat Gott, die Soldaten und sich selbst vor Schaden zu bewahren. Als Kugeln durch die Luft flogen, hörten sie intensiv zu. Die Soldaten gingen im Schuppen in Deckung, um die Schießerei vom Haus abzulenken, um Emma und Martha zu beschuetzen.

Nach einer Weile hörte das Schießen auf. Die Soldaten warteten draußen, bis sie es für sicher hielten, ins Haus zu kommen. Peter und Erich boten jedoch an, draußen zu bleiben, falls sich die Partisanen in der Nähe versteckten, und beschlossen, erneut anzugreifen. Glücklicherweise trafen keine Kugeln die Soldaten. Hans und Dieter gingen ins Wohnzimmer und verkündeten: „Die Gefahr scheint vorbei zu sein, zumindest für den Moment".

„Versuchen Sie jetzt, etwas zu schlafen."

„Wurde jemand verwundet?", erkundigte sich Emma.

„Nein, wir sind den Kugeln entkommen", beruhigte Hans sie.

„Gott sei Dank, die Kugeln haben Sie und uns verfehlt."

„Ich hörte einen der Partisanen schreien und heulen. Eine unserer Kugeln muss den Eindringling getroffen haben", fügte Hans hinzu.

Hans und Dieter wünschten ihnen eine gute Nacht und gingen in ihr Zimmer, um sich auszuruhen, während Emma und Martha ins Schlafzimmer zurückkehrten. Beide drehten sich um, legten sich für einige Zeit hin und dachten an die jüngste Konfrontation mit den Partisanen und die Gefahren, denen sie auf ihrem Weg zurück zu ihren Familien begegnen könnten. Schließlich, nachdem sie Gottes Schutz erbaten, schliefen sie für ein paar Stunden ein. Die Morgendämmerung glitt durch das Fenster, als Emma und Martha aufwachten. Sie standen auf, wuschen sich und bereiteten Pfannkuchen und Eier für die Soldaten zum Frühstück, bevor sie ihre Rückreise antraten. Hans bot an, sie zu begleiten, was Emma und Martha sehr schätzten.

Inzwischen stieg die Sonne über die Scheune und warf einen hellen Schein über die goldenen Felder.

„Eine Traurigkeit erfüllt mein Herz, wenn ich denke, wie der Weizen auf den Feldern verkommen wird, während viele Menschen verhungern", bemerkte Hans.

„Ich wünschte, ich hätte bleiben können um mit der Hilfe der Nachbarn Weizen zu ernten", antwortete Emma in einem verzweifelten Tonfall.

„Es ist unmöglich für Sie zu bleiben! Wir wissen nicht, wie lange wir die russische Front in Schach halten können. Seitdem Amerika in den Krieg eingetreten ist, hat Stalin Panzer, Flugzeuge und andere militärische Vorräte von Präsident Roosevelt und Premierminister Churchill erhalten." Hans machte seiner Angst vor einer Niederlage Luft.

„Unsere Soldaten sind zahlenmäßig weit unterlegen und die Kriegsvorräte sind zurückgegangen. Es gibt keine Möglichkeit, lange zu kämpfen, und ein Sieg ist ausgeschlossen. Mein Hauptanliegen ist es nun, dafür zu sorgen, dass ihr beide so schnell wie möglich zu euren Familien zurückkehrt."

„Wir sind beide so dankbar für eure Hilfe. Ich hoffe, Sie werden keine Konsequenzen erleiden, wenn Sie sich von Ihrer Pflicht freinehmen", bemerkte Martha.

„Meine Kameraden und ich beaufsichtigen das Ausheben der Gräben in der Nähe; niemand wird es merken, wenn ich für ein paar Stunden nicht da bin", antwortete Hans. Anstatt auf der Straße zu gehen, nahmen sie eine Abkürzung und überquerten eilig die große Weide, um das Dorf schneller zu erreichen. Normalerweise füllte sich der Dorfplatz mit Menschen. Heute kamen keine. Die meisten Bewohner waren bereits geflohen. Nur einige Panzer und Armeetransportwagen standen auf dem Marktplatz.

Hans, Emma und Martha gingen zu einem der Lastwagen. Hans fragte den Fahrer, ob jemand nach Goldap fahre und die beiden Damen mitnehmen könne.

„Ich weiß nicht, ob jemand anderes geht, aber ich habe noch keinen Auftrag. Ich könnte sie nach Goldap fahren", antwortete der Soldat. Er stellte sich als Heinrich Schulz vor.

Hans antwortete, während er dem Fahrer die Hand reichte: „Mein Name ist Hans Guddat, und das sind Emma Bonacker und Martha Thomas. Danke, dass Sie Ihre Hilfe anbieten, damit die Damen schneller zu ihren Familien zurückkehren können." Dann wandte er sich an Emma und Martha: „Dieser Fahrer bringt Sie nach Goldap, wo Sie den Zug nach Angerburg nehmen können", informierte Hans die Damen. Dann drehte er sich zu Emma um, umarmte sie, küsste sie auf die Stirn und sagte zu ihr: „Möge Gott Sie beschützen und Sie sicher an ihr Ziel bringen. Ich mag Sie. Leb wohl, meine Liebe." Emma sah Hans an. Ihre Augen trafen sich und drückten ihre Zuneigung füreinander aus. Sie umarmten einander und trennten sich mit diesen Worten: „Auf Wiedersehen, Hans. Vielen Dank, dass Sie uns beschützt haben. So Gott will, werden wir uns sehen, nachdem der Krieg vorbei ist. Gott wache über Sie."

Er reichte ihr ein Blatt Papier: „Hier ist meine Privatadresse. Sie können mir schreiben, nachdem Sie Ihr Ziel erreicht haben, und so Gott will, sehen wir uns wieder."

Dann drehte sich Hans zu Martha um und reichte ihr die Hand: „Auf Wiedersehen, Martha, und gute Fahrt. Ich hoffe, Sie vereinen sich mit Ihrer Familie in Allenstein."

„Vielen Dank für Ihre Hilfe. Möge Gott Sie vor Gefahr und Tod beschützen." Hans winkte und ging dann zügig zum Hof zurück.

Heinrich stieg aus dem Fahrersitz, ging herum und öffnete die LKW-Tür für Emma und Martha. Sie stiegen in den Lastwagen und setzten sich neben Heinrich, und er fuhr los. Nach einer Weile erreichten sie die Hauptstraße nach Rominten; sie kamen entlang der Flüchtlingstrecklinie. Heinrich stellte den Damen viele Fragen, wie zum Beispiel, warum sie zurück nach Hause gegangen waren, wo ihre Familien waren, wie lange es her ist, dass die Familie fortgegangen ist und so weiter. Während sie sich unterhielten, flog plötzlich ein Flugzeug über sie hinweg. Sekunden später hörten sie, wie eine Flut von Kugeln die Luft durchdrang und ein Pferd und einen Wagen ein kurzes Stück voraus traf. Heinrich stoppte den Lastwagen abrupt, sprang heraus und half Emma und Martha herunterzukommen.

„Lauft schnell in den Wald; ein anderes Flugzeug nähert sich", schrie Heinrich. Er schaltete den Motor ab und folgte den

Damen. Schließlich hielt der ganze Verkehr an, und die Leute rannten in den Wald. Sie ließen sich zu Boden fallen und warteten darauf, dass der Sturzkampfbomber vorbeiflog.

„Mein Gott, ich hoffe, sie bombardieren nicht den Bahnhof in Goldap oder die Bahngleise nach Rastenburg. Ich wünsche natürlich, dass Sie unversehrt zu Ihren Familien zurückkommen", bemerkte Heinrich.

Emma seufzte: „Ich bete zu Gott; dass wir es schaffen."

Ein drittes Flugzeug näherte sich dem Lastwagen. Zum Glück passierte das Flugzeug, ohne das Feuer zu eröffnen. Alle warteten und warteten, bis sie kein Dröhnen von Flugzeugen mehr hörten.

Heinrich brach das Schweigen: „Ich denke, es ist jetzt sicher. Lasst uns gehen."

Er stand auf und half Emma und Martha auch aufzustehen. Sie gingen zurück zum Lastwagen und betraten die Kabine. Heinrich startete den Motor und begann zu fahren. „Gott sei Dank, mein LKW wurde nicht getroffen. Er läuft immer noch."

Heinrich fuhr eilig zum Bahnhof, wo Emma und Martha hofften, den nächsten Zug zu erreichen. Sie hatten Glück, dass der Zug noch in Betrieb war und dass sie Fahrkarten bekamen für den Zug, der um 11:30 Uhr abfuhr. Die russischen Sturzkampfbomber sprengten viele Bahnhöfe und Gleise in die Luft, um die Transporte von Soldaten und Zivilisten zu stoppen.

Die Menschen stellten sich entlang der Bahnstrecke und warteten geduldig auf die Ankunft des Zuges. Schließlich erschien Rauch von der Lokomotive am Horizont. Das rhythmische Schnaufen der Lokomotive und das Geräusch der sich drehenden Räder wurden immer lauter, als sich der Zug dem Bahnhof näherte. Bald kam der Zug kreischend zum Stehen. Die Türen öffneten sich, aber seltsamerweise stiegen keine Passagiere aus.

Die Eile, in den Zug zu steigen, begann. Mütter mit kleinen Kindern und ältere Erwachsene besetzten die meisten Plätze, was Emma und Martha zwang, während der gesamten Reise zu stehen.

Kurz bevor der Zug das nächste Ziel erreichte, drängte sich ein Schaffner durch die Menge, überprüfte die Fahrkarten der Fahrgäste und kündigte Angerburg als nächste Station an.

Viele Menschen standen entlang der Gleise, aber nur eine winzige Anzahl konnte in den Zug steigen. Der Rest, enttäuscht, musste warten und hoffen, mit dem nächsten Zug weiterfahren zu können.

Die Lokomotive schnaufte und verlangsamte sich, sie trug einen langen Zug und eine Überladung von Menschen mit Gepäck. Es dauerte viel länger, um die nächste Stadt Allenstein zu erreichen, wo Emma und Martha ausstiegen.

„Gott sei Dank haben wir es so weit geschafft. Ich bin hungrig", kündigte Emma an.

„Ich auch", antwortete Martha. „Aber lass uns warten, bis wir die Stadt verlassen haben, bevor wir essen. Ich fühle mich schuldig, vor hungrigen Kindern und Erwachsenen zu essen."

„Das ist eine gute Idee.", stimmte Emma zu.

Der Gedanke an Essen und ihre Familien beschleunigte ihr Tempo und ließ sie die architektonische Schönheit der Stadt nicht bemerken.

Nachdem sie außerhalb der Stadt neben vielen Wagen gelaufen waren, bogen sie auf einen kleinen Pfad ab, fanden einen Stein als Bank und setzten sich. Emma zog eine Wurst und ein Stück Brot heraus, brach es in zwei Hälften und reichte es Martha.

„Hier, Martha, ich bin mir sicher, dass du auch hungrig bist."

„Danke, Emma. Es tut gut, sich hinzusetzen, nachdem wir stundenlang im Zug standen", antwortete Martha.

Sie verschlangen ihr Essen, standen auf und begannen ihr letztes Stück des Weges zu der Farm, wo sie Emmas Mutter und ihre sechs Geschwister zurückgelassen hatten.

Sie kamen an eine Kreuzung, wo sie sich mit einer Umarmung trennten: „Wir wollen hoffen, dass wir noch unsere Familien finden."

„Ich hoffe natürlich, dass sie noch nicht abgereist sind. Auf Wiedersehen!" „Auf Wiedersehen!", antwortete Emma. Sie beschleunigte ihre Schritte und war bestrebt, sich wieder mit ihrer Familie zu vereinen.

Als Emma sich der Farm näherte, sah sie Hilde und Horst draußen spielen. Sie fühlte sich erleichtert.

Sobald Horst und ich Emma entdeckten, rannten wir auf sie zu. Emma bückte sich und umarmte uns.

„Ich bin so froh, euch noch hier zu finden", seufzte Emma erleichtert.

Als Emma die Küche betrat, wo Mutter und Meta den Esstisch abräumten, ließ meine Mutter fast die Teller fallen, die sie in ihren Händen trug. Sie legte sie schnell in das Becken und umarmte Emma.

„Gott sei Dank, du bist zurück." Sie konnte keine Worte mehr aussprechen. Freudentränen drückten mehr aus, als Worte hätten tun können. Meta, Georg, Edmund und Richard eilten alle zu ihr und umarmten sie innig. Sogar Emmas Augen füllten sich mit Tränen der Dankbarkeit. Mutter schaute auf und sandte ein Gebet ohne Worte an ihren himmlischen Vater, indem sie ihm für die sichere Rückkehr ihrer ältesten Tochter dankte.

„Du musst hungrig sein. Meta, wärme die Borschtsuppe auf und bringe sie zu Emma!", sagte Mutter zu Meta. Dann wandte sie sich wieder an Emma und fuhr fort: „Nachdem du mit dem Essen fertig bist und dich eine Weile ausgeruht hast, musst du uns alles über deine Reise erzählen und wie du die Dinge zu Hause gefunden hast."

Emma nickte.

„Ja, das werde ich tun." Nachdem sie die heiße Suppe genoss, entschuldigte sie sich und ging ins Bett. Emma dankte Gott, dass er sie und ihre Freundin sicher zu ihren Familien zurückgebracht hatte. Dann, erschöpft von der langen Reise, fiel sie in einen tiefen Schlaf.

Am nächsten Tag versammelte sich die Familie um den Tisch und hörte Emmas Antwort auf eine Frage nach der anderen über das verlassene Zuhause. Mutter drückte ihre Dankbarkeit aus, dass das Haus noch unbeschädigt stand und nicht bombardiert oder niedergebrannt war. Mutter machte sich Sorgen, als Emma ihr sagte, dass die russische Front schnell voranschreitet. „Die deutschen Soldaten bauten Schützengräber in der Nähe unseres Hauses, um die russischen Panzer aufzuhalten. Sie wussten nicht, wie lange sie die russische Invasion zurückhalten können.

Die Soldaten drängten uns, Ostpreußen so schnell wie möglich zu verlassen, denn die russischen Soldaten behandeln die deutschen Frauen und Menschen brutal." Mutter hörte aufmerksam zu und bat Emma dann, zu Herrn Kirstein, dem Gruppenleiter, zu gehen und ihn über die tragische Situation von Zuhause zu informieren.

Nachdem Emma geholfen hatte, die Kühe im Stall zu melken, ging sie schnell durch die offenen Felder zu dem Haus, in dem die Familie Kirstein Zuflucht fand. Sie entdeckte Herrn Kirstein, der seine Pfeife rauchte, auf der Veranda. Sie begrüßte ihn höflich und erzählte ihm von der Situation zu Hause und der Botschaft der Soldaten, Ostpreußen so schnell wie möglich zu verlassen. Herr Kirstein dankte Emma für die Nachricht, gab ihr aber keine definitive Antwort darauf, was er beabsichtigte zu tun.

Dann klopfte Emma an die Tür, trat ins Haus und begrüßte den Rest der Familie. Nach einem kurzen Gespräch entschuldigte sie sich, sagte Auf Wiedersehen zur Familie Kirstein und eilte zurück zu ihrer eigenen Familie.

Aus Sorge um die sich schnell nähernde russische Front sandte Herr Kirstein seine drei Söhne Fritz, Edmund und Georg aus, um unsere Gruppenmitglieder zu benachrichtigen, damit wir uns darauf vorbereiten, kurzfristig abfahren zu können. Herr Kirstein war dankbar, seine drei Söhne bei sich zu haben. Fritz, der älteste, war ein verwundeter Soldat, der zu der Zeit, als die Familie das Haus verließ, auf Urlaub war. Edmund und Georg waren zu jung, um eingezogen zu werden. Gustav, der zweitälteste Sohn, befand sich jedoch noch im aktiven Kampf. Seit einiger Zeit hatte Herr Kirstein nichts mehr von seinem Sohn Gustav gehört und hoffte, dass er noch am Leben war. Jetzt dachte er und alle anderen Familien nur noch daran, sich auf eine schnelle Abreise vorzubereiten.

Niemand konnte jedoch ohne die Erlaubnis des Gauleiters gehen.

Der Monat August ging zu Ende und der September begann. Wenn der Herbst nahte, konnte das Wetter plötzlich kalt werden. Herr Kirstein hielt es für klug, Abdeckungen an die Wagen anzubringen. Er benachrichtigte alle fähigen Männer in unserer Gruppe, um jeder Familie zu helfen, Decken oder Leinwände über die Wagen zu spannen.

Eines Tages kam die Gruppe auf unseren Hof. Sie brachten schwere Äste von Weiden oder anderen Bäumen mit. Die Männer banden die Stangen, die lang genug waren, um über den Wagen gewölbt zu werden, auf jede Seite des Wagens.

Mutter und Emma suchten Material, um es über die Bögen zu spannen. Sie fanden nicht genug Wolldecken. Mutter fragte die älteste Schwester des Hofes, ob sie etwas Segeltuch oder mehr Decken übrig habe.

„Lass mich schauen." Mit diesen Worten entschuldigte sie sich. Nach einer Weile kehrte sie mit einem Arm voller Segeltuch und Decken zurück.

„Nimm alles, was du brauchst."

„Vielen Dank! Ich denke, das ist mehr als genug."

Als Emma zurückkehrte, drängte ihre Mutter sie, den Wagen für die Abfahrt vorzubereiten. Neben dem Wagen breiteten Mutter, Emma und Meta die Leinwand und die Decken auf dem Boden aus. Emma hob eine der Stangen auf, die sich noch auf dem Boden befand, und benutzte sie als Lineal, um die Breite und Länge der Abdeckung zu messen. Sie erlaubten zusätzliches Material für jede Seite, um die Öffnung vorne und hinten zu bedecken.

Mutter, Emma und Meta nähten sie mit einem starken Faden zusammen, den die drei Schwestern ihnen gaben. Die Männer banden an jeder Ecke ein Seil an und zogen die Leinwand über die Bögen. An der richtigen Stelle angekommen, befestigten sie die Leinwand mit Schnüren an der rechten und linken Seite des Wagens. Sie benutzten ein dünnes, schmales Brett, um die Leinwand an die Leiter auf jeder Seite des Wagens zu nageln. In ein paar Stunden beendeten sie ihre Arbeit und halfen der nächsten Familie.

Am folgenden Tag fand mich Mutter weinend im Bett.

„Was ist los, Hildke?", fragte Mutter.

„Ich habe Schmerzen in den Leisten und hinter den Knien."

„Lass mich einmal schauen, was es ist."

Ich hob den Laken hoch und zeigte meiner Mutter, wo es weh tat. Sie bemerkte Rötungen und Schwellungen in den Leisten.

„Es sieht aus, als ob sich Abszesse entwickeln. Du solltest im Bett bleiben. Ich werde heiße Kompressen rauflegen, um den Schmerz zu lindern."

„Kann ich zum Frühstück aufstehen?"

„Ich denke schon, aber dann gehst du wieder ins Bett."

„Ja, Mutter, das werde ich tun."

Als ich den ersten Schritt machte, nahmen die Schmerzen zu. Ich schaffte es jedoch, zu frühstücken und dann wieder ins Bett zu gehen. Ich versuchte wieder einzuschlafen, aber ich konnte nicht, weil das Pulsieren zunahm.

Emma kam und legte ein feuchtes, heißes Handtuch über den Abszess. Die Wärme linderte den Schmerz etwas, und ich schlief für eine Weile ein.

Für ein paar Tage fuhr Emma mit den heißen Kompressen fort. Am zweiten Tag hörte ich den Wind pfeifen und bat Emma, mich auf die geschlossene Veranda zu tragen, wo ich nach draußen schauen konnte. Der Birnbaum schwankte hin und her. Ich beobachtete genau, ob nicht zufällig eine Birne fallen würde. Plötzlich stieß ich einen Freudenschrei aus: „Jippie, eine Birne fiel zu Boden."

Ich dachte, wie kann ich nach draußen rennen, um sie zu holen, bevor meine Brüder sie entdeckten. Ich versuchte aufzustehen und machte ein paar Schritte, aber ich musste schnell zu meinem Platz zurückkehren. Der Schmerz war zu stark.

Ich rief Richard. Er kam nicht. Dann rief ich Edmund. Auch er war nicht in der Nähe des Hauses. Als Emma zurückkam, um die Kompressen zu wechseln, zeigte ich auf die Stelle, an der die Birne gefallen war. Ich bat sie, für mich die Birne zu holen. Emma ging nach draußen und schaute sich um. Endlich fand sie nicht nur eine, sondern zwei Birnen und brachte sie zu mir. Ich freute mich, in eine reife, saftige Birne zu beißen. Vorübergehend vergaß ich meine Schmerzen, während ich an der köstlichen Frucht knabberte.

Der Wind brachte Regen und kühlere Temperaturen. Aber meine Temperatur stieg. Als Mutter kam und meine Stirn berührte, bemerkte sie alarmiert: „Du hast Fieber!" Meine Mutter ging zu den drei Schwestern und fragte, ob sie Aspirin hätten.

Sie hatten es nicht.

„Gibt es einen Holunderstrauch in der Nähe?"

„Ja, auf der Weide."

„Gut. Vielen Dank."

Sofort rief Mutter Emma und gab ihr die Anweisung, Holunderbeeren zu pflücken.

Emma nahm einen Eimer mit und eilte zur Weide, wo sie den mit reifen Beeren beladenen Holunderstrauch fand. Sie pflückte die reifen Beeren von dem Strauch,, füllte den Eimer halb voll und ging schnell zurück zum Hof.

Mutter stellte einen Topf mit Wasser auf den Herd. Sie und Emma entfernten die Beeren von den Stielen, wuschen sie und warfen sie in das kochende Wasser. Sie wartete eine Weile und zerquetschte die Beeren, um den Saft zu bekommen. Sie quetschte die Beeren durch ein Tuch, füllte eine Tasse mit dem Saft, rührte einen Teelöffel Zucker hinein und brachte den Saft zu mir.

Mutter reichte mir die Tasse: „Trink es! Es wird helfen, dein Fieber zu senken!"

Ich leerte die ganze Tasse. Es schmeckte gut. Ich versuchte wieder zu schlafen, fühlte mich aber zuerst heiß und dann kalt. Mein Körper zitterte vor Schüttelfrost. Ich rief meine Mutter und bat sie, bei mir zu bleiben.

Als sie die Abszesse betrachtete, beschloss sie, sie zu öffnen. Meine Mutter wies Emma an, ein scharfes, spitzes Messer in kochendem Wasser zu sterilisieren und ein sauberes Bettlaken zu bringen. Mutter machte einen kurzen Schnitt in das Laken und riss dann mehrere Streifen und rechteckige Stücke ab.

„Emma, bring das Messer. Gib etwas Salz in den Topf und tauche dieses Tuch ins Wasser. Warte, bis es abgekühlt ist, dann bring es zu mir."

Emma folgte den Anweisungen ihrer Mutter. Sie zog die Decke zurück und bat, mich auf den Bauch zudrehen. Sie reinigte jeden Abszess hinter meinem Knie mit dem feuchten Tuch, das in heißes Salzwasser getaucht war. Dann nahm sie das Messer und lancierte schnell jeden Abszess und drückte den Eiter aus der Öffnung. Mein Körper zuckte zusammen und Tränen flossen auf das Kissen, als ich den Schmerz jedes Einschnitts spürte.

Emma faltete das quadratische Tuch und legte es dann auf die offenen Abszesse. Sie benutzte die Streifen als Binden und wickelte sie um die Knie, um den Stoff an Ort und Stelle zu halten.

„Dreh dich jetzt auf den Rücken und ruhe dich einen Moment aus."

Ich spürte den pochenden Schmerz hinter meinen Knien und konnte keine bequeme Position finden. Bald kehrten Mutter und Emma zurück und unterzogen mich der gleichen quälenden Prozedur an den Abszessen der Leiste. Mein Körper brannte vor Fieber und ich zitterte. Ich war erschöpft, fand etwas Erleichterung in einem unruhigen Stupor und schließlich Schlaf.

Meine Mutter wies Emma an, die mit Eiter und Blut befleckten Fetzen zu verbrennen, damit niemand infiziert werde. Am nächsten Tag war das Fieber immer noch hoch. Mit jedem Tag sank die Temperatur und der pochende Schmerz nahm langsam ab. Von Zeit zu Zeit trug mich Emma auf die Veranda und machte es mir auf einem Stuhl bequem. Ich genoss es, die Vögel zu beobachten und ihrem Zwitschern und den Liedern zu lauschen. Hin und wieder amüsierte mich ein Eichhörnchen, während es von Ast zu Ast sprang und an einer Birne knabberte.

Nach einer Woche hörten die Abszesse auf zu eitern und begannen sich zu schließen. Das Fieber verschwand ebenfalls. Endlich konnte ich nach draußen gehen und wieder laufen.

In der Zwischenzeit verging der August, ebenso wie ein Teil des Septembers, und der Evakuierungskommandant Erich Koch gab keinen Befehl, dass die Flüchtlinge weiterziehen sollten. Die russische Front rückte jedoch täglich vor, vom Osten in Richtung Königsberg und vom Westen in Richtung Osterode und Allenstein, wo wir waren. Die Russen überrannten bereits meine Heimatstadt Wizajny und den nordöstlichen Teil Ostpreußens, als die Armee in Richtung Königsberg marschierte. Das russische Ziel war es, Ostpreußen vollständig zu umzingeln und vom Rest Deutschlands abzuschneiden.

An einem noch warmen, späten Septembernachmittag saßen Herr und Frau Kirstein auf der geschlossenen Veranda. Frau Kirstein strickte einen Pullover, und Herr Kirstein genoss es, seine Pfeife zu rauchen, während er in Gedanken vertieft war. Hin und wieder schaute er aus dem Fenster auf die Straße. In der Ferne bemerkte Herr Kirstein einen Fahrradfahrer, der dem Haus immer näher kam. Er versuchte, das Gesicht zu sehen und die Person zu erkennen.

„Könnte es mein Sohn Gustav sein?", dachte er für eine Sekunde, „Nein, das kann er nicht sein. Woher sollte er wissen, wo wir sind?" Er korrigierte seine Gedanken kurzzeitig, aber dann schaute er genauer hin, als der Radfahrer vor dem Haus langsamer fuhr. „Ja, er sieht aus wie Gustav. Ja, es ist Gustav." Er zog seine Frau am Arm.

„Schau, schau, das ist Gustav. Er kommt zu uns", rief er vor Freude. Zuerst dachte seine Frau, ihr Mann fantasiere. Als sie genauer hinschaute und ihren Sohn erkannte, warf sie ihr Strickzeug herunter, zog ihren Mann vom Stuhl hoch und beide rannten, um ihn auf der Straße zu begrüßen.

Herr und Frau Kirstein riefen: „Gustav, Gustav, Gott sei Dank! Du lebst! Du hast uns gefunden." Freudentränen füllten ihre Augen, als sie Gustav umarmten und willkommen hießen.

„Komm, komm! Du musst müde und hungrig sein. Ich werde dir etwas zum Essen bereiten, und dann kannst du uns erzählen, wie du uns hier gefunden hast.

„Du hast sogar dein Akkordeon mitgebracht", bemerkte Frau Kirstein, als sie das Gehäuse des Akkordeons sah, das an der Rückseite des Fahrrads befestigt war.

„Ich bin so froh, euch gefunden zu haben!" Gustav drückte seine Freude über die Wiedervereinigung mit seiner Familie aus, ebenso wie seine Mutter, seine Schwester Greta und seine Brüder Fritz, Edmund und Georg.

Alle überfielen ihn mit Fragen.

„Kinder, Kinder, lasst Gustav zuerst ruhen. Morgen kann er alle eure Fragen beantworten."

Nachdem die Familie am nächsten Tag ihre Eier und Pfannkuchen zum Frühstück verzehrt hatten, saßen sie am Tisch und warteten gespannt darauf, Gustavs Geschichte zu hören:

„Ich kann immer noch nicht glauben, dass ich euch hier lebend und gesund gefunden habe. Jetzt werde ich erzählen, wo ich in der Armee gedient habe. Ich trat in die Luftwaffe ein. Ich litt schwere Erfrierungen an Händen und Füßen, die mich disqualifizierten. Da ich Tischlerei gelernt hatte, schickten mich die Militärbeamten neun Monate in die Tschechoslowakei, um mich zum Armeeingenieur auszubilden. Unsere Aufgabe war es, Brücken zu bauen, über die die deutschen Panzer und Armeen querten. Sobald sie ihren Zweck erfüllt hatten, zerstörten wir die Brücken, so dass die Feinde sie nicht benutzen konnten.

Die tschechischen Bürger sowie die polnischen und russischen Bürger bildeten Widerstandsgruppen und nannten sich Partisanen. Diese untrainierten Zivilisten kämpften für ihre Länder. Sie versteckten sich in Wäldern, auf Bäumen, in Gräben, verlassenen Gebäuden oder wo immer sie konnten. Sie erschossen und töteten jeden Soldaten in Sichtweite. Als die deutschen Soldaten sie aufforderten, sich zu ergeben, taten sie es nicht. Die Soldaten nahmen sie gefangen und warfen sie in einen Bunker. Dann zündeten sie Feuer in den Bunkern an. Einige mit brennenden Kleidern rannten heraus und ergaben sich mit erhobenen Armen und schrien um Gnade, nur um mit Maschinengewehren zu Tode geschossen zu werden. Es war ein schrecklicher Anblick. Ich werde es nie vergessen.

Die russische Armee versuchte, Ostpreußen zu umzingeln. Als sie nach Süden und Westen zogen, wurde ich in einen Kampf gegen die Russen verwickelt. Glücklicherweise konnten die deutschen Soldaten ihre Position halten und die russische Armee nicht vorrücken, sodass die deutschen Bürger vor einem Massaker bewahrt wurden.

Ich wurde verwundet und in ein Militärkrankenhaus gebracht, wo ich behandelt wurde. Nach meiner Entlassung bekam ich Urlaub. Ich fuhr mit dem Zug, Militärlastwagen oder ging zu Fuß nach Hause, schlief, wo immer ich dachte, dass es sicher wäre. Ich schaffte es nach Hause, nur um enttäuscht zu sein, als ich herausfand, dass ihr bereits die Heimat verlassen hattet. Ich musste mich bei der Gestapo in Wizajny melden. Ich nahm eine hausgemachte Wurst und einen selbstgebrauten Schnaps, den ich noch zu Hause fand, und gab sie dem verantwortlichen Kommandanten. Anstatt mich auf ein anderes Schlachtfeld zu schicken, sagte er mir, ich solle auf weitere Befehle warten.

Ich ging zum Büro des Bürgermeisters und erkundigte mich, wann und wohin die Dorfbewohner flohen. Ich packte ein paar Kleidungsstücke, Essen und mein Akkordeon auf das Fahrrad und machte mich auf die Suche nach euch. Manchmal hatte ich Glück, einen Zug zu finden, der in einem Bahnhof hielt, und auf den ich aufspringen konnte. Manchmal fand ich einen Transportwagen, beladen mit Soldaten, der mich eine Strecke lang mitnahm. Einmal, als ich in einem Zug fuhr, löste sich die Lokomotive von dem Wagen und blieb im Wald zurück. Als mir klar wurde, dass die Lokomotive und der Rest des Zuges ohne den Wagen, in dem ich saß, wegfuhr, nahm ich mein Fahrrad und radelte weiter.

Ich schlief in Scheunen, verlassenen Häusern, Wäldern oder Feldern, und um mich herum lauerte Gefahr. Ich musste immer auf der Hut sein. Ich duckte mich, als eine Handgranate oder eine Kugel über meinen Kopf oder neben mir flog. Ich musste mich oft im Wald verstecken, wenn russische Sturzkampfbomber über mich hinwegflogen und Bomben auf jeden abwarfen, der sich bewegte. Russische und polnische Partisanen, die in Ostpreußen eingedrungen waren, schossen auf mich. Ich dachte oft, eine Kugel oder eine Bombe würde mich töten, aber Gott sei Dank; ich bin unverletzt davongekommen.

Manchmal dachte ich, ich würde an Hunger sterben. Ich suchte nach Nahrung und tötete ein Ferkel, ein Kaninchen oder was auch immer ich lebend finden konnte."

Herr und Frau Kirstein, die aufmerksam zuhörten, unterbrachen kurz und schauten zum Himmel auf: „Gott sei Dank, dass du unseren Sohn gerettet und ihn unversehrt zu uns gebracht hast."

Dann fuhr Gustav fort: „Einmal, als ich mich in einem Krankenhaus von meinen Verletzungen erholte, traf ich einen Soldaten, der in der Schlacht von Stalingrad gekämpft und Verletzungen erlitten hatte.

Er erzählte mir, dass die Wehrmacht, Soldaten, die nicht zu der Nationalsozialistische Partei gehörten, Hitler und seine SS-Soldaten und Generäle nicht mochte. Zwischen beiden Soldatengruppen gab es einen Konflikt und eine Disharmonie. Die SS-Soldaten blieben im Hintergrund und ließen die Wehrmacht aktiv kämpfen.

General Paulus, der die deutsche Armee in Stalingrad leitete, ergab sich freiwillig den Russen und verlor die Schlacht nicht wegen Nahrungsmittelversorgung und Munitionsmangel, wie der Öffentlichkeit im Radio und in Zeitungen bekannt gegeben wurde. General Paulus zog es vor, Kriegsgefangener zu werden, anstatt ein Diener unter dem rücksichtslosen Diktator Hitler, der seine Generäle und Soldaten dafür lobte, dass sie bis zum Ende gekämpft und nie aufgegeben hatten. ,Sieg oder Tod' war sein Slogan.

Nachdem die Russen die Schlacht in Stalingrad gewonnen hatten, rückte die Armee schnell vor. Sie versuchen, Ostpreußen auf ihrem Marsch nach Berlin einzukreisen. Wenn wir am Leben bleiben wollen, sollten wir besser nach Südwesten gehen, wo es noch eine Öffnung zum polnischen Korridor gibt. Ich denke, ich sollte zu allen anderen Familien gehen und sie benachrichtigen, damit sie bereit sind, in zwei Tagen aufzubrechen."

„Ja, mein Sohn, das ist eine gute Idee", antwortete sein Vater.

„Ich werde mit dir gehen. Ich weiß, wo alle Familien vorübergehend leben", bot Fritz, sein ältester Bruder, an, Gustav zu begleiten.

Sie gingen von Familie zu Familie, bis sie alle sechs informiert hatten. Die Nachricht von einer plötzlichen Abreise alarmierte meine Mutter, aber die Angst, dass ihre Töchter von russischen Soldaten vergewaltigt und gefoltert werden könnten, war schmerzhafter als der erneute Abschied. So ging unser Aufenthalt auf dem Bauernhof zu Ende. Herbst und Frost kamen und färbten die Bäume mit leuchtenden Farben, und bunte Wälder säumten die Wiesen und Felder. Die Tage wurden kürzer und die Schatten länger.

Leider, während sich die Natur auf ihren langen Winterschlaf vorbereitete, waren wir gezwungen, unseren Aufenthalt zu beenden und unsere Reise zu beginnen. So viele Tränen flossen, als wir uns am Tag der Abreise von den drei Schwestern verabschiedeten.

Wir konnten ihnen nicht genug dafür danken, dass sie uns Essen, Unterkunft und so viel Freundlichkeit gegeben hatten, während wir bei ihnen wohnten. Die Schwestern boten uns an, eine Kuh mitzunehmen, um Milch für Horst und die Familie zu haben. Mutter nahm dieses großzügige, lebendige Geschenk an. Georg band die Kuh mit einem Strick an den Wagen, und los ging es. Alle unsere Augen schauten zurück auf den Bauernhof, bis die Umrisse der Gebäude und Bäume in der Ferne verschwanden.

Wir erreichten den mit vielen Pferden und Wagen gefüllten Stadtplatz von Allenstein und suchten nach den Familien unseres Dorfes. Wir reihten uns ein und begannen ein neues Segment unserer Reise. Der Bürgermeister der Stadt befahl uns, nach Südwesten zu gehen, wo die Russen den Kreis um Ostpreußen noch nicht geschlossen hatten und wo noch eine Brücke zur Überquerung der Weichsel stand.

Weiter rollten die Wagen tagsüber und hielten bei Sonnenuntergang an, damit die müden Reisenden etwas Nahrung und hoffentlich etwas Ruhe bekommen konnten. Pferde, die auch müde waren, weil sie den ganzen Tag lang die schwere Last zogen, brauchten eine wohlverdiente Pause und frisches Futter, um weiterzumachen, ebenso wie unsere Kuh. Jeden Tag übernachteten wir an einem anderen Ort, auf einem Bauernhof oder zelteten im Freien in den Wäldern. Manchmal schliefen wir in verlassenen Häusern, Ställen, Scheunen oder wo immer wir ein leerstehendes Gebäude fanden.

Einmal stießen wir auf ein verlassenes Schulhaus. Ein großes Zimmer hatte Stroh auf dem Boden entlang zwei gegenüberliegende Wände. Wir nahmen unsere Federbetten und Kissen und ließen uns für die Nacht nieder. Sobald wir unsere Köpfe auf die Kissen legten, hörten wir ein Rascheln im Stroh. Ich wachte mehrmals auf und fühlte, wie etwas über meinen Körper krabbelte. Ich fing an zu kratzen. Das seltsame Geräusch im Stroh weckte sowohl meine Mutter als auch meine Schwestern und Brüder auf.

Am nächsten Tag sahen wir Läuse über uns kriechen. Wir erkannten, dass Läuse im Stroh wimmelten, auf dem wir schliefen. Später erzählte uns jemand, dass russische Gefangene dort schliefen, und sich niemand die Mühe gemacht hatte, das Stroh zu wechseln, nachdem sie ausgezogen waren.

Mutter sammelte die gesamte Bettwäsche und schüttelte sie in der Hoffnung, die Läuse zu entfernen. Sie brachte uns auch dazu, unsere Kleidung zu wechseln. Sie band alle befallenen Kleider in ein Bettlaken, in der Hoffnung, dass die verbleibenden Läuse nicht herauskriechen und sich im Rest des Wagens niederlassen würden. Unser Versuch, uns von allen Läusen zu befreien, scheiterte jedoch. Einige Läuse ließen sich auf unseren Köpfen nieder und wurden zu unseren unerwünschten neuen Reisegefährten. Die Läuse befestigten ihre Eier an unseren Haaren, um den Fortbestand ihrer Art zu gewährleisten. Der Juckreiz und das Krabbeln auf unseren Köpfen störten uns ohne Ende.

Sobald wir ein verlassenes Haus mit fließendem Wasser fanden, kochten Mutter und Emma die gesamte befallene Bettwäsche und unsere Kleidung und töteten viele Läuse, aber trotzdem blieben unsere Köpfe ihr Lieblingswohnort und die Kinderstube für ihre neuen Nachkommen.

Wir kamen nur langsam voran. Manchmal ging ein Wagen kaputt oder Lastwagen, die Soldaten transportierten, stoppten den Verkehr.

Einmal hielten wir auf einem wunderschönen Gut an, wo die Besitzer vor kurzem ausgezogen waren. Fritz und Herr Kirstein öffneten gewaltsam die Eingangstür und fanden alles darin noch intakt und sehr ordentlich vor. Sie beschlossen, dort zu übernachten und kündigten an: „Wir werden die Nacht hier verbringen."

Nachdem sich die Wagen im Hof aufgereiht hatten, stiegen alle aus. Die Frauen gingen direkt in die Küche, wo noch alles in Ordnung und schön arrangiert war. Als sie die Speisekammer betraten, freuten sie sich, dass viele Konserven auf den Regalen standen. Dann gingen sie in die anderen Räume und entschieden, wo jede Familie Schlafräume für die Nacht einrichten würde. Marta Kirstein ließ sich mit ihrer kleinen Tochter Renate und ihrem Sohn Waldemar in einem Schlafzimmer und Frau Heisel mit ihren drei Kindern Helmut, Edna und Gustav im anderen Schlafzimmer nieder. Mit ihrem betagten Vater, ihrem kleinen Sohn Ernst, ihrer Tochter Elfriede und Oswald nahm Frau Hein ein weiteres Schlafzimmer. Meine Mutter und ihre sieben Kinder ließen sich in einem großen Schlafzimmer nieder. Die sechsköpfige Familie Kirstein richtete ihre Betten im Wohnzimmer und die fünfköpfige Familie Liedtke in der Bibliothek ein. Frau Ambrosat und ihre Tochter Greta benutzten die Bänke im Esszimmer als Kojen für die Nacht.

Während die Männer die Pferde von den Wagen spannten und nach Futter suchten, fanden sie in einem der Schweineställe ein Schwein. Sie beschlossen, es zu schlachten, damit jeder frisches Fleisch zum Abendessen haben konnte.

Elfriede, Edna und ich rannten eine Treppe hinauf und entdeckten einen kleinen Raum im Dachgeschoss, in dem zwei Truhen standen. Wir öffneten sie und fanden eine gefüllt mit Puppen und die andere mit Spielen und Spielzeug. Ich nahm eine Puppe mit einem hübschen Porzellangesicht und langen Zöpfen, in einem Kleid mit grünen Streifen mit roten und weißen Blumen darin.

„Ich werde diese nehmen", kündigte ich Elfriede und Edna an, „In der Truhe sind noch mehr für euch."

„OK, du kannst sie behalten. Ich werde diese nehmen", Elfriede zeigte mir eine andere hübsche Puppe.

Edna wählte eine weitere gutaussehende Puppe. Wir brachten auch eine zierlichere Puppe zu Renate. Wir erzählten den Jungs von den Spielen auf dem Dachboden. Sie stürmten nach oben, wählten ein Dame- und Schachspiel aus der Box und brachten ein kleines Stoffpferd zu meinem Bruder Horst und ein anderes Tier zu Ernst. Das Spielen mit diesen herrlichen Spielsachen hat uns Kinder so glücklich gemacht, so dass wir an diesem Abend alle Grausamkeiten des Krieges vergaßen.

Nachdem die Mütter frisches Schweinefleisch, Kartoffeln und Sauerkraut gekocht hatten, fütterten sie die Kinder, bevor alle Erwachsenen ihr Abendessen zu sich nahmen. Wir drei Mädchen trugen unsere Puppen mit ins Wohnzimmer und spielten mit ihnen, bis wir ins Bett gingen. Plötzlich weckten mich Schreie männlicher Stimmen. Ich stand auf und spähte durch die Tür. Ich sah, wie Fritz mit einem Messer in der Hand seinen Bruder Gustav verfolgte, während er obszöne Worte schrie. Ich schloss die Tür schnell, kroch zurück ins Bett und zog die Decke über meinen Kopf, während ich zitterte, aus Angst, er könnte in den Raum kommen und mich oder jemand anderen verletzen. Ich wartete auf meine Mutter. Sobald ich hörte, wie sie den Raum betrat, ließ meine Angst nach und ich fragte sie: „Was ist mit den Kirstein-Brüdern passiert?"

Mutter antwortete: „Sie fanden Schnaps, tranken zu viel und fingen an, miteinander zu streiten. Du kannst wieder schlafen, Fritz und Gustav haben wieder Frieden geschlossen." Obwohl meine Mutter beruhigend klang, brauchte ich einige Zeit, um einzuschlafen.

Nach dem Frühstück luden wir am nächsten Morgen alle unsere Sachen auf die Wagen und begannen unsere Reise in südwestliche Richtung. Wir hofften, dass wir eine Öffnung an der russischen Front finden würden, um sicher durchzukommen.

Anfang Oktober 1944 durchbrachen die russischen Armeen erstmals die ostpreußische Grenze in der Memel Region. Flugzeuge bombardierten die Stadt Memel. Panzer eröffneten das Feuer auf die fliehenden Menschen, überrollten sie und ihre Pferdewagen, und die Ketten quietschten, während sie jeden und alles auf ihrem Weg zerquetschten und massakrierten. Die deutsche Armee war geschwächt und konnte die russische Front

nicht mehr aufhalten; sie zogen sich zurück und halfen den fliehenden preußischen Zivilisten so viel wie möglich. Nachdem die
Russen die nordöstliche Grenze der Memel Region durchbrachen,
begannen sie, Ostpreußen vollständig einzukreisen. Goldap, die
Stadt in unserer Nähe, fiel Ende Oktober in russische Hände.

Schauer gingen durch die Köpfe der Menschen, als sich die
Nachricht verbreitete, dass die Russen in Ostpreußen einmarschierten, das bisher als friedlicher Zufluchtsort für die politischen Führer, und Zivilisten gleichermaßen galt.

Selbst der Sieg des Krieges schien hoffnungslos; Hitler mo-
bilisierte jeden Mann im Alter zwischen sechzehn und fünfundsechzig Jahren und schickte ihn auf das Schlachtfeld. Diese unerfahrene, untrainierte Gruppe von Männern, genannt
„Volkssturm", half der Sache nicht. Im Gegensatz dazu ließ er
Kinder, Frauen und ältere Erwachsene für sich selbst sorgen,
während sie vor den Russen flohen und ihre geliebten Gehöfte
verließen. Alles, was Generationen viele Jahre erarbeitet und
kultiviert hatten, mussten sie hinter sich lassen. Es brachte
mehr Leid, Not und Chaos in die Familien.

Der Treck der Flüchtlinge schritt jeden Tag sehr langsam voran. Mit Soldaten beladene Transportlastwagen mit dem frisch
eingezogenen Volkssturm, der zu den östlichen Schlachtfeldern
eilte, verlangsamten den Treck. An manchen Tagen fuhren wir
nur zehn km oder weniger. Unsere sieben Familien hatten jedoch
das Glück, zwei Soldaten, Fritz und Gustav, bei uns zu haben. Ihr
Vater und Herr Liedtke waren für ihr Alter immer noch in der
Lage, unserer Gruppe zu helfen und sie zu beschützen. Mutter
dankte Gott, dass Georg, ihr ältester Sohn, jetzt mit dreizehn
Jahren nicht verpflichtet war, im Volkssturm zu kämpfen. Georg übernahm die Verantwortung für die Pflege der Pferde und
des Wagens. Fritz und Gustav, geschickte Handwerker in Tisch-
ler- und Landwirtschaftsarbeiten, reparierten kaputte Wagenräder, oder was auch immer repariert werden musste. Sie achteten
auch auf die Lebensmittelversorgung und unsere Sicherheit. Sie
ersetzten Hufeisen und flickten beschädigtes oder abgenutztes
Geschirr der Pferde.

Im November färbte sich der Himmel grau und der Nebel umhüllte Stadt und Land. An manchen Tagen durchnässte der Regen die Abdeckung des Wagens und Wasser tropfte auf uns. Es entstanden Wasserpfützen auf der ungepflasterten Landstraße. Fußgänger und Pferde trotteten durch sie hindurch und spritzten das schmutzige Wasser zur Seite – keine Zeit zum Innehalten. Wir mussten vorwärts fahren.

Der November endete, und wir legten jeden Tag nur kleine Entfernungen zurück. Der Dezember wurde mit Minusgraden und Schnee eingeleitet. Die Tage wurden kürzer und die Nächte länger und immer kühler. Frost breitete eine Kristalldecke über Felder, Büsche und Bäume. Sie glänzten am Morgen, als die Sonne ihre goldenen Strahlen auf sie warf. An manchen Tagen wehten Schneestürme wütend gegen die erbärmlich aussehenden Flüchtenden und verlangsamten Pferde und Wagen. Der Wind prasselte gegen die Abdeckungen der Wagen, die hin und her schwankten, als wären sie bereit, abzureißen und wegzufliegen. Die heftigen Windstöße fanden sogar die kleinste Öffnung in der Abdeckung, und wir spürten die Kälte im Inneren. Mutter legte die vier jüngsten Kinder zwischen die Federbetten, damit sie nicht erfroren. Sie schloss sich Georg an, der das Fahren des Wagens überwachte. Um die Last für die Pferde zu erleichtern, gingen Emma und Meta neben dem Wagen. Als sich der Schnee auftürmte, wurde es für die Pferde schwieriger, den Wagen zu ziehen. Die Pferde schnauften mit jeder Bewegung nach vorne, ebenso Emma und Meta.

Erst als die Dunkelheit einsetzte, versuchten wir, Schutz zu finden, um Reisenden und Pferden Ruhe zu geben. Wir hofften, eine warme Mahlzeit für die Familien und Futter für die Pferde zu bekommen. Wir schliefen in verlassenen Häusern, in Scheunen, auf Heuböden oder in anderen stehenden Gebäuden, die wir fanden, um der bitteren Kälte zu entkommen. Einmal, um aus einem Schneesturm herauszukommen, verbrachten wir eine Nacht mit Kühen in einem Stall. Während unsere Mütter den Schlafbereich vorbereiteten, indem sie genügend Heu auf dem Betonboden stapelten, dort, wo keine Kühe standen, melkten

Emma, Meta und die anderen Frauen einige Kühe, um frische, warme Milch für die jungen, hungrigen Kinder zu bekommen. Nachdem wir warme Milch getrunken hatten, die so gut schmeckte, brachte meine Mutter die Bettwäsche und die Federbetten aus dem Wagen und bereite uns für die Nacht vor. Ich konnte nicht einschlafen. Der Gestank des Kuhmists war ekelhaft. Ich schloss meine Nase. Es half nicht viel. Ich drehte mich eine Zeitlang von Seite zu Seite, bevor ich die Decke über meinen Kopf zog, um den Gestank draußen zu lassen, und schließlich einschlief. Im Morgengrauen weckte uns das Muhen der Kühe auf. Wir sammelten unsere Sachen und setzten unsere Reise fort.

Wenn kein Dorf oder Bauernhof in Sicht war, mussten wir vorwärtsfahren oder in der Kälte zugrunde gehen. Es war ein kontinuierliches Stopp and Go, und der Treck kämpfte darum, auch nur ein paar Kilometer vorauszukommen, um am Leben zu bleiben. Inzwischen näherte sich Mitte Dezember, und so auch Weihnachten. Die verantwortlichen Männer beschlossen, für eine Weile eine Unterkunft zu finden und Weihnachten in einem Haus zu verbringen.

Wir fanden eine polnische Witwe, Frau Grabowski, die bereit war, uns aufzunehmen und einen Teil ihres Hauses mit uns zu teilen. Nach der Suche auf den angrenzenden Bauernhöfen fanden die anderen sechs Familien auch willige Bauern, die sie unterbrachten.

Die Wirtin, bei der wir wohnten, bot uns einen kleinen Raum mit einem Herd als Küche an und wies uns das große Wohnzimmer als Schlafraum zu. Sie teilte auch einige ihrer Lebensmittelvorräte mit uns. Wir waren so dankbar, an einem warmen Ort zu sein und wieder warmes Essen zu bekommen. Vor dem Schlafengehen kochte Mutter Wasser und bereitete ein Bad in einem großen halben Fass für uns vor. Zuerst wusch sie Horst. Dann war ich an der Reihe. Wie gut es sich anfühlte, in warmes Wasser zu tauchen und von Kopf bis Fuß sauber geschrubbt zu werden. Mutter hielt einen Topf mit kochendem Wasser auf dem Herd. Nach jedem Badenden fügte sie der Wanne mehr heißes Wasser hinzu. Nachdem alle mit dem Baden fertig waren und ins Bett gingen, wusch sie sich. Bevor sie zu Bett ging, dankte sie Gott dafür, dass ihre Familie die Fahrt soweit überlebt hatte, beschützt wurde und gesund war.

Am 15. Dezember wurde Georg 14 Jahre alt. Wir hatten keine Gelegenheit zu feiern. Wir waren dankbar, dass er die Rolle von Vater übernahm und Pferd und Wagen versorgte.

Am nächsten Tag erfuhren wir, dass die Wirtin einen Sohn namens Janek und eine Tochter namens Stella hatte. Wir trafen Janek erst nach Einbruch der Dunkelheit. Er war über achtzehn Jahre alt und konnte in die polnische Armee eingezogen werden. Seine Mutter versteckte ihn in der Scheune im Heu, um ihn daran zu hindern, in den Krieg zu ziehen. Tagsüber blieb er in einem Raum im Heu, wo es einen Heuballen gab, der als Tür diente, und herausgeschoben werden konnte. Während des Tages brachte ihm die Schwester Essen. Nach Einbruch der Dunkelheit kam Janek ins Haus. Die arme Mutter lebte in ständiger Angst, dass ein Regierungsbeamter auftauchen würde, um ihren einzigen Sohn mitzunehmen.

Emma und Meta halfen die Kühe melken und taten, was auch immer die Bäuerin von ihnen verlangte. Georg und Edmund fütterten die Pferde und Kühe. Richard, Horst und ich blieben bei meiner Mutter in der Küche, halfen ihr Kartoffelschälen oder erledigten andere kleine Küchenarbeiten.

Weihnachten rückte schnell näher. Emma und Meta beschlossen, einen Weihnachtsbaum aufzustellen. Sie baten Georg und Edmund, in den Wald zu gehen, um einen mittelgroßen Tannenbaum zu suchen. Die Jungen nahmen einen Schlitten und gingen in den nahegelegenen Wald. Nachdem sie eine wohlgeformte, symmetrische Fichte fanden, sägten sie sie ab, befestigten sie am Schlitten und zogen sie zurück zum Hof. Emma war begeistert von der Form und Größe. Sie half ihren Brüdern, aus einigen alten Brettern, die sie in der Scheune fanden, einen Stand zu machen. Sie stellten den Baum ins Wohnzimmer in die Ecke.

„Woher bekommen wir Ornamente für den Baum?", fragte Meta.

„Wir werden welche machen", antwortete Emma, „komm, lass uns in die Scheune gehen und etwas Stroh holen. Wir werden Sterne aus Stroh machen; ich werde dir zeigen, wie man sie anfertigt."

Sie gingen in die Scheune und nahmen eine Handvoll dicker, langer Strohhalme. Sie schnitten die dünnen Teile und die Knoten ab und tränkten sie über Nacht in einer Schüssel Wasser, um die Strohhalme biegsam zu machen und zu verhindern, dass sie brechen. Nachdem sie ihre Hausarbeiten getan hatten, nahmen sie die Strohhalme aus dem Wasser und trockneten sie mit einem Tuch. Dann spalteten sie die Strohhalme mit einem Messer in der Mitte und machten sie flach.

„Schau, Meta, jetzt falte den Strohhalm, so dass die helle Seite draußen bleibt und die dunkle drinnen. Mach ein Ende etwa 5 cm länger, so wie hier", zeigte Emma Meta.

„Mach dasselbe mit den vier Strohhalmen. Dann verwebt man sie so, dass es ein Quadrat bildet. Falte nun die längeren Strohhalme um, so dass du acht Strohhalme hast, zwei auf jeder Seite, und befestige sie so." Emma wartete, bis Meta ihre Anweisungen befolgte.

„Jetzt schneidest du alle Strohhalme auf die gleiche Länge, machst eine Schlaufe und befestigst jedes Ende so in der Mitte. Du siehst, und schon hast du ein schön aussehendes Ornament." Nachdem sie mehrere der gleichen Ornamente fertiggestellt hatten, zeigte Emma Meta andere Variationen von Strohdekorationen. Ich saß ruhig neben ihnen und beobachtete jede Bewegung, die sie machten. Nach einer Weile fragte ich Emma, ob ich auch einen Stern machen könne.

„Hier, lass mich einen für dich beginnen, und du kannst ihn beenden."

Emma wiederholte die Anweisungen und half mir das erste Ornament zu machen. Als ich das erste allein fertig hatte, sagte ich zu Emma: „Schau, Emma, ich habe mein erstes Ornament gemacht. Kann ich jetzt mehr allein machen?"

„Sicher, das kannst du", antwortete Emma.

Ich fühlte mich so erwachsen, weil ich beim Basteln helfen konnte. Die ersten Ornamente waren etwas locker und die Bögen uneben, aber sie sahen mit wenig Übung immer besser aus. Ich konnte es kaum erwarten, sie an den Baum zu hängen. Jeden Tag nach dem Mittag- und Abendessen saßen wir um den Tisch herum und machten Strohornamente. Eines Tages gab Emma bekannt, dass sie etwas Papier von der Wirtin des Hauses erhielt, „Ich zeige dir, wie du daraus Papiersterne machen kannst." Sie schnitt gleichmäßige, breite Papierstreifen und faltete sie, bis sie wie Sterne aussahen. Für mich war es schwieriger, mit Papierstreifen zu arbeiten als mit Stroh. Nach mehreren Versuchen hatte ich jedoch den Bogen raus und konnte Papiersterne machen.

„Hast du irgendwelche Kerzen?", erkundigte sich Meta.

„Ich werde Frau Grabowski fragen, vielleicht kann sie ein paar ihrer eigenen entbehren", antwortete Emma.

Am nächsten Tag verkündete Emma froh, während sie eine Handvoll Kerzen hochhielt: „Schau, was Frau Grabowski mir gab. Ist es nicht wunderbar, jetzt haben wir echte Kerzen für den Weihnachtsbaum?"

„Das ist wunderbar. Ich kann es kaum erwarten bis wir sie an dem Baum befestigen."

„Zuerst müssen wir alle Ornamente mit Fäden versehen. Das werden wir heute tun. Vielleicht können wir morgen anfangen, sie an den Baum zu hängen."

Emma bat meine Mutter um etwas Garn. Mutter brachte uns weißes Garn auf einer Spule mit zwei Nadeln. Mutter hatte Garn und Nadeln mitgebracht, weil sie wusste, dass Kinderkleidung immer zu flicken war.

„Hier ist die weiße Spule, aber verwende nicht zu viel Fäden", warnte Mutter.

Emma schnitt einen Haufen Fäden von etwa 20 cm Länge ab und reichte sie mir. Dann nahm sie einen Stern und zeigte mir, wie man ihn durch den Bogen zieht und einen Knoten macht. Ich schaute aufmerksam zu und folgte dann ihren Anweisungen. Emma und Meta fädelten eine Nadel ein, zogen das Garn durch die Ecke jedes Papiersterns und machten dann einen Knoten. Wir arbeiteten den ganzen Abend lang, bis wir fertig waren.

Nach dem Abendessen bat Emma Georg und Edmund, morgen zu allen sechs Familien zu gehen und sie zu einer Heiligabendfeier einzuladen.

„Georg, bitte Gustav Kirstein, sein Akkordeon mitzubringen."

Nachdem sie am nächsten Tag die Pferde und Kühe gefüttert hatten, trampelten Georg und Edmund durch den Tiefschnee von Hof zu Hof, wo sich die anderen Flüchtlinge aufhielten, und luden sie ein, sich um 17:00 Uhr zu einer Heiligabendfeier bei uns zu treffen.

Erschöpft, eiskalt und hungrig kehrten Georg und Edmund am späten Nachmittag zurück, bevor die Sonne ihre letzten Strahlen auf den weißen Schnee warf und in der Dunkelheit der Nacht verschwand.

Weihnachten rückte schnell näher. Unsere Vorfreude wuchs mit jedem Tag. Schließlich, ein paar Tage vor Weihnachten, sagte Emma: „Wir werden den Baum heute Nachmittag schmücken. Zuerst müssen wir den Raum heizen. Geht und bittet Georg und Edmund, gehacktes Holz ins Haus zu bringen."

Ich eilte hinaus in die Scheune, wo beide Heu sammelten, um es zu den Kühen und Pferden zu bringen.

„Emma möchte, dass ihr etwas Holz ins Haus bringt. Sie will das Wohnzimmer heizen, in dem der Weihnachtsbaum stehen wird. Beeilt euch, damit ihr sofort kommen könnt", fügte ich hinzu.

Sie hörten mit ihrer Arbeit auf und erfüllten Emmas Wunsch.

Ich trug selbst ein paar Anzündstäbe ins Haus, um den Prozess zu beschleunigen. Emma legte die dünnen Holzstücke unten auf und stapelte das Brennholz pyramidenförmig im Kachelofen darüber. Sie nahm einen langen, dünnen Holzsplitter, ging in die Küche und zündete ihn im Herd an. Dann schirmte sie die winzige Flamme mit ihrer Hand ab, und trug sie ins Wohnzimmer. Bald knisterte das Feuer im Ofen und strahlte Wärme aus. Wir warteten, bis das Zimmer warm genug war, bevor wir unsere handgefertigten Ornamente und Sterne an den Baum hängten.

„Jetzt lasst uns die Kerzen befestigen. Hier hältst du sie für mich, und ich werde sie an die Zweige binden", bat Emma.

Bald waren wir mit dem Dekorieren fertig.

„Es sieht wunderschön aus", drückte ich meine Freude aus, als ich zurücktrat, um einen guten Blick auf den geschmückten Baum zu werfen. Ich rannte in die Küche, packte meine Mutter an der Hand und rief: „Mutter, Mutter, komm und sieh dir unseren schönen, geschmückten Weihnachtsbaum an." Sie folgte mir ins Wohnzimmer.

„Ja, er ist schön, aber er wäre viel schöner, wenn wir die bunten Ornamente von zu Hause hätten", kommentierte Mutter.

Ich war traurig, dass meine Mutter meine Begeisterung nicht teilte und bemerkte: „Aber Mutter, wir haben alle Ornamente selbst gemacht, und für mich sind sie schön am Baum."

„Ich denke, wir können dankbar sein, einen Weihnachtsbaum zu haben und an einem warmen Ort zu sein und nicht unterwegs in der Kälte zu frieren", antwortete Mutter, während sie in die Küche zurückkehrte, um das Abendessen zu bereiten.

Draußen tobte der Winter in seiner Wut. Die tosenden Nordwinde wüteten und klapperten an den Fensterscheiben. Große Schneeflocken tanzten zum schnellen Rhythmus des pfeifenden Windes, bevor sie erschöpft zu Boden fielen. Im Morgengrauen, als die Sonne den letzten Rest der Nacht verbrannte, offenbarte sie die magische Verwandlung der Nacht in eine traumhafte Winterlandschaft. Die reine, weiße Decke aus Schnee löschte alle Schritte, Rillen und Furchen aus. Die Schneeflocken glänzten im Sonnenlicht und in der friedvollen Szenerie. Sobald meine Brüder den neugefallenen Schnee entdeckten, zogen sie sich an, rannten hinaus und begannen eine Schneeballschlacht. Ich eilte nach draußen und schloss mich ihnen an. Die meisten meiner Schneebälle verpassten meine Brüder, aber ihre nicht.

„Lasst uns einen Schneemann bauen", schlug ich vor, nachdem ich überall mit Schnee bedeckt war. Sie stimmten zu, und wir begannen, den Schnee zu Bällen zu rollen. Ich bot an, den kleinsten Ball für den Kopf zu rollen. Bald legten sie den großen Ball auf den Boden, den kleineren in der Mitte und den kleinsten, der den Kopf darstellte, oben auf. Ich rannte ins Haus und fragte meine Mutter, ob ich eine Karotte haben könne, die ich für die Nase brauchte.

Sie antwortete: „Ich habe keine Karotten, aber du kannst einen kurzen Stock aus dem Anzündholz verwenden." Ich brachte es zu Edmund.

„Hier ist ein Stock für die Nase. Woraus machen wir einen Hut?"

„Ich werde einen aus Torf schnitzen", antwortete Edmund und ging zur Scheune, um ein paar Stücke Torf und kleine Stöcke Holz zu holen. Er steckte erst feine Stöcke durch zwei Torfstücke, um ein perfektes Quadrat zu bilden. Edmund schnitt ein weiteres rechteckiges Stück in zwei Hälften und legte beide Stücke auf das Quadrat. Dann brach er die Ecken ab und formte sie rund. Edmund entfernte mit Hilfe von Georg und Richard etwas Schnee von der Oberseite des Kopfes und befestigte den Hut mit weiteren Stöcken am Kopf des Schneemanns. Er machte zwei kleine, runde Kugeln und drückte sie als Augen in den Kopf, und mehrere als Knöpfe auf die Brust und den Bauch des Schneemannes. Er machte eine gebogene Rille unter der Nase als Mund. Wir stellten den Schneemann neben den Eingang, damit jeder, der uns besuchte, ihn sehen konnte.

„Was für ein schöner Schneemann", rief ich vor Freude. „Aber jetzt gehe ich ins Haus; meine Hände frieren."

Ich lud alle ein, nach draußen zu gehen und unseren Schneemann zu bewundern. Mutter kam raus, lächelte über unsere Schöpfung und bat dann die Jungen, Wege zur Scheune und zum Stall zu schaufeln. Sie arbeiteten fleißig, bevor sie mit dem Schneeschaufeln, der täglichen Reinigung des Stalls und der Fütterung der Tiere fertig waren.

Zwei Tage vor Heiligabend putzten Emma und Meta das Wohnzimmer und bereiteten sich auf die Feier mit unseren Mitreisenden vor. Der Bürgermeister der Stadt schickte jeder Flüchtlingsfamilie ein großes Stück Butter, und Frau Grabowski schenkte meiner Mutter etwas Mehl, Zucker und Eier, damit sie einige Plätzchen für ihre Kinder und die Gäste backen konnte. Als ich diese gute Nachricht hörte, blieb ich bei meiner Mutter in der Küche und bot ihr meine Hilfe an. Zuerst legte meine Mutter das Mehl auf den Tisch, machte eine Vertiefung in der Mitte und legte ein Stück Butter, etwas Zucker und zwei Eier hinein. Dann mischte sie das Mehl langsam mit den Zutaten zu einem Teig und knetete ihn, bevor sie ihn auf dem Tisch ausrollte. Als nächstes nahm Mutter ein Glas, tauchte den Rand in Mehl und drückte es dann in das Teigblatt. Sie bewegte das Glas ein paar Mal hin und her, bis es ein perfekt rundes Plätzchen ausschnitt. Danach hob sie es aus dem Kreis und legte es auf das Backblech.

„Mutter, Mutter, kann ich die Plätzchen ausschneiden?"

„Ja, das kannst du, aber achte darauf, nicht zu stark zu drücken. Das Glas kann zerbrechen. Probiere es hier aus", wies mich Mutter an, während sie mir das Glas reichte, das sie in Mehl getaucht hatte.

„Danke, Mutter, ich werde sehr vorsichtig sein", antwortete ich. Zuerst schnitt ich den Teig nicht vollständig durch und die Plätzchen trennten sich nicht sehr gut vom Teig. Nach ein paar weiteren Versuchen kamen sie jedoch schön und rund heraus und meine Mutter legte sie auf einem Blech in den vorgeheizten Ofen. Bald erfüllte der Duft die Küche. Ich konnte es kaum erwarten, einen zu probieren.

„Mutter, kann ich ein Plätzchen probieren?", bettelte ich.

„Warte, bis sie abgekühlt sind, dann kannst du eins haben." Also wartete ich, was mir wie eine lange Weile schien. Schließlich reichte mir meine Mutter einen der Kekse. Ich biss schnell rein. Es schmeckte so gut. Ich hatte schon lange keine Süßigkeiten gegessen.

Mutter legte einen für jeden von uns auf den Tisch und bewahrte den Rest auf für Heiligabend und Weihnachten, worauf wir sehnsüchtig warteten. Endlich war er da, ebenso wie der Neuschnee, der am Vortag gefallen war und die Landschaft weihnachtlich verwandelt hatte. Der Tag verging langsam, und meine Vorfreude, den Abend in Begleitung unserer Mitreisenden zu feiern, wuchs von Minute zu Minute. Ich schaute den ganzen Tag aus dem Fenster.

Plötzlich, in der Abenddämmerung, hörte ich Schlittenglocken läuten. Die hiesigen Bauern stellten den Fluechtlinge ihre Schlitten zur Verfügung. Ich rannte nach draußen, als die Familien Kirstein und Liedtke ankamen. Kurz darauf fuhr auch der Schlitten von Hein und Heisel ein. Ich habe mich sehr gefreut, dass Gustav sein Akkordeon brachte, um dieser besonderen Feier Musik hinzuzufügen. Nachdem alle angekommen waren, zündeten Emma und Meta die Kerzen am Weihnachtsbaum an. Wir versammelten uns um den schimmernden Baum und sangen zuerst Weihnachtslieder, begleitet von Gustav auf dem Akkordeon. Jedes Weihnachtslied hob die festliche Stimmung und warf einen Funken der Freude in die Augen der Zelebranten.

Als wir „Stille Nacht, Heilige Nacht" sangen, dachten wir nicht an die Schrecken des tobenden Krieges um uns herum. Stattdessen dachten wir an die friedliche Landschaft in Bethlehem, wo Jesus, der Erretter und Friedensfürst, geboren war. Wir alle sehnten uns nach dem Ende des Krieges und danach, wieder zu Hause zu sein und in Frieden und Harmonie zu leben. Nachdem wir mit dem Singen von Weihnachtsliedern fertig waren, löschten Emma und Meta die Kerzen des Baumes und zündeten die Öllampen an. Mutter reichte einen Teller mit ihren hausgemachten Plätzchen herum. Alle blieben noch eine Weile und führten lebhafte Gespräche. Gustav spielte hin und wieder bekannte Volkslieder und lud alle zum Mitsingen ein. Um Mitternacht, als die Feierlichkeiten zu Ende waren, sagten die Besucher: „Gute Nacht", stiegen in ihre Schlitten und glitten zurück in die sternklare Nacht, begleitet vom Klang der Schlittenglocken. Der Zauber des Abends blieb in meinen Gedanken lebendig, und hielt mich für einige Zeit wach. Schließlich schloss der Schlaf meine Augen, und ich träumte vom Weihnachtsmann und fragte mich, ob er uns diese Weihnachten etwas bringen würde. Wir vermissten unsere Schwester Marta und dachten daran, wo sie Weihnachten feierte und ob sie in Sicherheit war.

Am Weihnachtstag fanden wir sieben Teller auf dem Küchentisch mit jeweils drei Plätzchen.

„Mutter, Mutter, der Weihnachtsmann vergaß uns nicht; er fand uns sogar hier", rief ich vor Freude, als ich die Teller mit den Plätzchen sah. Meine Mutter wollte uns nicht enttäuschen. Sie stellte die sieben bunten Teller nachts auf den Tisch. Sie hatte nichts anderes zu bieten als Plätzchen. Obwohl wir nicht in die Kirche gehen konnten, um die Geburt des Christkindes zu feiern, zogen wir zu seiner Ehre unsere besten Kleider an. Mutter, Emma und Meta verbrachten den größten Teil des Vormittags in der Küche und bereiteten ein traditionelles Weihnachtsessen mit Gans, Rotkohl und Kartoffeln zu, ein Geschenk der Besitzerin des Hofes. Der Duft der gebratenen Gans und die Wärme erfüllten die Küche, in der wir uns alle versammelten und darauf warteten, dass diese Spezialitäten gekocht und serviert wurden.

Schließlich brachte Emma die gebratene Gans auf den Tisch und Meta das Gemüse. Mutter schnitt und verteilte ein Stück Gans auf jedem Teller, und Meta fügte das Gemüse hinzu. Mutter dankte Gott für das Essen, die Geburt unseres Erretters und dass wir alle zusammen in einem warmen Haus waren. Was für ein Fest! Wie wunderbar es schmeckte! Wir alle haben dieses außergewöhnliche Essen genossen. Nachdem Emma den Tisch abgeräumt hatte, las sie die Geschichte von der Geburt des Jesuskindes, das in einem Stall in Bethlehem geboren war. Wir sangen einige Weihnachtslieder und dankten Gott, dass wir drinnen waren, geschützt vor der Kälte des Winters. Unsere Gedanken führten uns jedoch zurück zum letzten Weihnachten zu Hause. Wir fragten uns, wann und ob wir Weihnachten wieder zu Hause feiern würden.

Am nächsten Tag saßen meine Mutter, Emma und Meta am Küchenherd und strickten Schals, Handschuhe und Socken für die jungen Geschwister. Die freundliche Wirtin des Hauses sammelte alle ihre Wollreste und gab sie unserer Mutter. Sie war sehr dankbar für ihre Großzügigkeit, weil sie nicht genügend warme Kleidung für den Winter mitgebracht hatte. Die Woche zwischen Weihnachten und Neujahr verging sehr langsam, bis wir das Jahr 1945 ruhig in unserem vorübergehenden Quartier einläuteten. Mutter sorgte sich um die Zukunft ihrer Familie und betete zu Gott um seinen Schutz.

Zu Neujahr schickte Herr Kirstein seine Söhne Fritz und Gustav zu unserer Gruppe, um uns über die russische Front auf dem Laufenden zu halten. Unser Dorf und unsere Gegend wurden im Oktober 1944 überrannt und geplündert. Im Januar 1945 marschierten die russischen Soldaten in die Rominter Heide und Goldap ein und rückten schnell in Richtung Gumbinnen und Tilsit vor. Jedes Mal warnten uns die Kirstein Brüder, stets zur Abreise bereit zu sein. Georg sorgte dafür, dass der örtliche Schmied die richtigen Winterhufeisen an die Pferde schlug. Er überprüfte den Wagen und die Leinwand und verstärkte die Bögen, wo nötig. Mutter, Emma und Meta flickten Socken und Strümpfe. Sie wuschen häufiger Kleidung, so dass wir immer bereit waren, sofort aufzubrechen. Mein achter Geburtstag am 2. Januar wurde nicht gefeiert. Mutter hatte nur ein Plätzchen für jeden aufbewahrt.

Am Sonntag, dem 7. Januar, kam Gustav und kündigte an, dass die Rote Armee in Kürze einen bedeutenden Angriff plant. Wir müssen am Freitag, den 12. Januar, 1945 abreisen. Wir sollten um 8:00 Uhr auf dem Bauernhof sein, auf der Familie Kirstein vorübergehend wohnte. Er ritt schnell davon und verschwand im Wintersturm, um der nächsten Familie die dringende Nachricht zu überbringen. Meine Mutter ging sofort zu Frau Grabowski und teilte ihr mit, dass wir am Freitag abreisen müssten. Sie bat Frau Grabowski um etwas Mehl, Esswaren und einige Decken und warme Kleidung für die Kinder.

„Ich werde nachschauen und Ihnen geben, was ich entbehren kann." Meine Mutter bedankte sich bei Frau Grabowski und kehrte in die Küche zurück. „Emma und Meta, sammelt alle schmutzigen Kleider und fangt an, sie zu waschen. Georg und Edmund, ihr prüft, ob die Pferdegeschirre und der Wagen in gutem Zustand sind."

Am Dienstagnachmittag kamen Gustav und sein Bruder Fritz vorbei. Sie kauften spezielle Winterhufeisen von einem lokalen

Schmied und boten an, die alten zu ersetzen. Sie brachten auch alle Werkzeuge mit und hatten in kürzester Zeit die alten Hufeisen abgerissen und die neuen an die Hufe genagelt. Dann gingen sie zu den anderen Familien, um deren Pferde zu beschlagen.

In den nächsten Tagen bereiteten wir uns auf die Abreise vor. Am Donnerstagabend fiel das Thermometer auf -21 °C (-6 °F). Mutter weckte uns alle sehr früh auf, bereitete das Frühstück für uns vor, und um 7:00 Uhr sagten wir Auf Wiedersehen zu Frau Grabowski. Meine Mutter umarmte sie zuerst und dankte ihr, dass sie ihr Zuhause und Essen mehrere Wochen lang mit uns teilte. Tränen der Dankbarkeit quollen zuerst in den Augen meiner Mutter und dann in denen von Frau Grabowski. Sie sah jeden von uns mit großem Mitgefühl an, als wir ihr die Hand reichten und uns verabschiedeten. Wir alle fragten uns, wie wir den Winter überleben würden und was unser Schicksal sein würde.

Georg spannte die Pferde an den Wagen. Mutter setzte Horst, Richard und mich in den Wagen und bedeckte uns mit einem Federbett, um uns warm zu halten. Mutter saß auf der rechten Seite des Wagens und Georg auf der linken Seite, er hielt die Zügel in der Hand. Emma, Meta und Edmund beschlossen zu laufen, um die Belastung für die Pferde zu reduzieren. Georg knackte die Peitsche, um die Pferde in Bewegung zu setzen. Der trockene Schnee knisterte, als die Pferde vorwärts gingen, um den Wagen durch den gehärteten Schnee zu ziehen. Eisige Winde prasselten gegen die Abdeckung, und wehten durch die Öffnungen. Die Kraft des Windes verlangsamte die Schritte von Emma, Meta und Edmund. Sie wickelten Schals um ihre Köpfe, um die kalte Luft nicht einzuatmen. Die Feuchtigkeit ihres Atems verwandelte sich in Eiskristalle, sobald sie ausatmeten. Sie beugten sich nach vorne, um den Windwiderstand zu überwinden.

Um 8:00 Uhr versammelten sich alle sieben Wagen auf dem Bauernhof, auf dem die Familie Kirstein wohnte. Herr Kirstein, der Leiter unserer Gruppe, setzte seinen Wagen in Bewegung, und alle sechs Wagen folgten ihm. So begann der schwierigste, gefährlichste und längste Teil unserer Reise, ohne dass wir wussten, wann und wo wir landen würden.

Der neue Schneefall, die kühlen Temperaturen und der starke Wind verlangsamten unsere Pferde. Bis die Sonne unterging, legten wir nur eine kurze Strecke zurück. Herr Kirstein beschloss, die Nacht in einem verlassenen Bauernhaus zu verbringen. Die Mütter kochten eine heiße Suppe von Lebensmitteln, die sie mitgebracht hatten, für die Kinder und die Erwachsenen. Sie trugen ihre Federbetten ins Haus, um zu übernachten. Am nächsten Tag starteten wir früh, denn Herr Kirstein wollte die Stadt Plock erreichen, wo er hoffte, die Weichsel zu überqueren.

Wir trafen eine lange Reihe von Wagen mit der gleichen Absicht an. Leider informierte man uns, dass die Brücken über die Weichsel gesprengt wurden, um die Panzer des Feindes daran zu hindern, sie zu überqueren. Was können wir jetzt tun, war eine dringende Frage. Der Bürgermeister der Stadt schickte Boten, um den Verkehr nordöstlich entlang des rechten Flussufers umzuleiten. Nachdem er durch die Stadt gefahren war und in einem Waldgebiet angehalten hatte, zeigte der Bote auf eine schmale, steile Straße, die diagonal zum Fluss hinunter führte. Die eisigen Temperaturen der letzten Woche hatten den Fluss mit einer dicken Eisdecke bedeckt, die stark genug war, um Wagen über ihn fahren zu lassen. Jetzt umarmten wir den Winter als unseren Freund, der eine Eisbrücke über den Fluss überspannte, die wir überqueren konnten. Wir hielten oben am Flussufer an. Viele Wagen, die versuchten, die steile, eisige Straße hinunterzukommen, schafften es nicht über den Fluss. Einige Pferde rutschten aus und fielen samt Wagen das gefrorene Flussufer hinunter. Einige Pferde wurden von den Wagen, die auf ihnen landeten, schwer verletzt oder getötet. Tote Pferde, kaputte Wagen und Haushaltsgegenstände lagen auf dem Eis am Flussufer und schufen eine katastrophale Szene. Ich war entsetzt über diesen Anblick. Ich erschrak als ich dachte, dasselbe Schicksal könnte unsere Pferden und unseren Wagen treffen.

Herr Kirstein und seine beiden älteren Söhne, Fritz und Gustav, überlegten, wie sie die gefährliche Situation und das Risiko minimieren und die Wagen die steile Eisstraße hinunter bringen konnten.

„Wir brauchen zwei dicke Stangen, die etwa doppelt so lang sind wie die Breite des Wagens. Wir können sie durch die hinteren Speichen der Räder stecken, um zu verhindern, dass der Wagen bergab an Geschwindigkeit zunimmt. Geh und fälle zwei Bäume, die dick und stark genug dafür sind."

„Ja, Vater, wir werden die Bäume mit der richtigen Größe finden, die unserem Zweck dienen werden."

Sie nahmen eine Axt und eine Säge und gingen in das Waldgebiet, um zwei Bäume mit der richtigen Dicke zu fällen. Sie entschieden sich dafür, einen Ersatzpfosten mitzunehmen, für den Fall, dass einer brechen würde. In der Zwischenzeit gingen Herr Kirstein und sein jüngerer Sohn Edmund von Wagen zu Wagen und wiesen die Leute an, wie ihre Söhne ihnen den Hügel hinunterhelfen würden und dass alle, sogar kleine Kinder und ältere Erwachsene, aus den Wagen steigen und den Fluss zu Fuß überqueren müssten.

Bald kehrten Fritz und Gustav mit drei langen, schlanken Baumstämmen zurück. Sie schoben einen von ihnen durch die Hinterräder, schnitten den dünneren Teil auf die gewünschte Länge ab und schnitten dann den zweiten auf die gleiche Größe. Sie bereiteten zuerst Herrn Kirsteins Wagen vor, indem sie die Pfosten zwischen den Speichen durch die Hinterräder schoben. Fritz und Herr Liedtke ergriffen die Balken auf der einen Seite des Wagens, und Gustav und Edmund gingen auf die andere Seite, während Herr Kirstein die Zügel der Pferde festhielt. Als alle bereit waren, befahl Herr Kirstein den Pferden sich zu bewegen. Sie zogen den Wagen hinterher. Die Vorderräder drehten sich, aber die hinteren rutschten über das Eis. Die Männer mussten den Wagen mit voller Kraft zurückhalten, damit er nicht an Geschwindigkeit zunahm, in die Pferde fuhr und sie umwarf. Ein gewisser Abstand zwischen dem Wagen und den Pferden musste eingehalten werden, um sie sicher und ruhig zu halten. Je weiter sie hinunterfuhren, desto steiler war die Straße und desto härter hielten die Männer den Wagen zurück. Der Wagen von Herrn Kirstein kam sicher vom steilen Ufer auf dem gefrorenen Fluss an. Alle atmeten erleichtert.

Die Mütter mit den kleinen Kindern sowie alle anderen Personen stiegen von ihren Wagen runter. Nur der ältere Herr Maschat blieb drinnen. Wir standen am Ufer und beobachteten, wie jeder Wagen das Flussufer hinunter auf das Eis fuhr. Zuerst gerieten die Pferde beim Betreten des Eises etwas ins Rutschen, bewegten sich aber ruhig und zogen den Wagen über die Eisfläche des Flusses. Wir hielten alle den Atem an, bis jeder Wagen einzeln die andere Seite der Weichsel erreichte. Obwohl das Westufer niedriger war, gab es keine diagonale Straße, die bergauf führte. Es war eine mühsame Tortur für die Pferde, den Wagen über das eisige Flussufer hochzuziehen. Frau Kirstein, ihre Tochter Greta und ihr jüngster Sohn Georg waren langsam die Straße hinunter zum zugefrorenen Fluss gegangen. Als ihr Wagen das andere Ufer des Flusses erreichte, bildeten sie eine Linie, hielten einander an der Hand und überquerten langsam den gefrorenen Fluss. Sie kletterten auf das westliche Ufer hinauf und wir waren alle dankbar, dass die Männer den ersten Wagen sicher hinübergebracht hatten.

Herr Liedtkes Wagen war der nächste und dann kam unserer. Georg hielt die Zügel fest zurück, damit die Pferde und der Wagen so langsam wie möglich bergab fuhren. Mutter beobachtete ängstlich, wie Georg den Wagen mit der Hilfe der Männer den Hügel hinunter zum Eis manövrierte. Dann entfernten die Männer die Balken vom Rad und trugen es bergauf, um dem nächsten Wagen runter zu helfen. Gustav wies uns an, bergab zu gehen und dem Wagen in einiger Entfernung zu folgen. Emma brachte Horst bergab, und wir folgten ihr. Als wir uns alle auf der eisigen Oberfläche des Flusses versammelten, übernahm Emma mit Horst im Arm die Führung; Mutter, die meine Hand hielt, war die nächste. Ich hielt Richards Hand, dann folgten mein älterer Bruder Edmund und Meta am Ende.

Ich schob einen Fuß nach dem anderen vorwärts und lauschte auf ein Geräusch von knackendem Eis. Wir erreichten die andere Seite des Flusses und kletterten das Flussufer hinauf. Unsere Pferde kämpften und rutschten immer wieder zurück, während sie den Wagen das hohe eisige Flussufer hinaufzogen.

Kastan und Kobel brachen in Schweiß aus und Schaum sickerte aus ihren Kiefern. Herr Kirstein und Herr Liedtke halfen und stießen den Wagen von hinten an, während die Pferde bergauf zogen. Nach mehreren Versuchen gelang es ihnen schließlich. Als unsere Familie, die Pferde und der Wagen sicher auf der anderen Seite des Flussufers standen, dankten wir Gott. Wir hofften, dass der Rest unserer Gruppe und alle Wagen den zugefrorenen Fluss sicher überqueren würden

Während wir warteten, beobachteten wir, wie ein Wagen nach dem anderen sicher die steile, eisige Straße hinunterkam. Als alle Personen und Wagen unserer Gruppe das Westufer sicher erreicht hatten und dort standen, breitete die Sonne ihre letzten Strahlen über die schneebedeckte Landschaft aus. Dunkelheit und kalte Luft umarmten uns und ließen uns zittern. Hunger nagte an unseren Mägen.

Fritz und Gustav hatten ein paar Ziegelsteine und Brennholz mitgebracht, für den Fall, dass wir im Freien übernachten müssten. Die beiden legten die Ziegelsteine kaminförmig auf den Boden und zündeten darin ein Feuer an. Sie reichten Edmund und Rudolf einen großen Topf und baten sie, ihn mit frischem Schnee zu füllen, den sie über dem Feuer schmelzen ließen. Edmund und Rudolf nahmen einen Eimer, brachten immer wieder Schnee und warfen ihn in den Topf, bis er drei Viertel voll war. Die Mütter und älteren Töchter nahmen etwas Wasser aus dem Topf, bevor es heiß wurde, und formten aus Mehl und Wasser kleine Knödeln (Klunker im ostpreußischen Dialekt). Die Mehlknödel wurden dem kochenden Wasser hinzugefügt und gerührt, damit die Knödel nicht zusammenklebten. Fritz und Gustav zerschnitten ein Stück Schweinebauch. Sie warfen die kleinen Stücke sowie etwas Salz in den Topf. Wir versammelten uns alle um das Feuer. Obwohl uns die warme Luft nicht umarmte, fühlten wir uns wärmer, als wir die tanzenden Flammen beobachteten. Nachdem die Suppe fertig war, bat Herr Kirstein alle zu kommen und heiße Suppe zu holen. Wir rannten zum Wagen, holten unsere Teller, stellten uns auf und warteten bis Fritz und Gustav eine Schöpfkelle voller Suppe in unsere Schüsseln gossen.

Obwohl die Schweinehaut hart war wie Leder, waren wir dankbar, unseren knurrenden Magen mit etwas Warmes zu füllen. Emma und Meta sammelten unser schmutziges Geschirr ein und wischten es mit Schnee ab, um die Essensreste zu entfernen.

Mutter bat uns, unsere Schuhe auszuziehen, aber unsere Kleider anzulassen, bevor wir für die Nacht unter die kalten Federbetten krochen. Edmund, Richard, Schwester Meta und ich legten uns mit unseren Köpfen auf den hinteren Teil des Wagens. Mutter, Horst und Emma ließen sich für die Nacht im vorderen Teil des Wagens nieder. Georg kam zu uns, nachdem er die Pferde gefüttert hatte. Er warf ihnen eine Decke auf den Rücken, um sie warm zu halten, und hängte sie vom Wagen ab. Er band sie an einen nahegelegenen Baum. Wir kuschelten uns unter die Decke, nicht nur um das Federbett aufzuwärmen, sondern auch, um von der Wärme unserer Körper zu profitieren. Nachdem ich die kalte Luft einatmete, wartete ich ein Weilchen. Dann atmete ich die warme Luft unter der erhöhten Decke aus, um mich schneller aufzuwärmen.

Kaum schloss ich die Augen, als das Dröhnen der sich nähernden Flugzeuge immer lauter wurde. Jedes Mal, wenn sie eine Bombe abwarfen, verursachte die Explosion einen lauten Knall, bei dem ich schnell meinen Kopf unter die Decke und meine Hände über meine Ohren legte, um das Geräusch zu reduzieren. Die Bomben verursachten nicht nur Zerstörung, sondern auch Brände. Flammen erhellten die Dunkelheit der Nacht, und ihr Licht drang sogar durch die Decke unseres Wagens. Die deutsche Flak folgte einer Flut von Kanonenschüssen am Ostufer des Flusses, in der Hoffnung, die russischen Flugzeuge abzuschießen oder zu erschrecken, so dass sie sich zurückziehen. Keiner von uns konnte einschlafen. Mutter versuchte, uns zu trösten und betete, dass Gott uns beschütze, indem er verhinderte, dass eine Bombe auf uns landete. Weit nach Mitternacht hörte das Dröhnen der Flugzeuge auf, als die russischen Kampfflugzeuge zu ihrer Basis zurückkehrten, und das Kanonenfeuer der verteidigenden deutschen Flak endete. Jedoch, die schreckliche Nacht schien endlos.

Endlich erschien die goldene Kugel der Sonne am östlichen Horizont und beleuchtete unsere Wagen. Fritz und Gustav waren die ersten, die aufstanden, um ein Feuer zu entfachen. Sie füllten einen großen Topf mit Schnee, stellten ihn zum Schmelzen auf das Feuer und brachten ihn dann zum Kochen, damit jeder ein heißes Getränk bekommen konnte, um die leeren Mägen zu füllen. Einige hatten Kaffee aus Hickory gebrüht; meine Mutter machte eine große Kanne Pfefferminztee für uns. Dann bereitete sie für jeden von uns ein Sandwich mit hausgemachter Wurst zu.

Georg legte Futter, bestehend aus Hafer, vermischt mit zerkleinertem Stroh, für die Pferde in zwei Säcke und hängte sie an das Geschirr. Er gab ihnen auch einen Eimer Wasser. Nachdem die Familien und Pferde bereit waren, reihten sich die sechs Wagen hinter Herrn Kirstein auf, und die Pferde begannen, die Wagen durch die schneebedeckte Nebenstraße zu ziehen. Mütter mit den jüngeren Kindern blieben in den Federbetten der Wagen versteckt, während die Erwachsenen neben den Wagen durch den Schnee trampelten. Andere gedeckte und offene Wagen schlossen sich dem tragisch aussehenden Treck an. Der Wind pfiff und schüttelte die Deckung, während die Pferde sich anstrengten und durch den Schnee stampften, um die beladenen Wagen langsam vorwärtszuziehen. Das Quietschen der Räder, gemischt mit dem Knallen entfernter Kanonenschüsse, erzeugte eine traurige, erschreckende Melodie. Obwohl die Sonne über dem Horizont aufging, blieben die Temperaturen unter null Grad Celsius.

Weiter ging es. Vor Einbruch der Dunkelheit erreichten wir einen Bauernhof. Herr Kirstein beschloss anzuhalten und den Pferden und allen Personen, die zu Fuß gingen, eine Pause zu gönnen. Er näherte sich dem Bauern und fragte, ob die Wagen auf seiner Farm Schutz für die Nacht finden könnten. Zuerst murrte der Bauer, erlaubte aber Herrn Kirstein zu bleiben. Alle Mütter mit ihren Kindern eilten ins Haus, um der Kälte zu entkommen und ihre eiskalten Körper aufzuwärmen. Währenddessen erlaubte uns der Bauer, die Pferde in den Stall zu stellen. Er gab ihnen auch Wasser und Heu.

Die mitfühlende Bäuerin bereitete Suppe zu und verteilte dampfend heiße Suppe an die hungrigen Reisenden. Jeder genoss jeden Löffel Suppe und war dankbar, etwas Warmes im Magen zu haben. Nachdem die Besitzerin des Hauses jeder Familie einen Platz zugewiesen hatte, bat Mutter Emma und Meta, die vier Federbetten reinzubringen und sie in das beheizte Wohnzimmer zu legen. Meta legte zuerst ein Laken auf den Boden, dann legte sie zwei Federbetten darauf, um als Matratze zu dienen, und darüber wiederum zwei Laken und Federbetten zum Abdecken. Frau Hein tat dasselbe für ihre Familie neben unserer. Nach einer Weile krochen wir alle unter die Decke. Meine Mutter, Horst, Richard und ich kuschelten uns an die Wand und Emma, Meta, Georg und Edmund waren auf der gegenüberliegenden Seite. Obwohl viele Personen den Raum teilten, fühlten wir uns wohl und warm.

Fritz, Gustav und Edmund Kirstein bewachten abwechselnd die Pferde und das Haus und weckten uns vor dem Morgengrauen, um früh unsere Fahrt zu beginnen. Die Temperaturen sanken auf unter null, Eis bildete sich unter dem Schnee, was den Pferden erschwerte, die Wagen zu ziehen. Sie mussten gewaltsam durch den Schnee stampfen, bis die einzigartigen Hufeisen sich im Eis festsetzten und sie vor dem Ausrutschen bewahrten. Ihr Atem verwandelte sich sofort in Eiskristalle, sobald er auf die kühle Luft traf; so auch der Atem der Personen, die neben den Wagen gingen oder vorne saßen. Emma, Meta und Edmund, die auch zu Fuß gingen, kreuzten ihre Arme schnell und ununterbrochen über ihre Brust, um ihre Hände und Finger vor dem Erfrieren zu bewahren. Sie wackelten mit den Zehen in ihren Schuhen, um den Kreislauf zu stimulieren. Ihr Gesicht wickelten sie in Wollschals ein, um zu verhindern, dass der tosende Wind auf ihre Haut traf.

Der erbärmliche Treck ging tagsüber weiter und suchte nachts Schutz. Wenn das Glück bei uns war, fanden wir ein verlassenes Haus oder einige Bauernhöfe, wo die Menschen, die noch nicht geflohen waren, uns Zuflucht und Essen für eine Nacht gaben. Die Bürgermeister einiger Dörfer, durch die wir fuhren, stellten

Unterkünfte zur Verfügung und servierten warme Mahlzeiten und Essen für die müden Flüchtlinge. An manchen Tagen hatten wir nur ein Sandwich; mehrere Tage hungerten wir. Dann klammerte der Hunger sich mit seinen Krallen in den Magen und entleerte und schwächte langsam seine müden Opfer. Die Knochen dehnten die dünne Haut und die Luft füllte den leeren Darm. Getrieben von der Angst vor dem Tod mussten wir weiterziehen oder zugrunde gehen.

Sogar Mutter und Horst stiegen in den Planwagen und suchten Wärme unter den Federbetten. Emma und Meta übernahmen hin und wieder die Zügel der Pferde, um Georg eine Pause zu gönnen. Mutter dankte Gott jeden Tag, dass ihre Kinder noch am Leben waren. Tote, gefrorene Pferde und einige menschliche Leichen lagen neben der Straße. Die Familien, die geliebte Menschen verloren, konnten kein Grab in den gefrorenen Boden graben, um ihre Toten beizusetzen.

Da die deutschen Soldaten wussten, was die deutschen Zivilisten erwartete, kämpften sie an der ostpreußischen Grenze unerbittlich und gaben sogar ihr Leben, um die russische Rote Armee zurückzuhalten. Jetzt dachten sie nicht mehr an den Sieg ihres Führers oder an die Rettung ihres Landes. Ihre einzigen Gedanken waren, so viele Leben ihres Volkes wie möglich zu retten und dabei selbst ihr eigenes Leben zu opfern. Sie halfen, wo immer sie konnten, die Menschen zu evakuieren. Russische Soldaten würden die Deutschen, insbesondere die deutschen Frauen, misshandeln, aus Rache für die Ermordung von Russen und die Zerstörung einiger ihrer Städte in den letzten Jahren während der Kämpfe in Russland.

Die Wagen rollten weiter durch Schnee und Eis. An manchen Tagen kam der Treck der erbärmlichen Reisenden nur ein paar Kilometer voran; an anderen Tagen etwas weiter. An manchen Tagen bekamen wir Essen; an anderen Tagen hungerten wir. Das Wetter war brutal während des restlichen Januars 1945, und die Temperaturen stiegen tagsüber selten über null und fielen in der Nacht weit unter null. Vor Kälte pressten die Menschen die Lippen über den knirschenden Zähnen zusammen, und die Augen schauten erbärmlich in den leeren Himmel. Pferde und Menschen ertrugen gleichermaßen die Schärfe des Winters. Der Glaube an Gott und die Angst, von russischen Panzern überfahren oder von Bomben getötet zu werden, zwangen uns vorwärtszugehen und die Qualen und Gefahren zu ertragen, die jeder Tag mit sich brachte.

Anfang Februar stieg die Temperatur. Es war immer noch zu kalt, um die Leinwand der Vorder- und Rückseite des Wagens zu öffnen oder vorne auf dem offenen Wagen zu sitzen. Als die Tage länger wurden und die Temperaturen stiegen, sahen wir die Lichtstrahlen durch die Abdeckung kommen. Wir spürten sogar die Wärme der Sonne, als wir unsere Hände über die Daunendecken legten. Der Schnee begann zu schmelzen, und die Räder der Wagen rollten über festen Boden und gepflasterte Straßen.

Auf dem Weg kamen wir an kleineren Städten vorbei. Eine besondere Stadt, die wir durchquerten, war jedoch Stettin, die Hauptstadt von Pommern. Zum Glück standen noch einige Brücken, und wir konnten die Oder überqueren, die durch den Dammschen See fließt und später in die Ostsee mündet. Über die Brücke zu fahren und die Türme an beiden Flussufern zu beobachten und die Türme der Kirchen und andere wichtige Gebäude zu sehen, war eine erfreuliche Ansicht. Wir fuhren auch durch Stadtteile, die von Bomben zerstört waren. Nur teilweise zerklüftete Mauern mit Fensterlöchern standen zwischen den Trümmerhaufen – was für ein grausames Bild der einst schönen Stadt. Jedes Mal, wenn wir an einer schönen Struktur vorbeikamen, die noch intakt war, wies ich darauf hin, um mich zu vergewissern, dass meine Brüder es nicht verpassten, sie zu sehen.

Nachdem wir Stettin passiert und uns so weit wie möglich vom Zentrum der Stadt entfernten, beschloss Herr Kirstein, vor Einbruch der Dunkelheit Schutz zu suchen, nur für den Fall, dass die Royal Airforce in der Nacht einige weitere Bomben über Stettin abwerfen würde. Als Herr Kirstein in Stettins Außenbezirk ein noch intaktes Haus sah, beschloss er dort zu bleiben. Alle sechs Wagen folgten ihm. Glücklicherweise lebte dort ein älteres Ehepaar. Sie waren so freundlich, uns zu erlauben, die Nacht in ihrem Haus zu verbringen. Sie hatten selbst nicht genug zu essen, jedoch teilten alle Familien das, was sie noch besaßen.

Der Februar verging. Der März kam und damit auch wärmere Temperaturen. Die Wagen rollten nun etwas schneller weiter. Georg zog am Nachmittag die vorderen und hinteren Leinwände zurück, und die milde, frische Luft belebte unsere geschwächten, mageren Körper etwas.

Der Schnee war geschmolzen und die Wiesen begannen zu grünen. Sogar die Bäume und Sträucher zeigten Anzeichen des Frühlings und begannen zu sprießen. Die Feldlerche erhob sich hoch und begeisterte alle mit ihrem süßen, melodischen Zwitschern, das von der Zerstörung am Boden nicht betroffen war. Auch die Störche kehrten zurück. Viele fanden ihre Nester auf den Dächern zerstört und mussten einen neuen Platz finden, um ihre Nester wieder aufzubauen. Sie pirschten sich durch die Wiesen, um hier und da einen Bissen aufzuheben. Nachdem die Kinder zwei Monate in den Planwagen gelegen und gesessen hatten, sehnten sie sich danach, ihre dünnen Beine zu bewegen. Sie wollten über die Wiesen laufen und mit den Sonnenstrahlen spielen und die Störche jagen. Vom Spielen konnten die Kinder nur träumen; sie mussten auf den Wagen bleiben und die Reise fortsetzen. Niemand kannte die Länge der Reise oder ihr Ziel.

Wir durchquerten das schöne Bundesland Mecklenburg und erreichten den Stadtrand von Schwerin. Glücklicherweise erlitt die Stadt nur vier Luftangriffe und wenige beschädigte Strukturen, da sie keine wesentlichen Industrien hatte. Das romantische Schloss stand unverändert in einem der sieben Seen, die die Schweriner Altstadt umgaben.

Da der Treck an der Peripherie der Stadt blieb, konnten die Reisenden nur eine entfernte Silhouette der Stadt und des Schlosses sehen. Die Kinder waren jedoch jedes Mal entzückt, wenn sie ein Schloss, einen schönen Turm oder eine noch intakte Kirche sahen.

Die Reise führte weiter durch die schöne Hirtenlandschaft Mecklenburgs und ging dann durch Ratzeburg in Richtung Lübeck. Die Stadt erlitt im März 1942 schreckliche Luftangriffe, als Arthur Harris von der Royal Airforce von Britain zivile Gebiete angriff und einen Feuersturm auslöste. Dieser zerstörte drei der bedeutenden Kirchen und richtete massive Schäden am historischen Teil der Lübecker Altstadt an. Zum Glück blieb der berühmte Holsten Turm intakt. Die Kinder waren begeistert, als sie durch die antike, gotische, rote Backsteinstruktur fuhren.

„Schau, schau!", rief ich zu meinen Brüdern, während ich auf die beiden massiven Türme zeigte, bevor wir durch das Tor gingen. Am Tor teilten die Beamten den Treckführern mit, was ihr Ziel sein würde. Sie sagten Herrn Kirstein, das Ziel seiner Gruppe sei Pratjau. Dann bat Herr Kirstein seinen Sohn Gustav, zu jedem Wagen zu gehen und ihnen zu sagen, dass wir über Eutin nach Pratjau fahren würden. Alle atmeten erleichtert auf, dass die fast zehn wochenlange Reise mit Pferd und Wagen bald enden würde. Wir passierten die Trave, bevor wir in den alten Teil der Stadt kamen.

„Wie traurig, Bomben beschädigten einige der mittelalterlichen Gebäude", bemerkte Edmund.

„Ja, es ist sicherlich schade, die alten Gebäude standen Hunderte von Jahren und ein Luftangriff zerstörte so viele Strukturen in Minuten", erwähnte ich traurig.

„Ich hoffe natürlich, dass der Krieg und die Zerstörung bald enden werden und wir nach Hause gehen können", fügte Richard hinzu. Edmund antwortete: „Das wünsche ich mir auch. Leider weiß niemand, wann der Krieg enden wird."

Jetzt wussten wir nur, dass unsere schwierige Reise bald enden würde.

Es war noch Tageslicht, als wir Lübeck passierten. Herr Kirstein beschloss, so weit wie möglich vom Stadtzentrum weg zu fahren, um einen möglichen Luftangriff zu vermeiden. Als er einen Bauernhof sah, blieb er stehen und fragte den Besitzer, ob er und die anderen Familien die Nacht auf seinem Gut verbringen könnten. Auch die Bäuerin kam aus dem Haus und bat die Familien, sich für die Nacht niederzulassen.

„Kommt herein und ich werde Euch zeigen, wo Ihr übernachten könnt; Mütter und die Kinder können im Haus schlafen, und die größeren Jungen und Männer können in der Heuscheune übernachten. Sie können auch etwas Heu für die Pferde verwenden. Ich werde Euch allen eine Suppe kochen, damit ihr etwas Warmes in eure Mägen bekommt."

Herr Kirstein bedankte sich bei den Bauern und sagte den Reisenden, sie sollten für die Nacht hierbleiben und dass unser Ziel Pratjau sein würde, das wir innerhalb weniger Tage erreichen sollten. Alle stiegen aus den Wagen und freuten sich, die gute Nachricht zu hören, dass die Reise fast vorbei war.

Die Mütter und ihre älteren Töchter trugen die Federbetten in die Zimmer, die die Bäuerin zum Schlafen bestimmte. Die Männer und älteren Jungen versorgten die Pferde mit Futter und Wasser. Die Kinder versammelten sich im Hof und spielten Fangen, bis meine Mutter uns zum Abendessen rief und uns für das Bett fertig machte.

Am nächsten Morgen kochte die Dame etwas Haferflocken mit frischer Milch für alle Kinder und servierte Brot und Marmelade für die Erwachsenen mit gebrühtem Hickory-Kaffee. Die Mütter dankten der Bäuerin für ihre Großzügigkeit und Freundlichkeit und Herr Kirstein dankte dem Bauern, dass er uns übernachten ließ und Futter für die Pferde gab.

Georg und meine Mutter, mit Horst auf dem Schoß, saßen vorn auf dem Wagen. Edmund, Richard und ich ließen unsere Füße durch die Speichen der Leiter baumeln und hielten uns am oberen Balken fest. Wir wollten uns vergewissern, dass wir nichts verpassten. Emma und Meta beschlossen, eine Weile neben dem Wagen zu laufen.

Der Frühling war eingekehrt, nicht nur nach dem Kalender, sondern auch in der Natur! Schließlich stiegen die Temperaturen genug, um leichtere Kleidung zu tragen und nicht den ganzen Tag unter den Federbetten zu liegen. Wir fuhren durch pastorale, grüne Wiesen, die von Frühlingsblumen geschmückt waren. Bäume und Büsche am Wegesrand entfalteten zarte, grüne Blätter. Die Zugvögel kehrten zurück. Die Störche pirschten sich durch die Felder, in der Hoffnung, einen Frosch zu fangen.

„Glaubst du, die Störche sind auch in ihr Nest auf unserer Scheune zurückgekehrt?", fragte ich Edmund.

„Ich hoffe es. Wie sehr würde ich gern zu Hause sein und zusehen, wie die Schwalben ihre Nester unter den Dächern bauen", antwortete Edmund.

„Was für eine Freude, der Feldlerche und dem Ruf des Kuckucks zuzuhören", bemerkte Richard.

„Glaubst du, wir werden die gleichen Vögel in Pratjau finden, die wir zu Hause hatten?", fragte ich.

„Wir müssen abwarten und schauen, was wir dort finden werden", antwortete Edmund.

Die Kinder schauten nach rechts und links und wollten nichts verpassen. Von der schönen Landschaft absorbiert zu sein, ließ die Zeit für die Kinder so viel schneller vergehen. Hin und wieder kletterten Emma und Meta auf den Wagen und nahmen die Zügel, um Georg eine Pause und eine Chance zu geben, zu laufen, um seine Beine zu lockern.

Herr Kirstein hielt gegen Mittag auf einem anderen großen Bauernhof an, um nach etwas Futter für die Pferde zu fragen, ihnen eine Pause zu gönnen und damit die Kinder etwas zu essen bekamen.

Am späten Nachmittag erschien die Silhouette von Eutin am Horizont mit der majestätischen Eutiner Burg und den beiden Kirchtürmen, die sich über dem Rest der Stadt erhoben. Als wir uns der Stadt näherten, kamen die roten Backsteinstrukturen immer näher. Bald wurde der See sichtbar.

„Wie schön die roten Gebäude zwischen dem zarten Grün der knospigen Bäume aussehen", rief ich aus.

„Ja, es ist wirklich schön, eine Stadt zu sehen, die nicht durch Bomben zerstört wurde", bemerkte Edmund.

„Mich wundert es, wie der Ort aussehen wird, an dem wir übernachten werden?", bemerkte Richard.

„Ich hoffe, wir haben viel Platz zum Spielen und Laufen."

„Das hoffe ich auch. Ich bin es so leid, die ganze Zeit zu sitzen."

„Ja, ich werde so froh sein, wieder in einem richtigen Bett zu schlafen, anstatt mich auf den Wagen zu quetschen oder auf dem Boden zu schlafen."

„Wir werden abwarten und sehen, wo wir landen."

Herr Kirstein beschloss, tagsüber durch die Stadt zu fahren, nur für den Fall, dass die britischen Piloten beschlossen, nachts Bomben zu werfen.

Als Herr Kirstein eine schmale Straße sah, die zu einem großen Bauernhof führte, leitete er seine Gruppe dorthin. Glücklicherweise bemitleidete der Bauer uns, die erbärmlich aussehenden Reisenden.

„Sie können hier übernachten", sagte die Bäuerin, „Ich werde meine Köchin bitten, eine Mahlzeit für euch zu bereiten."

Die Bäuerin rief ihre Köchin und wies sie an, Essen für die Familien zuzubereiten. Das große Gut beschäftigte viele Arbeiter, die während der Woche auch dortblieben und aßen. An den Wochenenden gingen die Arbeiter nach Hause zu ihren eigenen Familien. Der Speisesaal und die Schlafräume standen am Samstag und Sonntag leer. Die Dame des Hauses bat die Köchin, den Reisenden das Arbeiterquartier zu zeigen, wo sie diese Nacht schlafen konnten.

„Decken Sie die Tische im Esszimmer für die Leute."

Während das Essen kochte, brachten die Mütter ihre Familien in das Gebäude zum Schlafen. Obwohl zwei Personen ein Bett teilen mussten, gab es genug für alle fünfunddreißig Reisenden. Sobald die Kinder wussten, wo sie schlafen und essen würden, rannten sie nach draußen, um zu überprüfen, was sie entdecken konnten. Nicht weit von der Scheune entfernt sahen die Kinder einen Teich.

„Mal sehen, wer zuerst dorthin laufen kann", sagte Richard. „Reih dich hier ein."

Frieda, Edna, Helmut und ich bildeten eine Linie neben Richard. Als Richard sagte: „Eins, zwei, drei, los", stürmten alle nach vorne. Richard hob die Hände und verkündete, dass er der Gewinner sei. Die Kinder näherten sich dem Teich und tauchten ihre Hände ins Wasser, um zu sehen, ob es warm genug war, um ihre Schuhe auszuziehen und in den Teich zu gehen.

„Es ist viel zu kalt für mich, ich will nicht ins Wasser gehen", teilte Frieda mit. Sie beschlossen, um den Teich herum zu gehen, um zu schauen, ob sie einige Frösche oder Fische sehen konnten. Sie sahen keine.

„Lass uns ein paar Mal um den Teich laufen."

„Schau, da sind Veilchen im Gras", rief ich Frieda und Edna zu.

„Frieda, ich würde gerne einige pflücken; willst du bei mir bleiben?"

„Klar, lasst die Jungs rennen und spielen, während wir Blumen pflücken."

„Ich bleibe auch bei euch", sagte Edna.

Wir drei liefen auf der Wiese und freuten uns jedes Mal, wenn wir Veilchen fanden. Als wir eine Handvoll Veilchen hatten, beschlossen wir, zurück ins Haus zu gehen. Frieda, Edna und ich rannten zu unseren Müttern, um ihnen unsere kostbaren Veilchen zu schenken.

„Wie schön die Blumen sind; wo hast du sie gefunden?"

„Ich fand sie am Teich. Können wir die Veilchen auf den Esstisch stellen, damit alle sie genießen können?"

„Natürlich, meine Liebe. Geh und frage die Dame des Hauses, ob sie dir eine Vase dafür geben kann."

Ich rannte zum Haus, klopfte an die Tür und wartete darauf, dass die Dame herauskam.

„Guten Tag", ich hielt den Strauß Veilchen hoch und sagte: „Schauen sie, was ich am Teich fand. Darf ich sie auf den Esstisch stellen, und könnten sie mir eine Vase geben?"

„Natürlich, warte, ich werde eine für dich bringen."

„Nimm diese", sagte sie, als sie mir eine Glasvase reichte.

Ich bedankte mich bei der Dame und rannte in den Speisesaal, um es meinen Freunden zu zeigen.

„Hier ist eine Vase. Frieda und Edna, können wir alle unsere Blumen zusammentun?" Edna und ich gaben Frieda die Veilchen. Sie steckte die Veilchen in die Vase und setzte sie auf einen der Esstische in der großen Halle.

Obwohl der Strauß auf dem großen Tisch klein aussah, fügte er einen Hauch von Schönheit hinzu und erinnerte die müden Reisenden an die Ankunft des Frühlings.

Die Köchin rief die Leute an den Tisch und bat die älteren Mädchen, das Essen zu servieren. Die Männer waren in der Tat glücklich, sich an den Tisch zu setzen, bedient zu werden und nicht lange in der Schlange stehen zu müssen.

Nachdem alle gegessen hatten, stand Herr Kirstein auf. Er wandte sich an seine Gruppe von Mitreisenden: „Dies wird wahrscheinlich das letzte Mal sein, dass wir alle zusammen sein werden, bevor jede Familie an einen anderen Ort geht. Ich weiß, dass wir viel Not, Hunger, Kälte und Gefahr ertragen mussten, aber wir alle haben einen Grund, Gott dankbar zu sein, dass kein Mitglied unserer Familien verletzt oder getötet wurde oder an Hunger oder anderen Krankheiten starb. Ich möchte allen dafür danken, dass sie ihren Teil dazu beitrugen und zusammen arbeiteten, um die letzte und beschwerlichste Reise zu überleben. Lasst uns Gott danken, der uns leitete und beschützte. Ohne Gottes Hilfe hätten wir die Flucht nicht überstanden. Lasst uns aufstehen und gemeinsam singen!

„Nun, danket alle Gott."

Nachdem alle aufgestanden waren, begann Herr Kirstein zu singen, und alle sangen mit:

„Nun danket alle Gott, mit Herzen Mund und Händen,
Der große Dinge tut an uns und allen Enden,
Der uns von Mutterleib und Kindesbeinen an
Unzählig viel zugut und noch jetzt uns getan.

Der ewig reiche Gott wolle uns bei unserm Leben
Ein immer fröhlich Herz und edlen Frieden geben.
Und uns in seiner Gnad erhalten fort und fort
Und uns aus aller Not erlösen hier und dort.

Lob, Ehr und Preis sei Gott, dem Vater und dem Sohne
Und dem der beiden gleich im höchsten Himmelsthrone.
Dem dreimaleinen Gott als er ursprünglich war
Und ist und bleiben wird jetzt und immerdar."

Emma, Greta und auch Wanda kannten die Worte aller drei Verse auswendig. Der Rest summte die Melodie. Nach dem Singen, sagte Herr Kirstein allen Gute Nacht und erwähnte, dass wir morgen früh starten sollten, um unser Ziel bei Tageslicht zu erreichen. Die Bäuerin bat die Köchin, warme Haferflocken zum Frühstück für die Kinder zu bereiten und Brot, Butter und Honigschnitten für die Erwachsenen.

Als der Hahn früh am Morgen krähte, weckte uns meine Mutter und sagte uns, wir sollten uns auf die Reise vorbereiten.

„Gott sei Dank, dies werden unsere letzten beiden Tage auf der Straße sein. Ich bin gespannt, wo wir als nächstes bleiben werden", sagte Mutter zu Emma. „Geh und hilf Georg, die Pferde zu füttern."

„Meta, du trägst alle Federbetten zum Wagen, dann lass uns frühstücken und aufbrechen."

Die Bäuerin und ihr Mann kamen um 6:00 Uhr heraus, um sich von uns zu verabschieden. Herr Kirstein und alle Mütter dankten ihnen, dass wir die Nacht auf dem Bauernhof verbringen durften und sie uns mit Essen versorgten. Wir verbrachten noch eine Nacht in einem kleinen Dorfschulhaus, bevor wir am späten Nachmittag in Pratjau ankamen.

Als wir das Dorf betraten, fuhr Herr Kirstein in einen großen Innenhof, und alle sechs Wagen folgten ihm. Das erste Gebäude stand leer, aber nebenan wohnte eine Familie. Herr Kirstein klopfte an die Tür und eine freundliche Person kam heraus.

„Guten Tag, ich bin Herr Kirstein. Meine Gruppe von Flüchtlingen und ich wurden angewiesen, uns in Pratjau niederzulassen. Können Sie mir sagen, wo der Bürgermeister wohnt, damit er uns zeigen kann, wohin jede Familie gehen soll?"

„Guten Tag, ich bin Herr Sabrow, der Volksschullehrer. Warten Sie hier, ich rufe mein Dienstmädchen, sie kann ihnen zeigen, wo der Bürgermeister wohnt."

„Das ist Olga. Sie wird euch zum Bürgermeister bringen."

„Guten Tag, Herr Kirstein."

„Wir können alle zusammen mit den Wagen fahren. Bei dem Bürgermeister ist genug Platz", antwortete Olga.

„Gut, dann steig auf meinen Wagen." Nicht weit von der Schule entfernt, hielten die Wagen auf dem Dorfplatz. Olga zeigte auf das Haus, in dem der Bürgermeister wohnte.

Herr Kirstein ging dorthin, klopfte an die Tür und ein Mann mittleren Alters kam heraus.

Herr Kirstein stellte sich vor und erwähnte seine Absicht, ihn zu kontaktieren. Der Bürgermeister erwiderte den Gruß und sagte, er werde seinen Sohn mit jedem Wagen zur vorgesehenen Familie schicken.

„Drei der Familien müssen nach Sophienhof fahren. Es ist nur einen Kilometer von hier entfernt."

Herr Kirstein bedankte sich bei Olga und entließ sie. Er wandte sich an die Familien Hein, Marta Kirstein und Bonacker und sagte ihnen, sie sollten zum Sophienhof, einem riesigen Gut, gehen. Dankbar trennten sich drei Familien von den anderen Reisenden und fuhren nach ihrem zugewiesenen Ziel Sophienhof.

Kapitel 9

Leben auf dem Sophienhof

Der Gutsverwalter, Herr Otzen, traf die drei Familien und zeigte ihnen, wo sie leben würden. Acht von uns teilten eine Wohnung mit einem Schlafzimmer, Kueche und Wohnzimmer mit fünf Mitgliedern der Familie Hein, insgesamt waren wir dreizehn. Die Familie Hein bewohnte das Schlafzimmer und unsere Familie das Wohnzimmer. Die Küche benutzten wir alle. Frau Martha Kirstein und ihre beiden Kinder teilten sich eine Ein-Zimmer-Wohnung mit vier anderen Personen der Familie Hahn nebenan. Der Besitzer des Anwesens ließ die roten Backstein-Triflex für die Arbeiter und ihre Familien bauen.

Herr Otzen zeigte Georg den Stall, wo er die Pferde und den Wagen abstellen konnte. „Bevor ihr die Wagen entladet, könnt ihr sie für den Moment gegenüber dem Stall lassen", informierte Herr Otzen die Familien, „gehen Sie in den Speisesaal neben dem Herrenhaus. Die Köchin und ihre Helferin haben eine Mahlzeit für Sie zubereitet."

Georg stieg zuerst aus dem Wagen und half Mutter und Horst herunterzukommen. Alle Kinder folgten meiner Mutter in den Speisesaal, ebenso wie die Familie Hein und Martha Kirstein mit ihren beiden Kindern. Die Köchin hatte eine Erbsensuppe mit geräuchertem Schweinefleisch zubereitet. Jeder konnte auch ein Stück Brot haben. Die vier kleinen Kinder erhielten ein Glas Milch.

Meine Mutter und Frau Hein gingen zuerst ins Haus. Ein kleiner Flur führte zu den drei Räumen, eine Küche auf der linken Seite, eine kleine Kammer auf der rechten Seite und das Wohnzimmer geradeaus und daneben noch ein Schlafzimmer.

„Mein Gott, dreizehn Personen müssen in diesen beiden Räumen leben? Wie soll das funktionieren?", fragte Frau Hein.

„Es ist sicherlich sehr eng, aber wir müssen das Beste daraus machen", antwortete meine Mutter. „Es ist besser als auf dem Wagen zu leben; ich denke auch, dass wir hier sicherer sein werden", fügte mein Bruder Georg hinzu, als er das Wohnzimmer betrat.

„Ich hoffe es sehr", antwortete Frau Hein. Sie schauten sich den Inhalt der Räume an.

Drei primitive Holzrahmen mit einem großen, Stroh gefüllten Sack waren an den Wänden aufgestellt und dienten als Betten. Ein großer Tisch und ein paar Stühle standen in der Mitte des Raumes. Ein Ofen, der mit grün glasierten Keramikfliesen bedeckt war, stand in der Ecke im Wohnzimmer. Er reichte vom Boden bis zur Decke. Wenn darin ein Feuer brannte, strahlte er genug Wärme aus, um das Wohnzimmer und das Schlafzimmer aufzuwärmen.

Die Küchenmöbel bestanden aus einem großen Tisch mit einer langen Bank auf jeder Seite. Mit Wasser gefüllte Eimer besetzten eine kleinere Bank an der Wand. Es gab kein fließendes Wasser im Haus. Wir mussten Wasser aus einem Brunnen oder einem nahegelegenen Bach ins Haus tragen. An einer Wand stand der Herd zum Kochen. Der Eingang und die Küchenböden waren aus Beton und Holzbretter bedeckten die Wohn- und Schlafzimmerböden.

Herr Anderson, der stellvertretende Manager des Anwesens, lebte mit seiner Familie in der Wohnung nebenan. Frau Anderson kam heraus, um die Familien zu begrüßen.

„Ich weiß, die Wohnung ist sehr klein für zwei Familien, leider steht keine andere leer."

„Wir werden das Beste daraus machen. Ich bin so froh, aufzuhören, auf dem Wagen zu leben und jeden Tag an einem anderen Ort zu sein", antwortete Mutter. „Ich möchte, dass Sie meine beiden älteren Töchter, Emma und Meta, kennenlernen."

Nachdem Frau Anderson sie begrüßt hatte, entschuldigte sie sich und ließ meine Mutter und ihre Töchter die Sachen vom Wagen abladen. Zuerst trugen sie die Federbetten, dann die Kleidung und andere wenige Sachen in die Wohnung, bis der Wagen leer war. Georg spannte die Pferde an den Wagen und zog ihn in den dafür vorgesehenen Platz. Danach führte er die Pferde zum Stall und gab ihnen Heu und Wasser.

Edmund, Richard und ich machten uns mit der Umgebung vertraut und hofften, Kinder in unserem Alter zu treffen. Ein Junge und ein Mädchen aus dem Haus nebenan kamen heraus, um uns anzusehen.

„Wer bist du? Was machst du hier?", fragte uns der Junge.

„Mein Name ist Edmund; das ist mein Bruder Richard und meine Schwester Hilde. Wir sind Flüchtlinge und sollen hier leben. Wie heißt ihr?"

„Mein Name ist Hans, und das ist meine Schwester Lisa", antwortete der Junge.

Wir begrüßten uns.

„Möchtet ihr, dass wir euch den Hof zeigen?", fragte Hans.

„Oh, ja! Mal sehen, ob Frieda mitkommen möchte."

Ich ging hinein und rief Frieda: „Willst du mit uns kommen und den Hof sehen?"

„Nein, nicht jetzt, ich muss meiner Mutter beim Auspacken helfen", antwortete sie.

„Okay, dann gehen wir allein."

Hans und Lisa gingen zuerst zum Herrenhaus. Edmund, Richard und ich folgten ihnen.

Er zeigte auf das Haus: „Hier wohnt Herr Jessen, der Gutsbesitzer. Er ist sehr streng und will nicht, dass die Kinder in der Scheune oder in den anderen Gebäuden spielen."

„Das Innere muss wunderschön aussehen, nach den Spitzenvorhängen an den hohen Fenstern zu urteilen", bemerkte ich.

„Ja, die Möbel sind auch exquisit, aber Frau Jessen kommt selten aus dem Haus und Herr Jessen humpelt. Schaut hinter dem Haus auf den herrlichen Garten. Im Sommer sind die Bäume mit Früchten beladen. Ihre Äpfel und Birnen sind süß und lecker."

Wir gingen über die Straße: „Hier leben Herr Diercks und seine Familie. Herr Diercks ist der Manager des Viehbestandes. Er kann grob sein, wenn er sieht, dass wir etwas tun, das er nicht mag. Frau Diercks verteilt täglich Milch für die Kinder und die Jugendlichen. Sie empfängt und verteilt auch einmal pro Woche die Post."

„Hier ist der Kuhstall, wo die Kühe gefüttert werden." Vor dem Stall stand ein riesiger Zementtank. Im Winter warfen die Arbeiter den Kuhmist in die offene Zementgrube und verteilten ihn im Frühjahr als Dünger über die Felder. Als nächstes gingen sie zur Scheune und dem Schweinestall, und kamen an Herrn Otzens Familienhaus, mit einem schönen Garten daneben, vorbei.

„Man muss auf Herrn Otzen aufpassen. Er berichtet jegliches Fehlverhalten Herrn Jessen und kann uns ausschimpfen. Aber ihre Kinder, Heike und Willie, sind sehr lieb."

„Jetzt bringe ich euch zum Teich hinter dem Kuhstall. Ihr könnt nicht im Teich schwimmen. Das schmutzige Wasser aus dem Kuhstall fließt in den Teich. Ihr werdet krank, wenn ihr beim Schwimmen Wasser schluckt. Im Winter laufen wir jedoch Schlittschuh darauf."

„Was für eine Schande; ich schwimme gerne", bemerkte Edmund. „Das tue ich auch", fügte Richard hinzu.

„Wenn wir schwimmen wollen, gehen wir zum Seltener See. Er ist nur eine kurze Strecke von hier entfernt. Wir gehen im Sommer häufig dorthin. Ihr könnt mit uns kommen, wenn Ihr möchtet."

„Wir sollten besser zu Mutter zurückkehren. Sie wird sich fragen, wo wir sind", bemerkte ich, als ich mich dem Haus zuwandte, in dem wir wohnen sollten.

„Auf Wiedersehen, Hans und Lisa. Vielen Dank, dass ihr uns mit dem Gut bekannt gemacht habt. Können wir euch morgen sehen?", fragte Richard, bevor sie in ihre Wohnung gingen.

In der Zwischenzeit begann die Sonne unterzugehen, und die Mütter waren damit beschäftigt, für die Kinder Abendbrot vorzubereiten. Frau Anderson hatte Mitleid mit den Kindern und schickte einen Laib Brot, ein kleines Stück Butter und eine hausgemachte Wurst zu Frau Hein und meiner Mutter. Da die Küche zu klein war für alle dreizehn Personen, um gleichzeitig zu essen, stimmte Frau Hein zu, meine Mutter und ihre Familie zuerst kochen und essen zu lassen.

Emma entzündete ein Feuer im Herd, um eine Kanne Wasser für Tee und zum Waschen der Hände und Gesichter ihrer Geschwister aufzukochen. Bevor ich schlafen ging, fragte ich: „Wo ist die Toilette?"

„Sie ist im Schweinestall, gegenüber dem Haus", antwortete Mutter.

„Im Schweinestall? Das klingt schrecklich! Falls ich nachts austreten möchte, müsste ich im Dunkeln draußen zum Schweinestall gehen?"

„Du wirst dich daran gewöhnen", antwortete Mutter.

Ich dachte, ich würde mich nie daran gewöhnen, aber ich wagte nicht, es meiner Mutter zu sagen.

Ich ging zum Stall, um die Toilette zu überprüfen. Ich mochte weder den Platz noch den Geruch. Ich würde mich nie daran gewöhnen, sie zu benutzen.

Der Rest des Abends verging in Unordnung. Meine Mutter wies die Schlafgelegenheiten für die drei an der Wand stehenden Betten zu.

„Emma, Meta und Hilde, ihr schlaft in diesem Bett in der Ecke. Georg, Edmund und Richard, ihr schlaft im Bett neben euren Schwestern. Horst und ich werden das erste Bett nehmen."

Obwohl wir Kinder den Gedanken von drei Personen, die in einem schmalen Bett schlafen, nicht mochten, gehorchten wir unserer Mutter.

Die erste Nacht war unangenehm für mich. Jedes Mal, wenn Emma oder Meta sich umdrehten, weckten sie mich, indem sie mich in die Seite oder ins Kinn traten. Mich in der Gegenwart meiner Brüder anzuziehen und nicht zu wissen, wann ein Mitglied der Familie Hein vorbeikommen würde, war mir peinlich. Ich bin mir sicher, dass es auch für meine Schwestern so war.

Als ich Emma und Meta von meinem Unbehagen erzählte, fanden sie eine Lösung, indem sie das Federbett in Richtung Wand hielten, so dass niemand sehen konnte, wie ich mich anzog oder vor dem Schlafengehen auszog. Das Gleiche tat ich auch für sie.

Es dauerte ein paar Tage, um sich an das neue Quartier und die Wohnverhältnisse zu gewöhnen. Bald stellte Emma ein Bett in der kleinen Kammer auf, und Georg zog in die Speisekammer, so dass nur zwei Geschwister in einem Bett schliefen. Mutter und Frau Hein einigten sich über die Benutzung der Küche. Wir sollten zuerst kochen und Frühstück, Mittag- und Abendbrot essen und Frau Hein und ihre Familie danach. Jeder Familie wurde ein Tag zum Baden in einer großen Wanne in der Küche zugewiesen – unsere Familie am Freitag und Frau Heins Familie am Samstag. Irgendwie entwickelten wir eine erträgliche Routine.

Herr Anderson, unser Nachbar auf der linken Seite, besorgte Georg eine Arbeitsstelle, bei der er sich um Pferde kümmerte und bei Bedarf auf den Feldern arbeitete. Herr Diercks bat Emma und Meta, Kühe zu melken, die bereits auf den Wiesen weideten. Die Bezahlung war minimal, aber dagegen erhielt die Familie jeden Tag frische Milch, etwas Getreide und andere Lebensmittel. Uns wurde auch ein Grundstück für einen Garten zugewiesen, das wir mit Familie Hein teilten.

In wenigen Tagen, am 1. April 1945, würden wir das erste Ostern in der Fremde feiern. Mutter war besorgt darüber, in die Kirche zu gehen und was sie ihrer Familie an diesem unvergesslichen Feiertag geben sollte.

Sie fragte Frau Anderson, wo die nächste Kirche sei.

„Normalerweise gehen wir in das nächste Dorf, Fargau, in die Kirche. Zu besonderen Anlässen findet im Salzauer Schloss auch ein Gottesdienst statt, aber nicht diese Ostern."

„Gehen Sie in die Kirche? Da wir nicht wissen, wo Fargau ist, können wir Ihnen folgen?"

„Natürlich, auch Herr und Frau Jessen und andere Familien werden gehen. Der Gottesdienst beginnt um 9:00 Uhr. Seien Sie um 8:30 Uhr bereit. Es ist nur ein paar Kilometer von hier entfernt. Aber wir sind gerne früh, damit wir einen guten Platz finden, um die Pferde zu sichern."

„Vielen Dank! Ich werde es Georg wissen lassen. Meine Familie wird um 8:30 Uhr fertig sein."

„Übrigens, haben Sie genug zu essen für Ostern? Wenn nicht, werde ich meinen Mann ein paar zusätzliche Hühner für Ihre Familie schlachten lassen."

„Vielen Dank! Es ist so nett von Ihnen, mir frische Hühnchen anzubieten. Meine Familie wird sehr dankbar und glücklich sein, Fleisch zu bekommen."

„Ich werde auch ein paar Kartoffeln und Rüben mit dem Huhn schicken."

„Vielen Dank."

„Wir haben hier auch einen Osterbrauch, Wasser aus dem Bach zu holen. Es soll verschiedene Krankheiten heilen, nachdem Sie sich damit waschen. Aber die Person, die das Wasser holt, kann weder nach rechts noch nach links schauen noch sprechen; andernfalls verliert das Wasser die Heilkraft. Warte, ich gebe ihnen ein Dutzend Eier. Deine Töchter können sie für die Kinder färben."

„Sie werden sicher ein farbiges Osterei zu schätzen wissen."

Frau Anderson reichte meiner Mutter eine Schüssel voller Eier. Meine Mutter bedankte sich noch einmal bei ihr und brachte die Eier ins Haus.

„Schau, was ich bekam", sagte Mutter und zeigte der Familie die Schüssel mit den Eiern. „Frau Anderson gab sie mir. Sie wird auch etliche Hühnchen für uns schlachten. Frau Anderson erzählte mir auch, dass es am Ostersonntag einen Gottesdienst in Fargau geben würde. Georg, wir fahren nach Fargau zur Kirche. Sei um 8:30 Uhr bereit."

„Hier, Emma, kannst du die Eier kochen und für uns färben?"

„Was soll ich verwenden? Wir haben keine Farbe."

„Geh in den nahegelegenen Wald. Vielleicht findest du einige Blumen. Du kannst auch Moos oder alte Rinde verwenden. Lege jeden Gegenstand in einen Behälter, koche dann Wasser und gieße das heiße Wasser darüber. Lass es für eine Weile oder über Nacht ziehen, bevor du die Blüten, das Moos und die Rinde entfernst, und du wirst farbiges Wasser haben, um die Eier zu färben."

„Das ist ein guter Gedanke. Ich werde sofort in den nahegelegenen Wald gehen und sehen, was ich dort finden kann."

„Kann ich mit dir kommen, Emma?", fragte ich.

„Ja, du kannst mit mir kommen; lass uns zuerst einen Eimer holen."

Los ging's. Ich hüpfte fröhlich, bis wir in den Wald kamen.

„Schau dir all diese schönen gelben Schlüsselblumen an", sagte ich, als ich anfing, eine Handvoll nach der anderen zu pflücken, während Emma etwas Moos sammelte und pulverisierte Rinde aufhob, die sie neben einem morschen Baumstumpf fand. Wir gingen vorsichtig durch den Wald, um nicht auf die Schlüsselblumen und die Anemonen zu treten, die den Boden mit einem zauberhaften Teppich bedeckten.

„Kann ich auch ein paar andere Blumen für den Tisch pflücken?"

„Das wäre natürlich schön, frische Blumen auf dem Tisch zu haben."

Ich pflückte einige weiße Anemonen und wilde Vergissmeinnicht, die ich am Rande eines kleinen Teiches fand, und mischte sie mit den Schlüsselblumen.

„Kann ich vorauslaufen? Ich möchte Mutter überraschen?"

„Ja, ich werde dir folgen."

Ich eilte zum Haus, um meiner Mutter den Blumenstrauß zu überreichen.

„Schau, Mutter, was ich für dich gefunden habe, sind sie nicht schön?", fragte ich, während ich ihr die Blumen gab.

„Danke, sie sind reizend. Mal sehen, wo ich einen Behälter für die Blumen finden kann."

Mutter ging in die Küche und fand eine Tasse mit einem abgebrochenen Griff und gab sie mir.

„Stell die Blumen vorerst ins Wohnzimmer, und am Ostersonntag können wir sie mit unserer Mahlzeit auf dem Küchentisch genießen."

„Sehr gut. Das werde ich tun."

Währenddessen kam Emma mit ihrem gefüllten Eimer zurück. Sie ging in die Küche und stellte einen Topf mit Wasser auf den Herd. Dann gab Emma das Moos, die Rinde und die Schlüsselblumen in einzelne Tassen, goss das kochende Wasser in jede Tasse und ließ es über Nacht ziehen.

Nachdem unsere Familie am nächsten Morgen gefrühstückt hatte, bot ich Emma sofort an, beim Färben der Eier zu helfen.

„Wir müssen warten, bis die Familie Hein zuerst gefrühstückt hat, bevor wir die Küche benutzen können. Geh und spiele draußen. Ich werde dich rufen, wenn ich bereit bin."

Ich rannte nach draußen. Dort sah ich zwei Mädchen, die mit ihren Puppen auf den Stufen des Nachbarhauses spielten. Ich näherte mich ihnen langsam.

„Mein Name ist Hildegard. Jeder nennt mich Hilde. Meine Familie und ich sind vor vier Tagen hier angekommen. Mutter erzählte uns, wir werden noch eine Weile hierbleiben." Nachdem die beiden Mädchen mich angeschaut hatten, stellten sie sich als Katie und Brigitte vor.

„Komm, setz dich hin und sag uns, woher du kommst", lud mich Katie ein.

Ich beantwortete alle Fragen der Mädchen. Brigitte und Katie waren überrascht zu hören, dass meine Familie und ich mit Pferd und Wagen aus Ostpreußen kamen und sogar im Winter gereist waren.

„Mutter hofft, dass der Krieg bald vorbei sein wird, damit wir alle nach Hause zu unserem Hof in Ostpreußen gehen können", fügte ich hinzu.

„Ja, unsere Eltern und wir hoffen dasselbe. In letzter Zeit ist die Schule wegen der Luftangriffe geschlossen."

„Wo gehst du zur Schule?"

„Wir gehen nach Pratjau; es ist nur einen Kilometer von hier entfernt", fügte Katie hinzu.

„Ich hoffe sehr, die Schule beginnt bald. Ich gehe gerne zur Schule", bemerkte ich.

„Ich hoffe, wir bekommen einen neuen Lehrer. Ich mag den jetzigen nicht. Er ist zu streng und bestraft uns hart, wenn wir etwas falsch machen", kommentierte Brigitte.

„Es war nett, euch kennenzulernen. Kann ich später kommen, um mit euch zu spielen?" Als ich hörte, wie meine Schwester Emma mich rief, entschuldigte ich mich: „Ich muss meiner Schwester helfen, Ostereier zu färben."

Emma hatte die Blüten, das Moos und die Rindenchips aus den Tassen entfernt. Sie wartete eine Weile, bis sich das Sediment auf dem Boden der Becher abgesetzt hatte. Sie legte das erste Ei in die grüne Flüssigkeit.

„Lass mich das nächste Ei in die gelb gefärbte Flüssigkeit geben", bat ich.

„Gut! Du kannst auch die nächsten Eier in die Tassen legen."

Ich ließ vorsichtig ein Ei in die gelbe, das andere Ei in die braune Lösung fallen. Dann warteten wir und beobachteten, wie die Eier die verschiedenen Farben annahmen. Mit einem Löffel nahm Emma das erste Ei aus der braunen Flüssigkeit heraus und wischte es trocken.

„Es ist dunkel genug; du kannst ein anderes reinlegen."

Als alle Eier gefärbt waren, legten wir sie auf einen Teller, trugen sie ins Wohnzimmer und stellten sie neben die Blumen. Es war ein Symbol, das uns an Ostern und zu Hause erinnerte.

Emma bot Frau Hein die farbigen Lösungen an, aber sie war nicht daran interessiert, Ostereier zu färben.

Freitag war Badetag. Nachdem beide Familien zu Abend gegessen hatten, stellte Emma einen großen Topf mit Wasser auf den Herd. Meta und Georg trugen Eimer mit Wasser vom Brunnen in die Küche. Georg bat den Hofleiter, ob er einen der Metallbehälter ausleihen könne, die Wasser für die Kühe enthielten. Der Manager gab ihm einen, und er brachte ihn als Badewanne für unsere Familie nach Hause.

Emma goss zuerst einen Topf voll heißem Wasser in die Wanne, dann genug kaltes Wasser, um es angenehm warm zu machen. Dann rief sie Horst, zog ihn aus und setzte ihn in die Wanne. Er war so froh, dass er mit beiden Händen auf das Wasser plätscherte und das Wasser überall hin spritzte. Als es darum ging, seinen Kopf mit selbstgemachter Seife zu waschen, mochte er es nicht und fing an zu weinen. Emma goss mehr heißes Wasser in die Wanne für mich.

„Welche Wonne, ein heißes Bad zu nehmen. Wasch nur meine Haare, Emma; den Rest kann ich selber waschen."

„Wie du willst, aber mach es schnell, der Rest deiner Geschwister und deine Mutter müssen auch ein Bad nehmen."

„Schon gut, ich werde mich beeilen."

Ich trat aus der Wanne, rieb zuerst meine Haare trocken und dann den Rest meines Körpers, bevor ich meine Unterwäsche und mein Hemd anzog. Ich rannte ins Wohnzimmer, sprang ins Bett und schlüpfte unter die Decke. Es wäre mir sehr peinlich gewesen, wenn mich jemand in meiner Unterwäsche gesehen hätte. Ich bat meine Mutter um einen Kamm. Ich wickelte das Federbett um mich, während ich meine nassen Haare kämmte. Dann kniete ich im Bett nieder und sagte mein Abendgebet, bevor ich einschlief.

Nachdem die Jungs ihre Bäder genommen hatten, wechselte Emma das Wasser für unsere Mutter, Meta, und sich selbst. Die Familie Hein durchlief am Samstag das gleiche Ritual.

Am Sonntagmorgen wachte ich mehrmals auf, aus Angst, den Sonnenaufgang zu verschlafen. Ich wollte mich vergewissern, dass ich die erste Person war, die am Bach Wasser holte. Es war noch dunkel, als ich leise aufstand, mein Kleid anzog, in die Schuhe schlüpfte, den Eimer nahm und zum Bach ging. Alle schliefen noch. Das war gut, dachte ich. Als ich den Bach erreichte, tauchte ich die Eimeröffnung in das fließende Wasser, bis er drei Viertel voll war. Ich hob ihn auf und ging zum Haus zurück. In diesem Moment sah ich die Nachbarin Lisa aus der Tür kommen. Ich eilte hinter die andere Seite des Hauses und trat ein, bevor Lisa mich sehen konnte. Ich war froh und trug das magische Wasser ins Wohnzimmer, so dass niemand außer unserer Familie es benutzen konnte. Dann zog ich mein Kleid aus, schlüpfte unbemerkt unter die Decke und wartete, bis meine Mutter alle aufweckte.

Mutters Weckruf ließ alle aus dem Bett steigen.

„Schaut, ich habe für uns Osterwasser aus dem Bach gebracht."
Ich zeigte auf den Eimer in der Ecke des Raumes.

„Gut, mein Kind, es genügt jedem von uns, sich das Gesicht damit zu waschen. Sie hatte für jedes Kind die besten Kleider rausgelegt, die sie aus einem gebundenen Bündel holte, und gab sie mir, Richard, Edmund und Georg. Emma und Meta suchten ihre eigenen Kleider aus. Die ungebügelten Kleider sahen faltig und schäbig aus, aber sie mussten für den Moment genügen.

Pünktlich um 8:30 Uhr hatte Georg die Pferde im Geschirr und spannte sie an den Wagen. So taten es alle Familien, die in die Kirche gingen. Heute hatten sogar die Besitzer, Herr und Frau Jessen, ihre elegante Kutsche bereit, um am Ostersonntag in die Kirche zu gehen. Alle Wagen folgten der Kutsche von Herrn und Frau Jessen.

Es war ein wunderschöner Frühlingstag. Die Feldlerche kletterte so hoch, dass man sie kaum sehen konnte, aber man hörte ihr fröhliches Lied. Die ersten Frühlingsblumen erschienen auf den frischen, grünen Wiesen; welch eine Freude, die schöne Gegend zu sehen. Wir kamen pünktlich an, um die Pferde von den Wagen abzukoppeln und an einen Balken zu binden. Der Kutscher von Herrn Jessen blieb bei seinen Pferden, um sie und die Kutsche zu beobachten. Frau Jessen sah elegant aus in einem hellen Kostüm und einem passenden Hut, als sie neben ihrem hinkenden Ehemann ging. Alle folgten ihnen. Als wir die Kirche betraten, schauten uns die Einheimischen von Kopf bis Fuß an, als wollten sie sagen: „Woher kommen diese Zigeuner?" Wir fühlten uns unwohl, dass unsere Kleider und die der anderen Flüchtlinge so erbärmlich aussahen.

Sobald die Orgel zu spielen begann und wir das erste Osterlied sangen, vergaßen wir unser Aussehen und sangen einfach mit der Gemeinde. Der Pastor hielt eine erhebende Predigt über die Kreuzigung und Auferstehung Christi und erinnerte seine Gemeindemitglieder daran, dass sie einem lebendigen Gott und Herrn dienen. Er schloss mit den Worten: „Habt Mut; Gott wird uns durch diesen sinnlosen Krieg und die Schwierigkeiten, mit denen das Land konfrontiert ist, helfen." Nach dem Segen entließ der Pastor die Gläubigen.

Ich eilte zum Wagen, um den neugierigen, erniedrigenden Blicken der Menschen zu entfliehen. Meine Familie folgte und wartete, bis Herr und Frau Jessen den Wagenzug zurück zum Sophienhof führte.

Mutter, Emma und Meta begannen, Hühnchen, Kartoffeln und Kohl zu bereiten. Ich half, den Tisch zu decken. Ich legte die farbigen Eier als Dekoration um den Strauß. Edmund und Richard gingen mit Georg, um die Pferde in den Stall zu bringen und ihnen etwas Wasser und Heu zu geben.

Als alles fertig war, rief ich die Jungs, zum Essen zu kommen. Alle setzten sich auf die beiden Bänke; Mutter faltete ihre Hände, ebenso wie alle Kinder. Mutter dankte Gott für das Essen und dafür, dass Gott ihre Kinder beschützte und sie sicher durch die letzte schwierige und gefährliche Reise brachte. Sie betete auch dafür, ihren Mann und ihre Tochter Marta zu beschützen, ohne zu wissen, wo sie sich befanden oder ob sie noch am Leben waren.

Familienfoto

Die ganze Familie genoss das Essen. Emma bat jeden, ein farbiges Ei zu nehmen. Die jüngsten Kinder bekamen jeweils ein zusätzliches und Emma erwähnte, sie für morgen aufzuheben. Am Nachmittag gingen die Kinder hinaus, um die verschiedenen Gebäude und Bereiche zu besichtigen. Sie trafen auch die Kinder aus dem Nachbarhaus, Uwe, Brigitte und Hans. Sie unterhielten sich, spielten Fangen und genossen es, zu rennen und sich im Freien zu bewegen.

Der zweite Tag nach Ostern galt immer noch als Feiertag, und niemand arbeitete außer den Dienern, die sich um die Tiere kümmerten, und den Menschen, die die Kühe melken mussten.

Am nächsten Tag, dem 3. April 1945, während die Mütter und Töchter die Kleidung wuschen und sich niederließen, durchdrangen die schrillen Schreie der Sirenen am späten Nachmittag plötzlich die Luft. Die Kinder rannten ins Haus.

„Mutter, Mutter, was ist passiert?"

„Es klingt wie eine Warnung vor einem Luftangriff. Lass mich zum Nachbarn laufen und fragen, was wir tun sollen. Du bleibst drinnen."

Mutter ging zu Frau Anderson und fragte, warum die Sirenen ertönten und was sie und die Familie tun sollten.

„Es klingt wie ein Luftangriff über Kiel. Wir haben keinen Bunker. Wir rennen in den Wald und warten, bis die Sirenen aufhören. Manchmal bleiben wir einfach im Haus und warten, bis die Gefahr vorüber ist. Man weiß nie, wann und wo sie ihre Bomben abwerfen."

„Sollen wir jetzt in den Wald laufen?"

„Ich denke, der Bombenangriff während des Tages, wird nicht allzu lange dauern. Bleiben Sie einfach im Haus, bis der Alarm wieder ertönt und das Ende des Angriffs ankündigt. Sagen Sie den Kindern jedoch, dass sie tagsüber auf die Sturzkampfbomber achten sollen. Sie schießen auf Personen, Züge, Autos oder irgendetwas, das sich bewegt. Verdunkeln sie am Abend die Fenster mit dicken Decken, wenn Sie das Licht einschalten, damit die Piloten nicht sehen, wo die Menschen leben. Wenn die Sirene für längere Zeit nachts warnt, rennen wir alle in den Wald, um in Deckung zu gehen."

„Vielen Dank für Ihre Informationen. Ich hätte nie gedacht, dass Bomben uns hier töten könnten, nachdem wir die lange, anstrengende Reise überlebten", sagte Mutter.

Sie kehrte zu ihrer Familie zurück und warnte sie vor der Gefahr und hieß sie, nach den Sturzkampfbombern Ausschau zu halten, die Menschen erschießen, die sie im Freien sehen.

Frau Hein kam ins Zimmer und fragte meine Mutter, warum die Sirenen ertönten. Sie gab die Informationen weiter, die sie von Frau Anderson erhalten hatte. Wir warteten alle ruhig und hörten intensiv zu. Wir konnten das ferne Dröhnen der Flugzeuge hören. In kurzer Zeit donnerte das Geräusch von sich nähernden Flugzeugen. Wir rannten alle zu unserer Mutter und dachten, eine Bombe würde direkt auf uns fallen. Gott sei Dank sind sie nur über uns geflogen. Die Sirene ertönte einige Stunden später erneut und ließ uns wissen, dass der Bombenangriff vorerst vorbei war.

Wir atmeten alle erleichtert auf, dass die Flugzeuge keine Bomben auf uns abgeworfen hatten und wir wieder nach draußen gehen konnten.

Am nächsten Tag hörte Georg, wie Herr Otzen Herrn Anderson gegenüber erwähnte, wie schlimm die Kieler Kais, einschließlich der Schlachtschiffe, bombardiert worden waren und dass viele Menschen ihr Leben verloren hatten.

Georg übermittelte uns allen die schlechte Nachricht beim Mittagessen. Danach lebten wir in ständiger Gefahr. Das Geräusch eines Geschwaders oder eines einzelnen Flugzeugs ließ uns vor Angst erschaudern, und wir rannten entweder ins Haus oder in die Scheune, je nachdem, was am nächsten war.

Am 9. April 1945 erlitt Kiel einen großen Angriff, als Hunderte von Flugzeugen ihre Bomben auf die Häfen, das Industriegebiete und die Wohngebiete abwarfen.

Der Alarm ertönte lange, während wir bereits schliefen. Mutter kannte die Gefahr und weckte uns alle.

„Zieht euch schnell an! Wir müssen in den Wald eilen." Alle anderen Familien machten sich bereit, auch in den Wald zu laufen. Den Teich am Waldrand erreichten wir erst, als eine Bombe mit einem hohen schrillen Dröhnen die Luft durchbohrte, bevor sie mit einem donnernden Knall explodierte. Der Boden bebte durch den Aufprall, während die Bombe zwischen den Bäumen ein kurzes Stück hinter dem Teich explodierte. Das ohrenbetäubende Geräusch der Explosion ließ uns unsere Ohren bedecken. Wir hatten Angst, dass wir das nächste Ziel sein könnten. Mutter sagte uns, wir sollten hier am Teich bleiben und uns hinlegen und uns mit Decken bedecken. Die kühle Aprilnacht ließ uns vor Kälte und vor Angst über den nächsten Bombenangriff zittern. Erst nach Mitternacht hörten wir keine Flugzeuge mehr über uns fliegen. Alle Familien packten ihre Sachen zusammen und taumelten zurück zu den Häusern.

„Ich danke Gott, dass er über uns wacht und uns vor Schaden bewahrt", sagte Mutter. „Wären wir wie geplant in den Wald gegangen, hätte die Bombe uns getötet."

Obwohl wir wieder ins Bett gingen, klammerte ich mich an Meta, aus Angst, dass mehr Bomber zurückkehrten.

Am nächsten Nachmittag hörten wir viel Aufruhr im Hof. Eine Gruppe von Soldaten kam in Armeelastwagen! Der Fahrer eines Lastwagens stieg aus und ging zum Haus des Besitzers. Nachdem er zurückgekommen war, befahl er den Soldaten, auszusteigen.

„Wir werden hier provisorische Quartiere einrichten, bis wir weitere Befehle erhalten", sagte er den Soldaten. Dann stiegen alle aus. Eine kleinere Gruppe von Soldaten sah in khakibraunen und olivgrünen Uniformen zerlumpt aus. Später fanden wir heraus, dass es sich um polnische Kriegsgefangene handelte.

Weitere Kinder versammelten sich, um zu beobachten, was geschah. Niemand wagte es, sich an die Soldaten zu wenden, aber sie unterhielten sich eine Weile untereinander bevor sie begannen, ihr Quartier auf dem Hof aufzusetzen.

Edmund ging am nächsten Tag in den Wald hinter dem Teich, um den Schaden zu überprüfen, den die Bombe angerichtet hatte. Er sah ein tiefes, breites Loch und eine Menge Bombensplitter, die um die Öffnung verstreut waren. Als er zurückkehrte, bemerkte Edmund eine Bombe, die noch nicht explodiert war. Sie war auf halbem Weg im Boden steckengeblieben. Er ging sehr nahe, um die Bombe zu inspizieren, ohne sie zu berühren. Er schaute sich um. Nachdem er keine weitere entdeckte, ging Edmund nach Hause. Er erzählte uns von der Bombe, die er gefunden hatte. Mutter warnte ihn, sie weder zu berühren noch aufzuheben. Sie könnte explodieren und ihn töten.

Währenddessen errichteten deutsche Soldaten und eine Gruppe von Häftlingen ein provisorisches Lager auf dem Gut. Einige Soldaten hatten das Glück, ein Zimmer zu bekommen, und andere bauten Zelte im Wald auf. Einige schliefen sogar in der Scheune. Nachdem sie den Kuhstall gereinigt und den Boden gewaschen hatten, nutzten die polnischen Gefangenen ihn als Schlafquartier. Sie bedeckten den Boden mit Stroh, um Matratzen zu ersetzen.

Soldaten richteten eine mobile Küche neben dem Holzschuppen ein, nicht weit von unserem Haus entfernt. Die Küche und die Umgebung wurden zu einem meiner Lieblingsspielplätze. Ich war erfreut, das wunderbare Aroma zu riechen, das während der Zubereitung von Mahlzeiten für die Soldaten und Gefangenen aus der Küche drang.

Bald traf ich die beiden Töchter der Familie Diercks, Katie, die ältere und Elisabeth, die jüngere, die in meinem Alter war.

Am Samstag sahen wir einige Soldaten, die einen Tisch auf der Wiese bauten. Wir waren gespannt, was die Soldaten damit anfangen würden. Wir gingen beide zu den Soldaten hinüber, und Elisabeth fragte, warum sie einen Tisch in der Mitte der Wiese aufstellten.

„Morgen ist Sonntag. Wir versuchen, einen kleinen Altar zu bauen. Wir planen einen Gottesdienst zu halten für die Soldaten und alle Bewohner der Umgebung. Erzählen Sie Ihren Eltern und allen anderen Bewohnern von dem Gottesdienst. Wir beginnen um 9:00 Uhr. Bittet eure Eltern, ihre Stühle mitzubringen. Wir werden einige Bänke aus Brettern für die Soldaten aufstellen."

„Können wir mithelfen?", fragte ich.

„Frag deine Mutter, ob sie eine weiße Tischdecke für den Tag leihen könnte. Einige Kerzen und Blumen würden auch den Altar festlich schmücken."

„Ich werde meine Mutter fragen, ob ich ihnen eine ihrer Tischdecken bringen darf", antwortete Elisabeth.

„Wann werden sie es brauchen?"

„Erst morgen um 8:00 Uhr aber komm heute zurück und lass mich wissen, was du mitbringen kannst."

„Gut, ich lasse Sie wissen."

„Ich werde ein paar Wildblumen pflücken", fügte ich hinzu.

„Ich werde meine Mutter fragen, ob ich einige aus unserem Garten bringen darf", sagte Elisabeth.

„Gut, lass uns gehen. Wir sehen uns später."

Ich rannte in den Wald, pflückte einen großen Strauß Anemonen und Schlüsselblumen und eilte zu den Soldaten, die immer noch Bänke zusammenbauten.

„Schauen Sie, was ich gefunden habe. Können Sie diese benutzen?" Ich reichte dem Soldaten die Blumen.

„Sehr schön; jetzt brauchen wir eine Vase, in die wir sie stellen können."

„Ich werde nach Hause laufen und eine holen."

Ich eilte mit einem Metallbecher voller Wasser zurück, steckte den Blumenstrauß in die Tasse und stellte ihn auf den Tisch. Elisabeth kam mit der guten Nachricht, dass ihre Mutter eine ihrer Tischdecken für morgen und zwei Kerzenständer mit Kerzen leihen würde.

„Sag deiner Mutter danke. Ich hoffe, dass sie auch zum Gottesdienst kommt."

„Ich denke, sie wird es tun. Unsere ganze Familie wird kommen. Wir sehen uns morgen um 8:00 Uhr."

Ich eilte nach Hause, um meiner Mutter und meinen Geschwistern von dem Sonntagsgottesdienst zu berichten, den die Soldaten auf der Wiese halten werden. Sie bauten bereits einen Altar und stellten eine Reihe von Bänken vor dem Altar auf.

„Werden wir morgen alle zum Gottesdienst gehen?"

„Natürlich gehen wir."

„Um wieviel Uhr wird er sein?"

„Um 9:00 Uhr, aber ich werde eine Stunde früher gehen, um beim Dekorieren des Altars zu helfen."

„Sehr gut. Legt alle, eure Kleidung für morgen raus, damit wir nicht zu spät kommen."

Am nächsten Morgen ging ich um 8:00 Uhr wieder zur Wiese, um Elisabeth zu helfen, die weiße Tischdecke, Kerzen und Blumen auf den Altar zu stellen. Nachdem wir schnell gefrühstückt hatten, nahm meine Mutter Horst an die Hand und bat alle sechs Kinder, ihr zum Gottesdienst auf dem freien Feld zu folgen.

„Georg, nimm einen Stuhl für Mutter", sagte Emma, „Wir können alle auf dem Rasen sitzen."

Die Soldaten und Bewohner versammelten sich mit großer Vorfreude vor einem symbolischen Altar auf der Wiese. Eine schöne, große Spitzentischdecke, lag auf dem Tisch und reichte bis auf den Boden. Ein Soldat band für das Kreuz zwei Stöcke mit einer Schnur zusammen, und befestigte sie auf einem Ständer. Zwei Kerzenhalter standen rechts und links vom Kreuz, daneben zwei Fliedersträuße in verschiedenen Farben und am Ende meine kleinen gelben und weißen Sträuße. Obwohl es einfach war, erinnerte es uns alle an einen Kirchenaltar, ein Symbol der Anbetung.

Ein Soldat in Uniform trat hinter den Altar, begrüßte alle Anwesenden und bat sie, „Näher mein Gott zu dir" zu singen.

Ein Matrose saß auf einem Stuhl neben dem Altar und spielte die Melodie auf dem Schifferklavier. Wir stimmten mit ein:

„Näher, mein Gott zu Dir, näher zu Dir!
Drückt mich auch Kummer hier, drohet man mir.
Soll doch trotz Kreuz und Pein dies meine Losung sein.
Näher mein Gott zu Dir, näher zu Dir."

Ja, wir alle spürten das Elend, die Gefahr und das Leiden des Krieges und sehnten uns nach Frieden.

Dann las der Pastor Psalm 25 und begann:

„Zu dir erhebe ich meine Seele.
Oh mein Gott, ich vertraue auf Dich. Schämen wir uns nicht.
Lasst meine Feinde nicht über mich triumphieren."

Er beendete mit den letzten beiden Versen:

„Lass Integrität und Rechtschaffenheit mich bewahren,
denn ich warte auf Dich. Erlöse Israel,
O Gott, aus all diesen Schwierigkeiten."

Und der Pastor fügte hinzu: „Da Gott Israel aus seiner Not befreit hat, beten wir, dass Gott uns aus dem Krieg und all der Not, die er uns verursachte, befreien wird." Nachdem er von König Davids Schwierigkeiten und seinem Vertrauen in den Herrn gesprochen hatte, erwähnte er die aktuellen Probleme unseres Volkes und ermutigte uns, auf Gott zu vertrauen, geduldig zu sein, und zu gegebener Zeit wird Gott uns aus diesem bösen Krieg befreien und uns Frieden schenken.

„Schließen wir unseren Gottesdienst mit einem Lied:

,Befiehl du deine Wege und was dein Herze kränkt
Der aller treusten Pflege, Des der den Himmel lenkt.
Der Wolken, Luft und Winde gibt Wege Lauf und Bahn,
Der wird auch Wege finden, da dein Fuß gehen kann.'"

Der Schifferklavierspieler begann mit dem Lied, und alle Anwesenden, die sich an die Worte erinnerten, stimmten ein.

Nur wenige Menschen kannten die Worte dieses Verses. Sie wirkten tröstend. Der Spieler sang sehr andächtig:

„Auf, auf gib deinem Schmerze und Sorgen gute Nacht.
Lass fahren, was das Herze betrübt und traurig macht.

Bist du doch nicht Regente, der alles führen soll.
Gott sitzt im Regimente und führet alles wohl."[11]

Unvergossene Tränen, die sich in den Herzen der Mütter gesammelt hatten, quollen in ihren Augen auf, als sie den tröstenden Worten des Liedes lauschten. Der amtierende Pastor schloss mit einem Gebet und Segen. Die Anwesenden, bewegt von der erhebenden Predigt, und der Hoffnung auf baldigen Frieden, verließen bedacht und langsam die Wiese.

Nach dem Gottesdienst gingen Elisabeth und ich zum Altar, um die Tischdecke, die Kerzen und die Blumen aufzuheben. Ich fragte, ob wir nächsten Sonntag noch einmal einen Gottesdienst haben würden.

„So Gott will, das ist unser Plan."

„Gut, dann bringe ich mehr frische Blumen."

„Und ich werde die Tischdecke und die Kerzen wieder mitbringen", fügte Elisabeth hinzu.

„Hier, du kannst auch einen Strauß Flieder nehmen, denn sie würden schnell in der Sonne verwelken." Ich nahm einen Fliederstrauß und die beiden kleinen Behälter mit den Wildblumen. Ich stellte den Flieder ins Wohnzimmer und die beiden kleinen auf den Küchentisch.

Die Bewohner freuten sich auf einen weiteren Gottesdienst. Die Soldaten planten weitere Veranstaltungen für die Gemeinde und sogar eine besondere für die Kinder. Die Kinder folgten den Soldaten, um zu sehen, wo sie helfen konnten. Die Soldaten fragten Mr. Jessen, ob sie eine Show in der Heuscheune veranstalten könnten, wo reichlich Platz für eine Bühne vorhanden war. Die Kinder halfen, die Sitzgelegenheiten der Heuballen für die Erwachsenen vorzubereiten. Sie kletterten auf den Dachboden und schauten auf die provisorische Bühne, in der die Soldaten auftreten würden. Viele Erwartungen erfüllten die Luft, als wir die Vorbereitung auf das große Ereignis verfolgten. Am Freitag gingen die Kinder von Haus zu Haus, um die Show für Samstag um 15:00 Uhr anzukündigen. Jemand ging auch ein paar Tage zuvor zum Bürgermeister von

Pratjau, um die Dorfbewohner über die bevorstehende Show zu informieren.

Der Samstag war endlich da. Die meisten Einheimischen vom Gut und dem Dorf füllten die Scheunensitze. Und die Kinder kletterten auf den Dachboden.

Am 21. April um 15:00 Uhr begann der Schifferklavierspieler die Show mit dem Lied „Freut Euch des Lebens solange das Lämpchen glüht". Er spielte frohe Musik und versuchte, die kriegsmüden Menschen fröhlich zu stimmen. Dann kündigte er den ersten Akt an, einen Jongleur, der Eier benutzte. Als er immer mehr Eier hinzufügte, und sie immer schneller hochwarf, hielten wir den Atem an und dachten, er könnte ein oder zwei Eier fallen lassen. Aber er war geschickt und tat es nicht. Dann benutzte er Flaschen, ohne welche fallen zu lassen. Er beendete seinen Jonglierakt mit drei brennenden Fackeln. Das Publikum applaudierte mit Begeisterung. Es folgten verschiedene akrobatische Stunts auf dem Fahrrad und dem Boden. Die Soldaten stellten sogar ein Seil auf, und ein Seiltänzer balancierte sich von Ende zu Ende ohne Netz darunter. Wir hielten unsern Atem an, bis er sicher auf dem Boden stand. Die Kinder genossen besonders den Clown Bobby mit einer großen, roten Nase und einem riesigen Mund. Er trug einen mehrfarbigen, schäbigen Anzug. Neben einigen lustigen Stunts schluckte er eine Uhr und sogar ein Messer und ließ sie verschwinden. Als er seinen Mund öffnete, war er leer. Die Kinder waren fasziniert von dem Clown und seinen Tricks.

Am Ende spielte und sang der Akkordeonspieler einige deutsche Volkslieder und bat das Publikum mitzusingen. Der Verwalter dankte den Soldaten für ihre Show, die den Bewohnern Freude brachte in einer Zeit, in der der Krieg in Deutschland noch tobte.

Die Ruhe hielt nicht lange an. Zwei Tage später hatten wir einen weiteren kurzen Bombenangriff in der Nacht. Wir hatten nicht einmal Zeit, das Haus zu verlassen, bevor er endete. Am nächsten Tag hörten wir, dass mehrere Bomben in den Selenter See und außerhalb des Dorfes gefallen waren. Glücklicherweise töteten diese Bomben niemanden.

Obwohl der Wohnraum eng war, entwickelten wir eine gewisse Routine. Mit jeder Wohnung kam ein Gemüsegarten. Wir teilten den Garten mit der Familie Hein. Emma und Meta genossen die Gartenarbeit.

„Wo glaubst du, können wir etwas Gemüsesamen bekommen?"

„Vielleicht könnte der Gärtner des Besitzers einige entbehren."

„Das ist eine gute Idee. Ich werde den Gärtner fragen, wenn ich ihn sehe."

Am nächsten Tag sah Emma den Gärtner im Garten arbeiten. Bevor sie eintrat, bat sie um Erlaubnis, hereinzukommen.

„Guten Morgen, mein Name ist Emma. Ich bin die Tochter von Frau Bonacker, der neuen Flüchtlingsfamilie, die kürzlich hierherzog."

Er reichte Emma die Hand: „Mein Name ist Herr Schröder. Was kann ich für Sie tun?"

„Wir würden gerne etwas im Garten pflanzen, haben aber keinen Samen. Könnten Sie uns etwas Gemüsesamen geben?"

„Kommen Sie morgen wieder. Ich werde nachschauen, was ich für Sie finden kann."

Emma reichte Herrn Schröder die Hand, als sie sagte: „Vielen Dank, Herr Schröder. Wir sehen uns morgen."

Am nächsten Tag gab der Gärtner Emma einige Samen. Sie ging ins Haus und erzählte Meta freudestrahlend, dass sie Gemüsesamen vom Gärtner erhalten hatte.

Emma und Meta eilten sofort in den Garten und begannen, den Boden Spaten für Spaten umzugraben und alle Klumpen zu zerbrechen. Sie teilten dann einen Gartenabschnitt in Beete und harkten sie, bis der Boden locker und weich war. Emma zog mit dem Rechengriff eine vertiefte Linie, in der Meta vorsichtig kleine Mengen Samen legte. Dann bedeckte Emma mit etwas lockerer Erde die Samen. Emma markierte jede Reihe mit dem Namen des Samens auf einem Stückchen Papier, das sie auf einem kleinen Stock befestigte und in den Boden steckte.

„Mutter, wir haben heute alle Samen gepflanzt. Ist das nicht fabelhaft? Bald können wir frisches Gemüse aus unserem Garten essen", kündigte Meta an, als sie vom Pflanzen zurückkehrte.

„Das ist gut. Vielleicht kannst du ein paar Kartoffel zum Pflanzen von jemandem bekommen?"

„Ich werde Frau Anderson fragen, ob sie einige übrig hat."

Etwas später kehrte Meta mit einem kleinen Korb voller verrunzelten Kartoffeln zurück, die bereits gekeimt waren. „Gut, gib mir eine Kartoffel. Wenn du jede Kartoffel in vier Teile schneidest und sie mit den Sprossen nach oben legst, bist du in der Lage, die vierfache Anzahl der Pflanzen zu bekommen."

„Ich werde das tun." Meta brachte die gute Nachricht über die Kartoffeln zu Emma.

„Lass mich sehen, ob ich mir einen Spaten von einem Nachbarn leihen kann, und ich werde dir helfen, den Boden umzugraben."

„Das werden wir morgen machen, wir haben für heute genug getan."

Am nächsten Tag, als Emma und Meta anfingen, den Boden umzugraben, näherte sich ihnen ein Soldat und stellte sich vor: „Mein Name ist Albert. Darf ich helfen?"

Bevor Emma eine Gelegenheit hatte zu antworten, sagte er: „Lass mich den Spaten haben. Das ist zu schwer für Sie." Er streckte seine Hand aus und nahm den Spaten.

„Vielen Dank. Übrigens, mein Name ist Emma, und dies ist meine Schwester Meta." Emma reichte ihm den Spaten und nahm den Rechen. „Meta, du benutzt die Hacke und brichst die Klumpen des Bodens, bevor ich sie harke." Sie arbeiteten während sie sich unterhielten; und im Nu hatten sie ein großes Stück Erde vorbereitet.

Nachdem Albert erfahren hatte, dass Emma und ihre Familie Flüchtlinge aus Ostpreußen waren, stellte er viele Fragen. Er sagte, er käme aus Stettin, Pommern. Sie hatten lebhafte Gespräche, die immer mit der gleichen Hoffnung endeten, dass der Krieg bald vorbei sein würde und jeder wieder nach Hause zurückkehren könnte.

Andere Soldaten halfen bei den Feldarbeiten oder wo immer sie sahen, dass Dinge repariert werden mussten. Die polnischen Gefangene waren nicht verpflichtet zu arbeiten.

Meine Brüder und ich lernten die Kinder der Nachbarn kennen. Sie genossen es, von allen Aktivitäten der Soldaten zu erfahren. Wir erfuhren, dass die Soldaten von Herrn Jessen, dem Besitzer, die Erlaubnis erhielten im Holzschuppen einen Tanzabend zu veranstalten. Wir verbreiteten das Wort und luden auch die Jugendlichen aus Pratjau ein. Edmund, Richard und ich rannten nach Pratjau zum kleinen Lebensmittelgeschäft der Familie Lill. Wir kündigten den bevorstehenden Tanz an und baten Frau Lill, ihre Kunden zu der Veranstaltung einzuladen. Wir gingen auch zu den Familien Kirstein, Liedtke und Heisel, um sie über den bevorstehenden Tanz zu informieren.

Die Soldaten bereiteten die Sitzgelegenheiten im Schuppen vor: Sie nahmen Holzblöcke, stellten sie ein paar Meter voneinander entfernt aufrecht hin und legten Bretter auf die Blöcke. Am Ende standen ein paar Stühle.

Der mit Spannung erwartete Samstagabend kam endlich, ebenso wie viele Jugendliche und alle Soldaten. Ich fragte meine Mutter, ob ich länger aufbleiben und mit meinen Brüdern zum Tanz gehen könne. Zuerst zögerte sie, ja zu sagen, aber dann versprachen Georg, Edmund und Richard, mit mir zu gehen. Außerdem waren beide Schwestern da.

Der Duft des Flieders erfüllte die Luft, ebenso wie der Klang der Musik. Der Akkordeonspieler begann mit einem Walzer. Soldaten schauten im Raum herum, um eine junge Dame ohne Begleiter zu entdecken, und eilten herbei, sie zum Tanz zu bitten. Ich beobachtete meine Schwestern Emma und Meta und war gespannt, mit wem sie tanzen würden. Ich erkannte den freundlichen Soldaten, Albert, der Emma um einen Tanz bat. Ein anderer Soldat tanzte praktisch den ganzen Abend mit Meta. Der Akkordeonspieler begann zu singen: „Ach, du lieber Augustinus." Zuerst sangen die anwesenden Soldaten und dann auch die Tänzer. Alle sangen, tanzten und genossen eine kurze Pause vom Krieg. Obwohl ich erst acht Jahre alt war, träumte ich davon, tanzen zu lernen, wenn ich erwachsen war. Der Zauber des Abends verschwand einfach zu früh, und alle kehrten in die harte Realität des Alltagslebens zurück.

Mutter und die anderen Flüchtlinge erhielten Lebensmittelmarken für jedes Familienmitglied und einen kleinen Geldbetrag für die bloßen Bedürfnisse des Lebens. Georg arbeitete auf den Feldern und kümmerte sich um Pferde. Emma und Meta halfen für eine magere finanzielle Entschädigung beim Kühe Melken. Jedes Kind erhielt einen halben Liter Milch pro Tag; zumindest hungerten wir nicht. Wir hatten wenig Wohnraum und keine Privatsphäre, aber zumindest hatten wir ein Dach über dem Kopf. Hin und wieder kam der Besitzer eines Lebensmittelgeschäfts aus dem nächsten Dorf, Bendfeld, mit einem kleinen Lastwagen und verkaufte einige seiner Waren. Wenn wir zwischendrin etwas brauchten, gingen wir zu seinem Laden nach Bendfeld. Normalerweise meldete sich Emma freiwillig, um am Morgen zu gehen, und ich begleitete sie gewöhnlich.

Emma und ich starteten am frühen Dienstagmorgen mit leeren Taschen in der Hand und gingen durch die wunderschönen grünen Wiesen und gelben Feldern der Senfpflanzen. Plötzlich tauchte ein Flugzeug auf und kam direkt auf uns herunter.

„Hilde, renn schnell hinter die Hecke und leg dich hin", rief Emma, folgte mir und warf sich neben mir zu Boden. Ein paar Minuten später hörten wir eine Flut von Maschinengewehrschüssen, wo wir gewesen wären, hätten wir nicht hinter der Hecke Schutz gefunden. Ich zitterte vor Angst.

„Willst du immer noch nach Bendfeld gehen? Denkst du nicht, dass wir zurückkehren sollten, falls das Flugzeug zurückkommt und wieder auf uns schießt?"

„Ich glaube nicht, dass er zurückkommen wird." Emma versuchte, mich zu trösten. Sie nahm meine Hand, half mir auf und wir setzten den einstündigen Weg in Richtung Bendfeld fort. Sowohl Emma als auch ich hielten unsere Augen nicht nur auf die Straße, sondern schauten gen Himmel nach möglichen Flugzeugen. Als wir in den Laden eintraten begrüßten uns herzlich Herr und Frau Puck, die hinter der Theke standen und anderen Kunden halfen.

Emma wartete, bis sie an der Reihe war, und sagte Frau Puck, was sie kaufen möchte. Bevor sie Emma die Gegenstände überreichte, überprüfte sie die Karte, um zu sehen, ob sie genügend Lebensmittelrationierungsmarken hatte, um sie zu bedecken. Wir bekamen jeden zweiten Monat neue Marken für Butter, Zucker, Mehl, Brot, Fleisch und andere Artikel. Da es bereits Ende April war, sagte sie Frau Puck, sie solle ihr alle noch verfügbaren Dinge geben, bevor die Marken ablaufen würden. Jedes Mal, wenn Frau Puck einen Artikel auf die Theke legte, schnitt sie die entsprechende Marke ab, bis alle weg waren. Emma bezahlte die Artikel und legte Zucker, Butter, Mehl, Wurst und Brot in den Korb. Bevor wir den Laden verließen, gab mir Frau Puck ein Bonbon. Ich bedankte mich bei Frau Puck, und dann reichte Emma Frau Puck die Hand und verabschiedete sich.

Die Lebensmittel, die wir trugen, verlangsamten unser Tempo. Plötzlich blieb ich stehen: „Horch, Emma, eine Lerche singt. Ist es nicht schön?" Emma hörte auch zu. Sie legte ihren Korb für einen Moment ab und schaute zum Himmel auf, um zu sehen, ob sie die Lerche erkennen konnte. Als sie einen schwarzen Punkt sah, wies sie mich darauf hin: „Schau, schau, da ist die Lerche." Ich schaute entzückt zum Himmel auf.

„Ja, ich kann sie jetzt auch sehen." Wir standen still und lauschten eine Weile dem Lied der Lerche, das Emma fröhlich stimmte, und sie begann, ein Frühlingslied zu singen. Ich kannte die Worte nicht, so summte ich mit.

Wir waren froh, die Lerche zu sehen und zu hören, anstatt Flugzeuge. Wir kamen gerade rechtzeitig zum Mittagessen zurück.

Jeden Morgen und Nachmittag meldeten sich Emma und Meta freiwillig, um die Kühe auf der Weide zu melken. Ein von Pferden gezogener Pritschenwagen mit den leeren Milchkannen in der Mitte brachte alle Leute zur Weide, um die Kühe zu melken, und fuhr mit den vollen Milchkannen wieder zurück. Als ich den Wagen mit den Milchkannen sah, holte ich den Behälter, um unsere tägliche Milchzuteilung zu erhalten. Eine Milchkanne, die nicht gefüllt war, wurde vor dem Haus von Herrn und Frau Diercks aufgestellt. Frau Diercks oder ihre ältere Tochter Katie teilten die Milch aus. Katies Halblitermaße waren immer großzügiger als die ihrer Mutter. Kinder unter sechs Jahren erhielten einen Liter, die älteren Kinder bis vierzehn einen halben Liter pro Tag. Die Arbeiter lagerten den Rest der Milch in einem bestimmten kühleren Raum gegenüber dem Haus. Am nächsten Morgen kam ein Lastwagen, holte die vollen Milchkannen ab und brachte sie zu einer Molkerei in Schönberg, der nächstgelegenen Stadt zum Sophienhof.

Die Erwachsenen und die Kinder lernten die Bewohner kennen, die auf dem Hof lebten. Eines Tages fragten mich Liselotte, Lisa und Brigitte, ob ich Süßigkeiten machen möchte.

„Natürlich", antwortete ich. Süßigkeiten waren schwer zu bekommen.

„Du musst zwei Esslöffel voll Zucker mitbringen und morgen kommen, gleich nachdem meine Mutter und mein Vater melken gegangen sind", sagte Liselotte zu mir.

„Lass mich sehen, ob ich etwas Zucker bekommen kann", antwortete ich, ging und dachte darüber nach, wie ich Zucker bekommen könnte, ohne dass meine Mutter bemerkte, dass er fehlte. Ich wusste, dass sie mir niemals welchen für die Herstellung von Süßigkeiten geben würde. Am nächsten Nachmittag beobachtete ich jeden Schritt meiner Mutter und suchte nach einer Gelegenheit, mich schnell in die Speisekammer zu schleichen und etwas Zucker aus der Zuckerdose zu nehmen.

Emma und Meta waren auch schon melken gegangen. Ich beobachtete, wie meine Mutter Horst nahm und in den Garten ging.

Jetzt war die Gelegenheit, den Zucker schnell zu holen und zum Haus des Nachbarn zu laufen, bevor meine Mutter zurückkehrte. Ich klopfte an die Tür des Nachbarn; Liselotte bat mich, einzutreten.

„Ich dachte, du kommst nicht, deshalb haben wir bereits angefangen, unseren Zucker zu schmelzen", teilte mir Liselotte mit.

„Hier ist der Zucker! Ich habe ihn genommen, ohne dass meine Mutter es bemerkt hat."

„Lass ihn mich zu dem in der Pfanne hinzufügen und schmelzen", sagte Liselotte zu mir.

Ich beobachtete, wie sich der Zucker auflöste und langsam braun färbte, während ich das süße Aroma einatmete. Schließlich schmolz der gesamte Zucker und verwandelte sich in einen klebrigen, hellbraunen Klumpen. Liselotte nahm die Pfanne vom Herd und goss die Substanz zum Abkühlen in eine quadratische Backpfanne. Wir saßen um die Pfanne herum und warteten, ein Stück zu verzehren. Schließlich hob Liselotte das gehärtete Zuckerblatt auf, zerbrach es in vier Stücke und reichte jedem von uns ein Stück.

„Jetzt isst du besser alles hier und erzählst niemandem von unserer Herstellung der Süßigkeiten; sonst geraten wir in Schwierigkeiten."

„Oh nein, das werden wir nicht tun", versprachen alle, während sie einen Bissen nach dem anderen von der süßen, knusprigen Süßigkeit nahmen, bis wir alles konsumiert hatten. Liselotte wusch die Pfanne und röstete etwas Weizen, um den Geruch des geschmolzenen Zuckers zu beseitigen, damit ihre Mutter sie nicht in Frage stellte.

Liselotte würde uns informieren, wenn wir wieder Süßigkeiten machen konnten. Ich bedankte mich bei Liselotte und ging. Nachdem sie noch drei weitere Male Süßigkeiten hergestellt hatten, wurde Liselottes Mutter krank, als sie Kühe auf der Weide melkte. Sie kam früh nach Hause und entdeckte unser Geheimnis. Sie verbot uns strengstens, ihren Zucker zur Herstellung von Süßigkeiten zu verwenden und drohte, uns zu bestrafen. Ich befürchtete, dass Liselottes Mutter meiner Mutter von unserer geheimen Aktivität erzählen würde, also dachte ich, ich sollte meiner Mutter besser erzählen, dass ich den Zucker ohne ihre Erlaubnis genommen hatte. Ich wartete auf die richtige Gelegenheit, als ich allein mit ihr in der Küche war.

„Mutter, ich habe etwas falsch gemacht. Ich nahm etwas Zucker, ohne dich vorher zu fragen. Wir haben Süßigkeiten mit Liselotte und ihrer Schwester in ihrem Haus gemacht. Es tut mir leid, dass ich es tat. Verzeihe mir, bitte."

„Es ist gut, dass du erkanntest, falsch gehandelt zu haben und um Vergebung batest. Ich vergebe dir diesmal. Sollte ich dich jemals wieder erwischen, etwas hinter meinem Rücken zu tun, wirst du deine verdiente Strafe bekommen."

Ich rannte zu meiner Mutter und ergriff ihre Hand.

„Danke, dass du mir vergeben hast und dass du mir nicht böse bist."

Ich war von meiner Schuld befreit und half meiner Mutter weiterhin beim Schälen von Kartoffeln zum Mittagessen.

Seitdem die Soldaten dort angekommen waren, war es auf dem Gut lebhaft geworden. Ob die Soldaten auf den Feldern arbeiteten, halfen Kühe zu melken oder Holz spalteten, sie trafen sich und sangen am Abend stets. Ein gutaussehender Soldat, gekleidet in die blau-weiße Matrosenuniform, begleitete die Sänger mit Akkordeonmusik. Wir öffneten die Fenster und hörten begeistert zu.

Am Sonntag, Jubilate, am Ende des Gottesdienstes im Freien, kündigte der amtierende Pastor an, dass die Soldaten am Samstag, den 28. April 1945, um 15:00 Uhr eine musikalische Darbietung geben würden. Er bat die Kinder, ihre Familien und auch die Bewohner von Pratjau einzuladen. Wie herrlich, hier auf dem Hof eine musikalische Darbietung zu haben, dachte ich. Ich konnte es kaum abwarten, bis der Tag kam.

„Edmund und Richard, wollt ihr heute Nachmittag mit mir nach Pratjau gehen, um Frau Lill zu bitten, ihre Kunden zu dem Konzert einzuladen?"

„Lass uns unsere Mutter fragen, ob es ihr recht ist", antwortete Edmund.

Während wir zu Mittag aßen, bat Edmund seine Mutter um Erlaubnis für uns drei, nach Pratjau zu gehen, um Frau Lill über das Konzert zu informieren.

„Können wir die Familie Heisel auch besuchen, während wir in Pratjau sind?"

„Ihr könnt gehen, seid vor 17:00 Uhr zu Hause!", antwortete sie.

„Danke, wir werden zum Abendessen zurück sein", bestätigte ich.

„Kommt schon, Edmund und Richard, lasst uns gehen!"

Wir gingen schnell zu Lills und gaben das Datum und die Uhrzeit des bevorstehenden Konzerts bekannt.

„Bitte teilen Sie Ihren Kunden und Freunden mit, wann das Konzert in Sophienhof stattfindet", bat ich, bevor wir die Familie Kirstein besuchten, die auf dem Gelände des Bürgermeisters wohnte. Edmund fragte, ob Herr Kirstein mit dem Bürgermeister sprechen und seinen Boten die bevorstehende Veranstaltung allen Dorfbewohnern verkünden könnte. Nachdem Herr Kirstein dies versprach, besuchten wir die Familie Heisel. Ich erzählte Edna, die in meinem Alter war, von dem Konzert, und Richard informierte Helmut und seinen Bruder Gustav.

Edmund sprach mit Frau Heisel, während Helmut, Richard, Edna und ich eine Partie Mensch-Ärger-Dich-Nicht spielten, bevor wir zum Sophienhof zurückkehrten.

Die ganze Woche über beobachteten wir jede Aktivität auf dem Hof. Drei Tage vor dem Konzert begannen die Soldaten mit dem Aufbau einer Bühne. Sie stellten einen Tiefbettwagen vor den Holzschuppen. Dann bauten sie einen Rahmen aus Holz, in der Länge des Wagens und drei Meter hoch über der Plattform zusammen. Sie nagelten den Rahmen an den Wagen. Mehrere Kinder kamen und fragten, ob sie helfen könnten. Bobby, der Clown, war auch unter den Arbeitern. Er unterhielt die Kinder, indem er lustige Gesichtsausdrücke machte, um sie zum Lachen zu bringen. Einige Kinder hatten Angst vor Bobby und weinten, als sie ihn sahen. Bobby bat die Kinder, mit der Erlaubnis ihrer Eltern, einige Laken mitzubringen, um sie als Kulisse für die provisorische Bühne zu verwenden. „Könnt ihr auch Schnittblumen am Samstagmorgen bringen, um die Bühne zu schmücken?", bat Bobby. Er und drei andere Soldaten nahmen einige Bretter aus dem Holzschuppen und bauten drei Blumenkasten mit der Länge der Front und der Seiten der Plattform. Sie nagelten sie vorne und an beiden Seiten der improvisierten Bühne an. Samstagmorgen brachten mehrere Kinder genug Laken, um den Rahmen auf der Rückseite zu bedecken.

Samstag, vor dem Mittagessen, rannte ich in den Blumengarten, um zu sehen, was ich für die Dekoration der Bühne verwenden könnte. Der Fliederbusch hatte keine Blüten, aber wir konnten das Laub als Füllstoff verwenden. Die Pfingstrosen blühten. Nachdem ich meine Mutter um Erlaubnis bat, pflückte ich einen Strauß Pfingstrosen und einige Fliederzweige und brachte sie zur Bühne. Andere Kinder kamen mit Frühlingsblumen und übergaben sie den Soldaten.

„Wir brauchen einige Behälter mit Wasser, um die Blumen frisch zu halten", sagte einer der Soldaten zu den Kindern. Schnell rannten die Kinder nach Hause und kamen mit Tassen, Vasen, Dosen oder was auch immer sie bekommen konnten, zurück. Bobby holte einen Eimer und füllte alle Behälter mit Wasser, bevor er die Blumen in den Kisten anordnete. Es sah attraktiv aus und gab der improvisierten Bühne den letzten Schliff.

Um 14:30 Uhr kamen die ersten Bewohner des Dorfes; um 15:00 Uhr waren alle Bänke besetzt. Einige brachten sogar ihre Stühle mit, um bequemer zu sitzen. Ich sicherte Plätze für meine Familie in der Nähe der Bühne. Sie sollten keinen Teil der Aufführung verpassen.

Der mit Spannung erwartete Moment kam. Ein Akkordeonspieler betrat die Bühne. Er begrüßte das Publikum und verkündete, dass die ersten Arien Auszüge aus der Operette „Der Zigeunerbaron" von Johann Strauß Jr. sein werden. Er begann mit der Ouvertüre zu dem Zigeunerbaron. Welch eine bezaubernde Walzermusik. Viele folgten dem Rhythmus, indem sie ihren rechten Fuß im Takt rauf und runter hoben. Andere bewegten ihre Oberkörper im Rhythmus der Musik nach rechts und links. Als nächstes kam ein Soldat in dekorierter Uniform auf die Bühne, der einen Adligen darstellte:

Er begann „Als flotter Geist" und endete: „Ja, Leute schaut her, das kann ich und noch mehr."

Als nächstes kam ein Sänger, der sich als Zigeuner verkleidete. Er trug ein weißes, aufgeknöpftes Hemd, einen langen, roten Gürtel, der um den Bauch gebunden war, und eine weiße lockere Hose, die unter die Knie gehoben war. Er sang die Arie „Das Schreiben und das Lesen ist nie mein Fach gewesen". Die Arie endete mit dem Refrain: „Mein idealer Lebenszweck ist Borstenvieh und Schweinespeck."

In der dritten Arie, „Wer uns getraut", sang derselbe Soldat, der den Adligen repräsentierte. Der Akkordeonspieler beendete den ersten Teil mit dem Radetzky-Marsch. Er lud das Publikum ein, zur Melodie der Musik mit zuklatschen. Die fröhliche Musik ließ die Leute für einen Moment den Krieg vergessen, und sie waren begeistert, schöne Musik in einer so ungewöhnlichen Umgebung zu hören.

Der Akkordeonspieler kündigte drei Arien von Franz Lehar aus der Operette „Zarewitsch" an, das Wolga-Lied. Er spielte zuerst die Einleitung zum Lied, dann begann der Soldat mit der Baritonstimme zu singen: „Allein, wieder allein, einsam wie immer." Die melancholische aber eindringliche Melodie des Liedes machte einige Eltern, deren Söhne immer noch im Krieg kämpften, traurig.

Ein Tenor sang die folgende Arie „Warum hat jeder Frühling, ach, nur einen Mai?" Dieses melodiöse Lied verwandelte die düstere Stimmung des Publikums in eine fröhlichere. Die dritte Arie „Dein ist mein Herz allein" stammte aus der Operette „Das Land des Lächelns" von Franz Lehar. In dieser Arie verspricht ein Liebender seinem Schatz sein Herz. Nachdem der begeisterte Applaus abgeklungen war und der Tenor die Bühne verließ, schlug der Akkordeonspieler eine kurze Pause vor.

Nach etwa fünfzehn Minuten kehrte der Akkordeonspieler mit einer Gruppe von Soldaten auf die Bühne zurück und kündigte an, dass wir der gefallenen Soldaten gedenken würden, indem wir „Ich hatte einen Kameraden" singen werden. „Lasst uns alle aufstehen, um unseren tapferen Soldaten Tribut zu zollen, die ihr Leben verloren, als sie für unser Vaterland kämpften." Nachdem alle aufgestanden waren, begann der Akkordeon Spieler mit den Soldaten und jeder, der die Worte kannte, schloss sich an. Viele, die ein Familienmitglied oder einen Verwandten verloren hatten, vergossen Tränen; ich sah, wie meine Mutter sich auch Tränen aus den Augen wischte, weil sie gewiss an Vater dachte und sich fragte, ob er noch am Leben war. Es war fast ein Jahr, in dem wir keine Nachricht von ihm hatten. Ich dachte auch an unseren vermissten Vater und hoffte, dass er noch am Leben war und bald zu uns kommen würde.

Nachdem wir dieses emotionale Lied beendeten, setzten sich alle hin.

„Jetzt werden unsere Soldaten deutsche Volkslieder singen, und Sie können alle mitsingen. Wir beginnen mit dem Lied ‚Kehr ich einst zur Heimat wieder'." In der nächsten Stunde sangen die Soldaten und das Publikum mehrere beliebte Volkslieder. Als der Gesang aufhörte, trat der Soldat, der als Pastor amtierte, nach vorne. Er wandte sich zuerst an die Soldaten:

„Danke euch allen, meine Genossen, für eure talentierte, musikalische Aufführung und dafür, dass ihr das Leben dieser Menschen erhellt habt. Ich bin mir sicher, dass sie Ihnen auch sehr dankbar sind."

Nachdem der lange Applaus abgeklungen war, fuhr er fort: „Leider befinden wir uns immer noch im Krieg. Beten wir zu unserem himmlischen Vater, dass der Krieg bald endet und unsere Soldaten nach Hause kommen können. Wir übergeben unser Leben in die Hände Gottes und bitten ihn, über uns zu wachen. Lasst uns gemeinsam das Vaterunser beten." Die Aufführung endete mit dem Lied „So nimm denn meine Hände". Die herzerwärmende, musikalische Darbietung überwältigte alle. Leise standen die Leute auf und gingen nach Hause.

Nach dem Abendessen gingen Edmund, Richard, ich und viele andere Kinder zur Bühne und halfen, die Laken und die Blumenkästen zu demontieren. Die Mädchen, die Laken und Blumen mitgebracht hatten, nahmen dieselben mit nach Hause. Bevor ich ging, sagte ich zu einem Soldaten: „Was für eine wunderbare musikalische Darbietung", und fragte dann: „Glauben Sie, dass Sie eine weitere Aufführung geben werden, bevor Sie fortgehen?"

„Mein liebes, kleines Mädchen, wir wissen nicht, wie lange wir hierbleiben werden oder wohin wir geschickt werden", antwortete er mit einer traurigen Stimme und ging; so auch ich und die anderen Kinder.

Am 1. Mai 1945 waren alle Soldaten in Aufruhr; sie erhielten die Nachricht, dass der Führer am 30. April 1945 in seinem

Bunker in Berlin Selbstmord begangen hatte, einen Tag bevor die russische Armee Berlin erreichte. Eva Braun, die er einen Tag vor seinem Tod geheiratet hatte, starb mit ihm.

Die Soldaten informierten die Zivilisten auch darüber, dass Hitler am 30. April 1945 gestorben war, indem er Zyanid genommen und zuerst Eva Braun und dann sich selbst erschossen hatte. Die Soldaten wussten, dass der Krieg bald enden würde, befürchteten aber, dass die Alliierten Deutschland bestrafen würden, weil Deutschland den Zweiten Weltkrieg begonnen hatte.

Die Bombardierung und die Kämpfe dauerten eine weitere Woche an, bevor die deutschen Generäle am 7. Mai 1945 im Eisenhower-Hauptquartier in Reims, Frankreich, Dokumente für eine bedingungslose Kapitulation unterzeichneten. Präsident Truman erklärte den 8. Mai zum offiziellen Ende des Zweiten Weltkriegs. Auf der ganzen Welt, außer in Japan und Deutschland, feierten die Menschen jubelnd den Sieg über Deutschland. Das deutsche Volk, das viel gelitten hatte, sah sein Land zerstört. Sie trauerten um den Verlust von Millionen von Soldaten und Zivilisten, die getötet worden waren oder an Hunger oder Krankheiten gestorben sind. Die amerikanische und britische Air Force bombardierten die Großstädte, die aussahen wie die Hölle auf Erden. Das deutsche Volk, das langsam aus den Trümmern der Städte kroch, kämpfte darum, am Leben zu bleiben und aß, was es finden konnte. Einige gingen kilometerweit aus der Stadt heraus, um von Bauern Essen zu erbetteln. Sie lebten in Kellern oder zwischen den Ruinen, bis Frauen, Trümmerfrauen genannt, und sogar Kinder und ältere Leute aus den zerbrochenen Ziegeln und Trümmern provisorische Unterkünfte bauen konnten. Nun befürchteten die Deutschen erneut die Strafen für ihre Kriegsverbrechen, während die Sieger, obwohl einige auch viele Kriegsverbrechen begangen hatten, als Helden gefeiert und durch Verträge belohnt würden.

Meine Mutter war dankbar, dass unsere Familie Obdach, wenn auch sehr unzureichend, und genügend Nahrung, um ihre wachsenden Kinder zu ernähren, hatte. Die Kinder und alle Bewohner des Gutes waren sehr traurig, als sie hörten, dass die

Soldaten abreisen würden. Die meisten Soldaten verließen unseren Hof am 9. Mai. Wir alle dankten den Soldaten. Sie waren zu uns so unterstützend, gütig und hilfsbereit gewesen. Einige, die in den östlichen Staaten lebten, die von Russen besetzt waren, wollten keine russischen Gefangenen werden. Sie beschlossen, auf dem Sophienhof zu bleiben.

Albert, der meine Schwester Emma liebgewonnen hatte, ging widerwillig. Er musste zu seiner Familie zurückkehren, um zu sehen, ob sie überlebten, versprach aber, zurückzukehren, wenn die Umstände es ihm erlauben würden. Emma mochte Albert, und Traurigkeit erfüllte ihr Herz, als sie sich am Tag vor seiner Abreise während der Arbeit im Garten, voneinander verabschiedeten. Ich genoss es, in ihrer Nähe zu bleiben und fand immer einen Grund dafür, wie bei der Gartenarbeit zu helfen, damit ich ihren Gesprächen zuhören und ihre glücklichen Gesichtsausdrücke, wenn sie einander liebevoll anschauten, beobachten konnte.

„Emma, Sie haben immer noch das Glück, auf einem Gut zu sein, wo Sie Essen haben. Denken Sie an die Millionen von Menschen in den Großstädten, deren Häuser zerstört wurden. Sie müssen von den umliegenden Geschäften und Bauern um Lebensmittel betteln und verhandeln, um zu überleben."

„Ja, ich danke Gott nicht nur für das Essen, sondern auch, dass er meine Familie davor bewahrte, durch Bomben getötet zu werden oder an Hunger oder Krankheiten zu sterben. Ich denke, wir werden hierbleiben müssen, bis wir nach Ostpreußen zurückkehren dürfen."

„Setzen Sie Ihre Hoffnungen nicht zu hoch; wir wissen nicht, welchen Teil unseres Landes die Alliierten von uns fordern werden. Ostpreußen ist ein reicher und fruchtbarer Teil Deutschlands. Russland und Polen könnten einen Teil oder alles davon beanspruchen."

„Ich hoffe sehr, das wird nicht der Fall sein. Ich liebe mein Zuhause und hoffe, dass ich bald zu meinem Geburtsort zurückkehren kann."

„Ich wünsche Ihnen und uns allen, dass es ein Teil unseres Vaterlandes bleibt."

Nachdem Albert mit dem Jäten fertig war, gab er Emma seine Hand und hob sie hoch. Dann umarmte er sie, küsste sie auf die Stirn und sagte: „Auf Wiedersehen, liebe Emma, und vielleicht, so Gott will, werden wir uns wiedersehen."

„Auf Wiedersehen, Albert. Möge Gott über Sie wachen."

Sie trennten sich traurig voneinander. Am nächsten Morgen, dem 10. Mai, brach Albert mit den anderen Soldaten auf. Viele Menschen kamen, nicht nur, um sich zu verabschieden, sondern auch, um ihnen für ihren Dienst und ihre Hilfe zu danken, während sie hier stationiert waren. Wir standen still und winkten zum Abschied, traurig über ihre Abreise, aber die Erinnerung an ihre Freundlichkeit uns gegenüber wird stets bleiben.

Ein paar Tage später rollten zwei britische Panzer ein und hielten neben dem Haus von Herrn Diercks an. Eine Schar Kinder und ich rannten zu den Panzern. Wir hatten noch nie einen Panzer gesehen. Wir schauten erstaunt auf ein so seltsam konstruiertes Fahrzeug. Wir, die Kinder, rückten zur Seite, aus Angst, dass die Panzer uns überfahren würden. Zwei dunkelhäutige Soldaten tauchten aus einem Panzer und zwei hellhäutige Soldaten aus dem zweiten auf.

Ich konnte meine Augen nicht von den schwarzen Soldaten lassen. Ich hatte noch nie zuvor einen schwarzen Menschen gesehen. Ich fragte mich, warum er schwarz war und woher er kam.

Sie winkten den Kindern zu, stiegen dann aus dem Panzer und boten ihnen Kaugummi an. Die Kinder fürchteten sich davor, Fremden etwas abzunehmen und traten zurück, als die schwarzen Personen auf sie zukamen. Dann nahm der Soldat ein Stück Kaugummi aus dem Papier, steckte es in den Mund und kaute.

„Hier, nimm eins; es ist süß", sagte der Soldat, während er den Kindern den Kaugummi wieder anbot.

Da ein Kind nach dem anderen wusste, dass es etwas zu essen war, akzeptierten sie ein Stück Kaugummi. Sie hatten noch nie Kaugummi probiert. Dann nahm der Soldat seinen Kaugummi aus dem Mund und warf ihn weg. Er wollte den Kindern demonstrieren, sie sollten es nicht runterschlucken, sondern ausspucken. Ich kaute und mochte den süßen Pfefferminzgeschmack. Als ich versuchte, es wegzuwerfen, befahl der Soldat, länger zu kauen. Also kauten und lachten die Kinder miteinander, und die Soldaten lachten mit.

Nach einer Weile fuhren die beiden Panzer los und die Ketten machten ein seltsames, klirrendes Geräusch. Anstatt jedoch auf der Straße zu fahren, passierten sie das Weizenfeld und ließen zwei breite Pfade mit zerkleinerten Pflanzen hinter sich. Ich konnte nicht begreifen, warum die Soldaten Pflanzen zerstören mussten, wenn sie auf der Straße hätten fahren können.

Ich rannte schnell nach Hause und rief aus: „Mutter, Mutter, ich habe eine schwarze Person gesehen. Warum sind manche Menschen schwarz?"

„Mein Kind, Gott hat sie so gemacht. Sie sind alle Gottes Kinder, unabhängig von ihrer Hautfarbe."

„Ja, ich denke, ich habe noch viel zu lernen. Übrigens, weißt du, wann die Schule beginnt?"

„Mein Nachbar sagte mir erst im Herbst. Sie suchen einen neuen Lehrer. Der Lehrer aus Pratjau ging fort."

„Ich hoffe natürlich, das Dorf findet bald einen Lehrer. Ich gehe gerne zur Schule, um neue Dinge zu lernen."

Der Mai verging und der Sommer kam. Edmund und Richard lernten die Jungs des Hofes kennen und ich die Mädchen. Die Jungen spielten Fußball oder andere Ballspiele, während die Mädchen mit ihren Puppen spielten, Seil sprangen oder einige Brettspiele wie Mensch-Ärger-Dich-Nicht oder Mühle spielten.

Eines Nachmittags kam ein großer Lastwagen auf den Hof. Der Kleintransporter gehörte einem Zirkus, und der Fahrer wollte Heu für die Tiere kaufen. Er bot als Teilzahlung Freikarten für die Bauernkinder an. Als die Kinder diese Nachricht hörten, baten sie sofort ihre Eltern um Erlaubnis, den Zirkus zu sehen. Mutter erlaubte Georg, Edmund, Richard und mir zu gehen. Sie gab Georg strenge Anweisung, mich stets im Auge zu behalten, damit ich mich nicht in der Menge verliere.

Die Verladung schien lange zu dauern, während wir um den LKW herumstanden. Schließlich wurde der Lastwagen gepackt. Der Fahrer signalisierte den Kindern, hochzuklettern und sich im Heu niederzulassen. Alle eilten in Richtung Zentrum, damit sie nicht herunterfielen. Wir setzten uns dicht aneinander, damit wir alle Platz bekamen. Eine halbe Stunde lang rollte der LKW über die holprige, ungepflasterte Landstraße, bis er den Zirkus in Schönberg erreichte. Der Fahrer ließ die Kinder am Zelt runter und sagte ihnen, sie sollten drinnen warten, während er das Heu zu den Tierkäfigen fuhr, um die Pferde vor der Show zu füttern.

Mit großer Vorfreude warteten und warteten wir. Zwei Stunden schienen lang zu sein. Endlich begannen Leute das Zelt zu füllen, ein Zeichen, dass die Aufführung bald beginnen würde. Als alle Bänke besetzt waren, begann die Musik zu spielen. Der Ringmeister kam heraus und kündigte den ersten Akt an. Vier Reiter betraten das Zelt. Während die Pferde schnell um die Arena galoppierten, sprangen die Reiter herunter, führten einige Tricks aus und sprangen dann wieder auf den Rücken ihres Pferdes. Alle applaudierten, als ein Reiter auf zwei Pferden stand und in einem schnellen Tempo im Kreis in der Arena ritt. Weitere Dressuraufführungen von schönen, weißen Pferden folgten. Als Arbeiter schnell einen Käfig bauten und ein Löwe mit dem Löwenbändiger eintrat, hielten wir den Atem an. Viele Male knurrte der Löwe und zeigte seine Zähne, wenn der Trainer die Peitsche knackte. Glücklicherweise beendete der Löwe alle seine Tricks, ohne den Trainer anzugreifen, was ein großer Trost für das Publikum war. Drei Clowns wirbelten in die Arena und spielten allerlei Streiche, um alle zum Lachen zu bringen. Die Zuschauer hielten ihren Atem an, als der Trapezflieger und der Fänger ihren Akt begannen, bis sie ins Netz sprangen und zu Boden kletterten, begleitet von explosivem Applaus. Akrobatische Darbietungen auf Fahrrädern erhielten ebenfalls viel Applaus, ebenso wie der Seiltänzer und der Elefantenakt. Wir waren traurig, als die Show endete. Wir hätten es uns noch lange anschauen können. Unsere Gruppe von Kindern blieb zusammen vor dem Zelt, bis der Fahrer kam und uns abholte. Er hatte eine kleine Menge Heu auf dem Boden des Lastwagens gelassen, so dass wir nicht auf dem harten Boden sitzen mussten.

„Was für eine aufregende Show, denkst du nicht?", fragte ich Frieda.

„Das war es auf jeden Fall; mir hat der Trapezakt am besten gefallen."

„Der Löwe ließ mich jedes Mal den Atem anhalten, wenn er seinen Trainer anknurrte. Aber ich habe alle Akte genossen."

Langsam zog die Sonne ihre goldenen Strahlen zurück und bedeckte das Land mit einem dunklen, weichen Umhang. Ich ließ mich auf dem Heu nieder und bald sank ich in die Welt der Träume. Georg weckte mich, als der Lastwagen auf dem Hof ankam. Mutter erwartete uns und war froh, dass wir alle sicher zurückkehrten. Die Kinder waren so fasziniert von den verschiedenen Auftritten des Zirkus'. Am nächsten Tag ahmten sie die Darsteller nach und versuchten, einen Sommersalto zu machen, während sie vom Heuboden auf einen noch mit Heu beladenen Wagen sprangen, ohne die Gefahr zu erkennen.

Während des Sommers kultivierten wir den Garten und warteten gespannt darauf, die ersten Radieschen und Salat zu ernten. Wenn die Karottenblätter groß genug waren, überprüften wir, indem wir den Boden von der Pflanze wegscharten, ob wir eine Karotte finden konnten, die groß genug zum Essen war. Natürlich würden wir sie zuerst mit den Blättern reinigen. Wie gut das Gemüse frisch aus dem Garten schmeckte. Entlang des Gartens verlief ein Bach. Wir gingen den kurzen Weg hinunter, um Wasser für die Pflanzen zu holen. Ich dachte, es wäre ein perfekter Platz, eine kleine Laube zu bauen, um Zeit alleine zu verbringen. Aus der überfüllten Wohnung wegzukommen, würde ein Genuss sein. Zuerst grub ich einen Teil auf der Gartenseite des Baches aus und stapelte die Erde auf dem Boden für eine Basis. Ich suchte nach einigen Steinen und platzierte sie um das quadratische Fundament. Ich schnitt Äste eines nahegelegenen Weidenbaums und steckte sie an drei Seiten vor die Steine. Ich ließ die Blätter auf dem oberen Teil der Äste, um eine Wand zu bilden.

Am nächsten Tag suchte ich ein schmales Brett und Holzblöcke und machte eine Bank. Ich fabrizierte einen Tisch aus einem breiteren Brett, das ich auf zwei höhere Holzblöcke nagelte, die ich in den Boden steckte. Ich erzählte niemandem von meinem geheimen Versteck. Jeden Tag, wenn ich keine Hausarbeiten zu erledigen hatte, ging ich zu meinem geheimen Platz, saß dort, lauschte dem Plätschern des Baches und den Gesängen der Vögel. Ich war erstaunt, dass die Blätter an den Weidenstöcken nach etwa einer Woche noch grünten. Ich hatte jetzt eine lebende Wand. Ich pflückte einige Wildblumen, steckte sie in eine alte Tasse und setzte sie auf den Tisch. Ich fühlte mich so glücklich in meinem geheimen Versteck. Ich teilte es nur mit meiner Puppe. Selbst meine Mutter wusste nicht, wo mein heimlicher Platz war. Als ich die Zeit vergaß und länger blieb, als ich hätte bleiben sollen, sagte ich ihr, dass ich im Garten war. Alles lief für einige Zeit gut. Eines Tages hatten wir ein schweres Gewitter mit einem heftigen Regenguss, der bis in die Nacht anhielt. Als ich am nächsten Tag zu meinem geheimen Platz ging, begegnete mir eine Katastrophe: das Wasser überfüllte den Bach, riss die Wände aus und zerstörte mein Versteck, was ich bedauerte. Jedoch das Leben ging weiter.

Kapitel 10

Wichtige Ereignisse

Ein angenehmes Ereignis trat ein. Onkel August, der jüngste Bruder meines Vaters, kam zu uns aus Norwegen, wo er bis zum Ende des Krieges als Soldat stationiert war. Er hatte unsere Familie durch das Rote Kreuz gefunden. Onkel August hoffte, seinen Bruder Gustav bei uns zu finden. Er war enttäuscht, dass sein Bruder immer noch irgendwo inhaftiert war. Onkel August spielte Akkordeon und sang bei allen unseren Familienfeiern. Leider musste er sein Akkordeon zu Hause lassen, als er in die Armee eingezogen wurde. Onkel August zeichnete auch gerne. Jedes Mal, wenn er uns einen Brief schrieb, zeichnete er wunderschöne Blumen mit Buntstiften auf dem Briefkopf. Meine Brüder und Schwestern und ich bewunderten und liebten Onkel August und alle Onkel und Tanten väterlicherseits. Sie hatten einen großartigen Sinn für Humor und Lebensfreude, sie liebten Musik und Tanz. Ihre fröhliche Art machte alle um sie herum glücklich. Sie wussten auch, wie man ernste und lustige Geschichten erzählt. Leider starb Onkel Otto, der zweit jüngste der fünf Brüder, bereits als Soldat im Zweiten Weltkrieg. Onkel August brachte einen kleinen Eimer mit eingelegten Heringen aus Norwegen mit. Was für ein Genuss war es für uns, in den saftigen, salzigen Hering zu beißen. Onkel August blieb etwa zwei Wochen bei uns. Er half beim Hacken des Gartens oder bei was auch immer getan werden musste, wie dem Spalten von Holzstämmen für den Herd.

Emma teilte das Bett mit Meta und mir, damit Onkel August etwas Privatsphäre und in dem Bett in der kleinen Kammer schlafen konnte. Wir teilten gerne alle frische Produkte aus dem Garten. Doch wir waren traurig, ihn gehen zu sehen. Der Monat Juni entglitt mit all den schönen Wildblumen in den Wiesen und Wäldern. Ich genoss es, durch die Weiden zu laufen und alles zu pflücken, was ich blühen fand. Meine Lieblingswildblumen waren Vergissmeinnicht, die am Ufer des Baches wuchsen und in einer Vase lange Zeit hielten. Wir durften jedoch weder die gelben Rapsblüten abbrechen, die große Felder bedeckten, noch in die Weizenfelder treten, um Kornblumen oder Mohnblumen zu pflücken.

Im August begann die Weizenernte. Die Mähmaschine schnitt den Weizen ab. Andere Frauen, die auf der Farm lebten, einschließlich Emma und Meta, sammelten einen Arm voll Weizen, banden ihn mit verdrehten Weizenhalmen zusammen und legten sie auf den Boden. Männer sammelten die Garben und stellten sie gegeneinander auf und bildeten Tipi-ähnliche Formen. Elfriede und ich gingen auf die Suche nach Weizenkörnern. Wir hoben jede zurückgelassene Ähre auf, rieben den Kopf schnell zwischen unseren Händen, um die Körner von dem Halm zu entfernen, und warfen die Körner in unsere Säcke. Wenn wir mehr als einen halben Sack voll hatten, brachten wir ihn nach Hause. Wir kehrten zum Feld zurück, bis die Arbeiter mit dem Mähen des Weizens fertig waren.

Die Garben blieben etwa zwei Wochen auf den Feldern stehen, bis die Halme weiß und die Ähren des Weizens trocken waren. Ein leerer Wagen nach dem anderen kam auf das Feld und kehrte mit den Garben beladen zum Hof zurück. Am letzten Tag des Einfahrens der Garben webten Frauen eine Krone aus Weizenhalmen. Sie befestigten bunte Bänder an der Unterseite des Kranzes und brachten ihn zum Hof zurück. Vorübergehend hing der Kranz in der Scheune. Am folgenden Wochenende gab der Besitzer eine große Feier mit Tanz für alle Arbeiter in Lills Gasthaus in Pratjau. Ein Mitarbeiter befestigte die Krone an der Decke in der Mitte der Halle. Die Krone war ein Symbol, Gott für eine gute Ernte zu danken. Nachdem der Gutsverwalter Gott für eine gute Ernte und allen fleißigen Arbeitern gedankt hatte, servierten sie Abendessen.

Die Musik spielte. Der Manager und seine Frau tanzten den ersten Walzer, und alle schlossen sich ihnen an. Die Kinder durften sich nicht in der Halle aufhalten. Aber Elfriede, andere Kinder aus dem Dorf und ich krochen auf den Dachboden neben dem Tanzsaal hinauf, setzten uns still hin und lauschten der Musik des Akkordeonspielers. Wie sehr wünschte ich, ich könnte tanzen. Schnell wurde mir klar, dass niemand mit einem Kind in meinem Alter tanzen würde. Vielleicht mit meiner Freundin Elfriede, die drei Jahre älter war als ich. Leise hörte ich der Musik zu und beobachtete die rhythmischen Bewegungen der Füße und hoffte, eines Tages auch so tanzen zu können. Die Feier dauerte bis Mitternacht, aber ich musste um 21:00 Uhr zu Hause sein.

Anfang August verwandelte sich die gelbe Rapsblume in eine kleine, runde, mit Samen gefüllte Schote. Im September war es Zeit, die Pflanzen zu mähen, und den Samen zu ernten. Emma, Elfriede und ich gingen hinter der Mähmaschine her und hoben jede zurückgelassene, trockene Pflanze auf. Schnell zerquetschten wir die Schoten und ließen die Samen in unsere Beuteln fallen, die um unsere Taillen befestigt waren. Die getrocknete Pflanze warfen wir weg. Wir sammelten nur ein oder zwei Pfund Samen an einem Tag. Die frisch geschnittenen, trockenen Pflanzenreste, die im Boden blieben, zerkratzten unsere Beine, so dass sie bluteten. Nach einer erholsamen Nacht waren wir am nächsten Tag wieder auf dem Feld, bis alle Felder gemäht waren. Danach brachte Georg den Rapssamen zur Mühle. Der Müller schüttete den schwarzen Samen in eine Presse, um das Öl freizugeben. Wenn wir etwa zwei Liter Rapsöl aus einer Ernte bekamen, waren wir dankbar. Mutter verwendete es in Salatdressings oder zum Braten von Pfannkuchen oder anderen Esswaren.

Endlich erhielten wir die gute Nachricht, dass die Schule bald beginnen würde. Alle Kinder von sechs bis vierzehn Jahren sollten sich für den Unterricht anmelden. Der Lehrer, Herr Sabrow, begrüßte alle Schüler im Ein-Zimmer-Schulhaus. Er fragte jedes Kind, in welcher Klasse es das letzte Jahr war. Dann setzte er die Schüler jeder Klasse an einem Platz zusammen. Da meine Brüder Edmund, Richard und ich keine Zeugnisse hatten, weil wir fliehen mussten, bevor sie ausgestellt wurden, gab uns der

Lehrer Tests. Herr Sabrow setzte Edmund in die fünfte, Richard in die vierte und mich in die zweite Klasse. Alle Schüler in einem Raum zu unterrichten, war eine Herausforderung für den Lehrer. Er gab den Schülern, die er nicht persönlich unterrichtete, schriftliche Aufgaben. Er unterrichtete jede Klasse etwa fünfundvierzig Minuten lang. Alle Schüler begannen um 8:00 Uhr morgens, hatten eine halbe Stunde Mittagspause und gingen um 13:00 Uhr nach Hause. Notizbücher und Papier waren Mangelware. Wir hatten Schiefertafeln und Schieferstifte zum Schreiben, die wir mit einem feuchten Schwamm löschten.

Eine Ein-Zimmer-Schule bot mir die faszinierende Gelegenheit, fortgeschrittene Fächer oberer Klassen zu belauschen, um somit schnelles Wissen zu erwerben. Ich genoss besonders, Geographie- und Geschichtspräsentationen der oberen Klassen zu absorbieren. Da meine Brüder Edmund und Richard die gleiche Schule besuchten, konnte ich auch von ihnen lernen. Ich war so froh, wieder in der Schule zu sein und so viele neue Dinge zu lernen. Herr Sabrow war sehr streng mit uns. Wenn ein Schüler seine Hausaufgaben nicht machte oder einen anderen Klassenkameraden störte, bestrafte er den schuldigen Schüler entsprechend. Sie erhielten einen Schlag auf die Finger mit einem Lineal oder mehrere Schläge mit einem Stock auf den Hintern. Wir versuchten uns so gut wie möglich zu benehmen, um eine Bestrafung zu vermeiden.Nach einem Jahr ging Herr Sabrow nach Schönberg, um in der Mittelschule zu unterrichten. Herr Reimers und seine Familie ersetzten ihn. Sein Sohn Willie kam in die erste Klasse und seine Tochter Anneliese in die zweite Klasse. Ich betrachtete es als ein besonderes Privileg, den Schreibtisch mit der Tochter des Lehrers zu teilen. Ich verstand mich gut mit ihr und mit allen Schülern in meiner Klasse.

Gymnasium Klasse

Der September brachte uns viele unerwartete Freuden. Meine
Schwester Emma und mein Bruder Edmund genossen es, im nahegelegenen Wald Pilze zu suchen. Jedes Mal, wenn wir einen
Pilz fanden, freuten wir uns und liefen zu Emma, um herauszufinden, ob er essbar oder giftig war. Emma kannte den Unterschied zwischen den essbaren und den giftigen Pilzen. Bald
lernten wir, sie auseinander zu halten und wählten nur die guten aus. Wir pflückten auch Brombeeren am Waldrand und wilde Himbeeren in einem Stück in den nahegelegenen Wäldern.
Edmund ging in die Büsche, um nach Himbeeren zu suchen.
Plötzlich kam er schreiend aus den Büschen gelaufen, während
er seine Hände auf seinen Kopf und Körper schlug. Wir eilten
zu ihm, um zu überprüfen, was passiert war. Aus Versehen war
er auf ein Wespennest getreten. Die Wespen griffen ihn an und
stachen ihn. Wir brachten ihn schnell nach Hause. Emma suchte nach Stacheln, entfernte ein paar und benetzte die geschwol-
lenen Stellen mit Essig, um die Schmerzen zu lindern.

Frieda, Brigitte und ich genossen es, Haselnüsse zu pflücken. Wir sammelten auch Nüsse der Buchenbäume im Wald.
Sie ließen ihre Hülsen im Herbst fallen. Normalerweise waren

drei oder vier Bucheckern in einer Hülse. Buchen, die mehr als vierzig Jahre alt waren, trugen nur alle sieben Jahre zahlreiche Nüsse. Wir gingen mehrmals, um sie zu sammeln. Wir fanden nach einem Sturm viele auf dem Boden. In kurzer Zeit hatten wir einen kleinen Sack voll. Georg brachte sie zur Mühle, um das Öl aus ihnen herauszupressen, das Mutter zum Kochen benutzen konnte.

Die Kartoffelernte begann im Oktober. Da die kleine Menge Kartoffeln, die unsere Mutter im Garten angebaut hatte, nicht genügte, um ihre große Familie den ganzen Winter über zu ernähren, gingen Emma und Meta zum geernteten Kartoffelfeld, um Kartoffeln zu stoppeln. Nach der Schule gingen Frieda und ich auch Kartoffeln sammeln. Wir mussten viel Erde mit der Hacke wenden, bevor wir ein oder zwei Kartoffeln fanden. Wir waren froh an einem Nachmittag einen Korb zu füllen. Müde vom Graben, aber dankbar für den Fund, gingen wir nach Hause.

Mutter, Emma und Meta bewahrten so viele Dinge wie möglich aus unserem Garten auf. Sie füllten ein Fass mit Weißkohl und fügten die notwendigen Zutaten hinzu, um den Gärprozess zu starten, der es in Sauerkraut verwandelte. Meine Mutter lagerte Kartoffel, Karotten und Rüben im kalten Keller für den Winter; sie machte Marmelade aus verschiedenen Beeren. Wir pflückten die Äpfel, legten sie in Kisten, bedeckten sie mit Stroh und stellten sie für den Winter auf den Dachboden. Nach dem geschäftigen Herbst und dem düsteren Monat November kam die erwartete Winter- und Weihnachtszeit. Wir begrüßten die ersten Schneeflocken mit Freude und Vorfreude auf Rodeln und Schlittschuhfahren. In der Schule lernten wir mehrere Weihnachtslieder und sangen sie fröhlich auf dem Heimweg. Zu Hause strickten Mutter, Emma und Meta Socken und Handschuhe für die Jungen. Sie brachten mir auch das Stricken bei. Ich strickte den geraden Teil der Socken, und Emma machte die Ferse und schloss die Spitze des Strumpfes. Ich strickte gerne.

Da wir keine Dekoration für einen Weihnachtsbaum hatten, bastelten wir Sterne aus Stroh und Papierstreifen. Unser Nachbar gab uns ein paar Kerzen mit Haltern, um sie am Heiligabend anzuzünden. Eine Woche vor Weihnachten gingen Georg und Edmund in den nahegelegenen Wald und fällten eine mittelgroße Tanne. Edmund suchte nach ein paar kleinen Brettern und machte einen Stand für den Baum. Emma, Meta und ich hängten alle unsere handgefertigten Dekorationen an den Baum und befestigten die wenigen Halter mit den weißen Kerzen an den Zweigen. Es sah sehr elementar aus, aber es war das Symbol von Weihnachten. Meine Mutter war betrübt. Ich wusste, dass sie Vater und Marta vermisste, die nicht bei uns waren. Wir vermissten sie auch.

Am Heiligabend zogen wir alle unsere besten Kleider an und versammelten uns um den Weihnachtsbaum. Emma erzählte die Geschichte von der Geburt Christi, die wir an diesem Tag feierten. Dann sangen wir alle unser Lieblingsweihnachtslied, „Stille Nacht, heilige Nacht", und einige andere Lieder, bevor Mutter, Emma und Meta jedem meiner Brüder und auch mir ein Paar handgestrickte Socken und Handschuhe überreichten. Wir hatten kein Papier, um die Geschenke zu verpacken, aber sie waren mit Liebe gemacht und würden uns in der bevorstehenden kalten Wintersaison warmhalten.

Am Weihnachtstag spannten Georg und Edmund die Pferde an den Wagen, und die ganze Familie fuhr zum Schloss Salzau, um den Gottesdienst zu besuchen. Schneeflocken fielen leise vom Himmel, um die Landschaft weihnachtlich zu verwandeln, aber nicht genug blieb auf der Straße, um einen Schlitten zu benutzen. Ein großer, wunderschön geschmückter Baum stand neben der Kanzel in dem geräumigen Saal, der für die Gottesdienste bestimmt war. Der Gottesdienst begann mit dem Lied „O du fröhliche". Es folgte eine Predigt über die Geburt Jesu, dem Heiland und Retter der Welt. Nach der Segnung verließen wir den Saal und unterhielten uns mit den Flüchtlingen, mit denen wir während unserer Ostpreußen-Flucht gereist waren. Wir wünschten einander frohe Weihnachten und fuhren zurück nach Sophienhof.

Wir feierten das zweite Weihnachtfest fern von zu Hause. Wir alle vermissten Vater und Marta. Sie hatte immer den Weihnachtsmann gespielt und ein handgemachtes Geschenk für jeden gebracht. Trotzdem waren wir froh, dass der Krieg vorbei war, und wir hatten Essen, ein Bett zum Schlafen und ein Dach über dem Kopf – die drei Grundbedürfnisse zum Leben. Alle anderen Dinge betrachteten wir zu dieser Zeit als Luxus.

Gebackene Hühnchen ersetzten die traditionell geschmorte Gans zum Mittagessen. Jedoch hatten wir Rotkohl und Kartoffeln. Wir bekamen ein Plätzchen und einen Apfel zum Nachtisch, dankten Gott, dass wir genug zum Essen hatten, und waren zufrieden.

Das Vieh blieb im Winter im Stall, und Meta und Emma mussten nicht mehr auf die Weide gehen, um die Kühe zu melken. Sie hatten mehr Zeit, Mutter bei der Hausarbeit zu helfen. Edmund, Richard und ich gingen zum Teich und überprüften das Eis darauf. Sobald es nicht mehr knisterte, wenn wir heftig mit den Füssen auf das Eis klopften, wussten wir, es war sicher, Schlittschuh zu laufen. Natürlich hatten wir keine schicken Schlittschuhe. Edmund nagelte zwei Drähte an die Holzsohlen unserer Schuhe, wodurch wir gut über das Eis glitten. Oft fielen wir hin, aber wir standen wieder auf und liefen weiter. Die Kinder der Nachbarn nahmen auch bis zum Einbruch der Dunkelheit teil. Natürlich konnten wir nur Schlittschuh laufen gehen, nachdem wir zusammen Mittag gegessen hatten und die Schulaufgaben und unsere Hausarbeiten erledigt waren.

Den Silvesterabend verbrachten Edmund, Richard, Horst und ich zu Hause bei unserer Mutter. Sie hatte die traditionellen, mit Marmelade gefüllten Donuts gebacken und gab nach dem Abendessen jedem einen. Georg besuchte seinen Freund Hugo in Pratjau. Gustav Kirstein bat Emma, Ernst Seidel und Meta, gemeinsam zum Tanz bei Lills Gasthaus zu gehen. Sie kamen nach Hause, nachdem sie das neue Jahr 1946 eingeläutet hatten. Ich lag lange wach, dachte an zu Hause und die Schlittenfahrt unter dem klaren Sternenhimmel, als wir meine Großeltern besucht und ich mit meinen Cousins gespielt hatte. Ich fragte mich, wer jetzt in unserem Haus wohnte und ob wir jemals in unsere Heimat in Ostpreußen zurückkehren könnten.

Zwei Tage später feierte ich meinen 9. Geburtstag. Mutter hatte genug Zutaten, um einen einfachen Kuchen zu backen, den wir am Nachmittag verzehrten. Sie und alle Geschwister gratulierten mir, aber es gab keine Kerzen und sie sangen mir auch nicht „Happy Birthday". Emma gab mir ein Paar gestrickte Handschuhe, wofür ich dankbar war. Meine Brüder und ich schlossen uns den Kindern aus der Nachbarschaft an, und liefen bis zur Abenddämmerung Schlittschuh.

Der Winter verging langsam. Das Zimmer und die Küche warm zu halten, war für Emma und Meta nicht einfach. Ich half Mutter bei der Wäsche für die ganze Familie. Ich brachte Eimer um Eimer Wasser aus dem Brunnen. Wir weichten die Kleidung über Nacht in einem großen Topf mit Wasser und Seife ein. Am nächsten Tag kochten wir die Wäsche für einige Zeit. Wir warteten darauf, dass das Wasser abkühlte. Meine Mutter oder Emma wuschen jedes Kleidungsstück mit der Hand und spülten es im frischen Wasser aus. Dann hängten sie die Kleider draußen an eine Leine. Als die Temperatur unter null lag und Emma die Kleidung an die Leine befestigte, froren sie sofort und wurden steif. Sie achteten darauf, dass die Sonne herauskam, tauten die Kleidung auf und trockneten sie etwas. An einem bewölkten Wintertag hangen Emma und Meta die Wäsche auf Leinen um den Kachelofen, bis sie trocken war. Sie bügelten nur die Kleider, Hosen und Hemden für Sonntag. Glühende Kohlen, die in das Bügeleisen gelegt wurden, erhitzten es. Die Temperatur des Eisens variierte immer. Wenn Emma oder Meta frische Glut in das Eisen gaben, würde es den Stoff verbrennen. Sie hatte immer ein nasses Tuch neben dem Bügeleisen, um die Temperatur zu überprüfen und um es zu vermeiden, ein Loch in ein Hemd oder Kleid zu brennen.

Der Winter war die richtige Zeit, um das Schwein zu schlachten, das wir in dem kleinen Schweinestall gegenüber dem Haus gezüchtet hatten. Die Erwachsenen hingen es draußen an eine Leiter. Dann zerschnitten sie das Schwein, um aus dem Fleisch Wurst zu machen. Stücke des Schweinebauches legten sie in große Fässer, streuten viel Salz darauf und bewahrten sie im Keller auf. Wir markierten jede Wurst und jeden Schinken mit einem Stoffstreifen, zählten sie und brachten sie dann zum Metzger im nächsten Dorf, um sie räuchern zu lassen. Der Metzger schickte einen Boten, sobald der Kunde die geräucherten Würste und Schinken abholen konnte. Um den Metzger für seinen Dienst zu entschädigen, gaben ihm die Leute entweder Wurst oder zahlten ihm den gewünschten Betrag. Wir konnten es kaum erwarten, dass Georg uns zum Metzger fuhr, um die geräucherte Ware abzuholen. Es war ein wahrer Genuss, in ein Sandwich mit der frisch geräucherten Mettwurst zu beißen. Emma kannte die richtige Menge Salz und die verschiedenen Gewürze genau, die nötig waren, um den Geschmack zu verbessern.

Unser erster Winter im Sophienhof verging relativ langsam, aber wir begrüßten die Ankunft des Frühlings mit großer Begeisterung. Auf dem Heimweg von der Schule hörte ich die erste Feldlerche singen und beobachtete, wie sie hoch gen Himmel aufstieg. Ich freute mich und fing an, leise Frühlingslieder zu singen. Wir lernten auch Frühlingsgedichte auswendig, die ich auf dem Weg von der Schule nach Hause rezitierte. Ich hatte mich mit Elisabeth Diercks, der Tochter des Molkereileiters, befreundet. Sie war mit mir in der zweiten Klasse; wir streiften gerne durch die Wälder, wenn wir von der Schule kamen.

Ich ging gerne in die Schule. Meine Lieblingsfächer waren Mathematik, Geografie, Geschichte und Religion. Meine Rechtschreibung in Deutsch musste verbessert werden, um fehlerfrei zu sein. Der Sommer kam, und in der Schule wuchs die Vorfreude auf eine besondere Feier, das Vogelschießen. Die Jungen der sechsten Klasse schnitten einen Vogel aus einem Holzbrett nach entsprechendem Muster. Sie befestigten den Vogel an einer fünfzehn Meter hohen Stange, gruben ein Loch außerhalb des Schulgeländes und errichteten den Posten mit dem Vogel.

Die Mädchen der sechsten Klasse stellten zwölf Flaschen der gleichen Art in einem bestimmten Abstand in ein markiertes Quadrat. Ihre Aufgabe bestand darin, Metallringe um die Flaschen zu werfen. Das Fest fand kurz vor Beginn der Sommerferien statt. Die Jungen kamen mit ihren Pfeilen und Bogen mit einem runden Bleipunkt am Ende des Pfeils. Auf Befehl des Lehrers begann die Schießerei. Die Jungen durften auf den Vogel schießen, der bei jedem Treffer zerbrach, und die Stücke flogen herunter. Der Junge, der die meisten Teile abschoss, wurde für diesen Tag zum König gekrönt. Die Zweitbesten erhielten den ersten Preis und die Drittbesten den zweiten Preis.

In der Zwischenzeit erhielt jedes Mädchen der sechsten Klasse ungefähr zehn Ringe. Sie mussten sich hinter eine Linie stellen, eine gewisse Entfernung von den Flaschen wahrend, dann jeden Ring über die Flaschenhälse werfen und hoffen, dass sie nicht neben den Flaschen auf dem Boden landeten. Eine Person notierte, wie viele Ringe jedes Mädchen richtig geworfen hatte. Das Mädchen, das die höchste Zählung hatte, wurde Königin, und die beiden nächsten erhielten den ersten und zweiten Preis. Die Königin trug einen Kranz aus frischen Blumen, die eine Krone symbolisierten. Der Lehrer legte ein breites Band über die linke Schulter des Königs und heftete es auf der rechten Seite über der Hüfte fest. Eine kurze Parade durch das Dorf, angeführt von König und Königin, folgte den Spielen. Zwei große Mädchen trugen einen mit frischen Blumen geschmückten Bogen über dem König und der Königin und den Gewinnern des ersten und zweiten Preises.

Die Parade ging von der Schule zu Lills Gasthaus, wo eine Feier zu Ehren des Königs und der Königin stattfand. Erwachsene stellten genügend Tische und Stühle für den Lehrer und die Schüler auf. Die Eltern brachten Kuchen für die Schüler. Die älteren Schwestern der Schüler servierten Milch zum Kuchen. Der Lehrer stellte allen Schülern den König und die Königin vor. Gerd Schlünsen spielte Klavierakkordeon: Der König und die Königin, und die Paare, die den ersten und zweiten Preis gewannen, begannen zu „Ach, du lieber Augustin" zu tanzen.

Dann spielte Gerd einen Foxtrott und forderte alle Schüler zum Tanzen auf. Meine Füße begannen sich im Rhythmus der Musik unter dem Tisch zu bewegen. Wie sehr wünschte ich, ein Junge würde mich bitten, mit ihm zu tanzen. Ich traute mich nicht einmal, den Jungen Gottfried Keller anzuschauen, den ich mochte. Aber was für eine Überraschung, als er vor mir stand, sich verbeugte und mich zum Tanz aufforderte. Ich errötete zunächst, aber schnell sagte ich ja, stand auf und folgte ihm auf die Tanzfläche. Ich fühlte mich anfangs etwas unbeholfen und ungeschickt, aber bald folgte ich seinem Rhythmus und genoss meinen ersten Tanz mit einem Jungen. Obwohl Gottfried auch mit anderen Mädchen tanzte, bat er mich mehrmals, mit ihm zu tanzen. Ich fühlte mich sehr glücklich und erwachsen, und ich fand Gefallen an ihm. Da er häufiger mit mir tanzte als mit anderen, dachte ich, dass er mich auch mochte. Edmund und Richard, die gute Tänzer waren, baten die älteren Mädchen, mit ihnen zu tanzen. Nach dem Schulfest begann am Abend ein Tanz für die Erwachsenen, an dem Emma, Meta mit ihren Freunden und mein älterer Bruder Georg teilnahmen. Sie alle tanzten gut zur Musik der Schifferklaviere von Gustav und Hugo.

Kurz nach dem Vogelschießen erhielt ich mein erstes Zeugnis und die Sommerferien begannen. Meine Noten waren gut und ich wurde in die dritte Klasse versetzt. Der Lehrer sagte mir, ich müsse meine Rechtschreibung in Deutsch verbessern. Wir sprachen zu Hause ostpreußischen Dialekt, der ganz anders klang als Hochdeutsch. Hin und wieder verwendete ich ein ostpreußisches Wort oder schrieb andere falsch.

Wir verbrachten unsere Sommerferien damit, im Garten zu helfen, Beeren zu pflücken, Holz für den Winter zu sammeln oder alle Aufgaben zu erledigen, die Mutter uns zuwies, wie zum Beispiel frischen Klee für die Kaninchen zu pflücken, die wir züchteten. Wir fanden jedoch immer Zeit für einige Ballspiele, Verstecken oder andere Spiele.

Anfang August kündigte Frau Hein an, dass sie und ihre Familie in ein Haus namens Lehmhaus ziehen würden, wo sie mehr Platz hätten. Mutter begrüßte diese Nachricht. Jetzt hatte ihre Familie ebenfalls mehr Platz. Meta verlegte ihr Bett in das geräumte Schlafzimmer. Später ließ sie ein Bettgestell für mich anfertigen. Ich musste nicht mehr mit meiner Schwester zusammengepfercht in einem kleinen Bett schlafen; ich streckte mich aus und bewegte mich frei. Wir teilten uns die Küche nicht mehr. Emma strich die Wände weiß. Sie nahm einen zerknüllten Lappen, eingetaucht in grüne Farbe und rollte ihn über die Wände. Es sah sauber und freundlich aus. Wir konnten jeden Tag zur gleichen Zeit essen. Das Leben schien jetzt weniger chaotisch zu sein.

Manchmal rannte ich auf die Wiese, wo Emma und Meta die Kühe melkten, und wartete, bis ich mit ihnen auf dem Milchwagen nach Hause fahren konnte. Ernst Seidel, der als verwundeter Soldat zum Sophienhof gekommen und nach Kriegsende auf dem Hof geblieben war, mochte Meta, und sie verliebten sich, während beide Kühe melkten. Er saß immer neben ihr, während er von der Weide zurück zum Bauernhof fuhr. Ernst unterhielt sich gerne mit Meta. An seinem freien Tag half er ihr im Garten. Sie arbeiten gerne zusammen. Meta stellte viele Fragen über seine Familie und seinen Weg zum Sophienhof.

Meta und Ernst Seidel

Ernst erzählte Meta, dass seine Mutter Agnes starb, als er erst fünf Jahre alt war. Er hatte zwei Schwestern, Klara und Frieda, und einen Bruder, Alfred. Sein Vater, Gustav, heiratete 1922 erneut, und sie hatten eine Tochter, Else. Nachdem Ernst das Gymnasium abgeschlossen hatte, arbeitete er mehrere Jahre in einer Glasfabrik. Im Alter von zweiundzwanzig Jahren wurde er in Hitlers Armee eingezogen und durchlief eine strenge militärische Ausbildung. Als der Zweite Weltkrieg am 1. September 1939 begann, kämpfte Ernst auf den Schlachtfeldern in der Tschechoslowakei, Frankreich und Polen. Als die russische Armee einmarschierte und Ostpreußen umzingelte, trat Ernst der 64. Artilleriedivision unter O. Steepler bei. Ernst kümmerte sich um die Pferde hochrangiger Kommandanten und war auch aktiv im Kampf. Er erzählte Meta von der erschütternden Erfahrung eines Luftangriffs, als er und drei andere Kameraden dem Tod nur knapp entkamen. Eine Bombe fiel neben dem Fuchsloch nieder, dort, wo sie in Deckung sprangen. Glücklicherweise explodierte die Bombe nicht, sonst wäre er in Stücke gerissen worden.

Meta nahm die Hand von Ernst: „Ich danke Gott, dass Er dein Leben gerettet hat. Wo wurdest du verwundet?"

„Als ich von 1941 bis 1945 in Russland kämpfte, traf mich bei der letzten Schlacht ein Granatsplitter oberhalb des linken Ellbogens und verletzte meinen Arm. Meine Kameraden und ich versuchten, im Krankenhaus Hilfe zu bekommen. Aber die Russen rückten vor und die Armee verlegte das Krankenhaus auf eine Insel. Meine Einheit und ich kämpften uns durch den russischen Kreis, und wir erreichten den Hafen von Pilau. Ein deutsches Schiff, das nach Norwegen fuhr, nahm andere verletzte Soldaten und mich an Bord. Unser Schiff beförderte auch russische und polnische Kriegsgefangene, die die deutsche Armee gefangen nahm. Britische Schiffe patrouillierten in der Ostsee, beschlagnahmten die deutschen Schiffe und die Soldaten gerieten in Kriegsgefangenschaft. Die britische Admiralität erlaubte dem Schiff, auf dem ich war, in Kiel, Schleswig-Holstein, zu landen. Die Passagiere unseres Schiffes bestanden hauptsächlich aus deutschen und polnischen Gefangenen; einige von ihnen und ich wurden nach Sophienhof und nicht nach England geschickt, was sich als mein Glück herausstellte; sonst hätte ich dich nicht getroffen."

„Ja, ich bin dankbar, dass du von den Briten befreit wurdest und hier gelandet bist. Willst du eines Tages zu deiner Familie nach Schlesien zurückkehren?"

„Schlesien gehört leider nicht mehr zu Deutschland; gemäß dem Potsdamer Friedensvertrag gaben die vier Alliierten es Polen. Falls ich in meine Heimatstadt in Schlesien zurückkehrte, würde mich die polnische Polizei verhaften. Die Polen hätten mich in eine Kohlemine oder eine Fabrik gesteckt, um unter schrecklichen Bedingungen zu arbeiten. Viele deutsche Soldaten, die ihre Familien suchten, kamen nie zurück."

Ernst nahm Metas Hände, sah ihr in die Augen und flehte: „Ich bleibe hier bei dir, wenn du mich heiratest."

Meta errötete vor Aufregung, drückte dann Ernsts Hände fest und sagte: „Ja, ich werde dich heiraten."

Sie besiegelten ihr Versprechen mit einem Kuss.

Meta brachte Ernst schnell zu ihrer Mutter, um die frohe Neuigkeit zu teilen.

„Mutter, Ernst und ich wollen heiraten. Haben wir deine Erlaubnis?"

„Aber Kinder, wo werdet ihr leben? Weder hier am Sophienhof noch in Pratjau steht eine Wohnung oder ein Haus leer."

„Wir können einen Holzofen in mein Schlafzimmer stellen und dort wohnen."

„Ja, Frau Bonacker, es macht uns nichts aus, in einem Raum zu leben", warf Ernst ein.

„Es ist mir recht. Wenn ihr mit dieser Vereinbarung zufrieden seid. Habt ihr schon an ein Datum gedacht?"

„Noch nicht, aber vielleicht wäre dieses Weihnachten ein guter Zeitpunkt zu heiraten."

„Weihnachten ist die Zeit, um mit allen Verwandten zusammen zu kommen, also hätten wir zwei Gründe zum Feiern."

„Wir haben vier Monate Zeit, um die notwendigen Vorbereitungen zu treffen, die ausreichen sollten! Ist es dir Recht, Ernst?"

„Das ist für mich in Ordnung", antwortete Ernst.

Meta und Ernst legten den Weihnachtstag als Hochzeitsdatum fest.

Gustav Kirstein hatte während der langen, beschwerlichen Reise Gefallen an Emma gefunden und er besuchte sie häufig auf dem Sophienhof. Gustav bat Emma, ihn zu heiraten. Emma holte zuerst die Erlaubnis unserer Mutter, bevor sie ihr Hochzeitsdatum festlegten. Sie diskutierten die Daten und wählten den Weihnachtstag, Mittwoch, den 25. Dezember 1946, als den doppelten Hochzeitstag. Emma und Meta kündigten ihre bevorstehenden Hochzeiten ihren Brüdern und Schwestern an. Sie begrüßten die Nachricht voller Freude.

„Werdet ihr auch einen Polterabend haben?"

„Wir werden sehen; es würde auf Heiligabend fallen, was kein guter Tag für einen Polterabend ist. Wir müssten ihn einen Tag früher ansetzen", sagte Emma zu ihrer Schwester und uns.

„Es ist noch genug Zeit. Machen wir uns jetzt keine Sorgen. Du solltest daran denken, dich jetzt auf die Schule vorzubereiten", beendete Meta das Gespräch.

Mitte August kehrten wir zur Schule zurück. Herr Reimers begrüßte uns freundlich.

Während Herr Reimers in einer Klasse Vorlesungen hielt, wies er die anderen Schüler an, in Ruhe an einem Thema zu arbeiten. Es muss für den Lehrer eine Herausforderung gewesen sein, Anweisungen in verschiedenen Fächern zu geben, aber er hat die Schüler gut behandelt und jedes Thema mit Leichtigkeit und fundiertem Wissen präsentiert. Er entwickelte ein gutes Verhältnis zu den Studenten, und sie respektierten und mochten ihn. Er disziplinierte jedoch die Schüler, die sich schlecht benahmen oder ihre Hausaufgaben nicht machten, indem er sie entweder nach dem Unterricht eine Stunde länger bleiben ließ, um eine bestimmte Aufgabe zu erledigen, oder mit dem Lineal auf die Handflächen schlug. Die schlimmste und peinlichste Strafe war es, vor der Klasse mehrmals mit einem dünnen Stock auf den Hintern Schläge zu erhalten. Die Jungen erhielten normalerweise diese Art von Strafe. Letztere taten beide weh, lehrten aber jedem Schüler die beabsichtigte Lektion, die sie nicht so schnell vergessen würden.

Herr Reimers arrangierte, dass Fräulein Hoffman einmal pro Woche in die Schule kam und den Mädchen beibrachte, wie man strickt, häkelt, stickt, Socken und andere Kleider flickt. Im Sommer saßen wir draußen auf einem großen Baumstamm, und folgten den Anweisungen, verschiedene Stiche auf einem Stoffstreifen zu sticken. Ich genoss es, all die verschiedenen Handarbeiten zu lernen. Jetzt konnte ich meiner Mutter helfen, Socken und Bettwäsche sehr ordentlich zu flicken.

Papier und Hefte waren nach dem Krieg nicht erhältlich. Wir benutzten die weiße Rückseite von Landkarten, die wir in Quadrate schnitten, um Prüfungen zu schreiben. Unsere Hausaufgaben und in der Schule schrieben wir auf unsere Schiefertafel.

Einmal im Monat machte Herr Reimers mit allen Schülern einen Ausflug, den Tag nannten wir den Wandertag. Er wanderte mit uns zu historischen Stätten und erzählte uns die Geschichte jedes Ortes. Wir gingen auf anderen Ausflügen durch Wiesen und Wälder und er wies auf verschiedene Pflanzen hin und nannte uns die Namen der Pflanzen. Er brachte uns mehrere Lieder mit einem guten Rhythmus zum Wandern bei. Herr Reimers fing ein Lied an und wir alle sangen mit.

Einer meiner Lieblingsausflüge war die Fahrt in einem offenen Wagen zum Schönberger Strand. Die Arbeiter hatten Bretter über den Leitern angebracht, auf denen die Schüler sitzen konnten. Früh am Morgen banden wir Blumen an die Seiten zwischen den Brettern. Mein ältester Bruder Georg fuhr einen der drei Wagen. Wir sangen auf dem Weg, bis wir am Strand ankamen. Wir packten unsere Decken und Badeanzüge aus. Jedes Mädchen zog sich seinen Badeanzug an, während ein anderes Mädchen eine Decke um es hielt. Die Jungs halfen sich auch gegenseitig. Wir rannten ins Wasser. Zuerst fühlte es sich kalt an, aber wir gewöhnten uns schnell an die kühle Temperatur. Die Jungs bespritzten die Mädchen mit Wasser und umgekehrt. Die Jungen und Mädchen, die schwimmen konnten, schwammen ziemlich weit hinaus. Ich konnte mich nicht lange genug über Wasser halten, um mich in tieferen Gewässern sicher zu fühlen, also ging ich hinaus, bis ich den Boden unter meinen Füßen nicht mehr spüren konnte, dann schwamm ich zurück zum Ufer. Auf diese Weise konnte ich immer den Boden berühren und meinen Kopf über Wasser halten, falls ich Beinkrämpfe bekommen oder einen Notfall haben sollte.

Am Mittag rief uns der Lehrer, um innezuhalten und zu essen. Die Sandwiches, die wir von zu Hause mitgebracht hatten, schmeckten im Freien so gut. Wir verschlangen sie schnell, um wieder schwimmen zu gehen, Sandburgen zu bauen oder Fangen zu spielen. Um 15:00 Uhr rief uns der Lehrer, um uns darauf vorzubereiten, nach Hause zurückzukehren. Wir waren erschöpft, aber glücklich nach einem lebhaften Tag am Strand.

Das Lernen am nächsten Tag war etwas mühsam; meine Gedanken flogen immer wieder zurück zum Strandausflug. Aber in kürzester Zeit passte ich wieder genau auf, als der Lehrer uns das Gedicht „Herbst" von Johann Wolfgang von Goethe vorlas. Herr Reimers erklärte, welches Wort man betonen sollte und wie viele Füße jeder Vers hatte. Es klang so melodisch, wie er uns das Gedicht vorlas. Der Besitz meines ersten Gedichtbandes mit dem Titel „Der Blütenbaum" gab mir die Möglichkeit, mich mit den verschiedenen Dichtern und ihren Werken vertraut zu machen. Ich habe immer bewundert, wie Dichter ihre Gedanken, Ideen, Beobachtungen und Geschichten so ergreifend in wenigen Worten ausdrücken können. Wenn ich die Gelegenheit hatte, ein Gedicht zu lesen, sah ich in Gedanken das Bild vor mir oder die Charaktere, die der Dichter beschrieb. Oft träumte ich sogar von einer Geschichte, die ein Dichter in Versen niedergeschrieben hatte.

August und September vergingen schnell. Der Lehrer gab uns das zweite Zeugnis, das gut genug war, um in die dritte/Klasse zu gelangen. Mein Bruder Edmund ging in die 6. und Richard in die 5. Klasse. Anfang Oktober erhielten wir einen zweiwöchigen Herbsturlaub. Wir halfen unserer Mutter, die Kartoffeln aus dem Garten auszugraben und Äpfel von den Bäumen zu pflücken. Wir gingen auch in den Wald, um trockene Äste und Holz für den Winter zu sammeln. Der Besitzer erlaubte jeder Familie, einen Baum von einer bestimmten Dicke zu fällen. Georg und Edmund borgten eine Säge aus und sägten den Baum in fußlange Stämme. Sie warteten, bis die Stämme trockneten, fuhren sie dann zum Hof und stapelten sie in dem Schuppen auf. Die Menge an Kohle, die die Regierung unserer Familie zuteilte, reichte nicht aus, um das Wohnzimmer zu heizen und den ganzen Winter auf dem Herd zu kochen.

Die trüben Novembertage gaben uns einen Vorgeschmack auf den nahenden Winter. Natürlich drehten sich unsere Gedanken um den bevorstehenden Polterabend und die beiden Hochzeiten. Edmund und Richard sammelten Metallreste, Eimer und alle möglichen Gegenstände aus Metall, die sie finden konnten, um Lärm zu machen. Stattdessen schaute ich mich nach zerbrochenen Porzellantellern und Töpferwaren um, die dem Brautpaar Glück bringen sollten. Emma und Gustav beschlossen, den Polterabend am Tag vor dem Heiligabend, Montag, den 23. Dezember, abzuhalten. Meta wollte nicht daran teilnehmen; sie nannte diesen Brauch heidnisch. Emma und Gustav wollten jedoch ihre Brüder, Schwestern, Freunde und Nachbarn nicht enttäuschen.

Montags am späten Nachmittag versammelten sich alle Kinder aus der Nachbarschaft und die ledigen Jungen und Mädchen vor dem Haus und trugen verschiedene Altmetalle oder Stücke von zerbrochener Keramik und Porzellan zusammen. Heinz Steinbeck, ein Freund von Emma und Gustav, stellte zunächst einen zerbrochenen Pflug und andere große Metallstücke vor die Tür. Dann fingen alle anderen an, ihre Gegenstände gegen das Metall zu werfen und versuchten, so viel Lärm wie möglich zu machen. Je lauter der Lärm, desto mehr lachten die Kinder. Das Krachmachen und Lachen dauerte bis in die Abenddämmerung. Gustav öffnete die Tür. Dann grub er sich durch die Trümmer und begrüßte die Anwesenden. Er bot den Erwachsenen hausgemachten Schnaps an, und Emma kam hinter ihm mit Plätzchen für die Kinder. Alle halfen dem Paar, die Trümmer vor der Tür zu entfernen.

Gewöhnlich feierten wir Heiligabend mit dem Besuch eines traditionellen Gottesdienstes. In diesem Jahr gingen wir alle am Weihnachtstag zur Trauung in die Kirche. Herr Jessen stellte Pferde und seine private, elegante Kutsche zur Verfügung, um die beiden Paare nach Salzau zu fahren, wo der große Saal des Schlosses als Kirche diente. Um 8:00 Uhr hielt die schöne Kutsche vor der Tür, um Emma und Meta abzuholen. Beide trugen schwarze Kleider mit jeweils einem kurzen weißen Schleier, der ihre Köpfe und Gesichter bedeckte. Ein Myrtenkranz hielt den Schleier fest. Mutter, Horst, Elsa, die Schwester von Ernst, und ich durften mit den Bräuten in der eleganten Kutsche fahren. Wir legten Decken auf unseren Schoß, um nicht zu frieren. Mehrere Leiterwagen mit Verwandten, Freunden und Nachbarn folgten. Während der Nacht fiel genug Schnee, um die düstere Herbstlandschaft in eine malerische Winterszene zu verwandeln, passend zur Feier. Als unsere Kutsche das Schloss erreichte, kamen Gustavs beide Brüder, Edmund und Fritz, die auch als Trauzeugen dienten. Wir bedauerten sehr, dass unser Vater nicht anwesend war, um die Vermählung seiner Töchter zu feiern. Die Bräutigame trafen die Bräute in einem Vorraum und gingen kurz vor dem Gottesdienst mit der Brautgesellschaft zum Altar. Wanda Liedtke und Greta Kirstein waren Brautjungfern. Sie stellten sich vor den Altar und warteten auf den Pastor. Familienangehörige und Verwandte saßen in den ersten Reihen. Die Gemeindemitglieder füllten den Rest des großen Saales.

Als der Pastor eintrat, begrüßte er die Hochzeitsgesellschaft mit einem Lächeln und einer Verbeugung. Dann wandte er sich an die Gemeinde: „Heute feiern wir nicht nur Weihnachten, sondern auch die Hochzeit von zwei Brautpaaren. Lasst uns zuerst aufstehen und das Weihnachtslied ‚Welchen Jubel, welche Freude bringt die liebe Weihnachtszeit' singen!"

Emmas und Gustavs Hochzeit

Dann trat der Pastor vor die Hochzeitsgesellschaft. Er hielt ihnen eine kurze Predigt über die christlichen Pflichten eines Mannes und einer Frau, dann ließ er sie das Gelübde aussprechen, schob ihnen die Ringe auf die Finger und erklärte sie zu Ehemännern und Ehefrauen. Die Ehemänner küssten ihre Frauen, um ihr Ehebündnis zu bestätigen. Nachdem sich die Brautparty setzte, hielt der Pastor eine lebhafte Predigt über die Bedeutung der Geburt Christi, an die wir uns an diesem Tag erinnerten. Er erläuterte, wie trostlos die Welt sein würde, wenn Christus nicht geboren wäre. Zum Schluss sangen alle „Stille Nacht, heilige Nacht" und der Pastor entließ die Gemeindemitglieder, indem er einen Segen sprach und allen eine Frohe Weihnacht wünschte.

Alle Familienmitglieder gingen zu den frisch verheirateten Paaren, um ihnen zu gratulieren, bevor sie das Gebäude verließen. Nun fuhren beide Paare in derselben Kutsche zurück zum Sophienhof, und wir schlossen uns dem Rest unserer Familie auf Georgs Wagen an. Mutter, Emma und Meta hatten frisches Brot zum Mittagessen mit hausgemachter Wurst und geräuchertem Schinken belegt. Sie boten selbstgebackenen Kuchen und Hickory-Kaffee oder Kräutertee im Wohnzimmer an. Am Abend servierte Mutter ein bescheidenes Abendessen mit Schweinebraten, Rotkohl und gekochten Kartoffeln. Nach dem Essen trugen die Männer die Tische aus dem Wohnzimmer. Onkel August, der jüngste Bruder meines Vaters, kam auch. Er spielte auf seinem Akkordeon Musik zum Singen und Tanzen. Er verstand es, mit seiner Musik und seiner temperamentvollen Persönlichkeit andere fröhlich zu stimmen. Die Gäste, die nicht tanzten, benutzten einige Bänke und Betten zum Sitzen. Meine Brüder Horst, Richard, Edmund und ich krochen auf ein Bett und beobachteten die tanzenden Erwachsenen. Wir sangen die Lieder mit, die wir auswendig kannten. Ich dachte oft, ob ich einmal wie meine Schwestern tanzen und vielleicht eines Tages heiraten würde. Die Feier dauerte bis Mitternacht, aber ich schlief viel früher auf dem Bett ein. Mutter musste mich wecken, nachdem alle Gäste gegangen waren. Ich machte mich fertig und ging in mein Bett schlafen. Am zweiten Weihnachtstag, der auch ein Feiertag war, kamen mehr Freunde und Nachbarn als sonst, um den Brautpaaren zu gratulieren. Keine Hochzeitsreise folgte.

Nach der Feier begann der graue Alltag. Ernst und Meta gingen im Stall Kühe melken. Frau Jessen brauchte eine zusätzliche Hilfe, um Essen für die Knechte vorzubereiten, und sie bat Emma, beim Kochen zu helfen. Gustav wurde stattdessen von Herrn Jessen als Schreiner und Handwerker angestellt, der alle Arten von Reparaturarbeiten an Wagen, Geräten und allem, was repariert werden musste, durchführte. Das Leben in einem kleinen Raum war für beide Paare nicht einfach, aber sie machten das Beste daraus. Sie waren dankbar, Unterkunft, Nahrung und genug Holz und Kohle zu haben, um den Raum zu heizen. Meta und Ernst beschlossen, das Jahr 1947 zu Hause einzuläuten; so auch meine Mutter und wir jüngeren Kinder. Emma und Gustav gingen nach Pratjau zu Gustavs Familie, um mit ihnen zu feiern. Gustav spielte Schifferklavier für Nachbarn und Freunde, und sie läuteten das neue Jahr mit Musik und Tanz ein.

Der Winter verging auf dem Hof und in der Schule langsam. Da die Briten Schleswig-Holstein besetzten, machten sie es für die Kinder in der Volksschule obligatorisch, die englische Sprache in der fünften und sechsten Klasse zu lernen. Ich würde die vierte Klasse bis zum Ende des Sommers abschließen und hoffte in die 5. Klasse versetzt zu werden. Ich freute mich darauf, eine neue Sprache zu lernen und mit einigen Bräuchen Englands bekannt zu werden. Meine Brüder teilten meine Begeisterung nicht; stattdessen zogen sie es vor, mit den Händen zu arbeiten, Sachen zu reparieren oder Spielzeug für unseren jüngsten Bruder Horst herzustellen.

Am 2. Januar 1947 feierte ich meinen zehnten Geburtstag. Meine Mutter hatte keine Zutaten, um einen Kuchen für mich zu backen. Sie backte nur Weißbrot. Die Regierung gab uns eine kleine Portion auf Marken. Sie bewahrte die Sahne von der Milch auf und machte ab und zu selbst etwas Butter. Sie strich eine kleine Menge Butter auf eine Scheibe Weißbrot und etwas Honig darüber; was einen Kuchen ersetzen sollte. Es schmeckte köstlich. Wir bekamen diesen Leckerbissen nur bei speziellen Gelegenheiten. Herr Diercks züchtete Bienen und gab uns ab und zu ein Glas Honig.

Der Rest vom Januar und Februar verging ereignislos. Ende März stiegen die Temperaturen. Die Lerche kehrte zurück und erfüllte die Luft mit ihrem Trillern, während sie zum Himmel aufstieg. Die Sonnenstrahlen brachen durch den Wolkenvorhang und bemalten den Himmel mit vielen Pastellfarben. Der Frühling kehrte mit seiner Pracht ein und erweckte die Schönheit der Natur. Die Schneeglöckchen durchbohrten bereits mit ihren spitzen Blättchen den Boden und öffneten ihre weißen Glöckchen. Die Natur erwachte und die zartgrünen Blättchen entfalteten sich an den Bäumen. Gras und bunte Blumen sprossen aus den braunen Wiesen. Die Arbeiter trieben die Kühe auf die Weiden. Wir alle halfen unserer Mutter, den Garten für die Bepflanzung vorzubereiten, die im April beginnen würde.

Im Mai blühte die Natur auf und Meta kündigte an, dass sie im November ein Baby erwartete. Die ganze Familie war glücklich und freute sich darauf, ein neues Leben in dieser Welt willkommen zu heißen. Gustav versprach, eine Wiege für das Baby zu bauen. Emma suchte nach einem zarten Garn, um eine Babydecke zu häkeln. Den ganzen Sommer über dachten wir an den Neuankömmling. Am 8. November fuhren Ernst und Georg mit Pferd und Wagen nach Schönberg. Sie holten Dr. Berman, der Meta während ihrer Schwangerschaft behandelte. Sie informierten ihn, dass Meta bereits Wehenschmerzen hatte. Dr. Berman entließ seine Patienten in der Praxis, sagte ihnen, sie sollten am nächsten Tag wiederkommen, und fuhr mit Ernst und Georg zum Sophienhof. Mutter und Emma blieben bei Meta, hielten einen Topf mit kochendem Wasser auf dem Herd und bereiteten die Wiege und die Babykleidung vor. Edmund, Richard, Horst und ich warteten hinter der geschlossenen Tür darauf, den ersten Schrei des Babys zu hören. Als Ernst, der die eigentliche Entbindung nicht sehen wollte, zu uns kam, wussten wir, dass das Baby bald auf die Welt kommen würde. Kaum war Dr. Berman zehn Minuten im Zimmer bei Meta, als wir den ersten Schrei des Babys hörten. Emma rief laut: „Es ist ein Junge!" Ernst lächelte und war stolz, dass sein erstgeborenes Baby ein Junge war. Nachdem Emma das Baby gebadet, einen Verband um den Nabel gelegt und ihn angezogen hatte, rief sie uns, um den kleinen Jungen zu sehen. Ernst ging zu Meta und küsste sie auf die Stirn: „Ich bin dankbar, dass alles gut gelaufen ist und wir einen kleinen Sohn haben." Obwohl Meta erschöpft war, war sie froh und dankbar, dass alles gut verlaufen war und Gott ihnen einen Sohn geschenkt hatte. Meine Brüder und ich gingen zur Wiege und bewunderten das Baby.

„Weißt du, Hilde, du bist jetzt eine Tante, und ich bin ein Onkel, und er ist unser kleiner Neffe", sagte Edmund zu mir.

„Ich dachte, Tanten und Onkel sollten viel älter sein als wir; ich bin erst zehn Jahre alt. Horst ist erst fünf Jahre alt; ist er auch ein Onkel?", scherzte ich.

„Onkel Horst, ja, du bist ein Onkel."

„Das klingt komisch."

Ernst hob seinen Sohn auf und drückte ihn sanft an sein Herz: „Willkommen, mein kleiner Sohn. Wir werden dich Manfred nennen. Mögest du ein Segen für uns sein."

Ich hätte ihn auch gerne gehalten, aber er sah so winzig und zerbrechlich aus; ich wagte es nicht, ihn zu berühren.

„Kommt, Kinder, lasst die Eltern mit ihrem neugeborenen Sohn allein!" Mutter nahm Horst an der Hand und verließ mit ihm den Raum. Wir alle folgten ihr. Wir bewunderten den kleinen Manfred wie er jeden Tag etwas stärker wurde. Als er seinen Kopf hochhielt, erlaubte Meta uns, ihn für kurze Zeit zu halten. Als der Dezember kam und der erste Schnee fiel, dachten wir an Weihnachten, und wir waren damit beschäftigt, Geschenke zu machen. Ich bat Emma um etwas Garn und einen Häkelhaken. In der Schule brachte mir Fräulein Hoffman das Häkeln bei. Sie half mir, eine kleine Mütze für Manfred anzufangen. Ich häkelte, bis ich etwa einen halben Fuß langen, großen Schlauch hatte. Ich schloss ein Ende. Dann bat ich meine Lehrerin, mir zu zeigen, wie man einen Pom-Pom macht. Ich befestigte ihn an der Oberseite des Mützchens. Es sah sehr hübsch aus. Ich konnte es kaum erwarten, es meiner Schwester für Manfred zu schenken.

In der Schule lernten wir auch mehr Weihnachtslieder und ein Theaterstück, das Märchen von Rumpelstilzchen. Wir führten es für unsere Eltern auf, bevor die Weihnachtsferien am 21. Dezember 1947 begannen. Das Baby in der Familie machte Heiligabend und Weihnachten erfreulich. Es erinnerte uns an die Geburt des Jesuskindes, dessen Gedenken wir feierten. Wir tauschten Geschenke wie üblich an Heiligabend aus. Ich gab Meta die kleine Mütze: „Schau, Meta, was ich für Manfred gehäkelt habe!"

„Du hast es selbst gemacht? Das ist sehr schön. Vielen Dank."

„Kannst du nachsehen, wie es passt?" Meta entfernte die Mütze, die er trug, und setzte meine auf.

„Es hat genau die richtige Größe und sieht so nett aus. Wir müssen auf jeder Seite ein Band anbringen, so dass es nicht vom Kopf des Babys fällt."

„Ich kann zwei Bänder häkeln und sie später befestigen. Du kannst es jetzt runternehmen."

Emma hatte eine kleine Jacke für Manfred gestrickt, und meine Mutter eine Babydecke. Meta war dankbar, wärmere Kleidung für den Winter zu haben. Der Januar 1948 begann mit einem Schneesturm, der Wind klapperte an den Fenstern, und der Schnee prasselte auf das Glas und erzeugte ein unheimliches Geräusch. Der ganze Monat Januar war kalt, und es war eine Herausforderung, die Zimmer angenehm warm zu halten, besonders nachts. Die glühende Glut blieb unter einem Aschehaufen heiß, erwärmte aber den ganzen Raum nicht ausreichend. Wir krochen unter die Federbetten, um uns warm zu halten.

Meine Mutter wachte morgens zuerst auf, entfernte die Asche und legte einige Anzündstäbchen auf die glühenden Kohlen. Sie wartete, bis das Anzündholz brannte, bevor sie dickere Stämme darauflegte. Sie ging in die Küche und tat dasselbe auf dem Herd, um bereit zu sein, Frühstück zu bereiten. Emma und Gustav hatten keinen Ofen oder Herd in ihrem Zimmer. Sie brachten jeweils einen heißen Ziegelstein ins Bett, um ihre Füße während der Nacht warm zu halten. Meta und Ernst hatten nur einen Herd zum Kochen, worin sie den ganzen Tag über Holz und Kohle verbrannten.

Meta nahm sich etwa anderthalb Monate frei vom Kühe melken. Als sie zum Melken zurückgekehrte, versorgte meine Mutter Manfred. Nachdem ich von der Schule zurückkam, half ich ihr, Windeln zu wechseln oder mit ihm zu spielen. Im Februar wurde Manfred krank und fing an zu weinen. Als Meta vom Melken zurückkam, hatte Manfred hohes Fieber und hatte Schwierigkeiten zu atmen. Meta vermutete, dass er eine Lungenentzündung hatte. Kein Arzt war in der Gegend. Meta bat Ernst sofort, sie in die Kinderklinik nach Kiel zu bringen. Georg fuhr mit Ernst, und Meta zum Bahnhof nach Schönberg. Sie hielt Manfred in ihren Armen, eingehüllt in eine Decke. Sie stieg in den Zug, und Ernst und Georg kehrten auf den Hof zurück, weil sie am nächsten Tag arbeiten mussten.

Meta enthüllte den Kopf des Babys und berührte die Stirn; es fühlte sich noch heißer an als zuvor. Die Atmung war flach und nach einer Weile hörte er ganz auf zu atmen. Meta stieß verzweifelt einen Schrei aus: „Mein Gott, mein Gott, lass ihn nicht sterben." Es war zu spät. Manfred atmete nicht mehr, und dann schloss er die Augen, wurde blass, und sein Leben endete. Verzweifelt vergrub Meta ihren Kopf in der Decke und weinte, bis sie in Kiel ankam. Der Schaffner kam zu Meta und fragte sie, wo sie aussteigen wollte. Meta wollte immer noch ins Kinderkrankenhaus gehen und einen Arzt bitten Manfred zu untersuchen. Der Zugbegleiter half Meta, in der Nähe des Kinderkrankenhauses aus dem Zug auszusteigen. Sie trug ihren leblosen Sohn ins Krankenhaus. Nachdem sie dem Aufnahmebüro alle Informationen gab, brachte eine Krankenschwester sie in ein Zimmer. Sie packte das Baby aus und legte es auf das Bett. Dann rief sie einen Arzt, um das Baby zu untersuchen. Der Arzt überprüfte die Lunge und den Puls, fand kein Lebenszeichen in ihnen und erklärte das Baby für tot. Er drückte sein Beileid aus und ließ die trauernde und weinende Mutter mit der Krankenschwester zurück.

„Was werde ich tun? Ich kann das tote Baby nicht zurück auf die Farm bringen. Es gibt keinen Ort, an dem ich ihn beisetzen könnte." Diese und andere Fragen kamen Meta in den Sinn. Die Krankenschwester erzählte Meta, sie könnte den Krankenhauspastor schicken, der ihr helfen würde. Meta wartete etwa eine Stunde, was lange schien, bevor die Krankenschwester mit dem Pastor zurückkehrte. Die Krankenschwester hatte dem Pastor die Umstände erklärt, der sein Beileid ausdrückte und dann das leblose, blasse Baby mit einem mitfühlenden Gesichtsausdruck betrachtete.

„Es tut mir so leid, dass Sie ihren Sohn verloren haben. Wir haben eine Kirche und einen Friedhof in der Nähe. Sie können Ihren Sohn auf unserem Friedhof begraben. Wir haben jedoch keinen Platz, um den Körper zu halten. Sie müssen dafür sorgen, dass er bis zur Beerdigung im Krankenhaus bleibt. Die Krankenschwester wird Ihnen helfen. Wir könnten die Beerdigung am

Sonntagnachmittag halten. Wäre das genug Zeit, um Ihren Ehemann, Ihre Familie und Ihre Verwandten zu benachrichtigen?"

„Ich denke, das würde ausreichen. Meine Familie könnte um 13:00 Uhr hier sein und trotzdem zum Gut zurückkehren, bevor es dunkel wird. Ist das eine gute Zeit für Sie, Herr Pastor?"

„Ja, ich werde Sie und ihre Familie am Sonntag, dem 14. Februar 1948, sehen. Möge Gott sie trösten." Er reichte ihr die Hand, als er sich verabschiedete und ging. In der Zwischenzeit versank die Sonne, und die Dunkelheit senkte sich nicht nur über die Stadt, sondern auch tief in Metas Herz, als sie den leblosen Körper ihres erstgeborenen Sohnes betrachtete. Dann vergrub sie ihr Gesicht in der Decke, während die Tränen über ihre Wangen flossen. Die Krankenschwester sagte Meta, sie müsse das Baby nehmen und es ins Leichenhaus legen. Meta drückte noch einen Kuss auf die kalte Stirn, bevor die Krankenschwester Manfred nahm und ihn wegtrug. Als die Krankenschwester zurückkehrte, erklärte sie Meta, dass sie nicht in der Lage sei, heute Abend nach Sophienhof zurückzukehren. „Sie können in dem Warteraum bleiben. Ich werde Ihnen eine Decke besorgen, damit Sie sich warmhalten können." Die Krankenschwester nahm Metas Arm und führte sie zum Warteraum.

„Setzen Sie sich auf das Sofa. Vielleicht können Sie sogar schlafen. Kann ich Ihnen etwas zu essen oder zu trinken besorgen? Sie müssen gewiss hungrig sein."

„Danke, ich habe keinen Appetit, aber vielleicht würde eine Tasse Tee helfen, mich zu beruhigen."

„Gut, ich werde sehen, dass Ihnen jemand eine Tasse Tee bringt."

Meta setzte sich auf das Sofa. Eine Person von der Küche brachte ihr eine Tasse Tee. Sie trank es langsam, bedeckte sich dann, weinte und schluchzte, bis sie auf dem Sofa zusammenbrach und einschlief. Der Zustrom von Patienten ins Krankenhaus weckte Meta. Sie brauchte ein paar Minuten, um sich zu orientieren, wo sie war und warum sie dort war. Die Krankenschwester, die sich um Meta gekümmert hatte, kam wieder zu ihr. Sie bat Meta, nach Hause zu gehen, um die Beerdigung mit der Familie zu planen. Meta dankte der Krankenschwester für die Decke und sagte, sie würde am Sonntagmorgen wiederkommen.

Meta, mit gebrochenem Herzen, schlenderte zum Bahnhof und besorgte sich eine Fahrkarte. Als der Zug ankam, trat Meta auf den Bahnsteig, stieg in den Zugwaggon, sank auf dem Sitz zusammen und weinte. Als der Schaffner die Fahrkarte überprüfte, erzählte sie ihm von ihrem Verlust und bat ihn, ihr zu Bescheid zu sagen, wenn der Zug Schönberg erreichte. Etwa eine Stunde später kam der Schaffner und sagte Meta, dass der nächste Halt Schönberg sei. Meta faltete die Babydecke, die sie mitgenommen hatte, und stieg aus dem Zug. Meta hatte keine Möglichkeit, mit ihrem Mann zu kommunizieren, also musste sie auf der unbefestigten, holprigen Landstraße zurück zum Sophienhof laufen. Manchmal taumelte sie und trat in ein tiefes Schlagloch. Ihr Herz quoll über vor Trauer. Dann schaute sie zum Himmel auf und rief: „Gott, warum ist mein erstgeborener Sohn gestorben?" Dann dachte sie eine Weile nach. Gott muss gelitten haben, als er sah, wie sein Sohn am Kreuz aufgehängt wurde, um für unsere Sünden zu sterben, obwohl er ohne Sünde war. Sie dachte: „Mein Baby war auch ohne Sünde, und Du hast es von mir genommen, was für mich schwer zu akzeptieren ist." Dann kam das Wort der Bibel zu ihr, Gott zu vertrauen, und zu gegebener Zeit wird Er sie trösten. Diese Worte beruhigten ihren Geist, obwohl das Herz voller Trauer blieb.

Gegen Mittag kam sie am Sophienhof an. Ernst arbeitete noch im Stall. Mutter und ihre vier Söhne und ich saßen um den Tisch herum und aßen unser Mittagessen, als Meta hereinkam und uns die traurige Nachricht mitteilte:

„Manfred starb, bevor wir das Krankenhaus erreichen konnten."

Mutter stand auf, umarmte Meta und drückte ihr Mitgefühl aus. Beide weinten, bevor sie sich zu uns zum Essen setzten und Meta uns die ganze Geschichte erzählte, was mich auch zum Weinen bewegte. Dann ging Meta in ihr Zimmer und wartete bis ihr Mann von der Arbeit zurückkehrte. Als Ernst hereinkam, stand Meta auf, umarmte ihn und fing an zu weinen. Ernst wusste, ohne dass Meta ein Wort ausgesprochen hatte, dass ihr Sohn gestorben war. Eine Zeit lang konnte niemand ein Wort sprechen. Dann erzählte Meta Ernst von der Vorbereitung, die sie für Manfreds Beerdigung getroffen hatte.

„Ja, es ist eine gute Idee, ihn in Kiel zu begraben, wo sich das Bestattungsinstitut um sein Grab kümmern wird. Wenn wir Sophienhof verlassen, was wir eines Tages planen, würde der örtliche Friedhof sein Grab vernachlässigen. Du hast die richtige Entscheidung getroffen."

„Wir können Gustav bitten, einen Sarg für Manfred zu machen. Emma und ich werden die Kissen vorbereiten. Ich kann seine Kleider von der Taufe benutzen. Wir haben nicht viel Zeit; bitte, geh gleich zu Gustav." Ernst hatte gesehen, wie Gustav ein Wagenrad reparierte. Ernst, der immer noch nicht glauben konnte, dass er seinen erstgeborenen Sohn verloren hatte, ging zu Gustav und erzählte ihm vom Tod seines Sohnes. Er fragte, ob er ihm einen kleinen Sarg von etwa zwei Fuß Länge machen könne. „Wir brauchen ihn bis Sonntag."

„Es tut mir so leid für deinen Verlust. Ich werde mich umsehen, wo ich schöne Holzbretter für den Sarg finden kann. Ich werde es dich wissen lassen, wenn ich ihn fertig habe."

Wir konnten mit Verwandten nur per Post oder persönlichem Boten kommunizieren; beide Wege würden zu lange dauern, um sie pünktlich ankommen zu lassen. Am Sonntagmorgen spannte Georg die Pferde an den Wagen und fuhr Ernst, Meta, Emma, Gustav, Mutter, Edmund und mich zum Bahnhof nach Schönberg. Richard musste zu Hause bleiben, um auf Horst aufzupassen. Ernst trug den Sarg in einem Sack, und Meta nahm alle Kleider für Manfred mit. Nachdem wir in Kiel angekommen waren, gingen wir ins Krankenhaus, um Manfred im Sarg fertig zu machen. Meta suchte nach der gleichen Krankenschwester, die ihr zuvor geholfen hatte. Die Krankenschwester brachte Meta und Ernst ins Leichenschauhaus. Tränen quollen aus ihren Augen, als sie den leblosen kleinen Körper auf einem Tisch im Leichenschauhaus des Krankenhauses liegen sahen. Wir blieben in der Krankenhauslobby. Als Ernst mit dem Sarg unter seinem Arm kam, nahm Gustav ihn und sagte: „Halt Meta fest; sie braucht deine Unterstützung. Lass uns gehen, Meta, du führst uns auf dem Weg zur Kirche."

Der Pastor erwartete uns in der Kapelle des Friedhofs. Nachdem Gustav den winzigen Sarg auf den Tisch vor dem Altar gelegt hatte, öffnete er die Abdeckung. Manfred sah aus wie ein schlafender Engel in seinem weißen Taufkleid. Der Pastor sprach Ernst und uns allen sein Beileid aus.

„Ja, es ist sehr schwer, ihr erstes Kind zu verlieren, aber es ist jetzt im Himmel, wo es kein Leiden gibt, und Gott wird euch auch trösten."

Der Pastor hielt eine kurze Predigt über die Jahreszeiten des Lebens und darüber, wie zerbrechlich das Leben sei. Wenn wir Glauben haben, werden wir eines Tages Manfred im Himmel sehen und ewig leben. Der Gedanke, ihn im Himmel wieder zu sehen, gab uns einen Schimmer von Trost und Hoffnung. Nach der Predigt gingen wir zum Sarg, um uns mit einem letzten Blick von dem kleinen Manfred zu verabschieden. Meta und Ernst küssten ihn auf die Stirn, während die Tränen ihre Augen füllten, und einige sogar auf sein Köpflein fielen. Der Rest unserer Familie berührte seine eiskalten kleinen Hände, die auf seinem Körper gekreuzt waren. Dann schloss Gustav den Sarg. Der Pastor sprach ein Gebet, bevor Gustav und Ernst den Sarg zur Begräbnisstätte trugen und ihn in die ausgegrabene Grube senkten. Es war bitterkalt, also sprach der Pastor nur ein paar tröstende Worte, bevor er die erste Schaufel Erde auf den Sarg warf. Meta und Ernst taten dasselbe. Der Pastor sprach ein weiteres Gebet, reichte ihnen die Hand und segnete sie, bevor er sich von allen verabschiedete.

Wir holten unsere Sachen in der Kapelle ab, machten uns auf den Weg zum Bahnhof und nahmen den Zug nach Schönberg. Als wir in Schönberg ankamen, wartete Georg vor dem Bahnhof auf uns. Er hatte auch noch ein paar Decken mitgebracht, um uns warm zu halten. Bevor wir in den Sophienhof einfuhren, war die Sonne untergegangen, und die Dunkelheit bedeckte nicht nur die Landschaft, sondern drang auch in unsere Herzen ein. Aber ein Hoffnungsschimmer blieb, dass, wenn wir an Gott glauben, er uns nicht nur trösten wird, sondern wir auch Manfred im Himmel wiedersehen werden. Emma und Mutter bereiteten ein paar Sandwiches für uns alle zu, bevor wir ins Bett gingen. Wir hofften, Ruhe zu finden von einem langen, emotional anstrengenden Tag. Metas Geist war an diesem Abend von Trauer geplagt. Sie konnte lange Zeit nicht einschlafen. Am nächsten Tag war sie zu erschöpft und zu untröstlich, um zur Arbeit zu gehen. Sie zog ein schwarzes Kleid an, was ein deutscher Brauch war, wenn ein nahes Familienmitglied starb. Die Frauen trugen ein ganzes Jahr lang nur schwarze Kleider, und die Männer trugen ein schwarzes Band am linken Oberärmel der Jacke. Meta und Ernst folgten dieser Tradition. Der Winter verging für uns langsam. Wir hatten kaum genug Kohle und Holz, um uns warm zu halten. Wir empfingen den Frühling mit offenen Armen und waren froh, wieder die Natur erkunden, durch die Wiesen und Wälder laufen, Ball spielen und sich mit den Kindern aus der Nachbarschaft unterhalten zu können.

Bevor unsere Sommerferien begannen, fanden am 3. April 1948 zwei Ereignisse statt. Präsident Truman unterzeichnete das europäische Konjunkturprogramm. Es ist auch als Marshallplan[13] bekannt, nach dem Außenminister George Marshall. Die Vereinigten Staaten haben sechzehn europäischen Ländern Milliarden von Dollar und Waren zur Verfügung gestellt, um die wirtschaftliche Infrastruktur wiederherzustellen und politische Stabilität in Europa zu schaffen. Die Vereinigten Staaten und Großbritannien hielten es für notwendig, den Kommunismus daran zu hindern, Europa zu infiltrieren. Die Sowjetunion akzeptierte den Marshallplan nicht; sie befürchteten, dass dies den Einfluss ihrer Satellitenstaaten schwächen würde. Nur fünf Prozent der Geldzuschüsse mussten von jedem Land zurückgezahlt werden. Während und nach dem Krieg war die deutsche Wirtschaft zusammengebrochen. Die Preise wurden festgelegt, Lebensmittel rationiert und Waren konnte man schwer bekommen, was zu einem unkontrollierbaren Schwarzmarkt und einer hohen Inflationsrate führte. Die Industrie- und Nahrungsmittelproduktion war deutlich zurückgegangen. Die Menschen aus den Städten mussten aufs Land gehen, um Lebensmittel einzutauschen. Präsident Truman erkannte, dass Deutschland eine Währungsreform brauchte, die die Rationierung beseitigen und einen freien Markt schaffen würde.

Am 20. Juni 1948 begann die Währungsreform, die das Leben der Menschen in Deutschland und auch das unserer Familie veränderte.

Die Beziehungen zwischen der amerikanischen, der britischen und der russischen Regierung verschlechterten sich nach dem Zweiten Weltkrieg. Präsident Truman und Premierminister Churchill erkannten, dass ein wirtschaftlich starkes Deutschland und Europa notwendig waren, um Russland in Schach zu halten. Beide Verbündeten kamen auf die Idee, eine neue Währung für Deutschland zu schaffen, die Deutsche Mark, die die wertlose Reichsmark und die Militär Mark ersetzen würde. Präsident Truman ließ die D-Mark in den Vereinigten Staaten drucken. Fünfhundert Tonnen Devisen, verpackt in 23.000 Kisten, gekennzeichnet als Türklinken, wurden heimlich nach Bremerhaven verschifft. Dieses geheime Ereignis nannte man Operation Bird Dog[14]. Von Bremerhaven aus transportierten 800 Lastwagen die Geldkisten nach Frankfurt. Ludwig Erhard, der sich politisch gegen Hitler gestellt und sich geweigert hatte, eine zentralisierte Wirtschaft unter Hitler zu akzeptieren, wurde ernannt, um die neuen Währungsdetails auszuarbeiten. Beamte informierten die Fabriken, die Lieferung von Waren zurückzuhalten, bis die neue Währung in Kraft tritt.

Am 20. Juni 1948 wurden jeder Person 40,00 DM (vierzig D-Mark) zugeteilt. Meine Mutter würde 240,00 DM für ihren Sechs-Personen-Haushalt und 20,00 DM mehr pro Person zu einem späteren Zeitpunkt erhalten. Emma ging am nächsten Tag ins Dorf, wo sie die Rationierungsmarken abholte, um das Geld für sich und Gustav und unsere Familie zu holen. Die Beamten hatten bereits alle Informationen über jede Familie, und setzten so das Programm schnell um. Plötzlich füllten in ganz Deutschland eine Menge von Waren und Lebensmitteln die leeren Läden und Regale. Zum ersten Mal seit Beginn des Zweiten Weltkrieges, vor fast neun Jahren, konnten die Menschen grenzenlos kaufen, was immer ihr Herz begehrte. Eine Welle des Jubels rauschte durch das Land.

Emma nahm Edmund, Richard und mich mit auf einen Einkaufsbummel nach Kiel. Viele Ruinen und zerbombte Strukturen wurden demontiert, einige abgerissen und neue Gebäude entstanden zwischen den Ruinen der Innenstadt. Die Geschäfte öffneten wieder ihre Läden. Die Schüler begannen, Bäume in den Schuttgebieten zu pflanzen. Die Stadtverwaltung baute den Bahnhof wieder auf, reparierte die Bahngleise und die Züge fuhren wieder. Nachdem wir am Bahnhof ausstiegen, schaute sich Emma nach einem Stoffgeschäft um. Sie kaufte etwas Stoff für ein Kleid für sich selbst sowie für meine Mutter und mich. Emma ließ mich das Material auswählen, das mir gefiel. Als nächstes gingen wir in ein Bekleidungsgeschäft, wo sie ein Paar Shorts für Georg, Edmund, Richard und Horst kaufte. Bevor wir nach Hause gingen, verwöhnte sie uns mit einem Eis, das wir noch nie zuvor gegessen hatten. Es schmeckte herrlich. Wir fuhren mit dem Zug zurück nach Schönberg, und gingen dann zu Fuß nach Hause und trugen unsere Pakete zum Sophienhof. Wir waren müde vom Einkaufen in der Großstadt, doch begeistert zeigten wir Mutter unsere eingekauften Sachen. Wir gaben ihr das Material, das wir für sie gekauft hatten. Wir freuten uns alle auf ein neues Kleid nach unserem Wunsch.

Mr. Puck und sein Lieferwagen, der immer Essen für uns gebracht hatte, hörte auch auf zu kommen. Jetzt hatte er so viel Ware, dass nicht mehr alles in seinen kleinen Van passte. Wir gingen alle zu seinem Laden in Bendfeld. Mit dem Geld aus dem Marshallplan und dem stabilen Wert der D-Mark renovierte Deutschland die Infrastruktur, beseitigte die Trümmer und baute Städte und Dörfer wieder auf. Obwohl Deutschland das am stärksten zerstörte Land war und das geringste Geld pro Kopf erhielt, bauten die Deutschen ihr Land schnell wieder auf, es war ein Wirtschaftswunder. Viele Menschen, die zwischen den Ruinen lebten, fanden oder bauten Wohnungen oder Häuser. Am wichtigsten war es, dass wir wieder ausreichend Lebensmittel kaufen konnten.

Russland nahm jedoch weder Hilfe aus dem Marshallplan an noch ließ es zu, dass die D-Mark in der von Russland besetzten Zone Deutschlands zirkulierte. Sie befürchteten, dass dies ihren Einfluss auf ihre Satellitenstaaten schwächen würde. Obwohl Berlin, die Hauptstadt Deutschlands, im russisch besetzten Gebiet lag, teilten die vier Alliierten Berlin in amerikanische, englische, französische und russische Sektoren. Der Nachteil daran, dass Russland die D-Mark nicht als Währung in seiner besetzten Zone zugelassen hatte, war es, dass sich Deutschland so in Ostdeutschland und Westdeutschland teilte. Alle Waren und jegliches Material aus Westdeutschland mussten durch das von Russland besetzte Gebiet mit Lastwagen, Zügen oder Flugzeugen nach Berlin transportiert werden, das an der Hauptverkehrsroute hundert Meilen von der westdeutschen Grenze entfernt lag. Vier Tage nachdem Russland sich geweigert hatte, die D-Mark in der Ostzone zu akzeptieren, versuchten sie, die drei Alliierten aus Berlin hinauszuzwingen, indem die Russen alle Straßen, Bahngleise und Wasserwege, die nach Berlin führten, blockierten. Russland versuchte, die zwei Millionen Menschen in West-Berlin auszuhungern, damit die westlichen Alliierten nachgeben und aus Berlin ausziehen. Die Berlin-Blockade war die erste große internationale Krise und der erste Konflikt zwischen Russland und seinen Verbündeten. Die Berlin-Blockade eskalierte zum Kalten Krieg[15] und Russland schloss auch den von den Alliierten kontrollierten Luftwaffenstützpunkt ab.

Die Alliierten hatten drei Möglichkeiten: Einerseits ihren besetzten Teil Berlins aufzugeben und Russland seinen Willen zu geben. Es bedeutete ihnen zu erlauben, in Zukunft mehr Forderungen zu stellen. Andererseits konnten die drei Alliierten militärische Gewalt anwenden, um die Blockade zu verhindern. Diese Option würde einen dritten Weltkrieg verursachen, eine weitere Tragödie. Sie entschieden sich für die dritte Option, nämlich standhaft zu bleiben und den Forderungen Russlands nicht zu folgen. General William Turner entwickelte einen Plan,

der die standhafte Haltung der Amerikaner und ihrer Verbündeten nicht gefährden würde. General Turner verwendete 220 C
54 Bomber Flugzeuge, um Nonstop Tonnen von Lebensmitteln,
Kohle, Benzin und anderen Rohstoffen nach Berlin zu fliegen.
So retteten sie die Menschen vor dem Hungerstod. Dieser Plan
wurde später „Operation Vittels" genannt.

Bald schlossen sich Piloten aus Großbritannien, Frankreich
und anderen Ländern der Operation an. Alle Flugzeuge landeten in der britischen Zone, weil der von den Alliierten kontrollierte Luftwaffenstützpunkt geschlossen war. Tag und Nacht,
bei Stürmen und schlechtem Wetter, erfüllten Flugzeuge ihre
Mission. Zivilisten schlossen sich an und halfen, die Waren zu
entladen, damit die Flugzeuge schnell ausfliegen und Platz für
die Landung des nachfolgenden Flugzeugs schaffen konnten.
Das Militär sowie Privatpiloten und Flugzeuge schlossen sich
der „Operation Vittels" an. Unter den nach Berlin geflogenen
Vorräten wurden auch 500.000 Care-Pakete geliefert.

Als der Pilot Gail Halvorsen auf dem Flugplatz Tempelhof
landete, traf er auf zerlumpte Kinder, die hinter einem Stachel-
drahtzaun standen. Als er sie fragte, was sie gerne hätten, antworteten sie: „Frieden." Die Antwort der Kinder rief Mitgefühl
bei ihm hervor. Er hatte nur eine Stange Kaugummi, die er in
vier Stücke zerbrach und sie einem Jungen mitsamt der Verpa-
ckung gab. Der Junge schnitt die Papierverpackung in Stücke
und reichte sie den Kindern, um die Minze des Papiers zu riechen. Pilot Halvorsen war so beeindruckt vom Verhalten der
Kinder, dass er etwas für sie tun wollte. Er beschloss, Süßigkeiten zu sammeln und sie für die Kinder aus dem Flugzeug zu
werfen. Er wusste, dass er die Erlaubnis der zuständigen Behör-
den brauchte, aber er hatte keine Zeit, sie zu holen. Die Nachricht von seiner Operation verbreitete sich und seine Freunde
und Leute aus der ganzen Welt schickten ihm Süßigkeiten für
die Kinder. Er sagte den Kindern, er würde mit den Flügeln wa-
ckeln, wenn er sich dem Flugplatz näherte. Auf diese Weise würden sie sein Flugzeug identifizieren und bereit sein können, die
Süßigkeiten abzuholen. Er befestigte die Süßigkeiten an weißen

Taschentüchern, die als kleine Fallschirme dienten und es leicht machten, die Süßigkeiten zu finden. Captain Halvorsen wurde als Candy Bomber und Uncle Wiggly Wings bekannt.

Im Winter 1948 und 1949 wurde die Operation vorübergehend schwierig, und an manchen Tagen konnten aufgrund des schlechten Wetters keine Flugzeuge landen. Der Erfolg von Operation Vittels wurde zur herausragendsten Lufttransportleistung der Geschichte. Stalin erkannte, dass die Alliierten Berlin um keinen Preis verlassen würden, und hob die Blockade am 12. Mai 1949 auf. Bevor Pilot Halvorsen und andere Piloten den Flughafen Tempelhof verließen, kamen Hunderte von Kindern und Erwachsene zum Flugplatz Tempelhof, einige mit Blumensträußen, andere mit Notizen, um den Piloten für ihre Güte und humanitäre Hilfe zu danken – dafür, dass sie die Berliner Einwohner vor dem Verhungern gerettet hatten. Die Alliierten und Menschen aus der ganzen Welt zeigten so viel Güte und Mitleid gegenüber den deutschen Bürgern in Berlin. Piloten und Personen, die gemeinsam daran arbeiteten, die Berliner vor dem Hungerstod zu bewahren, begannen das Nachkriegstrauma und die Wunden des Krieges zu heilen.

Sogar unsere Flüchtlingsgruppe auf Sophienhof erhielt von den Amerikanern Care-Pakete. Jedes Mal, wenn die gelbe Postkutsche kam, rannten wir hinüber, um den Postboten beim Entladen der Post zu beobachten. Wenn wir ein Care-Paket sahen, waren wir so glücklich. Wir rannten nach Hause, um unserer Mutter zu sagen, dass ein Paket angekommen war. Wir konnten die Post zwischen 13:00 und 14:00 Uhr abholen. Frau Diercks, die den Postdienst übernahm, packte die Sachen aus und legte alle Lebensmittel auf eine Seite des Tisches und die Kleidung auf die andere Seite. Um 13:00 Uhr stand eine Gruppe von Flüchtlingen, Erwachsene sowie Kinder, vor dem Tisch und beäugten all die schönen Dinge, die darauf lagen. Frau Diercks erlaubte einer Person, jeweils nur einen Gegenstand auszuwählen. Das Essen verteilte sie an jede Mutter.

Einmal war ich begeistert, einen Rock zu finden mit schönen roten und weißen Blumen, umgeben von grünen Blättern.

Es wurde mein wertvollster Besitz, den ich nur sonntags trug, wenn ich in die Kirche ging. Mutter, Emma und Meta nahmen Kleider. Die Jungs bekamen manchmal Hosen und zu anderen Zeiten Pullover oder Hemden. Wie sehr wir diese Gegenstände schätzten und der amerikanischen Regierung und dem amerikanischen Volk für ihre Großzügigkeit dankten! Es wurde gesagt: „Jedes Care-Paket ist ein persönlicher Beitrag zum Weltfrieden, den alle Nationen begehren. Es drückt Amerikas Besorgnis und Freundschaft in einer Sprache aus, die alle Menschen verstehen." Wir verstanden mit Gewissheit die Sprache, die bedeutete, genug zu essen zu haben und etwas Besonderes zu erhalten, das wir Luxuskleidung nannten. Wie stolz ich war, mit einem neuen Rock, den ich von einem Care-Paket erhalten hatte, zur Schule zu gehen.

Deutschland musste viele politische Probleme lösen. Nachdem Deutschland den Zweiten Weltkrieg verloren hatte, brach das Dritte Reich zusammen. Deutschland durfte von 1945 bis 1949 keine Zentralregierung haben.

Die Alliierten teilten Deutschland in vier Besatzungszonen auf, die von amerikanischen, britischen, französischen und russischen Verwaltungen kontrolliert und regiert wurden. Die vier Alliierten teilten und besetzten auch die Stadt Berlin, die sich in der russischen Zone befand. Wenn es zu Konflikten zwischen der Sowjetunion und Deutschland kam, entschieden die drei Alliierten über das Ergebnis und regierten Deutschland nach ihren Gesetzen.

Erst vier Jahre später, am 23. Mai 1949, trat der erste westdeutsche Parlamentsrat zusammen und erklärte formell die Gründung der Bundesrepublik Deutschland.[16] Conrad Adenauer, der Ratsvorsitzende, verkündete: „Heute entsteht ein neues Deutschland." Die Menschen wurden frei, der Partei ihrer Wahl beizutreten und für einen Präsidenten ihrer Wahl zu stimmen. Sie wählten Dr. Theodor Heuss am 12. September 1949 zum ersten Bundespräsidenten der Bundesrepublik Deutschland.

Bundeskanzler Konrad Adenauer war christlich erzogen und mit politischen Ideologien vertraut. Er entwickelte ein gutes Verhältnis zu den drei Verbündeten Westdeutschlands. Sein Wirtschaftsminister Ludwig Erhard schaffte das Rationierungsprogramm nach der Währungsreform von 1948 ab. Die neue deutsche Regierung zielte darauf ab, Sozialprogramme für Arbeiter und Zivilisten und Kapitalinvestition und Möglichkeiten für industrielle, kommerzielle und private Unternehmern in Einklang zu bringen. Den gut entworfenen Plänen Ludwig Erhards gelang der wirtschaftliche Erfolg. Es bedurfte mehrerer Jahre harter Arbeit, um Deutschland und Europa wieder aufzubauen. Später nannte man den erfolgreichen und schnellen Wiederaufbau Deutschlands ein Wirtschafswunder.

Bundeskanzler Conrad Adenauer erkannte das Unheil der Judenverfolgung an. Er traf sich 1952 mit dem israelischen Außenminister Moshe Sharett und unterzeichnete ein Wiedergutmachungsabkommen, um die Holocaust-Überlebenden für ihr Leiden während des Zweiten Weltkriegs zu kompensieren. Dieses Abkommen ist auch heute noch in Kraft.

Die sowjetische Regierung reagierte schnell auf das Vorgehen Westdeutschlands, indem sie im Oktober 1949 die Deutsche Demokratische Republik Ostdeutschland (DDR) gründete. Diese Aktionen machte die Wiedervereinigung des geteilten Deutschlands schwierig, sowie fraghaft. Sie spalteten Deutschland und die Welt, schufen Feindseligkeit und schürten den Kalten Krieg zwischen den kommunistisch kontrollierten Ländern im Osten und der „freien Welt", dem Westen.

Die Wirtschaft in Ostdeutschland verschlechtere sich sehr und das Leben wurde schwierig unter der kommunistischen Diktatur Russlands. Viele Ostdeutsche flohen nach Westdeutschland. Um den Verlust der Arbeitskräfte zu verhindern, baute im Jahr 1961 die russische Regierung eine Mauer, die später als Eiserner Vorhang bezeichnet wurde. Die Mauer begann an der Ostsee und lief entlang der gesamten Grenze der Ostzone. Er trennte sichtbar Ost- und Westdeutschland. Eine fünf Kilometer breite Militärzone entlang der Grenze diente dazu, zu patrouillieren und Personen daran zu hindern, die Grenze ohne Sondergenehmigungen zu überqueren. Jeder, der versuchte zu entfliehen und dabei erwischt wurde, wurde auf der Stelle erschossen oder gefangen genommen, um bestraft zu werden. Nur bestimmte Checkpoints öffneten für Reisende von Ost- nach Westdeutschland und umgekehrt, allerdings mit starken Einschränkungen.

Das Verbot des freien Reisens, Warenmangel und andere Einschränkungen führten jedoch dazu, dass die Menschen rebellierten und friedliche Kundgebungen hielten. Die russische Regierung lockerte zuerst die Reisebeschränkungen. Am 9. November 1989 versammelten sich tausende von Bürgern in Ost-Berlin und stürmten mit Hämmern und Spitzhacken zur Mauer und zerbrachen sie teilweise. Die Wachen konnten die lang unterdrückte Menge nicht mehr kontrollieren und ließen sie nach West-Berlin stürmen. Später erlaubte der russische Präsident Michael Gorbachev, der auch die „Perestroika"-Offenheit für das russische Volk einführte, das Zerbrechen und die Aufhebung des Eisernen Vorhangs. Auch war er verantwortlich für die Vereinigung von Ost- und Westdeutschland.

Schließlich, mit Zustimmung der Vereinigten Staaten, Frankreichs, des Vereinigten Königreichs Englands und der Sowjetunion, wurden die beiden deutschen Staaten vereint und erlangten ihre Souveränität zurück. Das am 12. September 1990 in Moskau unterzeichnete Zwei-plus-Vier-Abkommen besiegelte die Wiedervereinigung von Ost- und Westdeutschland. Die vier wesentlichen Bedingungen waren, dass die alliierten Streitkräfte ihre Truppen abziehen und die volle Souveränität an Deutschland zurückgeben würden. Eine begrenzte Zahl von 370.000 deutschen Bundeswehrsoldaten war erlaubt. Deutschland musste schwören, keine zukünftigen Ansprüche auf das Gebiet zu erheben, das vor 1945 zu Deutschland gehörte. Leider war ein Drittel Deutschlands, einschließlich meiner geliebten Heimat, Ostpreußen, nach dem Ende des zweitens Weltkrieges und durch dieses Abkommen von 1990 für immer verloren.

Lass mich wieder zur Schule nach Pratjau zurückkehren. Bevor die Sommerferien in 1949 begannen, gab Herr Reimers uns die Zeugnisse. Er erwähnte, die Schüler, die nächstes Jahr die sechste Klasse beenden, könnten sich an einer Mittelschule in Schönberg bewerben. Es sei nicht einfach, hineinzukommen. Aufgrund eines Lehrermangels und einer kleinen Lehreinrichtung konnten nur wenige Schüler angenommen werden. Die Studenten müssten sich zwei Wochen lang einer intensiven schriftlichen und mündlichen Prüfung unterziehen. Die Mittelschule nahm nur die besten Schüler auf. Da ich wusste, dass ich nächstes Jahr die sechste Klasse beenden würde, dachte ich sofort daran, zur Mittelschule zu gehen. Sind meine Noten gut genug, um die Prüfungen zu bestehen? Wie komme ich dorthin? Würde meine Mutter mir erlauben zu gehen? Viele Gedanken liefen mir durch den Kopf. Ich hoffte auch andere Mädchen oder Jungen würden interessiert sein, zur Mittelschule zu gehen.

Ich rannte nach Hause und erzählte meiner Mutter von der Möglichkeit, zur Mittelschule zu gehen und fragte, ob sie mir erlauben würde, die Mittelschule zu besuchen, wenn ich die erforderliche Prüfung bestehen würde.

„Lass mich eine Weile darüber nachdenken, wie wir es möglich machen könnten. Du wirst ein Fahrrad benötigen, da keine öffentlichen Verkehrsmittel nach Schönberg zur Verfügung stehen. Du wirst auch mehr und bessere Kleidung brauchen. Wir können es uns nicht leisten, all diese Dinge gerade jetzt für dich zu besorgen. Es könnte auch Studiengebühren geben, die bezahlt werden müssen."

„Bitte, bitte, lass mich gehen. Wir werden es möglich machen."

„Sei geduldig; wir werden sehen, was wir tun können."

Vorerst musste ich damit zufrieden sein, dass meine Mutter nicht nein sagte. Ich wusste nicht einmal, wie man Fahrrad fährt. Ich brauchte mehr Übung. Immer wenn ich jemanden Fahrrad fahren sah, fragte ich, ob sie oder er mich mit dem Fahrrad fahren ließ. Am Anfang verursachten das Starten und das Balancieren meines Gleichgewichts auf dem Fahrrad häufige Stürze. Aber bald fühlte ich mich sicherer und fuhr, ohne umzukippen.

Im Sommer 1949 infizierten Kartoffelkäfer die Kartoffelpflanzen. Herr Jessen beschloss, um die Kartoffelernte zu retten, Kinder zu beschäftigen, um die Käfer von den Pflanzen zu sammeln. Er, wiederum, zahlte jedem Kind ein paar Pfennige pro Stunde. Ich meldete mich freiwillig an, damit ich etwas Geld verdienen konnte, um ein Fahrrad zu kaufen. Viele Nachbarkinder taten dasselbe. Einer der Landarbeiter notierte, wie viele Stunden jedes Kind arbeitete, und bezahlte sie am Ende der Woche. Ich brachte stolz meine paar DM nach Hause und gab sie meiner Mutter.

„Schau, ich habe diese Woche etwas Geld verdient. Wir können es nutzen, um ein Fahrrad zu kaufen, damit ich zur Schule gehen kann."

„Ja, Hildke", so nannte mich Mutter im ostpreußischen Dialekt, „ich hebe es für dich auf."

Ich war so ermutigt, zum Kauf des Fahrrads beizutragen, und hoffte mein Ziel zu erreichen, wenn nicht in diesem Jahr, vielleicht im nächsten.

Im Herbst begann mein jüngster Bruder, sechs Jahre alt, die Volksschule. Ich brachte ihn zur Schule und stellte ihn Herrn Reimers vor. Zuerst war er schüchtern, aber er wurde zutraulich, als er seine Klassenkameraden kennenlernte. Er zeichnete sich im Sport aus und genoss es, zu laufen und Fußball zu spielen.

Nach dem Abschluss der Volksschule ging Edmund zur Familie Groth nach Fargau. Herr Groth war Bürgermeister von Fargau; er besaß auch einen kleinen Bauernhof. Edmund bewirtschaftete die Farm für Herrn Groth, der auch unsere beiden Pferde kaufte. Herr Jessen wollte unsere Pferde nicht mehr mit Futter versorgen, was uns zwang, sie zu verkaufen. Wir alle waren traurig, uns von unseren tapferen Pferden Kasten und Kobel zu trennen. Sie hatten uns auf der langen, gefährlichen, schweren Reise von Ostpreußen zu unserem heutigen Ort in Schleswig-Holstein begleitet und geholfen, die Flucht zu überleben.

Mutter akzeptierte einige Veränderungen, aber andere nicht. Sie hielt an ihren christlichen Werten fest und erwartete, dass alle ihre Kinder ihrem Beispiel folgten. Emma und Meta taten dies, indem sie Jesus Christus als ihren persönlichen Retter annahmen. Eines Tages gab mir Meta ein Flugblatt von Werner Heuchelbach, in dem geschrieben stand, wie man gerettet wer-

261

den kann. Nachdem ich es mit großem Interesse gelesen hatte, kniete ich nieder und bat Jesus, alle meine Sünden zu vergeben und in mein Herz zu kommen. Ich fühlte, wie ein warmes Licht über mich kam, und große Freude erfüllte mein Herz. Ich rannte zu Mutter und Meta und teilte dieses wundervolle Erlebnis mit ihnen. Sie freuten sich mit mir. Von da an hörte ich dem Prediger in der Gemeinde aufmerksam zu, denn ich wollte mehr über die Lehren Christi erfahren und wie man die Worte, die er lehrte, in die Tat umsetzt. Als wiedergeborener Christ wurde mein Glaube an Gott plötzlich lebendig und bedeutungsvoll und war nicht nur ein religiöses Ritual. Nun gehorchte ich nicht nur aus Pflichtbewusstsein meiner Mutter, sondern weil Gott uns befal, unsere Eltern zu ehren. Ich erhielt einen „Katechismus", zusammengestellt von Martin Luther, ein Buch, das in den Schulen verwendet wird, um uns die Grundregeln unseres Glaubens zu lehren. Es enthielt die Zehn Gebote, das Vaterunser, das Glaubensbekenntnis, die Erklärungen der Heiligen Sakramente und etwas Kirchengeschichte. Der lutherische und der katholische Katechismus unterscheiden sich in einigen Punkten, die Lutheraner glauben nicht an die Unfehlbarkeit des Papstes.

Am Sonntag vor der Konfirmation wurden den Schülern Fragen aus dem Katechismus gestellt, um sie vor der Gemeinde zu beantworten und Bibelverse, Religionsgeschichte und Liedtexte zu rezitieren. Während freier Minuten las ich ein oder zwei Seiten und lernte den Inhalt auswendig. Emma und Meta, beide wiedergeborene Christen, beantworteten viele meiner Fragen über das Wachsen im Glauben.

Meta erwartete ein weiteres Baby und am 1. Juni 1950 brachte sie ein gesundes Mädchen zur Welt. Meta und Ernst und wir alle begrüßten das zusätzliche Familienmitglied namens Agnes mit Freude. Wenn ich einen freien Moment hatte, ging ich in Metas Zimmer, um das Baby zu betrachten und zu berühren. Diesmal blieb Meta länger von der Arbeit zu Hause, um sich um ihre kleine Tochter zu kümmern.

Mein Bruder Richard absolvierte die Volksschule. Danach begann er seine theoretische Ausbildung in der Handelsschule in Schönberg, bevor er als Lehrling in einer Schmiedemeisterei anfing. Er war sehr begabt darin, Dinge aus Metall herzustellen. Er wollte die Handwerkskunst der Eisenarbeit und des Schmiedens studieren. Die Handelsschule befand sich zufällig in Schönberg im selben Gebäude wie die Mittelschule, die ich besuchen wollte.

Während des Sommers arbeitete ich so viel ich konnte, auf der Farm, um ein paar DM zu verdienen. Am Ende des Sommers hatte ich etwas Geld angesammelt und ich fragte meine Mutter, ob es genug sei, um ein Fahrrad zu kaufen.

„Leider nicht, aber ich werde den Rest hinzufügen, um dir ein Fahrrad zu kaufen, und du kannst zur Mittelschule gehen."

Ich rannte zu meiner Mutter, umarmte sie und schrie: „Danke, danke, das ist wunderbar. Wann kaufen wir ein Fahrrad?"

„Wir warten bis zum nächsten Jahr; während der Sommerferien."

„Das ist in Ordnung. Ich kann warten."

Ich konnte es kaum erwarten, meinem Lehrer die ausgezeichnete Nachricht zu überbringen. Als ich wieder zur Schule ging und in die sechste Klasse kam, erzählte ich Herrn Reimers dass meine Mutter mich in die Mittelschule gehen ließ. Er antwortete: „Ich freue mich auch für dich." Dann fragte er, ob noch eine andere Schülerin die Mittelschule besuchen möchte. Als niemand antwortete, wusste ich, dass ich allein gehen werde. Aber das war mir gleich. Ich würde gehen, unabhängig davon, ob ich die einzige Schülerin aus meiner Volkschule war. Herbst und Winter vergingen langsam und ereignislos. Ich zählte die Monate bis zu den Sommerferien.

Am Tag vor den Ferien erhielten wir unsere Zeugnisse. Ich bekam meine nicht und fragte mich, warum. Dann sagte mir Herr Reimers, ich solle im Klassenzimmer warten; er wollte mit mir sprechen. Schließlich gingen alle Schüler nach Hause. Herr Reimers kam zu meinem Schreibtisch, zeigte mir mein Zeugnis mit meinen Noten und sagte: „Siehst du, Hildegard, da ich wusste, dass du zur Mittelschule gehst, habe ich deine Noten absichtlich gesenkt. Ich werde dir sagen, warum. Wenn die Lehrer in der Mittelschule deine Noten sehen, werden sie nicht viel von dir erwarten, aber du sollst sie überraschen und dein Bestes geben, was mehr sein wird, als sie erwarten. Ich weiß, du bist eine gute Schülerin und wissensbegierig zu lernen und wirst die Prüfung bestehen."

Zuerst war ich perplex. Dann dachte ich einen Moment nach und sagte: „Ich werde sicherlich mein Bestes geben."

Dann reichte er mir mein Zeugnis und ein Blatt Papier mit dem Namen der Mittelschule, der Adresse, dem Datum der Registrierung und dem Beginn der zweiwöchigen Testphase.

„Denk auch daran, reif zu werden und rein zu bleiben."

„Ich werde mich an Ihren Rat erinnern. Vielen Dank für alles, was sie mir beigebracht haben."

Mit einem Händedruck und einem Knicks verabschiedete ich mich und ging nach Hause. Ich war etwas traurig, dass Herr Reimers nicht mehr mein Lehrer sein würde, weil ich in den letzten vier Jahren so viel von ihm gelernt hatte. Er lehrte seine Schüler und mich nicht nur Fächer, sondern Weisheit für das Leben. Als ich langsam nach Hause ging, dachte ich über seine Aktion und seinen Kommentar nach und begann, seine Absicht zu verstehen. Herr Reimers versuchte, mir eine wichtige Lektion zu erteilen, mehr zu sein oder zu tun als erwartet; oder mehr Sein als Schein. Auch lehrte er, dass die wahre Schönheit aus dem Innern der Seele ausstrahlt.

Als ich nach Hause kam, erzählte ich meiner Mutter, warum der Lehrer meine Noten runtergesetzt hatte. Sie stimmte ihm vollkommen zu. „Ich gehe auf jeden Fall zur Mittelschule." Ich gab ihr das Datum für die Anmeldung und wann die zweiwöchigen Prüfungen beginnen würden.

Dann fragte ich: „Wann können wir das Fahrrad kaufen? Vielleicht nimmt Richard dich auf seinem Fahrrad mit nach Schönberg. Ich werde ihn bitten, zuerst den Preis herauszufinden. Er kann dich auch zur Registrierung bringen."

Sobald ich Richard durch die Tür kommen sah, rannte ich zu ihm hinüber: „Richard, Mutter möchte, dass du mich nach Schönberg bringst, um ein Fahrrad zu kaufen. Wirst du es tun?"

„Ich werde es tun, wenn Mutter es bejaht. Lass mich zuerst mit ihr sprechen."

Richard ging zu meiner Mutter, die Salat putzte.

„Mutter, willst du, dass ich ein Fahrrad für Hilde kaufe?"

„Ja, sie hat sich entschieden, zur Mittelschule zu gehen und braucht ein Fahrrad. Wenn du morgen nach Schönberg fährst, gehe zu einem Fahrradgeschäft und erkundige dich, wieviel ein Damenfahrrad kostet."

„Du siehst, Richard, Mutter will, dass ich ein Fahrrad bekomme, und ich möchte es so schnell wie möglich haben."

„In Ordnung, ich werde den Preis morgen herausfinden."

„Danke, Richard."

Ich erzählte Horst und Georg auch die gute Nachricht. Horst beendete die erste Klasse und begann im Herbst die zweite Klasse. Georg war der einzige Bruder, der keinen Beruf erlernen konnte, weil er auf dem Hof arbeiten musste, um unsere Familie zu ernähren.

Ich war so dankbar und froh zur Mittelschule zu gehen und ein neues Fahrrad zu besitzen, dass ich lange Zeit nicht einschlafen konnte. Als ich am nächsten Tag aufwachte, war Richard bereits zur Schule gegangen. Ich konnte es kaum erwarten, bis er auf den Hof zurückkehrte; ich ging voraus, um ihn zu treffen. Sobald ich meinen Bruder in der Ferne sah, rannte ich zu ihm.

„Hast du einen Fahrradladen gefunden? Wie hoch sind die Preise?"

„Ja, ich habe in Schönberg einen sehr schönen Fahrradladen gefunden, in dem man zwischen 60,00 DM und 100,00 DM ein gutes Damenfahrrad kaufen kann."

„Das ist gut. Ich verdiente im Sommer bereits ca. 25,00 DM, die ich Mutter gab. Ich bin sicher, dass sie den Rest des Geldes zugeben wird."

„Ich denke, sie wird es tun."

„Lass uns zu ihr gehen und ihr die gute Nachricht mitteilen."

Richard ging zu Mutter und erzählte ihr vom Preis des Damenfahrrads und fragte sie, ob er es für mich kaufen könne.

„Ich gebe dir 100,00 DM, und du kannst sie morgen mitnehmen und ein Fahrrad für Hildke kaufen.“

Ich stand in der Nähe und stieß einen Freudenschrei aus: „Das ist wunderbar! Danke, Mutter! Und ich danke dir, Gott, dass Du meinen Traum erfüllen wirst!“

Am nächsten Morgen stand ich früh auf, zog mein bestes Sonntagskleid an und los ging es mit mir auf Richards Lenker nach Schönberg. Es war eine schwierige Fahrt für Richard, mein zusätzliches Gewicht auf dem Fahrrad zu transportieren. Für mich war es auch unangenehm, über eine Stunde auf der harten Eisenstange zu sitzen. Als wir den Fahrradladen betraten, vergaßen wir die Unannehmlichkeiten der Fahrt. Ich schaute mich um und ging dann zu jedem Damenfahrrad, um es zu untersuchen, bevor ich meine Wahl traf. Ein Fahrrad erregte meine Aufmerksamkeit, und ich ging mehrmals zu ihm zurück und überprüfte es sorgfältig. Es war ein rotes Victoria-Fahrrad von 1950. Es hatte sogar einen gehäkelten Rockschutz und zwei Federn im Sitz. Ich sagte Richard, dass ich dieses spezielle Fahrrad kaufen wollte. Richard fragte, wie viel es kostete, dann zahlte er dem Verkäufer 75,00 DM, der es mir wiederum mit den Worten übergab: „Sie haben eine gute Wahl getroffen, und wenn Sie das Fahrrad sorgfältig behandeln, wird es Ihnen lange Freude bringen.“

„Danke, ich werde es gut behandeln.“

Glücklich wie eine Lerche, ein Fahrrad zu besitzen, schob ich es aus dem Laden.

„Möchtest du, dass ich mit dir in die Schule gehe und dort auf dich warte? Das Gebäude der Schule liegt am Rande der Stadt. Ich kann auch nachfragen, wo du dich für die Prüfung anmelden musst.“

„Du kannst mit mir kommen, um den Ort für die Registrierung zu überprüfen; du brauchst jedoch nicht in der Schule zu warten. Ich werde meinen Unterricht um 14:00 Uhr beenden. Du kannst in die Stadt gehen und dir die Geschäfte ansehen.“

„Das ist eine wunderbare Idee. Das werde ich tun.“

„Sei pünktlich um 14:00 Uhr hier in der Schule. Hier sind 2,00 DM, kauf dir etwas zum Mittagessen."

„Vielen Dank. Ich werde nicht zu spät kommen. Wir sehen uns um 14:00 Uhr."

Ich stellte mein Fahrrad neben Richards und ging in das Gebäude, um mich zu erkundigen, wo das Büro war. Eine Dame zeigte mir das Büro. Ich ging hinein, um mich zu erkundigen, welche Dokumente ich benötigte und wann ich mich für die Prüfung anmelden sollte. Nachdem ich die notwendigen Informationen erhielt, ging ich glücklich zurück in die Stadt. Ich hielt bei jedem Damenbekleidungsgeschäft an und bewunderte schöne Kleider, Röcke und Blusen. Auch die Schuhgeschäfte schaute ich mir an – so zierliche Ledersandalen in verschiedenen Farben für den Sommer. Aber jedes Mal, wenn ich mir einen Gegenstand wünschte, schaute ich mir mein neues Fahrrad an und wünschte mir dann nichts anderes. Ich hörte, wie die Uhren von den Kirchtürmen zwölfmal schlugen. Ich wusste, dass es Zeit war, etwas zu essen. Als ich eine Bäckerei sah, ging ich hinein und kaufte mir eine frische Bretzel. Ein paar Tische mit Stühlen ließen die Kunden verweilen und ihr Gebäck in der Bäckerei konsumieren. Ich genoss mein Bretzel, bevor ich beschloss, langsam zur Schule zurückzukehren, um Richard zu treffen. Ich war müde vom Laufen, fand einen Platz, setzte mich hin und wartete auf Richard. Um 14:00 Uhr öffnete sich die Haupteingangstür, und heraus kamen die Studenten. Als ich Richard entdeckte, nahm ich mein Fahrrad und ging auf ihn zu.

„Hallo, Richard, siehst du, ich bin pünktlich."

„Sehr gut, lass uns losfahren. Ich habe viele Hausaufgaben zu erledigen."

Richard holte sein Fahrrad ab und los ging es in Richtung Sophienhof über die holprige, unbefestigte Landstraße und wir kamen etwa eine Stunde später an.

Ich stellte mein Fahrrad vor den Eingang und rannte in das Haus zu meiner Mutter. Ich nahm sie an der Hand und führte sie zu meinem neuen Fahrrad.

„Schau, Mutter, ist es nicht ein wunderschönes Fahrrad? Vielen Dank."

„Ja, es ist ein gutaussehendes Fahrrad. Du hast eine gute Wahl getroffen."

„Vielen Dank! Kann ich es hineinbringen? Ich möchte es nachts nicht draußen lassen."

„Stell es im Eingang hinter der Leiter ab; so wird es aus dem Weg sein." Ich tat, was meine Mutter mir sagte.

Am nächsten Tag fuhr ich auf dem Hof herum, zeigte allen Nachbarn mein neues Fahrrad und sagte ihnen, dass ich mich am Mittwoch in der Mittelschule anmelden würde.

Am Mittwochmorgen nahm ich mein Zeugnis und meinen Personalausweis und fuhr mit Richard nach Schönberg, um mich für die Aufnahmeprüfung zum Besuch der Mittelschule anzumelden. Als ich ankam, stand bereits eine lange Schlange im Flur. Nachdem ich eine Zeitlang gewartet hatte, öffnete sich die Bürotür, eine Mutter und eine Tochter kamen heraus, und eine Dame bat mich, hereinzukommen.

„Guten Morgen, ich bin Hildegard Bonacker; hier ist mein Zeugnis und mein Ausweis."

„Guten Morgen, Fräulein Bonacker; bitte nehmen Sie Platz, während ich Ihr Zeugnis überprüfe und Sie in das Register eintrage."

Ich sagte: „Danke", und setzte mich.

Die Sekretärin schaute zuerst auf den Ausweis, trug meinen Namen, mein Geburtsdatum und meine Adresse in ihr Buch ein. Dann schaute sie sich mein Zeugnis an, machte sich Notizen über meine Noten und gab mir beide Dokumente zurück. Die Sekretärin sagte mir, dass die Prüfungen am Montag, dem 10. Juli, um 8:00 Uhr beginnen und am 24. Juli 1950 enden würden.

„Bringen Sie einige Notizbücher, einen Bleistift und einen Füllfederhalter mit. Wir werden Sie eine Woche später benachrichtigen, ob Sie die Prüfung bestanden haben oder nicht. Der reguläre Unterricht beginnt am 7. August 1950 für die Schüler, die akzeptiert wurden.

„Auf Wiedersehen, Fräulein Bonacker. Wir sehen Sie am 10. Juli."

Ich stand auf, verabschiedete mich und verließ das Büro.

Währenddessen hatte ich nicht genug Zeit, um in die Stadt zu gehen, also wartete ich draußen auf Richard. Als sein Unterricht endete, trafen wir uns und fuhren zusammen nach Hause. Ich sagte ihm, dass ich mich registriert habe und wann die Tests beginnen.

Am Sonntag, 9. Juli, fuhren die ganze Familie und mehrere Nachbarn zur Kirche auf der Burg Salzau. Auf dem Weg dankte ich Gott, dass Er meinen Wunsch erfüllte, in die Mittelschule zu gehen. Nachdem wir zu Mittag gegessen hatten, begann ich sofort, ein Notizbuch, meinen Bleistift und meinen mit Tinte gefüllten Füllfederhalter in eine Tasche zu stecken, damit ich nichts vergessen würde. Am nächsten Tag stand ich sehr früh auf. Mutter bereitete das Frühstück für mich. Dann legte sie zwischen mit Butter bestrichene Brotschnitten hausgemachte Mettwurst zum Mitnehmen als Mittagsessen Ich fuhr nach Schönberg, während die Sonne gerade aufging, mit ihren ersten Strahlen die Felder erhellte und gleichzeitig auch meinen Tag. Ich kam eine halbe Stunde früher an und ging in den Raum, der für die zu testenden Schüler bestimmt war.

Der Direktor der Schule stellte sich als Professor Förster vor. Dann bat er jeden Schüler, einzeln aufzustehen und seinen Namen zu nennen. Es waren ein paar mehr Mädchen als Jungen im Raum. Der Lehrer wiederum sagte uns, in welchen Fächern er uns prüfen werde. Die Lehrer unterrichteten in den nächsten zwei Wochen Mathematik, Deutsch, Englisch, Geschichte und Geografie und testeten uns dann in jedem Fach schriftlich und mündlich. Wir lernten all die ungewöhnlichen Pflanzen und Tiere Australiens kennen. Der Lehrer zeigte uns Bilder von einem Schnabeltier, einem Koalabären, Kängurus, den Ureinwohnern der Wüsten und den einzigartigen Formen und Größen der Flaschenbäume. Diese ungewöhnlichen Tiere und Pflanzen faszinierten mich. Auf dem Heimweg wiederholte ich alle Namen, um mich zu vergewissern, dass ich sie nicht vergessen würde. Eines Tages verließ Professor Förster die Schule zur gleichen Zeit wie ich. Er lud mich ein, mit ihm zu seinem Haus zu gehen, das nicht allzu weit von der Schule entfernt war. Ich fühlte mich geehrt und schob mein Fahrrad neben mir her, während wir gingen und uns unterhielten. Er erzählte mir, wie sehr er Rosen mochte und welche Sorten er bereits züchtete. Ich hörte aufmerksam zu und gab ihm Antwort auf die Frage, wo ich geboren war, wo ich lebte und welche Blumen ich mochte. In kürzester Zeit erreichten wir sein Haus und sahen die bunten Rosen in voller Blüte, die seinen Garten füllten.

„Wie schön Ihre Rosen sind!", sagte ich und bewunderte die Vielfalt der Farben. Dann sagte er: „Auf Wiedersehen, Fräulein Bonacker." Ich verbeugte mich und sagte mit einem Lächeln: „Auf Wiedersehen, Professor Förster."

Fröhlich stieg ich auf mein Fahrrad und fuhr schnell nach Hause, um meiner Mutter und meinen Schwestern von meinem Spaziergang mit dem Professor zu erzählen. Die erste Woche verging ohne Schwierigkeiten. In der zweiten Woche machten wir schriftliche Tests. Die Lehrer der verschiedenen Fächer prüften uns auch mündlich. Das erste Mal, als ich vor der Klasse aufstehen und Fragen in Anwesenheit einer Gruppe von Lehrern beantworten musste, war ich nervös und meine Antworten kamen langsam, aber ich entspannte mich mehr und mehr mit jeder Frage, die gestellt wurde. Die Lehrer machten sich Notizen, nachdem jeder Schüler die Fragen beantwortete. Ich hoffte, die meisten Fragen richtig beantwortet zu haben. Als der Lehrer uns am letzten Tag entließ, sagte er uns, dass wir die schriftliche Benachrichtigung vor dem 31. Juli erhalten würden, und der Unterricht am 7. August für die akzeptierten Schüler beginnen würde. Ich fuhr nach Hause und fragte mich, ob ich die Prüfung gut genug bestand, um aufgenommen zu werden, oder nicht.

Jedes Mal, wenn der Postwagen kam, rannte ich sofort hin, um zu schauen, ob ein Brief von der Mittelschule in Schönberg für mich eintraf. Drei Tage vergingen, und es kam keine Post. Als der Brief Ende Juli immer noch nicht angekommen war, begann ich mir Sorgen zu machen, dass ich die Prüfungen nicht bestanden hatte. Als ich am Dienstag, dem 1. August, keine Benachrichtigung erhielt, war ich verzweifelt. Habe ich die Prüfungen nicht bestanden oder lag es an dem verspäteten Postdienst? Was soll ich tun? Sollte ich akzeptieren, dass ich nicht zur Mittelschule gehen würde oder herausfinden, was passiert war? Ich verbrachte eine unruhige Nacht und betete zu Gott, dass er mir zeigen möge, was ich tun sollte. Ich konnte nicht begreifen, dass mein Traum zerbrochen war. Es wäre mir peinlich, meinem Volkschullehrer und den Schülern zu sagen, dass ich die Prüfung nicht bestanden hatte. Das Büro in der Schule wäre wahrscheinlich für die Woche vor Schulbeginn geschlossen. Was kann ich tun? Ich betete zu Gott, dass Er mir helfe.

Dann dachte ich an Professor Förster. Ich erinnerte mich, wo er wohnte. Warum gehe ich nicht zu ihm und rede mit ihm? Ja, das würde ich morgen, Mittwoch, den 2. August, tun. Ich stand früh auf, ging aber nicht sofort. Wenn ich um 10:00 Uhr morgens bei ihm zu Hause ankomme, hätte er gefrühstückt, und vielleicht würde ich ihn im Garten arbeitend antreffen. Ich wartete bis 9:00 Uhr, bevor ich losfuhr. Als ich bei Professor Förster ankam, fand ich ihn beim Abschneiden der toten Rosenblüten. Ich blieb am Tor stehen und nannte ihm meinen Namen. Ich entschuldigte mich dafür, dass ich zu ihm nach Hause gekommen war, aber ich müsse dringend mit ihm sprechen.

„Was ist passiert, Fräulein Bonacker? Bitte kommen Sie rein."
Ich betrat den Garten,

„Bitte, setzen Sie Ihre Arbeit fort, Herr Professor Förster. Können Sie mir sagen, ob ich die Prüfungen bestand oder nicht? Es ist nur fünf Tage vor Schulbeginn, und ich erhielt keine Benachrichtigung über die Resultate der Tests?"

Gespannt wartete ich auf seine Antwort. „Natürlich, Fräulein Bonacker, Sie haben alle Prüfungen gut bestanden und wurden akzeptiert."

„Wirklich?" Halb ungläubig, aber dann begeistert, reichte ich Professor Förster die Hand, während ich ausrief: „Danke, danke, Herr Professor. Sie haben keine Ahnung, wie froh mich Ihre Antwort macht. Ich werde am Montagmorgen in der Schule sein, um den Unterricht zu beginnen." Dann verabschiedete ich mich und fuhr freudestrahlend los. Ich dankte Gott, dass ich mich persönlich erkundigte, dass ich die Prüfungen bestand und dass ich von der Mittelschule angenommen wurde. Erleichtert und begeistert wie auf Adlerflügeln radelte ich zum Sophienhof zurück.

Ich eilte in die Küche, um meiner Mutter die gute Nachricht zu überbringen, die sie auch befriedigte. Nach dem Mittagessen fuhr ich zur Volksschule, um meinem Lehrer, Herrn Reimers, zu berichten, dass ich die Prüfungen bestanden hatte und in der folgenden Woche die Mittelschule besuchen werde. Er war begeistert. „Ich hatte keinen Zweifel daran, dass du akzeptiert würdest. Ich wünsche dir alles Gute." Ich dankte Herrn Reimers dafür, dass er uns nicht nur die vorgeschriebenen Lehrpläne beigebracht hatte, sondern auch etliche Weisheiten und moralische Werte des Lebens, die notwendig sind, um einen edlen Charakter zu entwickeln. Ich verließ die Schule mit gemischten Gefühlen, traurig, mich von meinem ausgezeichneten Lehrer und meinen Klassenkameraden zu trennen, aber froh, mit der Mittelschule zu beginnen. Auf dem Heimweg erinnerte ich mich an die fünf Jahre, die ich in dieser Ein-Zimmer-Schule mit einem so weisen und sachkundigen Lehrer verbracht hatte. Er hatte uns auch gelehrt: „Nichts in dieser Welt ist beständiger als der Wechsel." Später im Leben dachte ich darüber nach, was Reife für mich bedeutete, und ich schrieb das folgende Gedicht:

„*Was ist Reife*

Es ist gewiss ein göttliches, edles Ziel
Reif zu werden und immer rein zu bleiben.

Reife ist mehr als jahrelanger Erkenntnisgewinn,
Ich soll weise wählen, was ich höre, denke, und tue.

Ich sollte wissen, wenn ich zuhöre, oder spreche.
Ich respektiere die Starken, die Sanften und die Schwachen.

Verzeihe den Personen, die mich erneut beleidigen
Und bitt um Verzeihung, wenn es fällig ist.
Wenn ich mein Versprechen und mein Wort halte,
Werden Vertrauen und Ehre meine große Belohnung sein.
Aufgaben erledige ich, die ich begann
Auch wenn es aufopferungsvoll ist, es zu beenden.
Ich nutze mein Hab und Gut und meine Zeit weise.
Ich vertraue und folge Gottes Wort.
Er zeigt mir, das Richtige zu wählen und das Beste zu tun,
So dass andere und ich reichlich gesegnet werden.
Ich liebe Gott, mich selbst, meine Freunde und Brüder
Und lasse mich inspirieren, Gutes für andere zu kreieren.

Es ist gewiss ein göttliches, edles Ziel,
Reif zu werden und immer rein zu bleiben."

Ich erkannte, dass mein Leben eine Veränderung brachte. Zuerst erfüllte es mich mit etwas Traurigkeit, das Vertraute hinter mir zu lassen. Dann begrüßte ich die neue Möglichkeit des höheren Lernens mit Begeisterung, und Freude erfüllte mein Herz. Nur noch drei Tage, bis ich eine neue Phase meines Lebens begann. Ich wusch und polierte mein Fahrrad und wusch und bügelte auch meine besten Kleider. Ich füllte meinen Füllfederhalter mit Tinte und spitzte meinen Bleistift. Ich nahm zwei Notizbücher mit, eines mit Quadraten und eines mit Linien. Am 7. August stand ich um 5:00 Uhr auf, und um 6:30 Uhr begann ich meine Fahrt zur Schule. Ich wollte mich vergewissern, dass ich mindestens eine halbe Stunde vor Unterrichtsbeginn ankam.

Andere Studenten füllten den Schulplatz. Einer der Lehrer stellte jede Klasse in einer Reihe auf, bevor alle das Gebäude und das dafür vorgesehene Klassenzimmer betraten. Ältere Schüler traten zuerst ein; unsere Reihe war die letzte. Ein anderer Lehrer erwartete uns im Klassenzimmer und wies zwei Schüler pro Schreibtisch zu. Zwei Reihen von zehn Schreibtischen mit Jungen und zwei Reihen mit Mädchen. Als alle Schüler auf ihren zugewiesenen Plätzen saßen, stand ein Student nach dem anderen auf und stellte sich mit Namen vor. Inge Dunger und ich saßen in der ersten mittleren Reihe. Fräulein Bond stellte sich vor und erzählte uns, dass jeder Schüler Deutsch, Mathematik, Algebra, Geografie, Geschichte, Biologie, Chemie und Kunst lernen müsse. Diese Fächer waren Pflichtfächer. „Da Schleswig-Holstein von England besetzt war, ist auch Englisch Pflicht.

„Wir bieten aber auch Latein- und Französischunterricht als freiwillige Fächer an. Sie können sich am Ende dieses Unterrichts für diese Kurse anmelden." Fräulein Bond verteilte den Wochenplan und die Uhrzeit, wann der Lehrer ein bestimmtes Fach unterrichten würde. Nach dem Krieg unterrichtete jeder Lehrer, aufgrund eines Lehrermangels, mehr als ein Fach. Die erste Woche erforderte viel Aufmerksamkeit, um die Namen der Lehrer zu behalten und welches Fach sie in welchem Klassenzimmer unterrichteten. Wir mussten uns auch mit den Namen unserer Klassenkameraden vertraut machen. Nach zwei Wochen entwickelten wir eine gewisse Routine und fühlten uns wohl.

Professor Förster unterrichtete Englisch, Französisch und Latein. Wir lernten die neuen Nasenlaute auf Französisch und schrieben und sprachen die französischen, lateinischen und englischen Wörter richtig aus. Ich genoss seinen Unterricht und bemühte mich, bei Professor Förster mein Bestes zu leisten. Immer wenn wir einen Test schrieben und ich keinen Rechtschreibfehler machte, lächelte er, während er mir mein Heft reichte. Als ich einen Rechtschreibefehler machte und er mich vor der ganzen Klasse tadelte: „Ich habe mehr von dir erwartet", und mir sagte, er senke die Note um einen Punkt, schämte ich mich und arbeitete noch härter in den drei Sprachen, um Demütigungen zu vermeiden und Professor Förster nicht zu enttäuschen.

Eine weitere angenehme Überraschung kam auf mich zu: Unser Mathematiklehrer, Herr Sabrow, war derselbe Lehrer, den ich im ersten Jahr in der Volksschule in Pratjau hatte. Er erkannte mich und wusste, dass ich Mathematik mochte. Er rief mich hin und wieder an die Tafel, um den Schülern eine Algebra Formel oder ein mathematisches Problem zu erklären.

Professor Augustin unterrichtete Geografie und Geschichte. Er erlitt während des Zweiten Weltkriegs eine Verletzung an seinem rechten Bein, die ihn veranlasste, zu humpeln und einen Krückstock zu benutzen. Wenn er jedoch mit sanfter aber fester Stimme sprach, konnte man nicht anders, als ihn mögen. Zuerst lernten wir die Namen der Hauptstädte jedes europäischen Landes auswendig. Danach die wichtigen Städte, Flüsse, Berge, Flora und Fauna und was jedes Land produzierte.

Wir begannen unseren Geschichtsunterricht mit dem Römischen Reich, gefolgt von der Migration der verschiedenen Stämme in die verschiedenen Teile Europas. Professor Augustin präsentierte die Geschichte lebhaft, und wir hörten aufmerksam zu, lernten die Namen der Stämme und wo sie sich niedergelassen hatten. Am Ende jeder Lektion zitierte er ein Sprichwort, um uns Weisheit zu lehren. Eines seiner Zitate vergaß ich nie: „Wer einmal lügt, dem glaubt man nicht und wenn er gleich die Wahrheit spricht."

Fräulein Bond unterrichtete deutsche Grammatik, Rechtschreibung und Literatur. Sie machte uns mit den beiden epischen Dichtern Johann Wolfgang von Goethe und Friedrich Schiller und vielen anderen berühmten Dichtern und Autoren verschiedener Länder vertraut. Wir mussten auch Gedichte auswendig lernen und vor der Klasse rezitieren. Ich habe es genossen, jeden Tag neue Fächer zu lernen und mit dem Fahrrad zur Schule zu fahren.

Eines Tages, als ich auf einem kurvigen Teil der Straße fuhr, schnitt ein Junge im Teenageralter die Kurve und kollidierte mit mir. Ich fiel und schlug meinen Kopf gegen den Lenker des Fahrrads. Der Junge half mir hoch, richtete meinen Lenker auf und fuhr in die entgegengesetzte Richtung davon. Ich war auf dem Weg zur Schule und fuhr weiter, obwohl ich spaltende Kopfschmerzen entwickelte. Als Professor Förster mich ansah, wusste er, dass ich mich nicht wohl fühlte. Bevor er anfing zu unterrichten, fragte er mich, was passiert sei. Ich erzählte ihm von dem Unfall.

„Du bist nicht in der Lage, in der Schule zu bleiben. Weißt du, wer dich nach Hause mitnehmen kann?"

„Mein Bruder Richard ist hier in der Handelsschule."

„Gut. Ich werde jemanden in Richards Klasse schicken und den Lehrer um Erlaubnis bitten, dich nach Hause zu bringen. Fahre nicht mit dem Fahrrad; dir könnte schwindlig werden und du könntest wieder fallen."

„Vielen Dank, Herr Professor Förster."

Einige Minuten später kam Richard und wir begannen, unsere Fahrräder nach Hause zu schieben. Meine Kopfschmerzen verstärkten sich. Ich schaffte es kaum nach Hause. Als meine Mutter mein blutiges linkes Auge sah, erzählte ich ihr, was passiert war. Sie befahl mir, sofort ins Bett zu gehen. Sie legte ein kaltes, feuchtes Tuch über mein linkes Auge. Es linderte die Schmerzen und ich schlief ein. Mein knurrender Magen weckte mich am späten Nachmittag auf.

„Mutter, ich habe Hunger. Kannst du mir etwas zu essen bringen?"

Sie brachte mir ein Sandwich mit einem Glas Milch. Ich setzte mich auf und biss in die Stulle. Als ich anfing zu kauen, war jede Bewegung des Kiefers schmerzhaft.

Ich reichte das Sandwich meiner Mutter.

„Tut mir leid, es ist zu schmerzhaft, das Brot zu essen. Ich werde nur noch ein Glas Milch trinken, um meinen Magen zu füllen."

„Ich werde dir später eine Suppe kochen."

„Danke, Mutter."

Meine Schwestern Emma und Meta waren überrascht, mich im Bett zu finden, ebenso wie mein Bruder Horst, nachdem er von der Schule nach Hause kam, und Georg, nachdem er mit der Arbeit fertig war. Sie drückten ihr Mitgefühl für mich aus. Mutter bereitete eine leichte Suppe mit einigen winzigen Mehlknödeln zu, die ich aß, ohne zu kauen. Ich verbrachte eine unruhige Nacht und konnte nur auf der rechten Seite schlafen. Der geringste Druck auf die linke Wange tat weh. Als ich am nächsten Tag aufstand und in den Spiegel schaute, bedeckte Blut das gesamte Auge und schwarze und blaue Flecken bildeten sich auf der linken oberen Wange. Nach der Morgenroutine und einem Teller mit leichter Milchsuppe kehrte ich wieder ins Bett zurück. Diesmal nahm ich meinen Gedichtband mit, in der Hoffnung, dass ich lesen könne, während ich meinen Kopf stillhielt. Ich las das Gedicht „Der Erlkönig". Es drückt den emotionalen Schmerz eines Vaters aus, der seinen kranken Sohn zu Pferd zum Arzt bringt, und der Sohn stirbt unterwegs. Als ich so viele Gedichte las, schätzte und bewunderte ich die Fähigkeit der Dichter, die mit wenigen Worten ein lebendiges mentales Bild malen. Ich dachte, wie wunderbar es wäre, wenn ich diese Fähigkeit hätte. Ich nutzte die Zeit aus, um den lutherischen Katechismus zu studieren und die Bibel zu lesen. Ich blieb jeden Tag länger und länger auf und ging ab und zu auf den Hof, um meine Freunde und Nachbarn zu sehen. Der Schmerz ließ nach. Nach einer Woche sagte ich meiner Mutter, dass ich wieder zur Schule gehen möchte. Ich wollte nicht zu viele Kurse verpassen.

„Ich denke, es ist noch zu früh."

„Ich werde langsam fahren und es wird mir nicht schaden."

„Es ist besser, wenn Richard dich am ersten Tag begleitet. Falls dir schwindlig wird, könntest du fallen; er wäre da, um dir zu helfen."

„Ok, Mutter, ich werde mit Richard gehen."

Am folgenden Montag fuhren wir zur Schule. Ich spürte jedes Mal einen stechenden Schmerz in meiner linken Wange, wenn ich auf der holprigen, Landstraße auf ein Schlagloch stieß. Ich wagte es nicht, es Richard gegenüber zu erwähnen, aus Angst, er würde es Mutter sagen, und sie würde mich dazu bringen, länger zu Hause zu bleiben.

In meinem Englischunterricht begrüßte mich Professor Förster wieder und bat mich, nach vorne zu kommen, damit er das linke Augen genau ansehen konnte.

„Der Bluterguss ist noch nicht aufgelöst. Fühlst du dich wohl?"

„Oh ja, mir geht es gut", antwortete ich schnell, damit er nicht ahnte, dass ich immer noch unter Schmerzen und Beschwerden litt. Der Bluterguss verblasste jeden Tag mehr und das Auge klärte sich auf, aber der Schmerz verschwand nicht vollständig. Nach zwei Wochen entschied ich mich auf dem Heimweg von der Schule, Dr. Schmidt in Bendfeld zu besuchen. Ich erzählte ihm von dem Unfall; er untersuchte mich. Als er Druck auf den linken Kieferknochen ausübte, fühlte ich einen scharfen Schmerz, wie ein Messer, das mich in die Wange stach.

„Ich befürchte, Ihr Kieferknochen ist gebrochen", sagte er. „Es gibt jedoch nichts, was ich für Sie tun kann. Es wird einige Zeit dauern, bis es von selbst heilt. Vermeiden Sie in der Zwischenzeit Sport und anstrengende Übungen wie Laufen und Springen. Nehmen Sie etwas Aspirin, wenn der Schmerz zu stark wird."

„Vielen Dank, Herr Dr. Schmidt. Das werde ich tun."

Ich ging nach Hause. Ich erzählte niemandem von der Diagnose des Arztes. Ich wollte die Schule nicht verpassen. Nach einem Monat ließen die Schmerzen nach und ich fühlte mich wohl, wieder Sport zu treiben.

Ganz besonders genoss ich die Wandertage, wenn Professor Förster uns zu bestimmten historischen Sehenswürdigkeiten begleitete. Eines Tages fuhren wir mit dem Zug nach Laboe an die Ostsee. Hier besuchten wir das Marinedenkmal, das 1927 begonnen und 1936 fertiggestellt war. Ursprünglich wurde es als Denkmal für die Königliche Marine gebaut, die im Ersten Weltkrieg kämpfte. Später, im Jahr 1945, wurden die Namen der im Zweiten Weltkrieg getöteten Matrosen dem Denkmal hinzugefügt. Von Laboe aus fuhren wir mit dem Schiff nach Kiel. Wie erheiternd es war, über die Wasseroberfläche zu gleiten und zu spüren, wie der Wind die Wangen streichelte. Als wir am Kieler Hafen ankamen, erzählte uns Professor Förster die traurige Geschichte von der massiven Zerstörung Kiels im Zweiten Weltkrieg. Die britische und die amerikanische Luftwaffe hatten das Industriegebiet stark bombardiert, weil es ein wesentlicher Hafen für den maritimen Schiffbau war. Glücklicherweise waren viele Gebäude, Infrastrukturen und Fabriken wieder aufgebaut, und einige befanden sich noch im Bau.

Kaiser Wilhelm I hatte 1887 einen Kanal initiiert, um die Kieler Förde bei Holtenau mit der Nordsee bei Brunsbüttel zu verbinden. Er wurde Kaiser-Wilhelm-Kanal genannt, zu Ehren von Kaiser Wilhelm I, dem Vater von Kaiser Wilhelm II, der den Bau des Kanals 1895 fertigstellte. Es ersparte mehr als 250 Seemeilen an Entfernungen um die Halbinsel Jütland und vermied es, durch das sturmgefährdete Meer zu fahren. Später wurde er in Nord-Ostsee-Kanal umbenannt. Herr Förster informierte uns über die alte Kieler Prestigeuniversität, die größte in Schleswig-Holstein, die 1665 gegründet wurde. Er erwähnte auch die Kieler Woche. Diese Veranstaltung fand zum ersten Mal 1882 mit zwanzig Segelteilnehmern, wurde während des Zweiten Weltkriegs geschlossen, 1948 wiedereröffnet und entwickelte sich zu einem der größten Segelwettbewerbe und Volksfeste der Welt. Ich blieb in der Nähe von Professor Förster; ich wollte keinen seiner Kommentare verpassen. Wenn ich die Gelegenheit hatte, stellte ich Fragen, die er immer höflich beantwortete. Die Studenten, und vor allem ich, entwickelten eine große Bewunderung und Vorliebe für Professor Förster. Wir lernten fleißig, um ihn nicht zu enttäuschen, und die Mädchen versuchten, die Jungen zu übertreffen, was wir häufig erreichten. Ob Sommer oder Winter, ich war immer pünktlich in der Schule und habe wegen schlechten Wetters nie einen Schultag verpasst. Bei Schneestürmen musste ich früh aufstehen, und im Dunkeln schob ich das Fahrrad über die holprige, mit Eis bedeckte Straße, während Schnee und Wind mir ins Gesicht wehten.

Nachdem sich alle Schüler kennengelernt hatten, luden mich einige ein, bei ihnen zu Hause zu übernachten. Ich fand auch heraus, wo entfernte Verwandte von mir in Neu-Schönberg lebten. Sie hatten zwei Kinder in meinem Alter. Nachdem ich sie besuchte und mich vorstellte, luden sie mich ein, hier und da ein Wochenende mit ihnen zu verbringen. Ich genoss ihre Gesellschaft sehr. Ein kurzer Weg zur Schule am nächsten Tag war ein Bonus.

Wir bemühten uns, die besten Zensuren zu erhalten. Niemand wollte ein Jahr wiederholen oder nach dem Scheitern des zweiten Jahres ausgeschlossen werden. Fräulein Bond unterrichtete Deutsch und verlangte, dass wir Gedichte berühmter deutscher Dichter auswendig lernten. Mein Lieblingsgedicht war „Das Lied von der Glocke", geschrieben von Friedrich von Schiller. Es ist das längste Gedicht (430 Verse) und bekannteste, das jemals in der deutschen Literatur geschrieben wurde. Wir brauchten nur individuelle Abschnitte auswendig lernen. In diesem Gedicht beschreibt Friedrich von Schiller die Entstehung einer Glocke in ergreifenden Versen und wie das Läuten der Glocke einen Menschen von der Geburt bis zum Tode durch Freude und Leid begleitet. Er drückt aus, dass alle irdischen Dinge vergehen und sich ständig verändern. Er hoffte, dass der erste Klang der neuen Glocke Frieden verkünden würde.

Das ganze deutsche Volk sehnte sich nach dauerhaftem Frieden, um Ihr Vaterland wieder aufzubauen. Begann jedoch ein wirklicher Frieden, nachdem die deutschen Generäle vor fünf Jahren bedingungslos kapitulieren mussten, oder war es nur ein Waffenstillstand, um den Kampf zu beenden? Welchen Preis musste Deutschland zahlen, und welche zusätzlichen Opfer wurden von den deutschen Bürgern verlangt?

Präsident Franklin D. Roosevelt und Premierminister Winston Churchill hatten gute Absichten, als sie sich am 14. August 1941 auf dem Schlachtschiff Prince of Wales trafen und das Atlantik Charter Dokument entwarfen.[17] Sie definierten die Ziele der Nachkriegswelt in acht Regeln, die alle Alliierten und elf europäische Länder bei einem Treffen am 24. September 1941 im St. James Palace in London bestätigten und akzeptierten. Sie alle versprachen, diese Erklärungen nach besten Kräften umzusetzen. Im Januar 1942 bestätigte eine Gruppe von sechsundzwanzig alliierten Nationen ihre Unterstützung zu diesen Regeln:

1. Ihre Länder streben keine territoriale oder andersartige Vergrößerung an.
2. Sie wollen keine territorialen Veränderungen sehen, die nicht den frei geäußerten Wünschen der betroffenen Menschen entsprechen.
3. Sie respektieren das Recht aller Menschen, die Regierungsform zu wählen, unter der sie leben werden, und sie wollen, dass

souveräne Rechte und Selbstverwaltung für diejenigen wiederhergestellt werden, denen sie gewaltsam geraubt wurden.

4. Sie werden sich unter gebührender Achtung ihrer bestehenden Verpflichtungen bemühen, allen Staaten, ob groß oder klein, Sieger oder Besiegter, den Zugang zum Handel und zu den Rohstoffen der Welt, die für ihren wirtschaftlichen Wohlstand benötigt werden, zu gleichen Bedingungen zu ermöglichen.

5. Sie wollen die umfassendste Zusammenarbeit zwischen allen Nationen im wirtschaftlichen Bereich herbeiführen, mit dem Ziel, für alle verbesserte Arbeitsstandards, wirtschaftlichen Fortschritt und soziale Sicherheit zu sichern.

6. Nach der endgültigen Zerstörung der Nazi-Tyrannei hoffen sie, einen Frieden zu schaffen, der allen Nationen die Möglichkeit geben wird, in Sicherheit innerhalb ihrer Grenzen zu wohnen; und versichern allen Menschen in allen Ländern, ihr Leben in Freiheit von Angst und Not zu leben.

7. Ein solcher Friede sollte es allen Menschen ermöglichen, die hohe See und die Ozeane ungehindert zu durchqueren.

8. Sie glauben, dass alle Nationen der Welt aus realen und spirituellen Gründen die Anwendung von Gewalt aufgeben müssen. Da kein zukünftiger Frieden aufrechterhalten werden kann, wenn weiterhin Land-, See- oder Luftwaffen von Nationen eingesetzt werden, die Aggressionen außerhalb ihrer Grenzen bedrohen oder bedrohen könnten, glauben sie, dass die Abrüstung dieser Nationen unerlässlich ist, bis ein breiteres und dauerhaftes System der allgemeinen Sicherheit geschaffen ist. Ebenso werden sie alle anderen praktikablen Maßnahmen unterstützen und fördern, um den friedliebenden Völkern die erdrückende Last der Rüstung zu erleichtern.

Ein weiteres Treffen, um das Schicksal Deutschlands nach dem Zweiten Weltkrieg zu erörtern, fand vom 3. bis 11. Februar 1945 zwischen Präsident Franklin D. Roosevelt, Premierminister Winston S. Churchill und Joseph V. Stalin statt. Bei diesem Treffen beschlossen sie erneut, den Inhalt der acht Grundsätze der Atlantik-Charta aufrechtzuerhalten und die Sieger und Besiegten mit der gleichen Würde und dem gleichen Respekt zu behandeln.

Was ist geschehen? Warum wurden die Versprechungen der Regeln, die in den acht Absätzen der Erläuterung der Atlantik-Charta niedergeschrieben wurden, nicht eingehalten? Warum wurde das deutsche Volk gegen seinen Willen dazu gezwungen, einen großen Teil Ostdeutschlands, Pommern, Mark Brandenburg und Schlesien, Polen zu geben? Warum wurde das südliche Ostpreußen, die Memel Region und die Stadt Danzig auch den Deutschen weggenommen und Polen gegeben? Warum erlaubten die drei Alliierten und die Vereinten Nationen Josef Stalin, den nördlichen Teil Ostpreußens mit dem Hafen und der Universitätsstadt Königsberg, die heute Kaliningrad heißt, wegzunehmen? Warum durfte Deutschland nach der Kapitulation nicht sein eigenes Land regieren? Die amerikanische, britische, französische und russische Regierung teilten Deutschland in vier Zonen auf, besetzten sie mit ihren Truppen und richteten ihr Hauptquartier in Berlin und Satellitenhauptquartiere in jeder Zone ein. Vier Jahre lang hatte Deutschland keine Regierung. Die vier Vertreter, die die Berliner Erklärung unterzeichneten, waren General Dwight Eisenhower, USA; Marschall Georgi Schukow, Russland; General Bernhard Montgomery, Großbritannien; und General Jean de Lattre de Tassigny, Frankreich. Die vier Alliierten setzten keine Begrenzung für die Dauer der Besatzung. Sie regierten Deutschland von ihren jeweiligen Ländern. Die vier Alliierten haben all diese Regelungen ohne einen Vertreter oder die Zustimmung des deutschen Volkes erlassen.

Warum haben die Verbündeten und Vertreter der Vereinten Nationen nicht ihre eigenen Regeln durchgesetzt und der russischen Regierung erlaubt, die deutschen Frauen und Jugendlichen, die nicht rechtzeitig entkommen konnten, unter unmenschlichen Bedingungen als Sklavenarbeiter zu misshandeln und zu benutzen? Warum durften die Russen die deutschen Einwohner all ihrer Güter und ihres Eigentums berauben und aus ihren Häusern vertreiben oder in Güterzügen aus der russisch besetzten Zone Deutschlands verschiffen? Warum durften viele deutsche Kriegsgefangene nach Sibirien gebracht werden, um unter unmenschlichen Bedingungen zu arbeiten? Warum entzog General Dwight Eisenhower den gefangenen deutschen Soldaten den Kriegsgefangenenstatus und behandelte sie als entwaffnete feindliche Kräfte (DEF)? Auf diese Weise hatten die DEFs keinen Schutz nach dem Völkerrecht der Genfer Konvention. Sie waren schutzlos den Siegern ausgeliefert. Durch die Nichteinhaltung internationaler Vorschriften begingen die Alliierten auch Kriegsverbrechen.

Warum durfte Polen Kriegsgefangene lange nach Kriegsende als Sklavenarbeiter behalten? Sie zwangen sie unter schrecklichen Bedingungen zu arbeiteten, gaben ihnen wenig Essen und schlugen sie, so dass ihre Körper verstümmelten.

Mein Vater geriet 1945 in polnische Gefangenschaft. Nachdem der Krieg am 8. Mai 1945 mit der bedingungslosen Kapitulation Deutschlands endete, kehrte er in seine Heimat in Ostpreußen zurück, in der Hoffnung, dort seine Familie zu finden. Leider nahm die polnische Polizei ihn gefangen, verhaftete ihn und steckte ihn für acht Jahre ins Gefängnis. Er musste in diesen acht Jahren in Steinbrüchen und Kohlebergwerken arbeiten. Selbst nach seiner Entlassung aus dem Gefängnis musste er weitere vier Jahre in der Gegend bleiben, bevor er im November 1957 die Erlaubnis erhielt, zu seiner Frau Emilie und seinem jüngsten Sohn Horst in Essingen zurückzukehren.

Warum steckte General Dwight Eisenhower die Gefangenen hinter Stacheldrahtzäune auf offene Felder ohne Unterkunft, so dass die Gefangenen Löcher graben mussten, um sich warm zu halten? Wenn es regnete, füllten sich die Lücken mit Schlamm, und sie hatten keine Möglichkeit, ihre Kleidung zu waschen. Sie mussten zehn Stunden lang in der Schlange stehen, um eine Tasse chloriertes Wasser aus dem Rhein zu holen, um ihren Durst zu stillen. Warum gab er ihnen wenig Nahrung und Wasser und ließ Hunderte und Tausende an Unterernährung, Typhus und Ruhr sterben? Warum ließ er nicht zu, dass das Rote Kreuz und private Lebensmittelvorräte an die Gefangenen verteilt wurden, während reichlich Lebensmittelversorgung für die amerikanische Armee verfügbar war? Warum sind die Vereinten Nationen nicht eingetreten und haben diese Gräueltaten in den Rheinwiesenlagern behoben?

Warum war die Bevölkerung Deutschlands auch nach dem Krieg körperlichem und psychischem Trauma ausgesetzt? Warum blieben das Leid und die Opfer des deutschen Volkes, vor allem aus Ostdeutschland, der Welt unbekannt?

Warum werden nur die Verbrechen des Führers und seines Militärs veröffentlicht und oft sogar übertrieben, und die Verbrechen der Alliierten übersehen, als ob sie nicht stattgefunden hätten? Warum sagten die Alliierten, die Sieger und die Besiegten sollten gleichbehandelt werden, jedoch taten sie das Gegenteil? Haben sie nicht Kriegsverbrechen begangen, einige sogar noch schlimmer? Warum hat die Presse den Menschen nicht über diese Kriegsverbrechen berichtet? Stattdessen behandelte das amerikanische Volk die deutschen Gefangenen, die das Glück hatten nach Amerika zu gehen, mit Respekt. Sie gaben ihnen Arbeit gegen Bezahlung und begrüßten sie als gute und verantwortungsbewusste Arbeiter und Personen.

In einem englischen Kriegsgefangenenlager unter der Leitung von Norman Cross wurden die Kriegsgefangenen auch menschlich behandelt. Sie erhielten die gleiche Art von Nahrung wie die hiesigen Bewohner. Heinz Krämer, der ein Kriegsgefangener in England war, wurde vom britischen Pastor Small eingeladen, Weihnachten bei ihm zu Hause zu verbringen. Die Frau von Pastor Small war Deutsche, und sie wollte Weihnachten mit traditionellen deutschen Weihnachtsliedern feiern. Heinz Krämer war überwältigt von der emotionalen Erfahrung, Weihnachten in einem Privathaus zu feiern. In einigen englischen Gefangenenlagern mussten die Gefangenen jedoch in Arbeitslagern schwer arbeiten und wurden auch schlecht behandelt.

Stattdessen teilte die deutsche Wehrmacht, die im Juni 1940 in Paris einmarschierte und viele französische Soldaten als Kriegsgefangene gefangen nahm, die Gefangenenlager nach

Ränken, Oflags (Offizierslager) für die Offiziere und Stalags (Stammlager) für die gewöhnlichen Kriegsgefangenen auf. Die Häftlinge lebten in Baracken, Festungen, Anstalten oder eigens errichteten Gebäude und konnten auf deutschen Feldern oder in deutschen Fabriken arbeiten. Die Behandlung der Gefangenen variierte je nach verantwortlichem Kommandanten. In den meisten Lagern fanden jedoch viele kulturelle Veranstaltungen statt. Die Gefangenen gründeten Vereine, Musikgruppen, Sportmannschaften und hörten Vorträgen zu. Viele Häftlinge lebten nicht in Lagern; einige lebten unter den Zivilisten und wurden nach der Genfer Konvention behandelt. Sie erhielten einen kleinen Teil ihres Gehalts und ein Teil ihres Gehalts ging an die deutsche Wehrmachtsoperation. Offiziere brauchten manchmal nicht arbeiten.

Warum, verlangten die vier Alliierten, die keine Frist für die Dauer der Besatzung setzten, von den Schülern, die Sprache ihrer Länder zu lernen?

Da wir in der britischen Zone lebten, war es obligatorisch, Englisch in der fünften und sechsten Klasse der Volksschule, in der Mittelschule und der Universität zu studieren. Während Latein und Französisch in Schleswig-Holstein ein Wahlfach war.

Im Laufe der Monate waren wir fähig, einige Teile von Caesar auf Latein zu zitieren, lasen einfache französische Geschichten und schrieben Aufsätze in Englisch. Ich mochte nicht nur Fremdsprachen, sondern auch alle anderen Fächer. Seitdem ich zur Mittelschule ging und jeden Tag viele Hausaufgaben hatte, blieb wenig Zeit, um mit meinen Freunden aus der Volksschule und auf dem Bauernhof zu spielen.

Eines Tages, als ich von der Schule nach Hause kam, verkündete meine Mutter die großartige Nachricht vom Roten Kreuz, dass sie ihre Tochter Marta nach vielen Jahren der Suche gefunden haben. Sie lebte in Silkerode in Thüringen, war verheiratet und hatte zwei Kinder. Das Rote Kreuz gab Martas Adresse an uns und unsere Adresse an Marta. Emma schrieb Marta sofort einen Brief und bat sie, uns zu besuchen. Marta schrieb zurück und sagte, dass sie und ihre Familie am Samstag, dem 13. Mai

1950, mit dem Zug nach Schönberg kommen würden. Wir waren alle hoch erfreut, unsere Schwester Marta nach so vielen Jahren zu sehen und unsere beiden Neffen kennenzulernen. Leider konnte ich nicht mit meinem Bruder Georg zum Bahnhof fahren; ich hatte an diesem Tag Schulunterricht. Mutter, Emma und Horst fuhren in der Kutsche mit, die Herr Jessen Georg zur Verfügung stellte. Wir waren alle voller Erwartung, Marta und ihre beiden Söhne Erhard und Bernhard zu sehen. Ich eilte so schnell wie möglich von der Schule nach Hause, um meine liebe Schwester Marta zu umarmen und meine beiden Neffen zu begrüßen. Nachdem sie mich umarmt hatte, trat sie zurück, sah mich an und rief aus: „Mein, bist du gewachsen, seit ich dich vor sechs Jahren gesehen habe! Du siehst nicht mehr aus wie ein Kind; du siehst aus wie eine junge Dame."

„Vielen Dank! Ich gehe auch zur Mittelschule", verkündete ich stolz.

„Das ist gut; ich wünschte, ich hätte zur Mittelschule gehen können. Ich war dankbar, die Volksschule zu beenden. Danach musste ich zur Arbeit gehen. Ich wäre lieber Schneiderin geworden, aber der Krieg hat alle meine Pläne geändert."

„Es tut mir so leid, dass du deine gewünschte Karriere nicht verfolgen konntest. Du hast immer so schöne Kleider für mich und meine Puppen genäht."

„Ich nähe immer noch für meine Jungs und mich. Ich bin gerne Mutter und Hausfrau."

„Ich freue mich, dass dir die Rolle als Hausfrau gefällt. Ich nähe, häkele und stricke auch gerne. Vielleicht werde ich eines Tages heiraten und eine Familie wie du haben."

„Warte bis du zuerst eine gute Ausbildung bekommst, bevor du daran denkst, zu heiraten."

„Ich möchte Lehrerin werden."

„Gute Lehrer und Lehrerinnen werden immer gebraucht."

„Entschuldige bitte, ich muss für morgen viele Hausaufgaben machen. Ich möchte sie vor dem Abendessen beenden."

Mutter verlangte, dass wir alle gleichzeitig essen. Wir warteten, bis Georg um 17:00 Uhr von der Arbeit nach Hause kam, und um 18:00 Uhr mussten wir alle am Tisch sitzen. Heute stellte sie für den besonderen Anlass ihre besten Würstchen zusammen mit ihrem selbstgebackenen Brot auf den Tisch. Sie hatte sogar einen einfachen Kuchen gebacken, was für uns alle ein wahrer Genuss war. Nachdem Mutter ihren Kopf gesenkt und ein Tischgebet gesprochen hatte, begannen wir zu essen.

„Ich weiß, dass wir alle gespannt darauf sind, von Martas Flucht zu hören und wie sie in Silkerode gelandet ist", sagte Mutter, „heute Abend ist sie müde. Wir werden bis morgen warten, um ihre Geschichte zu hören." Wir saßen ruhig da und verzehrten unsere leckeren Wurstsandwiches.

Am Samstagmorgen hatte ich noch Unterricht. ich wartete gespannt darauf, dass der Unterricht zu Ende war, und dann eilte ich nach Hause. Nach dem Mittagessen fragte ich, ob ich mit Erhard und Bernhard spazieren gehen und ihnen ein paar Kühe und Pferde zeigen könnte. Ich warnte sie davor, über den Zaun auf die Wiese zu gehen. Ein gemeiner Bulle sei dort und er könne sie verletzen. Als wir ins Haus zurückkehrten, waren beide müde und hielten ein Nickerchen, während ich meine Hausaufgaben machte. Mutter und Emma bereiteten Hühnchen, Rotkohl und Kartoffelpüree zum Abendessen. Wir alle genossen die Leckerbissen, besonders Edmund, der an diesem Wochenende von Schönberg nach Hause kam, wo er als Lehrling Fässer herstellte. Nachdem meine Schwestern und ich den Tisch abräumten und das Besteck abwuschen, saßen wir alle um den Küchentisch herum und bombardierten Marta mit Fragen zu den Ereignissen der letzten sechs Jahre, in denen wir getrennt waren. Meta und Ernst schlossen sich uns ebenfalls an.

„Nun, Kinder, seid still und lasst Marta uns ihre Geschichte erzählen."

Während alle Augen auf sie gerichtet waren, begann sie uns zu erzählen: „Wie ihr wisst, habe ich 1944 für den Lehrer Herrn Kessler in Hellrau gearbeitet. Ich half seiner Frau, ihre drei Söhne und eine Tochter großzuziehen. Der jüngste Junge fing gerade an zu laufen. Ich verbrachte Abende in meinem Zimmer nach meiner Arbeit und nähte Röcke, strickte Handschuhe oder Pullover für meine jüngeren Geschwister. Oft, nachdem die Kinder ins Bett gingen, spielten wir auch einige Brettspiele. Ende Juli 1944 hörten wir im Radio, dass die Bewohner von Wizajny fliehen mussten, weil die russische Front schnell auf unser Gebiet vorrückte. Wir feierten am 1. August den Geburtstag des ältesten Sohnes und fuhren am nächsten Tag mit Pferd und Wagen los und schlossen uns dem langen Treck der Flüchtlinge an."

„Wohin bist du gegangen?", fragte Mutter.

„Unser Treck fuhr durch die Rominter Heide. Wir dachten, wir wären besser vor Bombenangriffen in den dichten Wäldern geschützt. Leider war es nicht so; jede Nacht hörten wir das Dröhnen von Flugzeugen über uns, das durchdringende Explodieren von Bomben, die um uns fielen, ohne zu wissen, ob die nächste Bombe auf uns landen würde. Es war schrecklich und beängstigend. Am nächsten Tag mussten wir um die Bombenkrater herumfahren. Tote Pferde, Kühe und Leichen lagen zwischen zerbrochenen Wagen. Einige Leute hängten Kühe an ihre Wagen, damit sie frische Milch für ihre Kinder hatten. Langsam fuhren wir durch Angerburg und Loetzen und erreichten Allenstein. Hier ließen wir unsere Pferde und Wagen und all unsere Sachen zurück und fuhren mit dem Zug weiter nach Bunzlau, Schlesien, wo Herr und Frau Kessler einige Freunde hatten. Wir waren dort bis Februar. Wir sollten mit dem Bus nach Dresden weiterfahren, aber der Bus kam nicht. Herr Kessler beschloss, den Zug zu nehmen. Als wir am Bahnhof ankamen, fanden wir den Zug überfüllt. Auch draußen am Bahnsteig gab es keine Stehplätze mehr. Auf einem anderen Gleis standen ein paar leere Waggons. Alle Leute eilten zu ihnen und betraten die Waggons ohne Lokomotive. Wir hatten Glück; der Schaffner des Zuges holte den voll besetzten Zug aus der Stadt, löste die Lokomotive und kehrte zum Bahnhof zurück, um die zusätzlichen Waggons abzuholen. Er wechselte das Gleis, verband dann die anderen Waggons mit dem Zug und fuhr los. Kaum verließen wir den Bahnhof, als eine Bombe einschlug und den Bahnhof in die Luft sprengte. Was für ein schrecklicher Anblick, die Trümmer des Gebäudes in die Luft fliegen zu sehen, gefolgt von einer Explosion und einem Feuer. Es war noch schlimmer zu denken, wäre der Schaffner nicht für die zusätzlichen Waggons zurückgekehrt, wären auch wir in Stücke gerissen worden. Wir dankten Gott, dass er unser Leben rettete."

Martas Gesicht wurde blass und betrübt, während sie sprach und diese schreckliche Erfahrung noch einmal in Gedanken durchlebte. Ich saß neben Marta und zitterte. Ich ergriff ihre Hand und versuchte, sie zu trösten: „Gott sei Lob und Dank, dass er dich und alle Menschen im Zug rettete. Seid ihr sicher in Dresden angekommen?"

„Ja und wir beschlossen, in Dresden zu bleiben, aber Bomben zerstörten den größten Teil der Stadt. Wir kamen kaum aus den Bunkern raus, vor Angst, von Bomben oder Feuer getötet zu werden. Herr Kessler und seine Familie beschlossen eine Unterkunft außerhalb der Stadt zu finden. Ich meldete mich freiwillig, um in einem provisorischen Krankenhaus zu helfen, das für verwundete Soldaten eingerichtet wurde. Ich traf Edith, eine Krankenschwester, die auch dort arbeitete. Wir wurden gute Freunde, und wir lebten beide in einem nahegelegenen Flüchtlingslager. Edith war mit einem Soldaten verlobt. Als der Krieg zu Ende war und das Krankenhaus seine Türen schloss, ging Edith nach Jützenbach, wo ihr Verlobter lebte. Auf ihrem Weg kam sie durch Silkerode, wo sie anhielt, um nach dem Weg zu fragen. Die Person, die ihr Anweisungen gab, war zufällig ein Gärtner. Nachdem Edith ein langes Gespräch mit dem Gärtner geführt hatte, stellte er sich als Karl Spitzer vor. Er fragte, ob sie und ihre Freundin Marta für ihn arbeiten möchten. Er erzählte ihr, dass Jützenbach, wo ihr Verlobter lebte, nur fünfzehn Kilometer von Silkerode entfernt ist. Edith sagte dem Gärtner, dass sie nicht für ihn arbeiten könne, aber sie würde Marta fragen. Nachdem Edith ihren Verlobten besucht hatte, kehrte sie ins Lager in Dresden zurück und erzählte mir vom Arbeitsangebot des Gärtners. Ich war froh, das Lager verlassen zu können, nahm das Angebot an und begann im September 1945 für Herrn Spitzer zu arbeiten. Langsam lernte ich die Menschen aus Silkerode kennen. Als ich Hermann Volz traf, fühlten wir uns zueinander hingezogen und genossen gute Gespräche und Tanz. Als seine Mutter 1946 starb, bat er mich, ihn zu heiraten. Ich nahm seinen Heiratsangebot gerne an und wir heirateten am 21. April 1946. Im folgenden Jahr im August wurde mein Sohn Erhard geboren, und ein Jahr später kam Bernhard zu unserer Familie."

Mutter stand auf und umarmte Marta; Tränen der Freude quollen auf, als sie sagte: „Meine liebe Tochter, ich bin überglücklich, dass Gott dich beschützte, dass wir uns gefunden haben, dass du einen guten Ehemann und zwei liebe Söhne hast."

„Ich auch", sagte Marta, während Tränen der Freude über ihre Wangen rollten.

„Was ist der Beruf deines Mannes?", fragte Mutter.

„Er ist Stadtsekretär und arbeitet für den Bürgermeister von Silkerode."

„Das ist sehr gut."

Marta fuhr fort: „Leider erlitt Herman während des Zweiten Weltkriegs eine Kopfverletzung, als er Handgranaten an die Soldaten in Kalinin, Russland, lieferte. Nachdem er sechs Wochen im Koma gelegen hatte, erlangte er das Bewusstsein wieder, verlor aber sein linkes Auge. Hermann muss eine spezielle Brille tragen, um die Höhle des fehlenden Auges zu bedecken. Er leidet unter häufigen Kopfschmerzen. Er ist jedoch sehr gütig zu den Kindern und mir. Wir verstehen uns alle gut und ich bin dankbar, einen liebevollen Ehemann zu haben. Lasst mich nun hören, wie und wann ihr zum Sophienhof gekommen seid."

Dann begann Mutter ihr zu berichten: „Mitte Juli 1944 wurde Vater eingezogen. Die russische Front rückte schnell an die Ostgrenze vor. Um Mitternacht am 2. August kam ein Bote des Bürgermeisters von Wizayny und sagte uns, wir sollten bereit sein, um 9:00 Uhr morgens vom Stadtplatz abzureisen." Emma, Meta und meine Brüder unterbrachen Mutter und beschrieben grafische Szenen, die schreckliche Eindrücke bei uns hinterlassen hatten. Wir erzählten ihr nur den ersten Teil unserer Flucht.

„Wir werden dir morgen Abend mehr erzählen. Jetzt ist es Zeit für die Kinder, ihre Bäder zu nehmen, eine Samstagabendtradition."

Wir gingen am Sonntagmorgen nicht in die Kirche, weil wir so viel Zeit wie möglich mit Marta und unseren Neffen verbringen wollten. Trotzdem zogen wir unsere besten Sonntagskleider an. Mutter lächelte und freute sich, alle acht Kinder bei sich zu haben. Gustav und Ernst kamen auch zum Mittagessen zu uns.

Nach dem Mittagessen machten unsere Neffen, Richard, Horst und ich einen Spaziergang zum nahegelegenen Wald namens Kälberholz. Im Frühling schmückte eine Fülle von Blumen den Boden unter den riesigen Buchen. Gelbe Iris blühten am Ufer des Teiches. Ich konnte nicht widerstehen, ein paar Irisblüten zu pflücken. Ich half Erhard auch, einen Strauß Wildblumen für seine Mutter zu sammeln. Vögel zwitscherten und andere sangen, während die Brise durch die Äste kämmte und dem Waldkonzert einen beruhigenden Hintergrundton verlieh. Wir gingen zufrieden zurück, und Erhard und ich überreichten die Blumen freudig unseren Müttern, die sich bei uns bedankten und einen Strauß auf den Küchentisch und den anderen ins Wohnzimmer stellten. Erhard und Bernhard legten sich auf das Bett meiner Mutter und machten ein langes Schläfchen. Mutter, Emma, Meta, Marta und ich saßen am Wohnzimmertisch, und Marta wollte wissen, wann wir das Haus verlassen haben, in welche Richtung wir gereist sind und wie und wann wir im Sophienhof angekommen sind. Mutter, Emma und Meta beantworteten eine Frage nach der anderen, bis zum Abendessen. Marta, die Meta schwanger sah, fragte, wann sie ihr Baby erwarte.

Meta erzählte ihr, in zwei Wochen Anfang Juni.

„Ich hoffe natürlich, dass alles gut geht und du ein gesundes Baby zur Welt bringst."

„Ich bete, dass Gott mir ein gesundes Kind schenken wird und dass es diesmal am Leben bleibt. Leider starb mein erstes Baby, Manfred, an einer Lungenentzündung, als er erst drei Monate alt war."

Sie setzten ihr Gespräch nach dem Abendessen fort, bis es Zeit war, ins Bett zu gehen. Jeden Tag teilten wir unsere Erfahrungen der letzten sechs Jahre. Die Woche, die wir mit Marta und ihrer Familie verbrachten, verging schnell. Der traurige Tag kam, als wir uns von ihnen verabschieden mussten. Tränen füllten die Augen von Mutter und Marta, als sie sich trennten. Georg hatte Herrn Jessen gebeten, ob er sie mit der Kutsche zum Bahnhof nach Schönberg fahren könne. Ich bestand darauf, mit ihnen zu gehen. Meine Mutter gab schließlich ihre Zustimmung. Ich genoss es, mit meinen beiden Neffen in der eleganten Kutsche hinter dem Kutscher zu sitzen und die Landschaft vorbeiziehen zu sehen. Die Unebenheiten auf der ungepflasterten Landstraße machten mir nichts aus. Wir kamen früh an und warteten, bis Marta mit Erhard und Bernhard in den Zug einstieg. Ich war traurig, von ihnen Abschied zu nehmen. Auf dem Rückweg saß ich bei meinem Bruder vorne und genoss die Landschaft aus der Perspektive des Kutschers.

Wir sind alle wieder in unsere Routine zurückgekehrt. Im Juni gab Meta bekannt, dass sie Wehenschmerzen hatte. Ernst fuhr schnell nach Schönberg, um die Hebamme zu holen. Die Hebamme hatte Meta schon mehrmals gesehen und sorgte dafür, dass sie zu ihrem Geburtstermin verfügbar war. Emma und meine Mutter blieben bei Meta. Sie warteten, um der Hebamme zu helfen. Meine Mutter überprüfte die Wiege und versicherte sich, dass die Kleidung, Windeln und Decken bereit waren. Sie ließ Meta ihre Hand drücken, wenn der Schmerz zu stark war. Sie rief häufig nach Ernst, der schließlich zwei Stunden später mit der Hebamme ankam. Die Hebamme sterilisierte ihre Instrumente im kochenden Wasser im Topf, wartete etwa fünfzehn Minuten und legte sie dann auf ein sauberes Handtuch auf den Tisch. Sie setzte sich vor Meta hin und wartete. Schließlich brach die Fruchtblase und die Hebamme half dem Baby, in die neue Welt einzutreten. Sie schnitt die Nabelschnur, hielt das Baby an beiden Füßchen hoch und gab ihm einen sanften Schlag auf das Gesäß, um es zum Weinen zu bringen. Dann gab sie das Baby Emma, die es badete, anzog und in die Wiege legte. Emma ging in den anderen Raum und verkündete Ernst: „Es ist ein Mädchen."

Ernst eilte zu Meta und küsste sie auf die Stirn: „Ich bin froh, dass alles gut gegangen ist und wir eine kleine Tochter haben." Dann ging er zur Wiege und sah seine neugeborene Tochter mit einem großen Lächeln an. Mutter war stolz darauf, wieder Großmutter zu sein, und meine Brüder und Schwestern genossen ihre neue Nichte. Diesmal ließ Ernst Meta nicht gleich an die Arbeit gehen. Er wollte verhindern, dass er seine kleine Tochter verlor, wenn sie während der Abwesenheit ihrer Mutter krank würde. Nachdem sie Agnes tauften und sie stark genug war, erlaubte uns Meta, Agnes zu halten und mit ihr zu spielen. Meta genoss ihre Rolle als Mutter wieder.

Mitte Juli begannen die Sommerferien, die alle Schüler gespannt erwarteten. Am letzten Schultag überreichte uns Fräulein Bond, unsere Deutschlehrerin, unser erstes Zeugnis. Schnell öffnete ich meins und überprüfte meine Noten in jedem Fach. Als ich las, ich werde in die zweite Klasse versetzt, war ich sehr dankbar und froh. Zwei Jungen hatten nicht so viel Glück. Sie mussten die gleiche Klasse für ein weiteres Jahr wiederholen. Ein Junge musste die Schule sogar verlassen, weil er zum zweiten Mal in derselben Klasse versagt hatte. Er tat mir leid. Tränen liefen über seine Wangen, als er sich von uns verabschiedete, wissend, dass er im August nicht zurückkehren würde. Ich eilte nach Hause und sagte meiner Mutter, dass mein Zeugnis gut sei und ich im Spätsommer das zweite Jahr der Mittelschule beginnen würde. Natürlich musste ich meinen Klassenkameraden in der Volksschule stolz verkünden, dass ich ein gutes Zeugnis erhalten hatte, und in die nächste Klasse der Mittelschule versetzt war.

Im Sommer half ich, Himbeeren, Johannisbeeren und Stachelbeeren zu pflücken, die im Garten wuchsen. Emma brachte uns zu einer Hecke eines Feldes, auf dem wir reife Brombeeren fanden. Wenn wir genug gepflückt hatten, gingen wir nach Hause und gaben sie unserer Mutter, die daraus Marmelade oder Saft machte. Manchmal kam meine Freundin Elisabeth zu uns.

Wir sprachen über das Nähen und darüber, dass ich gerne nähe. Sie erzählte mir, dass sie eine Nähmaschine habe und bat mich, ein Kleid für sie zu nähen.

Ich dachte, ich könnte es versuchen. Elisabeth brachte einen Umschlag mit dem Muster des Kleides auf der Außenseite. Im Umschlag waren große Blätter aus dünnem Papier mit verschiedenen Linien. Wir mussten herausfinden, welche Linien das Muster ihres Kleides hatte, und es dann mit einem kleinen Rad mit Zähnen auf einem anderen Blatt Papier nachzeichnen. Wir haben alle Teile mit den gleichen Linienmarkierungen verfolgt. Nachdem wir überprüft und sichergestellt hatten, dass wir alle Kleiderteile hatten, schnitten wir jede Form aus dem Papier. Wir legten dann das Papiermuster über das Material. Der schwarze Stoff hatte weiße Linien und kleine rote Blumen zwischen den Linien. Wir legten den Stoff so, dass die Linien alle gerade waren, dann heftete ich das Muster am Material und schnitt es für die Naht einen Zoll größer aus.

Zuerst nähte ich das Mieder und dann befestigte ich den Rock. Ich rief Elisabeth, um es anzuprobieren. Die Seiten des Mieders mussten ein wenig eingezogen werden; ansonsten passte es ihr gut. Nun kam der schwierigste Teil: die kurzen Ärmel passend an das Mieder zu nähen. Es war schwierig, den Ärmel richtig mit Stecknadeln zu befestigen. Ich heftete es zuerst mit der Hand an und danach mit der Nähmaschine. Ich wusste nicht, wie ich den Reißverschluss mit der Maschine nähen sollte, also tat ich es mit der Hand. Ich befestigte ihn am oberen Rock, an der linken Seite und am unteren Mieder. Als ich fertig war, ging ich zu Elisabeth, reichte ihr das Kleid und bat sie, es anzuprobieren. Es passte. Der Stil sah an ihr nett aus. Wir waren beide zufrieden. Ich wurde ermutigt, mehr Sachen auf ihrer Nähmaschine zu nähen.

Wir genossen auch etwas Zeit mit Frieda, Elisabeth, Katie und anderen Freunden und schwammen im Seltener See. Ich konnte nicht sehr gut schwimmen. Ich ging hinaus, soweit ich den Boden berührte und schwamm, dann zum Ufer zurück. Einmal ging ich zu weit hinaus, und plötzlich traf ich ein Loch im Boden des Sees und fing an zu sinken. Ich bekam Angst, und paddelte mit beiden Händen schnell, um meinen Kopf über Wasser zu halten. Ich schwamm schnell zurück und war froh das Ufer zu erreichen. Elisabeth erzählte mir, dass eine Bombe im See fiel und ein Loch hinterließ.

Mitte August endeten die Sommerferien und der Unterricht begann wieder. Ich freute mich, die Schulkameraden zu sehen und unsere Urlaubsabenteuer zu teilen. Dann begannen wir, die verschiedenen Fächer wieder zu studieren und mehr Geschichten von Julius Cäsar auf Latein zu lesen. Im englischen Unterricht begeisterte uns der Roman „Daddy-Long-Legs" von Jean Webster und in Französisch Auszüge aus Molieres „Le Malade Imaginaire" (Der Eingebildete Kranke). Die Lehrerin, Fräulein Bond, die Deutsch unterrichtete, machte uns mit dem bekannten Schriftsteller Thomas Mann vertraut, der die „Buddenbrooks" geschrieben hat, die das Leben einer Familie Schleswig-Holsteins in Deutschland schilderte. Wir mussten auch einige Gedichte der bekannten Dichter Johann Wolfgang von Goethe, Friedrich von Schiller, Theodor Storm, Heinrich Heine und Herman Hesse auswendig lernen. Johann Wolfgang von Goethe galt neben Friedrich von Schiller als der bedeutendste deutsche Dichter und Autor. Die Lehrerin verlangte, dass wir einige seiner Gedichte auswendig lernten, wie „Der Lehrling", „Des Wanderers Nachtlied" und „Der Erlkönig". Ich erinnere mich noch an die erste Strophe des Gedichts:

> „Wer reitet so spät durch Nacht und Wind?
> Es ist der Vater mit seinem Kind:
> Er hat den Knaben wohl in dem Arm,
> Er fasst ihn sicher, er hält ihn warm."[21]

Franz Schubert komponierte Melodien zu vielen Gedichten von Johann Wolfgang von Goethe. Ludwig von Beethoven komponierte eine berühmte Melodie zu Friedrich von Schillers Gedicht „Ode an die Freude", gesungen von Chören weltweit. Ich habe immer Dichter bewundert, die mit wenigen selektiven, treffenden Worten Gedanken, Bilder oder Ereignisse beschreiben. Verschiedene Teile der Welt kennenzulernen und etwas über ihre Geschichte und Kulturen zu erfahren, faszinierte mich. Ich mochte auch Mathematik und Algebra. Alle Formeln der Elemente in der Chemie zu lernen, langweilte mich. Ich mochte Biologie und mehr über die Umwelt lernen.

Der Herbst färbte die Blätter an den Bäumen gelb, orange und rot, bevor der Frost sie von den Ästen entfernte. Der Wind wirbelte sie herum und herum, bevor er sie auf den Boden fallen ließ. Schwärme kanadischer Gänse landeten in den gemähten Feldern, bevor sie nach dem Süden, in ein wärmeres Klima flogen. Es folgte der Winter mit bitterkalten Temperaturen. Radfahren gegen den kalten Wind verlangsamte meine Geschwindigkeit. Ich musste lange vor Sonnenaufgang aufstehen, um pünktlich in der Schule zu sein. Oft musste ich das Fahrrad auf der eisglatten Straße schieben, anstatt es zu fahren. Aber egal, wie kalt oder schwierig der Winter war, ich habe nie einen Schultag wegen schlechten Wetters verpasst.

Die Weihnachtszeit nahte, und wir bekamen zwei Wochen Urlaub. Diese Weihnacht war einzigartig, mit Baby Agnes, das die Familie erfreute. Ihre Augen funkelten, als sie die brennenden Kerzen betrachtete und uns Weihnachtslieder singen hörte. Emma hatte für Agnes eine schöne rosa Jacke gestrickt. Ich häkelte eine rosa Mütze für sie, und meine Mutter gab ihr eine Babydecke, die sie gestrickt hatte. Wir wussten nicht, dass dies das letzte Weihnachten sein würde, das wir mit ihnen verbringen würden. Emma und Gustav kündigten an, mit ihrer Familie nach Amerika auswandern zu wollen. Sie hatten bereits ihre Visa beantragt. Ein einjähriges Verfahren folgte, um notwendige Dokumente auszufüllen und sich medizinischen Untersuchungen zu unterziehen. Auch wurde der persönliche Hintergrund überprüft, bevor die endgültigen Einwanderungsdokumente genehmigt wurden. Im August 1951 reisten sie mit ihrer Familie von Bremerhaven per Schiff nach New York. Dann fuhren sie mit dem Zug weiter nach York, Pennsylvania, wo sie sich niederließen.

Mutter und alle meine Brüder und ich waren traurig, dass sie uns verließen. Ich fühlte mich mit Emma verbunden. Aufgrund des Altersunterschieds von dreizehn Jahren betrachtete ich sie wie meine zweite Mutter. Ernst und Meta sagten meiner Mutter, dass sie auch gerne nach den Vereinigten Staaten auswandern möchten. Bevor sie ihre Visa beantragten, fragten sie, ob meine Mutter und der Rest der Familie mit ihnen gehen wollte. Mutter bestätigte Meta, dass sie es vorzog, in Deutschland bleiben, in der Hoffnung, dass unser Vater eines Tages zurückkehrte. Sie erhielt jedoch eine Nachricht, dass sie nach Süddeutschland ziehen könnte. Die deutsche Regierung versuchte, die Flüchtlinge aus den überfüllten Gegenden in die weniger überfüllten umzusiedeln.

Kapitel 11

Umzug und Leben in Essingen

Mutter erkannte, dass es für ihre Kinder auf einem Bauernhof keine Zukunft gab. Sie fragte uns, ob wir umziehen wollten. Georg, Edmund und Richard begrüßten eine Veränderung. Stattdessen hätte ich lieber meine Mittelschule in Schönberg abgeschlossen.

Die Wintermonate vergingen langsam. Im Frühjahr gab Meta bekannt, dass sie ein weiteres Baby erwartete. Am 26. November 1951 brachte eine Hebamme ein kleines Mädchen zur Welt. Meta und Ernst nannten sie Ilse, und sie freuten sich, dass Agnes eine kleine Schwester hatte. Die ganze Zeit arbeiteten sie daran, ihre Einwanderungspapiere zu sichern. Im April erhielten sie ihre Visa, und am 10. April 1952 flogen Ernst, Meta und ihre beiden Töchter von Hamburg nach New York. Sie fuhren mit dem Zug weiter nach Prairie du Chien und mit dem Bus zu einer Familienfarm in Fröhlich, Iowa. Als sie an ihrem Ziel ankamen, schrieb Meta, dass Ernst auf der Farm für ein kleines Gehalt von 90.00 Dollar pro Monat und etwas Essen für seine Familie arbeitete. Es war ein bescheidener Anfang. Die Sprachbarriere erschwerte die Kommunikation mit dem Bauern, aber sie lebten allein in einem kleinen Haus und waren zufrieden. Wir alle vermissten unsere Schwestern Emma und Meta und unsere Nichten.

In der Zwischenzeit kümmerte sich der Bürgermeister von Pratjau um alle notwendigen Unterlagen für den Umzug unserer Familie. Im Juni 1952 erhielt meine Mutter die Nachricht, dass wir im Juli nach Landau, Pfalz, ziehen könnten. Ich flehte meine Mutter an, bis zum Beginn der Sommerferien zu warten, damit ich nicht viele Schultage verpassen würde und auch mein Zeugnis von einem ganzen Semester bekommen könnte. Sie stimmte zu. Das folgende Wochenende verbrachte ich mit meinen entfernten Verwandten in Neu Schönberg. Ich erzählte Waldi und seiner jüngeren Schwester Greta, dass dies mein letzter Besuch war, weil meine Familie umziehen würde. Es tat ihnen leid, dass ich sie verlassen werde. Auch ich fühlte mich traurig. Wir haben uns immer darauf gefreut, ein Wochenende zusammen zu verbringen und verschiedene Spiele zu spielen.

Als ich wieder zur Schule ging, wartete ich bis eine Woche vor Beginn der Ferien, um Professor Förster zu sagen, dass meine Familie Ende Juli nach Süddeutschland ziehen würde.

„Herr Professor Förster, ich bedaure sehr, Sie und Ihre Schule verlassen zu müssen, weil meine Mutter sich entschloss, in die Pfalz zu ziehen"

„Hildegard, es tut mir so leid, dich gehen zu sehen. Ich werde dir meine Adresse geben. Du kannst mir schreiben."

„Das ist liebenswürdig von Ihnen. Ich werde es tun."

„Es interessiert mich, wohin du gehst und welche Schule du besuchen wirst."

Dann erzählte ich meinen anderen Klassenkameraden in der letzten Schulwoche, dass meine Familie und ich nach Landau in der Pfalz ziehen würden. Einige waren traurig, andere gleichgültig, als ich die Schule verließ. Inge, die neben mir saß und meine Freundin geworden war, erzählte mir, dass sie und ihre Familie auch planten, in diesem Sommer umzuziehen. Ihr Vater mietete ein Haus im bekannten Badeort Timmendorfer Strand an der Ostsee. Inge erzählte mir, dass sie gerne schwamm und sich auf das Leben am Strand freute.

Am letzten Schultag rief Professor Förster jeden Schüler beim Namen, um vorwärtszukommen, um ihre Zeugnisse zu erhalten. Als er mir mein Zeugnis gab, füllten Tränen meine Augen und rollten über meine Wangen. Ich konnte nur ein leises „Danke" aussprechen. Ich nahm mein Zeugnis und setzte mich an meinen Schreibtisch, um meine Tränen abzuwischen, die weiter flossen. Nachdem jeder Schüler seine Zeugnisse erhalten hatte, sagte Professor Förster der Klasse, er sei traurig, zwei seiner Lieblingsschüler, Inge und Hildegard, gleichzeitig die Schule verlassen zu sehen. Dann kam er zu Inge und mir. Er reichte uns die Hand und wünschte uns alles Gute für die Zukunft.

Viele weitere Tränen flossen, als ich mich von Inge und einigen anderen lieben Klassenkameraden verabschiedete. Widerwillig nahm ich mein Fahrrad und machte mich auf den Heimweg. Diesmal schob ich mein Fahrrad durch die Stadt, nur um zum letzten Mal alle Schaufenster in den Läden und den schönen Gärten zu genießen. Ich hielt auch am Haus von Professor Förster an und schaute mir die verschiedenen blühenden Rosen an. Tiefe Dankbarkeit erfüllte mein Herz für die wunderbaren Studien an der Mittelschule. Professor Förster lehrte mich nicht nur Französisch, Latein und Englisch, sondern auch moralische Prinzipien. Er und alle anderen Lehrer ermutigten uns, immer unser Bestes im Leben zu geben und zu tun, unabhängig von den Umständen. Auf dem Heimweg fuhr ich langsam mit dem Fahrrad, und auf bestimmten Strecken schob ich es, um zum letzten Mal die eindrucksvollen Sehenswürdigkeiten von Gärten und Feldern zu genießen, die mir so vertraut und lieb waren. An diesem Nachmittag und Abend sprach ich kaum. Mein Herz quoll über vor Traurigkeit, die Mittelschule zu verlassen. In den folgenden Tagen flossen Tränen als ich mich von vielen meiner Spielkameraden und Freunden verabschiedete, vom Sophienhof und von Pratjau. Georg, Edmund und Richard mussten ihre Arbeitgeber benachrichtigen, die bestürzt waren, sie zu verlieren. Alle drei meiner Brüder arbeiteten tüchtig und gut. Georg begrüßte den Umzug. Er freute sich auf etwas anderes, als sich um Pferde zu kümmern und auf den Feldern von Herrn Jessens Gut zu arbeiten.

In der folgenden Woche erinnerte mich meine Mutter daran, meine Kleidung zu überprüfen, die nicht mehr passen, zu verschenken und den Rest zu waschen. Wir sollten bis Sonntag, den 20. Juli, alles gepackt haben und bereit sein am Montag, dem 21. Juli 1952, Sophienhof zu verlassen. Jeder Bruder und ich konnten nur einen Koffer voller Kleidung, Zeugnisse, Bücher und persönlicher Gegenstände mitnehmen. Mutter legte

Horsts Kleidung und ihre eigene in einen größeren Koffer. Sie ließ eine große Holzkiste für ihre wenigen Haushaltsgegenstände und die Federbetten anfertigen. Sie bestand darauf, dass jeder von uns eine Daunendecke und ein Kissen haben sollte. Emma und Meta hatten sie mit den Gänsedaunen unserer Gänse gefüllt, die wir zu Hause in Ostpreußen züchteten. Am Montagmorgen nahm Mutter auch die Bettwäsche, das Geschirr und das Besteck und packte alles in die große Kiste zwischen den Federbetten. Nachdem Edmund die Kiste geschlossen hatte, indem er die losen Bretter an den Rahmen nagelte, schrieb er die Adresse des zugewiesenen Lagers in Landau-Queichheim/Pfalz, unseres Zielortes, auf die Kiste.

Um 8:00 Uhr kam Rudi, unser Nachbar, mit der Kutsche vor das Tor. Er half uns, unsere Sachen auf den Rücksitz der Kutsche zu laden. Georg fuhr mit Rudi vorne mit, während unsere Mutter, Edmund, Richard, Horst und ich uns in die Kutsche setzten. Normalerweise hätte ich mich darüber gefreut, in Herrn Jessens prestigeträchtiger Kutsche zu fahren, aber heute war mein Herz voller Traurigkeit, meine Mittelschule und Freunde zurückzulassen. Eine Phase endete, und eine unbekannte Phase begann. Wir saßen alle ruhig da, jeder in seine eigenen Gedanken vertieft, bis wir den Bahnhof in Schönberg erreichten. Ein Angestellter des Bürgermeisters in Pratjau hatte zuvor unsere Fahrkarten gekauft und zu uns gebracht. Rudi erkundigte sich, von welchem Gleis unser Zug abfuhr. Dann half er uns, alle unsere Sachen an dem entsprechenden Gleis zu tragen. Wir warteten auf den Zug, der nach Preetz fuhr, einer kleinen Stadt zwischen Lanker und Post See. Wir erreichten den Bahnhof, der sich im Zentrum der Stadt befand, etwa eine Stunde später. Von dort ging es weiter nach Hamburg, Hannover, über Frankfurt nach Landau. Die großen Städte und die Landschaft des Landesinneren Deutschlands mit seinen Hügeln, Tälern und vielen Wäldern, die an den Fenstern vorbeizogen, faszinierten uns. Wir kamen spät in der Nacht am Bahnhof in Landau an. Dort erwartete uns ein Busfahrer und brachte uns zu einer Gaststätte namens „Wirtschaft zum Lamm" in Queichheim, einem Vorort von Landau. Wir waren hungrig und erschöpft von der langen Reise. Der Wirt bereitete für jeden von uns ein Sandwich, das wir im Restaurant aßen. Dann brachte er uns in eine große Halle, wo auf dem Boden platzierte Matratzen für andere Familien und uns als vorübergehende Schlafgelegenheit dienten. Mit einer Taschenlampe zeigte er uns, wo die Toilette war und welche sechs Matratzen wir benutzen sollten. Wir wollten die anderen Leute nicht aufwecken. Wir stellten unsere Koffer neben uns, zogen unsere Schuhe aus, legten uns auf unsere Matratzen und schliefen schnell ein.

Am nächsten Morgen wachten wir spät auf. Die meisten Leute waren bereits ins Restaurant gegangen. Wir wuschen uns schnell das Gesicht, putzten uns die Zähne und schlossen uns den anderen Flüchtlingen zum Frühstück an. Wir saßen neben einer Familie mit vier Jungen und einer Tochter. Sie waren auch aus Ostpreußen geflohen und warteten darauf, an einen neuen Ort versetzt zu werden. Wir stellten uns vor und machten uns mit der Familie Ehrlich bekannt. Herr Ehrlich hatte Asthma. Nach jedem Satz atmete er schwer, um genug –95/Luft für den folgenden Satz zu holen. Frau Ehrlich war eine zarte und feine Dame, und die vier Jungen, Wolfgang, Freddie, Jürgen und Dieter, gehorchten ihren Eltern und waren respektvoll gegenüber anderen Personen und uns. Ich befreundete mich mit ihrer Tochter Inge, die ein paar Jahre jünger war als ich. Wenn die Jungs die Nachbarschaft erkundeten, gingen wir spazieren und sprachen über unsere Hobbys und die Schulen, die wir besuchten.

Meine Mutter sprach über ihre Heimat in Ostpreußen, und Frau Ehrlich auch. Die Jungs fanden heraus, dass Karussells und andere Attraktionen in der Stadt waren. Eines Abends beschlossen die Jungen, in die Stadt Landau zu gehen. Sie baten ihre Eltern um Erlaubnis, und wir unsere Mutter, und Inge und ich gingen mit. Georg, der etwas Geld hatte, lud uns zu einer Fahrt auf einem Karussell ein. Inge und ich beschlossen, auf einen der runden Sitze zu gehen, während die Jungs auf die Pferde stiegen. Als alle an Bord waren, begann die Musik zu spielen, und unsere Sitze begannen sich immer schneller zu drehen. Mir wurde übel, und mein armer Magen wollte seinen Inhalt leeren. Ich legte eine Hand vor meinen Mund und konnte es kaum erwarten, bis das Karussell stillstand. Ich wackelte aus meinem Sitz und versuchte, eine unscheinbare Stelle zu finden, an der ich den Inhalt meines Magens leeren konnte. Dann ging ich zurück zu Inge und den Jungs. Ich dachte, das Karussell und andere Wendefahrten stimmten nicht mit mir überein. Glücklicherweise erholte ich mich schnell. Nach Sonnenuntergang, als sich der Himmel verdunkelte, hörten wir plötzlich einen Knall und ein Feuerwerk erleuchtete den Himmel. Wir haben die verschiedenen Konfigurationen und Farben des Schauspiels bewundert. Sie faszinierten uns. Wir hatten noch nie ein solches Spektakel am Himmel gesehen. Nachdem es vorbei war, gingen wir zurück ins Lager und erzählten unseren Eltern von dem wunderbaren Feuerwerk, das wir gesehen hatten.

Am nächsten Tag kam ein Stadtschreiber und sagte uns, dass ein Bus um 14:00 Uhr kommen wird, um uns nach Essingen und die Familie Ehrlich nach Edesheim zu bringen. Wir packten alle unsere Sachen und trugen sie kurz vor 14:00 Uhr nach draußen auf die Straße, wo der Bus anhielt. Die Familie Ehrlich tat dasselbe. Der Busfahrer lud unser Gepäck in den Bus und fuhr uns zuerst nach Essingen, ein Dorf etwa 8 Kilometer nordöstlich von Landau, und dann weiter nach Edesheim, etwa 14 Kilometer nördlich von Landau. Wir waren traurig, uns von der Familie Ehrlich zu trennen, versprachen aber, dass wir uns bald sehen würden. Herr und Frau Ehrlich und die Jungs nahmen das Aussehen und die Lage des Hauses, in das wir einzogen, zur Kenntnis, damit sie uns besuchen konnten. Wir bedankten uns beim Busfahrer, bevor er mit der Familie Ehrlich losfuhr.

Georg und Edmund nahmen die große Kiste mit in die Wohnung. Dann kamen sie zurück und trugen die anderen Koffer ins Wohnzimmer. Die braunen Holzpaneele der Wände ließen den Raum dunkel erscheinen, aber die Wohnung war sauber und hatte zwei Schlafzimmer, eine Küche und ein geräumiges Wohnzimmer. Die Leute aus dem Dorf stellten die wesentlichen Möbel zur Verfügung, einen Tisch mit sechs Stühlen in der Küche, ein Sofa mit zwei Beistelltischen und Licht im Wohnzimmer und zwei Einzelbetten mit Matratzen in jedem Schlafzimmer. Ein freistehender Kleiderschrank in jedem Schlafzimmer diente dazu, unsere Kleider darin aufzuhängen und die Bettwäsche aufzubewahren. Wir waren dankbar für die deutliche Verbesserung gegenüber der engen Ein-Zimmer-Wohnung, die wir mit Emma und Meta teilten. Mutter packte zuerst die Bettwäsche und die Federbetten und die Haushaltsgegenstände aus, und dann packten meine Brüder ihre Kleidung, Schuhe und die wenigen persönlichen Sachen, die sie mitgebracht hatten, aus. Unsere Mutter gab Georg Geld und bat ihn, ein Lebensmittelgeschäft zu finden und etwas Brot und Wurst zu kaufen. Georg verließ das Haus und fragte die erste Person, die er traf, wo ein Lebensmittelgeschäft sei. Der Mann zeigte auf die Straße, in der Benders Laden Wurst, Brot und andere Lebensmittel verkaufte. In ein paar Tagen lernten wir zwei weitere Familien kennen, die im selben Gebäude wohnten, das Lehrerhaus genannt wurde. Frau Wistof und ihre vier Söhne Edelmut, Freimut, Wismut und Hartmut wohnten auf der linken Seite des Eingangs, und Herr und Frau Buchert, ihr kleiner Sohn Willie und eine Tochter im Teenageralter, Carla, bewohnten die Wohnung im Zentrum und wir die Wohnung rechts von ihnen. Wir mussten zum Büro des Bürgermeisters gehen, um unsere Familie und unsere aktuelle Wohnadresse anzumelden. Georg fragte, ob jemand in der Stadt einen Arbeiter brauchte. Da er aufgrund des Krieges keine Chance hatte, ein Handwerk zu erwerben, würde er jede Arbeit annehmen. Horst, der erst zehn Jahre alt war, musste die Volksschule abschließen. Ich erkundigte mich, wo die nächste Mittelschule sei. Die entsprechende Schule, das Neusprachliche Gymnasium, befand sich in Landau. Ich fuhr mit dem Zug nach Landau, fragte dann nach dem Weg und fand das Schulgebäude. Ich erkundigte mich, wann und wo ich mich anmelden könnte, bevor die Schule am Montag, dem 11. August 1952, begann.

Edmund fand einen Schreiner, bei dem er seine Tischlerausbildung fortsetzen konnte, in Herxheim, einem Dorf 16 Kilometer südlich von Essingen. Richard schaute sich nach einem

Schmied um, wo er seine Lehre beenden und seine Meisterprüfung machen konnte. Ein Schmied in Ramstein stellte Richard ein. Ramstein, ebenfalls ein amerikanischer Militärstützpunkt, lag etwa 20 Kilometer westlich von Kaiserslautern. Georg fand Arbeit auf dem Weingut von Herrn Feldman in Essingen. Nach den Sommerferien besuchte Horst die örtliche Volksschule und ich das Neusprachliche Gymnasium in Landau. Meine Mutter blieb jeden Morgen allein zu Hause. Sie kaufte im örtlichen Lebensmittelgeschäft und beim Metzger ein, bereitete Essen für Horst und mich zu und kümmerte sich um alle Hausarbeiten.

Am ersten Schultag zog ich mein bestes Sonntagskleid an, einen schwarzen Rock mit rosa Streifen am Mieder. Ich verließ das Haus früh, ging zum Bahnhof nach Knörringen-Essingen und nahm den Zug nach Landau. Die Schule war etwa fünfzehn Minuten zu Fuß vom Bahnhof entfernt. Der Unterricht begann um 8:00 Uhr. Als ich das Schild für das Klassenzimmer der vierten Klasse sah, trat ich ein. Langsam füllte sich der Raum. Jeder hatte einen bestimmten Sitzplatz; da ich neu war, stand ich auf und wartete darauf, dass der Lehrer mir einen zuwies. Schließlich betrat der Lehrer das Klassenzimmer. Alle Schüler standen auf und begrüßten den Lehrer, der den Gruß erwiderte, und bat sie, sich zu setzen. Ich blieb stehen. Der Lehrer drehte sich zu mir um und fragte nach meinem Namen und wo ich wohne. Dann stellte sich der Lehrer als Herr Gritzan vor und beauftragte mich, neben Barbara Bliemel in der zweiten Reihe zu seiner Linken zu sitzen. Er schickte die andere Studentin, die neben ihr saß, auf den leeren Schreibtisch nach hinten. Wir erhielten einen Zeitplan für die kommende Woche mit den Fächern und dem Klassenzimmer, in dem sie unterrichtet wurden. Ich brauchte ein wenig Zeit, um die Lehrer und die Schüler kennenzulernen.

Ein Priester lehrte die katholischen Studenten, und ein Pastor lehrte protestantischen Studenten Religionsunterricht. Die französische Sprache bereitete mir Schwierigkeiten, da ich zwei Jahre zurücklag. Die Franzosen besetzten die Pfalz; es war obligatorisch, Französisch in der sechsten Klasse der Volksschule zu lernen. Da ich aus einem britisch besetzten Teil Deutschlands kam, war ich in meinem Englischunterricht zwei Jahre voraus und in Französisch zwei Jahre zurück. Ich gab Latein auf, um mein Französisch nachzuholen. Ich kämpfte und verbrachte viel mehr Zeit damit, meinen französischen Wortschatz zu erweitern und neue Grammatikregeln zu lernen. Mit all den anderen Themen hatte ich kein Problem.

Ich lernte auch die Personen kennen, die jeden Morgen zum Bahnhof Knörringen-Essingen gingen. Edelmut Wistof, der im selben Gebäude wohnte, ging auf die Handelsschule, ebenso wie Hermann Jäger, der in dem Haus am Dorfplatz in der Nähe des Dorfendes wohnte. Seine Schwester Heidrun besuchte eine Mädchenschule in Landau. Wir führten lebhafte Gespräche während des fünfzehn Minuten langen Gangs zum Bahnhof und der halbstündigen Zugfahrt nach Landau. Auf dem Heimweg ging ich mit ein paar Studenten, die den gleichen Zug nahmen wie ich. Mit dem Zug nach Landau zu fahren und die rechts vorbeiziehenden Hardtberge zu beobachten, war viel angenehmer und komfortabler, als allein auf der holprigen Landstraße nach Schönberg zur Schule zu radeln. Meine Englischlehrerin, Fräulein Kleiner, lebte auch in Essingen. Manchmal trafen wir uns im Zug.

Bald lernte ich die Schulleiterin, Frau Stelzemüller, und die Lehrer und ihre Fächer kennen. Ich mochte alle Lehrer, aber Dr. Freitag, der später Geschichte und Deutsch unterrichtete, war mein Lieblingslehrer. Er war streng und verlangte viel von den Schülern, präsentierte aber jede historische Episode anschaulich und wir widmeten ihm unsere volle Aufmerksamkeit. Am Ende jeder Klasse erzählte er uns eine Anekdote oder ein Zitat von einem berühmten Autor oder Philosophen, um uns praktische Ratschläge für das Leben zu geben. Den Ratschlag „Steter Tropfen höhlt den Stein" habe ich bis heute nicht vergessen. Wir mussten einen Aufsatz zu diesem Thema schreiben. Wir präsentierten auch eine Buchbesprechung oder einen Vortrag über ein persönliches Erlebnis vor der Klasse. Ich entschied mich, über unsere Flucht aus Ostpreußen zu sprechen. Zuerst war ich nervös, als ich aufstand, um mein wahres und trauriges Erlebnis vor der Klasse zu präsentieren. Die Worte flossen mühelos, als ich sah, wie die Klassenkameraden aufmerksam zuhörten und sich sogar Tränen aus den Augen wischten. Als ich mich an einige Episoden erinnerte, musste ich den Kloß in meinem Hals schlucken und Tränen aus meinen Augen wischen, bevor ich meinen Vortrag beendete. Der Lehrer und meine Klassenkameraden waren von meiner realen, aber tragischen Geschichte bewegt. Es folgte eine kurze Stille, bevor der Lehrer einen Dank aussprach und ich zu meinem Platz zurückkehrte.

Als Dr. Freitag die Geschichte des Zweiten Weltkriegs lehrte, erzählte er uns, wie ungerecht die Alliierten das deutsche Volk ausbeuteten. Wernher von Braun, der die Raketenwissenschaft entwickelte, war gezwungen, die Namen der Spitzenwissenschaftler preiszugeben. Die Amerikaner und Russen übernahmen die Patente von den Raketen, führenden Wissenschaftlern und anderen bedeutenden wissenschaftlichen Entdeckungen in der Weltraumforschung aus Deutschland. Die amerikanische Regierung wählte Wernher von Braun und viele andere Wissenschaftler, Techniker und Fachleute, um für die amerikanische Regierung zu arbeiten. Die russische Regierung tat dasselbe. Dr. Freitag sagte uns mehrmals: „Der Mensch lernt aus der Geschichte, dass der Mensch nichts aus der Geschichte lernt."

Gymnastik in der schönen Turnhalle mit Fräulein Letterle war manchmal anstrengend, aber meistens unterhaltend. Sie verlangte, dass wir alle Bewegungen auf dem Pferd, der Stange oder dem Boden korrekt ausführten.

Frau Setlazek gab Musikunterricht und lehrte uns alle Namen von Noten und ihre Klänge und die verschiedenen Zeichen der Kompositionen, die wir behalten mussten. Wenn sie uns ein Lied beibrachte, spielte sie es zuerst auf dem Klavier und wiederholte dann die Worte von dem Notenblatt und ließ uns die Melodie singen. Sie lehrte uns die verschiedenen Arten von Musik, die Struktur von Kompositionen, wie eine Symphonie, Rondo, Sonate, Oper, Operette und verschiedene andere Musikstücke. Wir lernten auch viele Volkslieder auswendig. Landau bot musikalische Darbietungen in der Festhalle an. Als ich hörte, dass die Oper „Otello" in der Festhalle aufgeführt wurde, beschloss ich, die Aufführung zu besuchen.[22] Ich wusste, dass Mutter mich abends nicht allein gehen lassen würde. Ich fragte meinen Bruder Edmund, ob er mich begleiten könnte. Er stimmte zu, und ich bekam zwei günstige Eintrittskarten. Ich konnte es kaum erwarten, bis der Tag im September kam, an dem ich meine erste Opernaufführung sehen würde. Ich zog mein bestes Kleid an und Edmund seinen besten Anzug, und wir fuhren mit seinem kleinen Motorrad nach Landau. Ich musste sowohl meine Kleidung als auch mich an meinem Bruder festhalten.

Als wir in der Festhalle ankamen, stellte Edmund sein Motorrad an eine dafür vorgesehene Stelle. Wir betraten das Theater und zeigten dem Platzanweiser unsere Eintrittskarte. Er schickte uns auf den oberen Balkon, wo wir Platz nahmen. Die Aufregung stieg, als die Lichter ausgingen und der Vorhang aufging. Donner dröhnten und Blitze zuckten im Hintergrund, als Otello die Bühne betrat. Er kehrte siegreich vom Schlachtfeld zurück. Er wurde sowohl von den Menschen als auch von seiner schönen Frau Desdemona begrüßt. Sie drückten ihre Liebe in einem bewegenden Duett aus und freuten sich, wieder vereint zu sein. Die dramatischen Arien und die Musik bewegten mich. Aber mein Bruder schlief ein. Gott sei Dank schnarchte er nicht. Es wäre mir sehr peinlich gewesen. Im nächsten Akt schmiedete Jago, ein Soldat, eine Verschwörung, um Otello zu überzeugen, dass seine Frau ihm untreu war und sein Freund Cassio ihn verriet. In der letzten Szene beschuldigte Otello seine Frau Desdemona, dass sie untreu gewesen sei, warf sie auf das Bett und stach sie mit einem Schwert zu Tode. Nachdem sein Freund Cassio Otello sagte, dass es nicht wahr sei, tötete sich Otello selbst. Tödlich verwundet, geht er zu Desdemona, küsst sie und fällt leblos neben Desdemona auf den Boden. Der Vorhang schloss sich. Das tragische Ende der Oper bedrückte mich sehr. Als die Künstler vor den Vorhang kamen, erfüllte der Applaus das Theater, und Edmund wachte auf.

„Wo sind wir?", fragte er, als er den Schlaf aus den Augen wischte.

„Wir sind im Theater und die Oper ist gerade zu Ende. Komm, lass uns jetzt nach Hause gehen."

Wir verließen die Festhalle, stiegen auf das Motorrad und fuhren nach Hause. Ich dachte auf dem Heimweg an die dramatische Aufführung und erinnerte mich viele Tage an die Szenen der Liebe, des Verrats und des tragischen Endes.

Am nächsten Tag in der Schule unterrichtete Frau Gritzan Religionsunterricht für die evangelisch und lutherischen Schüler. Ein Priester unterrichtete die katholischen Studenten. Wir studierten die Reformation, die begann, als Martin Luther, ein katholischer Mönch, der später Theologieprofessor wurde, sah, dass die katholische Kirche unter Papst Leo X ihre Anhänger ausnutzte.[23] Sie verkauften die Absolution der Sünde nicht nur für die Lebenden, sondern auch für die Toten. Professor Martin Luther schrieb seine „95 Thesen", in denen er die korrupten Praktiken der katholischen Kirche zum Ausdruck brachte. Er nagelte seine Thesen am 31. Oktober 1517 an die Tür der Wittenberger Schlosskirche. Professor Martin Luther glaubte, dass der Bibel nach der Mensch allein durch Gnade gerettet werden kann und nicht durch gute Werke. Papst Leo X las die „95 Thesen", nannte Professor Martin Luther einen Ketzer und exkommunizierte ihn am 3. Januar 1521. Papst Leo X gab ihm am 17. April 1521 in Anwesenheit von Kaiser Karl V, Herzögen und Bischöfen in Worms Gelegenheit, seine Kritik und Anschuldigungen der katholischen Kirche zu widerrufen. Als Professor Martin Luther sich weigerte, seine Schriften zu widerrufen und sich an die Lehren der Bibel hielt, erklärte ihn der Kaiser zum Ketzer und Gesetzlosen. Der Kurfürst Friedrich III der Weise gewährte Professor Martin Luther in seiner Wartburg Schutz. Er heiratete Katharina von Bora und hatte sechs Kinder. Während seines Geheimaufenthalts übersetzte er die in Latein geschriebene Bibel in die deutsche Sprache. Er brauchte zehn Jahre für seine Arbeit. Jetzt konnte das ganze deutsche Volk das Wort Gottes lesen und nicht nur der privilegierte und gebildete, religiöse Klerus. Professor Martin Luther schrieb mehrere Bücher und einen Katechismus, ein komprimiertes Buch, um den Jugendlichen die Zehn Gebote, die Bedeutung der heiligen Sakramente und die grundlegende lutherische Doktrin näherzubringen. Wir mussten es auswendig lernen, bevor wir konfirmiert wurden. Professor Martin Luther starb am 18. Februar 1546 im Alter von zweiundsechzig Jahren an einem Schlaganfall und die Stadt begrub ihn in der Schlosskirche in Wittenberg.

Da es viele Konfessionen und Religionen gab, dachte ich oft darüber nach, welche die richtige wäre. Während eines Unterrichts fragte ich Frau Gritzan: „Da jede Konfession und Religion eine andere Doktrin lehrt und behauptet, richtig zu sein, können Sie mir sagen, welche die richtige ist?"

„Es ist so, Hildegard", sagte sie, „die Bibel, die das Wort Gottes ist, enthält die Antworten auf alle menschlichen Bedürfnisse. Wenn du Komfort brauchst, wirst du darin Komfort finden. Wenn du Anleitung benötigst, findest du darin Anleitung. Wenn du nach Erlösung suchst, wirst du darin Erlösung finden. Leider nahmen einige des religiösen Klerus verschiedene Teile des Inhalts der Bibel und machten sie zu Konfessionen und zum Gesetz, dem ihre Kirchenmitglieder folgen mussten. Gott schaut auf das Herz jedes Einzelnen und nicht auf die äußere Form der Anbetung."

„Frau Gritzan, vielen Dank für Ihre Erklärung. Jetzt verstehe ich, wie ich das Wort Gottes im täglichen Leben anwenden kann."

Der Ehemann von Frau Gritzan unterrichtete Mathematik und Algebra. Ich habe es genossen, zu lernen, wie man verschiedene mathematische Probleme löst und sich mit algebraischen Formeln vertraut macht.

Fräulein Kist führte uns in die Kunst der Kalligrafie und Aquarellmalerei ein. Wir verwendeten spezielle Stifte und Tinte, um Wörter in der alten englischen Form zu schreiben. Sie gab uns keine definitiven Anweisungen, wie man ein Motiv malt. Sie wollte unsere Vorstellungskraft anregen und uns unser Design und unsere Farbgebung frei wählen lassen. Meine Bilder sahen im Vergleich zu denen anderer Studentinnen sehr rudimentär aus. Ich bewunderte die Gemälde von Heidi Hartung und Hildegard Weigel. Mit jeder Klasse flossen die Pinselstriche jedoch müheloser und die Farbkombinationen verbesserten sich, ebenso wie die Gesamtkomposition jedes Motivs. Das Erstellen von Bildern weckte mein Interesse so sehr, dass ich später im Leben die Malerei als mein Hobby wählte. Je mehr ich über die verschiedenen Kunstformen und Künstler erfuhr, desto mehr schätzte ich die Gemälde der großen Meister.

Miss Walker unterrichtete Physik und Chemie. Das Auswendiglernen der Abkürzungen aller Elemente und das Kombinieren verschiedener Elemente zu einer neuen Substanz hat mich zunächst nicht interessiert. Aber Miss Walker wusste, wie sie unsere Aufmerksamkeit auf sich ziehen konnte, und ich war in beiden Fächern gut. Geografie faszinierte mich, vor allem, als Dr. Stumbaum Vorlesungen über Afrika hielt. Wir mussten uns die verschiedenen Staaten merken, ihre Hauptstädte und was jeder Staat industriell und in der Landwirtschaft produzierte. Bilder von Elefanten, Giraffen, Löwen und anderen exotischen Tieren weckten in mir den Wunsch, zu reisen und die Welt zu sehen. Als Dr. Stumbaum uns auch von der Missionsarbeit des deutschen medizinischen Missionars Albert Schweitzer in Lambarene in Französisch-Äquatorialafrika und der Missionsarbeit von David Livingston aus Schottland erzählte, hegte ich sogar die Idee, als Missionshelferin nach Afrika zu gehen. Das Lernen über die verschiedenen Klimazonen, Zeitzonen, Topografien und Vegetationen aller Kontinente der Erde faszinierte mich. Ich stellte fest, dass ich alle meine Prüfungen in Geografie zur Zufriedenheit von Dr. Stumbaum machte. Er belohnte mich mit der besten Note in Geografie.

Die schlechteste Note, die ich erhielt, war in Französisch. Herr Euler, unser Französischlehrer, wusste, dass ich zwei Jahre in Französisch zurücklag. Egal wie sehr ich mich bemühte und zusätzliche Zeit damit verbrachte, französisch zu lesen und zu schreiben, ich konnte die Schüler, die zwei Jahre voraus waren, nicht einholen. Zu dieser Zeit konnten wir auch keine Bücher aus den vergangenen Jahren erhalten. Ich habe mich sehr bemüht, eine ausreichend gute Note zu bekommen, was ich auch tat. Englisch, unterrichtet von Miss Kleiner, war zu elementar, da ich bereits in der Volksschule angefangen hatte, Englisch zu lernen. Ich war meiner Klasse weit voraus und es war ziemlich langweilig. Ich mochte Fräulein Kleiner. Sie lebte auch in Essingen, und ich sah sie ab und zu bei besonderen Anlässen im Dorf. Ich dankte Gott jede Nacht, dass sich das Leben für uns alle nach dem Umzug nach Essingen verbesserte.

Nachdem ich mich mit den Lehrern und meinen Klassenkameradinnen vertraut gemacht hatte, ging ich gerne zur Schule. Wir lernten Jungen und Mädchen aus anderen Schulen kennen, wenn wir zum Bahnhof gingen, etwa ein Kilometer vom Dorf entfernt. Wir führten während der Zugfahrten bedeutungsvolle Gespräche und diskutierten weiter über historische Ereignisse und die Zukunft Europas.

Das Jahr 1952 brachte viele Veränderungen in unserem Leben. Georg genoss es, für den Besitzer eines Weinbergs, Herrn Feldman, in Essingen zu arbeiten. Im Frühjahr kultivierte er die Weinberge, half bei der Ernte im Herbst und hielt die riesigen Eichenfässer sauber. Er übertrug auch die fermentierten Reben von einem Fass in ein anderes. Dann entfernte er das gesamte Sediment vom Boden der Fässer. Er überprüfte den Gärungsprozess häufig, um die Qualität des Weines sicherzustellen.

Edmund machte mit seiner Ausbildung in der Tischlerei weiter. Richard wurde geschickt und lernte, wie man Objekte aus rohem Eisen und anderen Metallen herstellte. Horst, der jüngste Bruder, hatte noch einige Jahre die Volksschule zu besuchen, bevor er sich für einen Beruf entscheiden musste.

Neben dem Besuch der örtlichen evangelischen Gemeinde in Essingen hatten wir einen Pastor, Armin Schlender, der ein- bis zweimal im Jahr die lutherischen Flüchtlinge aus Osteuropa besuchte. Er predigte nicht nur, sondern lehrte auch die Jugendlichen, bevor er sie konfirmierte. Am Sonntag, dem 31. August 1952, konfirmierte Pastor Armin Schlender nur mich in der Essinger Ortskirche. Normalerweise musste jeder Jugendliche zwei oder drei Fragen beantworten. Ich musste alle Fragen, die Pastor Schlender mir über die Kirchengeschichte stellte, beantworten, Bibelverse zitieren, die Zehn Gebote rezitieren und vieles mehr für mindestens zwanzig Minuten bis zu einer halben Stunde. Zuerst fühlte ich mich nervös, allein vor der ganzen Gemeinde zu stehen. Ich hatte Angst, auf einige Fragen die falsche Antwort zu geben. Nachdem ich mehrmals die richtigen Antworten gegeben hatte, baute ich Selbstvertrauen auf und beantwortete alle Fragen richtig. Pastor Schlender nickte und sagte: „Gut gemacht, Hildegard." Er überreichte mir meine Konfirmationsurkunde mit diesen Worten aus Psalm 37:5: „Befiehl dem Herrn deine Wege. Vertraue auf ihn, und Er wird alles wohl leiten." Er reichte mir die Hand und gratulierte mir. Dann ging ich zurück und setzte mich mit meiner Familie zusammen, während Pastor Schlender in der ersten Reihe für den regulären Gottesdienst von Pastor Brünings Platz nahm. Nach dem Gottesdienst gratulierten mir viele Gemeindemitglieder. Wir gingen nach Hause. Eine Freundin bereitete das Mittagessen für unsere Gäste und uns vor. Pastor Schlender, einige Verwandte und enge Freunde schlossen sich uns an, um meine Konfirmation zu feiern.

Eine weitere erwähnenswerte Begebenheit war die Gründung einer Jugendgruppe für Flüchtlinge, namens „Deutsche Jugend des Ostens", kurz DJO. Heinz Equart, Kindergruppenleiter in Landau, bat mich, in Essingen eine Kindergruppe zu gründen. Das Ziel war es, die Geschichte, Kultur und Musik Ostdeutschlands lebendig zu halten. Natürlich sagte ich zuerst nein und erklärte, dass ich keine Erfahrung mit dem Organisieren und Führen einer Kindergruppe hatte. Nach einem langen Gespräch überredete mich Herr Equart jedoch, als er sich freiwillig meldete, um die ersten Treffen abzuhalten. Auch versprach er, das notwendige Material für die Versammlungen zur Verfügung zu stellen. Ich fing an, Kinder im Alter zwischen sechs und zwölf Jahren zu rekrutieren. Einheimische Kinder waren ebenfalls willkommen. Nachdem sich drei Einheimische und neun Flüchtlinge der Gruppe angeschlossen hatten, erhielt ich die Erlaubnis, einen Gemeinschaftsraum zu nutzen. Ich benachrichtigte Herrn Equart. Er kam an einem Mittwochnachmittag, um das erste Treffen abzuhalten und erklärte den Zweck unserer Zusammenkünfte, der darin bestand, die Geschichte der verlorenen Regionen Deutschlands lebendig zu halten und ihre Volkslieder und Tänze zu lernen. Zwischendurch führte er einige Spiele ein, um das Interesse der jungen Leute an einer Rückkehr zu wecken.

Herr Equart brachte eine Holzflöte mit, auf der er die Melodie eines Liedes spielte. Dann sagte er eine Zeile nach der anderen und brachte uns dazu, die Worte ein paar Mal zu wiederholen, bevor wir das ganze Lied sangen. Wir trafen uns jeden Mittwoch um 15:00 Uhr für eine Stunde oder länger, wenn ich von der Schule kam. Die Kinder genossen es, neue Lieder und Spiele zu lernen. Im dritten Treffen brachte Herr Equart Willie, der Klavierakkordeon spielte, mit, um uns einen Volkstanz beizubringen. Da wir fünf Jungen und sieben Mädchen waren, musste ein Mädchen die Tanzrolle eines Jungen spielen. Herr Equart ging mit einem Krückstock aufgrund einer Verletzung, die er während des Zweiten Weltkriegs erlitten hatte, so dass er die Tanzbewegungen nicht demonstrieren konnte, aber er gab den Jungen und Mädchen genaue Anweisungen. Sie beobachteten jeden Schritt und versuchten, ihn zu wiederholen. Die Kinder lernten schnell und genossen es, im Rhythmus der Musik zu hüpfen und sich zu drehen. Wir beendeten das Treffen mit dem Lied Ostpreußens: „Land der dunklen Wälder und kristallenen Seen". Es klang so viel schöner, begleitet von Willies Akkordeonmusik. Ich lernte die Kinder besser kennen, und zu gegebener Zeit pflegten wir dauerhafte Freundschaften.

Im Oktober brachte Herr Equart ein Theaterstück mit und schlug vor, dass wir es einüben und zu Weihnachten für unsere Eltern und die Dorfbewohner aufführen. Das Stück hieß „Die verlorene Puppe". Herr Equart erklärte die Geschichte kurz: „Ein Kind verlor eine Puppe, und zwei Jungen machen sich auf die Suche nach ihr." Er gab mir das Buch mit dem Manuskript und die Aufgabe, die richtige Person für jede Rolle auszuwählen, was ich beim folgenden Treffen tat. Ich beschloss, dass das jüngste, sechsjährige Mädchen, Gudrun, unsere Puppe sein sollte. Mein Bruder Horst und Peter sollten die beiden Jungen sein, die nach der Puppe suchten. Alle anderen Kinder bekamen die Rollen von

Personen, denen die beiden Jungen auf der Suche der verlorenen Puppe begegneten. Während des ersten Treffens, bat ich jedes Kind, seinen Teil zu lesen. In der zweiten Probe brachte ich sie dazu, jedes Wort mit mehr Gefühl auszudrücken. Beim nächsten Mal erwartete ich, dass sie die meisten ihrer Teile auswendig konnten. Dann übten sie ihre Rollen immer wieder. Es brauchte Zeit, Geduld, Beharrlichkeit und wiederholtes Üben, bis es zufriedenstellend klang und aussah. Wir spielten auch Spiele und sangen Volkslieder nach jeder Probe, damit die Kinder auch Spaß hatten. Der Dezember kam. Ich bat Herrn Equart, sich unser Stück anzusehen und uns wissen zu lassen, wo wir das Schauspiel verbessern könnten. Im Allgemeinen gefiel ihm die Art und Weise, wie die Kinder ihre Rollen interpretierten. Nur ab und zu hielt er inne und nahm einige Korrekturen vor. Am Sonntag, dem 14. Dezember, traten die Kinder in der Turnhalle des Dorfes auf. Wir gingen eine halbe Stunde früher, um die Kostüme anzuziehen und um 17:00 Uhr fertig zu sein. Die Turnhalle begann sich mit den Eltern der Kinder sowie vielen Bewohnern aus dem Dorf zu füllen.

Der Ansager bat die Anwesenden mehrere Weihnachtslieder zu singen, gefolgt von den Kindern der DJO-Gruppe, die uns unter der Leitung von Fräulein Hildegard Bonacker das Theaterstück „Die verlorene Puppe" präsentieren wird. Schmetterlinge flatterten in meinem Magen, aber ich konnte den Kindern nicht zeigen, dass ich nervös war. Als das Lied „Oh Tannenbaum!" endete, begann unser Stück. Horst und Peter betraten die Bühne zaghaft, gewannen aber bald Selbstvertrauen und spielten ihre Rollen gut, ebenso wie die gefundene Puppe und die gesamte Besetzung. Als ich den begeisterten Applaus des Publikums hörte, während wir uns alle am Ende der Aufführung auf der Bühne versammelten, atmete ich erleichtert auf. Der Referent dankte allen Kindern für ihre hervorragende Aufführung. Ich war stolz auf meine Gruppe und bedankte mich auch bei ihnen.

Im folgenden Frühjahr feierte unser Dorf Essingen eine besondere Feier und unsere Gruppe führte das Theaterstück zu diesem Anlass wieder auf. Leider erkrankte ich an Masern und die Kinder mussten allein auftreten. Das Publikum genoss das Kinderspiel, und ich war stolz, dass die Kinder ohne meine Anwesenheit ihre Rollen gut spielten.

Ich respektierte die Meinungen von Heinz Equart und seinem Freund Heinz Krämer, den er mir vorstellte. Heinz Krämer leitete eine erwachsene DJO-Gruppe von Landau. Sie wurden meine Berater, die mir bei der Berufswahl halfen. Beide lebten auf dem Weg vom Gymnasium zum Bahnhof. Häufig besuchte ich sie, besonders wenn ich ein Thema hatte, das ich mit ihnen besprechen wollte.

Als der Abschluss der Mittleren Reife kam, fragte mich Heinz Equart: „Welchen Beruf möchtest du wählen?"

Ich sagte ihm: „Ich denke darüber nach, Krankenschwester zu werden."

„Du wärst zu sehr wie ein Gefangener, wenn du verschiedene Schichten im Krankenhaus arbeitest und gleichzeitig studierst. Du liebst das Leben zu sehr, um im Krankenhaus eingesperrt zu werden. Warum wirst du nicht Arzthelferin? Du arbeitest unter der Woche in einer Arztpraxis und hast jedes Wochenende frei. Du wirst als Arzthelferin zufriedener sein, als eine Krankenschwester."

„Ich denke, das ist eine ausgezeichnete Idee, aber ich bin mir sicher das Studium ist teuer. Ich habe kein Geld, meine Mutter auch nicht."

„Da dein Vater nicht aus dem Krieg zurückgekehrt ist, kannst. du finanzielle Unterstützung von der Regierung beantragen. Ich werde in der Zeitung nach einer medizinischen Fakultät suchen."

„Wo würde ich Geld für eine Ausbildung beantragen?"

„Hier in Landau gibt es ein Regierungsbüro, in dem man um Hilfe bitten kann. Komm nächste Woche wieder, und ich werde dir die Adresse geben."

„Vielen Dank, Herr Equart. Ich komme wieder."

Ich reichte ihm die Hand, verabschiedete mich von ihm und seiner Frau und ging zum Bahnhof. Während ich im Zug saß, sprach mich der Gedanke, Arzthelferin zu werden, immer mehr an, und ich begann darüber nachzudenken, wie ich es möglich machen könnte. Ich bräuchte auch eine neue Garderobe. Die wenigen Kleider und Paar Schuhe, die ich besaß, wären nicht ausreichend. Aber der Gedanke verwurzelte in meinem Kopf, und ich dachte darüber nach, wie ich es verwirklichen könnte.

In der folgenden Woche hielt ich wieder in der Wohnung von Herrn Equart an. Frau Equart war immer nett und bot mir Essen an, wenn sie zufällig zu Mittag aßen, wenn ich ankam. Ich fragte sofort: „Haben Sie die Adresse des Finanzamtes bekommen?" Herr Equart stand vom Tisch auf, nahm einen Zettel von seinem Schreibtisch und sagte, während er ihn mir gab: „Hier ist der Name und die Adresse des Finanzamtes. Ich habe den Namen der medizinischen Fakultät noch nicht gefunden, aber ich werde ihn für dich besorgen."

„Vielen Dank. Ich kann heute nicht lange bleiben. Ich habe eine Menge Hausaufgaben zu erledigen", mit diesen Worten verabschiedete ich mich.

Ich erzählte meiner Mutter von meinen Plänen. Sie hatte keine Einwände, sagte mir aber, dass sie keine Möglichkeit habe, für eine weitere Ausbildung zu bezahlen. Ich erwähnte, dass ich Hilfe von der Regierung beantragen könnte.

„Wenn du Hilfe von der Regierung bekommen kannst, dann ist es mir Recht, wenn du den Beruf einer Arzthelferin wählst."

„Ich bin dankbar, Mutter, dass du meinen Plan gutheißt."

Beim nächsten Besuch bei Herrn Equart überreichte er mir den Namen und die Adresse einer medizinischen Fakultät in Essen. Die Schule von Dr. Gläser bildete Studenten im kaufmännischen und medizinischen Bereich zu Arzthelferinnen aus. Ich war sehr dankbar für die Information. Ich schrieb sofort an Dr. Glasers Schule und fragte nach den Voraussetzungen, um seine medizinische Schule zu besuchen. Ich musste auch herausfinden, wie hoch die Studiengebühren sein würden, bevor ich staatliche Mittel beantragte. Da ich wusste, wie langsam die Regierungsbehörden arbeiteten, dachte ich darüber nach, was ich während der Wartezeit tun sollte. Ich beschloss, nach meiner Mittleren Reife eine Arbeitsstelle zu suchen. Es würde mir auch etwas Geld einbringen, um neue Kleidung zu kaufen. Jeden Tag wartete ich gespannt auf einen Brief der medizinischen Fakultät. Schließlich kam der Brief und gab an, das Studium koste 350,00 DM pro Monat. Am nächsten Tag ging ich zum Finanzamt, legte den Brief dem Büro vor und erklärte meine Absicht, die Medizinische Fakultät zu besuchen. Ich fragte, ob ich Anspruch auf Hilfe von der Regierung hätte. Er sagte mir, ich müsste bestimmte Anforderungen erfüllen, um staatliche Mittel zu erhalten. Ich fragte ihn, welche Unterlagen mit dem Antrag eingereicht werden müssten. Er gab mir ein Formular zum Ausfüllen. Er sagte mir auch, ich solle eine Bescheinigung mitbringen, dass mein Vater immer noch in Kriegsgefangenschaft war und meine Mutter acht Kinder allein großziehen musste. Ich dankte dem Beamten und sagte ihm, dass ich zurückkommen würde, sobald ich die Dokumente hätte. Am nächsten Tag ging ich zum Oberbürgermeister von Essingen und holte mir die erforderliche Bestätigung über die Gefangenschaft meines Vaters. Ich füllte den Antrag aus und brachte ihn zum Finanzamt. Der Beamte sagte mir, er würde den Antrag bearbeiten und in einem Monat sollte ich wiederkommen. Ich ging in einem Monat zurück. Der Beamte fragte mich, ob ich einen älteren Bruder habe, der arbeitet. Ich sagte ja. „Dann bringen Sie mir einen Brief von seinem Chef darüber, wie viel er pro Monat verdient und kommen Sie in einem Monat wieder." Es zog sich immer weiter hin, jedes Mal fragte der Beamte nach anderen Dokumenten und verschob eine definitive und positive Antwort.

Inzwischen beendete ich im späten Frühjahr 1954 das Gymnasium und erhielt die Mittlere Reife. Es gab keine besondere Feier, weder in der Schule noch zu Hause. Als Dr. Freitag, unser Geschichts- und Deutschlehrer, jedem von uns unser Zeugnis überreichte, das als Diplom diente, wünschte er uns alles Gute. Etliche Klassenkameradinnen machten drei Jahre weiter, um das Abitur zu beenden. Barbara, die neben mir saß, blieb auch. Ich war traurig, alle meine Klassenkameradinnen zu verlassen, ohne zu wissen, ob es eine Realität werden würde, zur medizinischen Fakultät zu gehen. Ich betete zu Gott, dass Er mir helfe. Ich wusste, dass ich nicht einfach zu Hause bleiben und auf unbestimmte Zeit auf eine Antwort der Regierung warten konnte, also suchte ich nach Arbeit.

Zuerst ging ich in eine modische Boutique, wo sie elegante Damenkleidung verkauften. Ich gab mein Zeugnis und einen kurzen Lebenslauf der Managerin. Nachdem sie beide Dokumente überprüft hatte, sagte sie mir, dass sie jemanden suche, der die Kleidung der Boutique kaufen würde. Da ich keine Erfahrung auf dem Gebiet hatte, boten sie mir die Möglichkeit, das Handwerk zu erlernen. Ich sagte der Managerin, dass ich nur nach einer vorübergehenden Stelle suchte, während ich auf staatliche Unterstützung wartete, um die Medizinische Fakultät zu besuchen. „Vielen Dank für Ihr Angebot, aber es wäre nicht gerecht, mich auszubilden, wenn ich die Position nicht dauerhaft besetzen könnte." Sie dankte mir dafür, dass ich ehrlich war. Bevor ich ging, dankte ich ihrerseits dafür, dass sie mir einen Job anbot.

Als nächstes bewarb ich mich für eine Stelle in einer Glühbirnenfabrik am Stadtrand von Landau. Ich ging zum Direktor der Fabrik und fragte, ob er mich einstellen könne. Ich erwähnte, dass ich gerade aus der Schule gekommen war und keine Erfahrung in einer Fabrik hatte, aber ich wäre bereit, alles zu lernen, was für den Job erforderlich war. Er schickte mich zu Herrn Becker, dem Leiter des Labors, der einen zusätzlichen Arbeiter brauchte. Nach einem kurzen Vorstellungsgespräch stellte mich Herr Becker ein und bot mir an, mich mit der Arbeit bekannt zu machen. Bevor ich ging, fragte ich Herrn Becker, wann ich anfangen sollte.

„Sie können Dienstag, den 1. Juni 1954, um 8:00 Uhr beginnen."

„Vielen Dank, Herr Becker. Ich werde am Dienstag hier sein."

Ich verabschiedete mich und ging froh nach Hause. Ich dankte Gott, dass ich eine vorübergehende Arbeit gefunden hatte.

Auf dem Weg zum Bahnhof hielt ich bei Herrn Equart an, um ihm die gute Nachricht über die Anstellung bei der Glühbirnenfabrik zu überbringen. Ich erwähnte, dass ich dort vorübergehend arbeiten würde, bis ich Mittel von der Regierung erhielt, um mich an der medizinischen Fakultät zu registrieren.

„Ich verstehe, dass es gut für dich ist, während des Wartens zu arbeiten. Übrigens, würdest du genug ältere Jungen und Mädchen kontaktieren, um eine weitere Jugendgruppe in Essingen zu gründen?"

„Lass mich sehen, wie viele meiner Freunde bereit wären, unserer Gruppe beizutreten."

Nachdem ich mit der Arbeit angefangen hatte, musste ich mit dem Zug fahren. Auf dem Weg zum Bahnhof bat ich Hermann Jäger und seine Schwester Heidrun, eine DJO-Gruppe zu gründen und andere Freunde vorzuschlagen. Ich warb auch Freunde aus anderen Städten an. Innerhalb kurzer Zeit hatten wir dreizehn junge Erwachsene, die sich verpflichteten, eine weitere Gruppe zu gründen. Herr Equart arbeitete mit Herrn Krämer zusammen, der die Erwachsenengruppe in Landau leitete. Herr Krämer hielt die ersten Treffen im örtlichen Schulraum ab. Hermann erhielt vom Direktor die Erlaubnis, einen Raum zu benutzen. Herr Krämer gestaltete die Treffen interessant. Er fragte jedoch, wer bereit wäre, zukünftige Versammlungen zu leiten und Programme für die Gruppe zu arrangieren. Hermann Jäger meldete sich freiwillig. Er war ein intelligenter junger Mann mit hohen moralischen Werten. Er liebte Musik und spielte Geige. Seine Schwestern Heidrun und Helge spielten Klavier, sie schlossen sich ebenfalls der Gruppe an. Mein Bruder Richard, zwei Freunde von uns, Anneliese und Fritz Gutzler, die zwei Brüder Edelmuth und Freimuth Wistof, Barbara und Brigitte Maywald, Inge Hoffman und Fritz Hunzinger kamen dazu. Nur acht Jugendliche waren Flüchtlinge aus der DDR; die anderen waren gebürtige Essinger und aus umliegenden Dörfern.

Beide DJO-Jugendgruppen

Herr Krämer erklärte den Zweck der DJO-Gruppen, die sich in ganz Deutschland bildeten. Ein Seminar in Bad Kissingen lehrte Jugendliche, wie man zu guten Führungskräften werde. Hermann besuchte den Kurs. Er wurde unser hervorragender Leiter, der uns nicht nur im Gesang, sondern auch im Volkstanz führte. Hermann teilte auch sein historisches Wissen über Deutschland. Er machte uns mit der Schönheit und den Sehenswürdigkeiten unserer Umgebung vertraut. Einmal im Jahr trafen sich Gruppen aus allen Teilen Deutschlands und hatten einen Wettbewerb in Gesang, Volkstanz und Sport. Unsere Gruppe gewann in der Regel den ersten Preis im Gesang. Nachdem die Wettkämpfe vorbei waren, saßen die Jugendlichen abends am Lagerfeuer und sangen, während sie zusahen, wie die Sterne den dunklen Himmelsdom erhellten. Zu anderen Zeiten organisierte Hermann eine Reise mit dem Zug zu einem Schloss oder einer historischen Stätte. Wir wanderten mehrere Stunden durch die wunderschönen Laubwälder der Hardt, beobachteten die Blumen, die den Boden bedeckten, und hörten den Vögeln beim Singen zu, während wir auch sangen. Wir begannen zu singen, als wir in den Zug einstiegen und sangen bis zu dem Zeitpunkt, als wir nach Hause kamen. Wir kannten viele Lieder auswendig. Wenn wir in einem Restaurant zum Mittagessen einkehrten, verbrachten wir zusätzliche Zeit dort und Hermann lud die Kunden ein, mit uns zu singen. Sie genossen immer die Gelegenheit, ihre Freude durch Musik auszudrücken. Wir entwickelten eine bedeutungsvolle und respektvolle Kameradschaft unter den Jungen und Mädchen, und Herr Krämer war mit unserer Essinger-Gruppe sehr zufrieden. Gemeinsam mit seiner Gruppe aus Landau plante er bestimmte Veranstaltungen. Zum Silvesterabend 1954 sollten sich unsere beiden Gruppen in Boppard, einer malerischen Stadt am Rhein südlich von Koblenz, treffen. Hermann, unser Jugendgruppenleiter, mehrere andere Mitglieder, und ich trafen uns mit der Landau-Gruppe, die von Herrn Krämer geleitet wurde. Wir nahmen den Zug nach Boppard und blieben in einer Jugendherberge, die auf einem Hügel mit Blick auf Boppard und den Rhein lag. Nachdem die Gruppen anderer Städte am Freitag, dem 31. Dezember 1954, eintrafen und zu Abend gegessen hatten, versammelten wir uns in der großen Halle um den Kamin.

Zuerst sangen wir ein paar Volkslieder, dann erzählte uns die Geschichtenerzählerin Ursula Winters das Märchen „Die goldene Gans"[27] der Brüder Grimm.

Ursula Winters bat um Freiwillige, die bereit waren, die Rollen der verschiedenen Charaktere in der Geschichte zu spielen. Nachdem sie genügend Personen hatte, fragte sie zunächst, welche Rolle jeder spielen wolle, und wies die restlichen den Freiwilligen zu. Dann erwähnte sie, dass jede Person Lyrik schreiben, rezitieren und ihre Kostüme machen müsse. Die märchenhafte Aufführung würde am nächsten Tag um 18:00 Uhr vor dem Kamin stattfinden. Die Schauspieler konnten sich im Raum hinter dem Kamin versammeln, bevor die Show begann.

Als nächstes rezitierte ein junger Mann das Gedicht „Prosit Neujahr". Dann sangen wir Volkslieder bis kurz vor Mitternacht. Der Wirt der Jugendherberge lieferte Champagner. Kurz vor Mitternacht schauten wir auf die Uhr. Als beide Zeiger auf zwölf standen, hoben wir unsere Gläser und riefen: „Prosit Neujahr". Dann umarmten wir unsere engen Freunde und wünschten ihnen persönlich ein frohes neues Jahr. Nachdem ich die Halle verlassen hatte, um mich für die Nacht zurückzuziehen, ging ich nach draußen. Ich stand auf dem Hügel und schaute auf die beleuchtete Stadt. Ich hörte die Kirchenglocken das Jahr 1955 einläuten.

Meine Gedanken gingen nach Hause zu meiner Familie. Dann schaute ich zum Himmel auf und dankte Gott, dass er mir ein weiteres Jahr geschenkt hatte. Ich betete um Führung, Schutz und seine Hilfe bei meinen Plänen für meine Karriere. Ein paar Schneeflocken begannen sanft zu fallen, als wären sie Gottes Boten, die sagten: „Frieden, meinen Frieden gebe ich dir. Lass dein Herz nicht bangen. Fürchte dich nicht, Ich bin bei dir alle Tage bis an der Welt Ende." Ein tiefer Friede kam über mich. Ich stand da und war fasziniert von der landschaftlichen Schönheit und der Feierlichkeit des göttlichen Augenblickes. Leise kehrte ich in den Raum zurück und legte das neue Jahr in Gottes liebevolle Hände, betete für meine Familie und schlief ein.

Am nächsten Tag versuchten die Personen, die sich freiwillig zur Schauspielerei meldeten, die richtigen Kostüme zu finden oder herzustellen, die zu ihren Charakteren passten, und kreierten und rezitierten ihre Rollen. Sigrid aus der Landau-Gruppe meldete sich freiwillig als Clown. Sie fragte mich, ob ich ihr meinen bunten, grünen Pyjama mit roten und weißen Blumen leihen könne. Er passte locker. Sie band eine Schleife um jedes Handgelenk und jeden Knöchel und rutschte die Ärmel und Beine des Pyjamas hoch. Wir verdoppelten einen Schal, legten ihn dann um ihren Hals und banden eine Schleife um ihn herum. Ich zog es gleichmäßig zu Rüschen zusammen. Nun sah Sigrid aus wie ein echter Clown. Ihre Rolle bestand darin, lustige Gesichtsausdrücke aufzusetzen und ein paar akrobatische Stunts durchzuführen, um die Prinzessin zum Lachen zu bringen.

„Du brauchst große Schuhe."

„Wir werden sie aus Socken machen. Wir können Herrn Krämer fragen, ob er bereit ist, uns ein Paar seiner Socken zu leihen."

Sigrid zog ihr Kostüm aus, ging zu Herrn Krämer und fragte, ob er ihr ein Paar Socken leihen könne. Er tat es. Prompt stopften wir jede Socke mit feinem Toilettenpapier und banden ein Band um die Spitze, das einen kleinen Ball bildete. Der zweite Teil war prominenter, und der letzte war lang genug, wie die lange Spitze eines Schuhs. Sigrid probierte sie an und band sie an ihre Füße, damit sie beim Gehen die Schuhe nicht verlor. Wir mussten das Toilettenpapier fest zusammendrücken, damit sich die Spitzen nicht verbiegen würden, wenn sie ging. Sigrid war mit ihrem Aussehen zufrieden. Als nächstes wollte sie einige ihrer Zeilen privat rezitieren. Jungen und Mädchen beschäftigten sich den ganzen Tag damit, geeignete Kostüme für ihre Rollen herzustellen und die Texte zu ihren Charakteren zu erfinden. Aufregung erfüllte die Jugendherberge, und alle warteten gespannt auf die Show, die um 18:00 Uhr begann.

Die Schauspieler, ein älterer Vater, eine Mutter und drei erwachsene Söhne, saßen vor dem Kamin. Der Vater klagte: „Unser Vorrat an Brennholz ist fast verbraucht. Wir müssen in den Wald gehen, um etwas Holz zu holen." An den ältesten Jungen gewandt: „Sohn, ich möchte, dass du in den Wald gehst und etwas Holz bringst."

Mutter fügte hinzu: „Ich habe einen Kuchen für dich gebacken, damit du während der Arbeit nicht hungern musst; ich gebe dir auch eine Flasche Wein." Der Sohn nahm seine Tasche mit dem Essen, dem Wein und der Säge und ging in den Wald. Die Eltern und die beiden Söhne zogen von der Bühne. Die nächste Szene änderte sich schnell. Zwei Jungen trugen einen Ast, der einen Baum darstellte, auf die Bühne und errichteten ihn zwischen Baumstämmen. Der Sohn begann, den Baum mit einer improvisierten Säge aus einem Zweig und einer Schnur zu fällen. Während er eine Essenspause einlegte, kam ein kleiner alter Mann und fragte ihn: „Ich habe Hunger. Kannst du mir etwas von deinem Essen geben?"

„Nein, das werde ich nicht!", antwortete er. Nachdem er mit dem Essen fertig war, fuhr er fort, den Baum zu fällen. Die Säge rutschte. Er verletzte das Bein. Schreiend warf er die Säge weg und eilte nach Hause. Der Baum verschwand von der Bühne, und die Eltern mit den anderen beiden Söhnen erschienen wieder. Der verletzte Sohn humpelte stöhnend in den Raum. Die Mutter eilte zu ihm, umarmte ihn: „Mein Sohn, mein lieber Sohn, was ist geschehen?"

„Die Säge rutschte aus und verletzte mein Bein."

Die Mutter setzte ihn sofort auf den Stuhl, reinigte die Wunde und wickelte einen Verband um das Bein.

„Ruhe dich aus, bis es heilt."

Dann wandte sie sich an den zweitältesten Sohn: „Du gehst und hackst Holz, der Winter naht, und wir haben nicht genug Brennholz."

Ja, Mutter, ich werde gehen."

Seine Mutter versorgte ihn auch mit einem leckeren Kuchen und erlesenem Wein. Der zweite Sohn verabschiedete sich und ging hinaus, um Holz zu holen. Die Eltern und der verletzte Sohn verließen die provisorische Bühne. Ein Junge legte schnell einen Ast und ein paar Holzstöcke auf die Bühne. Der zweite Sohn setzt die Säge an den provisorischen Baum und sägt. Ein alter Mann tauchte auf, während er die Säge hin und her bewegte und versuchte, den Baum zu fällen.

„Junger Mann, hast du etwas Essen, das du mit einem hungrigen alten Mann teilen kannst?"

„Nein, ich werde mein Essen nicht mit dir teilen, elende Kreatur; geh weg und unterbrich meine Arbeit nicht", rief der Junge und versuchte, ihn zur Seite zu stoßen. In diesem Moment rutschte die Säge aus und er schnitt sein linkes Bein. Er schrie und schimpfte auf den älteren Mann und humpelte nach Hause.

Die Szene wechselte wieder zum Haus der Eltern.

„Mutter, Mutter, schau mal, was mir passiert ist, ich habe versucht, einen Bettler zu verjagen, und die Säge rutschte aus und traf mein Bein."

„Mein armer Sohn, selbst du hattest Pech. Komm, lass mich deine Wunde verbinden"

Der Vater saß am Kamin. Verzweifelt hob er die rechte Hand und schlug mit der Faust auf den Tisch: „Was werden wir jetzt tun? Wir können Simpleton sicher nicht in den Wald schicken. Er weiß nicht, wie man irgendetwas tun soll."

„Ja, es ist ein Dilemma", wandte sie sich an ihren Mann und fuhr fort: „Du musst vielleicht selbst gehen."

In diesem Moment betrat Simpleton den Raum. Als er sah, dass seine beiden Brüder verletzt waren, bot er an, in den Wald zu gehen, um Holz zu schneiden.

Zuerst lehnte die Mutter sein Angebot ab: „Wieso denkst du, dass du es schaffen kannst, wenn deine Brüder nicht in der Lage waren, die Aufgabe zu erfüllen?"

„Lass mich gehen, Mutter. Ich werde versuchen, mein Bestes zu tun."

Die Mutter zweifelte immer noch an seiner Fähigkeit, etwas Wertvolles zu erreichen.

Sie bereitete nur einen in Asche gebackenen Kuchen für ihn und gab ihm eine Flasche saures Bier.

„Hier, mein Sohn, nimm das und geh." Sie umarmte ihn nicht einmal, wie sie es mit ihren beiden älteren, bevorzugten Söhnen getan hatte.

Die Szene änderte sich. Der Zweig, der den Baum darstellte, erschien wieder auf der Bühne. Simpleton pfiff, während er den Baum sägte. Nachdem einige Zeit vergangen war, humpelte der kleine alte Mann vorbei.

„Ich habe Hunger. Kannst du mir etwas von deinem Essen geben?"

„Natürlich, komm und setze dich hin, und wir werden zusammen essen", antwortet Simpleton.

Simpleton setzte sich neben den kleinen, alten Mann, packte seinen Kuchen aus, und bot dem alten Mann die Hälfte an.

„Nimm und iss. Ich will nicht, dass du hungerst."

„Danke", sagte der alte Mann und biss in den einfachen Kuchen.

„Hier ist auch ein Getränk für dich."

Der alte Mann nahm einen großen Schluck aus der Flasche, die Simpleton ihm reichte. Er beendete sein Stück Kuchen, dankte Simpleton, ging und sagte: „Schneide weiter! Es wird dir viel Glück bringen."

Simpleton fuhr fort, den Baum zu fällen. Als der Baum zu Boden fiel, sah er eine goldene Gans im Stamm. Er hob sie auf und begann darüber nachzudenken, was er tun sollte.

„Was soll ich tun? Ich habe keine Lust, nach Hause zu gehen. Meine Familie wird mich nur auslachen. Ich denke, ich werde in die nahegelegene Gastwirtschaft gehen und etwas trinken, gut essen und die Nacht im Gasthaus verbringen."

Simpleton ging von der Bühne und pfiff eine fröhliche Melodie. Jungen entfernten den Baum und die Holzscheite und richteten schnell eine Gastwirtschaftsszene ein, die aus einem langen Tisch und zwei Bänken bestand. Jungen saßen auf beiden Bänken, hoben ihre Gläser und sangen ein Trinklied. Drei junge Kellnerinnen, die Töchter des Gastwirts, füllten die leeren Gläser. Als Simpleton mit der goldenen Gans unter dem Armen hereinkam, waren die drei Schwestern neugierig. Sie gingen zu ihm und fragten, während sie auf die goldene Gans zeigten: „Was hast du da?"

„Das ist meine magische goldene Gans."

„Eine Gans aus reinem Gold", sagte die jüngste Schwester. Dann dachte sie, wenn ich nur eine Feder haben könnte, wäre ich reich und müsste nicht mehr in der Taverne arbeiten. Die beiden älteren Schwestern dachten dasselbe.

Nach einer Weile verließen die Kunden die Taverne. Die Lichter wurden gedimmt, und Simpleton legte sich auf der Bank nieder und stellte die Gans auf den Tisch. Er schnarchte und tat so, als würde er schlafen. Zuerst ging die älteste Schwester auf Zehenspitzen zur Gans und versuchte, eine Feder zu zupfen. Als sie ihre Hand entfernen wollte, klebte sie an der goldenen Gans. Dasselbe geschah mit den anderen beiden Schwestern. Sie warteten, bis Simpleton aufwachte und flehten ihn an:

„Lass uns los! Lass uns gehen!"

„Ich habe keine Macht über die Magie der goldenen Gans. Tut mir leid, ihr müsst mit mir kommen."

Simpleton beendete das Frühstück und verließ die Taverne mit der goldenen Gans. Die drei Schwestern folgten ihm, während der Vater mit großer Angst seine drei Töchter beim Fortgehen beobachtete.

„Lass meine Töchter frei!", forderte er und drohte Simpleton mit der Faust.

„Tut mir leid, ich habe keine Macht. Sie müssen mit mir kommen", antwortete er, und verließ die Taverne.

Zwei Jungen räumten die Möbel der Taverne ab und verwandelten den Platz in eine Straße, die durch ein Feld zu einem Dorf führte.

Ein Pfarrer begegnete ihnen auf dem Weg. Als er sah, wie drei Mädchen einem jungen Mann folgten, rief er:

„Schämt euch, ihr ungezogenen Mädchen! Warum lauft ihr einem jungen Kerl hinterher?"

Er ging zu ihnen hinüber und versuchte, die Mädchen wegzuziehen: „Komm, lass los", befahl er. Aber anstatt sie loszureißen, blieb er auch stecken und musste Simpleton überall hin folgen.

Dann kam ein Küster. Als er sah, wie der Pfarrer Simpleton und den drei Mädchen folgte, war er erstaunt und rief: „Herr Parson, wohin gehen Sie? Wissen sie nicht, dass wir heute eine Taufe haben?" Er rannte dem Pfarrer hinterher, schnappte seinen Mantel und versuchte, ihn wegzunehmen. Leider blieb auch er stecken. Die gleiche Tragödie ereignete sich mit zwei Arbeitern, die den Pfarrer befreien wollten.

Die Bühne änderte sich schnell. Vier Jungen errichteten zwei Fenster aus Pappe, legten auf jeder Seite einen Turm rauf, der einem Schloss ähnelte. Ein König und seine Tochter saßen hinter dem Fenster. Die Tochter war sehr ernst und lächelte nie. Der König verkündete:

„Wer meine Tochter zum Lachen bringen kann, wird sie als seine Frau bekommen."

Zuerst kam der Clown, der alle möglichen lustigen Grimassen und akrobatischen Stunts machte, aber die Prinzessin lächelte nicht. Viele andere Bewerber bemühten sich, die Prinzessin zum Lachen zu bringen, aber auch ohne Erfolg.

Dann kam Simpleton mit seiner Entourage. Als die Prinzessin sie sah, fing sie an, so sehr zu lachen und konnte nicht aufhören.

Simpleton, der die Verheißung des Königs kannte, ging hin, den König um die Hand seiner Tochter in der Ehe zu bitten. Der König war wütend, dass ein einfacher Holzfäller seine Tochter heiraten sollte. Er erwartete einen Adligen als Schwiegersohn und keinen gewöhnlichen Holzfäller.

Der König versuchte, Simpleton zu entmutigen, indem er drei schwierige Forderungen stellte, und hoffte, dass Simpleton sie nicht erfüllen könnte.

Als er alle drei Forderungen erfüllt hatte, konnte ihm der König seine Tochter nicht als Ehefrau verweigern. Der König und seine Tochter kamen aus dem Schloss auf die Bühne, und der König legte die Hand seiner Tochter in die Hand von Simpleton. Die Schönheit der Prinzessin faszinierte Simpleton. Er konnte immer noch nicht glauben, dass sie seine Frau sein würde. Der König ging von der Bühne, gefolgt von der Prinzessin, die die Hand von Simpleton hielt, und alle Leute gingen hinter ihnen. Das Publikum applaudierte. Die Schauspieler kamen auf die Bühne und verbeugten sich. Das Publikum der Jugendlichen applaudierte erneut. Dann kam Ursula Winters, die Geschichtenerzählerin, auf die Bühne.

„Ich danke Euch allen. Ihr habt Eure Rollen gut gespielt. Die Kostüme waren unter den gegebenen Umständen kreativ. Ich hoffe, ihr habt die Lektion aus dem Märchen gelernt; Gott belohnt gute Taten und bestraft schlechte Taten."

Nach dem Spiel wechselten die Teilnehmer ihre Kleider und kehrten in den großen Saal zurück. Wir sangen noch ein paar Volkslieder, bevor wir uns für die Nacht zurückzogen. Am folgenden Morgen versammelte sich eine Gruppe von Jungen unter meinem Fenster und sangen das ostpreußische Lied „Ännchen von Tharau". Ich schaute aus dem Fenster und sah, wie Hermann mir ein Ständchen zu meinem Geburtstag brachte. Ihre Aufmerksamkeit berührte mich. Nachdem sie das deutsche Geburtstagslied „Heil dir Geburtstagskind, alle die wir hier sind wünschen dir Glück" gesungen hatten, gratulierte Hermann mir persönlich zu meinem achtzehnten Geburtstag. Als ich zum Frühstück hinunterging, legte mir jemand ein paar Blumen um den Teller. Heinz Krämer, der Landauer Gruppenleiter, und Hermann, unser Gruppenleiter, saßen neben mir. Immer wenn Hermann mich ansah, drückten seine Augen Zuneigung zu mir aus und unsere Augen quollen über vor Wertschätzung füreinander. Anstatt ein Gebet, sangen wir ein Lied, um unsere Dankbarkeit Gott für seinen Segen und die Nahrung zu sagen. Bevor wir mit dem Essen begannen, stand Heinz Krämer auf und gratulierte mir, und die ganze Gruppe sang das Geburtstagslied noch einmal. Ich war tief bewegt, an meinem 18. Geburtstag auf so unglaubliche Weise geehrt zu werden. Ich fühlte, dass ich einen gewissen Schritt der Unabhängigkeit erreicht hatte. Ich glaubte, ich könnte jetzt als Erwachsener eher meine eigenen Entscheidungen treffen. Nach dem Frühstück verließen unsere und die Landauer Gruppe die Jugendherberge mit dem Bus und fuhren zum Bahnhof, um mit dem Zug nach Hause zu fahren. Wir waren sehr vertieft in unsere Gedanken über die wunderbare Art und Weise, wie wir das Jahr 1955 begonnen hatten. Ich erlebte in Gedanken nochmal jeden Moment der außergewöhnlichen Art und Weise, wie ich meinen 18. Geburtstag feierte.

Es dauerte eine Zeitlang, um wieder in den Tagesablauf zu kommen – fünf Tage die Woche zu arbeiten, jeden Mittwoch meine Kindergruppe zu leiten und mich am Donnerstag einmal pro Woche mit der älteren Gruppe zu treffen. Wir fühlten uns belohnt, unter Hermanns Leitung neue Lieder oder Volkstänze zu lernen und genossen anregende Gespräche über verschiedene Kunstformen, Literatur und die Geschichte unseres eigenen Landes und anderer Länder.

Im Februar, dem ersten Sonntag, kam Hermann am Haus vorbei und bat mich, mit ihm rodeln zu gehen. Mit der Erlaubnis meiner Mutter stimmte ich zu, mich ihm anzuschließen. Wir zogen den Schlitten hinter uns durch die Felder. Der frisch gefallene Schnee verwandelte die Landschaft in ein magisches weißes Winterwunderland. Außerhalb des Dorfes näherten wir uns einem kleinen Hügel. Gemeinsam zogen wir den Schlitten bergauf. Dann ließ mich Hermann vorne sitzen. Er schob den Schlitten, um ihn in Bewegung zu setzen, sprang auf den Schlitten und setzte sich hinter mich. Mit beiden Händen hielt ich mich an der Vorderseite des Schlittens fest. Hermann griff mit einer

Hand den Schlitten und mit dem anderen Arm hielt er mich. Wir eilten bergab und lachten vor Freude. Manchmal legte sich Hermann auf den Schlitten und rutschte alleine den Hang hinunter. Ich tat dasselbe, und zusammen rodelten wir glücklich bis in die Abenddämmerung.

Währenddessen kam der Abend auf Zehenspitzen ins Dorf und hüllte die Häuser in einen dunklen Schleier. Der Vollmond ging auf und verbreitete ein sanftes Licht über die gesamte Landschaft. Wir hörten auf zu rodeln und machten uns auf den Heimweg. Die Magie und der Frieden des Augenblicks transzendierten unsere Gedanken. Hermann begann zu singen: „Der Mond ist aufgegangen". Ich schloss mich ihm sanft an. Wir sangen zusammen, bis wir das Dorf erreichten. Als wir zu unserem Haus kamen, reichte ich ihm die Hand und sagte: „Danke, Hermann! Gute Nacht." Er zog mich an sich heran, umarmte mich und erklärte: „Hilde, ich liebe dich sehr. Ich möchte, dass du meine Frau wirst." Dann küsste er mich auf meine Lippen.

Ich war perplex und konnte kein Wort sprechen. Ich schätzte Hermann als Freund, aber ich hatte noch nicht daran gedacht, seine Frau zu werden. Ich befreite mich; ohne ein Wort zu sagen, rannte ich schnell ins Haus, schloss die Tür und ließ ihn sprachlos im Freien zurück. Ich bin sicher, er hatte nicht erwartet, dass ich auf seine Anfrage so negativ antworten würde. Ich habe lange gebraucht, um einzuschlafen. Die Gedanken drehten sich in meinem Kopf herum. In einem Augenblick war ich glücklich, dass er mich liebte und mich heiraten wollte. In der nächsten Minute dachte ich, ich sei zu jung, um zu heiraten. Ich fühlte mich jedoch schrecklich, Hermann zu enttäuschen. Zuerst wollte ich einen Beruf erlernen, eine Weile arbeiten und dann erst an Heirat denken. Am nächsten Tag fuhren wir mit dem Zug nach Landau; Hermann sah niedergeschlagen aus. Ich hatte das Gefühl, ihn trösten und erklären zu müssen, warum ich gestern so negativ handelte. Keiner von uns sprach ein Wort, weil viele andere Personen auch zum Zug gingen. Hermann brauchte einige Zeit, um meine ablehnende Reaktion auf seinen Heiratsantrag zu überwinden.

Kapitel 12

Einschreibung in die Medizinische Fakultät

Gegenwärtig musste ich mich der Realität stellen und weiterhin finanzielle Unterstützung von der Regierung anfordern, für die ich mich vor einigen Monaten beworben hatte, ohne eine positive Antwort zu erhalten. Jedes Mal, wenn ich zum Finanzamt ging, bat der Beamte um ein anderes Dokument, anstatt mir eine positive Antwort zu geben. Es wurde frustrierend! Ich hatte das Gefühl, dass der Angestellte die Bearbeitung meines Antrags in die Länge zog, in der Hoffnung, dass ich entmutigt würde, und meine Bitte um Bildungszuschuss aufgab. Ich war entschlossen zu warten, bis die Regierung mir die Unterstützung gewährte, auf die ich Anspruch hatte. Januar und Februar vergingen. Ich besuchte mehrere Male das Finanzamt, ohne eine Verpflichtung ihrerseits, mir bei den Studiengebühren für die Medizinische Fakultät zu helfen. Der 1. April 1955 war die Frist für die Einschreibung in Dr. Gläsers Berufsschule für kaufmännisch-praktische Artzhelferinnen in Essen. Am 1. März arbeitete ich noch in der Glühbirnenfabrik. Was sollte ich tun? Sollte ich dieses Jahr ganz aufgeben, Medizin zu studieren? Die Idee, noch ein Jahr in der Fabrik zu arbeiten, reizte mich nicht. Ich betete, dass Gott mir helfen würde, die richtige Entscheidung zu treffen. Es schien mir klar, dass ich mich registrieren sollte, unabhängig von der Zusage der Regierung, mir finanzielle Unterstützung zu gewähren. Ich dachte, ich hätte genug Geld gespart für die ersten Monate des Unterrichts, für Unterkunft und Verpflegung.

Am Montag, dem 7. März, ging ich zum Direktor der Fabrik. Ich sagte ihm, dass ich mich bis zum 1. April an einer medizinischen Fakultät anmelden möchte und am 21. März aufhören müsste zu arbeiten.

„Es tut mir leid, dass Sie kündigen, Sie waren eine gute Arbeiterin. Ich verstehe, dass Sie mit Ihren Qualifikationen einen anderen Beruf erwerben wollen. Ich wünsche Ihnen alles Gute."

Ich dankte Herrn Becker für die Möglichkeit, für ihn zu arbeiten, und für die Ausbildung am Arbeitsplatz.

In den nächsten zwei Wochen ging ich zweimal zum Finanzamt, in der Hoffnung, eine positive Antwort zu erhalten. Jedes Mal verließ ich das Büro enttäuscht. Unabhängig davon, dass ich keine finanzielle Unterstützung von der Regierung erhielt, beschloss ich, mich an Dr. Gläsers Medizinischer Schule anzumelden.

An meinem letzten Arbeitstag ging ich wieder zum Chef, um mich zu verabschieden und ein Referenzschreiben zu bekommen. Ich war mit dem Inhalt des Briefes zufrieden, als ich die Beschreibung meines guten Benehmens und meiner Arbeitsqualität las. Mich von meinen Kollegen zu trennen, mit denen ich eine höfliche und vertrauensvolle Beziehung aufgebaut hatte, war für sie und mich schwierig. Ich war sehr traurig, mich von den Jungen und Mädchen meiner Jugendgruppe beim letzten Treffen zu verabschieden. Wir hatten eine hervorragende Kameradschaft unter uns entwickelt. Ich fühlte besonders einen emotionalen Schmerz, mich von Hermann zu verabschieden. Ich würde unsere Freundschaft und unsere lebhaften Gespräche vermissen.

Nun musste ich mich darauf konzentrieren, nach Essen zu Dr. Ernst Gläser, dem Direktor der Medizinischen Schule, zu gehen. Am Mittwoch, dem 30. März, verabschiedete ich mich von Mutter und Emma. Mutter und Emma hielten mich lange in ihren Armen und weinten. Ich auch. Ich nahm den frühesten Zug von Essingen nach Landau, wo ich eine Fahrkarte nach Essen kaufte. Ich stieg in mehreren Städten um. Glücklicherweise kam ich pünktlich an, um das Büro der medizinischen Fakultät noch offen zu finden. Ich klopfte an die Tür, eine Dame, von der ich annahm, dass sie die Sekretärin war, bat mich, hereinzukommen. Ich stellte mich vor. Dann sagte ich ihr, dass ich mich gerne an Dr. Gläsers Medizinischen Schule registrieren möchte.

„Sie müssen mit Dr. Gläser sprechen. Er wird Sie wissen lassen, ob es möglich ist, so spät einen weiteren Schüler hinzuzufügen."

Die Sekretärin stellte mich Dr. Gläser vor: „Fräulein Bonacker würde gerne wissen, ob wir noch eine weitere Studentin für dieses Semester aufnehmen können?"

„Guten Tag Dr. Gläser. Es tut mir leid, dass ich mich nicht früher formell beworben habe, ich habe auf staatliche Unterstützung gewartet, die nicht genehmigt wurde. Aber ich habe genug Geld gespart für die ersten paar Monate der Studiengebühren. Könnten Sie noch eine Studentin mehr aufnehmen?"

„Lassen Sie mich einen Blick auf die Liste werfen, wie viele Studenten sich bereits angemeldet haben. Ich sehe, dass eine Studentin im letzten Moment abgesagt hat. Ich denke, Sie können Ihren Platz einnehmen."

„Danke, Dr. Gläser, das ist wunderbar!"

„Vielleicht können Sie bei Frau Mohrmann bleiben, die angeboten hat, vier Studentinnen Unterkunft und Verpflegung zu geben. Aufgrund der letzten Absage hat sie bisher nur drei genommen."

Dr. Gläser überreichte mir ein Blatt Papier mit der Adresse von Frau Mohrmann.

„Hier ist ihre Adresse. Nehmen Sie den Zug nach Essen-Rellinghausen, und von dort aus können Sie zu Fuß gehen; es ist nicht allzu weit zu ihrem Platz. Wenn sie keine weitere Schülerin annehmen möchte, kommen Sie zurück, und wir werden einen anderen Platz für Sie finden."

Dr. Gläser gab mir mehrere Blätter mit dem Programm der Schule, und Informationen dazu, wo die Lehrer Klassen hielten und welches Fach sie unterrichteten.

„Machen Sie sich mit den Namen der Lehrer und den Adressen, wo die Klassen gehalten werden, vertraut. Seien Sie am Freitag, dem 1. April, hier im Klassenzimmer nebenan, um alle Schüler zu treffen und die Liste der Klassen für die kommende Woche zu erhalten."

Ich nahm den Zettel, stand auf, reichte ihm die Hand:

„Herr Dr. Gläser, vielen Dank, vielen Dank. Ich werde am Freitag in dem Klassenzimmer sein."

Ich verabschiedete mich und verließ das Büro. Nur Gott, dem ich sofort dankte, und ich wussten, wie dankbar und froh ich in diesem Moment war, von der medizinischen Fakultät angenommen zu werden. Ich hob meinen Koffer auf, verließ das Büro und fing an, ihn freudig hin und her zu schwingen. Ich folgte den Anweisungen und fand Hauptstraße 79 in Rellinghausen, einem Vorort von Essen. Ich las die Namen im Eingang. Nachdem ich Frau Mohrmanns Name gefunden hatte, ging ich zum zweiten Stock und klopfte an die Tür. Eine Dame mittleren Alters öffnete die Tür und fragte:

„Womit kann ich Ihnen helfen?"

„Ich bin Hildegard Bonacker. Ich habe mich gerade an Dr. Gläsers Medizinischer Schule angemeldet und er sagte mir, dass Sie vielleicht noch Platz für eine weitere Studentin haben?"

„Ja, das habe ich."

„Würden Sie in Betracht ziehen, mich anzunehmen?" Sie ließ ihre Augen von Kopf bis Fuß über mich gleiten und sagte dann:

„Ich denke, ich kann es. Aber Sie und die anderen drei Studentinnen sollten erst morgen kommen."

Ich erklärte Frau Mohrmann meine Umstände und fragte sie, ob ich schon heute bei ihr übernachten könnte. Sie war verständnisvoll und ließ mich eintreten. Zuerst stellte sie mich ihrer älteren Mutter vor. Dann zeigte sie mir das Schlafzimmer.

„Aber Sie müssen ein Bett mit einer anderen Schülerin teilen."

Das Bett sah geräumig genug aus und hatte zwei Daunendecken.

„Es ist mir recht. Vielen Dank."

Sie zeigte mir den Rest ihrer Wohnung.

„Sie können jetzt Ihre Sachen auspacken und in einer Stunde am Abendessen teilnehmen."

„Danke, das ist sehr nett von Ihnen. Das werde ich tun."

Ich schaute auf meine Armbanduhr. Sie zeigte 18:00 Uhr. Ich hatte den ganzen Tag nichts gegessen. Ich war ausgehungert.

Um 19:00 Uhr ging ich in das Speisezimmer, wo Frau Mohrmann und ihre Mutter an einem Tisch mit Brot, Käse und verschiedenen Wurstsorten auf mich warteten. Was für ein Fest für die Augen einer hungrigen Person das war. Ich wartete darauf, Platz zu nehmen und die Erlaubnis zu bekommen, mir selbst zu helfen. Ich nahm eine Scheibe Brot, bestrich sie mit Butter, legte mehrere Stücke Salami darauf und genoss jeden Bissen. Dann aß ich eine Scheibe mit Schinken und Käse. Ich hätte noch drei Sandwiches essen können, aber ich wollte nicht unhöflich wirken und einen falschen Eindruck erwecken. Ich sagte: „Nein, danke", als Frau Mohrmann mich bat, mich selbst zu bedienen. Nachdem Frau Mohrmann und ihre Mutter Sandwiches gegessen hatten, stellten sie mir viele Fragen über meinen Hintergrund. Als sie aufgestanden waren, bot ich an, beim Abräumen des Tisches zu helfen und den Abwasch zu machen. Ich wusch das Geschirr, dann entschuldigte ich mich und ging ins Schlafzimmer. Mein Herz quoll über vor Wertschätzung und Dankbarkeit dafür, dass mich die Medizinische Fakultät aufnahm und dass ich eine so schöne Unterkunft gefunden hatte. Ich kniete nieder und betete, drückte meine Dankbarkeit für Gottes Hilfe aus und bat Ihn, mich in Zukunft zu führen. Alle meine Sorgen verschwanden, und Freude erfüllte mein Herz. Ich schlief friedevoll ein. Am nächsten Tag nach dem Frühstück machte ich einen Spaziergang, um mich mit der umliegenden Nachbarschaft vertraut zu machen. Einen Wald in der Nähe zu finden, begeisterte mich. Ich genoss es, durch den Wald zu schlendern und den Vögeln beim Singen zuzuhören. Heute sang mein Herz ein fröhliches Lied ohne Worte mit den Vögeln. In der Nähe fand ich eine Kirche, die ich sonntags besuchen wollte.

Am Donnerstag, den 31. März, trafen Gertrud, Gerda und Friedel ein. Nachdem Frau Mohrmann uns einander vorgestellt hatte, ordnete sie die Schlafräume zu. Gertrud und Gerda teilten sich ein Zimmer mit zwei Betten, und Friedel und ich schliefen im selben Bett mit zwei Daunendecken. Es hat mir nichts ausgemacht. Vier junge Damen, die zusammenleben, sollte faszinierend sein.

Während des ersten Abendessens aßen wir zusammen. Wir teilten unsere Hintergründe und unsere Familiengeschichten miteinander. Alle drei waren das einzige Kind in ihren Familien. Nur ich kam aus einer Familie mit acht Kindern. Gerda war adoptiert. Am nächsten Tag fuhren wir alle früh mit dem Zug in die Essener Innenstadt, wo sich die Schule befand. Der Raum neben dem Büro füllte sich schnell. Als Dr. Gläser eintrat, erhoben wir uns alle. Nachdem er uns begrüßt hatte, bat er jede Schülerin, wenn sie namentlich genannt wurde, aufzustehen, sich vorzustellen und kurz anzugeben, woher sie kam und über ihren familiären Hintergrund zu sprechen. Dann gab er einen Zeitplan mit den Namen der Lehrer und den Fächern, die sie für die kommende Woche unterrichten würden, bekannt. Dr. Gläser entließ uns vor Mittag, und wir kamen immer noch pünktlich zum Mittagessen bei Frau Mohrmann an.

Samstags nach dem Frühstück gingen Friedel, meine Stubenkameradin, und ich im Wald spazieren. Heute arbeiteten die Leute nicht, und es wanderten mehr als sonst durch den Wald. Trotzdem haben wir es genossen, die frischen grünen Blätter an den Bäumen und die Frühlingsblumen zu beobachten, die den Boden bedeckten. Wir unterhielten uns ein wenig. Auch sie genoss die Natur sehr. Ich war froh, dass wir etwas gemeinsam hatten. Als sie mir sagte, dass sie niemandem erlaubt, ihr inneres Wesen kennenzulernen, war ich überrascht und fragte mich warum. Dann warnte sie mich davor, auch nur zu versuchen, ihre Gedanken zu erforschen. Stattdessen sagte ich ihr, dass ich keine Geheimnisse habe. Ich denke und handle genauso, dass jeder sehen kann, wer ich bin. Ich vermute, sie hat versucht, mich daran zu hindern, ihr in der Zukunft persönliche Fragen zu stellen. Ich dachte, wenn jemand Sachen verbergen will, muss etwas nicht stimmen. Aber ich respektierte ihren Wunsch und stellte in der Zukunft keine persönlichen Fragen an sie.

Am folgenden Sonntag fragte ich alle drei Mädchen, ob sie in die nahegelegene Kirche gehen wollten. Jeder fand die Ausrede, sie wollten ihren Eltern schreiben. Ich dachte, ich sollte auch nach Hause schreiben. Ich zog es vor, morgens in die Kirche zu gehen und bis zum Nachmittag mit dem Schreiben zu warten. Der Pastor hielt die Predigt über den verlorenen Sohn: Ein Sohn verließ sein Zuhause und verschwendete seinen Reichtum für die Freuden der Welt. Desillusioniert und mittellos kehrte er in das Haus seines Vaters zurück. Er wollte um Vergebung bitten und ein Diener seines Vaters sein. Der Vater vergab seinem Sohn nicht nur, sondern kleidete ihn auch in feine Kleidung, bereitete ein Festmahl für ihn vor und nahm ihn wieder als seinen Sohn auf. Der ältere Sohn fühlte sich vernachlässigt und eifersüchtig. Er war treu zu Hause geblieben und hatte den Willen seines Vaters befolgt, und er erhielt nie eine solche Ehre. Gott freut sich, wenn ein Sünder, der verloren gegangen ist, den Weg findet, zu Gott zurückzukehren. Dann fügte der Pastor hinzu, dass die eifersüchtige Person nur sich selbst schadet. Aber wenn wir Eifersucht in Bewunderung und Liebe verwandeln, fühlen sich beide Menschen mit Freude belohnt. Das war eine gute Lektion für mich, an die ich mich erinnern wollte. Wenn ich jemanden treffe, und ich denke, dass diejenige Person intelligenter und schöner ist als ich, sollte ich nicht eifersüchtig sein, sondern meine Bewunderung zum Ausdruck bringen.

April und Mai erforderten viel Disziplin und Konzentration, um sich an alle Namen der Lehrer und an die Fächer, die sie unterrichteten, zu erinnern. Ich wählte schnell meine Lieblingslehrerin, Dr. Dreisine, eine Ärztin, die Gynäkologie unterrichtete. Ich mochte die Art und Weise, wie Dr. Reiche kleine Chirurgie präsentierte. Dr. von Grabe unterrichtete Allgemeinmedizin und Pathologie in einer anschaulichen Weise, die 100-prozentige Aufmerksamkeit erforderte. Die Ärzte unterrichteten nicht nur in der Schule, sondern hatten auch Privatpraxen. Sie brachten oft Beispiele aus ihren Interaktionen mit ihren Patienten mit, um uns zu zeigen, wie wir unsere Theorie in der Praxis mit Patienten anwenden sollten.

Das Fach, das mir am wenigsten gefiel, war Schreibmaschine schreiben, das Frau Weber unterrichtete. Während der Prüfungen vergaß ich Wörter, wenn ich versuchte, schnell zu tippen, und machte Fehler. Herr Pürstens unterrichtete die Stenografie-Klasse, in der ich ausgezeichnet war. Zufriedenstellend waren meine schriftlichen Arbeiten in Deutsch, unterrichtet von Herrn Dietrich. Ich mochte weder Geschäftskorrespondenz noch die Fachlehrerin, Frau Schmitz Hartmann.

Es gab immer noch einen Mangel an Gebäuden, und Dr. Gläser hatte keine eigene Schule; die Lehrer hielten an verschiedenen Orten ihren Unterricht. Manchmal besuchten wir vier die gleichen Kurse, manchmal getrennte. Verschiedene Kurse dauerten einen halben Tag, andere einen ganzen Tag. Für Frau Mohrmann war es zeitweise nicht einfach, das Mittagessen für uns zuzubereiten. Wir mussten ihr jeden Tag den Zeitplan geben, um zeitgerecht Sandwiches vorzubereiten, die wir bei Bedarf mitnahmen. Wir aßen alle zusammen Abendbrot. Wir genossen unseren Kaffee und Kuchen (Kaffeeklatsch) am Nachmittag an den Wochenenden und tauschten unvergessliche Erlebnisse aus.

Ich habe auch einen Brief an das Finanzamt geschrieben. Ich teilte ihnen mit, dass ich in der Schule für kaufmännischpraktische medizinische Arzthelfer bin und bat, die zugewiesene, finanzielle Hilfe an meine Adresse bei Frau Mohrmann zu schicken. Bis Anfang Juni hatte ich immer noch keine positive Antwort erhalten. Die Briefe, die ich jeden Monat schrieb, blieben unbeantwortet. Meine Finanzen schrumpften langsam. Ich war sehr besorgt darüber, den Rest des Unterrichts, des Transports und der Unterkunft und Verpflegung nicht bezahlen zu können, wenn ich keine Hilfe erhielt. In meiner Verzweiflung schrieb ich an meinen Bruder Edmund und bat ihn um Geld. Ich hatte auch mit Hermann korrespondiert und ihm erklärt, dass ich seine Zuneigung zu mir schätze. Trotzdem wollte ich mich im Moment darauf konzentrieren, meinen Beruf zu erwerben und vielleicht ein paar Jahre arbeiten, bevor ich an eine Heirat denke. Vielleicht wäre es für uns beide besser, uns zu vergessen und nicht mehr zu kommunizieren. Ich wartete gespannt auf seine Antwort auf meinen Brief. Ich wartete jeden Tag vergeblich auf eine Nachricht von Hermann und meinem Bruder Edmund.

Ich bemühte mich noch mehr, mich auf mein Studium zu konzentrieren und nicht an meine schwierige finanzielle Situation zu denken. Friedel, Gerda, Gertrude und ich nahmen oft unsere Notizbücher mit, wenn wir durch den Wald spazieren gingen. Jeder suchte nach einem ruhigen Platz zum Lernen. Zu einer gewissen Zeit trafen wir uns an einem bestimmten Ort, stellten Fragen zu den in der Schule unterrichteten Themen, damit wir bereit waren, am nächsten Tag im Unterricht alles zu wissen. Wir konnten nicht immer ungestört studieren. Manchmal führten wir Gespräche mit Menschen, die wir auf dem Weg trafen.

Zeitweise schlossen wir uns am Mittwoch einer Jugendgruppe an, in der Herr Pfeiffer Bibelunterricht gab. Jede Woche lehrte er ein Kapitel der Bibel und verschiedenes von der Kirchengeschichte und Architektur. Wir lernten die Teilnehmer der Gruppe kennen. Peter, Karl-Heinz und Ferdi wohnten in der Nachbarschaft, Werner wohnte im selben Wohnhaus im Untergeschoss. Sie behandelten uns immer respektvoll und zuvorkommend. Wir gingen im Wald spazieren oder besuchten zusammen spezielle Veranstaltungen. Während unserer Spaziergänge zeigte Peter jedes Mal eine andere Persönlichkeit. Man wusste nie, was Schauspielerei oder was Realität war. Er hatte auch einen Sinn für Humor und brachte uns zum Lachen. Im Juni, als das Wasser des Baldeney Sees wärmer war, gingen wir vier Mädchen am Wochenende schwimmen. Obwohl ich kein guter Schwimmer war, genoss ich es, im erfrischenden Wasser zu plätschern.

Im Juli bereiteten mir Hitze und Feuchtigkeit Unbehagen. Etliche Tage ging ich allein zum Unterricht. Es machte mir nichts aus, mit meinen Gedanken allein zu sein. Eines Tages, als ich in Stadtwald in den Zug stieg, traute ich meinen Augen nicht. Ich sah Hermann am Zug stehen. Ich schaute ihn immer wieder an, um mich zu vergewissern, ob er es wirklich war. Ich hätte nie erwartet, ihn hier zu treffen. Als er mich sah, kam er auf mich zu und begrüßte mich mit einem Lächeln. Er war wahrscheinlich genauso überrascht, mich am Bahnhof zu treffen, wie ich. Ich hatte auf einen Brief gewartet, und jetzt war er persönlich hier. Unglaublich! Er erzählte mir, dass er nur ein paar Minuten Zeit hätte, bevor sein Zug abfahren würde. Wir haben ein paar Worte über unser Wohlbefinden gewechselt. Mit einer kurzen Umarmung zum Abschied versprach er, mich am folgenden Dienstag zu besuchen. Er stieg in den Zug, der sich in Bewegung setzte und fuhr weg. Für einen Moment stand ich wie benommen an den Bahngleisen, bevor ich vertieft in meine Gedanken zur Wohnung ging. Nach dem Abendessen konnte ich mich nicht auf Hausaufgaben konzentrieren. Ich dachte die ganze Nacht an Hermann. Was wird er mir sagen, wenn er am Dienstag kommt? Wird er versuchen, mich dazu zu überreden, meine Meinung zu ändern und ihn zu heiraten? Werde ich stark genug sein, um ihm zu widerstehen, wenn er mich fragt? Diese und ähnliche Gedanken kreisten in meinem Kopf. Bevor ich zu Bett ging, betete ich zu Gott, dass Er mir seinen Willen zeige, und ich die richtigen Worte finde und die richtige Wahl treffen möge.

Am Samstag hatte Elisabeth Renate und mich zu Kuchen und Kaffee eingeladen. Wir genossen es, unseren christlichen Glauben zu teilen und über verschiedene Themen zu sprechen, auch über unsere Brüder und die Ehe. Wir hatten alle einen Bruder, mit dem wir ein nahes Verhältnis pflegten. Elisabeth fühlte sich verletzt, als ihr Bruder heiratete und sie völlig vernachlässigte. Ich sagte ihnen, wie dankbar ich meinem Bruder bin, der noch nicht verheiratet ist, sich aber um mich kümmert und mir hilft. Ich konnte ihn nie enttäuschen. Renate erwähnte, ihr Bruder fühlte sich ihr näher als seiner Frau. Sie fragte mich, was Christus sagen würde. Ich konnte ihr keine angemessene Antwort geben. Ich musste erst darüber nachdenken. Ich widersprach jedoch ihrer folgenden Aussage. Sie fühlte, dass die Ehe der Tod der Liebe wäre. Sie wollte auch keine Kinder haben. Ich dachte genau das Gegenteil: Die Ehe ist die Erfüllung der Liebe, und die Kinder sind ein zusätzlicher Segen.

Nachdem wir den leckeren Kuchen und Kaffee genossen hatten, machten wir einen langen Spaziergang durch den Wald und fanden einen Platz, an dem wir uns hinsetzten. Ohne ein Wort zu sagen, genossen wir die Schönheit der Landschaft und die Widerspiegelung des Mondlichts auf dem Wasser. Ferne

Akkordeonmusik unterbrach die Stille. Es klang so friedvoll, als würde man der Natur ein Wiegenlied spielen. Meine Gedanken kehrten zu meiner Heimat in Ostpreußen zurück, wo unsere Familie glücklich lebte. Fast elf Jahre waren vergangen, seit wir die Heimat verließen. Wer bewohnte wohl jetzt unser Haus? Wie sahen Haus und Garten aus? Würden wir jemals in der Lage sein, zurückzukehren? Ich hätte stundenlang dort sitzen und vom Leben zu Hause träumen können; aber im Moment war ich ganz allein mit meinen Gedanken in einer fremden Stadt.

Am Montag, dem 27. Juni, traf ich auf dem Weg zum Bahnhof eine große Menschenmenge. Ich musste mich durchkämpfen, um in den Zug steigen zu können. Sportbegeisterte begrüßten die Essener Fußball Mannschaft, die den DFB-Pokal gewonnen hatte. Die Menge warf Blumen zu ihnen und feierte ihren Sieg mit ausgelassenen Rufen.

Am nächsten Tag, Dienstag, 28. Juni, traf Hermann wie versprochen am frühen Nachmittag ein. Ich verpasste meine Nachmittagskurse, damit wir die Zeit zusammen verbringen konnten. Wir wählten ein ruhiges Plätzchen im nahegelegenen Wald, wo wir einen Blick auf den See genossen. Zuerst erzählte er mir, dass er an der Südwestfälischen Universität einen Kurs in Pädagogik abgeschlossen hatte. Er beschrieb kurz anhand praktischer Beispiele die Höhepunkte des Themas. Wir sprachen auch über verschiedene Lebensweisen. Ich bewunderte sein profundes Wissen und seine Weisheit über die menschliche Natur und die Charakteranalyse. Er sagte mir auch, dass ich so anders sei als meine Brüder und Schwestern. Ich muss gewiss einige Charaktereigenschaften von meinem Vater geerbt haben.

„Ich würde ihn gerne treffen."

„Vielleicht eines Tages, wenn er aus Polen nach Hause kommt, wo er als Kriegsgefangener gehalten wird. Ja, ich habe seine Lebensfreude und seinen Sinn für Humor geerbt."

Wir hielten beide eine Weile inne, dann drehte er sich zu mir um und umarmte mich und gab mir einen langen Kuss. Mein

Blut lief durch meinen Körper, und mein Herz schlug schneller. Aber ich habe diesmal nicht versucht, mich gewaltsam zu befreien. Als er mich freiließ, hielt er meine beiden Hände, sah mir in die Augen und drückte seine Gefühle für mich aus.

„Hildegard, hast du gedacht, dass der Inhalt deines letzten Briefes mich davon abhalten würde, dich zu lieben? Sollen wir unsere Beziehung völlig abbrechen und einander vergessen? Nein, das ist unmöglich. Dein letzter Brief hat mich geärgert."

Er zog den Brief aus der Jackentasche. Ich nahm ihn aus seiner Hand, zerriss ihn in Stücke und warf ihn in einen nahegelegenen Busch.

„Es tut mir leid, ich schäme mich, dass ich diesen negativen Brief geschrieben habe."

Dann küsste er mich wieder.

„Jetzt brauche ich dich noch mehr. Wenn ich von der Arbeit nach Hause komme und abends allein in meinem Zimmer sitze, sehne ich mich danach, in deiner Nähe zu sein."

In diesem Moment wurde mir klar, wie viel seine Freundschaft und Liebe auch mir bedeutete und wie viel ich von ihm gelernt hatte.

„Hermann, ich bin so glücklich, dass du gekommen bist, und du mich immer noch liebst, auch nachdem ich dir sagte ich würde dich nicht heiraten."

Ein weiterer Kuss folgte, auf den ich antwortete: „Der Kuss gehört nicht mehr zu unserer Freundschaft."

„Unsinn, dann meinst du, dass alles falsch war?"

„Nein, aber unsere Gedanken waren vorher anders."

„Warum sollte ich mir nicht erlauben der Person, die ich liebe, einen Kuss zu geben?

„Du schriebst, wir sollten einander vergessen und alle Kommunikation miteinander einstellen", antwortete Hermann. „Ich finde es lächerlich, einander nicht zu sehen. Dann könnte sich die Liebe in Hass verwandeln, was für beide schädlich wäre. Ganz im Gegenteil, ich wünschte, wir könnten uns so oft wie möglich sehen und unsere Freundschaft pflegen. Übrigens wünsche ich dir einen Ehemann, der dich versteht."

Seine selbstlose Antwort überraschte mich. Ich schätzte sein reifes Denken und seinen edlen Charakter in diesem Moment noch mehr.

„Auch Ich wünsche dir nur das Beste für deine Zukunft und auch eine gute Ehepartnerin", sagte ich. Ein weiterer Kuss und eine weitere Umarmung folgten.

Für einen Moment dachte ich über unsere ungewöhnliche, aber schöne Freundschaft nach. Unsere Wege hatten sich hin und wieder gekreuzt, und wir erkannten immer, wie sehr unser Leben bereichert wurde, indem wir diese besonderen Momente teilten, die Gefühle und Gedanken des anderen respektierten und nach demselben moralischen Prinzip lebten: *„Reif werden und rein bleiben."*

Der Nachmittag verging nur zu schnell. Der Sonnenuntergang hinter den Hügeln am gegenüberliegenden Seeufer breitete einen durchscheinenden, blassorangefarbenen Schleier über die glatte Oberfläche des Sees aus. Es war Zeit zu gehen. Wir gingen zurück in die Wohnung. Wir aßen einen Teller Suppe, die Frau Mohrmann für uns aufbewahrt hatte. Dann begleitete ich Hermann nur einen kurzen Weg zum Bahnhof. Wir verabschiedeten uns, ohne zu wissen, wann und wo wir uns wiedersehen würden. Hermann ging nach Essingen, und ich blieb in Essen. Ich dankte Gott, dass wir einen so schönen, bedeutungsvollen Nachmittag miteinander verbrachten. Ich träumte und war in Gedanken versunken. Ich konnte immer noch nicht begreifen, dass eine so schöne mentale und spirituelle Freundschaft zwischen einem jungen Mann und einer jungen Frau existieren konnte. Nach dem griechischen Philosophen Plato waren Hermann und ich mit einer liebevollen Freundschaft gesegnet, der sogenannten platonischen Liebe, die unser Leben mit Tugend, Weisheit, Freude, Schmerz und Aufopferung bereicherte.

Am nächsten Tag wachte ich auf und war schockiert, als ich Friedel nicht im Bett sah. Ich machte mir Sorgen, was wohl mit ihr passiert war. Dann erinnerte ich mich, dass sie mit Werner spazieren gegangen war. Ich wollte ihn fragen, wo sie war. Ich ging runter und klopfte an die Tür von Werners Zimmer. Noch scho-

ckierter war ich, Friedel in Werners Raum zu finden. Sie hatte bei
Werner übernachtet. Sie sagte, Werner und sie seien spazieren
gegangen. Sie waren spät nach Hause gekommen, und als sie an
unsere Tür klopften, öffnete ihr niemand, also ging sie in Werners Zimmer und schlief dort. Zum Glück war Frau Mohrmann
an diesem Morgen nicht zu Hause und wusste nicht, was passiert
war. Wir hofften, dass sie nie davon erfahren würde. Friedel war
nervös. Sie befürchtete, dass Frau Mohrmann sie fortschicken
würde, wenn sie ihr schlechtes Benehmen entdeckte. Obwohl
ich Friedels Verhalten missbilligte, konnte ich sie nicht tadeln.
Wenige Tage später erzählte die Mutter von Werner Frau Mohrmann, was passiert war. Frau Mohrmann war wütend und beschimpfte sie schrecklich. Friedel tat mir leid. Nachdem sich die
Dinge etwas beruhigt hatten, ging ich zu Frau Mohrmann und
bat sie, Friedel zu vergeben und ihr keine Feindseligkeit zu zeigen. Stattdessen behandelte sie sie mit Freundlichkeit und half
ihr, über dieses Missgeschick hinwegzukommen. Frau Mohrmann
war verständnisvoll und stimmte dem zu. Mit der Hilfe Gottes
tat ich dasselbe, und wir kamen uns näher als zuvor. Gott zeigte
mir, wie er unseren Schmerz heilt, wenn wir eine Missetat vergeben und die Person mit Liebe und nicht mit Hass behandeln.
Wenn wir negative Gedanken über eine Person und negative Gefühle vergessen und sie mit Liebe und Freundlichkeit ersetzen,
wachsen und reifen wir. Ich dankte Gott, dass Er mir zeigte, wie
ich in dieser Situation handeln sollte.

In der folgenden Woche gingen Friedel und ich immer wieder
in den Wald, um zu studieren und uns zu unterhalten. Oft dachte ich an unsere Heimat in Ostpreußen, an meinen Vater, und
daran, wann und ob er aus Polen zurückkehren würde. Ich dachte an meine Schwester Emma und ihren dreijährigen Sohn Bernhard, die von Amerika zurückgekehrt waren. Sie wohnten jetzt
bei unserer Mutter. Dann dachte ich über meine Zukunft nach.
Wird die Regierung die finanzielle Unterstützung genehmigen,
damit ich meine medizinische Ausbildung beenden kann? Wo finde ich eine Stelle? Wen werde ich eines Tages heiraten? Könnte es
Hermann sein? Diese und andere Gedanken kamen mir in den

Sinn. Ich wollte eine Person von ganzem Herzen lieben und meinen zukünftigen Ehepartner glücklich machen. Jetzt musste ich jedoch meine volle Aufmerksamkeit darauf richten, die bestmöglichen Prüfungen zu machen. Wir bekamen ein Zwischenzeugnis, um es unseren Bewerbungen beizulegen. Hin und wieder gingen Friedel und ich, manchmal auch Gertrud und Gerda, und wir sahen uns einen guten Film zusammen an. Gerda hat es genossen, Geschichten zu schreiben. Einmal schrieb sie eine Geschichte über die lustige Witwe und die vier Schüler. Sie verstand es, Dinge zu übertreiben und viel Humor in ihr Schreiben zu stecken.

Gerda hatte Angst vor Tieren. Wenn wir spazieren gingen und ein Käfer auf dem Boden kroch oder ein Reh vorbeilief, sprang sie hoch und schrie. Stattdessen lachten wir. Eines Tages versuchten wir, ihr einen Streich zu spielen. Friedel und ich gingen in den Garten und fingen einen Frosch. Wir versteckten ihn in einem Regenschirm und brachten ihn in ihr Zimmer. Wir wollten den Frosch in ihr Nachthemd wickeln. Genau in diesem Moment kam sie in den Raum. Als sie den Frosch aus ihrem Bett springen sah, schrie sie so laut, dass die ganze Nachbarschaft sie hören konnte. Wir dachten, sie würde einen Herzanfall bekommen. Gott sei Dank war Frau Mohrmann an diesem Nachmittag einkaufen gegangen; sonst hätte sie uns gerügt. Von nun an würden wir ihr solche Streiche nicht mehr spielen. Wir haben ihre Tierphobie als Teil ihrer Persönlichkeit akzeptiert.

Eine Woche verging, und der Postbote lieferte einen Brief von Hermann. Ich öffnete den Umschlag schnell und las:

„Es ist 21:15 Uhr. Ich sitze in meinem Zimmer und höre mir das Lied ‚Der Mond ist aufgegangen‘ an. Es weckt Erinnerungen an dich. Jeden Abend öffne ich das Fenster, schaue auf den Mond und die Sterne und denke an dich und unser Glück und unsere Zukunft. Heute denke ich auch an dich, aber unter anderen Umständen. Die leidenschaftliche Liebe, die ich vorher für dich hatte, schwand und machte Platz für unsere anfängliche, herzliche Freundschaft. Es ist in Ordnung, vielleicht sogar besser auf diese Weise."

Er hatte Recht. Ich bewunderte seine Weisheit und sein Verständnis. Doch der Inhalt seines Briefes brachte mir auch emotionalen Schmerz. Mir wurde klar, dass ich ihn jetzt noch mehr schätzte als zuvor. Vielleicht nährte sein Besuch meine Liebe zu ihm? Wäre es besser gewesen, wenn er nicht gekommen wäre? Aber jetzt denke ich, dass es auf diese Weise besser war. Am nächsten Tag beantwortete ich Hermanns Brief. Ich sagte ihm, wie dankbar ich für seine Freundschaft und sein Verständnis sei. Ich erwähnte nicht, wie sehr ich jetzt seine Freundschaft schätzte. Es tat mir auch weh, ihn enttäuscht zu haben, weil ich seinen Heiratsantrag nicht angenommen hatte. Aber gegenwärtig überstimmte mein gesunder Verstand meine Emotionen, und ich dachte, ich hätte die richtige Entscheidung getroffen. Ich betete zu Gott, dass Er mich lehren möge, in Zukunft weise zu wählen, und dass mein Verhalten Ihm gefallen würde. Der Vater im Himmel sendet uns Herausforderungen und Schwierigkeiten im Leben, aber wenn wir ihnen mit Gottes Hilfe siegreich begegnen und sogar Opfer bringen, um Ihn zu ehren, dann belohnt Er uns immer mit Freude, innerem Frieden und geistigem Wachstum.

Edmund schickte mir ein Paket mit ein paar Sachen, die ich brauchte und 150,00 DM. Ich konnte ihm damals nur danken und hoffte, eines Tages seine Großzügigkeit zu erwidern. Ich habe auch einen Brief von meiner Freundin Lore erhalten. Sie legte ein Foto von sich bei. Sie sah so elegant, aber etwas traurig aus. Ich wünschte, ich könnte bei ihr sein, um sie zu trösten und sie aufzumuntern. Sie machte sich große Sorgen um die immer schlechtere Gesundheit ihrer Eltern und fühlte sich einsam, als Einzelkind. Sie wünschte, sie hätte einen Bruder oder eine Schwester, um gemeinsam Veranstaltungen zu planen oder Gedanken auszutauschen. Ich habe beide Briefe sofort beantwortet. Mein Herz quoll über vor Dankbarkeit für meine vier Brüder und drei Schwestern, die ich sehr liebte. Ich fühlte mich meiner Schwester Emma und meinem Bruder Edmund am nächsten. Jedes Mal, wenn ich an die Zukunft und die Ehe dachte, wollte ich immer viele Kinder haben. Ich fragte mich, warum Frau Mohrmann keine Kinder hatte. Eines Abends erzählte sie mir, dass sie zwei Fehlgeburten hatte. Ihr Mann wurde dann während des Zweiten Weltkriegs getötet, und sie wollte nicht wieder heiraten, um eine Familie zu gründen. Ja, der Instinkt und der Wunsch der meisten Frauen ist es, Kinder zu haben und eine glückliche Ehe zu führen. Nicht jede Frau erreicht dieses Ziel. Es gibt jedoch ein höheres Ziel: durch das Blut Jesu Christi gerettet zu werden, Gott zuerst zu dienen und zu lieben und unsere Nächsten wie uns selbst, unabhängig von unserer Vorsehung.

Ja, ich dachte oft darüber nach, wen ich heiraten würde und was mein Schicksal sein würde. Aber jetzt konzentrierte ich mich, alle Fächer gründlich zu studieren, um die Prüfungen gut zu bestehen. Ich musste mich disziplinieren, um nicht abgelenkt zu werden. Aber meine Kollegin Friedel hatte eine Art, in mein Privatleben einzudringen, indem sie viele Fragen zu einem Thema stellte, bei dem ich mich unwohl fühlte, es offenzulegen. Sie erkundigte sich:

„Schreibt dir deine Mutter jemals?"

„Nein."

„Warum, verstehst du dich nicht mit deiner Mutter?"

„Ich schäme mich zu sagen, dass meine Mutter nicht schreiben kann. Sie wuchs in der Nähe der russischen Grenze auf. Die russischen Beamten nahmen ihre Eltern weg, als sie jung war, und sie konnte nicht zur Schule gehen. Sie lernte jedoch, die Bibel lesen. Damit war sie zufrieden."

„Es tut mir leid, das zu hören. Aber hast du mit deiner Mutter eine enge Beziehung?"

„Nicht sehr nah; meine Mutter drückt selten ihre Gefühle oder Liebe zu meinen Brüdern, Schwestern und mir aus. Sie fragt uns nie, wie wir uns fühlen oder was wir denken. Sie tadelt uns nur, wenn wir ihr nicht gehorchen. Wenn nötig, benutzt sie einen Gürtel oder einen Zweig, um uns zu bestrafen, wenn wir etwas tun, von dem sie denkt, dass es falsch ist."

„Es muss schrecklich sein, sich nicht geliebt zu fühlen oder von seiner Mutter nicht verstanden zu werden."

„Ja, manchmal ist es schmerzhaft. Manchmal frage ich mich, ob ich es nicht wert bin, von meiner Mutter geliebt zu werden, oder hat meine Mutter nicht die Fähigkeit, ihren Kindern ihre Liebe auszudrücken?"

Ich fühlte, wie mir Tränen aufstiegen. Ich zog das Kissen an der Seite hoch, so dass Friedel mich nicht weinen sehen konnte. Ich sagte Friedel gute Nacht, damit sie aufhörte, mehr Fragen zu stellen. Aber der Gedanke an meine Mutter beschäftigte mich bis spät in die Nacht. Als ich aufhörte zu weinen, dachte ich, wie schwierig es für meine Mutter gewesen sein muss, während des Ersten Weltkriegs von ihren Eltern getrennt zu werden und acht Kinder während des Zweiten Weltkriegs großzuziehen. Dann verlor sie ihr Zuhause und alles, was sie jemals besessen hatte. Vater wurde vor Kriegsende zum Militär eingezogen. Viele Jahre lang wusste sie nicht, ob ihr Mann noch am Leben war oder nicht. Der Krieg endete vor elf Jahren, und noch kam er nicht nach Hause. Vielleicht hat all das Leid sie schweigsam gemacht. Ich empfand Mitgefühl und Dankbarkeit gegenüber meiner Mutter, weil sie uns alle acht mit christlichen und hohen moralischen Werten erzog. Ich war auch dankbar, dass sie mir erlaubt hatte, zur Mittelschule zu gehen und zu studieren, um Arzthelferin zu werden. Ich schämte mich für das, was ich Friedel über meine Mutter gesagt hatte. Zu Hause in Ostpreußen waren wir als Familie glücklich gewesen und ich sehnte mich nach zuhause. Meine Mutter zeigte ihre Liebe zu ihren Kindern, indem sie sich um ihre Bedürfnisse kümmerte. Jetzt fühlte ich mich obdachlos und fragte mich, wer auf unserem Bauernhof lebte und ob wir jemals an unseren Geburtsort zurückkehren durften. Sollte ich mit meinem Los unzufrieden sein? Nein, ich wandte mich im Gebet an Gott. Nachdem ich darum gebeten hatte, mir zu vergeben, fühlte ich, dass Liebe mich umgab. Ich dankte Gott dafür, dass Er mich durch alle Herausforderungen meines Lebens geführt hatte, und bat Ihn, mich zu lehren, in Harmonie mit den Menschen zu leben und sie bedingungslos zu lieben. Ich fiel in einen tiefen Schlaf und am nächsten Tag war ich bereit, neue Herausforderungen zu bewältigen.

In den letzten zwei Tagen beschimpfte und kritisierte uns Frau Mohrmann. Sie verletzte unsere Gefühle. Aber ich versiegelte meine Lippen und war weiterhin höflich zu ihr. Ich verstand nicht, wie sprunghaft sie sein konnte. Wir versuchten unser Bestes, um sie zu befriedigen. Wann immer die Situation in der Wohnung unangenehm wurde, suchten wir Zuflucht im Wald. Die frische Luft und die Schönheit der Natur hatten eine beruhigende Wirkung auf uns und gaben Frau Mohrmann die Möglichkeit, ihre Gedanken zu sammeln und ihre mürrische Laune zu ändern.

Nachdem wir eines Tages von einem unserer Spaziergänge zurückkehrten, fand ich einen Brief von Hermann.

Ich öffnete ihn schnell und las den Inhalt mit gemischten Gefühlen; Der folgende Teil hat mich beeindruckt:

„Gerade höre ich mir den Sportkommentar über das Kajakrennen auf dem Baldeney See an. Der Baldeney See erscheint wieder vor mir, und ich sehe dich neben mir sitzen. Es sind schöne Erinnerungen, und sie werden, auch ohne Foto, Video oder Beschreibung, für uns immer lebendig bleiben. An diesem Ort sind wir beide reifer geworden. REIF WERDEN UND REIN BLEIBEN IST DIE SCHÖNSTE UND SCHWERSTE LEBENSKUNST. Es ist ein Ziel, das nicht nur in der Jugend, sondern während unseres gesamten Lebens, erreicht werden muss."

Hermann hatte vollkommen recht. Ich antwortete und sagte ihm, wie sehr ich mich freute, dass wir beide hohe moralische Werte hatten und nach ihnen lebten. Als ich an der Stelle vorbeikam, an der wir beide miteinander Zeit verbracht hatten, dachte ich an ihn und sehnte mich danach, mit ihm zu sein, um ein lebhaftes Gespräch zu führen und die Schönheit der Landschaft gemeinsam zu genießen. Jedes Mal, wenn ich bestimmte Lieder hörte, wanderten meine Gedanken zu ihm. Ich dankte ihm auch dafür, dass er mich verstand und meine Gefühle respektierte. Obwohl meine negative Antwort seinen Traum, unser Leben zusammen zu verbringen, zerstört hatte, handelte er so ehrenhaft. Ich dankte ihm, dass wir beschlossen, unsere Freundschaft zu pflegen und miteinander in Kontakt zu bleiben. Jedes Mal, wenn ich ihm einen Brief schrieb, freute ich mich schon auf seine Antwort. Auch seine beiden Schwestern Helge und Heidrun korrespondierten mit mir. Heidrun war noch in der Jugendgruppe und informierte mich über das nächste Treffen der Jugendgruppen aus Rheinland-Pfalz in Bingen. Sie hofften, dass unsere Gruppe einen weiteren Preis im Singen und Tanzen gewinnen würde. Wie sehr wünschte ich, ich könnte bei unserer Gruppe sein. Helge konnte sich ihnen auch nicht anschließen. Sie studierte Krankenpflege und absolvierte gleichzeitig eine praktische Ausbildung im Krankenhaus. Ich dachte darüber nach, wo ich eines Tages meine praktische Ausbildung machen würde, nach dem Erlernen aller Theorien in den verschiedenen medizinischen Fächern.

Nach einem schweren Tag voller Prüfungen und Bibelstudien über die Schöpfung beschlossen Friedel und ich, im Wald spazieren zu gehen. Es war ein klarer und friedevoller Abend. Der Mond ging auf und breitete ein silbernes Band über den See. Die Lichter der Häuser am gegenüber liegenden Seeufer wurden von der Oberfläche des Wassers reflektiert. Ohne ein Wort zu sagen, setzten wir uns hin und absorbierten die Schönheit der Landschaft. Plötzlich erklang eine Trompete und spielte ein Lied und später wurde es von einem Orchester begleitet. Es trug viel zur festlichen Stimmung des Momentes bei, besonders als das Orchester eine christliche Hymne spielte. Als das Konzert endete, mit der deutschen Nationalhymne, stiegen meine Gedanken zu Gott empor, und ich dankte Ihm dafür, dass Er mich bis jetzt so wunderbar geführt und beschützt hatte. Dann flogen meine Gedanken nach Hause in die magische Welt in Ostpreußen und ich sehnte mich wieder danach, zu Hause zu sein. Während wir beide schwiegen, kamen zwei junge Männer auf uns zu und wollten sich uns anschließen. Zuerst wiesen wir sie ab. Dann stellten sie sich als Heinz und Franz vor. Sie fingen an, über Musik zu sprechen und darüber, dass sie gerne für uns singen würden. Ihre höflichen Manieren überzeugten uns, dass sie es ehrlich meinten, und wir ließen sie uns auf dem Heimweg begleiten. Beide hatten angenehme Stimmen und verhielten sich respektvoll. Heinz erwähnte, dass er Akkordeon spielte und bot an, uns am Samstag zu treffen. Wir vereinbarten, uns am selben Ort zu treffen, und freuten uns auf eine musikalische Serenade.

Während der restlichen Woche schrieben wir Prüfungen in verschiedenen Fächern. Ich schrieb immer noch zu viele Tippfehler und machte mir Sorgen, dass ich keine gute Note bekommen würde.

Dr. Reiche, der Chirurgie unterrichtete, verstand es, sein Fach interessant zu präsentieren, um unsere Aufmerksamkeit zu fesseln. Hin und wieder nannte er Beispiele aus seiner Praxis und Interaktion mit seinen Patienten. Er war streng, aber gerecht. Als Patient hätte ich ihm vollkommen vertraut. Er besaß das Wissen und die Persönlichkeit, um der ideale Chirurg zu sein, der wusste, wie man Patienten und Menschen behandelt.

Samstags nach dem Abendessen gingen Friedel und ich zum Baldeney See um dem Akkordeonspieler Heinz und seinem Freund Franz, dem Sänger, zuzuhören. Sie kamen verspätet. Zuerst spielte Heinz die Lieder, die wir uns wünschten. Dann wählte er Lieder oder Musikstücke aus. Friedel und ich saßen auf der Bank und hörten aufmerksam zu. Als er das Lied „Mamatschi schenk mir ein Pferdchen" sang, erweckte es schmerzhafte Erinnerungen in ihm. Mitten in der ersten Strophe hörte er auf zu singen und schluckste nur. Dann erzählte uns Heinz, warum dieses Lied ihn so traurig stimmte.

„Ich war erst fünf Jahre alt. Meine Mutter glaubte nicht an Hitlers Regime. Eines Tages äußerte sie ihre negative Meinung über Hitler. Jemand meldete sie bei der Gestapo. Am nächsten Tag kam die Gestapo zum Haus, packte meine Mutter und brachte sie in ein Konzentrationslager. Ich habe nie etwas von ihr gehört, und ich habe sie nie wieder gesehen."

Es tat mir so leid und ich drückte mein Mitgefühl für ihn aus.

„Wie grausam, in so jungen Jahren von seiner Mutter getrennt zu werden. Ja, wie viel Leid wurde unzähligen unschuldigen Menschen aller Altersgruppen und Nationalitäten während des Zweiten Weltkriegs zugefügt. Nur Gott kennt all die Qualen und das Leid, das die Menschen ertragen mussten. Ich habe meine Heimat in Ostpreußen verloren, und mein Vater ist immer noch nicht zurückgekehrt, nachdem er in Polen als Kriegsgefangener verhaftet wurde."

„Es tut mir leid, von der Tragödie Ihrer Familie zu hören."

Heinz spielte noch ein paar Lieder, während Franz sang, bevor wir nach Hause gingen. Auf dem Weg erzählte uns Heinz, dass er Charaktere analysieren könne. Wir baten ihn, unsere zu analysieren. An der nächsten Laterne hielten wir an. Heinz begann mit mir, indem er meinen Kopf unter die Laterne stellte, um mein Gesicht zu sehen. Er sah mir direkt in die Augen und fing an zu sagen.

„Hildegard, Sie lieben Kunst und die Natur. Sie halten nicht viel von der modernen Kunst. Sie sind offen und ehrlich, aber fest. Sie erlauben niemandem, Ihnen zu nahe zu kommen. Wenn ihnen jemand Unrecht getan hat, können Sie es nicht so leicht vergessen. Sie sind eine sehr treue und fürsorgliche Person. Ihre hohen Ansprüche werden jedoch nicht immer erfüllt. Sie sollten auf Ihr Recht öfter bestehen und vermeiden, dass Menschen Ihre Freundlichkeit ausnutzen. Sie sind nicht gesund. Sie sollten einen Arzt aufsuchen und sich von ihm untersuchen lassen."

Dann trat Friedel unter das Licht und Heinz fing an, ihr zu sagen:

„Friedel, Sie sind offen und ehrlich, aber nicht immer treu. Sie werden nur der Person gegenüber treu sein, von der Sie denken, dass sie Ihren Erwartungen entspricht. Sie lieben auch die Natur und die Kunst. Alle Ihre Wünsche werden auch für Sie nicht erfüllt. Sie haben die Gabe, spezifische Informationen von Menschen zu extrahieren, ohne dass sie vorher ihre Gedanken oder Geheimnisse preisgeben. Sie sind an einige Leute gebunden, aber nicht standhaft; Sie sollten so standhaft sein wie Hildegard."

Dann sah er mich an und sagte: „Sie besitzen die Fähigkeit, menschliche Charaktere zu bewerten, aber es dauert lange. Aber ihr seid beide intelligente junge Damen." Wir waren beide verblüfft über die genaue Charakteranalyse eines Fremden, der uns nur seit ein paar Stunden kannte. Wir bedankten uns bei Heinz und Franz für die Unterhaltung, bevor wir uns verabschiedeten. Sie gingen am nächsten Tag fort, und wir sahen sie nie wieder.

Am folgenden Tag erhielt ich einen langen Brief von meinem Bruder Edmund. Ich hatte ihn gefragt, was ich tun sollte, wenn ich nicht sofort eine Stelle in einer Arztpraxis bekäme. Er sagte mir, ich solle geduldig sein, und ich werde eine Klinik finden, wo ich meinen neu erworbenen Beruf ausüben kann. Dann schrieb er mir, dass mein Bruder Georg eine Frau geheiratet hat, die älter und körperlich behindert sei und auch einen problematischen Charakter habe. Edmund sagte mir, dass Georg es bereuen würde, eine solche Entscheidung getroffen zu haben, ohne die zukünftigen Konsequenzen zu bedenken. Mein Bruder Georg tat mir leid. Er war freundlich, ein guter Arbeiter und immer bereit, anderen zu helfen. Er verdiente eine gute Frau und ein glückliches Leben. Edmund sagte mir, er würde mir gerne einige Geschenke als Belohnung für das Bestehen aller Zwischenprüfungen schicken.

Ich brauchte etliche Sachen, aber er hatte schon so viel für mich getan. Ich würde mich schuldig fühlen, mehr zu verlangen. Ich schrieb zurück, dass er bereits so viel für mich getan hatte und es unnötig war, mir jetzt ein besonderes Geschenk zu senden. Am selben Tag erhielt ich von Hermann eine Karte über das DJO-Treffen in Bingen. Er schrieb, dass unsere Jugendgruppe den ersten Preis im Gesang und den dritten Platz im Volkstanz gewonnen hatte. Wir sollten uns beide über ihre Leistung freuen. Es sei teilweise das Ergebnis unserer gemeinsamen Arbeit in der Gruppe. Wir genossen es, zusammenzuarbeiten, hohe Standards zu setzen und Ergebnisse zu erzielen. Ich vermisste unsere Gruppe und vor allem Hermann.

Jeden Tag wartete ich auf eine Antwort des Finanzamtes. Der Beamte hatte mich immer noch nicht informiert, ob die Regierung mir finanzielle Hilfe erlaube oder nicht. Mir gingen die Mittel aus. Ich flehte meinen Bruder an, mir etwas Geld zu schicken. Eines Tages hatte ich nicht genug, um eine Fahrkarte zu bezahlen. Friedel lieh mir 1,00 DM, damit ich zum Unterricht gehen konnte. Nachdem einige Zeit verging, bemerkte sie, dass ich es nicht zurückzahlen konnte; sie sagte mir, sie würde mir meine Schulden vergeben, wenn ich eine Scheibe Brot mit Sardinen und Marmelade essen würde, die sie mir gab. Allein beim Anblick wurde mir übel. Ich nahm einen Bissen und hatte Schwierigkeiten, ihn runterzuschlucken. Es schmeckte schrecklich. Als ich mit dem letzten Bissen fertig war, sagte sie, ich habe meine Schulden bezahlt. Ich entschuldigte mich, rannte zur Toilette und lehrte den Mageninhalt in die Toilette. Wenn meine Kolleginnen eine Coca-Cola kauften, baten sie um vier Strohhalme, und teilten sie mit mir, damit ich mich nicht ausgeschlossen fühlte. Ich war ihnen dankbar.

Anfang August erhielt ich mein Zwischenzeugnis, das ich mit jeder Bewerbung auf eine Stelle verschicken konnte. Ich war zufrieden, dass ich in allen Fächern gute Noten hatte, auch im Schreibmaschineschreiben. Ärzte, die Assistentinnen suchten, schickten ihre Namen, Adressen und die Art der Praxis, die sie hatten, ein. Sofort kopierte ich die Namen und Adressen von acht Ärzten. Ich schrieb acht Briefe. Ich fügte einen Lebenslauf und mein Zeugnis hinzu, in der Hoffnung, dass ein Arzt mir eine Stelle anbieten würde. Am selben Abend, als ich zum Bibelstudium ging, sagte Herr Pfeiffer, er würde auch sehen, ob er einen Arzt empfehlen könnte, der eine Assistentin sucht. Ich war ihm dankbar. Ich betete zu Gott, dass er mir helfen möge, eine Position zu finden und meinen Glauben zu stärken.

Am nächsten Tag gab mir Herr Pfeiffer die Adressen von zwei Ärzten. Am selben Abend ging ich zu Dr. Kelt. Nachdem ich anderthalb Stunden gewartet hatte, fragte er mich, ob ich praktische Erfahrungen hätte. Meine Antwort war nein, ich ginge immer noch zur Schule.

„Welche Schule?"

„Dr. Gläsers Schule."

„Meine derzeitige Assistentin kommt von derselben Schule. Meine Frau und ich fahren in Kürze in Urlaub. Ein anderer Arzt wird sich während meiner Abwesenheit um meine Praxis kümmern. Wenn Sie nicht die Zustimmung meines Kollegen finden, können Sie vielleicht am 1. November 1955 anfangen. Kommen Sie Ende Oktober wieder."

Ich dankte Dr. Kelt und verließ seine Praxis mit einem Hoffnungsschimmer. Er gab mir auch Geld für den Bus. Ich entschied mich, zu Fuß zur Wohnung zu gehen, und Herrn Pfeiffer über mein Interview mit Dr. Kelt zu berichten. Ich sagte ihm, dass ich morgen zu Dr. Hinterleitner gehen würde. Am nächsten Tag, nachdem Dr. Grabe die Pathologie der oberen Atmungsorgane unterrichtet hatte, fuhren Gertrud und ich mit dem Zug nach Essen-West, um Dr. H. Hinterleitners Praxis zu suchen. Als wir ankamen, erzählte mir Dr. Hinterleitner, dass er bereits kürzlich jemanden eingestellt hatte, aber er war so freundlich, mir die Adresse eines Freundes, der Augenarzt war, zu geben. Ich dankte Herrn Dr. Hinterleitner für seine Empfehlung. Enttäuscht verließ ich seine Klinik.

Ich fuhr mit der Straßenbahn in den Teil der Stadt, in dem sich die Praxis des Augenarztes Dr. Baberowski befand. Ein junger Mann stieg an der nächsten Haltestelle ein und setzte sich neben mich. Er erzählte mir, dass er ein bekannter Fußballspieler sei. Seine Frau war gestorben, und er hatte zwei Söhne. Seine Söhne waren ebenfalls Fußballspieler. Er war achtunddreißig Jahre alt und suchte eine Frau. Er gab mir seine Adresse und bat mich, ihn zu besuchen. Ich lehnte es ab. Ich war froh, an der nächsten Haltestelle auszusteigen. Kaum betrat ich Dr. Baberowskis Büro, als heftiger Regen vom Himmel strömte und gegen die Fensterscheiben prasselte. Ich wartete eine Weile, bis Dr. Baberowski mich in sein Sprechzimmer bat. Er fragte mich nach meinem persönlichen Hintergrund, meiner medizinischen Erfahrung und ob ich wüsste, wie man tippt. Ohne mir eine Antwort zu geben, entschuldigte er sich. Er musste mehr Patienten behandeln. Er bat mich, am folgenden Montag um 17:00 Uhr wiederzukommen, nachdem er seine Sprechstunde beendet hatte. Ich mochte Dr. Baberowski, aber nicht seine kleine, dunkle und altmodische Klinik, die sich in einem heruntergekommenen Teil der Stadt Essen befand. Ich bezweifelte, ob ich mit der Arbeit in seiner Praxis zufrieden sein würde. Der Regen hörte auf. Müde kam ich in der Wohnung an. Bevor ich einschlief, betete ich zu Gott, dass er mir helfen möge, eine Stelle bei einem Familienarzt zu finden.

Mitte August erhielt ich die erste Antwort auf meine Bewerbung von Dr. Jerg aus Wendlingen; er hätte bereits eine Assistentin eingestellt. Traurig beschloss ich, zu Dr. Baberowskis Interview zurückzukehren. Nachdem er weitere Fragen stellte, nahm er sich die Zeit, mich beim Tippen zu testen, und bat mich, die Patientenakten alphabetisch im Schrank einzuordnen. Die alte Schreibmaschine bereitete mir Probleme, und ich konnte nicht so gut darauf tippen. Er sagte, er wolle eine neue kaufen. Er überprüfte auch meine Handschrift, indem er mich bat, einen Teil eines Artikels zu kopieren. Ich hatte auch Schwierigkeiten, mit seinem Füllfederhalter zu schreiben. Als ich ihn fragte, wie hoch das Gehalt sein würde, falls er sich entschied, mich einzustellen, gab er mir keine definitive Antwort, sondern versicherte mir, dass er nicht geizig sei. Er sprach auch über einen Plan für die Errichtung einer neuen Klinik. Er behandelte mich höflich und brachte mich sogar in seinem Auto zum Bahnhof. Als ich im Zug saß, dachte ich, dass ich nicht all mein medizinisches Wissen nutzen konnte, das ich gerade erworben hatte, wenn ich für einen Augenarzt arbeiten würde. Je mehr ich darüber nachdachte, desto weniger sprach ich mich dafür aus, die Position von Dr. Baberowski anzunehmen. Nur wenn ich keine Stelle in der Hausarztpraxis finden sollte, würde ich in Betracht ziehen, sein Angebot anzunehmen.

Auf dem Heimweg schloss ich mich Gertrud, Gerda und Friedel an, um den zweiten Teil des Films „Meines Vaters Pferde" zu sehen. Im ersten Teil des Films gab ein kranker Junge, während er ins Krankenhaus eingeliefert wurde, den Wunsch zu leben auf. Bei einem Besuch im Krankenhaus las ihm eine Freundin das Tagebuch seines Vaters vor. Er erinnerte sich stark an die vergangenen Erlebnisse mit seinem Vater. Die Erinnerung an seinen Vater ermutigte ihn zu leben. Sein Gesundheitszustand verbesserte sich und er fand einen Grund, um wieder zu leben. Im zweiten Teil gab der Filmproduzent viel Weisheit weiter, um ein lohnendes Leben zu führen.

Ich war dankbar für den ausgezeichneten Rat, der mir gegeben wurde, und bin mir sicher, dass andere es auch waren. Gott hat mir in der Vergangenheit oft durch schwierige und lebensbedrohliche Situationen geholfen; ich vertraute Ihm damals und tue dasselbe heute noch und werde es auch in der Zukunft tun. Das Leben ist ein ständiger Kampf, und um bei der Bewältigung aller Herausforderungen siegreich zu sein, bat ich Gott, mir Seine Führung, Stärke und Weisheit zu geben, um jetzt und in der Zukunft die richtigen Entscheidungen zu treffen.

Am nächsten Tag rief mich Dr. Gläser in sein Büro. Er erzählte mir, dass er einen Brief von Dr. Mossen aus Landau erhielt. Er fragte nach meinen Qualifikationen; wenn sie gut waren, bot er mir eine Stelle als Lehrling für eine Röntgentechnikerin an. Er würde 30,00 DM pro Monat zahlen. Dr. Gläser war empört über das Gehalt, das Dr. Mossen für eine medizinische Assistentin anbot. Er sagte, er plane, ihm eine angemessene Antwort auf seinen beleidigenden Brief zu schicken. Ich dankte Dr. Gläser. Ich entschuldigte mich, dass ich die Studiengebühren für August noch nicht bezahlt hatte. Ich erwähnte: „Ich habe mich vor über einem Jahr um Ausbildungshilfe beworben. Mein Vater ist noch nicht zurückgekehrt, nachdem er von der polnischen Regierung als Kriegsgefanger festgehalten wurde. Da ich als Halbwaise gelte, habe ich Anspruch auf staatliche Unterstützung für Ausbildung. Trotzdem habe ich kein Geld erhalten. Ich verbrauchte all mein gespartes Geld und das Geld, das mein Bruder mir schickte. Bitte, Dr. Gläser, lassen Sie mich die Schule beenden. Sobald ich eine Arbeitsstelle finde, werde ich meine Schulden begleichen."

„Bringen Sie mir die Adresse des Finanzamtes, und ich werde ihm einen steifen Brief schicken. Es ist beschämend, dass sie Ihnen die Mittel nicht zugewiesen haben, bevor Sie mit der Schule anfingen."

„Vielen Dank, Dr. Gläser, für Ihr Verständnis und für die Kontaktaufnahme mit dem Angestellten des Finanzamtes. Ich bringe Ihnen die Adresse morgen."

Als ich in die Wohnung kam, fand ich einen Brief von meiner Schwester Emma. Sie schrieb, dass meine Mutter massive Gebärmutterblutungen hatte. Der Gynäkologe überwies sie ins Krankenhaus und plante für sie eine Hysterektomie. Ich betete zu Gott, dass die Operation gut verlaufen würde. Ich war meiner Schwester Emma dankbar, dass sie bei meiner Mutter war, um ihr während der postoperativen Genesungsphase zu helfen. Sie fragte mich, ob ich schon einen Arbeitsplatz gefunden hatte. Leider musste ich ihr mit einem Nein antworten. Am selben Tag erhielt ich zwei weitere negative Antworten, eine von einem Arzt in Münsingen und eine von Gießen. Ich war sehr enttäuscht.

Donnerstag, der 18. August, war Gerdas Geburtstag. Gertrud, Friedel und ich kauften ihr ein Buch. Frau Mohrmann schenkte ihr eine schöne Kerze und ein ausgestopftes Baby Reh. Sie war begeistert. Frau Mohrmann backte auch einen Kuchen für sie und bereitete einen beeindruckenden Punsch für die Feier. Als wir Frau Mohrmann jedoch baten, am Nachmittag mit uns zu feiern, gab sie uns ein unverblümtes Nein als Antwort. Sie weigerte sich auch, den Punsch zu trinken, den Gerda ihr anbot. Gerda fühlte sich verletzt und fing an zu weinen. Sie tat mir leid. Ich fragte Frau Mohrmann, warum sie sich weigerte, mit uns zu feiern. Sie antwortete sarkastisch: „Ich habe meine Gründe." Dann fragte ich mich, warum sich die Stimmung so plötzlich geändert hatte. Wir wollten jedoch nicht, dass Frau Mohrmanns Laune Gerdas Geburtstag verdirbt. Wir hatten den Jungs aus der Jugendgruppe von Gerdas Geburtstag erzählt. Sie boten an, mit uns zu feiern. Wir packten Utensilien, Kuchen und Punsch in einen Korb und brachten ihn am Abend in den Raum, in dem die Bibelstunde stattfand. Peter, Ferdi, Werner und Karl-Heinz waren aufmerksam und besorgten ihr ein paar kleine Geschenke, die Gerda zu schätzen wusste. Peter erfreute mich mit einem Rosenstrauß. Wir genossen den Kuchen und den Punsch und sangen mehrere Volkslieder zusammen. Alle waren fröhlich und zufrieden. Ich war dankbar, dass Gerda aufgeheitert war und ihre besondere achtzehnte Geburtstagsfeier genoss.

Frau Mohrmann verletzte meine Gefühle, als sie mir vorwarf, dass ich sie nicht gebeten hatte, mit uns zu feiern, was nicht stimmte. Sie ließ ihre Beschwerden über uns an Gertrud aus. Ich sagte Frau Mohrmann auch, dass ich nicht das Geld hätte, um die Unterkunft und Verpflegung für August zu bezahlen. Ich teilte ihr mit, dass ich darauf wartete, dass mein Bruder Edmund mir etwas Geld schickte, und geduldig zu sein. Frau Mohrmann sagte den anderen Mädchen jedoch, dass sie mich wegschicken werde, wenn ich nicht in Kürze bezahlen würde. Es war mir sehr peinlich und ich war zutiefst verletzt. War es nicht genug, es mir zu sagen? Musste sie hinter meinem Rücken mit meinen Kolleginnen über meine Schulden sprechen? In meiner Verzweiflung schrieb ich erneut an meinen Bruder und auch an Herrn Dobereiner vom Finanzamt und drängte ihn, die Hilfe zu schicken, auf die ich Anspruch hatte, ansonsten würde ich das Medizinstudium nicht beenden können. Ja, es ist nicht einfach, mit gleichgültigen Regierungsbeamten umzugehen, die weder verständnisvoll noch altruistisch sind. Es ließ mich erkennen, dass mein Leben herausfordernd sein würde, ich sollte bereit sein, viele Schwierigkeiten in der Zukunft zu bewältigen. Dann dachte ich, dass es gut ist, denn Not und Leid ließen mich nachdenken. Denken macht mich weise und stark. Weisheit gibt Freude im Leben. Obwohl ich heute unter emotionalen Schmerzen litt, war ich Gott dankbar, dass Er mich lehrte, nach Seinem Willen zu leben. Gott gibt mir immer den richtigen Trost und die richtige Kraft für jeden Tag. Ja, ich habe noch so viel zu lernen. Ich bat Gott, mir einen empfänglichen Verstand, ein liebevolles Herz und einen gerechten Geist zu geben.

Am letzten Samstag im August hatten wir keinen Unterricht. Gertrud und ich fuhren an die Ruhr, wo viele junge Leute campierten, Kajak fuhren und schwammen. Einige Camper sangen Volkslieder, begleitet von einem Gitarristen; Gertrud und ich setzten uns auf eine Bank in der Nähe und sangen fröhlich mit. Auch sangen wir auf dem Heimweg heiter weiter. Als wir nach Hause kamen, wartete Peters Mutter, Frau Härtel, auf uns. Sie war entsetzt und erzählte uns, dass ihr Sohn Peter seit gestern verschwunden war. Er hatte das Haus verlassen, ohne sich zu verabschieden und ohne etwas mitzunehmen. Sie fragte uns, ob er uns gegenüber etwas erwähnt hatte, dass er das Haus verlassen wolle oder wohin er gehen wollte. Obwohl ich mich daran erinnerte, dass er davon gesprochen hatte, Soldat zu werden und zur Fremdenlegion zu gehen, dachte ich, es sei nur eine Fantasie von ihm gewesen. Wie könnte ich einer besorgten Mutter mehr Kummer bereiten, indem ich ihr von der Fremdenlegion erzählte? Ich entschied mich, nichts zu sagen. Auch Gertrud, Gerda und Friedel gaben Frau Härtel keinen eindeutigen Hinweis.

Ich erinnerte mich, dass Peter sich in letzter Zeit seltsam und abgelenkt verhalten hatte. Vielleicht hatte er den Plan fabriziert, das Haus zu verlassen. Frau Härtel ging untröstlich und weinend nach Hause. Es tat uns leid, dass wir ihr keine Hinweise darauf geben konnten, wohin er gegangen war.

Ich dachte darüber nach, was der Grund dafür war, dass er das Haus verlassen hatte. Er erzählte uns, dass seine Mutter strenge Regeln für ihn aufstellte und ihn wie ein Kind behandelte. Sie vergaß, dass er jetzt erwachsen war und etwas Freiheit und Respekt für seine Denkweise verdiente. Die Mutter, die ihren Mann im Zweiten Weltkrieg verlor, hatte nur Peter, ihren einzigen Sohn. Sie behandelte ihn wie ein Kind und hielt ihn so fest an sich, dass der Sohn den Kontrollzwang der Mutter übelnahm. Er verließ sein Zuhause, in der Hoffnung, sich zu befreien und wie ein Erwachsener zu leben. Ich hoffte natürlich, dass er nicht der französischen Fremdenlegion beigetreten war. Ihre Soldaten wurden nicht gut behandelt. Ich betete, dass Gott, der wusste, wo Peter war, ihn beschützen und ihn sicher zu seiner trauernden Mutter nach Hause bringen würde. Ich bat Gott, das blutende Herz der Mutter zu trösten und ihre Tränen wegzuwischen, während sie auf die Rückkehr ihres Sohnes wartete.

Mein Warten auf eine positive Antwort auf die vielen Bewerbungen belohnte mich schließlich. Dr. Samietz aus Gelnhausen und Dr. Flächer aus Waibstadt baten um weitere Informationen. Am nächsten Tag schickte ich das angeforderte Material mit einem Foto von mir – endlich ein Hoffnungsschimmer, eine Position zu bekommen vor dem Abschluss der Schule. Außerdem erhielt ich 150,00 DM von meinem Bruder Edmund. Ich ging sofort zu Frau Mohrmann und bezahlte die Miete für August. Sie sagte: „Du weißt, dass die Miete für September auch fällig ist."

„Ja, ich weiß. Ich werde Ihnen bezahlen, sobald ich etwas mehr Geld bekomme. Bitte haben Sie Geduld, das ist alles, was ich im Moment habe."

Ich war betrübt, dass weder sie meine schwierige finanzielle Situation verstand noch der Beamte vom Finanzamt. Er schrieb einen Brief mit einer anderen Ausrede, aber ohne Geld. Obwohl ich mich schlecht fühlte, meinen Bruder immer um Geld zu bitten, schrieb ich ihm und bat ihn, mir mehr zu schicken, wann immer er konnte. Ich schuldete immer noch zwei Monate der Medizinischen Fakultät und einen Monat Unterkunft und Verpflegung. Als ich abends zum Bibelstudium ging, teilte ich mein finanzielles Problem mit Herrn Pfeiffer. Er war so freundlich, und bot mir an, Herrn Dobereiner einen Brief zu schreiben, in dem er ihn bat, zumindest für die Studiengebühren der letzten zwei Monate, Unterkunft und Verpflegung zu bezahlen. Ich bedankte mich und sagte ihm, dass Dr. Gläser bereits an das Finanzamt schrieb. „Lassen Sie uns abwarten, bis wir eine Antwort erhalten." Ich war emotional erschöpft. Bevor ich einschlief, betete ich zu Gott: „Du kennst meine verzweifelte Situation; nichts ist unmöglich für Dich. Ich vertraue Dir von ganzem Herzen, dass Du alles zum Bestes leiten wirst. Herr, beschütze meine Mutter, schenk ihr Kraft, sich von der Operation zu erholen. Tröste Peters verzweifelte Mutter. Halte Peter davon ab, einen Fehler zu machen, den er für den Rest seines Lebens bereuen wird. Himmlischer Vater, Du kennst die Bedürfnisse eines jeden Menschen, und Du wirst sie in deiner Zeit erfüllen." Nachdem ich aller und mein Leben in Gottes liebevolle Fürsorge befahl, schlief ich friedlich ein.

Der letzte Monat der Schule begann. Ich begrüßte den September mit gemischten Gefühlen. Ich genoss die Schule, fühlte mich aber schrecklich und es war mir peinlich, meinen Bruder Edmund ständig um Geld zu bitten, vor allem, als Emma schrieb, dass er in letzter Zeit nicht allzu viel verdiente. Auch meine Brüder Georg und Richard verdienten wenig. Richard war noch Lehrling und erhielt nur 30,00 DM im Monat, während er bei dem Schmied wohnte. Mutter bekam kaum genug, um Miete zu zahlen und Essen für sich und meinen jüngsten Bruder Horst, erst zwölf Jahre alt, zu kaufen.

Meine finanziellen Sorgen schwanden, als ich einen Brief von Hermann erhielt, der mir Freude bereitete. Er fügte einen schönen Vers in den Brief zu.

Hermann schloss mit dem Spruch:

„Wie die hohen Sterne kreisen, ewig voller Harmonie,
sollen unsre Lebensweisen unverwirret sein wie sie.
In dem Großen, in dem Kleinen,
will der Weltengott erscheinen.
Alle Schöpfung schwingt im Reigen,
Freude heißt ihr hohes Lied.
Nur der Mensch will sich nicht neigen,
jagt nach andrem Glück sich müd."

Mir wurde klar, dass wir so vieles gemeinsam teilten. Wir genossen beide die Natur und Gottes Wunder mit den ständigen Veränderungen, die unsere Sinne erfreuten. Wir liebten klassische und Volksmusik, die unsere Stimmung hob, und gute Literatur, besonders Poesie, die zu unseren Herzen sprach. Wir beide hatten nicht nur hohe moralische Werte für unser Leben gesetzt, sondern uns auch an sie gehalten, unabhängig von dem Opfer, das es kostete. Jeder Brief vertiefte meinen Respekt und meine Bewunderung für ihn. Die Erinnerungen an die wenige Zeit, die wir gemeinsamen verbracht hatten, wird immer von uns beiden geschätzt werden. Ich war noch nicht bereit, mich zur Ehe zu verpflichten. Ich bat Gott um Führung, damit ich zur richtigen Zeit die richtige Entscheidung treffen würde.

Die Zeit in Essen würde in diesem Monat enden, und ein neuer Lebensabschnitt wird beginnen. In jedem Moment, den ich frei hatte, ging ich in den Wald oder zum Baldeney See. Ich nahm meine Notizbücher immer mit und hatte gute Absichten zu studieren. Manchmal verhinderten mich jedoch angenehme Unterbrechungen daran. An einem Samstagnachmittag saß ich am Seeufer und plätscherte mit den Füßen im Wasser hin und her. Ein Wind ließ Wellen zum Ufer rollen. Ich lauschte dem rhythmischen Klang und beobachtete die weißen Wellen, die am Sandstrand brachen. Ich träumte. Als ich aufblickte, näherte sich ein Segelboot dem Ufer und eine Stimme rief:

„Fräulein, wollen Sie mit uns segeln?" Zuerst war ich perplex und widerwillig. Dann dachte ich, warum nicht, ich hatte noch nie die Gelegenheit gehabt, zu segeln.

„Ja, gerne", antwortete ich, und schon landeten die beiden Segler das Boot am Strand neben mir. Ein junger Mann stieg aus dem Boot und half mir einzusteigen. Danach zog er das Segelboot in tieferes Wasser und kam dann selbst an Bord. Einer kontrollierte die Segel, der andere lenkte das Ruder. Der Wind füllte die Segel und bald erreichten wir die Mitte des Sees. Für mich war es wie ein Traum, leise über die Wasseroberfläche zu gleiten. Ich wollte schon immer segeln. Heute war mein Wunsch erfüllt worden. Ich genoss das Erlebnis, das mir die beiden Segler auf so unerwartete Weise präsentierten. Beide Seeleute waren so sehr damit beschäftigt, das Boot zu manövrieren, dass sie kaum miteinander sprachen. Sie lächelten nur, wenn sie sahen, wie sehr ich es genoss, mit ihnen zu segeln. Der Nachmittag verging nur zu schnell. Sie brachten mich zurück an die gleiche Stelle, wo sie mich abgeholt hatten. Wir stellten uns vor, bevor wir uns trennten. Sie stellten keine Fragen, machten keine Forderungen, segelten nur einige Stunden mit mir zusammen auf dem wunderschönen Baldeney See. Ich konnte ihnen nicht genug dafür danken, dass sie mir einen meiner Träume erfüllten.

Ein weiterer Traum wurde wahr, als ich die erste positive Resonanz auf meine vielen Bewerbungen erhielt. Dr. Samietz aus Gelnhausen bot mir 200,00 DM im Monat, ein Zimmer mit Zentralheizung und zehn Tage bezahlten Urlaub für das erste Jahr.

Ich konnte am 10. Oktober 1955 anfangen. Ich schrieb sofort zurück, dass ich sein Angebot annehmen werde und zum vorgeschlagenen Zeitpunkt beginnen könnte. Er bestätigte meine Annahme mit einem höflichen Brief. Ich dankte Gott dafür, dass er mir erlaubte, all das Wissen, das ich in Dr. Gläsers Medizinischer Schule erwarb, zu praktizieren. Ich freute mich auch, neun Tage zu Hause zu verbringen, bevor ich mit der Arbeit begann. Ich teilte die gute Nachricht mit meinen Hausbewohnern. Sie freuten sich auch für mich.

Gegen Abend kamen Gertrud und Gerda in unser Zimmer. Wir saßen alle auf dem Bett und erzählten lustige Geschichten. Wir lachten laut. Frau Mohrmann öffnete die Tür, schrie uns an und tadelte uns, weil wir auf dem Bett saßen. Ich war schockiert über ihr unhöfliches Ausschimpfen und mein ganzer Körper zitterte. Wir sagten kein Wort und warteten, bis sie ging. Dann gingen Gerda und Gertrud in ihr Zimmer. Nachdem ich mich beruhigt hatte, beschloss ich, zum Bibelkurs zu gehen. Herr Pfeiffer sprach darüber, wie man mit den Unzulänglichkeiten anderer Menschen umgehen sollte. „Wenn es einen Konflikt zwischen dir und anderen Menschen gibt, überprüfe dein Gewissen, bevor du die andere Person anklagst." Das war genau die richtige Botschaft für diesen Tag. Ich dachte darüber nach, wie ich mit dem Vorfall mit Frau Mohrmann umgehen sollte. Ich bat Gott, mir zu vergeben, falls ich etwas falsch gemacht hatte. Im Gegensatz würde ich ihr auch vergeben und sie mit der gleichen Höflichkeit behandeln wie zuvor. Gerda schuf eine unangenehmere Situation, redete schlecht über uns drei und jetzt beschwerte sie sich über Frau Mohrmann. Es war traurig, dass sich während des letzten Schulmonats zwischen uns eine solche Zwietracht entwickelte. Dazu mussten wir intensiv lernen, um die Abschlussprüfungen gut zu bestehen.

Eines Tages hatten wir eineinhalb Stunden Pause zwischen den Unterrichtsstunden. Christel, mit der ich mich befreundet hatte, und ich gingen in den Raum, in dem die Schreibmaschinen standen. Ich übte das Tippen. Christel las einige Zitate. Ich mochte sie sehr, und ich bat sie, sie für mich aufzuschreiben.

1. *Bitten wir nicht um eine leichte Last, sondern um einen starken Rücken.*
2. *Wer Höhen erreichen will, muss Gewicht abladen.*
3. *Unser Verlangen nach Glück ist so grenzenlos, dass es nur im Himmel befriedigt werden kann.*
4. *Wenn du dich selbst kennenlernen willst, handle und du wirst wissen, wer du bist.*
5. *Mein Herz, ich werde dich fragen, was Liebe ist. Sag mir: „Zwei Seelen und ein Gedanke. Zwei Herzen und ein Schlag."*

Nach dem Unterricht ging ich in die Wohnung, und Frau Mohrmann tadelte uns während des Abendessens immer noch. Ich fühlte mich so schlecht, dass unser Aufenthalt so disharmonisch enden sollte. Ich betete zu Gott, dass er mir zeigen würde, wo ich etwas falsch gemacht hatte und dass er mir vergeben würde, und ich würde Frau Mohrmann auch vergeben, dass sie meine Gefühle verletzte. Frau Mohrmann deckte auch Friedels negative Charaktereigenschaften auf und machte mich dafür verantwortlich, dass ich sie nicht korrigierte und stets freundlich zu Friedel war. Sie beschwerte sich auch über Gerda und Gertrud, weil sie nicht jeden ihrer Wünsche befolgten. Wir fühlten uns alle schrecklich, entschuldigten uns bei Frau Mohrmann, vergaben uns gegenseitig und hofften, dass Frieden und Harmonie wiederhergestellt war.

Jeder Tag brachte mehr Lernen und Prüfungen mit sich. Der Gedanke, nach Hause zu meiner Familie zurückzukehren, beschäftigte mich immer mehr, als sich das Ende der Schule näherte. Ich freute mich darauf, meine Mutter, Emma, Edmund, Horst, und Bernie, meinen kleinen Neffen, zu sehen. Hermann schrieb auch, dass er im Oktober einen Urlaub plante und einige Zeit mit seiner Familie in Essingen verbringen würde. Er erwähnte auch, dass seine Mutter ein Familientreffen arrangierte, wenn er zu Hause sein würde, und er freute sich darauf, mich zu sehen.

Eine Woche vor Schulschluss erhielt ich einen Brief vom Finanzamt mit einem Scheck. Ich war dankbar, dass Herr Dobereiner schließlich, nach etwa anderthalb Jahren, positiv auf den Brief von Dr. Gläser reagierte, den er vor einiger Zeit geschrieben hatte. Am nächsten Tag ging ich zu Dr. Gläsers Büro, bezahlte den Rest meiner Studiengebühren und dankte ihm dafür, dass er mir geholfen hatte, meine medizinische Ausbildung abzuschließen. Ich bezahlte auch den restlichen Betrag für Unterkunft und Verpflegung. Ich dankte Frau Mohrmann für ihre Geduld, auf das Geld zu warten. Sie war wieder höflich, was mich zufrieden stellte. Ich war froh, dass Harmonie unter uns zurückkehrte. Bevor ich einschlief, dankte ich Gott, dass ich genug Geld hatte, um meine Schulden zu bezahlen, ich beendete die Schule mit guten Noten, und ich hatte eine gesicherte Stelle in einer Arztpraxis. Ich bat Gott, mir ein mitfühlendes Herz zu geben, um die Patienten in der Klinik von Dr. Samietz gewissenhaft und liebevoll behandeln zu können. Mein großer Wunsch war es, Gott mit ganzem Herzen und ganzer Seele auf die bestmögliche Weise zu dienen und Ihn zu ehren.

Der Abschied von unseren Lehrern und Klassenkameraden, für die ich eine Vorliebe entwickelt hatte, erfüllte mein Herz mit gemischten Gefühlen. Ich war traurig, dass ich sie wahrscheinlich nie wieder sehen würde, aber froh, einen Beruf zu haben und in einer Arztpraxis meine neu erworbenen medizinischen und praktischen Kenntnisse anwenden zu können. Ich freute mich darauf, meine Familie zu sehen. Ich packte meine Sachen in meinen Holzkoffer und kaufte meine Fahrkarte zwei Tage im Voraus.

Am 30. September 1955 versammelten sich alle Studentinnen in einem großen Saal, und Dr. Gläser verteilte die Abschlusszeugnisse und wünschte uns dann alles Gute. Jeder Schüler reichte ihm die Hand, bevor er das Klassenzimmer verließ. Ich drückte Dr. Gläser meine tiefe Dankbarkeit dafür aus, dass er mir geholfen hatte, die staatliche Hilfe zu bekommen und das Seminar zu beenden. Als ich mir mein Zeugnis ansah, war ich damit zufrieden, in erster Linie gute Noten zu erhalten, eine sehr gute in der Kurzschrift und eine zufriedenstellende in der kleinen Chirurgie. Ich mochte das Fach, wusste aber nicht, warum ich eine so schlechte Note bekam und wie ich mich hätte verbessern können. Am Donnerstagabend gingen wir alle noch einmal durch den Wald zum Baldeney See, den wir während unseres Essener Aufenthaltes zu schätzen gelernt hatten. Die Zeit, die wir am See verbrachten, werden unvergessliche Erinnerungen bleiben an unsere Jugend und einen Teil unseres Lebens.

Am Freitag, dem 30. September, verabschiedeten sich Friedel, Gerda und Gertrud von Frau Mohrmann und mir. Sie reisten einen Tag früher ab. Ich war zufrieden, dass Frau Mohrmann ihr bestes Benehmen zeigte und wünschte ihnen alles Gute für die Zukunft. Ich umarmte Gerda, Gertrud und Friedel und drückte auch meine besten Wünsche für ihre Zukunft aus. Wir tauschten Adressen aus, für den Fall, dass wir miteinander korrespondieren wollten. Ich bat sie um Vergebung, falls ich ihre Gefühle unbeabsichtigt verletzt hatte. Friedel tat das gleiche. Wir haben uns alle harmonisch verabschiedet. Ich ging am nächsten Tag fort, und Frau Mohrmann war sehr nett zu mir. Das vorübergehende Gezänk war Vergangenheit, und die Luft war wieder rein. Ich entschuldigte mich dafür, falls ich unbeabsichtigt ihre Gefühle verletzt hatte. Sie umarmte mich und sagte: „Es ist alles vergessen, und ich bin dir nicht böse."

Ich ging erleichtert und zufrieden nach Hause. Ich nahm meinen Koffer und meine Handtasche, ging die Treppe hinunter und eilte zum Bahnhof, um einen frühen Zug nach Duisburg zu nehmen, wo ich mit anderen Zügen nach Landau-Pfalz und Knörringen-Essingen, meiner Endstation, fahren würde.

Nachdem ich mich im Waggon niedergelassen hatte, stieg nur noch ein älterer Herr in denselben Zugwaggon ein. Er humpelte, gebrauchte einen Krückstock und trug einen Geigenkasten, den er vorsichtig neben sich auf den Sitz legte. Es muss wohl ein wertvolles Instrument gewesen sein. Er wollte gewiss verhindern, dass die Geige aus dem Gepäckfach fällt und beschädigt wird. Wir saßen ruhig auf gegenüberliegenden Bänken und warteten darauf, dass der Zug den Bahnhof verließ. Wir beobachteten die immer schneller vorbeiziehenden Häuser, bis wir die Stadt Duisburg verließen. Nach einer Weile stellte sich der

Gentleman-Passagier als Karl Berger vor. Ich antwortete und nannte meinen Namen.

Wir begannen ein lebhaftes Gespräch über Musik. Herr Berger erzählte mir, dass er im Symphonieorchester Essen Geige spielte und seinen Sohn Karl in Koblenz besuchen wollte. Sein Sohn war ein Virtuose am Klavier, und beide musizierten gerne zusammen. Besonders gerne spielte er Kompositionen von Mozart, Schubert und Beethoven. Ich sagte ihm, dass ich die Musik der drei Komponisten schätze, aber ich genoss auch Opernaufführungen, besonders Giuseppe Verdis Opern. Er wiederum bevorzugte Instrumentalmusik. Wir sprachen auch über Literatur und Geschichte. Seine freudige Art verwandelte sich in Trauer, als er vom Zweiten Weltkrieg sprach. Er verachtete Hitlers grausame Handlungen und sein Regime, mochte es aber nicht, wie die Alliierten das deutsche Volk demütigten und misshandelten. Obwohl Präsident Roosevelt und Premierminister Winston Churchill versprochen hatten, dass Sieger und Besiegte gleichbehandelt werden sollten, hatten sie zugestimmt, einige der östlichen Regionen unseres Landes Russland und Polen als Teil des Friedensvertrags zu geben.

Ich erzählte Herrn Berger, dass ich in Ostpreußen geboren war, und jetzt beanspruchte Polen den südlichen Teil Ostpreußens. Ich würde wahrscheinlich nie in der Lage sein, an meinen Heimatort zurückzukehren. Wir hielten eine Weile inne und dachten über die schrecklichen Folgen des Zweiten Weltkriegs nach, die uns traurig stimmten. Dann begann Herr Berger unser Gespräch über Literatur und Deutschlands Autoren und seine Lieblingsdichter. Wir waren so vertieft in unser Gespräch, dass wir der Stadt Köln und der damaligen Hauptstadt Deutschlands Bonn wenig Aufmerksamkeit schenkten. Als wir Koblenz erreichten, stiegen wir beide aus, verabschiedeten uns und wünschten uns gegenseitig alles Gute für die Zukunft.

Ich hatte nur wenige Minuten Zeit, um das Gleis zu finden, auf dem der Zug nach Mainz abfuhr. Die Züge in Deutschland waren gewöhnlich pünktlich und ich schaffte es noch. Der Zug füllte sich mit Passagieren. Ich hatte das Glück, mir einen Fensterplatz zu sichern. Diesmal wollte ich die Szenerie beachten und mich nicht auf Gespräche einlassen. Ich schaute aus dem Fenster und genoss die wunderschöne Landschaft des Rheintals zwischen dem Gebirge des Hunsrücks und Taunus. Die Weinberge leuchteten in bunten Farbtönen von Gelb, Orange, Rot und Rostbraun. Meine Augen erfreuten sich an den brillanten Herbstfarben. Es sah so aus, als hätte Gott ein exquisites Kunstwerk mit riesigen Pinseln und mit jeder Farbe von der Palette gemalt. Die Deutschen feierten Erntedankfest am 1. Oktober. Bauern und andere Personen brachten etwas Getreide oder ihre selbstangebauten Produkte zum Kirchenaltar und dankten Gott für eine reiche Ernte. Die armen Menschen in der Gemeinde erhielten die Opfergaben und das Essen. Da der 1. Oktober in diesem Jahr auf einen Samstag fiel, wurde Erntedankfest am Sonntag, dem 2. Oktober, in der Kirche gefeiert. Ich würde gerade zu Hause sein, um diesen besonderen Tag mit meiner Familie zu feiern.

Wir erreichten Mainz, am Zusammenfluss von Rhein und Main. Mainz ist die Landeshauptstadt von Rheinland-Pfalz. Es ist bekannt als Johannes Gutenbergs Geburtsort, der die erste Druckerpresse mit beweglichen Metallbuchstaben erfunden hatte. 1454 druckte er die ersten zweiundvierzig Seiten der Bibel und vollendete 1455 den Druck der gesamten Bibel. Da jede Seite zweiundvierzig Zeilen enthielt, nannte er sie die zweiundvierzigzeilige Bibel. Einige Seiten hatte er mit Kunstmotiven verziert. Johannes Gutenberg stellte auch seine eigene Tinte her. Nachdem er fast zweihundert Bibeln fertig hatte, druckte er auch ein Buch der Psalmen, das Europa und die Welt revolutionierte. Zum ersten Mal konnten gewöhnliche Leute gedruckte Bücher lesen. Zuvor waren alle Manuskripte von Mönchen handgeschrieben worden und nur den Päpsten, dem Klerus und den Intellektuellen zugänglich gewesen. Als der deutsche Verleger 1847 die erste Bibel in die Vereinigten Staaten brachte, nahmen die Zollbeamten ihre Hüte ab aus Ehrfurcht vor der Bibel, dem Heiligen Wort Gottes. 1946, ein Jahr nach dem Zweiten Weltkrieg, baute Mainz zur Ehre von Johannes Gutenberg eine der größten Universitäten in Deutschland.

Ich musste in Mainz umsteigen und dann über Schifferstadt, Neustadt und Landau nach Knörringen-Essingen fahren. Auf der Weinstraße beobachtete ich die bunten Weinfelder und Wälder des Hardt Gebirges. Eine Fülle von Kastanienbäumen wuchsen zwischen den Buchen und Eichen. Die späte Nachmittagssonne ließ die Herbstfarben des Waldes leuchten. Erinnerungen an die vielen Wanderungen, die wir mit der Jugendgruppe unternahmen, und daran, wie wir reife Kastanien im Wald pflückten und rösteten, wurden lebendig.

Nur noch einmal Umsteigen in Landau nach Knörringen-Essingen, und ich war zu Hause. Da wir kein Telefon hatten, um meine Brüder über die Zeit meiner Ankunft zu informieren, traf ich am letzten Bahnhof niemanden an. Ich stieg aus dem Zug und trug meinen Koffer nach Hause. Als ich mein Ziel erreichte, traf ich ein paar Dorfbewohner, die auf der Straße standen und sich unterhielten. Am Samstag fegten die Dorfbewohner stets die Straße vor ihren Häusern oder Geschäften. Meine Schritte beschleunigten sich, als ich durch Essingen ging. Nachdem ich das Haus erreichte, stellte ich meinen Koffer ab, öffnete die Tür und rannte zu meiner Mutter, um zuerst sie zu umarmen, dann meine Schwester Emma und die Brüder Edmund, Richard und Horst, die an diesem Wochenende zu Hause waren. Dann hob ich meinen kleinen Neffen Bernie auf und umarmte ihn innig.

„Wie du gewachsen bist, Bernie!"

„Ja, ich bin drei Jahre alt und habe noch keine Frau", antwortete Bernie. Ich lächelte: „Junger Mann, du kannst noch eine Weile warten, bis du eine Frau findest." Alle empfingen mich liebevoll. Edmund brachte meinen Koffer und stellte ihn auf die Bank in der Küche. Ich nahm die Süßigkeiten heraus, gab Bernie ein paar und bot meiner Familie einige an. Mutter und Emma hatten eine meiner Lieblingsspeisen zubereitet, Sauerbraten, Kartoffelknödel und Rotkohl. Zum Nachtisch machte Emma Apfelstrudel. Es schmeckte lecker. Nach dem Abendessen sprach ich über die Medizinische Schule und dass ich am Montag, dem 10. Oktober, in Dr. Samietz' Praxis in Gelnhausen zu arbeiten anfangen kann. Edmund und Emma waren froh, dass ich die Schule erfolgreich abgeschlossen und eine Stelle in einer Arztpraxis gefunden habe. Mutter blieb schweigsam. Als sie mich jedoch ansah und lächelte, akzeptierte ich es als ihren positiven Ausdruck. Ich hätte allerdings ihre mündliche Zustimmung noch mehr geschätzt.

Am Sonntag, als wir die Kirchenglocken dreimal läuten hörten, gingen wir alle zur Kirche, um den Tag des Erntedankfestes zu feiern. Die Kirche war nur einen halben Block von der Wohnung entfernt. Nach der Eröffnungsliturgie des Gottesdienstes brachten die Bauern Früchte ihrer Ernte zum Altar. Der Kirchenchor sang das Lied „Nun danket alle Gott" und drückte damit die Dankbarkeit zu Gott für eine gute Ernte aus. Die Botschaft der Predigt betonte die Segnungen des Gebens und die reichlichen Belohnungen, die der Geber erhalten würde.

Nach dem Gottesdienst traf ich mehrere Chormitglieder und Pastor Brünings, der unser Nachbar war. Pastor Brünings begrüßte mich: „Ich freue mich, dich wiederzusehen. Wirst du jetzt hierbleiben?"

„Nein, ich werde nächsten Sonntag nach Gelnhausen reisen. Ich bekam eine Stelle in einer Arztpraxis in Gelnhausen."

Er fügte hinzu: „Gott segne Sie, und ich wünsche Ihnen alles Gute."

„Vielen Dank, Pastor Brünings; ab und zu komme ich wieder."

Am Montag kehrten Edmund und Richard an ihren Arbeitsplatz zurück. Sie sagten, sie würden am folgenden Wochenende wieder kommen. In den nächsten Tagen wusch und bügelte ich alle meine Kleider und sortierte alle meine Sachen. Am Donnerstagabend ging ich zum Treffen der DJO-Jugendgruppe. Sie umarmten mich, und wir drückten unsere Freude aus, uns wiederzusehen. Hermann, der seinen kurzen Urlaub zu Hause verbrachte, nahm ebenfalls an dem Treffen teil; Seine Umarmung dauerte länger. Hermann wiederzusehen, erfüllte mein Herz mit Freude, und ich erinnerte mich an all die glücklichen Momente unserer wunderbaren Freundschaft. Unsere Augen trafen sich häufig und drückten unsere Gefühle und Zuneigung aus. Der Abschied stimmte uns traurig. Aber wir versprachen uns gegenseitig, auch in Zukunft in Kontakt zu bleiben. Wir beendeten das Treffen mit dem Lied „Ade zur guten Nacht, jetzt wird der Schluss gemacht, dass ich muss scheiden". Wehmut erfüllte mein Herz, als ich mich von jedem verabschiedete. Ich versuchte zu lächeln als Hermann auf mich zukam. Er lud mich ein, am kommenden Samstag, dem 8. Oktober, um 15:00 Uhr an seinem Familientreffen teilzunehmen. Sein Onkel Heiner, ein Künstler, würde auch dort sein.

„Vielen Dank! Gerne komme ich und freue mich darauf, deinen Onkel und deine Familie zu sehen."

„Ich freue mich darauf. Wir sehen uns Samstag um 15:00 Uhr."

Am Donnerstag machte ich eine kurze Radtour nach Landau. Ich besuchte beide Jugendleiter, Heinz Krämer und Heinz Equart, um ihnen dafür zu danken, dass sie mir geholfen haben, einen Beruf als medizinische und praktische Arzthelferin zu erwerben. Ich erzählte ihnen auch, wie schwierig es war, staatliche Unterstützung zu erhalten. Sie war mir schließlich, im letzten Monat der Schule, gewährt. Beide waren froh zu hören, dass am Ende alles gut ausgegangen war und ich eine Stelle in der Praxis gefunden hatte. Ich kam auch an meiner Lieblingsboutique vorbei und kaufte eine weiße Bluse und einen schwarzen Rock, um sie zu besonderen Anlässen in der Kirche zu tragen. Es war ein kühler, aber sonniger Tag, und ich genoss die lebhafte Brise, die meine Wangen streichelte, während ich nach Essingen zurückradelte. Ich sandte Gebete der Dankbarkeit zu Gott, dass er mich so wunderbar durch alle Schwierigkeiten führte, und mir die Gelegenheit gab, Ihm zu dienen, indem ich Patienten in einer medizinischen Klinik helfen werde.

Am Samstagnachmittag ging ich zu Hermanns Haus. Im Hof hatte Onkel Heiner eine Gemäldesammlung aufgestellt. Er bot sie zum Verkauf an und hatte bereits einige an die Leute aus dem Dorf verkauft. Ich bewunderte sowohl seine Ölgemälde als auch seine Pastellbilder sehr. Ein Ölgemälde mit einem Kreuz auf einem Hügel, umgeben von Wäldern bei Sonnenuntergang, erregte meine Aufmerksamkeit. Ich hätte das Bild gerne gekauft, aber natürlich hatte ich kein Geld dafür. Dieses Gemälde erweckte in mir das Begehren zu malen. Ich dachte: „Wenn ich nur so malen könnte, wäre ich hoch erfreut."

Nachdem die öffentliche Vorführung vorbei war, lud Frau Jäger die Familie, Verwandte und enge Freunde in ihren großen Speisesaal im Obergeschoss zu Kaffee und Kuchen ein. Frau Jäger hatte leckere Kuchen gebacken und spielte Gitarre. Onkel Heiner war ein Virtuose auf der Harfe, Helge spielte Klavier und Hermann die Geige. Wir räumten die Tische ab, und dann versammelten wir uns um das Klavier und begannen, Volkslieder zu singen, begleitet von Klavier, Gitarre, Geige und Harfe. Die fröhliche Musik erfüllte den Raum und mein Herz sowie die Herzen aller Anwesenden. Hin und wieder sang Onkel Heiner ein Solo, während er Harfe spielte. Er erinnerte mich so sehr an König David, als er mit viel Gefühl einen Psalm sang. Seine Persönlichkeit strahlte Liebe und Frieden aus. Nur in seiner Gegenwart zu sein, machte mich fröhlich und gelassen. Er schrieb auch inspirierende Gedichte. Er reiste an verschiedene Orte, um eindrucksvolle Szenen zu malen. Er liebte die Berglandschaften der Alpen, die er in seinen Ölgemälden prächtig darstellte. Nachdem die Musiksession beendet war, verabschiedete ich mich von Frau Jäger und ihrem Bruder Onkel Heiner und allen Familienmitgliedern und Gästen. Hermann führte mich zur Tür. Ich dankte ihm dafür, dass ich diese besondere Feier mit seiner Familie und seinen Verwandten verbringen durfte. Ich gab ihm die Adresse des Ortes, an dem ich arbeiten würde. Wir versprachen, in Kontakt zu bleiben. Er wünschte mir alles Gute, als wir uns mit einer Umarmung trennten, die unsere tiefe Freundschaft zum Ausdruck brachte, die wir zu bewahren versprachen. Er erwähnte, dass er noch bis Mittwoch nächster Woche Urlaub hätte. Leider musste ich schon sonntags abreisen und montags anfangen zu arbeiten.

„Es tut mir leid, dass wir bis Frankfurt nicht zusammen reisen können. Wer weiß, wann wir uns wiedersehen."

„Ich wünschte, wir könnten es. Vielleicht haben wir die Gelegenheit, uns während unseres nächsten Urlaubs wiederzutreffen."

Er umarmte mich noch einmal und küsste mich auf die Stirn.

„Auf Wiedersehen, Hilde." Ich sagte: „Auf Wiedersehen", und ging.

Als ich unsere Wohnung betrat, warteten Mutter, Emma, Bernie und meine vier Brüder auf mich. Wir aßen alle zusammen während Emma erzählte, dass sie und Bernie in die Vereinigten Staaten auswandern könnten. Gustav, der mit seinen Eltern und seiner Familie in Aalen wohnte, wollte, dass auch sie mitkommen. Leider hing ihr Mann mehr an seinen Eltern und Geschwistern als an seiner Frau und seinem Sohn. Er und seine Familie behandelten Emma nicht liebevoll. Sie fühlte sich nicht wohl dabei, mit ihnen zurückzukehren, hatte aber keine große Wahl. Es tat mir so leid, von ihrem emotionalen Leiden zu hören und dass sie uns verlassen würde. Aber sie liebte ihren Sohn Bernie und wollte, dass er auch mit seinem Vater aufwächst. Gustav, ihr Mann und seine ganze Familie hatten das Einwanderungsvisum bereits für sich selbst und auch für meine Schwester und Bernie beantragt. Sie alle warteten darauf, dass die endgültigen Einwanderungsdokumente genehmigt wurden.

Weil ich schon am Sonntagmorgen losfahren musste, konnte ich nicht in die Kirche gehen. Nachdem ich mich von meiner Mutter und meinen Brüdern, meiner Schwester Emma und Bernie verabschiedet hatte, brachte mich mein Bruder Edmund mit meinem Holzkoffer auf seinem Motorrad zum Bahnhof nach Landau. Ich wählte einen frühen Zug, um am Nachmittag in Gelnhausen anzukommen. Ich musste in Mannheim und Frankfurt umsteigen, um nach Gelnhausen zu gelangen. Der Zug fuhr am Main entlang. Ich ging zum Speisewagen des Zuges, wo ich mir eine Tasse Kaffee und einen Kuchen bestellte. Ich beobachtete die wunderschöne Landschaft am Fenster vorbeieilen. Kurz nachdem ich zu meinem Sitzplatz zurückgekehrt war, hielt der Zug in Gelnhausen an.

Kapitel 13

Erste Position in einer medizinischen Klinik

Ein Herr, den ich um eine Auskunft bat, wo sich die Barbarossastraße befinde, half mir meinen Koffer tragen.

Ich sagte ihm: „Ich gehe in die Klinik von Dr. Samietz."

„Ich gehe in diese Richtung, und ich werde Ihnen zeigen, wo er wohnt. Was bringt Sie an einem Sonntag zu ihm?"

„Ich bin Arzthelferin und werde morgen anfangen, bei ihm zu arbeiten."

„Viel Glück. Dr. Samietz ist ein bisschen rau, aber er ist ein guter Arzt."

„Danke, ich werde mich wohl auf seine Persönlichkeit einstellen müssen."

Wir unterhielten uns ein paar Minuten, und bevor ich es bemerkte, kamen wir in der Barbarossastraße 6 an. Der Herr zeigte auf das terrakottafarbene Steinhaus: „Hier wohnt Dr. Samietz. Er hat seine Klinik im selben Gebäude."

Ich dankte dem Herrn für seine Hilfe. Dann klopfte ich an die große Tür. Kurz darauf öffnete eine Dame die Tür. Wir stellten uns gegenseitig vor: „Ich bin Fräulein Bonacker, die Arzthelferin."

„Ich bin Frau Samietz. Kommen Sie herein. Wir haben Sie erwartet." Ich betrat einen langen Korridor mit einer dunkelbraunen Treppe, die nach oben führte.

„Folgen Sie mir nach. Ich werde Sie in das Zimmer bringen, in dem Sie wohnen werden."

Ich hob meinen Koffer auf und folgte Frau Samietz. Sie öffnete die Tür zu einem kleinen Zimmer mit einem Bett, einem Tisch, einem Stuhl, einem kleinen Sofa und einer Kommode.

„Dies ist das Zimmer für Sie. Ich zeige Ihnen morgen früh die Klinik, bevor Sie um 8:00 Uhr mit der Arbeit beginnen. Jetzt können Sie Ihre Sachen auspacken. Wir sehen uns morgen."

„Vielen Dank, Frau Samietz! Ich treffe Sie morgen früh unten."

Frau Samietz fügte hinzu: „Übrigens, die Toilette und die Dusche befinden sich gegenüber dem Zimmer. Sie müssen es mit meiner Tochter Ursula teilen."

„Vielen Dank, das ist in Ordnung."

Zuerst schaute ich aus dem Fenster. Ich sah einen Teil der Stadt auf der linken Seite und einen Hügel mit den Ruinen einer Burg auf der rechten Seite. Es freute mich, eine schöne Aussicht zu haben. Dann hob ich den Koffer auf das Bett und packte meine Sachen aus. Ich hängte die Kleider, Blusen und Röcke auf das Gestell und legte den Rest in verschiedene Schubladen. Ich schob die drei Paar Schuhe, die ich mitgebracht hatte, unter das Bett, und auch meinen Holzkoffer. Ein Dampfheizkörper heizte den Raum. Eine Keramikspüle mit heißem und kaltem, fließendem Wasser stand neben der Tür. Das Zimmer war einfach, aber ich war zufrieden, zum ersten Mal meinen eigenen Platz zu haben. Ich war mir noch nicht sicher, wie ich meine Mahlzeiten bereiten würde. Ich aß ein paar Kekse, die ich für diesen Abend mitgebracht hatte, und ich trank das Wasser aus dem Wasserhahn, um meinen Durst zu stillen. Bevor ich ins Bett ging, las ich eine Weile. Ich stellte den Wecker, den ich mitgebracht hatte, auf 6:00 Uhr. Dann betete ich und dankte Gott, dass ich eine Unterkunft und Arbeit hatte. Ich bat Gott, mir seinen Willen zu zeigen, im neuen Kapitel meines Lebens, in dem ich in einer medizinischen Klinik arbeiten werde.

Am nächsten Tag stand ich um 6:00 Uhr auf. Ich aß noch ein paar Kekse und trank ein Glas heißes Wasser aus dem Wasserhahn. Ich putzte die Zähne, wusch mich, zog mich an und ging um 7:45 Uhr die Treppe hinunter. Die Tür zur Klinik war immer noch verschlossen. Ich fand die Tür zur Küche offen, dort sah ich eine Dame, die Geschirr spülte. Ich trat ein und stellte mich vor. Sie erzählte mir, dass ihr Name Lioba sei, und sie arbeitete für Dr. und Frau Samietz als Haushaltshilfe und kochte für sie. Die Küche war weiß, sehr einfach, ohne Dekorationen. Wir unterhielten uns ein paar Minuten. Als ich jemanden die Treppe hinunterkommen hörte, ging ich in den Flur, um Frau Samietz zu begrüßen. Sie sagte mir guten Morgen und schloss die Tür zur Klinik auf.

„Dies ist der Raum, in dem Dr. Samietz die Patienten untersucht und behandelt. Sie werden hier Injektionen geben und einige Tests an den Patienten durchführen."

In der Mitte des Raumes stand ein Untersuchungstisch. Zwei Stühle und ein kleiner Tisch, mit den notwendigen Gegenständen für intravenöse Injektionen, standen neben der Tür. Montierte Schränke an der Wand und andere auf dem Boden befanden sich auf der gegenüberliegenden Seite. Auch ein Bett stand an einer Wand. Frau Samietz öffnete die Tür zum Beratungszimmer: Ein Schreibtisch mit einem großen Stuhl dahinter für den Arzt und zwei kleineren Stühle für die Patienten vorne standen darin. Frau Samietz zeigte auf einen kleineren Schreibtisch mit einem Stuhl auf der gegenüberliegenden Seite. Auf dem Schreibtisch stand eine alte Schreibmaschine.

„Hier werden Sie sitzen. Die Patientenakten befinden sich in den Schubladen. Wir gehen nicht nach Verabredung. Immer wenn ein Patient das Wartezimmer betritt, ziehen Sie seine Kartei heraus. Sie rufen den Patienten herein, in der Reihenfolge, in der sie hereinkommen. Dann legen Sie die Kartei auf den Schreibtisch von Herrn Doktor. Bevor der Patient geht, tragen Sie Konsultationen oder jede Injektion in die Kartei ein. Dann legen Sie in alphabetischer Reihenfolge die Akten in den Schreibtisch zurück."

Als nächstes öffnete sie die Tür zum großen Wartezimmer mit Stühlen, die an allen Wänden platziert waren. Ein niedriger Tisch, der mit Lesematerial bedeckt war, stand in der Mitte des Raumes. Sie schloss die Tür auf, die nach draußen führte, wo Patienten eintreten würden. Die erste Patientin wartete bereits. Frau Samietz begrüßte sie: „Guten Morgen Frau Fehl! Ich möchte Ihnen unsere neue Arzthelferin, Fräulein Hildegard

Bonacker, vorstellen." Ich grüßte sie auch und antwortete: „Es ist nett, Sie kennenzulernen, Frau Fehl. Bitte kommen Sie rein und nehmen Sie im Wartezimmer Platz."

Dann zeigte mir Frau Samietz einen anderen Raum mit einem kolossalen Röntgenapparat: „Das ist der Röntgenraum. Wissen Sie, wie man Röntgenaufnahmen macht?"

„Nein, wir haben nicht gelernt, wie man ein Röntgengerät bedient, aber ich bin bereit es zu lernen."

Ich hörte Schritte die Treppe hinunterkommen. Dr. Samietz traf uns im Flur, nachdem wir den Röntgenraum verlassen hatten. Ich grüßte ihn: „Guten Morgen Dr. Samietz."

„Guten Morgen, Fräulein Bonacker. Willkommen in unserer Klinik."

„Vielen Dank."

Seine körperliche Erscheinung überraschte mich. Er wog sicherlich über dreihundert Pfund. Das Gewicht seiner molligen Wangen fiel praktisch auf das Kinn. Wir folgten Dr. Samietz in den Konsultationsraum. Er zog seinen weißen Kittel an, bevor er sich hinter seinen Schreibtisch setzte. Sein hervorstehender Bauch ruhte auf dem Stuhl. Sein Lächeln war jedoch aufrichtig und freundlich. Frau Samietz zog die erste Patientenakte für Frau Fehl heraus, und sagte mir, ich solle sie bitten hereinzukommen. Ich legte die Patientenakte auf den Schreibtisch von Dr. Samietz. Ich erfuhr, dass Frau Fehl Diabetes hatte und ein Rezept für ihre Medizin brauchte. Dr. Samietz schrieb das Rezept, fragte sie, wie sie sich fühle, und sagte ihr dann, sie solle in einem Monat wiederkommen. Das Wartezimmer begann sich zu füllen. Frau Samietz sagte mir den Namen jedes Patienten, dann zog ich ihre Kartei und reihte sie in der Reihenfolge auf, in der sie hereinkamen. Wir sahen einen Patienten nach dem anderen, und bevor wir es merkten, war es Mittag. Frau Samietz schloss die Außentür zum Wartezimmer. Dr. und Frau Samietz machten eine Mittagspause bis 16:00 Uhr. Ich blieb im Büro, bis ich alle Patientenakten in die Schublade des Schreibtisches eingeräumt und die Magazine im Wartezimmer aufgeräumt hatte. Frau Samietz wies mich an, um 15:00 Uhr zu beginnen, um mich mit den Namen der Patienten und mit den Gegenständen im Untersuchungsraum vertraut zu machen.

Inzwischen knurrte mein Magen. Aber ich blieb die zusätzliche Stunde, und überprüfte den Inhalt der Schränke im Untersuchungsraum. Ich ging in die Küche, wo Lioba Geschirr spülte, und fragte sie, wo das nächste Lebensmittelgeschäft sei. Dann stieg ich die Treppe hinauf, nahm meine Handtasche, zog eine Jacke an und ging einkaufen. Ich kaufte sechs Brötchen und 100 Gramm Mettwurst, gerade genug, um sie auf die Brötchen zu verteilen. Ich kaufte auch ein kleines Glas Marmelade, 100 Gramm Butter, einen Karton Milch und Pumpernickelbrot zum Frühstück. Ich aß zwei meiner Brötchen und trank einen Teil der Milch zum Mittagessen. Im ersten Monat musste ich sparsam mit dem Geld umgehen, das mein Bruder mir gegeben hatte. Sobald ich mein Gehalt erhielt, konnte ich mir mehr Lebensmittel und vielleicht auch einige Früchte leisten. Aber für den Moment war ich froh, etwas zu haben, um meinen Hunger zu stillen. Um 15:00 Uhr ging ich wieder nach unten. Mein Zimmer war im dritten Stock. Lioba erzählte mir, dass das Ess-, Wohn- und Schlafzimmer von Dr. und Frau Samietz im zweiten Stock waren, auch ein privater Raum von Dr. Samietz, wo er seine medizinischen Bücher aufbewahrte und sich um seine Korrespondenzen und Telefonate kümmerte. Sowohl Dr. als auch Frau Samietz machten jeden Tag nach dem Mittagessen ein Nickerchen. Das Essen, zubereitet von Lioba, wurde mit einem dummen Kellner von der Küche in den Speisesaal geschickt. Das schmutzige Geschirr wurde dann wieder in die Küche runtergelassen, um gewaschen und inKüchenschränken aufbewahrt zu werden.

Um 16:00 Uhr kamen Dr. und Frau Samietz nach unten. Ich hatte das Wartezimmer bereits kurz zuvor geöffnet. Ich zog die erste Patientenakte heraus und legte sie zuerst auf meinen Schreibtisch und auf den Schreibtisch von Dr. Samietz, nachdem er sich hingesetzt hatte. Die meisten Patienten kamen für Rezepte und zur Nachfüllung der Medizin, wegen Grippe oder anderer kleiner Gesundheitsprobleme und einiger Injektionen.

Frau Samietz zeigte mir die sterilisierten Spritzen und Ampullen mit den Medikamenten, die der jeweilige Patient erhielt. Ich beobachtete sehr genau und konnte die dritte intramuskuläre Injektion selbst geben. Frau Samietz gab dem Patienten die Wahl, die Spritze in den Arm oder den Hintern zu bekommen. Ich tat dasselbe. Frau Samietz zeigte, wie man eine intravenöse Injektion von Kalzium verabreicht. Frau Samietz fragte mich, ob ich schon früher intravenöse Injektionen gegeben hätte. Ich sagte ihr, dass wir nicht gelernt hatten, wie man intravenöse Injektionen gibt.

„Heute haben wir einen Patienten, der eine Kalziumspritze bekommt. Der Arzt wird Ihnen zeigen, wie Sie intravenöse Injektionen geben können. Normalerweise lassen wir den Patienten auf dem Bett liegen. Wenn Sie Kalzium schnell injizieren, kann der Patient ohnmächtig werden. Es kommt in einer 10 ml Ampulle." Sie brach die Oberseite der Ampulle ab und füllte die Spritze mit dem flüssigen Kalzium. Sie ließ die Nadel mit der angebrachten Spritze in der Ampulle zurück. Dann nahm sie einen Wattebausch, tränkte ihn in Alkohol und legte ihn neben die Spritze und das Tourniquet.

„Jedes Mal, wenn Sie eine intravenöse Injektion geben, müssen Sie dem Arzt die Ampulle mit der gefüllten Spritze zeigen und ihm sagen, was das Medikament ist und wer die Spritze erhalten wird. Diese Vorsichtsmaßnahme vermeidet Fehler."

„Ja, Frau Samietz, das werde ich tun."

„Jetzt wird der Arzt Ihnen zeigen, wie Sie die intravenöse Injektion geben können. Rufen Sie den Patienten rein und sagen Sie dem Arzt, dass alles bereit ist."

„Ja, Frau Samietz. Das werde ich tun."

Ich rief Herrn Krüger und sagte dann Dr. Samietz, dass alles fertig sei. Nachdem sich der Patient auf das Bett gelegt hatte, setzte sich Dr. Samietz auf den Stuhl neben ihm. Er band das Tourniquet um den Oberarm, zog es fest und begann, nach der Vene in der Leistengegend des Ellbogens zu suchen. Sobald er eine Vene gefunden hatte, ließ er mich auch die Vene fühlen. Dann sterilisierte er den Bereich mit einem in Alkohol getränkten Wattebausch, steckte die Nadel in die Vene und zog den Kolben der Spritze zurück, bis eine kleine Menge Blut in die Flüssigkeit gelangte. Sobald er wusste, dass die Nadel in der Vene war, löste er den Tourniquet und begann mit der langsamen Injektion der Lösung.

„Lassen Sie es mich wissen, wenn Ihnen heiß wird", sagte Dr. Samietz dem Patienten. Wann immer dies eintrat und der Patient Bescheid gab, hielt der Arzt für eine Weile inne und fuhr dann fort.

„Wie Sie sehen können, Fräulein Bonacker, müssen die Kalziuminjektionen sehr langsam verabreicht werden. Andernfalls wird dem Patienten sehr heiß und er fällt in Ohnmacht."

„Ja, Dr. Samietz, ich werde das Kalzium sehr langsam injizieren."

Als Dr. Samietz fertig war, kehrte er in den Konsultationsraum zurück. Ich rief den nächsten Patienten für ihn herein. Frau Samietz blieb noch etwas länger bei Herrn Krüger, um sicherzustellen, dass keine Nebenwirkungen auftraten. Dann ließ sie ihn aus der Seitentür durch den Flur heraus. Sie wollte den Arzt und den nächsten Patienten im Konsultationsraum nicht stören. Um 18:00 Uhr war der Warteraum leer. Frau Samietz bat mich, die Tür zu schließen und alle Patientenakten im Schreibtisch zu sortieren, bevor ich nach oben in mein Zimmer gehe. Obwohl der erste Tag herausfordernd war, dankte ich Gott, dass alles gut ging. Ich verzehrte meine beiden Brötchen mit der Wurst und las eine Weile im Neuen Testament. Ich sank müde, aber zufrieden in mein Bett und schlief gut und friedlich.

Der nächste Tag war fast eine Wiederholung des ersten Tages. Es lief wieder gut. Ich hatte die Gelegenheit, mehr Patienten zu treffen, an deren Namen ich mich zu erinnern versuchte. Mittwoch war mein freier Tag. Nach dem Frühstück machte ich mich mit der Stadt und der Umgebung vertraut. Ich kletterte den Hügel hinauf, um die Ruinen zu erkunden, die wohl einst eine Burg gewesen waren. Im Hof erklärte eine Lehrerin ihren Schülern die Geschichte des Schlosses. Ich blieb in ihrer Nähe und hörte zu.

„Die Burg wurde im 12. Jahrhundert für Friedrich Barbarossa im romanischen Stil erbaut. Gelnhausen wird auch die Barbarossastadt genannt. Friedrich Barbarossa wurde in Frankfurt als König von Deutschland gekrönt und in Rom zum römischen Kaiser von Italien. Er regierte von 1155 bis 1190. Während des dreißigjährigen Krieges mit Frankreich, Spanien, Schweden und Deutschland von 1618 bis 1648 wurde die Burg durch einen schwedischen Hinterhalt zerstört. Früher war es eine unabhängige Gemeinde; nach ihrer Auflösung im späten 19. Jahrhundert wurde die Burg Teil der Stadt Gelnhausen. Viele Touristen besuchten die Ruinen und es wurde eine Inspiration für Kunstliebende und Gelehrte. Der Kaiser baute auch einen Ort auf der Kinzig Insel, Kaiserplatz genannt."

Die Lehrerin zeigte bergab: „Von hier aus hat man einen schönen Blick auf Gelnhausen und den Kinzig-Fluss. Gehen wir weiter bergauf und machen einen kurzen Spaziergang durch den nahegelegenen Wald, der ebenfalls zum Schloss gehört."

Die Klasse ging. Ich blieb eine Weile zurück und beobachtete den herrlichen Blick auf das Kinzig-Tal. Dann ging ich bergauf und schlenderte durch den Wald. Die Sonne glitt durch die teilweise kahlen Äste der Buchen und Eichen, während noch einige Blätter fielen. Die trockenen Blätter raschelten, als ich auf sie trat. Ich suchte nach Bucheckern und hoffte, dass die Eichhörnchen sie noch nicht gefressen hatten. Hier und da fand ich eine Nuss, die ich genoss. Am Mittag kehrte ich in die Stadt zurück, ging in den Supermarkt und kaufte Wurst und Brötchen zum Mittagessen. Nach dem Mittagessen machte ich ein Nickerchen, las mein Neues Testament, schrieb einen Brief nach Hause und einen an meine Freundin Lore in Nieder Bexbach. Bevor ich mich für die Nacht zurückzog, dankte ich Gott für einen sonnigen Herbsttag und die Schönheit des Waldes.

Auch die nächsten Tage verliefen gut. Frau Samietz betonte, wie wichtig es ist, für jeden Patienten, den der Arzt sieht, einen Krankenschein zu erhalten.

„Wenn ein Patient kommt, überprüfen Sie, ob er einen Krankenschein von der Regierung hat. Wenn nicht, bitten Sie den

Patienten beim nächsten Besuch einen mitzubringen. Wir müssen alle Behandlungen des Arztes eintragen und sie am Ende eines jeden Quartals zur Zahlung an die Krankenkasse senden. Die Patienten werden auch alle drei Monate ein neues Formular benötigen."

„Ja, Frau Samietz, ich werde mich vergewissern, dass die Patienten ihre Formulare mitgebracht haben."

Am Freitag kam ein Patient mit Atembeschwerden. Dr. Samietz wollte eine Röntgenaufnahme der Lunge haben. Frau Samietz brachte den Patienten in den Röntgenraum. Ich folgte ihr, beobachtete, wie man die Zifferblätter am Röntgengerät einstellt, den Film in die Kassette legt und diese in einem Halter befestigt. Dann positionierte sie den Patienten vor der Kassette und drückte beide Schultern gegen die Kassette. Sie wies den Patienten an, tief einzuatmen und den Atem anzuhalten. Dann drückte sie einen Knopf am Röntgengerät. Als sie das Klicken hörte, sagte sie dem Patient, er dürfe wieder atmen und solle Platz nehmen, während sie den Film entwickelte. Wir gingen beide in die Dunkelkammer. Frau Samietz entfernte vorsichtig die Folie, befestigte sie in einem speziellen Rahmen und tauchte sie dann in einen Tank, der mit einem Entwickler gefüllt war.

„Das ist der Entwickler. Sie bewegen den Film langsam auf und ab, bis sie das Bild des geröntgten Objekts deutlich auf dem Film sehen. Waschen Sie dann den Entwickler im Wassertank ab und tauchen sie ihn für einige Minuten in den Fixierer. Diese Lösung stoppt den Entwicklungsprozess und behält das aufgenommene Bild bei. Am Ende taucht man die Folie wieder ins Wasser und lässt sie trocknen. Sie können es jedoch Herrn Doktor zeigen, bevor es trocken ist."

Sie nahm den nassen Film und zeigte ihn dem Doktor. Er schaute sich den Film an, bemerkte etwas Abnormales und sagte Frau Samietz, dass er gerne eine Durchleuchtung der Lungen des Patienten durchführen möchte. Dr. Samietz ging in den Röntgenraum, zog die Bleischürze an und setzte sich auf den Stuhl. Er bat den Patienten, sich hinter dem Bildschirm zu positionieren. Der Arzt bewegte den Patienten und den Bild-

schirm, um die Lunge von verschiedenen Positionen sehen zu
können. Diese Prozedur dauerte zehn bis zwanzig Minuten. Als
er fertig war, sagte er dem Patienten, er habe einen Tumor entdeckt. Dr. Samietz füllte eine Überweisung aus, um eine Biopsie
des Tumors und eine weitere Untersuchung und Behandlung in
dem örtlichen Krankenhaus zu erhalten. Am Samstag war die
Praxis nur einen halben Tag geöffnet. Frau Samietz teilte mir
mit, dass jedes Wochenende, wenn die Arztpraxen geschlossen
sind, einer der örtlichen Ärzte für Notfälle Bereitschaftsdienst
hat. Am letzten Wochenende des Monats werde Dr. Mantel ihren Mann vertreten. „Sie müssen die Anrufe von den Patienten entgegennehmen." Ich hörte aufmerksam zu. Ich hatte jedoch noch zwei Wochenenden frei, um mehr Orte in und um
die Stadt kennenzulernen.

Lioba hatte mir von einem Café namens „Das Schlösschen"
erzählt, das sich auf dem Hügel befand. Sie erwähnte, dass der
Besitzer Klavier spielt, und manchmal Opernsänger dort auftreten. Außerdem serviere er gutes Essen und leckeres Gebäck.
Ich dachte, ich könnte am Sonntag ein wenig protzen und es
selbst ausprobieren. Sie teilte mir auch mit, wo die evangelis-
tische Kirche war. Ich plante, am folgenden Sonntag dorthin
zu gehen. Heute wollte ich mein Verlangen nach etwas Süßem
stillen. Der Weg zum Café führte durch eine Apfelplantage. Inzwischen hatte der Besitzer die Äpfel gepflückt, und die Blätter waren von den Zweigen gefallen. Hier und da hing ein ver-
schrumpelter Apfel am Baum. Ich hätte ein oder zwei gepflückt,
wenn sie an einem der unteren Äste in der Nähe der Straße gewesen wären. Ein Apfel hätte gut geschmeckt, sogar ein etwas
sonnengetrockneter. Ich erreichte das Café am späten Nachmittag. Ein Kellner setzte mich an einen kleinen Tisch am Fenster
mit einer weißen Tischdecke und einer Vase mit frischen Blumen, die ihn schmückten. Das Café sah sehr einladend aus, und
ich fühlte mich wohl am Fenster mit dem Blick auf die Stadt.
Der Kellner brachte die Speisekarte.

„Möchten Sie Ihren Kaffee jetzt oder mit Dessert?"

„Mit dem Nachtisch, bitte."

Die Speisekarte bot eine Auswahl an üppigem Gebäck. Ich wollte die Schwarzwälder Kirschtorte, aber der Preis war zu hoch für mein knappes Budget. Ich entschied mich für die günstigere Apfeltorte. Der Kellner kehrte zurück.

„Fräulein, sind Sie bereit zu bestellen?"

„Ja, ich hätte gerne die Apfeltorte und eine Tasse Kaffee mit Sahne, bitte."

„Danke, ist das alles?"

„Ja, das wäre alles."

Heute besuchten nur wenige Kunden das Café früh, aber nach 15:30 Uhr kamen mehr Personen. Der Besitzer kam rein, setzte sich auf die Bank vor dem Klavier und begann Schuberts „Serenade" zu spielen. Dann stand ein Paar auf, ging zum Klavier und fragte den Besitzer, ob er sie zur Arie „Wer uns getraut?" aus dem „Zigeunerbaron" begleiten könne. Der Pianist sah seine Notenblätter durch. Dann sagte er: „Hier ist es. Wir können anfangen."

Das Paar hielt sich an den Händen, schaute sich in die Augen, drückte so viel Liebe füreinander aus und sang das wunderschöne Duett aus der Operette „Der Zigeunerbaron", komponiert von Johann Strauß. Ihre Stimmen klangen himmlisch. Sie sangen auch einige Lieder von Schubert und Duette aus anderen Operetten. Die Musik hat mich völlig in ihren Bann gezogen. Ich nahm einen Bissen von meiner Apfeltorte und einen Schluck Kaffee, um es so lange wie möglich zu genießen. Als der Gesang aufhörte aß ich auch meine Torte auf. Ich bezahlte den Kellner und wanderte glücklich den Hügel hinunter. Ich beobachtete, wie die Sonne tiefer und tiefer sank und einen grauen Schleier über den Berg und die Stadt warf. Ich kam zurück, bevor die Nacht die Stadt in Dunkelheit tränkte. Ich dankte Gott für die berauschende Musik. Ich blieb einige Zeit wach. Ich träumte davon, dass ich eines Tages meinen charmanten Prinzen treffen und wie die Sänger verliebt sein würde und dann weitere wunderbare musikalische Ereignisse erleben könnte.

In der folgenden Woche ließ mich Frau Samietz alleine in der Klinik arbeiten. Alles lief gut. Mittwoch erledigte ich meine Einkäufe für den Rest der Woche. Dr. Samietz teilte mir mit, dass er an diesem Wochenende Notdienst hatte und Dr. Mantel ihn ersetzen würde. Meine Pflicht war es, das Telefon zu beantworten und den Namen und die Adresse des Patienten sowie den medizinischen Notfall des Patienten zu notieren. Am Samstag um die Mittagszeit beendeten wir die Sprechstunde. Dr. Mantel war eingetroffen. Dr. Samietz machte uns miteinander bekannt. Dann sagte er mir, ich solle das Telefon mit nach oben nehmen, es an die Steckdose vor meiner Tür anschließen und es auf den kleinen Tisch stellen.

„Dr. Mantel wird mit uns speisen. Sie wird die Nacht in meinem privaten Zimmer im zweiten Stock verbringen. Jedes Mal, wenn Sie einen Notruf erhalten, klopfen Sie an die Tür und geben Sie ihr die Informationen der Patienten."

„Ja, Dr. Samietz, das werde ich tun", antwortete ich, bevor ich das Telefon abholte und es nach oben brachte. Ich ließ meine Tür Tag und Nacht offen, um keinen Anruf zu verpassen. Ich aß mein Sandwich. Dann setzte ich mich vor die offene Tür und las eine deutsche Übersetzung des Buches von Anne Morrow Lindbergh, „Das Geschenk der See" (im Original „The Gift From The Sea"). Darin beschreibt sie, was das Meer und einzelne Muscheln sie lehrten. Sie mochte besonders die Austern. Die unermüdliche Anpassungsfähigkeit und Hartnäckigkeit zog ihre Bewunderung erstaunt auf sie. Die Auster fühlt sich in ihrer Vertrautheit wohl. Ich mochte ihr Zitat über die Liebe eines Partners. Es veranlasste mich, es in seiner Gesamtheit wiederzugeben:

„Wenn jeder Partner so sehr liebt, dass er vergaß, sich zu fragen, ob er im Gegenzug geliebt wird oder nicht; wenn er nur weiß, dass er ihre Musik liebt und sich zu ihr bewegt, und dann sind nur zwei Menschen in der Lage, perfekt im Einklang im gleichen Rhythmus zu tanzen."

Das andere Zitat beeindruckte mich und erinnerte mich daran, dass Gott so viel Schönheit in Blumen geschaffen hat: „Das Arrangieren einer Schüssel mit Blumen am Morgen kann an einem überfüllten Tag ein Gefühl der Ruhe vermitteln – wie ein Gedicht zu schreiben oder ein Gebet zu sprechen."

Ich stellte gerne einen Strauß frischer Wildblumen auf meinen Tisch. Ich betrachtete sie als Gottes Lächeln.

Im Frühling und Sommer pflückte ich sie im Wald oder entlang der Gehwege. Ich schnitt trockene Gräser, kleine Äste mit farbigen Blättern oder was ich sonst noch finden konnte, das im Herbst hübsch aussah, ab. Ich teilte meine Leidenschaft für Blumen mit Anne Morrow Lindbergh. Als ich ihr Buch weiterlas, klingelte das Telefon. Ich legte das Buch zur Seite und eilte in den Flur, um es zu beantworten: „Hier ist Dr. Samietz' Assistentin; wie kann ich Ihnen helfen?" Eine besorgte Mutter am Telefon teilte mir mit, dass ihr Kind hohes Fieber hatte und sie möchte, dass sich der Arzt ihr krankes Kind ansieht. Ich nahm alle notwendigen Informationen auf und versicherte der Mutter, dass Dr. Mantel so schnell wie möglich zu ihr kommen werde. Die Mutter war erleichtert zu hören, dass der Arzt in Kürze einen Hausbesuch machen würde. Es war spät am Nachmittag. Dr. Mantel würde immer noch bei Dr. und Frau Samietz sein. Ich ging sofort runter und klopfte an die Tür: Frau Samietz kam, um die Tür zu öffnen. Ich entschuldigte mich für das Eindringen, sagte ihr aber, dass eine Mutter gerade angerufen und gebeten hatte, den Arzt zu ihrem kranken Kind zu schicken. Ich reichte den Zettel mit dem Namen und der Adresse des Patienten Frau Samietz. Sie bedankte sich und sagte mir, dass Dr. Mantel in Kürze den Hausbesuch machen werde.

Ich ging wieder nach oben, um sicherzustellen, dass ich keinen Anruf verpasste, nahm mein Buch in die Hand und begann zu lesen. Ich hielt eine knappe Zeit inne, um eine Schnitte Brot mit Wurst zu essen und las anschließend bis spät in die Nacht weiter. Ich traute mich nicht, ins Bett zu gehen. Um Mitternacht klingelte das Telefon wieder. Eine besorgte Tochter teilte mir mit, dass ihre ältere Mutter gestürzt war und starke Schmerzen hatte. „Könnte der Arzt kommen und sie untersuchen?" Nachdem ich alle Informationen aufgeschrieben hatte, ging ich und klopfte an die Tür des Raumes, in dem Dr. Mantel schlief: „Es tut mir leid, Sie zu stören, Dr. Mantel, ich habe einen weiteren Anruf für Sie." Sie kam zur Tür und sagte: „Was fehlt dem Patienten denn?"

„Eine ältere Dame ist hingefallen und hat große Schmerzen; hier ist der Name und ihre Adresse."

Ich reichte ihr den Zettel und kehrte in mein Zimmer zurück. Ich saß am Tisch und fing wieder an zu lesen. Inzwischen war ich müde und hatte es schwer, wach zu bleiben. Ich muss eingenickt sein. Als das Telefon wieder klingelte, sprang ich auf und rannte schnell hin. Eine verzweifelte Dame erzählte mir, dass ihr Mann eine Gallenblasenkolik hatte und starke Schmerzen litt. Ich versicherte ihr, dass Dr. Mantel so schnell wie möglich da sein würde. Die Frau beruhigte sich etwas, da sie wusste, dass ihr Mann Hilfe bekommen wird. Als ich Dr. Mantel die Informationen gab, bat sie mich, eine Ampulle Morphium und eine Spritze von unten zu holen, was ich auch tat. Bald war Dr. Mantel auf dem Weg, um den Patienten zu behandeln. Obwohl ich am Montagmorgen nach einer schlaflosen Nacht müde war, musste ich um 8:00 Uhr in der Praxis sein. Dr. Mantel kam auch herunter, um mich wissen zu lassen, welche Dienstleistungen sie den Patienten, die sie besucht hatte, zur Verfügung gestellt hatte. Sie gab dem Kind mit hohem Fieber eine Penicillin-Spritze und schrieb eine Überweisung ans Krankenhaus für die Frau, die gestürzt war. Dr. Mantel vermutete einen Hüftbruch. Sie gab dem Patienten, der einen Gallenblasenanfall hatte, eine intravenöse Injektion Morphium. Ich musste für jeden Patienten eine Kartei erstellen und den Hausbesuch und die gegebenen Injektionen eintragen. Dann musste ich die Patienten anrufen, die Krankenscheine zu bringen, um die Gebühr für die erbrachten Dienstleistungen einziehen zu können. Bevor Dr. Mantel ging, dankte sie mir und sagte, sie würde in einem Monat zurück sein. Ich mochte ihre höflichen Manieren und freute mich darauf, nächsten Monat wieder mit ihr zu arbeiten.

Im folgenden Monat lernte ich mehr Patienten kennen, und einige von ihnen luden mich zum Mittagessen ein oder zu Kaffee und Kuchen am Sonntagnachmittag, was mir das Gefühl gab, geschätzt zu werden. Ich genoss ihre Gastfreundschaft. Ich lernte, wie man Glukosetoleranztests durchführt, Blutzucker überprüft, Proben der Magenflüssigkeit untersucht, Röntgenaufnahmen macht und Filme entwickelt. Ich fing an, Selbstvertrauen aufzubauen und fühlte mich wohl in der Arbeit mit dem Arzt und vor allem mit den Patienten. Nach der morgendlichen Sprechstunde diktierte mir Dr. Samietz einen Brief, den ich in Kurzschrift aufschreiben musste. Er diktierte schnell. Leider habe ich bestimmte Wörter übersehen. Aber ich wagte es nicht, ihn zu bitten, sie zu wiederholen. Ich nahm an, ich würde die passenden Wörter finden, wenn ich den Brief schreiben werde. Nachdem Dr. Samietz in die Mittagspause gegangen war, blieb ich zurück, um auf der alten Schreibmaschine den Brief zu tippen. Ich musste jeden Buchstaben langsam auf die Tastatur drücken; andernfalls würden sich zwei Stäbe kreuzen und stecken bleiben. Ich müsste anhalten und sie abkoppeln, was Zeitverschwendung wäre. Einige Buchstaben waren unklar, wie das a und e, weil sich zu viel Tinte aus dem Band auf ihnen angesammelt hatte. Als ich zu den Lücken kam, füllte ich sie mit Worten aus, von denen ich dachte, dass sie passen würden. Ich verbrachte einen Teil meiner Mittagspause damit, den Brief zu beenden. Ich legte ihn auf den Schreibtisch von Dr. Samietz, damit er ihn nach Belieben lesen konnte.

Wir waren am Nachmittag beschäftigt, und er las den Brief erst, als alle Patienten weg waren. Ich hielt den Atem an und hoffte, zu seiner Zufriedenheit getippt zu haben. Nachdem er mit dem Lesen fertig war, warf er den Brief auf den Schreibtisch und schrie mich an: „Das ist nicht, was ich diktiert habe, Sie sind dumm, und aus Ihnen wird nie etwas werden." Seine Worte waren wie ein Messer, das mich in mein Herz stach. Mein Körper zitterte und ich wurde blass. Ich hielt den Atem an. Dr. Samietz schrieb seine Worte über meine ersetzten und warf mir den Brief zu: „Tippen Sie es noch einmal richtig!"

Ohne ein Wort zu sagen, legte ich den Brief auf meinen Schreibtisch. Ich war immer noch schockiert über die herabsetzende, unhöfliche Bemerkung des Arztes. Nachdem er gegangen war, setzte ich mich hin und weinte eine Weile, bevor ich den Brief erneut tippte. Es fiel mir schwer, mich auf den Inhalt des Briefes zu konzentrieren. Ich hatte den Wunsch, den unkorrigierten Brief mit einer Notiz auf seinen Schreibtisch zu legen und zu sagen: „Ich mag es nicht, so behandelt zu werden. Ich kündige!"

Ich rief Gott an, mir zu zeigen, wie ich in dieser Situation handeln sollte, so dass es Ihn ehren würde. Ich argumentierte, dass Gott nicht möchte, dass ich vor einem Problem davonlaufe. Er möchte, dass ich stark bin und mich der Herausforderung stelle, alles tue, was ich kann, um sie zu lösen. Ich vertraute, dass Gott mir helfen würde, einen Weg zu finden, richtig zu handeln. Das erneute Abtippen des Briefes hat mich emotional ausgelaugt. Aber ich beendete ihn, las ihn mehrmals, legte ihn auf Dr. Samietz' Schreibtisch und ging nach oben. Ich verlor vorübergehend meinen Appetit. Ich warf mich auf das Bett, und viele Gedanken wirbelten mir im Kopf herum.

Aufhören und vor einem Problem davonlaufen bedeutet, wie ein Feigling zu sein, und würde mich in der Zukunft verfolgen. Unhöflichkeit mit Unhöflichkeit zu erwidern, wäre unchristlich und würde mir ein schlechtes Gewissen verursachen. Was wäre die beste Lösung für dieses Problem nach Gottes Willen? Ich kündigte nicht und beschloss täglich Stenogramme zu üben, bis ich in der Lage war, Diktate richtig zu meistern. Ich gelobte, mit der Hilfe Gottes, der beste Mensch zu werden, der ich je sein könnte. Mehrmals wiederholte ich den Satz: „Ich werde etwas im Leben erreichen. Ich zeige es Ihnen. Ich werde etwas im Leben erreichen! Gott helfe mir, diese menschliche Enttäuschung in eine göttliche Ernennung zu verwandeln." Ich schwor, wenn ich in Zukunft jemals Arbeiter einstellen werde, würde ich nie unhöflich zu ihnen sein oder sie erniedrigen. Ich würde sie mit größtem Respekt und Höflichkeit behandeln. Bevor ich schlafen ging, gewann ich meinen inneren Frieden zurück, indem ich glaubte, dass ich mit der Hilfe Gottes die richtige Entscheidung getroffen hatte. Ich dankte Gott, dass Er mir Seinen Willen zeigte und hoffte, dass alles zum Besten dienen wird.

Jeden Morgen stand ich eine Stunde früher auf und übte Stenografie, um Diktate immer schneller schreiben zu können. Jedes Mal, wenn Dr. Samietz einen Brief diktierte, wurde ich nervös und hatte Angst, einen Fehler zu machen. Zu gegebener Zeit schrieb ich die Briefe zu seiner Zufriedenheit und vermied seine unhöflichen Bemerkungen und unangenehmen Konfrontationen.

Ende Oktober feierte die lutherische und die evangelisch-protestantische Kirche den Reformationstag. Es ist ein Gedenken an den Tag im Jahr 1517, als Martin Luther, ein deutscher Mönch, die berühmten fünfundneunzig Thesen an die Tür der Schlosskirche in Wittenberg nagelte. Er widersprach entschieden der Lehre der katholischen Kirche, dass ein Mensch durch gute Werke Erlösung verdienen kann. Dr. Luther glaubte nicht an den Kauf und Verkauf von Ablässen. Er vertrat die Auffassung, dass ein Mensch durch die Gnade Gottes und die Annahme Jesu Christi Erlösung als Geschenk Gottes erlangt. Dr. Luther erkannte die Bibel als das Wort Gottes an. In diesem Jahr feierten wir am Sonntag, dem 30. Oktober, den Reformationstag. Ich beschloss, in die evangelische Marienkirche zu gehen.

Ich ging durch den alten Teil der Stadt, bevor ich die Kirche erreichte, die im späten Romanesque und frühen gotischen Stil aus zweifarbigem rosa Sandstein mit dunklen, hohen Türmen erbaut worden war. Ich trat durch die massive Tür ein, die von kunstvollen Steinsäulen eingerahmt war – Statuen dekorierten den Türbogen. Das Innere, insbesondere der Altar, beeindruckte mich noch mehr mit all den hohen, exquisiten Skulpturen und Gemälden. Ein sanfter Schein der hohen gewölbten Buntglasfenster fiel auf den Altar und die Steinmauern. Statuen, Bilder und Kronleuchter schmückten die Vorräume und alle Bereiche. Nachdem sich die Kirche gefüllt hatte, begann der Organist zu spielen. Was für ein wunderbarer und inspirierender Klang erfüllte die Kirche! Der Pastor, gekleidet in einem langen, schwarzen Gewand, trat hinter den Altar. Die Gemeinde erhob sich. Nach der Liturgie sang die Gemeinde „Eine feste Burg ist unser Gott". Dann predigte der Pastor über die Bedeutung der Reformation und Martin Luthers Rolle beim Beginn der Reformation. Nach der Predigt sang die Gemeinde noch ein Lied, bevor der Pastor die Gemeindemitglieder mit einem Segen entließ.

Ich ging zurück in meine Wohnung, zufrieden damit, eine Kirche gefunden zu haben, die ich so oft wie möglich besuchen konnte. Am 1. November erhielt ich mein erstes Gehalt. Obwohl es nur für drei Wochen war, erlaubte ich mir Luxusartikel, wie einen elektrischen Brenner, einen Topf und eine Pfanne, zu kaufen, um mir warme Mahlzeiten zum Mittagessen zubereiten zu können. Bis jetzt aß ich nur Sandwiches zum Mittag- und Abendessen. Da ich keinen Kühlschrank hatte, musste ich mehrmals in der Woche einkaufen gehen, um frisches Fleisch oder Wurst zu kaufen. Ich schaffte es, mein Geld bis zum nächsten Zahltag einzuteilen.

Eines Nachts hörte ich ein Klopfen an meiner Tür: „Fräulein Bonacker, kommen Sie schnell. Dr. Samietz hat große Schmerzen; er hat einen Gallenblasenanfall. Holen Sie Morphium und geben Sie ihm eine Spritze."

„Ja, Frau Samietz, das werde ich tun."

Ich zog schnell meinen Morgenrock an, besorgte mir die Spritze und die Ampulle Morphium, das Tourniquet, tränkte einen Wattebausch mit Alkohol und rannte nach oben. Ich fand Dr. Samietz stöhnend auf. Er hatte starke Schmerzen. Als er sah, wie ich den Raum betrat, streckte er seinen linken Arm aus: „Schnell, geben Sie mir die Spritze; ich habe große Schmerzen!"

„Ja, Dr. Samietz, sofort."

Ich zog das Morphium in die Spritze, befestigte dann schnell das Tourniquet auf seinem linken Arm und bat ihn, eine Faust zu machen. Als ich die Vene spürte, sterilisierte ich den Bereich mit Alkohol und stach die Nadel in die Vene. Zum Glück verpasste ich die Vene beim ersten Versuch nicht. Ich war erleichtert. Dann fing ich an, das Morphium zu injizieren. Das Morphium linderte langsam den Schmerz und Dr. Samietz hörte auf zu stöhnen und entspannte sich. Ich dankte Gott, dass ich die Vene nicht verfehlt und ihn dazu gebracht hatte, mich zu tadeln. Frau Samietz bedankte sich bei mir, bevor ich den Raum verließ. Ich brachte alle Dinge in die Klinik zurück, bevor ich wieder ins Bett ging. Der nächste Tag war Mittwoch, so konnte sich Dr. Samietz von der anstrengenden, schmerzhaften Nacht erholen. Am Donnerstag war Dr. Samietz wieder in der Klinik und behandelte die Patienten. Er sagte mir sogar, dass ich eine gute intravenöse Injektion gegeben hatte, worüber ich froh war. Im Laufe der Zeit fühlten wir uns wohl, zusammen zu arbeiten. Ich wusste, was er von mir erwartete, und ich versuchte, seine Erwartungen zu erfüllen, wo immer ich konnte.

Während meines wöchentlichen Lebensmitteleinkaufs folgten mir oft zwei oder drei amerikanische Soldaten und wollten sich unterhalten. Ich tat so, als würde ich kein Englisch verstehen, und ich ging weiter. Als ich einen Laden sah, trat ich ein, schaute mich um und wartete, bis sie vorbei gingen, und ich mich sicher fühlte, von ihnen nicht gesehen zu werden. Eine amerikanische Garnison besetzte Gelnhausen, und viele Soldaten lebten in der Stadt. Einige der Soldaten erkrankten an Gonorrhoe. Sie vermieden es, vom amerikanischen Arzt behandelt zu werden. Es wäre ihnen peinlich, in ihren Krankenakten diese Dignose zu sehen. Sie entschieden sich, für ihre Penicillin-Spritzen zu lokalen Ärzten zu gehen. Wir hatten Soldaten, die häufig an die Haustür klopften und Penicillin-Spritzen verlangten. Ich brachte sie direkt in den Untersuchungsraum, um ihnen die Injektion in den Arm zu geben. Sie zahlten 20,00 DM pro Injektion, die ich prompt dem Arzt gab. Es war ein zusätzliches Einkommen.

Eines Tages gingen Dr. und Frau Samietz für den Tag aus. Das Dienstmädchen war auch schon fort. Nur ich blieb allein im Haus. Ich hörte ein Klopfen an der Tür. Als ich nach unten ging, um die Tür zu öffnen, stand ein sehr großer, dunkelhäutiger Soldat vor mir und sagte: „Penicillin-Spritze, bitte." Er überraschte und schüchterte mich zunächst völlig ein. Ich war mir nicht sicher, ob ich die Tür schließen und sagen sollte, dass der Arzt nicht hier sei, oder ihn einfach hereinlassen und ihm die Spritze geben sollte. Ich entschied mich, ihn hereinzulassen, anstatt ihn wissen zu lassen, dass der Arzt nicht zu Hause war. Ich betete um den Schutz Gottes, während ich die Spritze vorbereitete und sie ihm in den Arm verabreichte. Er gab mir die 20,00 DM und ging raus. Ich schloss die Tür schnell und dankte Gott, dass er mich nicht belästigt hatte. Die Soldaten kehrten für Penicillin-Injektionen zurück, bis ihre Symptome geklärt waren. Nachdem Dr. und Frau Samietz zurückgekommen waren, gab ich die 20,00 DM Dr. Samietz.

An einem Sonntag lud mich Frau Fehl zum Mittagessen ein. Sie stellte mich ihrem Sohn Hans und ihrer Schwiegertochter Helen und einem Freund namens Franz vor, der ein Organist war. Alle schätzten klassische und Orgelmusik, so auch ich. Franz, der Organist, erzählte mir, dass er ab und zu in die Kirche ging, um zu üben. Er fragte mich, ob ich daran interessiert wäre, ihm beim Spielen zuzuhören.

„Ich würde mich freuen, Sie spielen zu hören. Ich könnte es an meinem freien Tag am Mittwoch tun."

„Wir können uns am Mittwoch um 16:00 Uhr treffen."

„Sehr gut; ich werde Sie dann in der Kirche sehen."

Wir verbrachten einen angenehmen Nachmittag zusammen. Ich bedankte mich bei Frau Fehl und ihrer Familie für das leckere Mittagessen. Ich dankte auch dem Organisten für seine Einladung, ihn spielen zu hören.

Am Mittwochmorgen, nachdem ich Stenografie geübt hatte, putzte ich mein Zimmer, bereitete Sauerkraut, Wurst und Kartoffeleintopf zum Mittagessen zu, las bis 15:30 Uhr, ging zur Kirche und setzte mich auf die Bank der letzten Reihe. Die Kirche blieb im Herbst und Winter unbeheizt. Ich war froh, dass ich einen warmen Mantel und Handschuhe trug. Während ich mich umsah und wieder die exquisiten religiösen Dekorationen bewunderte, kam Franz, der Organist, um mich zu begrüßen:

„Guten Tag Fräulein Hildegard. Es ist nett, Sie hier zu sehen, und Sie sind auch pünktlich gekommen. Ich werde in Kürze anfangen zu spielen."

„Guten Tag, Herr Franz. Ich bin erfreut, Sie spielen zu hören."

Er ging zur Orgel, setzte sich hin und begann zu spielen. Als Franz die Tasten berührte, verließ der Klang die Orgelpfeifen und schwebte durch die leere Kirche. Die himmlischen Melodien erreichten meine Ohren und berührten mein Herz und meinen Geist und füllten sie mit großer Freude. Die bewegende Musik und die umgebende Schönheit des Kirchendekors hoben meine Seele empor. Ich saß entzückt auf meinem Platz und vergaß die Zeit und alles andere. Als die Musik aufhörte, fühlte ich mich, als wäre ich aus einem angenehmen Traum erwacht. Herr Franz kam zu mir. Ich sagte ihm, wie sehr ich es genoss, die Musik zu hören, die er auf der Orgel spielte.

„Ich freue mich, dass Ihnen die Musik gefallen hat. Vielleicht können Sie wiederkommen?"

„Ich würde Sie gerne wieder spielen hören."

Ich bedankte mich bei ihm und wir verabschiedeten uns. Ich kehrte in mein Zimmer zurück und las bis zum Schlafengehen. Ich dankte Gott für dieses erhebende musikalische Erlebnis.

Die trostlosen Tage im November, als kahle Zweige um den Verlust ihrer Blätter trauerten, vergingen langsam. Am letzten Sonntag, dem 27. November, feierten wir den ersten Adventstag, eine christliche Tradition, um uns auf die Geburt Jesu vorzubereiten. Am Mittwoch zuvor war ich in den Wald gegangen, hatte einige Kiefernzweige abgebrochen, einen Kranz gebastelt und vier Kerzen darauf befestigt. Ich stellte ihn auf meinen Tisch und zündete jeden Sonntagabend eine weitere Kerze an. Ich beobachtete das flackernde Kerzenlicht, meditierte und las meine Bibel oder einige Gedichte aus meinem Blütenbaum-Gedichtband. Ich fing an, an Weihnachten zu denken. Ich wusste, dass Dr. Samietz mir keine Freizeit gewähren würde, nachdem ich nur zwei Monate für ihn gearbeitet hatte. Es bedeutete, dass ich nicht nach Hause gehen konnte. Dr. und Frau Samietz hatten mich nicht ein einziges Mal zum Essen eingeladen; sie würden mich wahrscheinlich auch nicht zu Weihnachten einladen. Ich mochte die Idee nicht, Weihnachten alleine in meinem Zimmer zu verbringen. Ich wartete geduldig darauf, dass mich jemand einlud.

In der Zwischenzeit schrieb ich meine Weihnachtskarten an meine Mutter, meine Schwestern Marta und Meta, meine nahen Verwandten, meine Freundin Lore und an Hermann. Mitte Dezember bat mich Lioba, Heiligabend und Weihnachten mit ihrer Familie zu feiern. Ich nahm ihre Einladung freudig an und dankte ihr dafür, dass sie so liebenswürdig war. Da ich bisher nur zwei Gehälter erhalten hatte, konnte ich keine Weihnachtsgeschenke für Lioba und ihre Eltern kaufen. Ich beschloss, ein paar Blätter Papier zu kaufen und Sterne zu machen, um sie an den Weihnachtsbaum zu hängen, so dass die ganze Familie sich daran erfreuen konnte. Jeden Abend schnitt ich Papierstreifen und faltete sie zu Sternen. Meine Schwester Emma hatte mir beigebracht, wie man sowohl aus Papierstreifen als auch aus Stroh Sterne herstellt. Ich würde es sicher vermissen, zu Weihnachten mit meiner Familie zusammen zu sein. Ich konnte sie nicht einmal anrufen, weil sie kein Telefon hatten. Kurz vor Weihnachten erhielt ich eine Weihnachtskarte und einen Brief von meinem Bruder Edmund. Er legte der Karte 50,00 DM bei, damit ich mir ein Geschenk kaufen konnte. Ich war ihm sehr dankbar. Meine braunen Schuhe sahen abgenutzt aus und ich hatte nur ein paar Kleider. Ich kaufte mir ein Paar braune Schuhe und ein hellbraunes Kleid, das ich zu Weihnachten anziehen würde. Einige großzügige Patienten brachten mir Schachteln mit Süßigkeiten zu Weihnachten. Ein Brief und eine Karte von Hermann gehörten zu den Karten und Briefen mit frohen Weihnachtswünschen, die ich erhielt. Ich schätzte es zu dieser festlichen Zeit zu wissen, dass ich manchen in Erinnerung blieb, besonders freute es mich, dass Hermann immer noch an mich dachte. Seine Zeilen brachten die kostbaren Momente zurück, die wir geteilt hatten, und ermutigten uns beide, unseren hohen Idealen gerecht zu werden.

Am Freitag, dem 23. Dezember, hatten wir noch Sprechstunden. Aber an Heiligabend, Weihnachten und dem 26. Dezember schloss Dr. Samietz die Praxis. Am Heiligabend kam Lioba früh, um das Essen für Heiligabend und Weihnachten vorzubereiten. Gegen Mittag war sie bereit zu gehen. Sie pendelte mit dem Fahrrad von Gelnhausen nach Biebergemünd, wo sie mit ihrer Familie wohnte. Sie sagte mir, dass ihr älterer Bruder Peter mit dem Motorrad kommen würde, um mich abzuholen, was er auch tat. Ich hatte meine Übernachtungstasche gepackt und wartete in der Küche mit Lioba auf ihn.

Im Dezember traf der Winter mit aller Macht ein. Die Temperatur fiel unter null. Ich zog meinen warmen, braunen Mantel an, band einen Schal auf den Kopf und wickelte ihn um mein Gesicht, bevor ich das Motorrad bestieg. Es tat mir leid, dass Lioba auch bei kaltem Winterwetter eine halbe Stunde mit dem Fahrrad fahren musste. Ich trug Nylonstrümpfe und meine Beine froren während der Fahrt. Glücklicherweise war es nur 10 Kilometer entfernt. Herr und Frau Krack begrüßten mich in ihrem bescheidenen, aber geschmackvoll eingerichteten Haus in Biebergemünd. Ich lernte auch den jüngeren Bruder Erhard kennen. Wir warteten alle, bis Lioba ankam. Um 15:00 Uhr servierte Frau Krack Kaffee und Kuchen, während wir uns nett unterhielten.

Heiligabend aßen wir einen Karpfen mit Kartoffelsalat, was mir sehr gut schmeckte. Um 23:00 Uhr gingen wir alle zur katholischen Kirche und feierten die festliche Mitternachtsmesse. Es fiel mir jedoch schwer, so spät in der Nacht wach zu bleiben. Lioba war so freundlich, auf dem Sofa zu schlafen und bot mir ihr bequemes Bett an. Ich schlief sehr gut und stand spät auf; wir brauchten am Weihnachtstag nicht in die Kirche gehen. Frau Krack servierte ein aufwendiges Mittagessen mit gebratener Gans, Rotkohl und Kartoffelknödeln. Das Aroma der gebratenen Gans erinnerte mich an meine Mutter; ich vermisste es, mit meiner Familie zusammen zu sein, aber ich war der Familie Krack dankbar, dass sie mich eingeladen hatte, Weihnachten mit ihnen zu feiern. Nachdem wir am Nachmittag Kuchen gegessen und Kaffee getrunken hatten, brachte mich Peter zurück nach Gelnhausen. Ich dankte ihm und seiner Familie, dass ich mit ihnen Weihnachten feiern konnte.

Ich dankte besonders Gott für seine große Liebe zu uns, dafür, dass er seinen einzigen Sohn Jesus Christus sandte, dessen Geburtstag wir jedes Jahr zu Weihnachten feiern. Ich dachte an den Weg Christi von der Krippe zum Kreuz und wie Er sein Leben opferte, damit wir Erlösung und ewiges Leben haben können. Ich dankte Gott auch, dass ich bei dieser besonderen Feier nicht allein sein musste.

Am Freitag, dem 30. Dezember 1955, zeigte mir Frau Samietz, wie man die Versicherungsformulare für das letzte Quartal des Jahres ausfüllt. Ich trug auf den Krankenschein jedes Patienten alle Besuche, Injektionen und medizinischen Dienstleistungen ein. Es dauerte länger als ich erwartet hatte, und ich beendete den letzten Eintrag am späten Samstag, obwohl die Praxis an diesem Tag geschlossen war.

Am Silvesterabend, Samstag, der 31. Dezember 1955, entschied ich mich, zu Hause zu bleiben. Ich las meine Bibel und meditierte über alle Ereignisse des vergangenen Jahres und wie wunderbar Gott mich durch alle Herausforderungen und Prüfungen geführt hatte. Ich vertraute Gott. Er ließ mich nie im Stich. Gott erfüllte mein Herz mit Freude und Frieden. Ich ging früh ins Bett. Um Mitternacht kündigten die Kirchenglocken die Ankunft des neuen Jahres 1956 an. Das Läuten der Glocken weckte mich auf. Ich blieb einige Zeit wach und fragte mich, was Gott im kommenden Jahr für mich plante. Ich hatte den Brauch, für jedes Jahr einen Bibelvers zu wählen. In diesem Jahr war es Markus 4:39: „Und er erhob sich und wies den Wind zurecht und sprach zum Meer: ‚Friede! Sei still!‘ Und der Wind hörte auf, und es herrschte eine große Ruhe."

Ich dachte darüber nach, wie sich das auf mein Leben beziehen könnte. Ja, Gott und mein Heiland beruhigten viele Stürme in meinem Leben und halfen mir durch schwierige Zeiten. Ich vertraute darauf, dass Sie in Zukunft dasselbe tun würden. Ich ging am Sonntagmorgen in die Kirche. Am Nachmittag beschloss ich, früh ins Schlosscafé zu gehen, um mir ein Stück Kuchen und Kaffee zu gönnen. An diesem Tag spielte der Besitzer Klavier, aber kein Künstler sang zur Freude der Kunden. Ich hatte gerade mein drittes Monatsgehalt erhalten. Ich hatte Appetit auf ein Stück Schwarzwälder Kirschtorte. Sie war sehr lecker. Ich ging früh zurück, bevor es dunkel wurde.

Am nächsten Tag, an meinem Geburtstag, musste ich arbeiten. Während meiner Mittagspause ging ich zur Post, um die Versicherungsformulare der Regierung zu verschicken. Ich unternahm zu meinem Geburtstag nichts Besonderes. Dr. und

Frau Samietz erinnerten sich nicht an meinen Geburtstag. Ich hatte nur Lioba gesagt, dass mein 19. Geburtstag der 2. Januar war. Sie brachte mir am nächsten Tag ein Stück Kuchen. Ich war sehr dankbar für ihre Freundschaft und Aufmerksamkeit und dass sie fünf Tage die Woche bei Dr. und Frau Samietz arbeitete. Wenn ich mit ihr reden wollte, ging ich in die Küche, wo sie die meiste Zeit des Tages verbrachte.

Manchmal fanden spezielle Seminare für besondere Gruppen in Gelnhausen statt. Im Januar kam ein junger Mann aus einer Gruppe mit einer Halsentzündung in die Klinik. Dr. Samietz sagte mir, ich solle ihm eine Penicillin Spritze geben. Während ich ihm die Injektion in den Arm gab, begann er mit mir eine Konversation. Er erzählte mir, dass er ein Flüchtling aus Ostpreußen sei. Er besuche das Molkereiseminar und wolle später nach Alberta, Kanada, auswandern. Ich erzählte ihm, dass ich auch in Ostpreußen geboren wurde und meine Familie 1944 vor den Russen geflohen war. Er fragte nach meinem Namen und ob er mich eines Tages, nachdem er gesund war, zum Mittag- oder Abendessen einladen könne. Ich stellte mich vor und sagte ihm, dass es zulässig wäre, mich während der Sprechstunden anzurufen und dass meine freien Tage mittwochs und sonntags seien.

„Vielleicht können wir uns an einem Sonntag treffen. Ich habe am Sonntag keine Vorträge."

„Sonntagnachmittag wäre mir auch recht."

„Sehr gut, Fräulein Bonacker! Ich werde Sie anrufen, wenn es mir gut geht. Auf Wiedersehen."

„Auf Wiedersehen, Herr Gollnick."

Zwei Wochen später rief mich Horst Gollnick an und bat mich, am Sonntag im Büdinger Wald mit ihm zu wandern. Ich sagte ihm, dass wir uns am frühen Nachmittag nach dem Gottesdienst treffen könnten. Wir vereinbarten, um 13:00 Uhr aufzubrechen. Pünktlich um 13:00 Uhr klopfte er an die Tür. Ich ging die Treppe hinunter und öffnete sie. Wir begrüßten uns höflich und gingen dann zum Schloss und plauderten über die Ereignisse der letzten zwei Wochen. Als wir den Wald betraten, hörten wir auf zu sprechen. Wir beobachteten die schöne Verwandlung des Waldes durch den frisch gefallenen Schnee. Die Augen erfreuten sich an der reinen, weißen, magischen Winterlandschaft. Wir hörten das knisternde Geräusch unter unseren Stiefeln, während wir durch den Schnee gingen. Hin und wieder fiel ein Schneeklumpen von einem Baum und unterbrach die friedliche Stille des Waldes. Meine Gedanken trugen mich zurück nach Ostpreußen, wo ich als Kind inmitten von Wäldern geboren und aufgewachsen war. Horst brach das Schweigen, indem er fragte, wo ich geboren war und wo wir nach dem Krieg gelebt hatten. Ich stellte ihm die gleichen Fragen, da er auch von Ostpreußen war. Wir tauschten uns über verschiedene Erlebnisse aus dem Kriege aus. Wir hatten beide viele gefährliche Situationen überstanden und waren dankbar, noch am Leben zu sein. Wir merkten nicht, wie schnell die Zeit vergangen war.

Als wir ein Restaurant im Wald erreichten, lud Horst mich ein, mit ihm etwas zu essen. Nachdem wir einige Zeit im kalten Wetter gewandert waren, klang ein warmes Essen verlockend. Wir setzten uns in das rustikale Restaurant und bestellten heiße Erbsensuppe. Ich bestellte eine Tasse Tee und Horst eine Tasse Kaffee. Wir genossen die gemütliche Atmosphäre zusammen mit unseren Speisen und Getränken, bevor wir in die Stadt zurückwanderten. Die späte Nachmittagssonne glitt durch die kahlen Äste, und der Schatten der Bäume wurde immer länger. Wir erreichten die Stadt kurz vor Sonnenuntergang. Etwas müde, aber gleichzeitig froh, verabschiedeten wir uns. Draußen in der Natur zu sein, hatte eine beruhigende Wirkung auf meinen Körper und mein Gemüt.

Bevor wir uns verabschiedeten, fragte Horst: „Darf ich Sie noch einmal anrufen? Ich habe Ihre Gesellschaft genossen."

„Ja, das dürfen Sie. Ich mochte es auch, mich an die Heimat in Ostpreußen zu erinnern und darüber zu sprechen."

Mir gefielen die höfliche und respektvolle Umgangsform von Horst.

In den nächsten Wochen erkrankten viele Patienten an Grippe und Lungenentzündung. Ich verabreichte viele Penicillin-

Injektion. Dr. Samietz überwies die Patienten mit schwerer Lungenentzündung ins Krankenhaus, wo die Ärzte des Krankenhauspersonals die Patienten weiterhin behandelten. Ich genoss die Wochenenden, wenn Dr. Mantel kam, um die Notrufe für Dr. Samietz entgegenzunehmen. Welche Fragen ich auch immer hatte, sie beantwortete sie immer höflich, ohne dass ich mich dumm fühlte. Sie schätzte es, dass ich neue Dinge im medizinischen Bereich lernen wollte. Wir entwickelten eine herzliche Beziehung zueinander und zu den Patienten. Im Januar, dem kältesten Monat des Jahres, erkrankte ich an der Grippe. Obwohl ich Fieber hatte, arbeitete ich in der Klinik. Dr. Samietz muss bemerkt haben, dass ich mich nicht wohl fühlte, und das Fieber errötete mein Gesicht.

„Was ist los, Fräulein Bonacker? Sie sehen nicht gut aus."

„Ich fühle mich heiß und mein Körper schmerzt."

„Kommen Sie, und lassen Sie sich von mir untersuchen."

Ich ging zum Arzt. Er legte seine Hand auf meine Stirn und sagte: „Sie haben Fieber. Nehmen Sie Aspirin und gehen Sie nach oben, um sich auszuruhen. Ich werde meine Frau rufen, um mir in der Klinik zu helfen."

„Vielen Dank, Dr. Samietz! Das werde ich tun."

Ich entschuldigte mich und ging nach oben. Ich machte mir eine Tasse Tee, aß ein Sandwich und ging ins Bett, obwohl es erst früher Nachmittag war. Ich schwitzte die ganze Nacht. Der nächste Tag war Mittwoch, mein freier Tag. Ich stand nur auf, um zu essen, und verbrachte den Rest des Tages im Bett. Am Donnerstag fühlte ich mich besser. Ich ging für den Rest der Woche zur Arbeit. Sonntag ruhte ich mich wieder aus. Es dauerte eine zusätzliche Woche, um mich vollständig von der Grippe zu erholen.

Am folgenden Mittwochnachmittag hörte ich ein Klopfen an der Tür. Nachdem Lioba die Tür geöffnet hatte, rief sie mir zu: „Hier ist ein Mann an der Tür; er will dich sehen."

Ich eilte die Treppe hinunter, um von Horst Gollnick begrüßt zu werden.

„Guten Tag, Fräulein Bonacker."

„Guten Tag, Herr Gollnick. Was kann ich für Sie tun?"

„Darf ich Sie einladen, mit mir nach Frankfurt zu gehen, um die Komödie ‚Der Eingebildete Kranke', von Moliere zu sehen?" [28]

„Vielen Dank! Ich denke, ich kann mich Ihnen anschließen. Wann ist die Aufführung?"

„Ich werde Sie Sonntag um 10:00 Uhr abholen. Die Zugfahrt dauert nicht länger als eine Stunde. Wir können zu Mittag essen, bevor das Spiel beginnt."

„Sehr gut! Wir sehen uns am Sonntag."

„Auf Wiedersehen, bis Sonntag."

„Auf Wiedersehen!"

Froh rannte ich nach oben und dachte daran, ein Theaterstück in Frankfurt sehen zu können.

Am Sonntag kam Herr Gollnick pünktlich um 10:00 Uhr. Nach einer kurzen Begrüßung gingen wir zum Bahnhof. Herr Gollnick kaufte die Fahrkarten. Allerdings zog ich es vor, für meine selbst zu bezahlen. Wir warteten nur eine kurze Zeit, bevor der Zug abfuhr. Wir hatten das Glück, einen Schnellzug zu finden, der nicht in anderen Dörfern anhielt. Die Landschaft flog an uns vorbei. Wir kamen früh am Hauptbahnhof an und machten uns auf den Weg. Herr Gollnick fragte nach dem Weg zum Willy-Brandt-Platz, wo sich das Große Haus des Stadttheaters befand. Wir liefen auf der Taunusstraße zum Willy-Brandt-Platz. Herr Gollnick fragte nach dem Weg zu einem guten Restaurant in der Nähe des Theaters. Ein Herr erzählte ihm, dass das Restaurant Francais im Frankfurter Hofhotel ausgezeichnetes Essen habe. „Es ist nicht weit entfernt von hier, am Kaiserplatz."

Da wir vor Beginn des Theaterstücks noch Zeit hatten, lud mich Herr Gollnick zum Mittagessen ein. Wir gingen zum Frankfurter Hof Hotel, wo wir das luxuriöse Francais Restaurant fanden. Ein elegant gekleideter Kellner setzte uns an einen Tisch, der mit einer weißen Tischdecke bedeckt war. Ein kleiner Strauß frischer Blumen mit zwei Kerzen stand in der Mitte. Es sah einladend aus. Der Kellner brachte uns die französische Speisekarte. Herr Gollnick und ich schauten uns an und wussten nicht, was wir bestellen sollten. Wir waren beide nicht vertraut mit den französischen Gerichten, die auf der Speisekarte aufgeführt waren. Ich schaute auf den Tisch eines Gastes neben mir und zeigte dem Kellner, dass ich dieses spezielle Gericht wollte. Herr Gollnick schaute auf einen anderen Tisch und bestellte, indem er auf den Teller zeigte. Etikette und Tischmanieren sind in Deutschland und Europa essenziell. Man will nicht kritisiert werden oder sich in der Gesellschaft gedemütigt fühlen. Wir beobachteten, wie die Leute das Gericht aßen, das wir bestellt hatten, damit auch wir es richtig essen würden. Hin und wieder sahen wir uns an und lächelten. Herr Gollnick bestellte auch eine Flasche Wein. Der Kellner brachte die Gläser und füllte sie mit dem Wein. Herr Gollnick hob das Glas: „Fräulein Bonacker, ich mache einen Tost und schlage vor, dass wir uns gegenseitig bei unseren Vornamen nennen. Natürlich nur, wenn es Ihnen recht ist?"

„Herr Gollnick, ich stimme zu." Wir stießen unsere Gläser an und Horst sagte: „Prost, Hildegard." Ich antwortete: „Prost, Horst!"

Dann begann Horst in einem weniger formellen Ton, mir von seinen Plänen zu erzählen. Er hatte vor, nach Alberta, Kanada, zu gehen, und sagte: „Ich werde dort für eine Weile arbeiten, und vielleicht könnte ich eines Tages eine eigene Molkerei erwerben. Hast du Pläne für die Zukunft, Hildegard?"

„Noch nicht. Ich werde noch eine Weile für Dr. Samietz arbeiten. In diesem Frühjahr wird mich mein älterer Bruder besuchen. Ich werde sehen, was er im Sinn hat."

„Vielleicht denkst du eines Tages darüber nach, dich mir in Kanada anzuschließen? Ich erwarte nicht, dass du mir sofort antwortest. Es ist nur ein Gedanke für die Zukunft."

„Danke, dass du mich gefragt hast, aber ich kann jetzt keine Verpflichtung eingehen. Ich ziehe es vor, dass wir Freunde bleiben, ohne irgendeine engere Beziehung einzugehen."

Der Kellner brachte das Essen – ein Spinat-Soufflé für mich und ein Omelett gefüllt mit vielen Zutaten, das Horst bestellt hatte. Wir sahen uns an, lächelten, wünschten uns auf französisch Bon Appetit und begannen zu essen. Wir brauchten nur eine Gabel, um unsere Speisen zu essen und benutzten das Messer, um die Butter auf den Croissants zu verstreichen. Wir fühlten uns jetzt wohl nach Etiquette unser französisches Essen zu genießen. Es war noch zu früh, um ins Theater zu gehen. Wir beschlossen, einen Spaziergang entlang des Mainflusses auf der Main-Kai-Straße zu machen. Obwohl es noch Winter war, fühlte es sich mit der Sonne nicht allzu kühl an. Wir erreichten das Theater und bekamen bequeme Sitze im Mittelteil des Forums. Die Einrichtung des Theaters war nicht aufwendig, aber angenehm, und die Bühne war relativ klein. Um 14:00 Uhr waren alle Plätze besetzt und der Vorhang der Bühne öffnete sich.

In der Mitte der Bühne stand ein Bett, in dem ein Patient lag – ein Arzt untersuchte den Patienten mit seinem Stethoskop. Die zweite Frau, Beline, Tochter Angelique und Dienstmädchen Toinette waren ebenfalls anwesend. Der Patient beklagte, dass der Arzt und der Apotheker, der Bruder des Arztes, ihn in den Bankrott treiben werden. Toinette bemühte sich sehr, Argan, den Patienten, davon zu überzeugen, dass er nicht krank ist, leider ohne Erfolg. Beline und der Arzt besprechen, wie sie Geld von Argan bekommen können. Damit sich die Tochter nicht in ihren Plan einmischt, versuchen sie, Argan davon zu überzeugen, sie in ein Kloster zu schicken. Aber Argan möchte, dass seine Tochter Thomas, den Sohn des Arztes heiratet; auf diese Weise würde er einen Hausarzt haben, der ihm kostenlosen medizinischen Dienst leisten könnte. Angelique liebte jedoch jemand anderen namens Cleante. Sie beschimpfte ihren Vater, weil er versuchte, sie gegen ihren Willen zu zwingen, jemanden zu heiraten, den sie nicht liebt. Während sie hin und her stritten, schloss sich der Vorhang. Das Publikum, zufrieden mit dem exzellenten Schauspiel, applaudierte. Eine kurze Pause, bevor sich der Vorhang wieder hob.

Im zweiten Akt sympathisierte Toinette mit Angelique. Sie erzählte Cleante, dass Angelique Thomas, den Sohn des Arztes, heiraten soll. Cleante verkleidete sich als Freund von Angeliques Gesangslehrer, um Zeit allein mit Angelique zu verbringen. Er fand Thomas nicht sehr klug. Cleante konnte sich nicht vorstellen, dass Angelique Thomas heiraten sollte. Sie flehte ihren Vater an, ihr Zeit zum Nachdenken zu geben. Der Vater gab ihr vier Tage, um Thomas zu heiraten oder ins Kloster zu gehen. Beralde, der Bruder von Argan, erschien auf der Bühne und flehte Angelique an, aber ohne Erfolg. Beralde schickte den Arzt und den Apotheker weg. Der Vorhang schloss sich. Applaus folgte.

Im dritten Akt entwarfen Beralde und Toinette einen Plan, um Argan auszutricksen. Toinette verkleidete sich als Ärztin und erzählte Argan, dass der vorherige Arzt ihn wegen der falschen Krankheit behandelt hatte. Die Lunge sei krank und nicht der Darm. Sie machte weiter und weiter, während das Publikum lachte. Beralde flehte Argan an, Angelique nicht in das Kloster zu stecken, und gestand, dass es Belines Idee war. Beralde und Toinette hatten eine Lösung, wie sie Argan von der Liebe Belines überzeugen könnten. Sie sagten Argan, er solle sich auf die Couch legen und so tun, als wäre er tot. Beralde versteckte sich hinter einem Bildschirm. Als Beline die Bühne betrat, fand sie Toinette weinend vor. Sie erzählte Beline, dass Argan tot sei. Beline vergoss keine Träne. Sie nannte ihn böse Namen und gestand, dass sie auf sein Geld aus war. In diesem Moment stand Argan von der Couch auf und Beline rannte von der Bühne und verfluchte ihn immer noch. Toinette forderte Argan auf, sich wieder auf die Couch zu legen und so zu tun, als wäre er tot. Angelique betritt die Szene. Als sie erfuhr, dass ihr Vater gestorben war, brach sie zusammen und weinte. Die Liebe seiner Tochter bewegte den Vater. Er stand von der Couch auf, umarmte sie und sagte ihr, dass sie Cleante heiraten könne, aber er solle studieren, um Arzt zu werden.

Geralde hatte eine bessere Idee. Er schlug vor, dass sein Bruder Arzt werden solle. Er kannte eine Fakultät, die ihn über Nacht zum Arzt machen konnte. Sie luden Zigeunertänzer auf die Bühne ein, führten die Zeremonie durch und erklärten Argan zum Arzt.

Der Vorhang schloss sich. Das Publikum applaudierte. Die Schauspieler erschienen auf der Bühne und verbeugten sich vor dem Publikum.

„Horst, das war eine entzückende Komödie. Ich habe sowohl die schauspielerische Leistung als auch die komische Geschichte genossen. Hat es dir gefallen?"

„Ja, es hat mir auch gefallen. Moliere gibt uns einen Einblick in die Kraft des Geistes bei der Schaffung imaginärer Krankheiten."

„Er zeigt auch, wie bestimmte Umstände den wahren Charakter einer Person offenbaren", fügte ich hinzu.

„Ja, das hat Moliere in seinem Spiel auch gezeigt."

Wir verließen das Theater und gingen zum Bahnhof, um den nächsten Zug nach Gelnhausen zu nehmen, wo wir kurz nach Sonnenuntergang ankamen. Wir gingen zurück zum Haus von Dr. Samietz und er sagte mir: „Ich werde das Seminar bald abschließen. Am Ende wird für alle Teilnehmer eine formelle Abschiedsfeier mit Musik und Tanz stattfinden. Darf ich dich dazu einladen?"

„Es kommt darauf an, wann es sein wird."

„Die Feier wird eine Woche nach Ostern sein."

„Nach Ostern freue ich mich, dich zu begleiten. Ich tanze jedoch nicht während der Fastenzeit. Ich höre auch keine Musik für die vierzig Tage vor Ostern, um des Leidens Christi zu gedenken."

„Ich bin froh, dass die Feier nicht während der Fastenzeit stattfindet, und du daran teilnehmen kannst. Ich werde dir das Datum, die Uhrzeit und den Ort kurz vor der Veranstaltung mitteilen."

„Sehr gut."

„Darf ich dich vorher anrufen?"

„Du darfst."

„Gute Nacht, Hildegard. Danke, dass du einen schönen Tag mit mir verbracht hast."

„Vielen Dank. Ich habe die Fahrt nach Frankfurt und die Komödie auch genossen. Gute Nacht, Horst."

Am nächsten Tag war das Wartezimmer voll. Wir behandelten die meisten Patienten wegen Infektionen der oberen Atemwege, Grippe und Erkältungen. Einige bekamen Injektionen für

Anämie oder wegen anderer chronischer Krankheiten. Wir beendeten die morgendlichen Sprechstunden relativ spät. Ich hatte keine Zeit, Essen einkaufen zu gehen. Ein Sandwich mit Butter und Salami musste zum Mittagessen ausreichen. Am Nachmittag kamen weniger Patienten. Am Abend war ich müde und ging früh ins Bett. Mit jedem Monat, der verging, fühlte ich mich wohler, Diktate zu schreiben. Das Üben der Kurzschrift jeden Morgen half. Ich machte weniger Fehler. Dafür war ich dankbar.

Ich genoss es, von Patienten eingeladen zu werden, sie persönlich kennen zu lernen und natürlich ihre köstlichen, hausgemachten Mahlzeiten und Kuchen zu kosten. Frau Fehl lud mich zu Ostern am 1. April ein. Die Klinik war am Karfreitag geschlossen. Ich beschloss, einige Eier zu kochen und sie mit Buntstiften zu dekorieren. Ich zeichnete Narzissen, Veilchen und Tulpen auf die Eier für Frau Fehl, ihre Tochter und ihren Schwiegersohn. Ich dekorierte drei Eier mit rotem Mohn, blauen Kornblumen und rosa Tulpen, die ich auf den Tisch stellte. Eine Karfreitagstradition, die wir zu Hause gepflegt hatten, war es, nicht zu sprechen. Während wir schwiegen, erinnerte uns meine Mutter daran, an den Schmerz zu denken, den Christus am Kreuz erlitten hatte. Da ich den Tag allein verbrachte, folgte ich treu den Anweisungen meiner Mutter. Der Ostersonntag kam mit einem herrlichen Sonnenaufgang. Ich ging in die Kirche, um mit der Gemeinde der Marienkirche die Auferstehung Christi zu feiern. Der Kirchenchor sang den „Halleluja-Chor" aus Händels „Messiah". Vor und nach der Predigt über Christus, der aus dem Grab auferstanden ist, sangen die Anwesenden freudige Lieder über den auferstandenen Erlöser. Wir haben nicht nur die Auferstehung Christi gefeiert, sondern auch das Erwachen des neuen Lebens in der Natur. Freudig ging ich nach Hause.

Ich wartete bis kurz vor Mittag. Dann nahm ich meine Ostereier und ging zu Frau Fehl. Nach einer freundlichen Begrüßung gab ich jeder Person eines meiner selbstdekorierten Eier. Sie dankten mir und legten sie auf den Tisch. Dann bat mich Frau Fehl, mich an einen schön dekorierten Tisch mit frischen Blumen und farbigen Ostereiern zu setzen. Die Tochter servierte einen Lammbraten, frischen Spargel und deutschen Kartoffelsalat. Ich hatte schon lange kein so leckeres Essen genossen. Um 15:00 Uhr servierte Frau Fehl einen Frankfurter Kranz gefüllt mit Buttercreme und dekoriert mit farbigen Ostereiern und einem Schokoladenhasen in der Mitte.

Der Schwiegersohn, ein Lehrer, erklärte, warum der Osterhase und die Eier, die Fruchtbarkeits- und Lebenssymbole sind. Es sei zurückzuführen auf das 15. Jahrhundert, auf eine deutsche, heidnische Feier der deutschen Göttin Eostre. Kaninchen seien ein Zeichen der Fruchtbarkeit und die Eier des neuen Lebens. Diese Symbole seien als Teil unserer christlichen Ostertradition übernommen worden. Es fällt auch mit der jüdischen Feier des Passahfestes zusammen, einem Gedenken an die Befreiung der Juden von der Sklaverei aus Ägypten. Ich war fasziniert davon, etwas über die verschiedenen kulturellen und historischen Hintergründe von Ostern zu erfahren.

Wir verbrachten einen herrlichen Nachmittag. Ich dankte Frau Fehl und ihrer Familie, dass sie mich zu ihrer Familienfeier eingeladen hatten. Freudestrahlend kehrte ich in meine Wohnung zurück. Ich dankte Gott dafür, dass er mir erlaubt hatte, die Auferstehung Jesu mit einer christlichen Familie zu feiern. Ich betete auch zu meinem lebendigen Herrn und Erlöser, dass er mir helfen möge, mein Leben so zu gestalten, dass es sein Bild widerspiegelt. Auch der Ostermontag wurde gefeiert, meist mit Verwandten, Freunden oder Nachbarn, und niemand arbeitete. Da ich den Tag frei hatte, beschloss ich, am Nachmittag ins Café „Berg Schlösschen" zu gehen. Was für eine Freude, durch die Apfelplantage zu schlendern und die Apfelblätter sprießen zu sehen. Die Knospen waren bereit, bald ihre Blütenpracht zu entfalten. Die Lerche stieg auf und zwitscherte eine fröhliche Melodie. Es erfüllte mein Herz mit Freude, nicht nur der Lerche und anderen Vögeln zuzuhören, sondern auch das Erwachen der Natur nach der langen Winterruhe zu beobachten. Viele Leute gingen an diesem schönen Frühlingstag zum Café und hielten an, um die Schönheit der erwachenden Natur zu genießen. Zum Glück fand ich einen kleinen leeren Tisch.

Heute schmückte ein frischer Strauß Veilchen den Tisch. Da es sich um einen Feiertag handelte, bestellte ich eine Haselnusstorte mit einer Tasse Kaffee. Der Kellner brachte auch ein kleines Schokoladenei auf einem Teller für den besonderen Anlass. Der Besitzer spielte das Zwischenspiel aus „Cavalleria Rusticana". Später stand ein Tenor auf und sang Arien aus der Operette „Der Studentenprinz". Als er das Trinklied sang, schlossen sich die Gäste an, hoben ihre Weingläser und Tassen und schunkelten glücklich hin und her. Während der Tenor pausierte, spielte der Besitzer einige Mozart-, Schubert- und Beethoven-Kompositionen. Nachdem ich vierzig Tage lang keine Musik gehört hatte, hätte ich die ganze Nacht bleiben und die schöne Musik hören können. Die Sonne begann hinter dem Berg zu sinken, und ich musste zurückgehen, bevor sie völlig von der Dunkelheit gelöscht wurde.

Da die Klinik für zwei Tage geschlossen war, überfüllten die Patienten das Wartezimmer am nächsten Tag. Sie litten an Magenbeschwerden, Allergien, Arthritis und verschiedenen anderen Krankheiten. Wir beendeten die morgendlichen Sprechstunden spät. In den nächsten zwei Wochen überlegte ich, was ich zum Bankett von Horsts Abschlussfeier anziehen sollte. Ich besaß kein formelles oder elegantes Abendkleid. Meine Cousine Emmi Schlösser aus der DDR hatte mir ein beiges Kleid mit schwarzen Blumen geschickt. Sie wollte, dass ich es smaragdgrün färben lasse. In Ostdeutschland konnte sie keinen Farbstoff kaufen, also bat sie mich, es färben zu lassen. Ich brachte es an einen Ort, um es professionell machen zu lassen. Ich probierte das Kleid an. Es passte gut zu mir und sah an mir attraktiv aus. Also dachte ich, sie hätte nichts dagegen, wenn ich es zu diesem besonderen Anlass tragen würde. Ich konnte sie nicht anrufen, aber ich erklärte in einem Brief, dass ich ihr Kleid einmal für einen besonderen Anlass trug. Als Dankeschön würde ich für das Färben des Kleides bezahlen.

Am Samstag, dem 14. April, arbeiteten wir nur vormittags. Gott sei Dank hatten wir dieses Wochenende keinen Notruf. Ich hatte genügend Zeit, um mich auf das Bankett vorzubereiten.

Ich zog meine Schuhe mit hohen Hacken an und benutzte sogar Lippenstift. Ich kreierte auch eine schickere Frisur.

Um 17:00 Uhr kam Horst. Er sah elegant aus, gekleidet in einem schwarzen Anzug, einem weißen Hemd und einer Fliege.

„Guten Abend, Hildegard. Du siehst reizend aus. Ich mag auch deine neue Frisur."

„Vielen Dank. Du siehst auch sehr elegant aus."

„Vielen Dank. Du denkst, du wirst dich wohl fühlen, in den Schuhen zu Kauffmanns Restaurant zu gehen?"

„Ich denke, ich schaffe es schon."

Horst bot mir seinen Arm an. Ich stimmte zu, Arm in Arm zu gehen, um mich an ihm festzuhalten, falls ich stolpern würde. Zwanzig Minuten später kamen wir im Restaurant an und betraten einen Bankettsaal. Die Tische waren hufeisenartig angeordnet und wunderschön mit verschiedenen Sträußen aus gelben Rosen, roten Tulpen und Zittergras mit einer Kerze in der Mitte dekoriert. Horst ging zu einem Freund und stellte mich vor. Wir setzten uns beide an den Tisch neben seinem Freund. Viele andere junge Männer und ihre Begleiter waren bereits eingetroffen. Nachdem die Kellner Wein und Vorspeisen zum Tisch gebracht hatten, servierten sie das Abendessen, das aus einem Wiener Schnitzel, Kartoffelknödeln und Rotkohl bestand. Als Dessert erhielten wir ein Glas Obst, gekrönt mit Schlagsahne, geriebener Schokolade und mit einem frischen Pfefferminzblatt verziert.

„Was für ein köstliches Essen."

„Ja, Kaufmanns Restaurant ist bekannt für seine hochwertigen Gerichte. Ich habe hier schon ein paar Mal gegessen.", fügte Horst hinzu.

Sobald die Kellner die Tische wegräumten, kam eine kleine Musikgruppe, bestehend aus einem Akkordeonspieler, einem Geiger und einem Gitarristen. Sie fingen an, Musik zum Tanzen zu spielen.

Horst stand auf und lud mich ein, den Walzer zur Melodie des „glücklichen Zigeunerlebens" zu tanzen. Ich hatte seit langer Zeit nicht mehr getanzt. Freudig bewegte ich mich im Walzerrhytmus der Musik. Horst wusste, wie man elegant führt, und ich folgte jeder seiner Bewegungen. Wir genossen beide die verschiedenen Tänze bis Mitternacht. Als die Musik aufhörte standen wir alle auf und sangen das Lied „Aufwiedersehn, Aufwiedersehn, bleib nicht so lange fort". Wir sagten einigen der Tischgäste gute Nacht, bevor wir gingen. Über uns schimmerten die Sterne und der Neumond an dem dunklen Himmelszelt. Das zarte Licht der Straßenlaternen beleuchtete den Rückweg. Inzwischen schmerzten meine Füße vom Gehen auf der Zementstraße. Als wir an der Haustür des Arztes ankamen, bedankte ich mich bei Horst für den schönen Abend.

„Ich habe es auch sehr genossen, mit dir zu tanzen. Ich bin traurig, dass meine Zeit in Gelnhausen bald zu Ende geht und ich nach Alberta, Kanada, fahren werde. Darf ich dir schreiben?"

„Ja, das darfst du. Du kennst meine Adresse!"

„Nun, Hildegard, ich wünsche dir alles Gute für die Zukunft. Vielleicht sehen wir uns wieder."

„Ich wünsche dir viel Glück in Kanada. Ich weiß noch nicht, was die Zukunft für mich bereithält. Zu diesem Zeitpunkt kann ich keine Verpflichtungen eingehen."

Er umarmte mich und küsste mich auf die Stirn.

„Auf Wiedersehen, Hildegard."

Ich antwortete: „Auf Wiedersehen, Horst. Möge Gott dich für die Zukunft segnen."

Und so trennten wir uns und fühlten uns traurig, weil wir nicht wussten, ob wir uns jemals wiedersehen würden.

Am nächsten Tag, einem Sonntag, stand ich spät auf. Ich ruhte meine wunden Füße aus, damit ich am nächsten Tag arbeitsfähig sein würde. Am Montag, als ich die Geschäftspost überprüfte, fand ich einen Brief meines Bruders Edmund. Er schrieb, dass er mich am Sonntag, dem 29. April, besuchen und bis Dienstag, den 1. Mai, bleiben würde. Ich freute mich darauf, ihn wiederzusehen. Aber wo sollte er schlafen? Mein Zimmer hatte nur ein kleines Bett und ein Badezimmer, das ich mit Ursula, der Tochter des Arztes teilte. Ich müsste ein passendes Hotelzimmer für ihn finden. Am Mittwoch ging ich zu einigen der

Hotels in der Stadt und überprüfte, welche günstig waren. Für den Moment war ich froh, dass er kommen würde. Heute war ich im Altstadt Hotel nahe der Marienkirche am Kaiser Platz. Da mein Bruder jetzt als Schreiner arbeitete, dachte ich, er könnte es sich leisten, für ein kleines Hotelzimmer zu zahlen. Ich schrieb ihm, dass ich froh war, dass er mich besuchen kommt, und ich würde eine Reservierung für ihn in einem Hotel in der Stadt buchen. Ich reinigte mein Zimmer gründlich, ebenso wie das Fenster. Ich fühlte mich schrecklich, dass ich keinen Ofen hatte, um einen Kuchen für ihn zu backen.

Am Sonntagmorgen blieb ich zu Hause, weil ich nicht wusste, wann Edmund ankommen würde. Ich kochte einen Eintopf aus Sauerkraut, Schweinefleisch und Kartoffeln. Ich schaute oft aus dem Fenster, um zu sehen, ob ich ihn auf dem Motorrad sehen konnte. Endlich, am Mittag, kam er an. Ich rannte nach unten, um ihn mit einer großen Umarmung zu begrüßen.

„Ich freue mich, dich zu sehen! Ich hoffe, du hattest eine gute Reise?"

„Der starke Verkehr in Frankfurt hat mich verspätet, aber ich bin froh, dass ich es sicher schaffte."

„Ich bin es auch."

„Wo kann ich mein Motorrad abstellen?"

„Dr. Samietz schlug vor, es hinter die Garage im Garten zu stellen. Dort wird es sicher sein."

Nachdem er das Motorrad geparkt hatte, gingen wir nach oben.

„Willkommen in meinem Zimmer; hier lebe ich jetzt. Es ist klein, aber ich bin zufrieden. Das Einzige, was ich vermisse, ist ein Herd mit einem Ofen. Ich kann keine kompletten Mahlzeiten kochen. Bitte setz dich an den Tisch."

Ich schaltete meinen Elektrobrenner ein, um das Essen wieder aufzuwärmen. Ich deckte den Tisch im Voraus mit einer Spitzentischdecke und frischen Blumen.

„Du musst hungrig sein. Lass mich deinen Teller füllen."

Nachdem wir ein Tischgebet gesagt hatten, aßen wir den Eintopf. Zum Nachtisch hatte ich einen Bienenstichkuchen gekauft, der mit Buttercreme gefüllt und mit gerösteten Karamellmandelsplittern belegt war. Wir genossen das Essen, aber vor allem den Kuchen mit einer Tasse Instantkaffee.

Ich fragte ihn, wie es unserer Mutter, Horst, Emma und Bernie gehe. Er erzählte mir, dass Emma und Bernie in Kürze mit ihrem Mann und seiner Familie in die Vereinigten Staaten zurückkehren werden. Edmund machte sich Sorgen um sie und wollte auch gehen.

„Ich möchte dich auch nicht zurücklassen. Würdest du in Betracht ziehen, dich mir anzuschließen?"

Diese Frage überraschte mich.

„Ich bin nicht volljährig und bräuchte die Erlaubnis meiner Mutter. Ich bin mir nicht einmal sicher, ob sie bereit wäre, mich gehen zu lassen. Meta ist schon weg. Emma wird in Kürze gehen, und Marta lebt in der militarisierten Zone."

„Überlasse mir diese Angelegenheit. Ich werde sehen, was ich tun kann."

„Wenn Mutter mir die Erlaubnis gibt, kann ich für ein paar Jahre mit dir gehen. Ich würde gern die Vereinigten Staaten kennenlernen, aber ich möchte wieder nach Deutschland zurückkehren und mir einen anderen Arbeitsplatz suchen."

„Wenn ich nach Hause komme, werde ich anfangen, meine Einwanderungspapiere zu beantragen. Ich werde mit unserer Mutter sprechen und dich über ihre Entscheidung informieren. Welche Zukunft hast du hier, in diesem kleinen Zimmer und mit deinem geringen Gehalt, für das du hart arbeiten musst?"

„Ich glaube nicht, dass ich lange hierbleiben möchte. Vielleicht werde ich eines Tages heiraten und meine eigene Familie und vielleicht sogar mein eigenes Haus haben. Hermann würde sich freuen, wenn ich ihm sagen würde, dass ich meine Meinung geändert habe."

„Bitte, denk jetzt nicht an die Ehe. Denk daran, mit mir nach Amerika zu gehen. Du könntest dort eine bessere Zukunft haben."

„Okay, ich werde mit dir kommen, wenn du Mutters Erlaubnis erwirbst." Wie aufregend der Plan klang, aber ich wollte meine Hoffnungen noch nicht zu hoch setzen. Nachdem ich den Tisch abgeräumt und das Geschirr gespült hatte, fragte ich Edmund, ob er ein Nickerchen machen wolle. Das Reisen durch die Städte mit viel Verkehr muss ermüdend gewesen sein.

„Ja, ich denke, ich werde ein kurzes Nickerchen machen. Es wird sicher gut tun, meine Beine auszuruhen.“

„Gut, ich werde ruhig sein und lesen.“

Ich setzte mich an den Tisch und öffnete die Bibel. Es fiel mir schwer, mich auf den Text vor mir zu konzentrieren. Meine Gedanken schweiften in alle Richtungen und ich dachte an eine mögliche Reise nach Amerika. Wie wird Dr. Samietz reagieren, wenn ich ihm sage, dass ich aufhören werde? Wo und wie würde ich in Amerika leben? Diese und viele andere Gedanken kamen mir in den Sinn. Nachdem ich gebetet und diese Angelegenheit in Gottes Obhut gegeben und Ihn gebeten hatte, mir zu helfen, die richtige Entscheidung nach seinem Willen zu treffen, gewann ich meinen inneren Frieden zurück.

Edmund war tief eingeschlafen. Um 16:00 Uhr weckte ich ihn auf. Es war Zeit, ins Hotel zu gehen und ihn anzumelden.

„Wir gehen jetzt besser ins Altstadt-Hotel. Möchtest du dein Motorrad im Garten lassen? Ich denke, es ist hier sicher. Das Hotel ist nur wenige Minuten vom Haus entfernt.“

„Okay, ich nehme nur meine Tasche mit. Lass uns gehen.“

Wir wanderten in die Gelnhausener Altstadt, vorbei an der schönen Marienkirche und der Altstadtbäckerei, wo ich Brot und Kuchen einkaufte. Bevor wir im Hotel ankamen, sagte ich Edmund, es sei kein elegantes, aber preisgünstiges Hotel und sehr sauber. Ich dachte, es würde für eine Nacht reichen. Als wir im Altstadt-Hotel ankamen, betraten wir die Lobby. Ein freundlicher Rezeptionist begrüßte uns.

„Was kann ich für Sie tun?“

„Ich bin Fräulein Bonacker. Ich habe für meinen Bruder Edmund für heute Abend ein Zimmer reserviert.“

„Lassen Sie mich bitte auf die Gästeliste schauen. Ja, ich habe Zimmer 305 für Edmund Bonacker reserviert.“ Er wies auf die Treppe, wo sich das Zimmer im dritten Stock befand.

„Möchten Sie, dass ich jetzt bezahle?“, fragte Edmund.

„Was auch immer Sie bevorzugen, jetzt oder morgen, wenn Sie auschecken."

„Ich bezahle lieber jetzt. Wie viel kostet das Zimmer?"

„100,00 DM oder 25.00 US-Dollar."

„Ich zahle in DM. Hier ist das Geld."

Edmund überreichte ihm zwei 50,00 DM-Scheine.

„Vielen Dank. Warten Sie, ich besorge die Quittung."

„Hier ist die Quittung und der Schlüssel."

Edmund nahm die Quittung und den Schlüssel entgegen. Wir gingen die Treppe hinauf zum Zimmer; es war bescheiden eingerichtet, aber sauber und hatte einen schönen Blick auf die Stadt.

„Für eine Nacht ist es in Ordnung", bemerkte Edmund.

„Möchtest du bei mir zu Hause Abendbrot essen? Ich habe Würstchen und Brot gekauft, oder würdest du lieber in einem Restaurant essen?"

„Ich denke, wir können in einem Restaurant essen. Kennst du ein gutes in der Stadt?"

„Ja, ich habe einmal bei Kaufmann gegessen; ihr Essen ist ausgezeichnet."

„Dann lass uns dort hingehen." Ich sagte Edmund, wie gut das Wienerschnitzel schmeckte, das ich in Kaufmanns Restaurant gegessen hatte. Ich wollte den Wildbraten, den ich auf der Speisekarte sah. Wir genossen das Essen sowie die prompte Bedienung und unerwartete Musik einer kleinen Kapelle. Wir konnten jedoch nicht zu lange bleiben. Edmund musste morgen zurück, und er brauchte eine gute Nachtruhe, bevor er nach Hause fuhr. Er begleitete mich zu meiner Wohnung, und er würde morgen früh zum Frühstück zurückkehren. In dieser Nacht brauchte ich nicht allzu lange, um einzuschlafen; ich war zu müde, um an die Zukunft zu denken. Da der 1. Mai ein nationaler Feiertag war, der Tag der Arbeit, arbeiteten auch wir nicht. Ich war froh, die zusätzliche Zeit zu haben, die ich mit meinem Bruder verbringen konnte. Er wollte am Montag abreisen, um nicht in den dichten Stadtverkehr zu geraten. Ich brühte Kaffee auf und deckte den Tisch mit Würstchen. Sobald Edmund ankam, aßen wir ein herzhaftes Frühstück.

Wir sprachen eine Weile über die Einwanderungspläne. Edmund würde mir sofort schreiben, nachdem er die Erlaubnis unserer Mutter erhielt. Er erwähnte, dass er bereits mit dem Einwanderungsprozess begonnen hatte, um ein Visum für die USA zu erhalten. Ohne Zweifel wollte er mich nicht zurücklassen. Ich wollte auch nicht von meiner Schwester Emma und meinem Bruder Edmund getrennt werden. Die endgültige Entscheidung lag allerdings bei meiner Mutter. Ich betete, dass sie verständnisvoll sei und mich gehen ließe.

Am 1. Mai feierten wir den Tag der Arbeit. Viele Menschen genossen es, in den Wäldern zu wandern und das neue Erwachen der Natur zu begrüßen. Die Sonne lockte mich, aus dem Haus, um spazieren zu gehen. Nach dem Mittagessen schlenderte ich durch die Apfelplantage. Die Bäume standen in voller Blüte. Bienen summten und flogen von Blüte zu Blüte. Die Vögel zwitscherten fröhlich auf den Bäumen. Es ließ mich meine Einwanderungsbedenken für den Moment vergessen. Nach einer zweistündigen Wanderung im Wald ging ich in mein Lieblingscafé, das „Berg Schlösschen". Da es ein Feiertag war, kamen viele Leute und füllten das Café. Der Kellner und Besitzer kannte mich jedoch als feste Kundin. Sie fanden einen kleinen Tisch am Fenster für uns. Ich dachte, ich würde ein spezielles Dessert, Crêpes, für diesen Anlass bestellen. Der Kellner brachte einen Teller nicht nur mit einem Crêpe, sondern auch garniert mit frischen Erdbeeren, Blaubeeren, Himbeeren und einer Kugel Eiscreme. Es sah auf jeden Fall appetitlich aus und schmeckte himmlisch mit einer Tasse Kaffee. Ich nahm einen Bissen von jedem, beendete aber zuerst die Eiscreme. Ich aß langsam und nahm ein Stück Erdbeere oder eine andere Beere nach der anderen, damit es lange anhielt, während ich die Klaviermusik genoss. Nach einer Weile stand eine Dame auf und sang beliebte Lieder. Das Publikum sang fröhlich mit und ich auch. Ich ging vor Sonnenuntergang nach Hause und summte immer noch einige der Melodien in meinem Kopf.

Ein ständiger Strom von Patienten in der Praxis hielt uns beschäftigt. Als ich in der Klinik kompetenter wurde, behandelte mich Dr. Samietz höflicher. Doch jeden Tag, der verging, dachte ich daran, mit meinem Bruder in die Vereinigten Staaten auszuwandern. Gespannt wartete ich auf Post von meinem Bruder. Schließlich, nach einer Woche, kam ein Brief von Edmund. Ich konnte es kaum erwarten, ihn zu öffnen. Jedoch durfte ich ihn nicht in Anwesenheit des Arztes oder der Patienten lesen. Ich entschuldigte mich und sagte, ich müsste zur Toilette. Schnell öffnete ich den Umschlag und meine Augen überflogen den Inhalt des Briefes, um das Wort Erlaubnis zu finden. Ich sah den Satz, in dem meine Mutter ja sagte. Das war alles, was ich jetzt wissen wollte. Den Rest des Briefes würde ich später lesen. Ich eilte zurück in die Praxis, um die Patienten zu betreuen. Diese gute Nachricht ließ mein Herz schnell schlagen. Es fiel mir schwer, ruhig zu bleiben und mich auf meine Arbeit zu konzentrieren. Nachdem die Sprechstunden endeten, eilte ich nach oben. Zuerst las ich den Brief in seiner Gesamtheit, bevor ich das Mittagessen zubereitete.

Hatte ich richtig verstanden? Meine Mutter gab mir ihre Zustimmung, mit Edmund nach Amerika auszuwandern? Dann schrieb er auch, dass er auf dem Heimweg von Gelnhausen einen Unfall mit seinem Motorrad gehabt hatte. Während er an einem Lastwagen vorbeifuhr, überhitzte der Kolben des Motorrades, blieb stehen und Edmund fiel mit dem Motorrad auf die Seite der Straße. Glücklicherweise fiel er vor dem Lastwagen auf den Seitenstreifen. Wäre er auf die Straße gefallen, hätte ihn der Lastwagen überfahren und getötet. Ich dankte Gott, dass dies. nicht passiert war, und dass er sich nicht schwer verletzt hatte. Er wartete, bis der Kolben abgekühlt war und fuhr langsam nach Hause, ohne andere Fahrzeuge zu überholen. Jetzt dachte ich darüber nach, wie ich die Einwanderungsdokumente beantragen sollte. Ich konnte noch niemandem von meinem Plan erzählen. Ich musste den ganzen Prozess im Geheimen machen. Ich wollte meinen Job nicht gefährden oder mich schämen, wenn das Visum nicht erteilt würde. Sofort schrieb ich Edmund zurück, dass ich den Prozess nächsten Mittwoch beginnen würde, was ich auch tat.

Ich nahm einen frühen Zug nach Frankfurt, damit ich ankam, wenn das amerikanische Konsulatsbüro öffnete. Ein freundlicher Angestellter rief mich rein und fragte, was er für mich tun könne. Ich erklärte ihm, dass ich ein Flüchtling aus Ostpreußen sei und dass meine beiden Schwestern bereits in die Vereinigten Staaten ausgewandert seien und dass mein Bruder Edmund und ich auch gerne auswandern möchten. Der Angestellte erklärte, dass Amerikas Quote noch offen sei und ich ein Einwanderungsvisum beantragen könne. Dann gab er mir eine Liste mit allen benötigten Dokumenten und einen Antrag auf ein dauerhaftes Visum.

„Bringen Sie alle erforderlichen Dokumente zu uns. Wenn alle Dokumente in Ordnung sind, dauert es ungefähr ein halbes Jahr, bis die Genehmigung oder Ablehnung mitgeteilt wird."

„Vielen Dank! Ich werde Ihnen die notwendigen Unterlagen so schnell wie möglich zukommen lassen. Auf Wiedersehen."

Als ich das Büro verließ, war es Mittag. Ich hielt in einem kleinen Restaurant an und aß ein Brötchen mit Bratwurst und Sauerkraut. Ich schlenderte an den Schaufenstern vorbei. Im Moment konnte ich nur davon träumen, teure und elegante Kleider zu besitzen. Ich ging zum Bahnhof, stieg in den Zug und kam am späten Nachmittag in Gelnhausen an. Sofort schrieb ich einen Brief an meinen Bruder Edmund. Zuerst bat ich ihn, meiner Mutter dafür zu danken, dass sie mir erlaubte, nach Amerika zu gehen. Auch dankte ich Edmund, dass er die Erlaubnis erworben hatte. Dann erwähnte ich alle Dokumente, die er mir schicken sollte. Ich hatte nur meinen Ausweis mitgenommen. Allerdings musste ich auch einen deutschen Pass beantragen. An meinem freien Tag am darauffolgenden Mittwoch ging ich zum Rathaus in Gelnhausen, um mich zu erkundigen, welche Unterlagen ich benötige, um einen Reisepass zu beantragen. Sie forderten ausgewählte Fotos und meinen Personalausweis. Ich fragte, wo der nächste Photoshop sei. Ich ließ meine Fotos machen, kehrte dann zum Bürgerbüro zurück und gab ihnen die Bilder und meinen Personalausweis. Der Angestellte kopierte alle meine Informationen von meinem Personalausweis und sagte mir, dass es vier bis sechs Wochen dauern würde, den Pass zu bekommen.

Jeden Tag wartete ich auf Post von meinem Bruder Edmund. Schließlich kam das Paket an, darin meine Geburtsurkunde, mein Konfirmationsschein, Zeugnisse von meiner Volksschule, Mittelschule und Dr. Gläser und das Referenzschreiben von meinem ersten Job. Am folgenden Mittwoch fuhr ich mit dem Zug nach Frankfurt und legte der Einwanderungsbehörde des amerikanischen Konsulats alle erforderten Dokumente vor. Nachdem der Angestellte die Dokumente überprüft hatte, teilte er mir mit, dass die Originale ins Englische übersetzt und von der Einwanderungsbehörde genehmigt, werden müssen. Dieses Verfahren würde etwa einen Monat dauern. „Sie können die originalen Dokumente bei Ihrem nächsten Besuch in einem Monat abholen. Wenn alle Papiere in Ordnung sind, müssen Sie eine vollständige ärztliche Untersuchung machen lassen.

„Auf Wiedersehen, Fräulein Bonacker; kommen Sie in einem Monat wieder."

„Auf Wiedersehen, Sir. Wir sehen uns in einem Monat."

So begann ich eine langwierige Prozedur, in der ich zum amerikanischen Konsulat hin und her fuhr, Originaldokumente abholte, neue hinbrachte und wartete, bis das Konsulat meinen Hintergrund überprüft hatte. Ich unterzog mich einer kompletten medizinischen Untersuchung, einschließlich Röntgenaufnahmen der Lunge und eines Elektrokardiogramms. In der Zwischenzeit setzte ich meine Arbeit in der Klinik fort, ohne Dr. und Frau Samietz, Patienten oder Freunden meine Pläne zur Auswanderung nach Amerika mitzuteilen. Ich schrieb nur Briefe an meinen Bruder über den Fortschritt meines Visumantrags.

So oft ich einen freien Mittwoch hatte, ging ich im Wald wandern. Zu hören, wie die Vögel sangen und die Brise, die durch die Äste raschelte, erfreute mich. Ich kaufte ein Viertelpfund Kokosnussbonbons, die ich langsam konsumierte. Auf dem Rückweg hielt ich an und kaufte Lebensmittel für die nächsten drei Tage, hauptsächlich Brot, Brötchen und Würstchen, ein oder zwei Schweinekoteletts und ein Glas Sauerkraut. Ich fuhr fort, das Berg Schlösschen für meine Sonntagsleckereien zu besuchen. Jeden Sonntag spielte der Besitzer semi-klassische oder populäre Musik zur Freude der Gäste. Hin und wieder standen Operndiven oder einige berühmte Sänger auf und unterhielten die Besucher. Einige Volkssänger luden die Gäste zum Mitsingen ein. Die meisten Menschen hatten ein recht umfangreiches Repertoire an Volksliedern und freuten sich, mitzusingen. Ich habe den Sonntagnachmittag im Café und die Wanderung durch die Apfelplantage den Hügel hinauf und hinunter immer sehr genossen.

In der Zwischenzeit schrieb mein Bruder Edmund, dass meine Schwester Emma, ihr Mann Gustav und ihr Sohn Bernard Mitte Juli in die Vereinigten Staaten fliegen würden. Ich war traurig, dass ich nicht nach Hause gehen konnte, um mich von meiner Schwester Emma und meinem Neffen Bernie zu verabschieden. Aber ich wusste, dass Dr. Samietz mir keine freien Tage geben würde, bevor ich nicht meine Urlaubsanforderungen erfüllte. Edmund schickte mir ein Foto von Bernie in einem blau-weißen Matrosenanzug, einschließlich der Mütze mit den beiden Bändern auf der Rückseite. Er sah darin bezaubernd aus. Wenn ihn jemand fragte, wie alt er sei, antwortete er: „Ich bin drei Jahre alt und habe keine Frau." Seine Antwort brachte die Leute zum Schmunzeln. Meine Schwester, ihre Familie und ihre Schwiegereltern flogen mit dem Transportflugzeug einer Flying Tigers Charter Company. Sie verließen Hamburg und flogen nach New York, dann weiter mit dem Zug nach Chicago. Sie beschlossen, in Chicago zu bleiben, wo viele Deutsche lebten. In einer Großstadt Arbeit zu finden, sollte einfacher sein als in einer Kleinstadt.

Edmund war traurig, als unsere Schwester Deutschland verließ. Er hoffte, bald zu ihr zu kommen. Seine Einwanderungsdokumente hatte er bereits in München beantragt und wartete nun auf sein Visum. Wir blieben beide in Erwartung der endgültigen Genehmigung. Der Sommer verging, und der Herbst kehrte ein und verwandelte mit all seiner bunten Pracht die Felder und Wälder. Die Apfelbäume im Obstgarten trugen ihre reifen

Früchte. Auf dem Weg zum Schlösschen hob ich einen Apfel auf, der zu Boden gefallen war. Ich hoffte die starken Winde würden die Bäume rütteln und Äpfel auf den Boden und auf den Steg werfen. Dann könnte ich genug sammeln, um gebratene Äpfel als Leckerbissen zu bereiten. Meine Freude wuchs jedoch, als ich von meinem Bruder Edmund hörte, dass er sein Visum erhalten hatte. Während meiner letzten Reise nach Frankfurt erfuhr ich, dass ich alle Immigrationsfragen erfüllte, und mein Visum auch genehmigt wurde. Jetzt war ich mir sicher, dass wir bald zu meiner Schwester Emma und ihrer Familie nach Chicago reisen würden. Der 16. Dezember 1956 war mein angegebenes Abfahrtsdatum aus Bremerhaven mit dem amerikanischen Militärtransportschiff MS General Harry Taylor.

Edmund entschied sich stattdessen, zu den Vereinigten Staaten zu fliegen. Sein Flugzeug sollte Anfang November von Hamburg abfliegen. Ich wäre lieber mit meinem Bruder mit dem Flugzeug geflogen, als mit dem Schiff zu reisen. Der Ozean kann im Winter rau sein. Für den Moment dankte ich Gott, dass wir bald zusammen in den Vereinigten Staaten sein werden. Es spielte keine Rolle, dass jeder von uns an einem anderen Datum abreiste. Wir freuten uns darauf, unsere Schwester Meta und ihre Familie zu sehen, die bereits seit einigen Jahren in Wisconsin lebte. Ich schrieb meiner Schwester, dass ich gerne bei ihr bleiben würde, bis ich eine medizinische Stelle gefunden habe. Ich fragte, wo es am einfachsten wäre, mich abzuholen.

Nun kam die schwierige Frage: Wie und wann würde ich Dr. Samietz meinen Plan mitteilen und die Kündigung geben. Wie würde er reagieren? Ich betete, dass Gott mir die richtigen Worte zur richtigen Zeit gebe. Ich musste es zuerst Dr. Samietz sagen und danach meinen Freunden und den Patienten. Ich wartete, bis ich ein Jahr in der Klinik gearbeitet hatte. Am Samstag, dem 13. Oktober, nachdem alle Patienten die Praxis verliessen,, ging ich zu Dr. Samietz' Schreibtisch und sagte: „Dr. Samietz, ich möchte Ihnen sagen, dass ich meine Zustimmung zur Einwanderung in die Vereinigten Staaten erhalten habe."

„Sie wollen wohin? Sie wollen nach Amerika?"

„Ja, mein Bruder Edmund wird im November gehen. Meine Abfahrt mit dem Schiff ist für den 16. Dezember geplant."

„Wie lange können Sie noch arbeiten?"

„Ich denke, ich kann bis Ende November bleiben. Ich wollte Sie im Voraus benachrichtigen, damit Sie genügend Zeit haben, eine andere Assistentin anzustellen."

„Wenn das der Fall ist, kann ich Sie nicht davon abhalten, zu gehen. Jetzt, da Sie gelernt haben, alle Arbeiten zu meiner Zufriedenheit zu erfüllen, und die Patienten Sie auch mögen, hatte ich gehofft, dass Sie länger blieben. Aber ich kann Sie nicht gegen Ihren Willen festhalten."

„Vielen Dank, Herr Dr. Samietz. Wären Sie so liebenswürdig, mir eine Referenz zu schreiben? Ich bin sicher, wenn ich mich auf eine Stelle in Amerika bewerbe, möchte der neue Arbeitgeber wissen, wie ich meine Aufgaben in meinem vorherigen Beruf erfüllte."

„Ich werde das tun. Ich weiß, dass meine Patienten Sie vermissen werden. Sie mögen Sie."

„Ich werde sie auch vermissen. Ich habe viele Ihrer Patienten liebgewonnen. Aber wir alle haben unterschiedliche Schicksale, denen wir folgen müssen."

„Ich denke, ich muss Sie gehen lassen."

„Danke, Dr. Samietz, dass Sie so verständnisvoll sind."

Ich war dankbar, dass alles gut ging, und Dr. Samietz mich nicht tadelte. Er war verständnisvoll und sehr höflich. Ich dachte mir, dass Patienten, die mir gesagt hatten, dass Dr. Samietz außen rau erscheint, aber innen gütig ist, Recht hatten. Mein Respekt für ihn wuchs. Ich blieb in der Praxis und sortierte die Akten der Patienten in die Schubladen. Ich räumte alle Gegenstände im Wartezimmer und im Untersuchungsraum auf, bevor ich nach oben ging. Ich atmete auf, weil Dr. Samietz meine Kündigung höflich und nicht ärgerlich angenommen hatte. Am nächsten Tag erzählte ich Lioba, seinem Dienstmädchen, von meinen Plänen. Im Laufe der Zeit teilte ich meine Pläne mit den Patienten, die ich liebgewonnen hatte. Einige waren traurig, andere gleichgültig, dass ich die Klinik verlassen würde.

Bevor ich Deutschland verließ, wollte ich meine Schwester Marta und ihre Familie besuchen, die in der fünf Kilometer breiten Militärzone in Ostdeutschland lebten. Das Reisen in und aus dieser Gegend war eingeschränkt. Die ostdeutschen Konsulate unter russischer Verwaltung erteilten nur wenige Reisegenehmigungen. Personen, die in Ostdeutschland lebten, durften auch nicht nach Westdeutschland reisen. Ich war besorgt, ob es eine Möglichkeit gab, sie zu besuchen, bevor ich nach Amerika auswanderte. Ich ging zu einem lokalen Reisebüro und erklärte mein Vorhaben. Dann fragte ich, wie man eine Reisegenehmigung bekommt, um meine Schwester in der Militärzone der DDR zu besuchen. Das Reisebüro fragte mich, wann ich meine Schwester zuletzt gesehen habe. Ich sagte, dass es vor über zehn Jahren gewesen war.

„Es besteht eine geringe Chance, dass die ostdeutsche Regierung Ihre Bitte erfüllt. Haben Sie Ihren Personalausweis und Reisepass dabei? Wann möchten Sie gehen und wie lange würden Sie bei Ihrer Schwester bleiben?"

„Ich würde gerne zehn Tage bei ihr bleiben, von Montag, 4. Dezember, bis Freitag, 14. Dezember." Ich reichte der Dame vom Reisebüro meinen Reisepass und meinen Personalausweis. Sie kopierte notwendige Informationen für eine Reisegenehmigung.

„Ich werde den Antrag zur Genehmigung nach Berlin schicken. Es kann etwa drei bis vier Wochen dauern, bis ich eine Antwort erhalte."

„Vielen Dank. Ich werde in drei Wochen wiederkommen. Auf Wiedersehen." Ich hoffte und betete zu Gott, dass mein Wunsch erfüllt werde. Meine Schwester und ihre Familie würden sich freuen, dass ich zumindest ein paar Tage mit ihnen verbringen könnte, bevor ich Deutschland verlasse und nach Amerika fahre.

Ich hatte noch sechs Wochen Zeit, um in der Klinik zu arbeiten. Ich schrieb meiner Mutter und Edmund, dass ich meine Schwester Marta und ihre Familie in Ostdeutschland besuchen wollte und eine Reisegenehmigung beantragt hatte. Ich hatte jedoch nicht die Gewissheit, sie zu erhalten. Ich ließ sie wissen, dass ich am 1. Dezember zu Hause sein würde. Edmund schrieb zurück, dass er am Dienstag, dem 13. November, von Hamburg nach New York fliegen und dann einen Zug nach Chicago nehmen würde, wo unsere Schwester Emma und ihre Familie wohnten. Er würde es mir schreiben, sobald er in Chicago ankam. Oft ertappte ich mich dabei, wie ich abgelenkt war und von all den Dingen abwich, die ich noch vorbereiten musste. Gedanken über die Reise in ein anderes Land schwirrten wie ein Bienenschwarm in meinem Gehirn. Ich musste mich zwingen, mich auf meine Arbeit zu konzentrieren. Ich betete zu Gott, dass ich keinen Fehler machen würde, wie zum Beispiel eine falsche Spritze zu geben, oder einem Patienten unnötige Schmerzen oder Leiden zuzufügen. Ich dankte Gott, dass sich bisher kein einziger traumatischer Vorfall ereignet hatte. Ich hoffte, dass in der verbleibenden Zeit, in der ich arbeitete, nichts passieren würde. Ich schrieb auch an meine Tanten und Onkel und meine Freundinnen und Hermann, dass ich im Dezember in die Vereinigten Staaten von Amerika auswandern würde. Zu diesem Zeitpunkt hatte ich keine Ahnung, ob es ein Besuch für eine begrenzte Zeit oder ein dauerhafter Aufenthalt sein würde. Ich fragte mich, was Hermann davon hielt, dass ich Deutschland verlassen werde und ob ich noch eine Chance haben würde, ihn zu sehen. Ich informierte auch die Gelnhausener Verwaltung, die eine Registrierung bei der Aufnahme des Wohnsitzes in der Stadt und das Datum des Verlassens der Stadt verlangte. Dreieinhalb Wochen später ging ich ins Reisebüro. Als ich das Reisebüro betrat, begrüßte mich die Angestellte mit einem beruhigenden Lächeln.

„Fräulein Bonacker, ich habe gute Nachrichten für Sie. Ich habe die Reisegenehmigung für Sie bekommen." Dann schaute sie in ihre Korrespondenz und gab mir mein Visum mit diesen Worten: „Stellen Sie sicher, dass Sie die Dorfpolizeistation benachrichtigen, wenn Sie in Silkerode ankommen und wenn Sie weggehen. Beschränken Sie das Reisen in andere Städte. Wenn Sie woanders hingehen müssen, nehmen Sie immer Ihre Genehmigung und Ihren Reisepass mit, um unangenehme Konfrontationen zu vermeiden."

„Vielen Dank, dass Sie das Visum rechtzeitig beschafft haben. Ich werde Ihren Rat genau befolgen. Auf Wiedersehen."

Glücklich kehrte ich in mein Zimmer zurück und schrieb einen Brief an meine Schwester Marta, wissend, dass sie und ihre Familie überglücklich sein würden, die gute Nachricht über meinen Besuch zu erhalten.

Am letzten Sonntag im November machte ich meinen üblichen Spaziergang zum Café Berg Schlösschen. Es war ein trüber Herbsttag, der sich auch auf mein Gemüt übertrug. Die Apfelzweige trauerten um den Verlust ihrer Blätter und Früchte. Ich bedauerte die Abreise von meinem Lieblingscafé in Gelnhausen. Der Besitzer, Herr Krüger, begrüßte mich immer herzlich als einen seiner treuen Gäste. Heute bemerkte er die Traurigkeit meines Gesichtsausdrucks und fragte mich, was mich beunruhige. Ich sagte ihm, dass dies mein letzter Besuch wäre und ich plane, nächsten Monat nach Amerika auszuwandern.

„Es tut mir leid, dass Sie uns verlassen, aber ich wünsche Ihnen viel Glück in Amerika. Seien Sie nicht traurig. Ich werde eine besondere Musik für Sie spielen, die ich kürzlich komponierte. Ich werde sie Ihnen als mein Abschiedsgeschenk widmen."

Nachdem ich mich an einen Tisch gesetzt hatte, ging Herr Krüger zum Klavier und spielte seine Komposition. Er überwältigte mich mit der Schönheit der Musik und seiner Geste, mir seine Komposition zu widmen. Ich stand auf und dankte ihm mit einem Händedruck. Dann kehrte ich an meinen Tisch zurück und bestellte einen Apfelstrudel mit heißer Vanillesoße, eine der Spezialitäten des Cafés, und meine übliche Tasse Kaffee. Die warme Soße schmeckte an diesem nassen und düsteren Tag herzerwärmend gut. Da es kühl war, tauchten an diesem Sonntag nicht allzu viele Personen auf. Aber die Anwesenden genossen ihre Leckerbissen, während sie eine Vielzahl von Musikstücken hörten. Nachdem ich mit dem Essen fertig war, wartete ich, bis Herr Krüger die Schubert-Serenade gespielt hatte. Dann ging ich zu ihm und sagte: „Herr Krüger, es tut mir leid, dass ich jetzt gehen muss. Ich möchte Ihnen für Ihre Komposition danken und für all die Freude, die Sie mir mit Ihrer Musik und natürlich mit all Ihren köstlichen Kuchen und besonderen Desserts bereitet haben. Ich werde die Erinnerungen an meine Besuche hier immer in Ehren halten."

„Fräulein Bonacker, ich werde es auch vermissen, Sie jeden Sonntag zu sehen. Sie waren so ein entzückender Gast."

Er stand auf, umarmte mich und verabschiedete sich. Dann erzählte er den Kunden, dass Fräulein Bonacker sie verlasse, um nach Amerika zu gehen: „Lasst uns alle ‚Auf Wiedersehn' für sie singen." Während die Kunden a cappella sangen, rührten sie mich zu Tränen. Als sie mit dem Singen fertig waren, wischte ich mir schnell die Tränen ab, dankte den Gästen und Herrn Krüger und ging. Mein Herz quoll über von gemischten Gefühlen von Traurigkeit und Freude, als ich zum letzten Mal den Hügel zwischen den Apfelbäumen hinunterging.

Zwei Tage bevor ich meine Arbeit beendete, gab mir Dr. Samietz ein Referenzschreiben mit den Worten: „Hier ist das Empfehlungsschreiben. Alles in allem haben Sie es gut gemacht, und ich wünsche Ihnen viel Glück bei der Suche nach der richtigen Position in Amerika."

„Vielen Dank, Dr. Samietz! Ich hoffe sehr, dass ich eine gute Arbeitsstelle finde. Danke auch, dass Sie mir so viele medizinische Verfahren beigebracht haben, während ich bei Ihnen angestellt war."

Ich konnte es kaum erwarten, in mein Zimmer zu gehen und den Inhalt seines Briefes zu lesen:

Walther Samietz Gelnhausen, 28. November 1956
Barbarossa Str. 6 Tel. 24 56

Bericht für Fräulein Bonacker, Hilde, geb. 2. Januar 1937

Vom 10. Oktober 1955 bis Ende November 1956 beschäftigte ich Fräulein Hilde Bonacker als kaufmännische und medizinische Assistentin. Während dieser Zeit führte sie alle erforderlichen Maßnahmen in der Klinik durch. Sie diente als meine medizinische Assistentin und führte selbst alle La-

boranalysen durch. Ich konnte mich auf die Ergebnisse von Magenuntersuchungen, Blutbildern, Glukose- und anderen Labortests verlassen, denn sie war kompetent und machte die Tests gut. Fräulein Bonacker machte auch Röntgenaufnahmen. Sie verwaltete alle medizinischen Korrespondenzen, die Korrespondenz und die Einziehung der Arztgebühren von der Regierung. Sie führte alle ihre zugewiesenen Arbeiten gewissenhaft und zu meiner großen Zufriedenheit aus. Fräulein Bonacker wohnte auch in meinem Haus und war ein angenehmer und zuvorkommender Untermieter. Ihre Manieren und ihr Verhalten waren immer makellos.

Fräulein Bonacker kündigt ihre Anstellung bei mir, weil sie nach Amerika auswandern will. Ich bedaure, sie verloren zu haben, aber ich wünsche ihr alles Gute für die Zukunft.

Dr. Walther Samietz

Der Inhalt von Dr. Samietz' Brief erstaunte mich zunächst. Er zeigte mir sehr selten, dass er sogar meine außergewöhnliche Arbeit und meine makellosen Manieren schätzte. Er bewies mir erneut, dass unter der rauen Erscheinung ein sanftes Herz schlug. Ich dankte Gott in meinem Abendgebet und Dr. Samietz am nächsten Morgen für den Brief mit der hohen Empfehlung. Er antwortete nur mit einem breiten Lächeln, und ich auch. Alle negativen Gefühle der Vergangenheit verschwanden und waren vergessen.

Am Donnerstag und Freitag packte ich und reinigte das Zimmer. Ich wollte alles makellos und in Ordnung hinterlassen. Nachdem wir am Freitag den letzten Patienten betreut hatten, verabschiedete ich mich von Dr. Samietz. Frau Samietz kam auch in den Empfangsraum, um sich von mir zu verabschieden. Sie dankte mir dafür, dass ich eine so fähige und höfliche medizinische Assistentin gewesen war. Im Gegenzug dankte ich Dr. Samietz für die Möglichkeit, dass ich bei ihm praktische Erfahrungen erwerben konnte. Sie wünschten mir alles Gute, und ich ihnen auch. Lioba, ihr Dienstmädchen, war sehr traurig, dass ich ging. Wir hatten uns liebgewonnen und ich wusste, dass ich sie vermissen würde. Ursula, die Tochter von Dr. und Frau Samietz, kam am Freitagabend, um sich zu verabschieden. Wir hatten beide eine herzliche Beziehung zueinander entwickelt, und sie drückte aus, wie sehr sie es genossen hatte, sich mir anzuvertrauen, und bedauerte, mich gehen zu sehen.

Samstagmorgen ging ich mit zwei Koffern zum Bahnhof, um den frühen Zug nach Frankfurt zu nehmen. Ich hielt einmal auf dem Weg an, um noch einen Blick auf die Marienkirche, die Burgruine, das Berg Schlösschen und all die vertrauten Plätze zu werfen, die ich genossen hatte, während ich ein Jahr in Gelnhausen wohnte. Ich werde nie vergessen, wie ich am Mittwoch durch den Wald spazieren gegangen war, während ich langsam meine Kokosnussbonbons konsumierte und den Vögeln beim Singen lauschte. Ich hatte die Veränderungen der Jahreszeiten im Wald begrüßt, besonders das Erwachen der Natur im Frühling. Ich hatte beobachtet wie der Schnee die trockenen Blätter und Reste des Herbstes mit einer Vielzahl von weißen Flocken bedeckte und den Wald in ein friedliches Winterwunderland verwandelte. Ich hatte mich Gott und Seiner wunderbaren Schöpfung hier immer nahe gefühlt, besonders im Wald. Bei jedem Spaziergang hatten die Schönheit, die Tierwelt und die Wunder des Waldes meinen Geist erfrischt und meine Seele inspiriert.

Jetzt kehrten meine Gedanken schnell zu meinem Weg zum Bahnhof zurück. Ich kam gerade pünktlich an, um den frühen Zug nach Frankfurt zu erreichen. Ich musste in Frankfurt umsteigen und fuhr nach Mannheim und Neustadt, bevor ich am späten Nachmittag Landau erreichte. In Landau nahm ich den Nahverkehrszug nach Knönrringen-Essingen. Von dort aus war es nur ein kurzer Fußweg nach Essingen, wo meine Mutter und mein Bruder Horst mich erwarteten. Mit dem Zug zu reisen und die verschiedenen Landschaften am Fenster vorbeiziehen zu sehen, hatte mir immer gefallen; so auch das Treffen interessanter Reisegefährten. Aber an diesem Tag sind meine Gedanken schon zu meiner Schwester Marta in Ostdeutschland gereist, und ich habe der vorbeiziehenden Landschaft nicht die volle Aufmerksamkeit geschenkt.

Erschöpft erreichte ich endlich mein Zuhause. Mein Bruder Richard war für das Wochenende nach Hause gekommen. Als er mich durch das Fenster sah, kam er, um mir zu helfen, meine Koffer ins Haus zu tragen. Ihn zu sehen, erweckte alle Kindheitserinnerungen aus Ostpreußen in mir, und ich war froh, dass er das Wochenende frei hatte. Mutter und Horst freuten sich, mich nach einem Jahr wiederzusehen. Am Morgen gingen wir alle in die Kirche. Es war zufällig der erste Adventssonntag. Nachdem wir uns hingesetzt hatten, erinnerte ich mich an den Tag, an dem ich konfirmiert wurde, als ich allein vor dem Altar stand und alle Fragen richtig beantwortete, die Pastor Armin Schlender gestellt hatte. Dann schaute ich auf den Balkon, wo der Kirchenchor saß. Mein Bruder Georg und ich hatten uns kurz nach unserer Ankunft in Essingen dem Chor angeschlossen. Herr Jäger, der Dirigent, lehrte uns viele religiöse Hymnen, und wir freuten uns immer auf das jährliche Picknick. Viele Erinnerungen schossen mir durch den Kopf, bevor der Pastor die Gemeindemitglieder begrüßte, und wir begannen, das Adventslied „O komm, O komm Emmanuel" zu singen.

Nachdem wir die traditionelle Liturgie beendet hatten, sang der Kirchenchor: „Tochter Zions, freue dich. Jauchze laut, Jerusalem! Sieh, dein König kommt zu dir." Ich schaute auf den Balkon. Ich sah all die vertrauten Sänger und verabschiedete mich schweigend von ihnen. Pastor Brünings hielt die Predigt darüber, wie wir unsere Herzen auf das Kommen des Heilandes vorbereiten sollten. Nach der Predigt gingen die Gemeindemitglieder zum Altar, um das heilige Abendmahl zu empfangen. Dann sangen wir die ersten drei Verse von „Befiehl du deine Wege und was dein Herze kränkt". Ich sang es mit eifrigem Vertrauen auf Gott, dass Er mich in der Zukunft führen würde. Der Pastor sprach den Segen und entließ uns. Ich sagte meiner Mutter, dass ich warten und mich von Pastor Brünings verabschieden wollte. Mutter, Richard und Horst sagten, sie würden nach Hause gehen, nur einen halben Block von der Kirche entfernt, und das Mittagessen vorbereiten. Während ich auf den Pastor wartete, sprach ich auch mit Nachbarn und einigen Kirchenchormitgliedern. Sie waren froh, mich zu sehen, aber traurig, dass ich meine Heimat verlasse. Als Pastor Brünings auf mich zukam, sagte ich ihm, dass ich bald nach Amerika gehen würde, aber zuerst plante ich, meine Schwester Marta in Ostdeutschland zu besuchen.

„Es tut mir leid, dass du uns verlässt, aber möge Gott mit dir gehen und dich immer und überall behüten."

„Vielen Dank, Pastor Brünings. Ich wünsche Ihnen und Ihrer Familie auch Gottes Segen."

„Wann gehst du?"

„Dienstag. Ich werde zu meiner Schwester Marta in Silkerode reisen, und mein Schiff fährt am 16. Dezember von Bremerhaven ab."

„Auf Wiedersehen, Hildegard und Gott segne dich. Ich werde meiner Tochter Gudrun sagen, dass sie dich morgen besuchen soll."

„Vielen Dank! Verabschieden Sie mich auch von Frau Brünings und Ihrer Familie. Auf Wiedersehen, Pastor Brünings."

Wir verabschiedeten uns, und ich ging nach Hause. Als ich die Küche betrat, konnte ich den Entenbraten im Ofen riechen. Mutter bereitete mein Lieblingsessen zu. Zum Nachtisch hatte sie einen Apfelkuchen gebacken. Ich genoss ihre Küche; so auch meine drei Brüder. Georg, der auf dem örtlichen Weingut von Herrn Feldmann arbeitete, kam für den Kirchgang und zum Mittagessen zu uns. Meine Mutter war traurig, dass ihre dritte und jüngste Tochter in ein anderes Land ging. Ich versuchte unermüdlich, sie aufzumuntern, indem ich mit großer Begeisterung über Amerika sprach: „Ich habe auch die Möglichkeit offengelassen, zurückzukehren, wenn ich aus irgendeinem Grund nicht dort leben möchte." Sie zwang sich, fröhlicher zu sein, aber es war nur Schein. Am Sonntagabend musste Richard an seinen Arbeitsplatz zurückkehren, ebenso wie Georg, der im Weingut lebte. Tränen flossen, als wir uns voneinander verabschiedeten. Ich dankte Georg dafür, dass er die Rolle seines Vaters während unserer Flucht aus Ostpreußen übernommen hatte. Er hatte die Pferde gefüttert und uns geholfen, die vierundsiebzigtägige Reise mit Pferd und Wagen durch einen bitterkalten Winter während der schrecklichen Kriegszustände und Gefahren des Zweiten Weltkrieges zu überleben. Ich werde ihm und den Kirstein-Brüdern Fritz und Gustav immer zu Dank verpflichtet sein, die uns tapfer bei den Reparaturen vom Wagen halfen. Sie hatten Futter für die Pferde besorgt. Aber vor allem werde ich Gott immer danken, dass Er uns beschützt und uns alle durch die Gefahren und Bombardierungen des Zweiten Weltkriegs am Leben erhalten hat. Jetzt bat ich Gott, mich zu behüten und zu führen, während ich eine Reise in einen anderen Teil der Welt begann.

Am Sonntagnachmittag besuchte ich die Familie Wistof. Drei Brüder, Edelmuth, Freimuth und Hartmuth, gehörten ebenso zu unserer Jugendgruppe, wie die beiden Schwestern von Hermann, Helge und Heidrun Jäger. Ich hatte gehofft, auch Hermann zu sehen. Ich ging kurz vorbei, um mich von Gudrun und Norbert Kleinschmidt und Heidi und Ingrid Freytag zu verabschieden. Sie hatten sich meiner jüngeren Kindergruppe angeschlossen. Ich war dankbar für die Zeit, die wir zusammen verbrachten, und die vielen schönen Veranstaltungen, an denen wir teilgenommen hatten, und traurig, sie zu verlassen. Ich kam rechtzeitig zum Abendessen zurück. Nach dem Abendessen saßen wir in der Nähe des Heizkörpers und schwelgten in Erinnerungen an das Leben in Ostpreußen. Bevor ich schlafen ging, dankte ich Gott, dass Er mir erlaubte, so viele Freunde und Nachbarn zu sehen, bevor ich ging. Ich dankte Gott auch dafür, dass Er mich bis jetzt so wunderbar geführt hatte. Ich legte vertrauensvoll alle meine zukünftigen Anliegen und Pläne in Gottes liebevolle Hände.

Am Montag plante ich, zwei Koffer zu packen, einen mit meiner Kleidung für den Besuch meiner Schwester in der DDR, und einen größeren Holzkoffer, den ich direkt nach Bremerhaven zum Schiff, General Harry Taylor, schicken würde. Während ich eifrig in meinen Büchern nachschaute, schlug Mutter vor:

„Nimm auch ein Federbett mit, das ich mit Daunenfedern der Gänse von unserem Bauernhof in Ostpreußen gefüllt habe. Es wird dich immer warmhalten. Es wird auch Erinnerungen daran wecken, wie die Federbetten uns im Zweiten Weltkrieg während der Flucht aus Ostpreußen vor dem Erfrieren retteten."

„Wie kann ich eins in meinen Koffer stecken?" Aber dann dachte ich über die Worte meiner Mutter nach: „Es wird dich immer warmhalten und dich an zu Hause erinnern." Ich beschloss, eins mitzunehmen.

Mutter ging zum Schrank, wo sie das Federbett von den Jungen aufbewahrt hatte, und sagte: „Hier, nimm dieses und die Bettwäsche dafür auch."

„Mutter, das werde ich tun. Vielen Dank!"

Dann sah ich alle meine Bücher, Zeugnisse und Notizbücher durch. Ich musste bei so begrenztem Platz sehr selektiv sein. Ich nahm alle meine Zeugnisse, Referenzschreiben, meinen Gedichtband mit dem Titel „Der Blütenbaum", ein Lexikon und meine Bibel mit. Ich packte auch drei Dessertteller mit Tassen und Untertassen. Freunde hatten sie mir zur Konfirmation geschenkt. Sie erinnerten mich immer an die Freundlichkeit meiner Freunde und die besondere Feier. Ich packte jedes Stück einzeln in Papier und legte es zwischen der Daunendecke, um sicherzustellen, dass sie nicht brechen würden. Ich packte alle anderen Gegenstände und die Daunendecke ein, bevor ich den Koffer verriegelte. Ich schrieb die Adresse der Reederei auf den Koffer und brachte sie am späten Nachmittag zur Post. Horst, der von der Schule zurückgekehrt war, kam mit mir und half mir, den Holzkoffer zur Post zu tragen. Ich ging durch meine Garderobe und wählte ein paar warme Kleidungsstücke aus, die ich auch mitnahm. Ich behielt alle meine Einwanderungspapiere, meinen Reisepass und meinen Personalausweis in meiner übergroßen Handtasche und auch das Geld, das ich während meiner Arbeit in der Klinik gespart hatte.

Nach dem Abendessen unterhielten wir uns eine Weile. Ich dankte meiner Mutter dafür, dass sie es mir ermöglicht hatte, zur Mittelschule zu gehen und mir erlaubte, in die Vereinigten

Staaten auszuwandern. Ich wusste, dass es ein großes Opfer für sie war, mich gehen zu lassen, aber sie wollte nichts tun, was Gottes Plänen und meinen Bestrebungen zuwiderlief. Als ich spät und körperlich müde ins Bett ging, blieb mein Geist lange wach. Gedanken über die Vergangenheit und die Zukunft kreisten in meinem Kopf herum. Nach Mitternacht schlief ich endlich für ein paar Stunden ein. Um 5:00 Uhr morgens klingelte der Wecker. Es war Zeit, aufzustehen und sich fertig zu machen. Mutter stand auch auf, um Frühstück zu machen. Horst wachte eine Stunde später auf. Er musste erst um 8:00 Uhr zur Schule gehen. Ich stellte meinen Koffer und meine Handtasche an die Tür, bevor wir uns hinsetzten und frühstückten. Keiner von uns konnte seine Gedanken und Emotionen in Worte fassen; unsere Gesichtsausdrücke offenbarten die Gefühle unseres Herzens. Die Zeit des Abschieds kam. Wir schauten uns nur an, umarmten uns und ließen unsere Tränen über unsere Wangen fließen. Dann musste ich meine Mutter loslassen. Sie sagte: „Möge Gott dich stets segnen und immer beschützen."

„Danke, Er wird es tun. Möge Gott mit dir sein und dich trösten."

Ich griff mir meine Handtasche und Horst nahm den Koffer, und wir gingen. Ein Teil meines Lebens blieb jedoch zurück.

Der Tag brach an, als Horst und ich den Bahnhof erreichten. Langsam kamen mehr Personen an. Die Mehrheit ging nach Landau. Heute musste ich in die entgegengesetzte Richtung, nach Neustadt. Ich verabschiedete mich von Horst, als mein Zug ankam. Ich umarmte ihn und bat ihn, sich um unsere Mutter zu kümmern, und sagte: „Sie wird dich noch mehr brauchen, jetzt, da alle deine Schwestern weit weg von zu Hause sind." Ich hielt meine Tränen zurück und begab mich schnell in den Zug. Zum Glück kam keine andere Person in den Waggon. Ich setzte mich, stellte meinen Koffer neben mir, holte mein Taschentuch heraus und wischte mir die Tränen ab. Der Ingenieur pfiff und startete den Motor der Lokomotive. Die Räder begannen sich zu drehen, während Dampf und Rauch durch den Schornstein der Lokomotive entwichen und ein weißes Dampfband hinterließen.

Mischwälder bedeckten das Haardtgebirge und rollten am Fenster vorbei. Heute legten die blätterlosen Laubbäume die Burgen und andere Sehenswürdigkeiten frei, die ich schon von weitem erkennen konnte. Der Pfälzerwald war ein Wanderparadies und belohnte einen mit kleinen Flüssen und Teichen, um sich zu entspannen und zu erfrischen. Eine reiche Flora bedeckte im Frühling den Boden und schuf einen bunten, lebenden Teppich aus Moos und verschiedenen Wildblumen. Im Herbst ernteten wir früher stets eine Fülle von Edelkastanien. Ich erinnere mich heute noch an die vielen belebenden Wanderungen, die wir im Wald unternahmen, während wir Volkslieder sangen. Im Herbst sammelten wir die gefallenen Kastanien und rösteten sie auf offenem Feuer, während wir an dem frisch fermentierten, undurchsichtigen weißen Wein nippten. Nachdem unsere Mägen gefüllt waren, saßen wir am Lagerfeuer und sangen. Im Winter fanden wir eine Schanze zum Rodeln oder Skifahren. Ich erinnere mich noch daran, wie ich zum ersten Mal ein Paar Skier anzog und den Berg hinunterglitt. Ich wusste nicht, wie ich anhalten sollte. Ich fiel einfach auf eine Seite, stand auf, ging den Hügel hinauf und fragte, wie ich beim nächsten Lauf richtig anhalten konnte. Das Pflücken von Beeren und Pilzen im Wald war auch eine meiner Lieblingsbeschäftigungen. Nun, als der Zug mich Richtung DDR trug, war die Vergangenheit nur eine geschätzte Erinnerung. Die Zukunft war noch ein Mysterium und ein Traum. Der Schaffner kam, um die Fahrkarten zu überprüfen, und brachte mich zurück in die Gegenwart. Als er meine Fahrkarte mit den Namen vieler Städte, in denen ich umsteigen musste, sah, bemerkte er:

„Fräulein, Sie haben einen langen Weg vor Ihnen. Als nächstes müssen Sie in Neustadt umsteigen und nach Mannheim fahren."

„Vielen Dank. Das werde ich tun."

Der Schaffner ging durch den Gang, als wir Neustadt erreichten, und rief: „Nächster Halt Neustadt." Ich machte mich bereit, von Bord zu gehen. Ich trug meinen Koffer zum Fahrkartenschalter und fragte den Sachbearbeiter, auf welchem Gleis der Zug nach Mannheim fahre. Als der Zug einrollte, stieg ich ein.

In Mannheim stieg ich in den Zug nach Frankfurt um. Da ich mehrmals durch Frankfurt gereist war, kannte ich den Bahnhof. Ich hatte genügend Zeit, um eine Brezel und eine Cola zu genießen, während ich auf den Zug wartete, der nach Hanau fuhr. In Hanau stieg ich um nach Eisenach, das an der Grenze zur DDR lag. Auch wenn der Zug unterwegs in den großen Städten hielt, musste ich erst in Eisenach umsteigen. Als ich in Hanau in den Zug einstieg, wählte ich ein Abteil in der Mitte des Zuges, weil es ruhiger war. An den Haltestellen stiegen einige Personen aus dem Zug, andere stiegen ein. Einige Leute genossen es, sich mit Reisenden zu unterhalten; andere lasen Bücher, Zeitungen oder machten sogar ein Nickerchen. Mein Lieblingszeitvertreib während der Reise mit dem Zug war es, zum Esszimmerwagen zu gehen. Ich bestellte entweder eine Mahlzeit oder nur ein Dessert und eine Tasse Kaffee, während ich die sich schnell verändernde Landschaft beobachtete.

Bei der nächsten Haltestelle in Schüchtern stieg ein angesehener Herr in denselben Waggon ein und setzte sich mir gegenüber hin. Nachdem er seinen Mantel, seinen Hut und seine Handschuhe ausgezogen und seine Aktentasche in den oberen Lagerbehälter gelegt hatte, begann er ein Gespräch und fragte mich nach meinem Reiseziel. Ich sagte ihm, dass mein letztes Ziel New York per Schiff sei. Jetzt sei ich auf dem Weg, meine Schwester in Silkerode, Ostdeutschland, zu besuchen.

„Aber Fräulein, ich hoffe, Sie haben nicht alle Ihre Einwanderungsdokumente bei sich?"

„Ja, das habe ich."

„Ich denke, es ist nicht sicher, sie mit nach Ostdeutschland zu nehmen. Im Fall, dass die Polizei an der Grenze verächtlich ist, könnte sie Ihnen alle Dokumente wegnehmen und Ihre Pläne ruinieren."

„Ich habe nicht an diese Möglichkeit gedacht. Was schlagen Sie vor, was ich tun sollte?"

„Können Sie nicht die Papiere nach Hause schicken und dann zurückgehen, um Sie abzuholen?"

„Ich wünschte, ich könnte es, aber ich habe nicht die Zeit, nach Hause zu gehen; es liegt nicht auf meinem Weg. Ich werde bis zum 14. Dezember bei meiner Schwester in Silkerode bleiben. Dann muss ich nach Bremerhaven reisen, um mit dem Schiff am 16. Dezember nach New York zu fahren."

„Haben Sie nicht einen Verwandten oder einen Freund auf dem Weg nach Bremerhaven, wo Sie die Unterlagen einsenden und bei Ihrer Rückkehr abholen könnten?"

Ich dachte einen Moment nach. Dann fiel mir ein, vielleicht sollte ich die Unterlagen an Hermann in Hamburg schicken. Ich könnte auf dem Weg nach Bremerhaven anhalten, um sie abzuholen.

„Ja, Herr, ich habe einen Freund in Hamburg, wohin ich sie schicken und dann nach dem Besuch meiner Schwester abholen könnte."

„Das ist eine gute Idee. Die nächste Station ist Fulda. Wir haben etwa eine halbe Stunde Zeit. Sie können zum Schalter gehen und das Dokument dort abschicken. Mein Ziel ist Bad Hersfeld. Ich kann auf Ihr Gepäck aufpassen."

„Danke, Herr, das ist sehr nett von Ihnen. Das werde ich tun. Haben Sie zufällig ein leeres Blatt Papier?"

„Ja, das habe ich. Warten Sie, ich gebe es Ihnen." Der Herr griff nach seiner Aktentasche, öffnete sie und reichte mir ein Papierblatt. „Leider, habe ich keinen großen Umschlag; sonst würde ich Ihnen den auch geben."

„Vielen Dank. Ich habe die Dokumente in einem großen, leeren Umschlag. Den kann ich zum Wegschicken verwenden"

Ich schrieb einen Brief an Hermann. Dann steckte ich das Visum und die Einwanderungsdokumente in den Umschlag und adressierte sie an Hermann. Da ich keinen Wohnsitz hatte, schrieb ich die Rücksendeadresse meiner Mutter auf den Umschlag. Dann legte ich ihn in meine Handtasche.

„Jetzt kann ich den Brief in Fulda abschicken. Ich hoffe, er wird früher ankommen als ich; sonst würde ich wortwörtlich das Schiff verpassen."

„Ich denke, es wird beizeiten ankommen. Der Postdienst hier ist zuverlässig. Darf ich fragen, was Ihr Grund ist, nach Amerika zu gehen?“

„Einer meiner Brüder und zwei Schwestern sind bereits in den Staaten. Ich möchte mich ihnen anschließen. Amerika, Kanada, Australien und Südamerika haben eine Quote für die Aufnahme einer bestimmten Anzahl von Flüchtlingen.“

„Wann haben Sie Ostpreußen verlassen?“

„Meine Mutter mit sieben Kindern floh im August 1944 mit Pferd und Wagen. Wir reisten acht Monate lang im Treck und hatten mehrere Aufenthalte auf dem Weg, bevor wir kurz vor Kriegsende in Schleswig-Holstein landeten.“

„Wo war Ihr Vater?“

„Mein Vater wurde zwei Wochen vor unserer Flucht aus Ostpreußen zur Armee eingezogen. Die polnische Armee nahm meinen Vater gefangen und hielt ihn als Gefangenen und später als Zwangsarbeiter in einem Steinbruch und Kohlebergwerken fest. Bis heute ist er noch nicht zurückgekehrt.“

„Es tut mir leid, das zu hören. Ja, der Zweite Weltkrieg brachte so vielen Familien unüberwindbares Leid und viel Zerstörung. Ich hatte das Glück, zu überleben. Ich sah so viele meiner Kameraden verwundet und getötet. Glücklicherweise erlitt ich nur leichte Verletzungen und erholte mich vollständig. In Bad Hersfeld hatten wir im April und Mai 1945 ein amerikanisches Lager für Kriegsgefangene. Professor Ernst Hermann Rübsam wohnte in Bad Hersfeld und war selbst zwölf Tage lang Häftling im Lager. Obwohl der Krieg bereits beendet war, hielten ihn die Amerikaner als Gefangenen im Lager. Vielleicht sollte ich Ihnen nicht von seiner schrecklichen Erfahrung erzählen, da Sie nach Amerika gehen? Ich möchte Ihnen kein negatives Bild von Amerika zeichnen?“

„Meine Schwestern, wie auch mein Bruder, haben nur Gutes zu sagen, wie die Amerikaner sie behandeln. Ich hoffe, sie werden mich auch respektvoll behandeln. Sie können mir erzählen, was im Camp Bad Hersfeld passiert ist. Ich interessiere mich sehr für die persönlichen Geschichten von Soldaten und Zivilisten, die den Zweiten Weltkrieg überlebten."

„Als Professor Ernst Hermann Rübsam zum ersten Mal das Lager betrat, traute er seinen Augen nicht. Verwundete Soldaten mit amputierten Gliedern, die in blutige Verbände gehüllt waren, lagen auf dem kahlen, schlammigen Boden. Kein Unterschlupf oder gar ein Zelt schützte sie vor den Elementen oder hielt sie warm. Sie lagen hinter Stacheldraht in sogenannten Käfigen. Die hungrigen, frierenden Soldaten riefen verzweifelt um Hilfe, aber es kam keine Hilfe. Die Verwundeten wurden aus einem Krankenhaus gebracht und einfach in die Käfige geworfen.

Bevor die Wachen sie wie Vieh in die Käfige jagten, nahmen sie ihre persönlichen Gegenstände weg. Die Soldaten gruben mit bloßen Händen, einem Löffel oder was auch immer ihnen übriggeblieben war, Löcher in den Boden. Dieses Lager befand sich in einem Sumpf des Haune Flusses, und wenn die Soldaten zu tief gruben, füllte das Grundwasser das Loch. Dann stiegen sie aus dem Loch und gingen herum und versuchten sich aufzuwärmen. Das Schlafen auf dem feuchtkalten Boden war über einen längeren Zeitraum fast unmöglich. Als die Seite, die den Boden berührte, zu kalt wurde, wachte die Person auf und drehte sich auf die andere Seite oder stand auf und ging umher. Die hellen Scheinwerfer, die sich die ganze Nacht über das Lager bewegten, verhinderten auch, dass die Soldaten schlafen konnten. Jeden Morgen mussten sie in Schlange stehen, um eine halbe Tasse Wasser zu bekommen. Einige brachen sogar zusammen, während sie warteten. Am Mittag mussten die armen, unterernährten, schwachen Soldaten wieder in der Schlange stehen, um eine Mahlzeit pro Tag zu erhalten. Es bestand aus zwei Crackern, die in eine Hand gelegt wurden, und vier Dosenpflaumen, auf der anderen Hand. Kein fließendes Wasser oder regelmäßige Duschen oder Toiletten; für jeden Käfig wurde nur eine Latrine ausgegraben. Viele Gefangene starben an Unterernährung, Lungenentzündung oder Durchfall. Soldaten und Zivilisten, die verdächtigt wurden, SS-Mitglieder gewesen zu sein oder sich der Kriegsverbrechen schuldig gemacht zu haben, wurden ohne Gerichtsverfahren auf der Stelle hingerichtet. Wenn sie nicht aus eigenem Antrieb zum Ort der Exekution gingen, wurden sie geschlagen. Schreie der Verzweiflung gingen dem Geräusch der Kugel voraus, dann Stille. Die Leichen wurden gesammelt und in Lastwagen abtransportiert. Keine Familienmitglieder wurden benachrichtigt, nur unregistrierte namenlose Leichen. Auch nach Kriegsende ging das Töten in diesen Käfigen weiter. Töten oder sterben lassen, war General Eisenhowers Politik in dem Rhein Wiesen Camp. Er verbot jedem Zivilisten oder Soldaten, den Gefangenen Essen zu bringen. Die Strafe für jeden, der auf frischer Tat beim Versuch, den hungernden Soldaten zu helfen, ertappt wurde, war der Tod, unabhängig davon, ob es sich um ein Kind, eine Frau oder einen amerikanischen Wächter handelte. Das Rote Kreuz brachte viele Packungen mit Lebensmitteln, viele Toilettenartikel und sogar Material für neue Uniformen. Die Wärter leugneten, die Waren den Gefangenen in diesem Lager gegeben zu haben. Als das Rote Kreuz versuchte, die Wahrheit aufzudecken, wurde sie schnell mit Lügen ersetzt."

Ich schüttelte nur den Kopf – ein Kloß bildete sich in meinem Hals, als ich diesen unglaublichen Bericht hörte. Ich versuchte, meine Tränen des Mitgefühls für diese armen Gefangenen zurückzuhalten, jedoch entwichen etliche. Ich holte mein Taschentuch heraus und wischte sie ab. Viele Tränen blieben unvergossen. Ich fragte mich, welche Art von Geschichten mein Vater wohl erzählen wird, wenn er jemals aus dem polnischen Gefängnis herauskommt. Dann kamen meine Gedanken schnell zurück in die Gegenwart. Ich bemerkte, dass es selbst für den Herrn schmerzhaft war, über dieses Thema zu sprechen, was sein düsterer Gesichtsausdruck offenbarte.

Ich fragte: „Wie konnte eine solche Behandlung der Gefangenen erlaubt werden? Nach der Genfer Konvention von 1929 sollen Gefangene mit dem gleichen Respekt wie Soldaten der Siegerarmee behandelt und nach Kriegsende freigelassen werden."

„Ja, das stimmt. Aber um die Genfer Konvention nicht zu befolgen, benannte General Eisenhower mit Erlaubnis von Präsident Roosevelt und der amerikanischen Regierung die Kriegsgefangenen Disarmed Enemy Forces DEF (Entwaffnete Feinde), um ihnen nicht den Schutz der Genfer Konvention zu gewähren zu müssen."

„Das ist wirklich grausam und deprimierend für die armen Opfer des Zweiten Weltkrieges. Ich hoffe, dass die DEFs nicht in allen Lagern so grausam behandelt wurden."

„Nein, in einigen Lagern waren die amerikanischen Soldaten, die die Lager bewachten, mitfühlender und halfen den deutschen Soldaten oder erlaubten dem Roten Kreuz oder den Zivilisten, Lebensmittel in die Lager zu bringen. Dies war jedoch in Bad Hersfeld nicht der Fall. Amerikanische Lastwagen holten die Kriegsgefangenen des Lagers ab und transportierten sie Mitte Mai ins Lager Bad Kreuznach, wo die Bedingungen noch schlechter waren. Zuerst hatten die Gefangenen einen Hoffnungsschimmer, in das Hauptquartier gebracht und freigelassen zu werden. Doch als sie in Bad Kreuznach landeten, löste Verzweiflung ihre Hoffnung ab. Die Millionen von Gefangenen, die nach dem 8. Mai, dem Tag der Kapitulation, gefangen genommen wurden, sollten freigelassen werden. Aber die Alliierten planten bereits, sie als Zwangsarbeiter zu behalten. Sie benutzten das Argument, dass die Alliierten nie einen Friedensvertrag mit Deutschland unterzeichnet hätten. Die deutschen Kriegsgefangenen (POWs) hatten keine Rechte und keinen Schutz, nachdem sie ihren Status in Entwaffnete Feinde, DEF, geändert hatten. Ihre Namen wurden auch nicht in den Lagern registriert. Sie entfernten alle Ränge von Offizieren oder Generälen. Diejenigen, die diese Gräueltaten überlebten, hatten kein Recht, eine Entschädigung zu verlangen. Deshalb konnte von einer Million von den dreieinhalb Millionen Gefangenen keine Rechenschaft abgelegt werden."

Ich fragte den Herrn: „Wie konnte eine solche Behandlung erlaubt werden? Wo waren die Vereinten Nationen, die in der Atlantik-Charta unterschriebn, dass Sieger und Besiegte gleichbehandelt werden sollten? Warum hat die Presse nicht über diese ungerechten Praktiken berichtet?"

„Es war sehr tragisch für die Deutschen, nachdem das Dritte Reich zusammengebrochen war. Deutschland hatte keine zentrale Verwaltung, um sich zu verteidigen. Die vier Alliierten teilten Deutschland in vier Teile; Russland besetzte Ostdeutschland, England den nördlichen Teil, Frankreich den südwestlichen Teil und die Vereinigten Staaten den zentralen und südlichen Teil Deutschlands. Die Alliierten regierten jede Zone nach ihren Militärgesetzen. Deutschland war ihrer Gnade ausgeliefert. Frankreich übernahm auch acht Rheinwiesenlager. Sie schickten viele Gefangene nach Frankreich. Viele von ihnen befanden sich in einem schlechten körperlichen Zustand, sodass sie auf dem Weg starben. Ein Drittel von ihnen waren nur lebende Skelette und zu schwach, um zu arbeiten. Es wurde bekannt, dass die Division von General Philippe Leclerc die deutschen Gefangenen mit Benzin übergoss und dann zusah, wie sie bei lebendigem Leibe verbrannten. Er fuhr auch mit seinen Panzern über die Gefangenen und zerquetschte sie zu Tode. Leutnant Ameise Gallay trieb fünfhundert Gefangene in eine Scheune. Dann warf er eine Handgranate in die Scheune und beobachtete, wie nach der Explosion Gliedmaßen und Teile der Körper in die Luft flogen. Wächter erschossen die Überlebenden mit Maschinengewehren.

„Ja, es ist wenig bekannt, wie unmenschlich die vier Verbündeten, die Vereinigten Staaten, Großbritannien, Frankreich und Russland, nicht nur die Kriegsgefangenen, sondern auch das deutsche Volk behandelt haben. Auch sie und Millionen von Flüchtlingen aus dem östlichen Teil Deutschlands verloren ihre Heimat und mussten fliehen und viel leiden. Die verbliebenen Familien oder älteren Menschen wurden von den Russen und Polen ihrer Habseligkeiten beraubt und wie Tiere aus ihren Häusern vertrieben. Sie durften nie zurückkehren. Die Opfer wurden mit gebrochenen Körpern, blutenden Herzen und betrübtem Geist zurückgelassen und in die Nacht der Dunkelheit und des Vergessens gestürzt; aber nicht vergessen von Gott. Auch die

Menschen, die Gott lieben, ihre Familie, Freunde und die Wahrheit lieben, werden sie nicht vergessen. Sie werden die Wahrheit suchen und sie finden." Ich fragte den Herrn: „Wie konnte eine solche Behandlung erlaubt werden? Wo war die Presse?"

„Die Situation in Deutschland war sehr tragisch, nachdem das Dritte Reich zusammenbrach. Deutschland hatte keine zentrale Verwaltung, um sich zu verteidigen."

Als der Herr innehielt, fügte ich hinzu: „Nur Gott kennt die ganze Wahrheit. Wir finden Tatsachen, während wir nach der Wahrheit suchen. Wir versuchen, das erworbene Wissen in die richtige Perspektive zu rücken. Wir bekommen ein anderes Bild als das, was uns ursprünglich von der Propaganda, der Presse, den Zeitungen oder weiß getünchten Berichten erzählt wurde, die die Wahrheit mit Lügen überdecken."

Der Herr fuhr fort: „Das ist wahr. Oft dauert es Generationen, bis sie unter dem Stigma der ungerechten Propaganda leiden, die von dem Land verbreitet wird, das in den Krieg eintrat. Die Propaganda zeichnet ein schreckliches Bild des Landes, das sie sich als Feind auswählt, um den Eintritt in den Krieg zu rechtfertigen und den dargestellten Feind zu bekämpfen und zu besiegen. Die weltweite wiederholte Propaganda bleibt jedoch in Erinnerung der Menschen; nur die Überlebenden wissen es, und die Wahrheitssucher werden ein klareres Bild von der Realität des Zweiten Weltkrieges und dessen Folgen erhalten. James Bacque, ein kanadischer Journalist, besuchte solche Lager und beschrieb die beklagenswerten Zustände, die er vorfand. Professor Ernst Hermann Rübsam lebte jedoch vom 9. bis 21. Mai 1945 im Lager Bad Hersfeld und erzählte uns die gleichen Geschichten. Er sagte: ,Es ist die Gnade Gottes, diese Grausamkeiten überlebt zu haben, und die Gnade, nicht von ihnen betroffen zu sein.' Am 21. Mai brachte ein amerikanischer Wächter Profesoor Rübsam in eine Baracke, um ihn zu entlassen. Er hatte den Luxus, zum ersten Mal seit zwölf Tagen wieder zu duschen und eine Nacht in Deckung zu schlafen, anstatt auf dem kalten, nackten Boden unter freiem Himmel. Bevor er und andere Kameraden freigelassen wurden, brachte der amerikanische Wächter sie nach draußen mit dem Blick auf ihre Stadt und sagte: ‚Wir sind nicht gekommen, um Deutschland zu befreien. Deutschland wird als eroberte Feindnation besetzt sein', diese Äußerungen fand Professor Rübsam beleidigend."

„Was für eine demütigende Bemerkung. Sie und ich gelten immer noch als Feinde Amerikas, nachdem elf Jahre vergangen sind, seit Deutschland noch von den Vereinigten Staaten und den drei Alliierten besetzt ist. Glauben Sie, dass die Zeit kommen wird, in der die Alliierten unser Land verlassen werden und Deutschland ihre eigene souveräne Regierung rekonstruieren kann?"

„Wir hoffen es sehr, aber ich weiß nicht, ob oder wann das geschehen wird. Eine weitere tragische Ausbeutung Deutschlands war „Operation Paper Clip". Selbst zwei Jahre vor der Kapitulation Deutschlands verfolgten die Vereinigten Staaten heimlich Programme, um technische und wissenschaftliche Daten zu kopieren. Geheimagenten sammelten Namen von den besten deutschen Wissenschaftlern. Sobald der Krieg zu Ende war, wurden die führenden Wissenschaftler, darunter Wernher von Braun, ein Luft- und Raumfahrtingenieur, und wer auch immer nützlich sein würde, um das Raketenprogramm zu fördern, nach Amerika gebracht. Es gab auch andere Teams, die Deutschland ausbeuteten, indem sie wissenschaftliche Dokumente, Forschungseinrichtungen und Flugzeuge beschlagnahmen. Russland hatte ein ähnliches Programm, Ossawakim genannt.

Sobald die Russen Ostdeutschland besetzt hatten, zwang ihre Regierung zwei Wissenschaftler und Spezialisten ihnen zu dienen und transportierte sie und ihre Familien gewaltsam nach Russland. Sie demontierten auch viele Fabriken und versandten die Maschinen und Geräte nach Russland.

England führte „Operation Epsilon" durch: Zehn deutsche Wissenschaftler wurden 1945 gefangen genommen und nach Farm Hall bei Cambridge gebracht, um sechs Monate lang verhört zu werden. Die Räume von Farm Hall waren drahtangezapft, um die Gespräche der Wissenschaftler belauschen zu können und festzustellen, wie weit fortgeschritten Deutschland beim Bau der Atombombe war. England behandelte diese Wissenschaftler luxuriös. Aber auch reguläre deutsche Gefangene wurden in CEFs (Civilian Enemy Forces) umbenannt und ihrer Rechte aus der Genfer Konvention beraubt. Die Häftlinge arbeiteten als Zwangsarbeiter, ohne genug Nahrung zu bekommen. Sie wurden von der britischen Regierung misshandelt. Auch Zivilisten nahm man gefangen, die für Kommunisten gehalten wurden.".

„Ja, die Menschen in jedem Land sind oft anders und mitfühlender als die Regierungsbeamten oder ihre militärischen Befehlshaber. Man sollte niemals verallgemeinern. Gut und Böse existieren zusammen und werden es immer tun. Der Krieg wird es der bösen Person ermöglichen, ihre Gier nach Macht und Gut auszuleben und diejenigen zu eliminieren oder zu foltern, die sich ihnen in den Weg stellen.

„Selbst unter den tragischsten Umständen wird ein guter Mensch mit Mitgefühl und Freundlichkeit handeln und Mitmenschen helfen, unabhängig von Glauben, Rasse oder Nationalität. Es wäre ideal, wenn die Menschen weltweit nach der goldenen Regel leben würden: ‚Behandle andere so, wie du willst, dass andere dich behandeln.'

„Es würde sicherlich die Welt verändern, wenn jeder Mensch nach der goldenen Regel leben würde. Es würde Kriege und viel menschliches Leid eliminieren. Die Welt wäre ein zivilisierterer und sichererer Ort zum Leben. Gott befahl uns, ihn zuerst und unseren Nächsten wie uns selbst zu lieben. Wenn wir unsere Mitmenschen so behandeln können, wie Christus die Menschen behandelt hat, und andere lieben und ihnen vergeben können, würden wir in Harmonie und Frieden zusammenleben; aber trotzdem das Böse hassen."

„Ich möchte hinzufügen, dass wir als Christen die goldene Regel erweitern können, wenn wir lernen, so zu handeln, wie Jesus es uns vorlebte, nämlich Gott zuerst zu ehren, und uns selbst und die Mitmenschen bedingungslos zu lieben."

Der Schaffner ging durch den Flur und verkündete: „Nächster Halt: Fulda."

Ich entschuldigte mich und stieg aus, um den Brief zu verschicken. Ich ging sofort zum Schalter, und fragte, wie lange es dauern würde, bis ein Brief von Fulda in Hamburg ankommt. Der Angestellte am Fenster versicherte mir, dass es ungefähr eine Woche oder weniger dauert. Ich reichte den Umschlag mit allen Dokumenten an den Sachbearbeiter und schickte ihn per Post zu Hermann. Ich hoffte stark, dass der Brief früher als ich in Hamburg ankommen würde. Ich musste auch meine Fahrkarte von Hannover nach Hamburg und von Hamburg nach Bremerhaven ändern. Ich war dankbar, dass ich genug Geld hatte, um das unerwartete, zusätzliche Porto und den Fahrpreis zu bezahlen. Ich kehrte zu meinem Zugabteil zurück und dankte dem Herrn, dass er auf meinen Koffer aufgepasst hatte.

„Ich hoffe natürlich, dass die Post zur rechten Zeit ankommt.“

„Ich denke schon. Die Post ist ziemlich pünktlich.“

Nachdem wir durch Hünfeld gefahren waren, hielt der Zug in Bad Hersfeld an, wo der Herr ausstieg.

„Auf Wiedersehen, Fräulein, Sie waren eine angenehme Reisebegleiterin, und ich wünsche Ihnen das Beste in Amerika.“

„Danke! Ich bin Ihnen sehr dankbar, dass Sie mich gewarnt haben, meine Einwanderungsdokumente nicht mit nach Ostdeutschland zu nehmen. Auch war es aufschlussreich, über das Schicksal der deutschen Kriegsgefangenen in Bad Hersfeld zu erfahren. Ich wünsche Ihnen auch das Beste für die Zukunft. Auf Wiedersehen!“

Ich blieb in meinem Zugabteil, und die Gedanken an das tragische Schicksal der deutschen Gefangenen setzten sich in meinem Kopf fest, und ich konnte sie nicht löschen. Ich schaute aus dem Fenster, ohne mir der vorbeiziehenden Landschaft wirklich bewusst zu sein. Bebra war die folgende Station, bevor ich Eisenach und die Grenze zu Ostdeutschland erreichte.

In Eisenach mussten alle Fahrgäste aus dem Zug aussteigen. Die Personen, die mit dem Zug in die DDR weiterfahren wollten, gingen zu einem Kontrollpunkt der schwer bewachten Grenze. Als ich die Wache erreichte, überprüfte der Zollbeamte meinen Pass, die Sondergenehmigung und meinen Personalausweis. Dann baten sie mich, meinen Koffer zu öffnen. Sie untersuchten nicht nur den Koffer, sondern auch meine Handtasche. Als sie alles in Ordnung fanden, fragten sie mich, wohin ich ginge und wie lange ich bei meiner Schwester bleiben würde. Der Zollbeamte fuhr fort: „Gehen Sie sofort zur Polizeistation, wenn Sie in Silkerode ankommen und melden Sie sich an, wo Sie sein werden. Wenn Sie in ein anderes Dorf gehen möchten, müssen Sie der Polizei auch mitteilen, wohin Sie gehen werden, und wie lange Sie dort bleiben möchten."

„Ja, das werde ich tun."

Ich schob meine Sachen in den Koffer und schloss ihn. Ich fragte den Wächter, von welchem Gleis der Zug nach Erfurt fahre. Ich folgte seinen Anweisungen, und nachdem ich eine Weile wartete, stieg ich in den Zug nach Erfurt. Ich war sehr froh, dass ich meine Auswanderungsdokumente nicht bei mir hatte. So gründlich wie der Zollbeamte alles durchsucht hatte, hätte er sie gefunden und vielleicht konfisziert. Ich dankte Gott, dass ein fremder Herr mir riet, sie mit der Post an jemanden in Westdeutschland zu schicken, bevor ich nach Ostdeutschland einreiste.

Ich traute meinen Augen nicht, einen solch großen Unterschied zwischen Ost- und Westdeutschland zu sehen. Die Züge in Westdeutschland waren gut renoviert, aber in Ostdeutschland wurde seit Kriegsende kaum etwas an den Zügen oder den Gebäuden gemacht. Die Gebäude waren grau, die meisten waren dringend reparaturbedürftig. Selbst die Gesichtsausdrücke der Personen hier waren trübe. Kaum jemand redete miteinander. Ich schwieg auch, und meine Gedanken konnten sich nicht von den Gedanken an die schlechten Schicksale der deutschen Kriegsgefangenen befreien und vom Gedanken daran, wie die russische Militärregierung das Leben jedes Einzelnen hier kontrollierte. Die Winterlandschaft sah auch grau und trostlos aus. Hin und wieder sorgten die schneebedeckten Berggipfel für einen angenehmen Anblick. In Erfurt musste ich umsteigen, um nach Nordhausen zu fahren. Sogar der Bahnhof in Erfurt sah heruntergekommen aus und die Wände mussten dringend gestrichen werden. Ich konnte nicht glauben, welchen Unterschied eine Regierung für das Land und das Leben der Menschen macht.

Als ich in Nordhausen ankam, fand ich die gleichen trostlosen Bedingungen vor. Von Nordhausen aus fuhr ich mit dem Nahverkehrszug nach Zwinge und kam am späten Nachmittag an. Da ich keine Möglichkeit hatte, meine Schwester über meine Ankunftszeit zu informieren, konnte mich niemand am Bahnhof treffen. Von dort musste ich nach Silkerode zu Fuß gehen. Zuerst war ich froh, mich zu bewegen, nachdem ich die meiste Zeit des Tages in Zügen oder Bahnhöfen gesessen hatte. Aber nach einer Weile schmerzten meine Füße und meine Arme wurden müde vom Tragen des Koffers.

Kapitel 14

Besuch bei Schwester Marta

Langsam senkte sich die Sonne immer tiefer. Ich beschleunigte mein Tempo, um zum Haus meiner Schwester zu gelangen, bevor es völlig dunkel war. Ich fühlte mich erschöpft, aber glücklich, dass ich kurz nach Sonnenuntergang endlich bei meiner Schwester ankam. Meine Schwester Marta, mein Schwager Hermann, meine Neffen Erhard und Bernhard und meine kleine Nichte Beate, die ich noch nicht kennengelernt hatte, waren begeistert, mich zu sehen, und ich war es auch. Nach der herzlichen Begrüßung bat Marta mich, an den Esstisch Platz zu nehmen, den sie im Voraus gedeckt hatte. Sie servierte Brot und hausgemachte Salami sowie Leberwurst. Hungrig genoss ich die hausgemachte Wurst und danach einen Kuchen. Nachdem ich geholfen hatte, den Tisch abzuräumen, entschuldigte ich mich.

Schwester Marta und ihre Familie

Nichte Beate

Ich war müde und freute mich auf einen erholsamen Schlaf. Bevor Marta mich nach oben zu einem Dachboden mit einem Bett in einem kleinen Raum brachte, zeigte sie mir, wo der Waschraum im Erdgeschoss war. Ich machte mich fertig und ging nach oben ins Schlafzimmer. Bevor ich mich im kühlen Raum auszog, kniete ich vor dem Bett und dankte Gott, dass die Zugfahrt gut verlaufen war und dass ich meine Schwester Marta und ihre Familie nach vielen Jahren der Trennung besuchen konnte. Nachdem ich mein Nachthemd angezogen hatte, kroch ich schnell unter das kalte Federbett und schlief ein. Am nächsten Morgen stand ich relativ spät auf. Als ich unten ankam, fand ich Marta allein in der Küche. Hermann war zur Dorfverwaltung in das örtliche Rathaus gegangen. Erhard und Bernhard besuchten die Volksschule und Beate den Kindergarten. Marta reinigte die Küche und holte alle Zutaten zusammen, um das Mittagessen vorzubereiten. Das Mittagessen war die Hauptmahlzeit des Tages und wurde normalerweise um 12:00 Uhr gegessen oder nachdem die Kinder von der Schule nach Hause gekommen sind. Weil das Büro der Dorfverwaltung nur wenige Minuten vom Haus entfernt war, kam Hermann auch zum Mittagessen nach Hause. Ich schälte Kartoffel und reinigte und schnitt das Gemüse, das sie im Keller lagerten. Während wir arbeiteten, unterhielten wir uns. Ich fragte sie, wie das Leben in der fünf Kilometer breiten Grenzzone sei.

„Zuerst war es nicht so schlimm; wir konnten in die umliegenden Dörfer reisen, aber jetzt sind die Wachen so streng, und wir können die Grenze nach Westdeutschland nicht überschreiten. Wir können keine Erlaubnis bekommen, unsere Familien in Westdeutschland zu besuchen, es sei denn, wir sind im Ruhestand. Die russische Regierung befürchtet, dass ein Arbeiter nicht nach Ostdeutschland zurückkehren würde. Wenn sie jemanden erwischen, der die Grenze illegal überquert, erschießen sie ihn auf der Stelle."

„Wie tragisch! Ich kann nicht glauben, was für ein großer Unterschied zwischen Ost- und Westdeutschland besteht. Hier ist alles heruntergekommen, während viele Gebäude in Westdeutschland rekonstruiert und bereits repariert wurden."

„Ja, es ist schwierig, Material zu bekommen. Man braucht auch viel Geld, um es sich leisten zu können, wenn es verfügbar ist. Unser Haus ist alt und braucht viel Arbeit, aber wir können nur wenig auf einmal tun. Ich bin dankbar, dass wir den Platz haben, um zwei Schweine und Geflügel aufzuziehen, so dass meine Familie genug zu essen hat. Wir verkaufen ein Schwein was zusätzliches Geld einbringt, um andere benötigte Artikel zu kaufen. Wir haben auch einen großen Gemüsegarten. Ich konserviere viel Obst und etwas Gemüse in Gläsern und Dosen für den Winter, das wir im Keller lagern."

„Muss man noch Lebensmittelmarken für Butter, Mehl und Zucker haben?"

„Ja, die braucht man und auch für ein paar andere Dinge. Ich bin froh, dass wir Roggenbrot und Brötchen von guter Qualität ohne Marken bekommen können."

„Woher bekommst du das Futter für deine Schweine und dein Geflügel?"

„Wir sind froh, vier Hektar Land zu haben. Wir bestellen es und säen Roggen, Hafer und Weizen. Leider haben wir keine Maschinen. Wir machen alles mit der Hand. Es ist schwere Arbeit. Die Jungs müssen Hermann und mir helfen, den Boden zu bestellen und das Getreide sowie die Kartoffeln zu ernten."

„Es tut mir wirklich leid für dich und deine Familie, dass euer Dorf unter der Russischen Besatzung eingegliedert wurde und ihr so schwer arbeiten müsst, um zu existieren. Auch ist es harte Arbeit für acht- und neunjährige Jungen."

„Es ist schwere Arbeit, aber jedes Familienmitglied muss mithelfen, auch die Jungs. Ich wünschte, sie könnten es vermeiden, in jungen Jahren so schwer zu arbeiten, aber es ist eine Frage des Überlebens. Nachbarn helfen sich auch gegenseitig, wenn es nötig ist."

Ich merkte nicht, wie schnell der Morgen verging. Es war schon Mittag, als Hermann kam, gefolgt von den Kindern. Ich half den Kindern, ihre schweren Wintermäntel, Mützen und Schals auszuziehen und gab jedem eine große Umarmung. Sie hatten ihre Schuhe am Eingang bereits ausgezogen und Hausschuhe angezogen, um das Innere des Hauses sauber zu halten. Marta bereitete ein Kaninchen in Soße, Kartoffelpüree und einen Salat zum Mittagessen, was wir alle genossen. Hermann machte ein kurzes Nickerchen, bevor er zur Arbeit zurückkehrte. Die Jungen fütterten die Kaninchen. Sie brachten auch etwas mehr Brennholz ins Haus. Beate, so klein sie war, half, den Tisch abzuräumen. Erhard und Bernhard machten ihre Hausaufgaben für die Schule. Nachdem Marta und ich das Geschirr abgewaschen hatten setzten wir uns an den Kachelofen im Wohnzimmer. Marta strickte Strümpfe für die Kinder. Ich fragte Beate, ob ich ihr ein Märchen erzählen solle. Sie stimmte von ganzem Herzen zu. Ich nahm sie auf meinen Schoß. Wir setzten uns neben den Kachelofen, um uns warm zu halten. Während die Flammen knisterten und zwischen dem Brennholz tanzten, erzählte ich ihr das Märchen von Hänsel und Gretel. Sie hörte aufmerksam zu, und als ich die Hexe in der Geschichte erwähnte, wurden ihre Augen groß und sie befürchtete, dass die Hexe Hänsel und Gretel in den brennenden Ofen werfen würde. Aber als Hänsel die Hexe in den Ofen schob, atmete sie tief auf und rief: „Das ist gut, dass die böse Hexe tod ist und Hänsel und Gretel ihren Weg nach Hause fanden." „Und sie lebten glücklich bis ans Ende ihrer Tage."

Vor dem Abendessen deckten Marta, Beate und ich den Tisch, um alles für Hermanns Rückkehr bereit zu haben. Wir führten beim Essen ein lebhaftes Gespräch. Erhard und Bernhard erzählten ihrer Mutter und ihrem Vater, was sie heute in der Schule gelernt hatten. Beate drückte ihre Freude darüber aus, dass Tante Hilde ihr ein Märchen von Hänsel, Gretel und der bösen Hexe erzählt hatte. Nach dem Abendessen spielten die Jungs einige Brettspiele; dann gingen die Kinder ins Bett. Marta strickte weiter. Hermann trug eine Augenklappe. Ich war neugierig und fragte ihn, wie Hermann sich seine Augenverletzung zugezogen hatte.

„Als die Armee mich einzog, wurde mir befohlen, Verstärkungsmauern an der Küste Frankreichs und Norwegens zu bauen. Als die Russen 1944 in Ostpreußen einmarschierten, wurde mein Bataillon an die Ostfront geschickt, und ich landete in Stalingrad. In einer der Schlachten drang eine Kugel in meinen Kopf auf der linken Seite ein. Die Richtung der Kugel änderte sich und sie entwich durch die linke Augenöffnung, und vollkommen zerschmetterte das Auge. Ich wurde in das Krankenhaus in Berlin eingeliefert, wo ich lange Zeit blieb. Als ich für kampfunfähig erklärt wurde, schickte mich der Arzt nach Hause. Ich bin dankbar, dass die Russen mich nicht gefangen genommen haben, aber viele meiner Kameraden wurden Kriegsgefangene. Die meisten von ihnen wurden als Zwangsarbeiter nach Sibirien geschickt und kehrten nie nach Hause zurück. Die Armee belohnte mich mit dem Eisernen Kreuz dafür, dass ich das Leben eines verwundeten Kameraden rettete."

„Das ist so tragisch, dass du dein Auge verloren hast! Hast du nicht aus ästhetischen Gründen ein künstliches Auge bekommen?"

„Ja, ich erhielt ein künstliches Auge. Es wurde an der Brille befestigt. Wenn ich zur Arbeit gehe, trage ich die Brille mit dem Auge. Zu Hause nehme ich die Brille ab und trage einfach eine Augenklappe."

„Hast du immer noch Schmerzen oder Beschwerden?"

„Ja, vor allem, wenn sich das Wetter ändert. Ich bekomme auch häufig Kopfschmerzen, wenn ich körperlich zu schwer arbeite. Aber ich habe gelernt, mit diesem Problem zu leben."

„Ja, viele Menschen werden lernen müssen, mit Problemen zu leben, die ihnen der Zweite Weltkrieg zugefügt hat. Ich frage mich oft, ob mein Vater jemals aus Polen zurückkehren wird. Er wurde vor zwölf Jahren gefangengenommen und ist immer noch nicht zu Hause."

„Es ist eine Tragödie, dass die deutschen Kriegsgefangenen nicht den Schutz der Genfer Konvention erhielten, wie sie es verdient hätten."

„Während der Zugfahrt habe ich einen Herrn aus Bad Hersfeld getroffen, wo sich ein amerikanisches Gefangenenlager deutscher Soldaten auf offenem Feld hinter Stacheldraht befunden hat. Er erzählte mir, was für unmenschliche Standards in den Lagern existierten und wie grausam die amerikanischen Wachen die armen gefangenen Soldaten behandelten. Ich dachte immer, die amerikanischen Generäle seien die menschlichsten. General Eisenhower war jedoch eine Ausnahme."

„Leider bringt der Krieg entweder die besten oder die schlechtesten Charaktereigenschaften bei Personen zum Vorschein, insbesondere bei hochrangigen Beamten."

„Lasst uns jetzt den Krieg vergessen und über etwas Angenehmeres sprechen. Was sind deine Lieblingsbeschäftigungen?"

„Ich mag es, Körbe zu flechten und Besen herzustellen, sowie Schuhe oder andere Gegenstände für die Nachbarn zu reparieren, um zusätzliches Geld zu verdienen. Die Kriegsrente, die ich bekomme, und das geringe Gehalt, das ich von der Stadt verdiene, reichen nicht aus, um eine Familie zu unterhalten und sich um die Gebäude zu kümmern."

„Das ist harte Arbeit für dich und Marta."

„Ja, die Jungs helfen, nachdem sie aus der Schule kommen und ihre Hausaufgaben gemacht haben. Sie schneiden frisches Gras für die Kaninchen, füttern sie und reinigen ihre Käfige. Sie sind gute Jungs und helfen gern. Sogar Beate, so klein sie auch ist, versucht, ihrer Mutter in der Küche zu helfen."

„Ich bin froh, dass ihr genug zu essen habt. Viele Familien, die in Großstädten leben, hungern."

„Ja, die Stadtbewohner in Ostdeutschland haben es schwer, ausreichendes Material sowie Lebensmittel zu bekommen. Manchmal stehen sie stundenlang in einer Schlange, um Fleisch, Obst oder frisches Gemüse zu kaufen. Wir haben zumindest einen Garten, um Gemüse anzubauen und können Geflügel und Schweine züchten. Marta weiß, wie man viele Dinge einmacht und aufbewahrt, damit wir nicht hungern brauchen. Die vier Hektar Land, die wir haben, reichen aus, um Weizen, Hafer und Roggen anzubauen, um die Kuh, Schweine und Geflügel zu füttern."

„Ich bin froh, das zu hören. Wie bebaust du dein Land?"

„Wir spannen die Kuh vor den Pflug, um den Boden zu pflügen, und dann vor den Rechen, um die Erde aufzulockern"

„Wie sieht es mit dem Mähen der Felder aus?"

„Ich mähe mit einer Sense, und Marta sammelt das Getreide und bindet die Garben. Die Jungen stapeln die Garben in Haufen, damit das Getreide trocknen kann. Dann bringen wir sie mit der Kuh und einem Wagen in den Stall. Einer unserer Nachbarn hat eine Dreschmaschine. Er kommt und hilft uns beim Dreschen. Wir nehmen auch das Stroh und mischen es im Futter für die Tiere."

„Das ist sicher eine mühsame Arbeit."

„Ja, das ist es, aber wir hungern nicht. Dafür bin ich dankbar."

Ich schaute zu Marta hinüber, die eifrig strickte. Sie hatte bereits einen Strumpf fertig und den zweiten angefangen. Ich fragte sie: „Marta, häkelst du auch? Vielleicht kannst du mir ein neues Muster zum Häkeln für Taschentücher zeigen?"

„Morgen zeige ich dir einige Muster, die du auswählen kannst. Ich habe ein paar einfache Taschentücher zum Häkeln."

„Danke, das ist nett von dir, dann kann ich auch etwas tun."

Wir unterhielten uns, bis die Flammen im Kachelofen gelöscht waren und die Asche des Brennholzes zu Boden fiel. Wir gingen ins Bett und vergruben uns unter unsere Daunendecken.

Am nächsten Tag erfreute uns die Sonne und die Umgebung sah heller aus. Die Jungs gingen zur Schule und Beate in den Kindergarten. Ich half Marta, die Küche aufzuräumen und etwas Gemüse fürs Mittagessen vorzubereiten. Marta buk auch einen Kuchen für das Wochenende, den wir am Samstag dekorieren würden.

Nach dem Mittagessen holte Marta die Taschentücher heraus. Sie gab mir etwas weißes und hellrosa Garn. Mit dem feinen Häkelhaken zeigte mir Marta, wie man eine spitzenartige Bordüre um sie herum häkelt. Wenn ich eine Reihe beendet hatte, zeigte sie mir die nächste Runde. Als Hermann von der Arbeit nach Hause kam, aßen wir Abendbrot. Die Kinder genossen es, Zeit mit ihrem Vater zu verbringen, bevor sie ins Bett gingen. Marta strickte, und ich häkelte. Hermann war immer bereit, Nachbarn zu helfen, wo immer er konnte. Heute Abend reparierte er ein Paar Schuhe für seinen Nachbarn. Er schnitt zuerst die Muster der Sohlen und Absätze aus einem Stück dickem Leder, dann benutzte er Klebstoff und kurze Nägel, um sie an den Sohlen und Fersen der Schuhe zu befestigen. Marta genoss Musik sehr. Hermann hatte ihr ein Radio gekauft. Am Abend stellte sie einen Sender ein, der Operettenmelodien spielte. Ich mochte Lieder von den verschiedenen Komponisten der Opern und Operetten auch; so auch Hermann. Während unsere Hände beschäftigt waren, erfreuten sich unsere Herzen an der Musik. Die Flammen knisterten und tanzten im Ofen, bis es Zeit war, ins Bett zu gehen. Da die Kinder am Samstag keine Schule hatten, schliefen sie länger und Beate auch. Nur wir drei frühstückten zusammen. Marta und Hermann fragten mich, was mich motivierte, nach Amerika zu gehen. Ich erzählte ihnen, dass ich beschlossen hatte, mich meinem Bruder Edmund und meinen beiden Schwestern Emma und Meta anzuschließen. Edmund wollte mich nicht zurücklassen. Er überzeugte meine Mutter davon. Da wir uns bei verschiedenen amerikanischen Konsulaten bewarben, Edmund in München, ich in Frankfurt, konnten wir nicht zusammen reisen. „Er ist im November mit dem Flugzeug geflogen, und ich werde am 16. Dezember mit dem Schiff von Bremerhaven fahren", erklärte ich.

„Hast du schon einen Ort, an dem du bleiben oder arbeiten wirst?"

„Nein, noch nicht. Ich werde zuerst zu meiner Schwester Meta und ihrer Familie gehen. Später könnte ich mich meiner Schwester Emma und meinem Bruder Edmund in Chicago anschließen. Ich werde sehen, wie es sich ergibt."

„Möchtest du dauerhaft in Amerika bleiben oder wieder nach Deutschland zurückkehren?"

„Das weiß ich noch nicht. Ich vertraue Gott; Er wird mir seinen Weg zeigen. Ich werde dir schreiben und dich wissen lassen, wo ich wohnen und arbeiten werde.

„Ich hoffe natürlich, dass du nicht enttäuscht wirst."

„Ich hoffe es auch."

Währenddessen standen die Kinder auf und waren bereit fürs Frühstück. Marta machte für sie Mehlpfannkuchen mit Rührei und Speck und heiße Schokolade. Sie verschlangen alles freudig in kürzester Zeit. Dann gingen die Jungs mit ihrem Vater die Kuh, die Schweine und das Geflügel füttern, während Beate in der Küche blieb und den Tisch abräumte. Beate wollte heute nicht mehr aus der Küche gehen. Sie wusste, dass ihre Mutter die Füllung für den speziellen Frankfurter Kranz machte, den sie gestern gebacken hatte. Marta kochte eine großzügige Portion Vanillepudding und ließ ihn abkühlen. Sie schnitt den Kuchen in drei Schichten und verteilte dann etwas Kirschmarmelade auf beiden Schichten. Nachdem der Pudding genug abgekühlt war, fügte Marta nach und nach kleine Butterportionen hinzu, während sie ihn mit einem Schneebesen schlug. Sie legte die Buttercreme, zwischen die drei Schichten und über die Außenseite des Kuchens. Dann streute sie gemahlene Haselnüsse über den Kuchen, dekorierte ihn mit kleinen Sternen der Schlagsahne und legte Dosenkirschen auf die Spitze jedes Sterns. Es sah lecker aus. Marta ließ etwas Buttercreme für Beate zum Lecken in der Schüssel. Ihre Augen leuchteten jedes Mal auf, wenn sie etwas Buttercreme in den Mund nahm. Sogar mir lief das Wasser im Mund zusammen, als ich mir den schönen Kuchen ansah. Aber wir mussten noch einen Tag warten.

Samstag war Badezeit. Nachdem die Familie ihre Bäder genommen hatte, warf Marta das Badewasser raus und füllte die Aluminiumbadewanne mit frischem Wasser für mich. Ich kniete zuerst auf dem Boden und wusch meine Haare mit Seife, dann benutzte ich eine Essiglösung damit die Haare glänzten. Es fühlte sich gut an, mich im warmen Wasser zu waschen. Marta wärmte ein Handtuch neben dem Herd auf, um meine Haare und meinen Körper zu trocknen. Ich fühlte mich erfrischt und sauber. Wir wuschen unsere Gesichter während der Woche in einer Schüssel mit warmem Wasser und nahmen, was wir ein russisches Bad nannten, wobei jeder einen nassen Waschlappen benutzte, um den Körper zu reinigen.

Am Sonntagmorgen zogen wir alle unsere besten Kleider an. Nur Hermann ging in die Kirche. Es war der einzige Sonntag, den ich mit meiner Schwester Marta verbringen würde; sie wollte ein besonderes, verfrühtes Weihnachtsessen kochen. Marta bereitete eine Gans, die sie zwei Tage zuvor geschlachtet hatte. Sie machte auch Kartoffelknödel und Rotkohl. Wir alle halfen Marta beim Schälen und Reiben von Kartoffeln für die Knödel. Beate und ich deckten den Tisch. Wir verwendeten die beste Tischdecke und Porzellan für diesen besonderen Anlass. Wir stellten den Adventskranz, mit den vier Kerzen auf den Tisch. Für den zweiten Adventssonntag zündeten wir zwei Kerzen an. Hermann sagte ein Tischgebet, und wir alle durften die gebratene Gans und die leckeren Beilagen genießen.

Für mich war das Festessen ein großer Genuss, obwohl es noch nicht einmal Weihnachten war.

„Ich bin so froh, dass du uns besuchst, bevor du nach Amerika gehst", sagte Marta.

„Ich auch."

Wir warteten gespannt auf den Kuchen, den wir um 15:00 Uhr genossen. Marta schaltete einen Radiosender mit Adventsliedern ein, und wir sangen fröhlich mit. Es war so festlich und erinnerte mich an zu Hause. Der Kuchen schmeckte ausgezeichnet. Jetzt verstand ich, warum Freunde und Nachbarn meine Schwester baten, diesen köstlichen Kuchen für ihre besonderen Anlässe zu backen. Der Gedanke, dass meine Mutter ohne ihre Töchter den Weihnachtsbaum schmückte und das Abendessen zubereitete, stimmte mich traurig. Ich dachte auch daran, wie ich dieses Jahr Weihnachten auf dem Schiff verbringen würde. Ich wollte nicht, dass irgendjemand meine Traurigkeit bemerkte. Ich sah die glücklichen Kinder an und freute mich mit ihnen. Ich dankte Gott, meiner Schwester und meinem Schwager dafür, dass sie diesen besonderen Tag mit mir im Voraus feierten. Wir gedachten der Geburt unseres Herrn und Erlösers Jesus Christus, während gleichzeitig viele Erinnerungen an die Kindheit in Ostpreußen erwachten.

Am nächsten Tag, als ich aufwachte, fand ich Schnee auf dem Dachboden. Ich bemerkte, dass das Dach ein Loch hatte, durch das der Schnee hineingeblasen wurde. Die Kinder begrüßten den Schnee. Sie konnten auf dem Hügel in ihrem Hinterhof rodeln. Ich sagte Beate, dass ich sie vom Kindergarten abholen würde. Wir warteten auf Erhard und Bernhard und gingen zusammen nach Hause. Mehrere Zentimeter Schnee fielen, und Erhard sammelte genug Schnee, um ihn zu einem Schneeball zu drücken. Er warf ihn sanft auf mich. Ich sagte ihnen, dass es für mich in Ordnung sei, wenn wir eine Schneeballschlacht machen. Jedes Mal, wenn ein Ball mich traf, lachten sie. Ich bat Beate, mir zu helfen, gegen die Jungs zu kämpfen. Sie formte die Bälle schnell und wenn sie einen ihrer Brüder traf, schrie sie vor Freude: „Ich habe dich getroffen!"

Nach dem Mittagessen erledigten die Jungs ihre Hausaufgaben und Hausarbeiten schnell, damit sie rodeln gehen konnten. Hermann hatte für jeden Jungen einen Schlitten gemacht. Als die Jungs mit ihren Hausaufgaben fertig waren, fragten sie mich, ob ich mit ihnen rodeln wollte. Sie kletterten mit dem Schlitten den Hügel hinauf. Dann setzte sich Erhard auf den Schlitten und eilte den Hügel hinunter. Ich beobachtete, wie sie den Schlitten mit ihren Füßen drehten oder verlangsamten. Nach ein paar Läufen bergab fragten sie mich, ob ich es versuchen wollte. Ich stimmte zu. Dann reichte mir Erhard seinen Schlitten: „Hier, Tante Hilde, setzt dich auf den Schlitten. Halte dich an der Schnur und an der Seite des Schlittens fest. Wenn du runterkommst, setze den rechten Fuß runter in den Schnee, wenn du nach rechts abbiegen willst, und den linken Fuß, wenn du nach links gehen willst."

„Ja, das werde ich tun. Bernhard, du wartest und kommst hinter mir her. Ich will nicht mit dir kollidieren."

Ich saß auf dem Schlitten, Erhard gab mir einen Schubs, um los zu fahren, und ich glitt den Hügel hinunter; ich hatte kaum Zeit am Ende zu drehen und landete fast in der Scheune.

„Gut, Tante Hilde. Warte auf mich am Fuße des Hügels. Ich werde runterkommen, um den Schlitten zu holen. Willst du noch einmal fahren?"

„Nein, danke, ich gehe besser hinein. Es ist zu kalt für mich."

„Lass den Schlitten einfach unten. Ich werde mit Bernhard runterrodeln und ihn holen."

„Gut, ich sehe dich später drinnen."

Ich fand Marta beim Stricken und Hermann fing an, einen kleinen Korb zu weben. Nachdem ich meine Hände aufgewärmt hatte, nahm ich mein Taschentuch und begann zu häkeln. Ich war neugierig auf die Art der Arbeit, die Hermann machte.

„Hermann, darf ich dir eine Frage stellen, ohne dich vom Weben abzulenken?"

„Ja, ich mache weiter. Was würdest du gerne wissen?"

„Welche Art von Arbeit machst du für die Stadt?"

„Unser Dorf hat kaum vierhundert Einwohner, und nicht jeder hat oder kann es sich leisten, ein Radio zu kaufen. Ich höre jeden Tag die Nachrichten. Ich gehe durch das Dorf und verkünde durch einen Lautsprecher die wichtigsten Neuigkeiten. Ich halte die Leute auf dem Laufenden. Ich mache auch Buchhaltung. Wenn ich Straßen oder andere Infrastrukturen sehe, die repariert werden müssen, melde ich es dem Bürgermeister, und er schickt Handwerker, um die Arbeit zu erledigen. Ich prüfe nach, ob die Immobilienbesitzer die Grundsteuern zahlen. Wenn eine Person straffällig ist, gehe ich zu ihnen nach Hause, um die Steuern zu erheben oder eine Warnung auszusprechen. Wenn sie nicht sofort bezahlen können, arrangiere ich einen passenden Plan für sie."

„Ich sehe, dass du eine verantwortungsvolle Position in der Dorfverwaltung hast."

„Ja, das habe ich. Das Frustrierende ist jedoch, kein Material für die Reparaturen von Straßen oder Gebäuden zu erhalten oder lange auf die Lieferung zu warten. Als die Russen Ostdeutschland besetzten, demontierten sie leider die meisten Fabriken und brachten Maschinen und Anlagen nach Russland. Sie liegen aufgetürmt in Russland, ohne dass sie benutzt werden. Ich verstehe nicht, warum die russische Regierung nicht weiterhin die Waren in der DDR herstellt, wie sie es in Westdeutschland tun. Es wäre so viel einfacher gewesen, die Straßen und die Gebäude zu erhalten."

„Ja, es ist eine Tragödie, dass die vier Alliierten Deutschland besetzten. Es scheint, dass es den Menschen in Ostdeutschland unter der russischen Besatzung am schlechtesten geht. Ich hoffe stark, dass eines Tages die Besatzungen der vier Alliierten enden, und wir wieder unsere eigene Souveränität und Regierung konstruieren können."

„Wir alle hoffen es, besonders für unsere Kinder; jetzt sind sie und wir wie Gefangene in unserem eigenen Land, besonders hier, wo wir leben, der sogenannten Fünf-Kilometer-Grenzzone. In einigen Gebieten verläuft die Grenze durch eine Stadt und trennt Familien und Nachbarn. Viele Menschen, die versuchen zu fliehen, werden durch versteckte Minen oder durch selbstschießende Waffen getötet. Wir dürfen nicht einmal unsere Verwandten in Westdeutschland besuchen. Zumindest kannst du dich in allen drei besetzten Zonen frei bewegen. In Westdeutschland ist die Wirtschaft so viel besser als hier."

„Das stimmt. Ich wünschte mir, dass euer Gebiet auch in die amerikanische Zone und nicht in die fünf Kilometer lange Grenzzone der russischen Besatzung gefallen wäre."

„Wir hätten es unter der amerikanischen Besatzung sicherlich viel besser als unter der russischen. Mein Traum für meine Kinder ist es, wieder ein freies Deutschland zu haben, das nicht von einem kommunistischen Diktator regiert wird. Die Einwohner des Landes sollten frei sein, ihren eigenen Präsident und Kanzler zu wählen und eine demokratische Regierung formulieren, die das Wohl der Bürger fördert."

„Ja, wir alle hoffen und wünschen uns, dass es eines Tages geschehen wird."

„Es ist seltsam, wie Karl Marx' Gedanken aus seinen beiden Manifesten über Kapitalismus und Sozialismus die Russische Revolution von 1917 dreißig Jahre nach seinem Tod verursachten. Wladimir Lenin stürzte die dreihundertjährige zaristische Herrschaft und ersetzte sie durch eine neue proletarische Regierung, die auf dem Glauben des Atheisten Karl Marx beruhte. Karl Marx wurde in Trier als Sohn jüdischer Eltern geboren. Er ließ sich in London nieder und wurde international bekannt für seine sozialistischen und kommunistischen Ideen."

„Leider versklaven die kommunistischen Diktatoren nur das Volk und machen es von der Regierung abhängig. Du kannst den krassen Unterschied zwischen Ost- und Westdeutschland sehen. Es ist leicht, ein Kommunist in einem freien Land zu sein, aber nicht für einen freien Menschen in einem kommunistischen Land zu leben", fügte Hermann hinzu.

„Das ist gewiss wahr. Wir alle hoffen, dass eines Tages alle Truppen Deutschland verlassen werden und es seine Souveränität als freies Land wieder erlangen kann."

„Es würde dein Leben und das deiner Familie sicherlich so viel einfacher und besser machen."

Nachdem ich die Not der Familie meiner Schwester und den tragischen Zustand Ostdeutschlands sah, betete ich, dass die militärische Besatzungen Deutschlands bald enden würden und die Flüchtlinge nach ihrem Geburtsort zurückkehren dürften. Ich wünschte, jeder Bürger könne ohne Einschränkungen in seinem eigenen Land und im Ausland reisen. Ich betete, dass die Gefangenen, die noch in anderen Ländern festgehalten wurden, wie mein Vater, freigelassen werden und zu ihren Familien zurückkehren können.

Bald musste ich an meine Reise nach Hamburg denken. Es blieben nur noch drei Tage. Tagsüber haben wir Hausarbeiten gemacht und gekocht. Meine Nichte genoss es, dass ich sie täglich vom Kindergarten abholte. Manchmal ging ich auch mit den Jungs spazieren, nachdem sie ihre Schulaufgaben und Hauspflichten erledigt hatten. Am Abend entspannten wir uns bei der Handarbeit und erinnerten uns an das Leben zu Hause in Ostpreußen. Am Donnerstag packte ich meinen Koffer und am Freitagmorgen war ich bereit zu gehen. Ich fühlte mich traurig, als ich mich von den Kindern verabschiedete, bevor sie zur Schule gingen. Die Kinder waren auch betrübt. Sie fragten: „Tante Hilde, wann kommst du uns wieder besuchen?"

Leider musste ich antworten: „Ich weiß es nicht."

Mein Schwager stellte sich am Freitag von der Arbeit frei, so konnten er und meine Schwester mich nach Zwinge begleiten. Als wir am Bahnhof ankamen, verabschiedete ich mich von Hermann und bedankte mich für sein Kommen. Dann umarmte ich meine Schwester Marta. Tiefe Traurigkeit erfüllte unsere Herzen, ohne zu wissen, wann oder ob wir uns wiedersehen würden. Unsere Tränen und unsere enge Umarmung zeigten mehr Liebe, als Worte hätten ausdrücken können. Sie hielt mich einige Zeit in ihren Armen, bevor sie Worte finden konnte, um sich zu verabschieden.

„Gott geh mit dir und beschütze dich. Schreibe uns, sobald du in Amerika angekommen bist. Auf Wiedersehen, meine liebe Schwester, Hilde."

„Auf Wiedersehen, meine liebe Schwester Marta. Gott beschütze dich und deine Familie, bis wir uns wiedersehen."

Ich umarmte Hermann schnell, bevor er und meine Schwester Marta den Bahnhof verließen. Ich blieb, und wartete auf den Zug, der in Kürze kam. Ich stellte meinen Koffer zuerst auf die Treppe und ging dann die Stufen zum Zug hinauf. Ich fand ein leeres Abteil, in dem ich es mir bequem machte. Es kamen keine anderen Passagiere, was ich heute bevorzugte. Ich war immer noch untröstlich, weil ich mich von meiner Schwester und ihrer Familie trennen musste. Der Zug schaukelte hin und her als er auf den schmalen Bahngleisen durch das kurvenreiche Bergtal fuhr. Hin und wieder schaute ich aus dem Fenster und beobachtete den schneebedeckten Harz und die dunklen Wälder, die vom Tal bis zur Mitte der Gipfel reichten. Der Winter verwandelte die Landschaft in ein magisches, friedliches Bild. Es wirkte beruhigend auf mich, bevor ich eine halbe Stunde später Nordhausen erreichte.

Dort stieg ich in den Zug nach Hannover um. Als der Zug die Grenze erreichte, kamen die DDR-Wachen und überprüften erneut alle Dokumente. Sie fragten auch, welche Artikel ich gekauft hatte. Feines Meißener Porzellan war verboten mitzunehmen, und einige andere Dinge auch. Sie ließen mich die Grenze in den Westen überqueren, als sie keine verbotenen Gegenstände in meinem Koffer und alle meine Ausweise und Genehmigungen in Ordnung fanden. Sie sorgten jedoch dafür, dass alle Bürger aus Ostdeutschland und die Angestellten in Ostdeutschland blieben. Nur westdeutsche Fahrgäste konnten aussteigen, die Grenze überqueren und mit anderen Zügen durch Westdeutschland reisen. Ich dankte Gott, dass ich keine Probleme mit den Patrouillenwachen hatte und sicher nach Westdeutschland zurückgekehrt war. Ich konnte immer noch nicht glauben welch ein großer Unterschied zwischen Ost- und Westdeutschland existierte. Es sah nicht so aus, als wäre es einmal das gleiche Land gewesen. Mir wurde klar, wie eine Regierung ein Land aufbauen oder ruinieren kann.

Der Zug fuhr durch die wunderschöne Gegend des Harzes mit dem höchsten Gipfel (1141 m), namens Brocken. Ich genoss es, die Winterlandschaft der Berge zu beobachten, die sich langsam in sanfte Hügel verwandelte. Mehrmals folgten die Bahngleise dem Flussbett der Leine. Äste und Felsen bildeten wunderschöne Eisskulpturen an beiden Ufern, während das Wasser noch in der Mitte floss. Fast drei Stunden später erreichte ich Hannover, wo ich umsteigen musste. Im Oktober 1943, während des Zweiten Weltkriegs, wurde das Bahnhofsgebäude schwer bombardiert und größtenteils zerstört. Erst im Juni 1945 wurde der erste Personenzugverkehr wieder aufgenommen. 1948 begann der Wiederaufbau der Gebäude und Gleise. Ich merkte den drastischen Unterschied zwischen den heruntergekommenen Bahnhöfen in Ostdeutschland und dem rekonstruierten, gut gepflegten Bahnhof in Hannover. Von hier fuhr ich mit dem Zug nach Hamburg. Als der Schaffner, der die Fahrkarten überprüfte, kam, fragte ich ihn wo der Speisewagen sei.

Ich ging dort hin, setzte mich an einen kleinen Tisch und bestellte geräucherten Lachs mit allem Drum und Dran auf einem speziellen Brötchen und mit einer Tasse Pfefferminztee. Der warme Dampf aus der Tasse fühlte sich so gemütlich an, während ich die kalte Winterlandschaft betrachtete, die am Fenster vorbeieilte. Langsam genoss ich jeden Bissen des geräucherten Lachses. Als ich zum Zugwaggon zurückkehrte, fühlte ich mich entspannt und schlief ein. Erst als ich den Schaffner rufen hörte: „Nächster Halt Hamburg-Altona!", wachte ich auf, weil ich da aussteigen musste.

Kapitel 15

Zeit in Hamburg

Als der Zug langsamer fuhr und in Hamburg zum Stillstand kam, suchte ich nach Hermann. Ich sah ihn nicht. Der Gedanke raste mir durch den Kopf: „Was mache ich, wenn der Brief mit den Dokumenten nicht angekommen ist? Was werde ich dann tun?" Ich beschloss, an einem Ort zu bleiben und zu warten, bis alle Passagiere weggegangen waren. Ich nahm an, wenn Hermann hier wäre, würde er dasselbe tun, damit er mich erkennen könnte. Schließlich hatten alle Fahrgäste die Gleise geräumt, und ich sah Hermann am Anfang des Zuges stehen. Was für eine Erleichterung. Jetzt wusste ich, dass er meinen Brief mit meinen Einwanderungsdokumenten erhalten hatte. Zuerst winkte ich, er auch. Ich schnappte meinen Koffer, eilte zu Hermann und er zu mir.

„Was für eine angenehme Überraschung, dich zu sehen." Ich stellte meinen Koffer hin, um ihm Hallo zu sagen. Er umarmte mich und drückte seine Freude aus, mich wiederzusehen.

„Du hast keine Ahnung, wie froh ich bin, dich hier zu sehen, Hermann. Jetzt weiß ich, dass meine Dokumente angekommen sind."

„Ja, sie sind erst gestern angekommen. Du hast Glück gehabt." Er nahm meinen Koffer in eine Hand und meine Hand in seine andere. Wir gingen Hand in Hand freudig durch den Bahnhof und waren uns unserer Umgebung völlig unbewusst. Hermann bestellte ein Taxi und brachte mich zu seiner Wohnung. Er hatte mit seiner Vermieterin vereinbart, wo ich die Nacht verbringen sollte. Sobald wir ankamen, stellte mich Hermann seiner Vermieterin, Frau Holz, vor. Sie war sehr zuvorkommend. Da es spät am Nachmittag war, bot sie uns Kaffee und Kuchen an. Wir unterhielten uns nett. Sie stellte mir viele Fragen über meine Reise in die Vereinigten Staaten und was mein Ziel war. Ich fragte sie nach ihrer Familie und ob sie während des Zweiten Weltkriegs in Hamburg gelebt hatte.

„Ja, es ist ein Wunder, dass ich den großen Angriff vom 25. Juli 1943 überlebt habe. Sir Arthur, genannt Bomber Harris, hasste die Deutschen und schickte 792 Flugzeuge eine Minute nach Mitternacht los und warf 8000 Tonnen Bomben auf Hamburg, wobei der größte Teil der inneren Stadt zerstört wurde. Er verwendete lange Aluminiumstreifen, Fenster genannt, die vom Radar anstelle der Flugzeuge des Angreifers aufgenommen wurden. Die Royal Air Force griff nachts Hamburg an und tagsüber die amerikanische Luftwaffe, zerstörte Fabriken und öffentliche Gebäude und tötete Tausende von Menschen, hauptsächlich Frauen und Kinder. Einige verbrannten lebendig, und viele waren für den Rest ihres Lebens behindert. Die Angriffe und Feuerstürme dauerten zehn Tage an. Diese Tage und das Jahr 1943 werde ich nie vergessen. Als wir uns aus den Trümmern gruben, bedeckten die Flammen und der Rauch den größten Teil der halb zerstörten Stadt. Skelette von Häusern und Gebäuden erhoben sich wie Geister aus den schwelenden Trümmern. Bomben hatten mein Haus teilweise zerstört; meine Küche und mein Wohnzimmer waren nutzbar, bis ich einen Weg fand, den Rest des Hauses wieder aufzubauen. Viele Menschen hatten alles verloren und mussten die Stadt verlassen oder sich aus den Trümmern einen provisorischen Unterschlupf bauen."

Ich konnte ihren Schmerz nachfühlen, als sie sich an den tragischen Bombenangriff auf Hamburg erinnerte. Nachdem ich selbst Luftangriffe durchgemacht hatte, drückte ich ihr mein Mitgefühl aus.

„Es tut mir so leid, dass sie diese schreckliche Erfahrung machen mussten. Gott sei Dank war es nicht im Winter; sonst wären viele Menschen erfroren. Ich bin froh, dass Sie das ganze Gemetzel überlebt und die Bewohner den größten Teil Hamburgs wieder aufgebaut haben."

Hermann hörte nur zu. Wir beendeten unser Gespräch und bedankten uns bei Frau Holz für Kaffee und Kuchen, bevor wir zu seinem Zimmer gingen.

„Lass uns jetzt den Krieg vergessen und an angenehmere Dinge denken. Was würdest du heute Abend gerne machen?"

„Ich habe seit einiger Zeit nicht mehr getanzt. Könnten wir an einen Ort gehen, an dem eine Kapelle Tanzmusik spielt?"

„Ja, es gibt ein Restaurant namens Zwicks in St. Pauli in der Nähe der Reeperbahn, wo eine Kapelle Samstagabend Tanzmusik spielt. Möchtest du dorthin gehen?"

„Wenn du denkst, dass die Musik gut ist, dann bin ich damit einverstanden."

„Zwicks serviert auch hervorragendes Essen. Wir können bald gehen, um einen guten Tisch zu bekommen und dort zu essen."

„Das klingt verlockend. Muss ich mich umziehen, oder ist dieses Kleid für den Anlass geeignet?"

„Ja, es ist kein eleganter Platz; Menschen kleiden sich leger. Wenn du dich erfrischen möchtest, hier ist das Badezimmer."

„Vielen Dank; das werde ich tun." Das Badezimmer und sein Zimmer hatten das Nötigste, aber Hermann hielt beide sauber und ordentlich, was mir gefiel. Um 18:30 Uhr gingen wir zur Straße, um ein Taxi zu arrangieren. Als eines vorbeifuhr, winkte Hermann und ließ den Fahrer anhalten. In kurzer Zeit kamen wir bei Zwicks Restaurant in St. Pauli an. Viele besetzte Tische umgaben die große Tanzfläche. Der Kellner wies uns einen kleinen Tisch in der Nähe der Tanzplattform zu. Farbige Lichter und Musikinstrumente schmückten die Wände, Fenster und Decken. Der Besitzer hatte auch viele Poster von prominenten Gästen an die Wände gehängt. Es sah überladen, aber trotzdem gemütlich aus. Hermann versicherte mir, dass das Essen hervorragend sei. Ich bestellte Wiener Schnitzel, und Hermann bestellte Sauerbraten. Während wir auf unser Essen warteten, sah mich Hermann an: „Ich kann immer noch nicht glauben, dass du in Hamburg angehalten hast, um mich zu sehen. Ich freue mich sehr, noch unvergessliche Momente mit dir zu verbringen, bevor du nach Amerika fährst. Wer weiß, wann wir uns wiedersehen werden."

„Ich bin auch dem Schicksal dankbar, dass es uns die Chance gibt, noch einmal zusammen zu sein, wenn auch nur für eine kurze Zeit."

„Du musst mir versprechen, zu schreiben und in Kontakt zu bleiben. Wir sollten weiterhin unsere besondere Freundschaft pflegen. Ich werde die Zeit, als wir der Jugendgruppe angehörten, immer in Erinnerung behalten, und auch die Wanderungen, die wir mit unserer DJO-Gruppe in den Wäldern unternommen haben, wenn wir im Zug, in Restaurants oder bei Wettbewerben sangen."

„Ja, unter deiner Leitung, war unsere Gruppe immer hervorragend, besonders im Gesang. Und wie ich es genossen habe, Volkstänze mit dir zu machen und auch zu tanzen. Ich bin froh, dass du mich heute Abend zum Tanzen mitgenommen hast. Wer weiß, wann ich das nächste Mal tanzen kann!"

„Ich habe immer gerne mit dir getanzt. Ich bin dankbar, dass ich heute Abend eine weitere unerwartete Gelegenheit habe, mit dir zu tanzen. Wir schätzen immer die unerwarteten, sogenannten glücklichen Zufälle des Lebens."

„Auf jeden Fall! Dich am Bahnhof in Essen zu treffen, war eine angenehme Überraschung. Ich werde nie die wunderbaren Hauskonzerte mit deiner Familie vergessen! Du hast Geige gespielt, deine Schwester Helge das Klavier, und deine Mutter Gitarre. Alle Gäste haben mitgesungen. Es waren immer frohe und besinnliche Stunden."

„Ja, ich vermisse die musikalischen Zusammenkünfte mit meiner Familie und meinen Freunden, während ich hier in Hamburg bin. Aber jedes Mal, wenn ich nach Hause gehe, haben wir ein Familientreffen mit Musik. Ich werde zu Weihnachten nach Hause gehen. Mein Onkel Heinrich versprach auch zu kommen."

„Wie sehr ich die exquisiten Gemälde deines Onkels Heinrich bewundere, in denen er mit viel Liebe die Schönheit der Natur zum Ausdruck bringt. Wenn er Harfe spielt und singt, denke ich an König Davids Anwesenheit, der Psalmen des Lobpreises Gottes singt. Er strahlt so viel Frieden und Liebe aus. Allein in seiner Gegenwart zu sein, hat mich glücklich gemacht. Mein großer Wunsch war und ist es, wie dein Onkel Heinrich malen zu lernen."

„Man kann es nie sagen, du hast ein Auge für Schönheit. Vielleicht lernst du eines Tages auch, zu malen. Ich habe Musik studiert und liebe Musik, aber ich bin ein großer Schätzer der bildenden Kunst."

„Magst du moderne Kunst?"

„Nicht besonders. Manche Leute mögen abstrakte Designs, aber ich bevorzuge realistische Motive und Gemälde."

Währenddessen brachte der Kellner unser Essen. Mein Wiener Schnitzel war perfekt zubereitet; es war innen saftig und zart und die Panade außen braun und knusprig. Das Gemüse war auch sehr lecker.

„Wie ist dein Sauerbraten?"

„Er schmeckt ausgezeichnet." Wir genossen unser Essen.

„Was möchtest du als Dessert?"

„Vielen Dank, vielleicht, später. Im Moment bin ich sehr zufrieden."

Die Musikanten kamen und stellten ihre Instrumente auf. Die Kapelle begann mit dem Walzer „Auf der Reeperbahn". Hermann stand auf und forderte mich zum Tanze auf. Er gab mir seine Hand, ich stand auf, und bald drehten wir uns fröhlich im Walzertakt herum und herum. Dann folgte eine Polka. Wir haben uns nicht einmal zwischen den Tänzen hingesetzt. Wir kannten viele Texte der Lieder und sangen mit. Wir sangen fröhlich und tanzten bis Mitternacht, ohne innezuhalten.

„Meinst du nicht, dass wir jetzt gehen sollten?"

„Wenn du denkst, werden wir gehen. Ich habe den Abend sehr genossen. Wer weiß, wann ich wieder tanzen kann!"

Die Kapelle spielte den Tango „La Paloma". „Können wir noch diesen Tango tanzen bevor wir gehen?"

„Wenn du es möchtest, können wir das sicher tun."

Meine Füße hätten inzwischen müde sein sollen, aber den Tango zu tanzen und dem Text des Liedes zuzuhören genoss ich.

Da ich wusste, dass dies der letzte Tanz war, dankte ich Hermann, dass er mich in dieses lebhafte Restaurant eingeladen hatte.

„Ich hoffe, du hast den Abend genauso sehr genossen wie ich!"

„Das habe ich auf jeden Fall getan. Du musst inzwischen müde sein."

Wir holten unsere Mäntel ab.

„Du kannst drinnen bleiben. Ich gehe nach draußen und bestelle ein Taxi."

Nach kurzer Zeit kehrte Hermann zurück und brachte mich zum Taxi, das vor Zwicks Restaurant auf uns wartete.

Als wir die Wohnung erreichten, war es nach Mitternacht.

„Möchtest du sofort schlafen gehen? Dann gehe ich rüber ins Wohnzimmer meiner Vermieterin. Sie hat mir angeboten, mich für heute Nacht auf ihrem Sofa schlafen zu lassen."

„Ich bin noch nicht allzu müde. Wenn du möchtest, können wir eine Weile aufbleiben und uns unterhalten."

„Das ist gut."

Hermann fragte mich, wer meine Lieblingsdichter seien. Ich sagte ihm: „Wolfgang von Goethe, Friedrich von Schiller und Heinrich Heine."

„Ja, diese Dichter haben einen großen Schatz an Weisheiten für uns hinterlassen."

„Ich mag das Zitat von Goethe: ‚*Wenn du in einem klaren Stil schreiben willst, musst du es zuerst klar in deiner Seele begreifen. Wenn jemand großartig schreiben will, muss er einen großartigen Charakter haben.*'"[29]

„Das ist so wahr; wir können nur das ausdrücken, was wir in unserem Verstand und unserer Seele begreifen und in unserem Herzen fühlen. Ich mag das Zitat von Friedrich von Schiller: ‚*Sei edel gesinnt! Unser eigenes Herz und nicht die Meinung anderer Menschen über uns, bildet unsere wahre Ehre. Die Würde der Menschheit liegt in euren Händen; Schütze sie. Es sinkt mit dir; es wird mit dir aufsteigen. Der mutige Mann denkt nicht an sich selbst. Hilft den Unterdrückten und setzt sein Vertrauen auf Gott.*'"

Hermann fügte hinzu: „Ich mag das Zitat von Wolfgang von Goethe: ‚*Der Mensch ist nicht nur für sich selbst geschaffen, sondern auch für sein Land. Je leichter der Weg, desto weniger wird von den Menschen verlangt. Je komplexer die Aufgabe des Volkes ist, desto höher steigen die Menschen auf.*‘"

„Mein Volkschullehrer sagte mir, wähle den schwereren Weg, mehr wird von dir verlangt. Ich nahm es mir zu Herzen. Ja, meine Familie, mein Land und sogar dich zurückzulassen und in ein fremdes Land zu gehen und mich dem Unbekannten zu stellen, ist für mich außergewöhnlich aufopfernd. Ich vertraue Gott, der alle Dinge zum Besten leiten wird."

„Für mich ist es genauso schwierig, oder vielleicht sogar noch schwerer, dich aufzugeben und zu sehen, wie du mich und dein Heimatland verlässt. Das erinnert mich an ein Zitat von Emanuel Kant, dem großen ostpreußischen Philosophen: ‚Du bist nicht reich an dem, was du besitzt, sondern an dem, was du mit Würde aufgeben kannst.‘ Nach Emanuel Kant können wir uns als reich betrachten, indem wir einander in Würde aufgeben und an unseren moralischen Werten festhalten."

„Ich werde versuchen, mich an dieses und ein anderes Zitat von ihm zu erinnern: ‚Da das Schöne begrenzt ist, ist das Erhabene grenzenlos, so dass der Geist in Gegenwart des Erhabenen, der versucht, sich vorzustellen, was er nicht kann, Schmerz im Scheitern hat, aber Vergnügen, wenn er über die Unermesslichkeit des Versuchs nachdenkt. Lasst uns das Erhabene betrachten, um unser Leben zu bereichern.‘"

„Das erinnert mich an ein anderes Zitat von Friedrich von Schiller: ‚Damit man sich im höchsten Streben nach Schönheit der Wahrheit und Freiheit verpflichtet fühlt, muss ein Künstler einen Weg finden, das Bestehende in Raum und Zeit in Einklang zu bringen, aber immer danach streben, die Grenzen seiner säkularen Gesellschaft in einer ständigen Suche nach dem Ewigen zu überwinden.‘"

„Ja, wir müssen zum Himmel und zum Universum aufschauen, aber auch unseren Weg auf der Erde beachten und die Schönheit schätzen, die uns umgibt."

Für einen Moment dachte ich über Gottes Schöpfungsdefinition von Schönheit nach. Ein Gedicht, das ich später schrieb, passt zu diesem Thema:

Gott schuf aus Liebe Menschen,
Das Universum und die Erde.
Um die Schönheit seiner Werke und Künste zu teilen,
Gott erfüllte mit Weisheit des Menschen Herzen.
Er bat uns, in Frieden miteinander zu leben,
Und Gott zuerst zu lieben und dann jeden Bruder.
Wenn wir bedingungslos lieben
Bekommen wir einen Einblick in die Ewigkeit.
Gott lehrt, uns jeder Herausforderung zu stellen
Und ihm mit würdigem Mut zu vertrauen.
Wir werden uns am Leben freuen
Und versuchen, unser Bestes zu geben.
Wir überlassen Gott die Sorgen und den Rest.
Gott wird uns über allen Maßen segnen
Und uns mit himmlischen Schätzen belohnen.

„Ich setze mein ganzes Vertrauen in Gott und genieße die Schönheit seiner Schöpfung sowie wunderschöne Kunstwerke, Musik, Literatur und Architektur."

„Auch ich genieße die kreativen Werke der Künstler und vor allem die Musik. Meine Lieblingskomponisten sind Beethoven, Mozart und Schubert und so viele andere deutsche Operettenkomponisten. Wir haben einen Reichtum an Volksliedern, die ich auch mag."

„Neben den von dir genannten Komponisten mag ich auch die Opern von Giuseppe Verdi. Sie präsentieren verschiedene Solos, Duette, Chöre und Ballette und ziehen die Aufmerksamkeit des Publikums während der gesamten Aufführung auf sich. Richard Wagners Opern sind nicht mein Geschmack. Ich mag nur einige Arien und Ouvertüren seiner Opern, wie die Ouvertüre von ‚Tannhäuser'."

„Unser Land hat der Welt viel geboten in Kunst, Musik, Literatur und vor allem Wissenschaft. Wie tragisch es war, dass unser Volk und unser Land nach dem Zweiten Weltkrieg wegen Hitlers Gräueltaten gedemütigt wurde. Glaubst du, dass die Besatzung eines Tages enden wird und wir unsere Souveränität wiedererlangen werden?"

„Ich hoffe es. Ich wünschte, die europäischen Länder würden sich vereinen und eine Allianz bilden, um sich vor der Übernahme durch Russland und den Kommunismus zu schützen. Wir können nur auf das Beste hoffen."

Bevor wir es merkten, brach der Tag an, und es wurde Zeit, mich auf meine Zugfahrt nach Bremerhaven vorzubereiten.

Um 7:00 Uhr sagte mir Hermann, dass die Vermieterin in Kürze Frühstück für uns servieren würde.

„Lass uns uns fertig machen, bevor wir hinübergehen. Wir müssen nach dem Frühstück zum Bahnhof aufbrechen."

Als wir in die Küche gingen, fanden wir den Tisch bereits gedeckt. Eine Auswahl von Brötchen und eine Vielzahl von Wurstwaren, Käse sowie gekochten Eiern erwartete uns.

„Guten Morgen Frau Holz. Wie nett von Ihnen, das Frühstück für uns zuzubereiten."

„Guten Morgen, Fräulein Bonacker. Guten Morgen, Hermann, habt ihr gut geschlafen?"

„Wir haben überhaupt nicht geschlafen. Wir haben uns lange unterhalten, nachdem wir aus dem Restaurant zurückgekommen sind", antwortete Hermann.

Frau Holz bat uns, uns zu setzen und zu essen. Wir genossen die warmen Brötchen mit Aufschnitt und Marmelade und ein weich gekochtes Ei.

Bevor wir gingen, dankten wir ihr für ihre Gastfreundschaft und das schöne Frühstück, das sie für uns zubereitet hatte. Sie wünschte mir eine gute Reise und viel Glück in Amerika, bevor wir uns verabschiedeten.

Hermann hatte ein Taxi für 8:30 Uhr bestellt. Als das Taxi ankam, sagte Hermann dem Fahrer, er solle uns zum Hauptbahnhof bringen. Wir stiegen beide ins Auto, saßen dicht beieinander und sagten kaum ein Wort. Unsere Gefühle, wegen der bevorstehenden Trennung voneinander, waren zu tiefgründig, um sie in Worten auszudrücken. Hermann nahm meine Hand und hielt sie fest, als wollte er sagen: Bleib hier bei mir; wir werden gemeinsam unser Schicksal gestalten. Hin und wieder sahen wir uns an und sahen die Traurigkeit in unseren Augen und Gesichtsausdrücken. Als der Taxifahrer am Bahnhof anhielt, bezahlte Hermann und trug meinen Koffer hinein zum Bahnhof. Wir gingen zum Schalter, und ich kaufte die Fahrkarte nach Bremerhaven. Hermann ging mit mir zum Gleis, wo der Zug abfuhr. Nachdem er den Koffer abgelegt hatte, reichte er mir zuerst die Hand und wünschte mir eine gute Reise und viel Glück in Amerika. Dann umarmte er mich fest und flüsterte: „Ich bin traurig, dich gehen zu lassen, aber denke daran, ich werde dich immer lieben."

„Du wirst immer mein geschätzter Freund bleiben. Ich werde unsere Freundschaft und die unvergesslichen Momente, die wir zusammen verbracht haben, immer in Ehren halten", flüsterte ich.

„Auch ich werde mich immer an unsere wunderbaren gemeinsamen Zeiten erinnern und dich stets für deine hohen moralischen Werte und deinen edlen Charakter bewundern. Es hat es mir erleichtert, unsere hohen moralischen Standards unter allen Umständen aufrecht zu erhalten."

„Vielen Dank. Ich respektiere dich sehr dafür, dass du in all deinen Handlungen ehrenhaft warst und bist. Wir sind beide gereift und rein geblieben. Gott segne dich immer."

„Auf Wiedersehen, meine liebe Hilde. Gott sei auch mit dir."

Ich konnte nur sagen: „Auf Wiedersehen, Hermann." Er ließ mich los und ging weg. Ich blieb stehen und beobachtete, wie er sich immer weiter entfernte. Mein Herz sagte: „Gib deinen Plan auf und folge ihm", aber mein Kopf sagte, ich solle meine Reise fortsetzen. Ich gehorchte meinem Kopf und stieg in den Zug. Heute war ich froh, ein leeres Zugabteil zu finden und mich nicht auf ein Gespräch mit Fremden einlassen zu müssen. Ich lehnte mich an die Ecke neben dem Fenster und dankte Gott, dass meine Einwanderungsdokumente angekommen waren. Ich dankte auch Hermann, dass wir eine weitere Gelegenheit hatten, um unsere Gedanken und Ideen zu teilen. Ich legte meine Pläne und Bedenken in Gottes Hände und schlief ein. Ich wachte etwa drei Stunden später auf, als ich den Schaffner rufen hörte. „Bremerhaven, letzte Station, alle aussteigen!"

Kapitel 16

Bootfahrt nach New York

Nachdem ich in Bremerhaven aus dem Zug stieg, nahm ich ein Taxi, um mich zum Hafen zu bringen, von wo die amerikanischen Schiffe abfuhren. Der Taxifahrer hielt an einem Büro in einem großen Kasernenkomplex an. Ich stellte mich dem Angestellten vor und sagte ihm, dass ich morgen mit dem Soldatentransportschiff MS General Harry Taylor abreisen sollte. Er nahm die Passagierliste heraus und sagte: „Ja, Sie sind auf der Liste. Aber das Schiff fährt einen Tag später als geplant."

„Das wusste ich nicht. Wo kann ich den zusätzlichen Tag bleiben?"

„Sie können in einem Zimmer der Kaserne übernachten. Warten Sie hier; ich rufe jemanden, der Sie dorthin bringt. Hier ist auch ein Zeitplan für die Abfahrt des Schiffes. Sie sollten zwei Stunden im Voraus dort hingehen."

„Danke, es ist großzügig von Ihnen, dass Sie mir erlauben, den zusätzlichen Tag hier zu verbringen. Ich werde pünktlich am Hafen sein. Ist ein Restaurant in der Nähe?"

„Ja, es gibt ein Restaurant im großen Gebäude, wo das Frühstück um 7:00 Uhr, das Mittagessen um 12:00 Uhr und das Abendessen um 18:00 Uhr serviert wird." „Übrigens hatte ich mein Gepäck vorzeitig verschickt, ist es angekommen?" Der Angestellte überprüfte eine andere Liste und sagte mir, dass mein Gepäck angekommen sei. Innerhalb weniger Minuten kam ein junger Mann, holte meinen Koffer ab und bat mich, ihm zu folgen. Er brachte mich zu einer nahegelegenen Baracke, öffnete die Tür und zeigte mir das Zimmer, in dem ich zwei Nächte bleiben sollte. Ich dankte dem jungen Mann, bevor er ging. Ich war eher müde als hungrig und entschied mich für ein Nickerchen. Ich wachte gerade rechtzeitig auf, um Abendbrot zu essen. Ich machte einen langen Spaziergang, nachdem ich das Restaurant verlassen hatte. Dann ging ich zurück in das Zimmer, das sauber war und das Nötigste hatte. Ich packte einige Kleider für den nächsten Tag aus. Nach dem Duschen nahm ich das kleine Neue Testament heraus, das ich in meiner Handtasche aufbewahrte. Ich öffnete es nach dem Zufallsprinzip und las Matthew 14: 24 -33:

„Jesus bat die Jünger, in das Boot zu steigen, während Jesus auf den Berg ging, um zu beten. Als sich das Boot mitten im Meer befand, erzeugte ein Sturm hohe Wellen und warf das Boot um. Jesus ging auf dem Meer auf das Boot zu. Die Jünger erkannten Jesus nicht und hatten Angst. Jesus sagte zu ihnen: ‚Seid guten Mutes. Habt keine Angst; Ich bin es'. Petrus antwortete ihm. ‚Herr, wenn du es bist, befehle mir, auf dem Wasser zu dir zu gehen.' Und Jesus sagte: ‚Komm.' Petrus tat es. Als er den ausgelassenen Wind und die großen Wellen sah, begann er zu sinken und schrie: ‚Herr, rette mich.' Jesus streckte seine Hand aus und rettete ihn, indem er sagte: ‚Oh, du von geringem Glauben, warum hast du gezweifelt?' Als sie ins Boot stiegen, hörte der Wind auf. Die Leute im Boot beteten Jesus an und sagten: ‚Wahrlich, du bist der Sohn Gottes.'"

Ich dachte über diese Worte nach und nahm es als eine persönliche Botschaft für meine bevorstehende Seereise: „Habe keine Angst, auch wenn du auf raue See triffst; ich bin bei dir, und ich werde dich immer beschützen." Bevor ich zu Bett ging, betete ich und dankte Gott für seine tröstlichen Worten.

Am Montag, dem 17. Dezember 1956, brachte mich ein Arbeiter zum Hafen, wo viele Menschen in einer großen Halle versammelt waren. Auf einem nahegelegenen Dock stand das Armeetransportschiff H.M.S. General Harry Taylor, das Schiff, mit dem ich über den Atlantik nach New York reisen sollte. Es sah eher wie ein graues Schlachtschiff aus als ein Kreuzfahrtschiff. Aber es war mir egal, solange es seetüchtig war.

MS General Harry Taylor Schiff 1956

Nachdem ein Einwanderungsbeamter die Dokumente jeder Person überprüft hatte, begab ich mich mitsamt den anderen Passagieren auf das Schiff. Ein Marine brachte mich in einen riesigen Raum und zeigte mir mein Etagenbett. Als alle Passagiere an Bord waren, machte sich das Boot bereit aufzubrechen. Eine große Menschenmenge hatte sich auf dem Pier versammelt, um sich von Familie oder Freunden zu verabschieden. Stattdessen ging ich aufs Deck, um mich von meiner Heimat zu verabschieden. Als eine Kapelle „Auf Wiedersehn, Auf Wiedersehn" spielte, erfüllte Traurigkeit mein Herz. Ich stand an Deck, bis die Musik leiser und leiser wurde und die Küste in der Ferne verschwand, als das Schiff in das offene Gewässer der Nordsee aufbrach. Dann kehrte ich in das große, überfüllte Zimmer zurück, das mir zugewiesen war, und fand mein Etagenbett. Ich schaute mich nach den Toiletten und den Duschen um. Ich traf eine nette junge Dame, die das Etagenbett neben mir hatte. Wir beschlossen, das Schiff zu erkunden, um herauszufinden, wo sich der Speisesaal und andere Einrichtungen befanden. Wir gingen zusammen zum Mittag- und Abendessen in die große Messhalle. Mit so vielen Menschen und ganzen Familien mit kleinen

Kindern an einem Ort, konnte ich erst spät in der Nacht einschlafen. Die Nordsee war ruhig. Nachdem wir den Ärmelkanal passiert hatten und in den Atlantischen Ozean eingedrungen waren, peitschten die Winde hohe Wellen auf, schaukelten das Boot heftig und die Passagiere wurden seekrank. Ein junger Mann in einer marineblauen Uniform kam auf mich zu und stellte sich als James Chambers vor.

„Wir haben in Ihren Dokumenten gesehen, dass Sie eine Arzthelferin sind. Unsere Ärzte brauchen Dolmetscher, die Deutsch und Englisch sprechen. Wären Sie bereit, uns zu helfen?"

„Obwohl ich Englisch spreche, kenne ich die medizinische Terminologie im Englischen nicht. Ich werde versuchen zu helfen, wenn der Arzt mich für fähig hält."

„Kommen Sie mit mir. Ich werde Sie in die Arztpraxis bringen; wir werden den Arzt entscheiden lassen."

Nachdem Mr. Chambers mich Dr. Strom vorgestellt hatte und wir kurz miteinander sprachen, bat mich Dr. Strom, um 14:00 Uhr in seiner Klinik zu sein. Herr Chambers teilte mir auch mit, dass ich in einem der Zimmer im Krankenhaus in der Nähe der Arztpraxis übernachten könnte. Er brachte mich dorthin und zeigte mir das Zimmer, das er mir zuwies. Ich bedankte mich sehr bei Mr. Chambers und war froh, einen Platz für mich zu haben. Als ich mit meinem Gepäck zurückkehrte, traf ich eine andere Dame im Krankenhaus. Ihr Name war Olga. Sie war eine Krankenschwester aus Russland, die Englisch, Deutsch und Russisch sprach. Dr. Weiß, der zweite Arzt an Bord des Schiffes, bat Olga, seine Dolmetscherin zu sein.

Wir waren beide froh, ein eigenes Zimmer und ein bequemeres Bett zu haben. Jetzt konnten wir ohne weinende Kinder und klagende Passagiere schlafen. Jeden Tag gingen wir während der Sprechstunden zu den Ärzten. Am ersten Tag, an dem ich Dr. Strom und seiner Krankenschwester assistierte, behandelte Dr. Strom nur wenige seekranke Patienten. Der Arzt verschrieb Dramamine gegen Übelkeit und Erbrechen und sagte dann den Patienten, sie sollten viel Flüssigkeit trinken, um zu vermeiden dehydriert zu werden. Ich lernte schnell die englischen Wörter für die häufigsten Symptome der Seekrankheit und ein paar anderer Krankheiten und welche Medizin und Behandlung der Arzt verschrieb. Wo es an Worten mangelte, benutzte ich Gebärdensprache, um die Anweisungen des Arztes an den Patienten zu übermitteln.

Je weiter wir im Atlantik fuhren, desto rauer wurde der Ozean. Riesige Wellen hämmerten gegen den Rumpf, und die Gischt spritzte auf das Deck und rüttelte das Boot heftig. Jeden Tag kamen immer mehr Patienten zum Arzt, und weniger Menschen erschienen im Speisesaal. Auch ich wurde seekrank. Dr. Strom gab mir Dramamine, wodurch ich mich besser fühlte. Ich entschied mich, Dr. Strom weiterhin zu unterstützen. Hin und wieder musste ich mich entschuldigen, um zur Toilette zu gehen, und meinen Mageninhalt entleeren. Einige dehydrierte Patienten mussten ins Krankenhaus eingeliefert werden und eine intravenöse oder intramuskuläre Injektion von Dramamine zusammen mit Elektrolyten erhalten, um die verlorene Flüssigkeit, Mineralien, Sodium und Kalium zu ersetzen. Wenn ich Freizeit hatte, häkelte ich Bordüren für Taschentücher, um mich von der Seekrankheit abzulenken. Nach einer Woche des Kampfes gegen das wütende Meer und des Brechens durch die schäumenden Wellen, ließ die Windstärke etwas nach und das turbulente Meer beruhigte sich.

Am 24. Dezember feierten wir Heiligabend. Die Besatzung des Schiffes hatte in der Kapelle einen Weihnachtsbaum aufgestellt. Um 22:00 Uhr fand ein Gottesdienst für die evangelischen Passagiere und um Mitternacht eine Messe für die katholischen Passagiere statt. Ich verfolgte die deutsche Zeit, die sechs Stunden vor der New Yorker Zeit lag. Um 18:00 Uhr war es in Deutschland Mitternacht. Ich ging auf das Deck. und dachte daran, wie meine Familie morgen Weihnachten feiern würde. Auch Hermann und seine Familie sangen für mich um Mitternacht das Lied „Hohe Nacht der klaren Sterne" und andere schöne Weihnachtslieder, begleitet von Hermann auf der Geige, Helge auf dem Klavier und Frau Jäger auf der Gitarre. In Gedanken sang ich mit und fühlte, dass ich mitten unter ihnen war. Es war eine schöne Manifestation von Weihnachten.

Ich dachte über den wahren Sinn nach, warum wir Weihnachten feierten, die Geburt unseres Heilandes Jesus Christus. Meine Gedanken blieben nicht nur bei meiner Familie und meinen Freunden in Deutschland, sondern wanderten nach Bethlehem. Ich sah das Jesus Kind in der Krippe mit Maria und Josef, die über ihm wachten. Die Hirten knieten vor der Krippe und beteten den neugeborenen König und Erlöser der Welt an. Auch ich verehrte mit ihnen den neugeborenen König.

Nach dem Abendessen gingen Olga und ich zum Weihnachts-Gottesdienst um 22:00 Uhr in die Kapelle. Wir hörten uns die Weihnachtsgeschichte an und sangen mehrere Weihnachtslieder. Es war nach 23:00 Uhr, als der Pastor die Anwesenden mit einem Segen entließ. Bevor ich zu Bett ging, dankte ich Gott, dass ich selbst mitten auf dem Ozean und unter Fremden die Geburt Christi auf sinnvolle, christliche Weise feiern konnte. In Christus fühlten wir uns als Brüder und Schwestern vereint und nicht wie Fremde.

Am nächsten Tag nach dem Frühstück klopfte Mr. Chambers an die Tür. Als ich sie öffnete, verkündete er freudig: „Frohe Weihnachten, Hildegard, ich habe ein Geschenk für Sie." Dann reichte er mir ein kleines Paket. Ich öffnete es und fand ein Armband darin.

„Das ist sehr schön. Vielen Dank. Ich habe auch ein kleines Geschenk für Sie, aber ich hatte kein Papier, um es einzupacken."

Ich gab ihm ein Taschentuch mit blauem Rand, das ich während der Seefahrt gehäkelt hatte.

„Das ist sehr schön. Es wird mich immer an Sie erinnern, danke. Hildegard ändern Sie sich nie! Bleiben Sie, wie Sie sind. In wenigen Tagen verlassen Sie das Schiff. Ich weiß nicht, ob ich Sie wiedersehen werde. Ich wünsche Ihnen nur das Beste in meinem Land. Ich hoffe, Sie finden ein neues Zuhause und Glück in Amerika. Ich gebe Ihnen meine Adresse; Sie können mir schreiben und mich wissen lassen, wo Sie sind und wie das Leben für Sie in den Staaten ist."

„Herr Chambers, lassen Sie mich zunächst Ihnen dafür danken, dass Sie so liebenswürdig waren und mir ein Weihnachtsgeschenk gegeben haben. Auch danke ich Ihnen für Ihre Freundlichkeit mir gegenüber während der Reise. Ich schätze beides sehr. Sobald ich eine Unterkunft finde, werde ich Ihnen schreiben, wo ich wohne und welche Arbeit ich fand."

„Sehr gut. Ich wünsche Ihnen frohe Weihnachten."

„Ich wünsche Ihnen auch ein frohes Weihnachtsfest und eine gesegnete Zukunft."

Mr. Chambers ging. Seine Freundlichkeit und sein Geschenk bereiteten mir zu Weihnachten auf hoher See besondere Freude.

Am Weihnachtstag sprach der Kapitän über den Lautsprecher. Er wünschte der Crew und den Passagieren frohe Weihnachten. Er berichtete, dass wir morgen am frühen Abend in New York ankommen würden. Später am Nachmittag folgte eine internationale Weihnachtsfeier. Passagiere aus verschiedenen Ländern musizierten und sangen Weihnachtslieder in ihrer Muttersprache. Olga und ich nahmen an der besonderen Veranstaltung teil. Wir hatten auch das traditionelle amerikanische Weihnachtsessen zusammen: gefüllter Truthahn, Süßkartoffeln und grüne Bohnen. Kürbis- und Pekannuss Kuchen beendete das leckere Essen. Bevor ich mich für die Nacht zurückzog, ging ich an Deck, um den mit Sternen geschmückten Himmel zu betrachten. Der Mond war auf ein Viertel geschrumpft, was die Nacht dunkler und die Sterne strahlender gestaltete. Das Dröhnen der Motoren und der Bug, der durch die Wellen schnitt, durchbrachen die Stille. Ich fühlte mich Gott, meiner Familie und meinen Freunden nahe. Ich dankte Gott für eine besondere Weihnachtsfeier auf hoher See und eine sichere Überquerung, trotz des rauen Ozeans. Dankbar und freudig zog ich mich für die Nacht zurück.

Am nächsten Tag fragte mich Dr. Strom in der Klinik, wohin ich gehe und ob ich schon eine Arbeitsstelle hätte. Ich erzählte ihm, dass mein Sponsor in Des Moines, Iowa, lebte und ich plante, zuerst zu meiner Schwester in Garnavillo, Iowa, zu gehen.

„Ich habe einen Freund in Des Moines in der Beaverdale Clinic. Ich gebe Ihnen ein Empfehlungsschreiben für ihn. Vielleicht kann er Ihnen helfen, indem er Ihnen eine Stelle in der Klinik bietet."

„Vielen Dank für Ihre Freundlichkeit. Ich schätze es, dass Sie mich Ihrem Freund empfehlen und dass ich Ihnen in der Klinik helfen durfte."

Am nächsten Morgen packte ich alle meine Sachen ein, bevor ich in die Arztpraxis ging. Wie versprochen gab mir Dr. Strom den Brief. Nachdem ich den letzten Patienten behandelt hatte, dankte ich Dr. Strom für den Empfehlungsbrief und das Privileg, mit ihm zu arbeiten. Er dankte mir auch dafür, dass ich ihm als Dolmetscherin half. Ich ging dann auf das Deck. Die Skyline von New York erschien in der Ferne, und davor stand die Freiheitsstatue. Ihre brennende Fackel begrüßte uns mit den berühmten Zeilen von der Dichterin Emma Lazarus: „Gebt mir eure Müden, eure Armen, eure geknechteten Massen, die frei zu atmen begehren."

Als wir uns New York näherten, stand ich fasziniert da und beobachtete, wie das Licht der Fackel heller und heller leuchtete und die Freiheitsstatue und die Wolkenkratzer an Größe zunahmen. Plötzlich hielt das Schiff an, als wir uns in der Nähe der Hafeneinfahrt befanden. Der Kapitän gab bekannt, dass wir heute nicht in den Hafen einlaufen könnten, weil die Küstenarbeiter streikten. Wir müssten warten, bis sie wieder beschließen zu arbeiten. Wir verbrachten den Mittwochabend und die Nacht damit, auf die Erlaubnis zu warten, um in den Hafen einfahren zu können. Am Donnerstagabend kündigte der Kapitän an, dass wir für Freitagmorgen, dem 28. Dezember, die Erlaubnis bekommen hatten, in dem Hafen anzulegen. Ich war begeistert, die Skyline von New York bei Tag zu beobachten und war nachts fasziniert, als die normalen und weihnachtlichen Lichter die Stadt in ein magisches Märchenbild verwandelten. Viele Passagiere gingen an Deck, um frische Luft zu schnappen und die Skyline von New York anzuschauen. Ich hatte auch die Gelegenheit, mich von Personen zu verabschieden, die ich während der Reise kennengelernt hatte.

Am Freitagmorgen zog die Besatzung den Anker und das Schiff begann sich zu bewegen. Etwa eine Stunde später ankerten wir in dem Hafen von New York. Alle Passagiere stiegen aus und warteten auf ihr Gepäck, das ein Kran in einem großen Netz entlud. Die Hafenarbeiter transportierten die Koffer und Kisten in ein nahegelegenes Lagerhaus, wo wir sie abholen konnten. Passagiere, die ihre Reise fortsetzen mussten, wurden mit Bussen abgeholt und zum Flughafen oder zu den Bahnhöfen gebracht. Nachdem ich mein Gepäck bekam trug jemand meinen großen Holzkoffer zum Bus, der zum Bahnhof fuhr. Ich erhielt eine Fahrkarte, um nach Chicago zu fahren und dann weiter nach Prairie Du Chien, Wisconsin. Die pastoralen Landschaften und Stadtstrukturen zogen tagsüber schnell am Fenster des Zuges vorbei. In der Nacht versuchte ich zu schlafen, aber der Lärm des Zuges hielt mich wach. Am nächsten Tag wechselte ich in Chicago den Zug, durchquerte schneebedeckte landwirtschaftliche Felder, wunderschöne Wälder und fuhr an Seen in Illinois und Iowa vorbei, bevor ich in Prairie Du Chien ankam. Ich rief meine Schwester Meta an, und innerhalb kurzer Zeit holten mich mein Schwager Ernst und meine Schwester vom Bahnhof ab.

Wir fuhren über den mächtigen Mississippi River und kamen nach einer kurzen Reise in Garnavillo, Iowa, an, wo mein Schwager auf einer riesigen Farm arbeitete. Meine Schwester kümmerte sich um ihre drei Töchter Agnes, Ilse und Christa und lebte in einem geräumigen und komfortablen Haus. Was für eine wunderbare Überraschung: Meine Schwester Emma, mein Neffe Bernie und mein Bruder Edmund kamen aus Chicago, um mich in Amerika willkommen zu heißen. Wir waren so glücklich, wieder vereint zu sein. Meta gab mir einen Brief, der an mich adressiert war, aber an die Adresse meiner Schwester geschickt wurde.

Ich öffnete ihn schnell und fand ein Foto von einer wunderschönen Familie mit drei kleinen Kindern. Ich konnte nicht überraschter sein zu lesen, dass Dr. und Mrs. Jefferies, die in Des Moines, Iowa, lebten, mich fragten, ob ich in ihrem Haus wohnen und ihnen mit den Kindern helfen möchte. Dr. Jefferies las meinen Namen in der Zeitung welche Fluechtlinge einwanderten und wohin sie gingen. Ich dankte Gott für diese Gelegenheit, mit einer wunderschönen amerikanischen Familie zu leben. Ich teilte die gute Nachricht sofort mit meiner Familie. Ich erwähnte auch, dass Dr. Strom auf dem Schiff mir einen Brief für einen befreundeten Arzt gegeben hatte, der eine Klinik in Des Moines leitete. Vielleicht könnte er mich einstellen. Das ließ mir keine andere Wahl, als nach Des Moines zu gehen. Ich bedauerte sehr, meine Schwester Emma und meinen Bruder Edmund zu enttäuschen, dass ich nicht mit ihnen nach Chicago ging, wie sie hofften.

Das neue Jahr war gerade vergangen; wir feierten meinen 20. Geburtstag am Mittwoch, dem 2. Januar 1957. Meta bereitete einen Gänsebraten mit mehreren Beilagen und einen Schokoladenkuchen zum Nachtisch. Für mich war es eine Freude, von ihren Lebenserfahrungen in Amerika zu hören und meine Ereignisse des vergangenen Jahres mit ihnen zu teilen. Am Mittwoch rief ich Dr. und Mrs. Jefferies an und sagte ihnen, dass ich ihr Angebot annehmen würde. Ich fragte, ob ich sie am 3. Januar 1957 sehen könnte. Sie vereinbarten, mich am Donnerstag persönlich zu treffen. Bevor mein Schwager Ernst mich nach Des Moines fuhr, brachte er meine Schwester Emma, meinen Neffen Bernie und meinen Bruder Edmund zum Bahnhof in Prairie Du Chien. Ich war traurig, nicht mit ihnen zu gehen, aber Gott hatte andere Pläne für mich.

Dr. & Mrs. Jefferies, mit Jon Kim & Jill

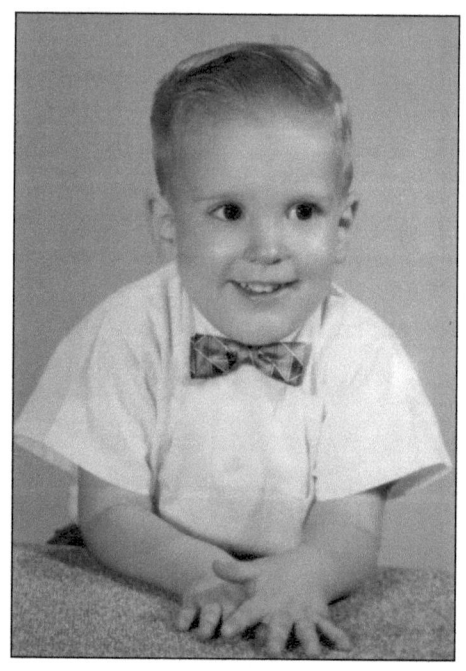

Kent Jefferies

Als wir die Residenz von Dr. und Mrs. Jefferies erreichten, begrüßten sie mich herzlich. Wir unterhielten uns eine Weile, und Mrs. Jefferies erklärte, was sie von mir erwartete. Nachdem ich zugestimmt hatte, akzeptierten sie mich, und ich konnte bei ihrer Familie bleiben. Mein Schwager fuhr weg, nachdem er wusste, dass ich bei der Familie Jefferies untergebracht war. Ich erwähnte auch gegenüber Dr. und Mrs. Jefferies, dass ich für Dr. Strom an Bord des Schiffes als Dolmetscherin gearbeitet hatte und dass Dr. Strom mir ein Empfehlungsschreiben an einen befreundeten Arzt in der Beaverdale Klinik gegeben hatte. Am folgenden Montag, dem 7. Januar 1957, fuhr mich Frau Jefferies in die Beaverdale Klinik. Ich überreichte dem Manager den Brief von Dr. Strom. Nachdem er ihn gelesen hatte, bot er mir eine befristete Stelle in der Röntgenabteilung und später für einen halben Tag im Labor an. Ich konnte Gott nicht genug dafür danken, wie wunderbar er einen besonderen Ort zum Wohnen und Arbeiten in derselben Stadt für mich geplant hatte.

Die Familie Jefferies und ich entwickelten eine komfortable Routine. Dr. Jefferies begann seine Sprechstunde um 8:30 Uhr in der Innenstadt von Des Moines. Ich begann um 8:00 Uhr morgens in der Beaverdale Klinik zu arbeiten. Jeden Morgen bereitete Dr. Jefferies ein reichhaltiges Frühstück mit Toast, Speck oder Wurst und Eiern, Obstsaft und Kaffee zu. Dann fuhr er mich zu der Klinik, bevor er in seine Praxis ging. Mrs. Jefferies stand später auf und machte Frühstück für die Kinder. Jon und Kim gingen zur Schule, Jill, vier Jahre alt, zum Kindergarten, und Kent, acht Monate alt, nicht auf dem Foto zu sehen, blieb zu Hause. Am Mittag holte mich Frau Jefferies von der Klinik ab. Sie kochte Mittagessen für uns alle. Nach dem Mittagessen machten Kent und Jill ein Nickerchen. Nachdem sie aufwachten, ging ich mit Kent im Kinderwagen spazieren und nahm manchmal Jill mit.

Ich half, den Tisch abzuräumen, das Haus zu reinigen und Wäsche zu waschen und zu bügeln. Sie behandelten mich als Teil ihrer Familie. Ich hatte es noch nie so gut in meinem Leben. Ich dankte Gott jeden Tag für die Güte der ganzen Familie. Ich begrüßte auch die Gelegenheit, Konversationsenglisch zu lernen. Frau Jefferies, eine ehemalige Stewardess, sprach ein feines, literarisches Englisch. So auch Dr. Jefferies. Beide waren hoch intelligent. Wir hatten immer ein deutsch-englisches Wörterbuch auf der Küchentheke. Wenn ich ein Wort auf Englisch nicht kannte, schlug ich es im Wörterbuch nach. Ich nahm auch an einem fortgeschrittenen Englischkurs an der Universität teil, wo ich junge Damen traf, mit denen ich mich befreundete.

Alles schien so perfekt zu sein, und ich war sehr zufrieden mit dem Leben. Mein Bruder Edmund und meine Schwester Emma wollten jedoch, dass ich nach Chicago komme. Zuerst gefiel mir die Idee nicht, mein wunderbares Leben mit der Familie Jefferies aufzugeben. Ich betete um Gottes Führung. Nachdem einige Zeit vergangen war, schien es mir offensichtlicher, dass ich mich meiner Familie anschließen sollte. Eines Tages, als Mrs. Jefferies erwähnte, wie sie ihren Mann in Chicago kennengelernt hatte, fügte sie hinzu: „Hildegard, ich werde dich niemals nach Chicago gehen lassen."

„Es tut mir leid, Sie zu enttäuschen. Ich habe gerade meinem Bruder und meiner Schwester versprochen, dass ich zu ihnen nach Chicago gehen möchte."

„Aber du kannst uns nicht einfach verlassen. Bist du hier nicht glücklich?"

„Ich freue mich, mit Ihnen und Ihrer Familie zu leben, und es ist schwer für mich, Sie zu verlassen, aber meine Familie braucht mich in Chicago."

„Ich denke, ich muss dich gehen lassen, auch wenn wir traurig darüber sind und wir dich vermissen werden. Wann willst du gehen?"

„Vielleicht in zwei Wochen. Ich möchte der Klinik auch eine zweiwöchige Kündigungsfrist geben. Ich könnte am Montag, dem 1. Juli, abreisen."

An diesem Abend teilte Mrs. Jefferies ihrer Familie die Nachricht mit, dass ich am 1. Juli gehen würde.

„Warum verlässt du uns so bald?"

„Ich schätze Ihre Familie sehr und bin allen dankbar, aber meine Familie möchte, dass ich mich ihnen in Chicago anschließe."

„Ich denke, wenn Sie das Versprechen bereits gegeben haben, müssen wir Sie gehen lassen." Jon und Kim drückten auch ihre Traurigkeit aus und baten mich zu bleiben. Ich hatte die Kinder liebgewonnen, und sie zu verlassen, machte mich auch unglücklich. Das Personal in der Beaverdale Clinic war traurig, dass ich sie verließ; ich auch. Sie alle behandelten mich sehr herzlich. Ich habe es genossen, mit den Technikern und Krankenschwestern zu arbeiten.

Chapter 17

Auf dem Weg nach Chicago

Montag, der 1. Juli, war das letzte Frühstück, das ich mit Dr. Jefferies aß. Wir waren beide traurig, aber er wünschte mir das Beste, bevor er alleine in seine Praxis fuhr. Dann half ich Frau Jefferies, die Kinder zur Schule zu bringen, bevor sie mich zum Bahnhof fuhr.

„Hildegard, ich fühle mich niedergeschlagen, dich gehen zu lassen, aber bitte schreib uns und lass uns wissen, wie es dir in Chicago geht."

„Ich werde Ihnen schreiben. Vielen Dank, dass Sie so freundlich waren, mich als Teil Ihrer Familie zu akzeptieren. Ich werde euch allen für immer dankbar sein." Ich versuchte, meine Tränen zu stoppen, als Frau Jefferies mich umarmte und wir uns voneinander verabschiedeten.

Als ich in Chicago ankam, empfingen mich meine Schwester Emma und mein Bruder Edmund mit offenen Armen. Edmund hatte eine Wohnung in der Racine Street in der Nähe des deutschen Viertels gemietet. Er stellte mir auch eine Kirche vor, die von einem deutschen Pastor geleitet wurde. Ich lernte viele junge deutsche Gemeindemitglieder kennen, und wir schlossen uns dem Kirchenchor an. Ich fand eine befristete Anstellung bei der Bankers Life and Casualty Versicherung in der Aktenbehandlung. Während dieser Zeit lernte ich die medizinischen Begriffe für viele Krankheiten auf Englisch. Jeden Tag acht Stunden hinter einem Schreibtisch zu sitzen, befriedigte mich jedoch nicht vollständig. Ich vermisste den Kontakt mit Patienten.

Vater Heimkehr aus Polen, 1957

Ein weiteres wichtiges Ereignis fand statt. Im September 1957, nach mehr als zwölf Jahren Gefangenschaft, kehrte mein Vater aus Polen zurück. Ich wünschte, ich hätte nach Deutschland fliegen können, um ihn persönlich willkommen zu heißen, aber finanziell konnte ich es mir nicht leisten, den Flugpreis nach Deutschland zu bezahlen. Ich wusste, dass ich eine besser bezahlte Berufsstelle suchen musste, um nach Deutschland zu reisen und meinen Vater zu besuchen, den ich seit dreizehn Jahren nicht mehr gesehen hatte. Mein Bruder Horst schickte mir einen schriftlichen Bericht von meinem Vater und seinen Erfahrungen der letzten zwölf Jahre:

„Ich, Gustav Bonacker, geboren am 4. September 1902, in Wizajny, Kreis Sudauen/Ostpreußen, wohne in Essingen, Landauerstr. 184.
Ich wurde im Juli 1944 zur Wehrmacht (zur Deutschen Wehrmacht) einberufen. Ich kam zur Bau-Pionier Einheit in Modlin, Polen. Bei dieser Einheit war ich bis 10. Mai 1945. Nach Waffenstillstand kam ich in amerikanische Kriegsgefangenschaft. Im Kriegsgefangenlager Chalon in Frankreich. Ich wurde dort bis Oktober 1945 festgehalten. Im Oktober 1945

*wurde ich entlassen. Da ich meine Familie noch in unserer
Heimat in Ostpreußen vermutete, wollte ich mich dorthin
begeben. In unserer Heimatkreisstadt Sudauen wurde ich
mit anderen ehemaligen deutschen Soldaten aus dem Zug
heraus verhaftet. Nach 3-4 tägiger Vernehmung durch die
polnische Miliz kam ich in das Zuchthaus von Sudauen. Hier
wurde ich bis Oktober 1946 festgehalten. Dann wurde ich
zu 8 Jahren Straflager verurteilt. Wegen Überfüllung der
Strafanstalt Sudauen kam ich mit vielen anderen Gefangenen nach Bialistock in das dortige Gefängnis. Nach vier weiteren Wochen kam ich mit einem Transport ins Gefängnis
in Warthenburg, Ostpreußen. Dort blieb ich bis Juli 1947.
Von hier ging es nach Rawitch in das Gefängnis, wo ich bis
etwa 1950 war. Nach einer allgemeinen ärztlichen Untersuchung wurde ich mit anderen Gefangenen, die noch arbeiten
konnten, nach Groß-Strenlitz geschickt. Hier mussten wir
in einem Steinbruch arbeiten, bis ich 1951 oder 1952 in die
Kohlengrube von Katowik versetzt wurde. Hier habe ich bis
zum 17. März 1953 gearbeitet. Meine Haftstrafe endete und
ich wurde freigelassen. Drei Wochen zuvor fragte mich der
Lagerkommandant, was ich nach meiner Entlassung zu tun
gedenke. Als ich ihm sagte, dass ich die Absicht hatte, mich
zu meiner Familie nach Westdeutschland zu begeben, verbot
er mir dies strengstens. Es wurde mir eröffnet, dass ich nur
in der Provinz Sudauen, in dem ich zuletzt wohnhaft war,
entlassen werden könnte. Notgedrungen ließ ich mich dahin
entlassen, denn ich war froh, wenigstens aus dem Straflager
herauszukommen. Ich arbeitete bis April 1956 im Kreis Sudauen als freier Arbeiter im Wald. Anschließend suchte ich
mir in Treuburg/Ostpreußen einen Arbeitsplatz, wo ich ebenfalls als Waldarbeiter, bis zu meiner Ausreise beschäftigt war.
Abschließend möchte ich erwähnen, dass wir bis zum Jahr
1947 sehr schlecht behandelt worden sind. Wir wurden oft
geschlagen und misshandelt. Ich habe davon heute noch ein
verstümmeltes Ohr und einen beschädigten Zeigefinger an
meiner rechten Hand. Im Dezember 1947 wurde ich wieder*

einmal derart geschlagen und misshandelt, dass ich fast für
vier Wochen im Krankenhaus bleiben musste. Mein ganzer
Körper war geschwollen und alle meine Glieder schmerz-
ten. Auch die Verpflegung war sehr schlecht. Viele Kamera-
den starben an Unterernährung und teils an den Folgen der
Misshandlungen."

Das Lesen des Berichts meines Vaters bedrückte mich unheim-
lich. Ich wollte so schnell wie möglich nach Hause eilen, um ihn
zu sehen. Zuerst musste ich allerdings eine besser bezahlte Arbeitsstelle finden und genug für die Reise sparen. Am Silvesterabend ging ich zu einer Arbeitsagentur in der Innenstadt von
Chicago. Der Angestellte schickte mich zu einem Vorstellungsgespräch ins American Hospital. Obwohl ich dem Pathologen
Dr. Eisenstadt, der mich interviewte, erklärte, ich hätte nie in
der Histologie gearbeitet, stellte er mich ein. Er sagte: „Die Technikerin, Irene, wird Sie unterrichten. Wir brauchen eine Labortechnikerin für Histologie für das Bethesda Hospital, das im Februar 1958 eröffnet wird."
    Ich nahm die Position an. Zwei Wochen später lehrte mich
Irene die histologischen Verfahren, und ich begann Anfang März
im Bethesda Hospital zu arbeiten. Margaret, die Laborleiterin
des Bethesda Hospitals, brachte mir auch bei, wie man Che-
mie-, Serologie-, Hämatologie- und Bakteriologie-Tests durchführt. Ich genoss es, mit den Labortechnikern und der Managerin Margaret zu arbeiten. Ich lernte den Administrator, Mr.
Glass, die Krankenschwestern, andere Mitarbeiter und einige
Ärzte vom Bethesda Krankenhaus kennen. Ich dankte Gott dafür, dass ich wieder im medizinischen Beruf tätig war, was mir
sehr viel Freude brachte. Ich konnte auch genug Geld sparen,
um meinen Vater in Deutschland zu besuchen.
    1958 flog ich nach Frankfurt und nahm dann den Zug nach
Landau. Mein Bruder Horst und mein Vater kamen mich am
Bahnhof abholen. Obwohl ich meinen Vater noch erkannte, erinnerte er sich nicht an mich. Er hatte mich das letzte Mal gesehen, als ich sieben Jahre alt war. Ich hatte mich in den letzten

dreizehn Jahren bis zur Unkenntlichkeit verändert. Er rief ungläubig aus: „Du bist mein kleines Hildchen. Du bist zu einem schönen jungen Fräulein herangewachsen!" Wir haben uns sofort verbunden gefühlt und wir genossen es, uns über das Leben von zu Hause in Ostpreußen vor dem Krieg zu unterhalten. Er beschrieb auch, wie vernachlässigt und ungepflegt das schöne Ostpreußen war, nachdem das polnische Volk unser Land übernommen hatte. Wir sprachen über viele Familienfeiern der Vergangenheit. Er hatte seinen Sinn für Humor und sein Lächeln trotz der tragischen Jahre der Gefangenschaft nicht verloren. Er erzählte von dem Leben in Ostpreußen vor und nach dem Zweiten Weltkrieg und erwähnte einige Erfahrungen der letzten zwölf Jahre, die er gemacht hatte. Die zwei Wochen vergingen nur zu schnell. Leider musste ich wieder nach Chicago zurückkehren. Ich war jedoch froh, meinen Vater gesehen und unser Familienband erneuert zu haben.

Alles schien gut zu gehen. Ein Jahr später wurde mein Bruder Edmund jedoch in die amerikanische Armee eingezogen, obwohl er kein amerikanischer Staatsbürger war. Nach dem Bootcamp-Training in Fort Worth wurde er nach Deutschland geschickt. Ich blieb allein. Er hatte kürzlich ein Auto auf Kredit gekauft. Mein Gehalt allein reichte nicht aus, um die monatlichen Zahlungen zu leisten, also suchte ich nach einem anderen Teilzeitjob.

Nicht weit von meinem Wohnort entfernt wurde kürzlich ein kleines Krankenhaus eröffnet. Nachdem mich die Verwalterin des Roosevelt Memorial Hospitals, Frau Jones, interviewt hatte, stellte sie mich ein. Birute, die leitende Labor Technikerin, arbeitete am Morgen, Mr. Chapman am Nachmittag, und ich wurde für die Abendstunden eingestellt. Dr. Robert Stein, ein brillanter Pathologe, kam mehrere Tage in der Woche, um die makroskopischen chirurgischen Exemplare zu beschreiben, und untersuchte und diagnostizierte mikroskopisch die Objektträger, die ich für ihn von den vorherigen chirurgischen Proben vorbereitet hatte. Tagsüber arbeitete er im Forschungszentrum des Abbot Laboratoriums. Dr. Stein war nicht nur Pa-

thologe des Roosevelt Memorial Hospitals in Chicago, sondern
arbeitete auch einige Abende im McHenry Hospital in McHenry.
Er studierte forensische Pathologie und hielt Seminare auf diesem Gebiet. Ich habe es genossen, die Diapositive für seine Lek-
türen vorzubereiten. Er ließ mich auch alle Autopsien mit ihm
machen, wo ich lernte, wie sich Krankheiten auf die verschiedenen Organe des menschlichen Körpers auswirkten. Dr. Stein
war ein ausgezeichneter Lehrer und ein bescheidener und güti-
ger Mensch. Im Bethesda Krankenhaus, war Dr. Eisenstadts an-
spruchsvoller und hatte eine autoritäre Persönlichkeit. Hin und
wieder überprüfte Dr. Eisenstadt mein medizinisches Wissen,
indem er mir spezifische Fragen zu einem Blutabstrich oder ab-
normalen Labortests stellte. Er schien jedoch mit meinen Antworten zufrieden zu sein.

Eines Tages, nachdem ich einem Patienten Blutproben ent-
nommen hatte und die Treppe zum Labor hinunterging, traf ich
Dr. Bruni. Er ging nach oben, um seine Patienten zu sehen. Ich
habe es mir zur Aufgabe gemacht, jeden Arzt mit Namen anzu-
sprechen. Ich begrüßte ihn höflich: „Guten Morgen, Dr. Bruni!
Wie geht es Ihnen heute?" Dr. Bruni warf mir einen durchdrin-
genden Blick zu. Ich errötete, erstarrte und ließ fast mein Ta-
blett fallen. Von diesem Moment an wurde es zu einer gegen-
seitigen Anziehung, die zu einer lebendigen Freundschaft und
Liebe aufblühte.

Wann immer Dr. Bruni seine Patienten im Krankenhaus besuchte, hielt er im Labor an, um das Blut seiner Patienten oder
andere Tests zu überprüfen und warf mir immer einen liebevollen Blick zu. Eines Tages fragte mich Dr. Bruni, ob ich Interesse
hätte, in seiner Praxis zu arbeiten. Er vereinbarte einen Termin
für ein Interview. Nachdem er mich zum Vorstellungsgespräch
abgeholt hatte, nahm er mich zuerst zum Abendessen in ein Restaurant mit, dann zum Tanzen im eleganten Aragon Ballroom in
Chicago, wo Glenn Miller und sein Orchester oft spielten. Wie
elegant Dr. Bruni den Walzer, den Foxtrott und vor allem den
Tango tanzte. Wir haben beide den Gesellschaftstanz sehr genossen. Dr. Bruni hat mich nicht über die Arbeit für ihn in sei-

ner Chicago Klinik interviewt. Später erzählte er mir, dass er bereits eine Krankenschwester gefunden hatte. Vielleicht hatte er andere Pläne für mich?

Zwölf Stunden am Tag zu arbeiten, belastete meine Gesundheit. Ich schrieb an meinen Bruder Edmund und sagte ihm, dass ich einen Job aufgeben müsste. Ich fragte ihn, ob wir das Auto verkaufen könnten, um Hypothekenzahlungen zu beseitigen. Mit Zustimmung meines Bruders verkaufte ich sein Auto. Da ich meine Reisezeit im Roosevelt Memorial Hospital halbieren würde, beschloss ich, mich dort um Vollbeschäftigung zu bewerben. Nachdem ich mit der Krankenhausverwalterin, Frau Jones, sprach, stellte sie mich ein, um die Nachmittags- und Abendstunden abzudecken. Ich teilte Dr. Eisenstadt im Bethesda Hospital mit, dass ich aufhören möchte. Ich wollte Vollzeit im Roosevelt Memorial Hospital arbeiten. Dr. Eisenstadt nahm es mir übel, dass ich so kurzfristig aufhörte, nachdem er es mir ermöglicht hatte, mich in Histologie auszubilden. Dr. Stein begrüßte mich jedoch als Vollzeitangestellten im Roosevelt Memorial Hospital. Meine Gesundheit verbesserte sich und ich fühlte mich wohler. Ich fand auch eine Wohnung nur wenige Minuten vom Krankenhaus entfernt. Ich dankte Gott für die Veränderung. Da Dr. Bruni mich nicht mehr im Bethesda Hospital sah, besuchte er mich am Morgen, wenn sein Zeitplan es ihm erlaubte. Er betreute seine hospitalisierten Patienten am Morgen und assistierte dem Chirurgen bei den Operationen an seinen Patienten. Seine Sprechstunde in der Klinik begann um 13:00 Uhr und endete um 21:00 Uhr mit einer Pause zum Abendessen zwischen 17:00 Uhr und 18:00 Uhr. Mit jedem Besuch wuchs unsere Anziehungskraft füreinander, und ein aufregendes, romantisches Werben begann. Wir fingen an, uns gegenseitig mit Vornamen zu nennen. Aldo nannte mich Hilda statt Hildegard. Er hielt am Mittwoch keine Sprechstunden ab. Er nahm mich mit zum Lake Michigan, oder wir gingen am Lake Shangrila, Wisconsin, angeln. Wir haben viele wunderschöne landschaftlich reizvolle Regionen von Wisconsin entdeckt. Wir genossen Vorträge im Chicago Planetarium, im Museum der Wissenschaft und Industrie oder in Kunstmuseen. Wir teilten viele Interessen und genossen beide Opernmusik.

In der Zwischenzeit verliebte sich mein Bruder Edmund in Deutschland in eine schöne junge Dame namens Karin. Sie heirateten am 6. August 1960 im berühmten Ulmer Münster. Im folgenden Jahr kehrte er mit seiner hübschen Braut nach Chicago zurück.

Hochzeit von Karin und Edmund

Meine Schwester Emma und ich fanden eine Wohnung für sie, gleich neben unserer Wohnung in der Wayne Street. Wir kauften auch die notwendigen Gegenstände und Möbel. Sie mochten es, im zweiten Stock mit einem schönen Vorgarten voller bunter Blumen zu wohnen. Edmund fragte mich, wann ich vorhatte zu heiraten. Ich erwähnte, dass Aldo beabsichtigte, mich zu heiraten, aber wir hatten noch keinen Termin festgelegt.

Eines Abends, als wir am Ufer des Michigan Sees entlang spazierten, hielt Aldo an, nahm beide Hände und sagte: „Ich muss dir etwas Wichtiges gestehen. Ich bin verheiratet und habe vier Kinder. Ich bin gerade dabei, mich von meiner Frau scheiden zu lassen. Sobald ich die Scheidung abgeschlossen habe, werde ich dich heiraten. Verzeihe mir, dass ich dir diese Nachricht nicht früher mitgeteilt habe. Ich liebe dich sehr, und ich wollte dich nicht verlieren."

Aldos Geständnis schockierte mich. Mir lief ein kalter Schauer über den Rücken. Ich erstarrte und konnte kein Wort aussprechen. Aldo umarmte mich und flüsterte: „Meine liebe Hilda, verzeih mir, es tut mir so leid, dich verletzt zu haben. Lass mich dich nach Hause bringen."

Ich saß auf dem Heimweg sprachlos da und konnte nur sagen: „Gute Nacht, bitte gib mir etwas Zeit, um mich und meine Gedanken zu sammeln."

Aldo nahm mich in seine Arme und sagte mir, wie sehr er mich liebte, und er hoffte, mich nicht zu verlieren.

Ich ging zu meiner Wohnung. Ich fühlte mich, als ob die Dunkelheit mein Herz durchtränkte. Ich fühlte mich plötzlich schuldig, Aldo zu lieben. Der Gedanke, dass er sich von seiner Frau scheiden lassen und seine vier Kinder wegen mir verlassen könnte, beunruhigte mich. Ich sank in mein Kissen, weinte und betete zu Gott, dass er mir zeigen möge, was ich tun sollte. Als ein paar Tage vergingen, verstand ich, was Gott von mir verlangte. Um mein Gewissen von jeglicher Schuld gegenüber seiner Familie zu reinigen, musste ich Aldo Zeit und Raum geben, seine Entscheidung zu überdenken, ob er sich mit seiner Familie versöhnen möchte oder nicht. Ich wollte Gottes Willen tun, obwohl es für mich bedeutete, das größte Opfer meines Lebens zu bringen und Aldo aufzugeben, den ich zutiefst liebte.

Als Aldo mich das nächste Mal besuchte, erzählte ich ihm von meinem Plan. Er versicherte mir, dass er sich wegen mir nicht von seiner Frau scheiden ließ. Die Scheidungsvereinbarung dauerte so viel länger als erwartet, weil ihr Anwalt gestorben war. Er sagte mir: „Sobald der neue Anwalt die Scheidung abgeschlossen hat, können wir heiraten."

Ich musste es jedoch selbst herausfinden, auch wenn es bedeutete, Aldo, meine Familie, meinen Job und meine Freunde zu verlassen oder zu verlieren. Ich wollte Gottes Willen tun.

„Aber wohin wirst du gehen? Was wirst du tun?"

„Ich würde gerne nach Denver, Colorado, gehen. Es wird einige Zeit dauern, das Roosevelt Memorial Hospital und die Vermieterin zu benachrichtigen und meiner Familie die Neuigkeiten mitzuteilen." Obwohl ich nur meiner Familie den wahren Grund für meinen Weggang erzählte, verblüffte ich alle anderen mit einer plötzlichen Abreise. Ein paar Monate zuvor hatte ich einen gebrauchten, blauen Studebaker-Kombi gekauft. Ich lud meine persönlichen Sachen in den Kombi. Ich ließ die Möbel in der Wohnung. Ich wollte meinen beladenen Kombi allein fahren, aber Aldo bestand darauf, mit mir zu kommen. Nachdem ich meine Arbeitsstelle aufgegeben und ich mich von meiner Familie und meinen Freunden verabschiedet hatte, brachen wir nach Denver auf. Unter normalen Umständen wäre dies eine herrliche Reise gewesen. Aber alle zurückzulassen und daran zu denken, Aldo aufzugeben, machte die Reise für uns beide, denn auch Aldo fürchtete, mich zu verlieren, quälend und unerträglich.

In Wheatridge, einem Vorort von Denver, fand ich eine Wohnung. Nach dem Auspacken und dem tränenreichen Abschied nahm Aldo einen Flug zurück nach Chicago. Ich blieb untröstlich in Wheatridge zurück. Ich suchte nach Arbeit und fand eine Stelle als Labortechnikerin in der Klinik von Dr. Meyers in der Innenstadt von Denver. Ich wurde Mitglied der Holy Cross Lutheraner Kirche und trat ihrem Chor bei, wo ich einige Freunde fand. Meine Gedanken wanderten jedoch zurück zu Aldo, und ich fragte mich, ob er sich mit seiner Familie versöhnen oder das Scheidungsverfahren fortsetzen würde. Da ich seine Entscheidung nicht beeinflussen wollte, gab ich Aldo weder meine Adresse noch schrieb ich ihm. Jeden Tag fragte ich mich, wie er mit unserer Trennung fertig wurde.

Hat er mich so sehr vermisst, wie ich ihn vermisste? Ist er zu seiner Familie zurückgekehrt oder hat er die Scheidung abgeschlossen? Monate vergingen. Ich betete, dass Gott Aldo und mir offenbaren möge, was Er für unsere Zukunft plante. Eines Tages erhielt ich einen Brief von Aldo. Ich konnte meine Aufregung und Neugier nicht zurückhalten. Ich öffnete den Umschlag schnell. Er erzählte mir, dass er meine Adresse von meiner Schwester Emma bekommen hatte und ließ mich wissen, dass er die Scheidung abgeschlossen hatte. Die ganze Zeit über, die vergangen war, hatte er mich schrecklich vermisst und nie aufgehört, mich zu lieben. Wir könnten jetzt heiraten, und er bat mich, seine Frau zu werden. Ich betete zu Gott, er möge mir Seinen Weg zeigen. Am nächsten Tag fühlte ich mich erleichtert zu wissen, dass Aldo sich nicht wegen mir scheiden ließ. Jetzt konnte ich Aldo heiraten, ohne ein schlechtes Gewissen zu haben. Ich hatte nie aufgehört, ihn zu lieben, und er auch nicht.

Ich schrieb ihm zurück: „Lieber Aldo, da du nicht zu deiner Familie zurückgekehrt bist, hast du mich davon überzeugt, dass ich nicht der Grund für deine Scheidung war. Jetzt wird mich mein Gewissen nicht mehr stören. Ich werde dich gerne heiraten."

Kapitel 18

Heirat mit Dr. Aldo Bruni, MD

Wir wählten den 2. April 1966 als unseren Hochzeitstag. Aldo und ich freuten uns nicht nur darüber, persönlich wieder vereint zu sein, sondern auch, den Bund der Ehe zu schließen.

Heirat mit Dr. Aldo Bruni

Pastor Edwards traute uns in der Holy Cross Lutheraner Kirche in Wheatridge, Colorado. Er hielt eine einfache, aber tiefgründige Predigt über die Pflichten von Mann und Frau in einer Ehe. Am Abend folgte ein eleganter Empfang mit Freunden im Brown Palace in Denver, wo wir in einer ihrer Luxussuiten übernachteten. Am nächsten Tag machten wir eine Hochzeitsreise nach Vail, Colorado. Zuvor kündigte ich meine Arbeit und gab meine Wohnung auf. Wir packten meine persönlichen Sachen in den Kombi und wir fuhren nach Chicago zurück.

Wir freuten uns über die Schönheit des Frühlings in den Rocky Mountains. Wir fuhren durch die Prärie, die mit üppigem Gras und Wildblumen bedeckt waren. Spannend und begeistert planten wir gemeinsam unsere Zukunft. Wir wohnten in Chicago für eine Weile in der kleinen Wohnung, wo Aldo während der Trennung von seiner ehemaligen Frau und Familie allein gelebt hatte. Wir eröffneten eine zweite Klinik in Island Lake, die ich verwaltete. Danach kauften wir ein neues Haus in Barrington Harbor Estates von Herrn Hubschman, dem Gebietsentwickler, mit einem Handschlag. Er wohnte im Haus gegenüber der Straße. Herr Hubschman wurde nicht nur ein Patient von uns, sondern ein lebenslanger Freund. Als die Klinik in Island Lake zu klein wurde, baute Aldo eine moderne Klinik in Barrington für sich und mehrere Räume zum Vermieten. Die Klinik war nur fünf Minuten von unserer Residenz entfernt. Wir beschäftigten eine medizinische Sekretärin und eine Krankenschwester. Ich leitete das Barrington Medical Center und arbeitete Teilzeit in der Klinik.

Als Barringtons Praxis florierte, verkaufte Aldo die Praxis und das Geschäftsgebäude an der Touhy Avenue in Chicago und praktizierte nur noch in Barrington. Jetzt hatten wir mehr Zeit zum Segeln auf dem Michigansee. Wir genossen es, entlang dem Ufer des Michigansees spazieren zu gehen und die Veränderungen zu den verschiedenen Tageszeiten und Jahreszeiten zu beobachten. Wir besuchten Theater und Ausstellungen in verschiedenen Museen und hörten inspirierende Vorträge im Planetarium und an anderen Orten. Der Besuch von Opernaufführungen im Lyric Opera House in Chicago und das Hören von Lieblingskünstlern erfreuten uns während des Winters. Im Sommer nahmen wir mit Opernsängern und Freunden an Konzerten im wunderschönen Ravinia Park im Highland Park teil. Auf einer der Kreuzfahrten von Rom, Italien, nach New York befreundete sich Aldo mit dem berühmten Tenor Ferruccio Tagliavini, der von der Metropolitan Opera in New York arrangiert war. Ferruccio Tagliavini wurde ein Freund von Aldo und der Familie Bruni. Wenn wir Opernmusik hörten, sang Aldo mit den Künstlern mit. Er kannte die Lyrik vieler berühmter Arien.

Ein weiteres Highlight jeden Winter war der Dinner-Dance (ein Abendessen mit Tanz) jedes Krankenhauses in einem eleganten Restaurant oder Klubhaus. Exquisite Blumenarrangements schmückten die Tische und bereicherten die Ambiance des Saales. Die Ärzte trugen Tuxedos, und ihre Frauen oder Begleiter trugen lange, elegante Kleider und luxuriöse Pelzmäntel. Aldo und ich genossen das leckere Essen, den Gesellschaftstanz und die lebhaften Gespräche mit seinen Kollegen.

Ich bewunderte Aldos Manieren am Krankenbett mit seinen Patienten. Manchmal, wenn die Spezialisten die Hoffnung aufgaben, kämpfte Aldo um das Leben seiner Patienten, indem er sie ermutigte, gesund zu werden. Ich erinnere mich, dass die Patientin Clara Cernocky hohes Fieber und neben einem aufgeschwollenen Bauch auch Herzprobleme hatte. Im Krankenhaus zeigte eine Röntgenaufnahme, dass ein kleiner Hühnerknochen den Darm perforierte und eine akute Peritonitis verursachte. Aldo plante, sie sofort zu operieren. Sie überlebte die Operation nur knapp, und der Chirurg glaubte nicht, dass sie sich erholen würde. Am selben Abend, nachdem wir die Sprechstunden um 21:00 Uhr beendet hatten, fuhren wir zum Krankenhaus Holy Family Hospital, um Clara zu sehen. Sie lag blass und leblos, verbunden mit vielen IV-Flaschen und Monitoren, im Krankenbett. Sie war sogar zu schwach, um zu sprechen. Nachdem Aldo die intravenöse Flüssigkeitsaufnahme und die Monitoren überprüft hatte, nahm er ihre Hand und sagte: „Clara, du wirst es schaffen!" Sie schaute zu ihm auf und lächelte. Aldo küsste sie auf die Stirn. Sie lächelte wieder, als wir uns verabschiedeten. Von diesem Tag an verbesserte sich ihre Genesung täglich. Nach zwei Wochen verließ sie das Krankenhaus und lebte noch viele Jahre. Ihr Mann war Aldo unendlich dankbar dafür, dass er das Leben seiner Frau gerettet hatte. Er und seine Frau wurden lebenslange Freunde von uns.

Ich habe es genossen, mit Aldo in der Klinik zu arbeiten und mich um seine Patienten zu kümmern. Nachdem ich die Patienten und die Routine der Praxis kannte, half ich Aldo, den beruflichen Stress zu lindern. Ich wollte die bestmögliche Ehefrau sein und auch zu Hause eine entspannte Atmosphäre schaffen. Wo ich gute Ratschläge fand, las und kopierte ich sie. Alle drei Monate bekamen wir eine kleine Broschüre von der A.H. Robins Pharmaceutical Co. namens „Robins Readers". Ich habe die fünf Regeln einer glücklichen Ehe von Reverend J. H. Randolph Ray kopiert:[31]

1. *Haben Sie ein gemeinsames Ziel für Ihre Ehe.*
2. *Beachten Sie die alltäglichen Handlungen, und lassen Sie die großen Anlässe für sich selbst sorgen.*
3. *Haben Sie finanzielle Gleichheit.*
4. *Achten Sie auf Ihre Manieren. Höflichkeit ist der Schutzengel der Liebe.*
5. *Sei freundlich! Freundlichkeit ist das Blut des Lebens, das Elixier der Ehe. Dies ist die Goldene Regel der Ehe und das Geheimnis, die Liebe über die Jahre hinweg bestehen zu lassen.*

Ich versuchte, diese Regeln zu befolgen, um meinen Mann glücklich zu machen. Das Leben schien nach außen hin gut zu sein, aber wir beide vermissten es, eigene Kinder zu haben. Nur ein Wochenendvater zu sein, erfüllte weder die Wünsche von Aldo noch die der Kinder. Nachdem mehrere Jahre vergangen waren und ich nicht schwanger werden konnte, stellten wir fest, dass die Exposition gegenüber Röntgenstrahlen ohne angemessenen Schutz meine Eierstöcke beschädigten, während ich in der Arztpraxis in Deutschland gearbeitet hatte. Wir fühlten uns beide desillusioniert. Ich war traurig, Aldos Wunsch, ein oder zwei Kinder für ihn zu gebären, nicht zu erfüllen. Wir dachten sogar daran, einen Jungen und ein Mädchen zu adoptieren, aber die Waisenhäuser, die wir kontaktierten, machten es zu kompliziert.

Aldos Kinder, Gilda, Christine, Joanne, Frank

Ich betete zu Gott, dass er mir einen Weg zeigen möge, Aldos vier Kindern näher zu kommen. Zuerst hielten sie mich für einen Eindringling in ihre Familie, was verständlich war. Im Laufe der Zeit hoffte ich, dass wir eine spontane gegenseitige Zuneigung füreinander entwickeln würden, was wir auch taten. Mit dem Sohn Frank und der ältesten Tochter Joanne pflegten wir eine tiefe Lebens- und Familienbindung. Ich hätte mir keine besseren eigenen Kinder wünschen können. Die jüngeren Töchter, Christine und Gilda, akzeptierten mich als Frau ihres Vaters, kamen mir aber nicht so nahe wie Frank und Joanne. Ich respektierte ihre spontanen Gefühle mir gegenüber, auch wenn Aldo und ich uns wünschten, es wäre intimer gewesen. Wir lernten in der Gegenwart zu leben und unsere Interessen, Energie und Begeisterung der Arbeit des Alltags zu widmen.

Als Joanne und Frank heirateten und selbst Kinder bekamen, genossen wir es, Zeit mit den Enkelkindern zu verbringen. An freien Wochenenden gingen wir zu Joannes Haus und holten Patricia und Paul ab. Sie hatten ihre Koffer parat und waren immer begeistert, bei Opa und Omi zu übernachten. Aldo nahm Paul zum Angeln auf dem Fox River mit, während Patricia und ich einen Kuchen backten oder gemeinsam Mahlzeiten zubereiteten. Sie ritt gern auf Red, unserem Irisch Setter. Wir genossen es auch, Zeit mit Franks Kindern Julia, Carla und Phillip zu verbringen, die lebhafte Vorstellungen hatten. Wir nahmen Paul sogar mit auf eine zweiwöchige Reise nach Florida und Key West.

Am 2. April 1976 feierten wir unseren zehnten Hochzeitstag. Im selben Jahr feierten die Vereinigten Staaten den 200. Jahrestag ihrer Gründung. Ich wollte Aldo etwas Besonderes schenken. Ich hatte ein Jahr zuvor gelernt, wie man Gedichte schreibt. Ich schrieb heimlich 100 Gedichte über unser persönliches Leben, die Natur, unseren Glauben und andere Themen. Um das 10. Jubiläum unseres Hochzeitstages zu feiern, flogen wir nach Las Vegas und blieben eine Woche im MGM-Hotel. Bevor wir zum Abendessen gingen, reichte mir Aldo eine Karte: „An meine Frau an unserem Hochzeitstag", und drückte mir seine Liebe und Dankbarkeit aus.

Auf der Karte stand:

„Ich liebe dich dafür, dass du so wunderbar bist, mein Liebling,
An jedem Wochentag und an jedem Monat des Jahres,
Und je mehr wir zusammen sind, desto mehr weiß ich,
Ich werde immer glücklich sein, dich so zu lieben."

Aldo schrieb:

„Und nun, mein Liebling, lass mich meine Dankbarkeit für
deine Güte, Geduld, Aufrichtigkeit und alle anderen Quali-
täten, die ich in dir gefunden habe, zum Ausdruck bringen.
Dies sind die besten Geschenke, die du mir anbieten kannst,

und diese Geschenke sind, die nicht mit Geld erreicht werden
können und sie sind selten in dieser perversen, korrupten Welt
zu finden. Nur mit diesen Eigenschaften können wir uns einer
glücklichen und zufriedenen Zukunft sicher sein, ungeachtet
der üblichen und zukünftigen Hindernisse, die uns unseren
Weg versperrt haben und versperren werden. Nur mit die-
sen Eigenschaften bewaffnet, können wir auf Erfolg hoffen.
Nochmals vielen Dank, mein Liebling, für jede Kleinigkeit,
die du für mich getan hast, und vergib mir meine Blindheit,
wenn ich manchmal deine Handlungen getadelt habe.
Mögen deine Hoffnungen und Träume erfüllt werden, denn
nur wenn deine Träume in Erfüllungen gehen, sehe ich mei-
ne wahr werden.
Dein Aldo"

Aldos Worte erfüllten mein Herz mit einer noch tieferen Liebe
für ihn. Ich stand auf, umarmte ihn und dankte ihm für seine
exquisite Karte und seine edlen Gedanken. Dann gab ich ihm
das Buch meiner 100 handgeschriebenen Gedichte. Ich konnte
es kaum erwarten, seine Reaktion zu sehen.

Er öffnete das Buch und las das erste Gedicht. Dann fragte er mich:

„Wo hast du dieses Gedicht über unser erstes Treffen gefunden?"

„Ich habe alle Gedichte im letzten Jahr geschrieben."

„Du hast alle diese Gedichte geschrieben? Wann hast du sie
geschrieben, ohne dass ich davon wusste?"

„Immer wenn du nicht zu Hause warst, oder ich habe mich
nachts aus dem Schlafzimmer geschlichen, um Gedichte zu
schreiben. Ich wollte dich überraschen und dir ein sehr persönliches und unerwartetes Geschenk geben, um dich glücklich zu machen."

„Danke, mein Schatz. Deine Nachdenklichkeit hat mich sehr
glücklich gemacht. Lass uns jetzt essen gehen. Ich werde später mehr lesen."

Fröhlich genossen wir unser Abendessen im elegantesten Speisesaal des MGM-Hotel-Casinos. Nachdem wir wieder in unserem Zimmer waren, las Aldo noch einige meiner Gedichte. Als Aldo mir sagte, wie sehr er sie mochte, fühlte ich mich ermutigt, weiterhin mehr Gedichte zu schreiben. Wir sahen eine Show, versuchten unser Glück an Pokerautomaten und fuhren eine Woche lang die Außenbezirke von Las Vegas erkunden.

Jedes Jahr unternahmen wir eine Reise in verschiedene Teile der Vereinigten Staaten oder eine Kreuzfahrt ins Ausland oder in Länder, die wir nicht kannten. Für unser Silber Jubiläum buchten wir eine Südpazifische Schifffahrt. Wir befreundeten uns mit dem Kapitän und seiner Familie und hatten die Ehre, am Tisch des Kapitäns zu speisen. Während wir in der Nähe einer hawaiianischen Insel kreuzten, beobachteten wir, wie ein Vulkan ausbrach und geschmolzene Lava in die Luft spuckte. Die glühende Lava rutschte den Berg hinunter, stürzte in den Ozean und erzeugte eine hohe Welle aus Schaum und Feuer.

Während einer unserer Reisen nach Rom besuchten wir eine Aufführung der Oper „Aida" im berühmten Freilufttheater Caracalla in Rom. Die große Bühne erlaubte sogar lebendige Tiere auf der Bühne. Wir genossen die wunderschöne Arie „Celeste Aida" und das Spektakel des Triumph Marsches der Oper „Aida". Aber die Arie, die ich nie vergessen werde, kam, als Aida, die gefangene äthiopische Prinzessin, „O patria mia te vedro mai piu" (Oh, mein Heimatland, ich werde dich nicht wiedersehen) sang. Ein lebendes Kamel lag neben ihr, und hinter einer Palme ging der Mond auf und schuf die perfekte Kulisse für die heimwehkranke Arie von Prinzessin Aida. Ich teilte Aidas Gefühle und fragte mich, ob ich meine Heimat jemals wieder sehen würde. Wir schätzten die hervorragende Aufführung in der magischen Umgebung. Am folgenden Abend sahen wir Cavalleria Rusticana mit einem lebenden Pferd auf der Bühne. Es war ebenfalls eine ausgezeichnete Aufführung.

Manchmal stellte uns das Leben vor Herausforderungen. Aldo arbeitete fortlaufend. Der Umgang mit Patienten, die

Durchführung von Operationen und der Besuch von Patienten im Krankenhaus verursachten teilweise viel Stress. Ich lernte nicht nur mit beruflichem Stress, sondern auch mit einem explosiven italienischen Temperament umzugehen. Ich lernte schweigen oder die Szene zu verlassen, bis Aldo sich beruhigte und wieder gut gelaunt war. Er tat alles mit einer Leidenschaft, die ich schätzen lernte; Leid und Freud', Qual und Ekstase sind Teil des Lebens, und ich habe sie als solche akzeptiert.

Da ich Kunst mochte, nahm ich zu verschiedenen Zeiten Unterricht in Ölmalerei, Aquarell und Porzellanmalerei. Ich erwarb die Kenntnis, Dinge mit dem Auge eines Künstlers zu sehen. Ich mochte es besonders, Blumen mit all ihren verschiedenen Formen von farbigen Blüten zu malen. Der Besuch der Academy für Kunst in der Innenstadt von Chicago oder der Unterricht am Harper College belohnten mich mit besseren Kompositionen und Kunstwerken. Clementyna Porzak führte mich in die hohe Kunst der Porzellanmalerei ein. Ich habe ein ganzes Service Porzellan für acht Personen mit einem Rosenmotiv bemalt, was mehrere Jahre in Anspruch nahm.

Ölgemälde von Blumen

Ein weiteres neues und aufregendes Abenteuer begann, als wir in Oregon nach einem Ort suchten, wo wir wohnen konnten, nachdem Aldo in Pension ging. Leider fanden wir keine Stadt in Oregon, die alle unsere Erwartungen erfüllte. So entschlossen wir uns, den Yosemite National Park zu besuchen. Unterwegs hielten wir am Lake Tahoe an. Die Schönheit des kristallklaren Sees und der umliegenden Berge begeistere uns beide. Aldo beschloss, sich in South Lake Tahoe in den Ruhestand zu setzen. Sofort kaufte er ein Wohngrundstück mit einem malerischen, und wunderbaren Blick auf den See und die Berge. Aldo entwarf einen Grundriss für das Haus und übergab ihn einem Architekten. Die Tahoe Regional Planung Agency erteilte nur wenige Baugenehmigungen pro Jahr. Wir hatten das Glück, eine zu bekommen, und Aldo beauftragte einen Bauunternehmer, das Fundament zwischen den riesigen Felsbrocken zu errichten. Im folgenden Jahr stellte der Bauunternehmer das Haus fertig.

Aldo überraschte alle, als er ankündigte, innerhalb eines Jahres in den Ruhestand zu gehen. Selbst ich dachte, es sei zu früh; in fünf Jahren wäre für mich vielleicht akzeptabler gewesen. Ich war traurig, meine Familie, Freunde und auch die Patienten, die wir schätzen lernten, zu verlassen. Ich wollte Aldo nicht zeigen, wie mich seine Entscheidung für den Vorruhestand betrübte. Auf dem Heimweg von der Kirche, die ich auch nicht verlassen wollte, fand ich einen abgelegenen Ort mit Blick auf die pastorale Landschaft, wo ich parkte und weinte, um meine negativen Gefühle zu überwinden. Einmal hielt ein Polizist an und fragte, ob er mir helfen könne. Ich wischte mir schnell die Tränen ab und sagte zu ihm: „Nein, danke, ich meditiere nur."

Bald vergaß ich mein Selbstmitleid und begann, mich auf den großen Umzug nach South Lake Tahoe vorzubereiten. Aldo fand einen Arzt, dem er seine langjährigen treuen Patienten vorstellte. Aldo und ich arbeiteten ein Jahr mit dem neuen Arzt zusammen, bevor er unsere Praxis übernahm. Am letzten Tag der Klinik behandelten wir viele Patienten und beendeten die Sprechstunde spät. Die letzten Patienten waren vier Generationen, die Aldo seit der Eröffnung seiner ersten medizinischen Klinik in Chicago gefolgt waren. Aldo behandelte die Mutter, ihre Tochter, und brachte den Sohn Frank zur Welt, der auch einen Sohn hatte. Als Aldo ihnen sagte, dass wir bald nach Kalifornien ziehen würden und ihnen für ihre Loyalität dankte, umarmte Frau Gugliani Aldo und fing an zu weinen; so auch die

Tochter, Frau Mariani. Es war ein sehr rührender Moment für uns alle, sich von den treuen Patienten zu verabschieden und die medizinische Praxis zu verlassen.

Langsam und mit Gottes Hilfe fügte sich alles zum Besten. Der Abschied von Familie und Freunden machte uns beide traurig. So auch das Verlassen unseres ersten Hauses, wo wir viele herrliche Partys gefeiert hatten. Bei Aldos letzter Geburtstagsfeier hatten Opernsänger und ein Akkordeonspieler unsere Gäste unterhalten. Unsere Familie, Freunde und Ärzte hatten eine wunderbare Zeit gehabt. Ich schätze das Tonband, das ich bei diesem besonderen Fest aufgenommen hatte sehr. Viele schöne Erinnerungen blitzten in uns auf, bevor wir das leere Haus abschlossen und wegfuhren.

Kapitel 19

Umzug nach Lake Tahoe

Mit dem Umzug nach South Lake Tahoe und dem Ruhestand begann ein neues Kapitel unseres Lebens. Die Aufregung, in ein neues Haus zu ziehen und jedes Zimmer zu dekorieren, linderte meine Traurigkeit darüber, Barrington zu verlassen. Im unteren Stock legte Aldo zwischen den massiven Felsen verschiedene Bahngleise. Kleine Züge fuhren rund um beleuchtete Häuschen und einem kleinen See mit Segelschiffen. Aldo entwarf ein Märchenland rund um ein Wirbelbecken. Ich dekorierte die oberen Räume nach Aldos Geschmack. Der Panoramablick auf den blauen, kristallklaren See, umgeben von riesigen Felsen, Tannenwäldern und hohen Bergen, bezauberte uns.

Panoramablick vom Haus in Lake Tahoe

Wir gingen segeln, wandern, in kleineren Seen angeln und lernten die natürliche Schönheit und die Wunder des Lake Tahoe kennen. Der erste Winter überraschte uns jedoch – es schneite nicht nur Zentimeter, sondern Meter und erreichte das Garagendach. Aldo grub einen Tunnel, um aus der Garage zu kommen. Auch das Auf- und Abfahren des steilen Hügels stellte eine Herausforderung dar. Aldo plante, ein Wohnmobil zu kaufen und im folgenden Winter in den Süden zu fahren. Wir verbrachten einige Zeit im malerischen Palm Springs und fuhren weiter nach Mexiko zum Baha von Kalifornien. Wir beschlossen, den Rest des Winters im Posada RV Park in Mulege an der Bucht von Conception zu verbringen. Uns gefiel der Ort, wir mieteten einen Platz für unser Wohnmobil in der Nähe des Strandes. Im folgenden Winter entschied sich Aldo, ein Haus an Ort und Stelle zu bauen.

Portrait von Dr. Aldo & Frau Bruni

Während der Konstruktion des Hauses brachte ein Arbeiter einen verletzten Falken und bat Aldo, den Vogel zu behandeln. Der Arbeiter nahm an, ein Arzt, der Menschen heilen kann, würde auch Tieren helfen können. Aldo immobilisierte den verletzten Flügel mit einem Stück Nylonstrumpf und immobilisierte das beschädigte Bein. Er legte den Vogel in einen großen Karton. Wir nannten unseren Falken liebevoll Pedro. Nach einer gewissen Zeit erholte sich Pedro vollständig. Bevor wir in die Staaten zurückkehrten, befreiten wir den Falken. Er flog zum Strand und setzte sich dicht am Wasser nieder. Mehrere Möwen griffen ihn an. Wir konnten uns nicht vorstellen, dass die Möwen oder ein anderes Raubtier unseren Falken töten würden. Wir beschlossen, ihn mit nach Lake Tahoe zu nehmen, obwohl es bedeutete, eine hohe Geldstrafe zu zahlen oder ins Gefängnis gesperrt zu werden. Glücklicherweise überquerten wir die Grenze, ohne dass die Grenzpatrouille Pedro entdeckte. Nach seiner Freilassung passte sich Pedro an den Klimawandel und die Umwelt vom Lake Tahoe an. Er brachte uns viel Freude für mehr als dreißig Jahre, indem er jedes Jahr zurückkehrte und über das Haus kreiste oder an der Terrasse vorbeiflog, wenn wir draußen waren. Oder er saß auf einem Baum und wartete darauf, uns zu sehen. Auch unsere Nachbarn freuten sich, wenn sie Pedro entdeckten.

Drei Jahre lang genossen wir das Bootfahren, Angeln, Muscheln-Sammeln und Schwimmen in der Bucht von Conception in der Nähe von Mulege, Mexiko. Die kurvenreiche und gefährliche Straße der Baha zweimal pro Saison zu befahren, wurde jedoch umständlich. Ein Nachbar sagte uns, wir sollten die Fähre von Santa Rosalia nach Guaymas nehmen. Von dort aus konnten wir auf der neuen Autobahn nach Nogales fahren, was wir auch taten. Als wir Guaymas erreichten, fuhren wir durch die Gegend und entdeckten San Carlos. Wir mochten die Kleinstadt und die Lage und suchten nach einem Haus. Nachdem wir zu unserer Zufriedenheit ein Haus gefunden hatten, machte Aldo ein Angebot, das der Besitzer annahm. Zwei Wochen später verkauften wir das Haus auf der Baha und begannen mit dem Umbau des Hauses in San Carlos. Gott leitete alles zu unserem Vorteil. Ich dankte Gott; wir brauchten nicht mehr die tückische Straße durch die Baha zur Posada fahren. Nun konnten wir von Nogales die vierspurige Autobahn nach San Carlos, Mexiko, nehmen. So wurde San Carlos im September 1989 zu unserer Winterresidenz.

Kapitel 20

Leben in San Carlos

Unser Haus in San Carlos, das wir unsere Winterresidenz nannten, bot einen 360-Grad-Panoramablick auf eine Bucht des Meeres von Cortez. Ein hoher Turm war durch eine Brücke mit dem Haus verbunden. Zu jeder Tageszeit änderte sich das Bild. Als wir im Morgengrauen aufwachten, konnten wir die aufgehende Sonne mit all ihren lebhaften Pastellfarben über der Honeymoon Insel sehen. Der Sonnenuntergang zeigte leuchtend rote, orange und gelbe Wolken über dem Tetakava Berg. In der Nacht beobachteten wir entweder mit einem Teleskop oder einem Fernglas die verschiedenen Sternbilder. Das Klima, in dem die Wüste, die Berge und das Meer sich trafen, stimmte mit uns überein.

Malerische Aussicht vom Haus in San Carlos

Wir genossen das Bootfahren, Schwimmen und Angeln im malerischen Meer von Cortez. Wir befreundeten uns mit Personen von verschiedenen Ländern und schlossen uns San Carlos Community Church, einer christlichen Kirche vieler Konfessionen an. Der Pastor folgte keiner religiösen Präferenz, sondern predigte nur das Wort Gottes aus der Bibel. Die Kirche unterstützte nicht nur viele Missionare, sondern half auch den bedürftigen Menschen in der Stadt und der Umgebung.

In der kleinen Lobby der Kirche wurden den Gemeindemitglieder Bücher, die in Regalen ausgestellt waren, angeboten. Eines Tages nahm ich ein Buch mit dem Titel „The Case for Easter" (Der Fall für Ostern) von Lee Strobel in die Hand.[32] Lee Strobel, ein investigativer Journalist der Chicago Tribune, beschloss, die Auferstehung Jesu Christi zu widerrufen. Um seine Verleugnung zu bestätigen, interviewte Herr Strobel Pathologen, Ärzte, Wissenschaftler, Physiker und andere Fachleute. Zu meinem Erstaunen fand ich das erste Interview von Herrn Strobel mit Dr. Robert Stein, mit dem ich sechs Jahre lang am Roosevelt Memorial Hospital in Chicago gearbeitet hatte. Dr. Steins Wissen beeindruckte Herrn Strobel so sehr, dass er ihn eine wandelnde Enzyklopädie nannte. Ich stimmte von ganzem Herzen zu, dass Dr. Stein nicht nur brillant in seinem Beruf der forensischen Pathologie war, sondern auch ein herzensguter, jedoch bescheidener Mensch und ein ausgezeichneter Lehrer. Dr. Stein wurde der Gerichtsmediziner (medical examiner) für Cook County, und das neu gebaute Labor wurde Dr. Robert Stein Institut genannt. Nachdem Lee Strobel seine Interviews und Untersuchungen beendet hatte, kam er zu dem folgenden Entschluss: „Gott ist der Schöpfer des Universums und vieler komplexer funktionierender Systeme."[33]

Der menschliche Körper besteht aus tausenden von komplexen Systemen, die perfekt funktionieren. Diese entstehen durch den äußeren Einfluss der Intelligenz. Alle Organe des Koerpers und deren Funktion wird ohne laufende Führung unterbrochen oder harmonisch fortgesetzt. Die externe Intelligenz (Gedanke oder Idee) muss sich zuerst die Objekte oder Systeme vorstellen und ihr dann alle Elemente und Komponenten zur Verfügung stellen, um sie zu bauen. Je komplexer das System, desto eine höhere Intelligenz ist erforderlich. Menschliche Intelligenz kann Maschinen und Objekte erschaffen, aber Gott, der die Natur und das Universum mit Millionen von funktionierenden Systemen erschaffen hat, besitzt eine weitaus höhere Intelligenz als der menschliche Verstand begreifen kann.

Herr Strobel stellte fest, dass kein komplex funktionierendes System jemals ohne die fortlaufende Anleitung externer Intelligenz entsteht; es muss daher eine externe Intelligenz geben, die unzählige funktionierende Systeme in der Natur geschaffen hat. Diese beiden Realitäten sind tiefgründige und unbestreitbare wissenschaftliche Beweise für Gott. Die Wahrheit wird immer bleiben: Die Wissenschaft beweist ohne Schatten eines Zweifels, dass Gott überwiegt, egal wie viele sich der Wahrheit mit Hilfe der Evolutionstheorie, einer unbewiesenen Theorie, widersetzen. Die Wissenschaft beweist stattdessen Gott und leugnet die Evolution. Die meisten Menschen werden dazu verleitet zu denken, an Gott zu glauben sei unwissenschaftlich, und der Glaube an die Evolution sei wissenschaftlich. Nicht alles, was wir in der Schule und in den Medien lernen, ist wahr. Sie schaffen die Illusion, dass die Wissenschaft Gott überflüssig macht, während das Gegenteil der Fall ist. Wissenschaft erwirbt neues Wissen durch die Beobachtung von Realitäten und die Integration oder Korrektur von Vorwissen. Eine übernatürliche Kraft ersetzt die Natur. Viele Ärzte erlebten Heilung durch göttliches Eingreifen in hoffnungslose Fälle.

Der Physiker und Mathematiker, Sir Isaac Newton, stellte fest:

„Dieses schönste System der Sonnenplaneten und Kometen konnte nur vom Rat und der Herrschaft eines intelligenten Wesens ausgehen. Und wenn die Fixsterne das Zentrum anderer ähnlicher Systeme sind, müssen diese, die von ebenso weiser Intelligenz gebildet werden, und alle der Herrschaft des Einen unterworfen sein. Dieses Wesen regiert alle Dinge nicht als Seele der Welt, sondern als Herr über alles.“

Der Soziologe, Albert Einstein drückt die Existenz Gottes so aus:

„Jeder, der ernsthaft an der Verfolgung der Wissenschaft beteiligt ist, wird davon überzeugt, dass sich ein Geist in den Gesetzen des Universums, manifestiert – ein Geist, der dem des Menschen weit überlegen ist und angesichts dessen wir uns mit unseren bescheidenen Kräften demütig fühlen müssen."

Max Karl Planck, Nobelpreisträger für Physik, schreibt:

„Sowohl Religion als auch Wissenschaft erfordern einen Glauben an Gott. Für die Gläubigen steht Gott am Anfang, und für die Physiker steht Gott am Ende aller Überlegungen. Für erstere ist er das Fundament, für letztere die Krone des Gebäudes jeder verallgemeinerten Weltanschauung."

Die meisten von uns glauben, was wir glauben wollen, während wir in einem freien Land sind, aber die Wahrheit ist, dass wir oft so denken, wie die Medien und die säkulare Bildung es uns aufzwingen. Der Atheist glaubt, dass man als intelligenter Mensch betrachtet wird, wenn man die Existenz Gottes leugnet. Wenn du es wagst, auch nur über die mögliche Gegenwart Gottes nachzudenken, wirst du als unwissend, religiös und unwissenschaftlich empfunden.

Lee Strobels lebensverändernde Erfahrung vom Atheisten zum christlichen Evangelisten veranlasste ihn, viele christliche Bücher zu schreiben und Vorträge über christliche und andere Institutionen zu halten. Eines seiner bekanntesten Bücher ist „The Case for Christ". Ich las Lee Strobels erstes geschriebenes Buch, „The Case for Easter", mit großem Interesse, nicht nur wegen seiner Schreibfähigkeiten, sondern auch, weil er Dr. Robert Stein interviewte, der mir während der Zeit, in der ich mit ihm arbeitete, nicht nur medizinisches Wissen, sondern auch durch sein Vorbild Lebensweisheit lehrte.

Mein Mann nutzte weiterhin seine medizinischen Fähigkeiten nachdem wir in den Ruhestand traten. Einmal im Monat widmete er seinen medizinischen Dienst den Jacqui Indianern im Dorf Baccum. Ich dankte Gott, dass Aldo weiterhin sein medizinisches Wissen einsetzte, um armen Menschen zu helfen, die keine Möglichkeit hatten, einen Arzt aufzusuchen und zu bezahlen. Die Dorfkinder begrüßten Dr. Bruni mit Begeisterung, als er Kleider oder Spielzeug verteilte, die ich für sie gesammelt hatte.

Auch nachdem wir pensioniert waren, machten wir jedes Jahr eine Kreuzfahrt oder eine Reise in verschiedene Teile der Welt. Als wir Neuseeland besuchten, verliebte sich Aldo in die landschaftliche Schönheit und dachte daran, jeden Winter in Neuseeland zu verbringen. Aus einem Impuls heraus kaufte er eine fünfzig Hektar große Farm in Orewa mit Blick auf das Meer, in der Nähe von Auckland. Als wir von unserer Reise zurückkehrten, bot Aldo das Haus in San Carlos zum Verkauf an. Ich fühlte mich untröstlich; ich mochte nicht nur unser Haus, sondern vor allem die vielen wunderbaren Freunde, die wir in San Carlos hatten. Ich betete zu Gott, dass er mir zeigen möge, was ich tun sollte. Ich versprach Aldo, dass ich nur unter einer Bedingung umzuziehen gedachte: Wir würden einige Zeit auf der Farm leben, um zu sehen, ob es ihn glücklich macht.

Als wir wieder nach Neuseeland flogen, verbrachten wir November, Dezember und einen Teil des Januars auf unserer Ranch. Aldo beauftragte einen Bauunternehmer, das Haus zu reparieren und zu streichen. Wir gingen in Antiquitätenläden und Garagenverkäufe, um Möbel und Küchenutensilien zu kaufen. Wir arrangierten die Möbel geschmackvoll im Haus, und ich nähte Gardinen für die Fenster. Es begann zu regnen. Es regnete und regnete. Die Sonne schien nur wenige Tage während unseres Aufenthaltes auf dem Bauernhof. Aldo erkrankte an Grippe mit hohem Fieber, und ich entwickelte Gürtelrose über dem linken Auge und auf dem Kopf. Als Weihnachten näher rückte, dachten wir beide an die fröhliche Feier im sonnigen San Carlos und hatten Heimweh. Aldo rief in seiner Verzweiflung: „Donnerwetter, lass uns aus diesem Land verschwinden." Diese Worte klangen in meinen Ohren wie süße Musik. Wir vermieteten die Farm sofort an die Dame und ihre beiden Kinder, die uns das Grundstück verkauft hatten und flogen zurück nach Mexiko. Wir dankten Gott, dass der Makler das Haus in San Carlos noch nicht verkauft hatte. Wir verkauften die Orewa-Farm nach Schwierigkeiten mit den neuseeländischen Pächtern, die die Miete nicht pünktlich bezahlten und das Grundstück herunterwirtschafteten. Ich dankte Gott, dass unser Neuseeland-Abenteuer zwei Jahre später glücklich endete.

Aldo ließ sich nieder und begann, seine Memoiren zu schreiben. Er hatte eine so klare und ergreifende Art, seine Gedanken auszudrücken. Mit dem Panoramablick auf das Meer und den schroffen Bergen wurde der Turm zu seinem Lieblingsort zum Schreiben. 2001 beendete er seine Biografie. Ich habe sein Manuskript bearbeitet und es 2002 veröffentlichen lassen. Zur gleichen Zeit stellte ich die Gedichte, die ich für Aldo, und zum 200-jährigen Jubiläum der Vereinigten Staaten geschrieben hatte, zusammen und veröffentlichte sie gleichzeitig. Ich nannte meine Sammlung „A Song In The Night" (Ein Lied in der Nacht mit dem Untertitel „Je dunkler die Nacht, desto heller das Sternenlicht".

Leider verschlechterte sich ein Jahr später Aldos Gesundheitszustand. Eines Tages konnte er kaum noch atmen. Dr. Canale, als er gerufen wurde, kam sofort ins Haus und rettete sein Leben. Ich war und bin Dr. Canale sehr dankbar für seine schnelle Hilfe. Er überwies Aldo in das CIMA-Krankenhaus in Hermosillo, wo er siebzehn Tage lang eine ausgezeichnete Behandlung in der Intensivstation erhielt. Körperlich erholte er sich, aber seine geistigen Fähigkeiten begannen zu schwinden. Es war herzzerreißend für mich, zu sehen, wie sein brillanter Verstand ihn allmählich im Stich ließ. Jeder Tag stellte uns vor neue Herausforderungen. Ich war dankbar für mein gutherziges Dienstmädchen Rosalba (Spitzname Chava), das mir half, meinen kranken Mann zu betreuen.

Mein Dienstmädchen Chava und
Söhne Fernando und Adelyte

Sie ging jeden Tag mit Aldo spazieren, während er sich noch bewegen konnte. Sie sangen zusammen und waren jovial. Ihre Schwester Sulma half uns auch, wenn es nötig war. Ich schätzte auch die gutherzigen Familienangehörigen und die vielen netten Freunde. Sie verstanden, unterstützten und blieben bei meinem Mann, wenn ich in die Kirche, zum Einkaufen oder zu anderen Veranstaltungen ging. Ich schrieb mehrere Zettel mit Notizen für Aldo. Zum Beispiel: „Ich gehe einkaufen und komme bald wieder zurück.", oder ich ging zur Post, oder zur Kirche. Wenn Aldo fragte: „Wo ist Hilda?" dann gab die Person, die bei ihm war, ihm einen meiner Zettel und er war beruhigt, dass ich bald wieder zu Hause sein würde.

Auch gab ich nicht auf, für seine Errettung zu beten. Nach fast vierzig Jahren erhörte Gott mein Gebet, als Aldo zu Beginn seiner Krankheit Christus als seinen Heiland annahm. Aldo wurde geduldiger, freundlicher, liebevoller und beschwerte sich nie. Er lächelte immer und fühlte sich in meiner Gegenwart geborgen. Er nannte mich seinen Engel, genau wie zu Beginn unserer Bekanntschaft. Jedes Mal, wenn ich einen Rückgang von Aldos geistiger Leistungsfähigkeit bemerkte, trauerte ich um den Verlust. Gottes Gnade und die tiefe Liebe zueinander haben uns geholfen, den komplexen Herausforderungen des Lebens zu begegnen und uns mit innerem Frieden und Freude belohnt. Gemeinsam teilten wir die Qual und Ekstase der Ehe und des Lebens.

Im Sommer 2009 besuchten uns seine älteste Tochter Joanne und ihr Mann, Dr. David Trotter, in Lake Tahoe. Obwohl sie wussten, dass es das letzte Mal war, dass sie ihn sehen würden, waren sie dankbar, dass ihr Vater sie immer noch erkannte und seine Liebe zu ihnen und sie ihre Liebe zu ihm ausdrücken konnten. Im September besuchten uns sein Sohn Frank und seine Schwiegertochter Peggy in Lake Tahoe. Aldo wurde plötzlich sehr krank und atmete mit Schwierigkeiten. Wir riefen eine Ambulanz an, die ihn sofort zum Barton Memorial Hospital brachte. Um 1:00 Uhr morgens am nächsten Tag nahm Aldo seinen letzten Atemzug und seine Seele stieg in den Himmel auf, aber seine Liebe und die Erinnerungen an unser gemeinsames Leben werden ständig in meinem Herzen bleiben. Der behandelnde Arzt und die Krankenschwestern teilten unsere Trauer, während ich von meinem geliebten Mann und Frank und Peggy von ihrem Vater Abschied nahm. Ich werde Frank und Peggy immer dankbar sein, dass sie in dieser schwierigen Zeit der Trauer um den Verlust meines Mannes und ihres Vaters bei mir waren. Ich schätzte das Mitgefühl und den Trost von Familie und Freunden, aber vor allem, dass Aldo Christus angenommen hatte und er friedlich, ohne längeres Leiden, verschieden war. Die Patienten, um die er sich aufrichtig gekümmert hatte, werden sich immer an Dr. Aldo Bruni erinnern. Seine Hingabe und sein Mitgefühl für seine Patienten brachten Hoffnung und Mut für die hoffnungslosesten Fälle. Ich werde dieses Kapitel mit Aldos Worten aus seinem Buch „Meine Memoiren" beenden:

„Wenn schließlich dieses Leben, wie alles andere in dieser Welt, sein endgültiges Stadium erreicht, mögen diese kurzen Erinnerungen an mich, die so einfach in meiner Arbeit zum Ausdruck kommen, meinen Kindern und allen meinen intimen Familienmitgliedern offenbart werden, in der Hoffnung, dass sie den kommenden Generationen als Erinnerung an die Vergangenheit und zur Anregung einer besseren Zukunft weitergegeben werden."

Wie die letzte Rose des Sommers verblühte, so verblühte auch das Leben meines geliebten Mannes Aldo, nach fünfundachtzig Jahren.

Kapitel 21

Leben als Witwe

Einen Ehemann zu verlieren ist herzzerreißend, aber das Ändern aller notwendigen Dokumente ist ein langwieriger und schwieriger Prozess. Mein Anwalt, Herr Ronald Alling, bereitete alle rechtlichen Dokumente umgehend vor. Es erlaubte mir, einen Monat später nach San Carlos zurückzukehren. Ich schätzte Herrn Allings ausgezeichnete und schnelle, professionelle Beratung und seinen Dienst sehr. Ich musste die Rechtsdokumente in Mexiko ändern, was nicht so reibungslos verlief wie in den USA. Es dauerte mehrere Jahre in Mexiko, um meinen Namen als Erbe in die Dokumente zu übertragen.

80. Geburtstagsfeier und Memorial für Dr. A. Bruni

Alle meine Freunde in San Carlos von der San Carlos Community Church trösteten mich jedoch, indem sie mich zum Mittag- oder Abendessen einluden. Mein größter Trost kam von Gott. Er gab mir für jeden Tag neue Kraft, um alle Übergänge und Anpassungen zu bewältigen, die ich als Witwe vornehmen musste. Ich dankte Gott ununterbrochen von ganzem Herzen und vertraute Ihm damit, dass er jedes Bedürfnis zu Seinem perfekten Zeitpunkt erfüllte.

Ich füllte die Leere des Verlustes meines Mannes, indem ich andere tröstete und ihnen half. Die Weitergabe von Gottes Liebe und der Liebe, die ich für meinen Mann hatte, um andere glücklich zu machen, heilte meine Trauer. Jede Herausforderung, der ich begegnete, benutzte ich als Sprungbrett, um eine engere und bedeutungsvollere Beziehung zu Gott, Familie und Freunden zu entwickeln.

Familienmitglieder und Freunde kamen, um mich zu besuchen. Wir haben immer schöne Tage zusammen verbracht. Einmal besuchten mich mein Stiefsohn Frank und Peggy und meine Freunde, Sue und Ed aus San Diego, zur gleichen Zeit in Lake Tahoe. Sie verwöhnten mich mit einer Rafting-Tour auf dem Truckee Fluss. Für mich war es eine aufregende Erfahrung, hin und her zu schwanken, während ich über Stromschnellen oder Felsen fuhr. Zum Glück bin ich nur dreimal in das Schlauchboot gefallen und nicht aus dem Boot.

Ich genoss es, Zeit mit meiner Stieftochter Joanne und ihrem Mann, Dr. David Trotter, in ihrem eleganten Haus in Laguna Beach zu verbringen. Wir sahen uns das Fest der Meister an, eine spektakuläre Show, die alle drei Minuten ein Gemälde, eine Statue oder eine Veranstaltung mit echten Menschen nachbildet. Ein Orchester spielt für jedes Exponat die passende Musik. „Das letzte Abendmahl" von Leonardo Da Vinci beendet die großartige Show. Bevor die Show begann, sahen wir uns die verschiedenen Arten von Kunst und Schmuck an und genossen das gemeinsame Abendessen im ambienten Park. Manchmal genossen Frank und Peggy oder meine Freunde aus San Diego die liebenswürdige Gastfreundschaft von Joanne und Dave zur gleichen Zeit wie ich.

Da ich mehr Zeit hatte, konzentrierte ich mich darauf, mein Buch zu schreiben, ich hatte vor mehreren Jahre damit begonnen, nicht nur die Geschichte meiner Familie niederzuschreiben, sondern auch Fakten über beide Weltkriege Kriege zu erforschen. Ich suchte nach Antworten auf viele Fragen. Ich wollte die Wahrheit wissen und nicht, was die Propaganda und die Medien veröffentlicht hatten. Da ich während des Zweiten Weltkriegs in Deutschland lebte und sowohl Deutsch als auch Englisch sprach, half es mir, Informationen aus mehreren Quellen im Internet zu finden. Manchmal übertrieben die Medien oder die Diktatoren Fakten, beschönigten einige, nahmen einige aus dem Zusammenhang oder ließen Fakten aus, um ein gutes öffentliches Erscheinungsbild zu präsentieren. Die Politiker oder Menschen haben sogar Lügen geschaffen, wenn sie ihrem Zweck dienten. Gut und Böse existieren seit der Erschaffung des Menschen. Jedoch wird manchmal der Kriminelle das Opfer für seine Verbrechen verantwortlich machen, um seine Schuld zu decken oder zu minimieren.

Kapitel 22

Der Holocaust und andere Kriegsverbrechen

Über den Holocaust und die Verbrechen der Alliierten zu schreiben, war für mich das schwierigste Thema. Wenn das Staatsoberhaupt eines Landes ein Verbrechen begeht, sollte er verantwortlich gemacht werden für seine Missetat und nicht alle Einwohner des Landes beschuldigt und Verbrecher genannt werden. Einige Verbrechen der Staatsoberhäupter und viele Leute aus dem späten 20. und frühen 21. Jahrhundert wurden veröffentlicht, und diejenigen, die die Wahrheit sagten, wurden nicht wie vorher ins Gefängnis eingesperrt, weil sie die Wahrheit enthüllt haben. Nur Gott kennt die ganze Wahrheit und die Intrigen des Hintergrunds der historischen Fakten beider Weltkriege. Ich las zahlreiche Artikel in deutscher und englischer Sprache zu verschiedenen Themen und fand widersprüchliche Informationen über beide Kriege. Ich wunderte mich oft: Wer zählte die sechs Millionen Juden und stellte fest, wie sie in Konzentrationslagern getötet wurden? Nicht nur ich, sondern auch Professoren, Historiker und Menschen aus allen Gesellschaftsschichten und vielen Ländern begaben sich auf eine Erkundungsmission. Ich stieß auf eine Website namens Beforeitsnews.com, Teil 1, „Kaiser aller Lügen". Der Holocaust von sechs Millionen Juden zählt zehn Zeitungen auf, in denen die Zahl von sechs Millionen zuerst erwähnt wird."

Wir werden nie alle Gräueltaten des Zweiten Weltkriegs und die Verbrechen und die Grausamkeiten gegen die Juden und die Menschheit aller beteiligten Länder erfahren, aber wir bekommen hier und da einen Einblick in die Wahrheit. Nur Gott kennt die ganze Wahrheit.

Dem Artikel zufolge existierte die Zahl von sechs Millionen schon lange, bevor Adolf Hitler an die Macht kam. Während des Ersten Weltkriegs hatte sich die britische Regierung bereit erklärt, die Belfour Deklaration zu unterstützen, um eine palästinische Heimat für die Juden zu schaffen. Im Gegenzug baten sie darum, einen jüdischen Vertreter im amerikanischen Lobby zu sichern und sich ihnen als Verbündete anzuschließen. Nach dem Ende des Ersten Weltkrieges hielt die britische Regierung ihr Versprechen nicht. Ab 1919 veröffentlichten Aufrufe, dass sechs Millionen Juden dazu neigten, in Europa ausgerottet zu werden, wenn sie kein palästinensisches Heimatland bekämen. Während seiner Amtszeit verbreitete der britische Premierminister Stanley Baldwin die Lüge, dass sechs Millionen Juden in Deutschland vergast wurden. Später gab er zu, dass die Gaskammern zu dieser Zeit noch nicht existierten; es war nur Propaganda. Er entschuldigte sich öffentlich beim deutschen Volk für seine rassistische Beleidigung. Dennoch war der Schaden angerichtet, und die Propaganda blieb in den Gedächtnissen von den Menschen weltweit und beschädigte den Ruf des deutschen Volkes. Dies geschah vierzehn Jahre, bevor Hitler 1934 an die Regierung kam. Nach dem Tod von Präsident Paul von Hindenburg schaffte Adolf Hitler den Vorsitz der Weimarer Republik ab und erklärte sich zum Führer und nannte die Weimarer Republik das Dritte Reich.

Vor kurzer Zeit wurden die beschlagnahmten Holocaust Dokumente von Auschwitz vom sowjetischen Präsident Mikhail Gorbachev an das Deutsche Rote Kreuz zurückgeben. Es waren nur 30.000 Juden, die in Auschwitz starben. Der Rest waren Internierte aus ganz Europa oder politische Gegner des Hitler-Regimes. Nicht ein einziges Dokument spricht von einem Vernichtungsprogramm, Massentötungen oder Vergasungen. Eine jüdische Frau, Marika Frank, kam aus Ungarn dorthin, wo 25.000 Juden angeblich täglich vergast wurden. Sie sah nichts von dem, was ihr gesagt wurde. Nachdem die Gefangen ihre Strafen gebüßt hatten, wurden sie freigelassen und konnten nach Hause gehen. Yehuda Bauer sagt, wenn es ein Massenmordlager gewesen wäre, wie es den Menschen nach dem Krieg berichtet wurde, warum würde irgendjemand freigelassen, um die Gräueltaten aufzudecken, die im Lager vor sich gingen? Der Chemiker William B. Lindsay erklärte nach sorgfältiger Untersuchung der „Gaskammern" in Auschwitz, Birkenau und Majdanek: „Ich bin zu dem Schluss gekommen, dass niemand auf diese Weise vorsätzlich oder absichtlich mit Zyklon B (Blausäuregas) getötet wurde. Ich halte es für absolut unmöglich."

Nach gründlicher Untersuchung und Erforschung der Gebäude stellte ein amerikanischer Jude, David Cole, fest, dass die Gaskammer 1947, zwei Jahre nach Kriegsende, entstanden war. Einige Wände wurden entfernt, um den Raum zu vergrößern. Im Dach wurde ein Loch geöffnet, um das Gas auf die Opfer zu leiten. Diese sogenannte „Gaskammer" wurde erfunden um die Geschichte der Massenvergasung für die Öffentlichkeit plausibel zu machen. Noch heute wird vielen Touristen, die das umgewandelte Auschwitz-Museum besuchen, eine falsche Information gegeben. Der Direktor und die Reiseleiter des Auschwitz Museums werden instruiert, was sie den Besuchern sagen dürfen, um etliche Wahrheit zu verschweigen. Tausende von Insassen wurden nach dem Krieg freigelassen und vom Roten Kreuz befragt, um zu sehen, ob sie Zeugen der angeblichen Vergasung waren. Alle reagierten negativ. Als die neuen Opfer in der Einrichtung ankamen, wurde eine kleine Menge Zyklon-B-Pulver durch das Loch der Decke geleitet, um die Menschen zu desinfizieren.

Was war dann der eigentliche Zweck und die Funktion der sogenannten Konzentrationslager? In einem seiner Artikel „Die Wahrheit über den Zweiten Weltkrieg" stellt John S. Torell[35] fest:

Bereits 1870 war ein Krieg zwischen Deutschland und ihrem Allie Japan gegen England, Frankreich, Russland und die Vereinigten Staaten geplant. Albert Pike, der amerikanische General, wurde von der Weltregierung beauftragt, einen Plan für große Kriege zu entwerfen, um eine Bedingung zu schaffen, um alle Nationen zu zwingen, von einem Weltführer regiert zu werden. Bereits 1934 bauten die amerikanische Ford Motor Co. und die

International Telegraph Co. (ITT) Fabriken in Deutschland und Russland, in denen Panzer, Lastwagen und Flugzeuge für Hitler und Stalin hergestellt wurden. Die Direktoren dieser Kriegsfabriken hatten Zweifel, nur deutsche Arbeiter zu beschäftigen, da sie befürchteten, sie zu verlieren, wenn der Krieg ausbrach. Sie wussten, dass die meisten deutschen Männer während des Krieges als Soldaten eingezogen würden. Um dieses Problem zu lösen, kamen sie auf die Idee von Zwangsarbeit und Sklavenlagern. Hitler sah den Vorteil darin, die Juden und Menschen loszuwerden, die sich seinem Regime widersetzten. Adolf Hitler beauftragte Heinrich Himmler und Adolf Eichmann, beide Juden, mit der Überwachung und Verwaltung der Lager. Die kommunistischen Parteiführer, die sozialdemokratische Partei, deutsche Pastoren und Christen, die sich dem Hitler-Regime widersetzten, wurden heimlich verurteilt und in diese Lager gesteckt. Später kamen Bevölkerungsgruppen wie die Roma und Sinti, und erst 1938 war die erste Gruppe von 20.000 Juden verhaftet. Es ist nicht wahr, dass diese Lager gebaut und benutzt wurden, um Juden zu vernichten, wie die Holocaust-Propaganda verbreitet und jeder glaubt. Amerikanische Finanziers und deutsche Industrieunternehmen wie Krupp und andere entwickelten diese Industrieparks und Arbeitslager, die zur World Leader Group gehörten, um Produkte und Kriegsmaschinen für den Zweiten Weltkrieg zu bauen. Die meisten Menschen, die in den Konzentrationslagern starben, waren Häftlinge aus Deutschland oder anderen Ländern, die nicht Juden waren. Die Öffentlichkeit und Medien informierten die Menschen, dass es hauptsaechlich Juden waren, und es wurde geglaubt.[36]

Laut einem kürzlich erschienenen Artikel der Independent News von Dan Plesch, dem Autor von „The Human Rights after Hitler", waren sich die Alliierten des jüdischen Holocaust-Ausmaßes zweieinhalb Jahre früher bewusst, als allgemein angenommen wird. Trotzdem bemerkte er, dass die alliierten Mächte sehr wenig getan hätten, um sie zu retten oder ihnen Zuflucht zu gewähren.

In langwierigen Studien über den Holocaust und die Behandlung der deutschen Kriegsgefangenen schrieben die Autoren über viele Fakten, die vorher nicht bekannt waren. Erst vor kurzem war es möglich, Originaldokumente und Informationen aus Archiven zu erhalten, die im Internet verfügbar sind. Leider litten so viele unschuldige Opfer, und einige Verbrecher wurden als Helden gefeiert. Ein Verbrechen ist ein Verbrechen, jeweils desjenigen, der es begeht. Die Kriminellen sollten vor Gericht gestellt werden, und nicht alle Bürger des Landes sollten als Kriminelle bezeichnet und für die Verbrechen ihres Führers bestraft werden und büßen.

In einem Bericht über die Verfolgung der Juden von 1933–1945 und das Schicksal der deutschen Kriegsgefangenen und Zivilisten nach 1945 haben viele Autoren kürzlich neue Informationen und Fakten über die Konzentrationslager zusammengestellt. Die Fotos der aufgetürmten Leichen, die General Eisenhower aufnahm, waren Leichen deutscher Kriegsgefangener aus dem amerikanischen Rhein-Wiesen Gefangenen Lager. Einem Bericht zufolge ordnete der Filmproduzent Alfred Hitchcock die Leichen so an, dass sie aussahen, als wären sie alle Juden. General Eisenhower schuf ein Bild des Massenmordes der Juden, und vertuschte somit seine eigenen kriminellen Aktivitäten. Er ließ die deutschen Kriegsgefangenen absichtlich sterben. Sogar Stalin schickte Juden in die Gulags (Zwangsarbeitslager) und tötete über eine Million, weil sie zwecklos für ihn waren. Leider wurden diese manipulierten Fotos bei den Nürnberger Prozessen auch gegen die sogenannten Kriegsverbrecher eingesetzt.

Am Ende des Zweiten Weltkriegs erlitten nicht nur Kriegsgefangene, sondern auch deutsche Staatsbürger und Bürger aller am Krieg beteiligten Länder körperliche Verletzungen und Krankheiten, sondern auch emotionale Traumata. Nicht nur Millionen von Juden starben als Folge des Zweiten Weltkriegs, sondern Millionen unschuldiger Kinder und Familien aus jedem Land, in dem der Krieg tobte.

Wir sollten niemals **den Holocaust** und die Verfolgung der Juden während des Zweiten Weltkriegs **vergessen**. Sie wurden und werden immer noch finanziell entschädigt.

Wir sollten uns ebenfalls an das **Leiden aller unschuldigen Menschen und Opfer beider Weltkriege erinnern** und die Verbrecher der Menschheit entlarven, die ihre Verbrechen vertuscht haben, indem sie andere beschuldigten.Viele Zivilisten verbrannten am lebendigen Leibe nachdem die Atombomben auf Hiroshima und Nagasaki geworfen wurden. Auch die Zivilisten und Soldaten Deutschenlands waren durch die Brandbombenangriffe auf die Städte unmenschlicher Behandlung ausgesetzt.

Menschen, die noch nie in einem Krieg waren, wissen nicht, was die Soldaten aufgaben und wie viele Verletzungen und emotionale Traumata sie erlitten. Zivilisten, die noch nie in einem Kriegsgebiet gelebt haben, werden nie erfahren, wie viele Gräueltaten die Bewohner und Gefangenen aller Länder erlitten und zu welchen Opfern sie gezwungen wurden.

Ein Dokument von Michael Palomino, das 2003 veröffentlicht und 2015 aktualisiert wurde, fasst einige unbekannte Fakten über die Verfolgung der Juden und einige der Gräueltaten der Alliierten zusammen, die Hollywood zu Filmen gemacht hat, die weltweit verbreitet wurden. Niemand sprach über die unmenschliche Behandlung der deutschen Soldaten, die in den Rheinwiesenlagern oder anderen Zwangsarbeitslagern der vier Alliierten getötet wurden. Erst kürzlich schreiben Historiker, Kriegsüberlebende und Wahrheitssucher über die 14.000.000 deutschen vertriebenen Zivilisten aus Ostdeutschland und das Drittel der deutschen Gebiete, die Polen und Russland nach beiden Weltkriegen zwangsvoll gegeben wurden. Einige Bewohner, die vor dem Ende des Zweiten Weltkriegs nicht entkommen konnten, mussten schwer für ein wenig Essen arbeiten. Die Russen missbrauchten Frauen und junge Mädchen sexuell. Unter unmenschlichen Bedingungen wurden sie ihrer Habseligkeiten beraubt, von ihren Grundstücken vertrieben und in überfüllten Zugwaggons in den Westen verschifft. Die deutschen Kriegsgefangenen, die für private Bauern oder Fabriken in den Vereinigten Staaten, Frankreich und England arbeiteten, wurden gut behandelt und respektiert. Etliche Staatsoberhäupter, Generäle und Verantwortliche übten ihren Hass und ihre Rache gegen die deutschen Kriegsgefangenen und Zivilisten aus. Deutschlands gesamte Bevölkerung wurde für Hitlers Verbrechen verantwortlich gemacht, bestraft und verächtlich behandelt. Die Generäle und Soldaten der Alliierten, die ihre Verbrechen vor der Öffentlichkeit versteckten, wurden von ihren Ländern als Helden geehrt. Die meisten Deutschen Generäle und Soldaten, die Kriegsgefangene wurden, erklärte man für entwaffnete feindliche Streitkräfte DEF. Somit hatten sie kein Recht darauf, nach den Regeln der Genfer Konvention behandelt zu werden. Generäle und Soldaten aller Länder, die in Ausübung ihres Dienstes kämpfen oder sterben, sollten respektvoll behandelt werden; so sollten auch die Zivilisten jedes Landes nach dem Ende eines Krieges mit Würde behandelt werden. Nicht die Zivilisten, sondern die Staatsoberhäupter der Länder beginnen und führen die Kriege.

Präsident Roosevelt und Ministerpräsident Winston Churchill legten Regeln fest, dass Sieger und Besiegte mit gleicher Würde behandelt werden sollten.

Warum haben sie nach dem Ende des Zweiten Weltkriegs nicht ihre eigenen Regeln befolgt?

So viele Fragen sind und bleiben unbeantwortet. Wir erhalten nur einen Einblick in die klassifizierten Dokumente und Fakten, wenn mehr Informationen im Internet, in Büchern und in öffentlichen Medien veröffentlicht werden. Nur Gott kennt die ganze Wahrheit, und Er hat die Kontrolle über die Menschen auf Erden und Seine ganze, großartige Schöpfung des Universums. Sogar Gott bedauerte manchmal, dass er die Menschen erschaffen hatte, wenn er die Gräueltaten sah. Doch Gott rettete sie in seiner grenzenlosen Barmherzigkeit immer wieder vor der Vernichtung. Da Gott wusste, wie schwierig es war, durch die Erfüllung des Gesetzes Erlösung zu erlangen, opferte er seinen geliebten Sohn Jesu Christus, damit Er die Menschen allein durch Gnade und nicht durch gute Werke erlösen kann.

Ich habe Mitgefühl mit allen unschuldigen Menschen aller Länder, die in beiden Weltkriegen Gräueltaten erlitten. Ich verurteile das Verbrechen, aber ich hasse die Verbrecher nicht. Ich bete, dass Menschen aus allen Ländern dasselbe tun können. Ich erinnere mich an viele mitfühlende und ehrenwerte Dinge, wie die Luftbrücke von Berlin und den amerikanischen Marshallplan, der beim Wiederaufbau Deutschlands und der europäischen Länder und Volkswirtschaften half. Wir hoffen gelernt zu haben, mit den Ländern der Welt zusammenzuarbeiten und Differenzen durch Diplomatie und Verständigung und nicht durch Kriege zu lösen.

Vor, während und nach den Kriegen wurden Propaganda und Lügen verbreitet, um die Sache der Weltführer voranzubringen. Es brauchte Jahre gründlicher Forschung und Zusammenstellung von Informationen, um Fiktion von Fakten, Mythos von Realität und Lügen von der Wahrheit zu trennen.

Nur wenn wir die Wahrheit kennen und fleißig nach der Wahrheit suchen, werden wir frei und fähiger sein, die Intrigen historischer Ereignisse zu interpretieren. Dann lernen wir hoffentlich auch, den Verbrechern der Menschheit zu vergeben und friedlich mit unseren globalen Bewohnern zu leben.[18]

Auf einer Dinnerparty in London kam einmal die Frage auf: „Wer wird die Zukunft dominieren?"

Professor Huxley erklärte: „Die Nation, die sich eng an die Fakten hält. Meine Herren zu allen Fakten, und die größte Tatsache der Geschichte ist Gott. Gott hat die Antworten auf alle unsere Fragen. Er offenbart seine Antworten auf alle menschlichen Fragen in seinem Heiligen Wort, der Bibel."

Kapitel 23

Ostseekreuzfahrt und andere Besuche

Seit ich in der Mittelschule die Geschichte der preußischen Prinzessin Katharina der Großen las, wollte ich eines Tages Russland besuchen und den Einfluss sehen, den sie in ihrer Wahlheimat Russland hinterlassen hatte. Ihre Herrschaft als Zarin von ganz Russland faszinierte mich, und ich wollte immer sehen, wo sie regiert hatte. Katharina die Große wurde am 2. Mai 1729 in Stettin, Preußen, als Prinzessin von Anhalt-Zerbst geboren. Sie lockte viele Deutsche nach Russland, indem sie ihnen etwas Land gab und Religionsfreiheit und andere Privilegien anbot. Sie konvertierte zur östlich-orthodoxen Kirche, die nach preußischem Vorbild regiert wurde, und brachte europäische Kunst und Kultur nach Russland. Da eine Ostseekreuzfahrt in St. Petersburg Halt machte, beschloss ich, im August 2011 an einer Kreuzfahrt teilzunehmen, um sieben Länder an der Ostsee zu besuchen. In St. Petersburg anzuhalten und den Einfluss von Katharina der Großen und Peter dem Großen zu sehen, interessierte mich sehr. Peter der Große schickte Künstler, Handwerker, Bildhauer und Architekten weltweit, um Entwürfe für Paläste, Brunnen und Statuen für St. Petersburgs Pläne zum Bau einer Stadt zu studieren. Peter der Große baute im Mai 1703 eine Festung, um sich vor der Invasion der Schweden zu schützen. Später setzte der Schweizer Architekt Tressini den Bau der Stadt fort, und tausende von Zwangsarbeitern starben, während sie die Gebäude in einem Sumpf errichteten. Die vergoldeten Statuen, die Wasserfälle und die Landschaftsgestaltung beeindruckten mich sowie die anderen Touristen. Für den Betrieb der vielen Brunnen wurden keine elektrisch angetriebenen Motoren benötigt. Alle Brunnen funktionierten mit Wasserdruck aus Tanks, die auf verschiedenen Ebenen gebaut wurden.

Als ich die Eleganz des Palastes von Katharina der Großen sah, war ich überwältigt, auch von der restaurierten Pracht des Bernstein Raumes. Das ursprüngliche Bernsteinzimmerdekor verschwand während des Zweiten Weltkriegs. Die Restaurierung begann 1979, dauerte vierundzwanzig Jahre und kostete elf Millionen Dollar. Der russische Präsident Wladimir Putin und der damalige deutsche Bundeskanzler Gerhard Schröder widmeten den Wiederaufbau zum 300-jährigen Jubiläum von St. Petersburg. Das Verschwinden der ursprünglich demontierten Bernsteinwände ist immer noch ein Rätsel. Der Sohn von Friedrich dem Großen, König von Preußen, gab das Original Bernstein Zimmer 1716 als Geschenk an Peter den Großen, Zar von Russland, der bei einem seiner Besuche seine Bewunderung für das exquisite Kunstwerk zum Ausdruck brachte. Jetzt gilt es als das achte Weltwunder.

Der Anblick der Kunst- und Antiquitätensammlung, umgeben vom Ambiente und der Eleganz der Hermitage, machte mich sprachlos. Besonders gefiel mir das lebensgroße Gemälde von Rembrandt von der Rückkehr des verlorenen Sohnes. Vor Leonardo da Vincis Originalkunstwerk, der „Madonna Litta", zu stehen, demütigte mich. Die Gemälde von Tizian mit solch ausbalancierten Licht- und Schatteneffekten haben mich schon immer fasziniert. Ein englischer Unternehmer, James Cox, schuf die animierte „Goldene Pfau" Uhr mit drei lebensgroßen Vögeln, einem Pfau, einem Hahn und einer Eule. Sie wird nur einmal pro Woche, am Mittwoch um 13:00 Uhr, eingeschaltet und die Vögel bewegen sich und singen. Einer der Bewunderer Katharinas der Großen wollte die Zarin mit diesem einzigartigen Geschenk beeindrucken. Katharina die Große liebte Kunst und 1764 erwarb sie ihre erste Kunstsammlung in Berlin von Johann Gotzkowski, der die Kunstwerke für König Friedrich II von Preußen beschaffte. Sie brachte Kultur und Prestige zum Thron und wollte sie nur ihren Freunden und dem engen Kreis des Zarenhofs in ihrem Winterpalast Hermitage zeigen. Zar Nikolaus II, öffnete das Museum für das Publikum. Während der Revolution 1917 ging das Museum in öffentliches Eigentum über, und der Staat betrieb die weltweit umfangreichste Kunstsammlung, drei Millionen Kunstwerke, von denen nur eine Million dauerhaft ausgestellt sind. Die Herrschaft von Katharina der Großen brachte Prestige nach Russland und unter die europäischen Länder. Der Besuch einer russischen Ballettaufführung und das Anschauen der anmutigen Ballerinen, die zur Musik von „Cinderella" von Sergei Prokofjew tanzten, beendete meinen unvergesslichen Besuch in St. Petersburg.

Als das Kreuzfahrtschiff in Warnemünde anhielt, arrangierte ich ein Treffen mit dem ehemaligen Leiter der Landauer DJO-Jugendgruppe, Heinz Krämer, und seinem Schwiegersohn Michael Glüber. Beide wohnten in Harsefeld, südlich von Hamburg. Wir hatten uns seit über fünfzig Jahren nicht mehr gesehen. Ich bewunderte, wie viel er zu den Jugendgruppen der Flüchtlinge beitrug. Er hatte seine Heimat in Pommern, Deutschland, verloren, die nach dem Zweiten Weltkrieg an Polen übergeben wurde. Wir erinnerten uns an verschiedene Ereignisse der Vergangenheit und die vielen Veränderungen in der Gegenwart. Obwohl er bereits neunzig Jahre alt war, schrieb er immer noch Berichte und Gedichte für besondere Anlässe und hielt Vorträge an Schulen über seine Erfahrungen im Zweiten Weltkrieg. Unser lebhaftes Gespräch und die Freude, uns nach so langer Zeit zu sehen, werden unvergesslich bleiben. Wir blieben die ganze Zeit in engem Kontakt. Leider verstarb er ein paar Jahre, nachdem wir uns sahen.

Drei Jahre später flog ich nach Deutschland, um meinen jüngsten Bruder Horst in Offenbach zu besuchen. Wir nahmen an einer Konfirmation meines Urgroßneffen Ramon Martin in Herleshausen Teil. Mein Bruder arrangierte ein Treffen mit mehreren ehemaligen Mitgliedern der jungen und älteren DJO-Jugendgruppe und ihren Ehepartnern. Der Sohn meiner Freundin Bernd Russy und ein Akkordeonspieler unterhielten uns. Wir sangen mit und tauschten viele Ereignisse aus der Vergangenheit und Gegenwart aus. Wir blieben über fünfzig

Jahre miteinander in Kontakt. Wir hielten unterwegs an, um noch ein paar Freunde aus der ehemaligen DJO Gruppe zu besuchen. Ich machte auch eine Reservierung für zehn Tage im Hilda Stift in Wiesbaden. Ich dachte, es wäre ein Badeort für Touristen. Stattdessen stellte sich heraus, dass es sich um ein Altersheim handelte. Ich freute mich darauf, eine Opern-Aufführung zu besuchen. Leider waren in dieser Zeit keine Opern oder Konzerte geplant. Meine Großnichte, Jana Martin, kam jedoch, um für ein paar Tage bei mir zu bleiben. Wir erkundeten die Stadt und die Parks und genossen das köstliche Essen in italienischen Restaurants. Auch Hildegard Kleinschmidt, eine Klassenkameradin aus dem Neusprachlichen Gymnasium, und ihr Mann, Professor Gottfried Kleinschmidt, besuchten mich in Wiesbaden. Wir verbrachten einen unvergesslichen Tag zusammen. Ich genoss auch eine musikalische Präsentation im Hilda Stift, traf die Bewohner und konsumierte täglich ihr gutes Essen, vor allem die leckeren Kuchen, die jeden Nachmittag mit Kaffee serviert wurden.

Im folgenden Jahr flog ich nach Naples, Florida, besuchte die Kinder meines Mannes und feierte Franks Geburtstag mit seiner Familie und seinen Freunden. Gigi, Christine und Frank dekorierten ihre Häuser wunderschön und lebten in einem prestigeträchtigen Teil von Naples. Wir genossen das leckere Essen, das Frank und Peggy zubereiteten, beide waren ausgezeichnete Köche. Ich lernte auch ihre freundlichen Nachbarn und Freunde kennen. Frank fuhr mit mir auf seinem Motorrad durch die wunderschön angelegte Nachbarschaft. Gemeinsam kreuzten wir durch die Bucht von Naples und sahen die prächtigen Villen wohlhabender Politiker und Business-Magnaten.

Auf dem Rückweg hielt ich in Hot Springs an, um am 15. März den Geburtstag meiner Freundin Ilse Stritzke zu feiern. Wir schlenderten durch Hot Springs, sahen uns exquisite Antiquitäten in Schaufenstern an, und buchten sogar eine Massage. Ilse wurde ebenfalls in Ostpreußen geboren. Wir trafen uns in Chicago, als wir die gleiche lutherische Kirche dort besuchten. Ihre Familie entkam nicht, bevor die Russen in Ostpreußen einmarschierten, und sie lebten drei Jahre lang bei den russischen Besatzern. Russische Soldaten behandelten die Frauen und Mädchen grausam. Sie erzählte mir, wie ihr kleiner Bruder an Unterernährung starb und ihre Schwester ins Gefängnis gesteckt wurde, weil sie eine Kartoffel vom Feld nach Hause brachte. Sie starb im Gefängnis. Wir sprachen über viele Themen und Erfahrungen und darüber, wie Gott uns durch den schrecklichen Krieg und die unbegreiflich schwierige Nachkriegszeit half.

Mein ganzes Leben lang wollte ich die Kunstsammlung des größten Museums der Welt, des Louvre, in Paris sehen. Im Frühjahr 2016 plante ich, einen Besuch im Louvre und eine Donaukreuzfahrt zu kombinieren. Ich plante, nach Brüssel zu fliegen, um meine Freundin Elisabeth Bruns zu besuchen, die in Oudenaarde, Belgien, lebte, und dann mit dem Zug nach Paris zu fahren. Elisabeth buchte auch einen Besuch der Hieronymus Bosch-Ausstellung in Hertogenbosch. Zu der Zeit kamen Kunstwerke aus aller Welt nach Hertogenbosch. Der Künstler malte vor allem religiöse Motive in Öl auf große Holztafeln. „Der Garten der irdischen Freude" und das „Jüngste Gericht"-Gemälde, die er im 15. Jahrhundert gemalt hatte, wurden berühmt. Wir beide bedauerten, dass ich den Besuch bei meiner Freundin Elisabeth absagen musste. Meine Pläne änderten sich in letzter Minute, als Terroristen den Flughafen in Brüssel angriffen, einen Teil des Gebäudes zerstörten und ihn schlossen. Ich habe meinen Brüssel-Flug nach Frankfurt, Deutschland, umgebucht und die zusätzliche Woche bei meiner Nichte Beate Martin und ihrem Mann Gerald in Silkerode verbracht. Sie waren froh, und nachdem ich meine Enttäuschung überwunden hatte, war ich es auch. Sie behandelten mich königlich und stellten mich einigen ihrer Freunde vor. Als ich ihr gegenüber von der Absage meiner Reise in den Louvre erzählte, sagte sie: „Kein Problem, wir können die Kunstausstellung auf der großen Leinwand sehen." Meine Nichte und ihr Mann genossen es, Naturfilme zu sehen und hatten einen riesigen Fernsehbildschirm über die gesamte Wand installiert. Wir beobachteten den prächtigen Renaissance Palast mit den

Kunstwerken und den weltberühmten Gemälden, Skulpturen und Statuen für zwei Abende. Natürlich ist es immer beeindruckend, die berühmte „Mona Lisa" von Leonardo Da Vinci zu sehen. Als ich Mona Lisa genau betrachtete, bemerkte ich, dass der Künstler Leonardo da Vinci keine Augenbrauen gemalt hatte. Leonardo Da Vinci glaubte, dass Einfachheit die ultimative Raffinesse ist. Wir sahen das Originalgemälde „The Swing" (Die Schaukel) von Fragonard aus dem Jahr 1766, von dem wir eine Kopie eines italienischen Künstlers besitzen. Wir sahen „Liberty" von Eugene Delacroix von 1830 und so viele andere berühmte Meisterwerke bequem von zu Hause ohne uns durch die Menschenmassen zu drängen. Ursprünglich diente der Louvre-Palast als Residenz der französischen Könige. Als König Ludwig XVI beschloss, im Schloss von Versailles zu residieren, verwandelte der König das Schloss in ein Museum, das nun jedes Jahr über zehn Millionen Menschen besuchen.

Die Freundin meiner Nichte, Sabine Scheidemann, die in Bischofrodes Schule Englisch, Russisch und Kunst unterrichtete, bat mich, in ihrem Englischunterricht einen Vortrag zu halten. Obwohl ich keine Zeit hatte, mich vorzubereiten stimmte ich zu. Die Schüler stellten mehrere Fragen über meine bisherigen Erfahrungen. Sie nahmen alle meine Kommentare aufmerksam an und zeigten Interesse an meinem Gedichtband und Schreiben. Am Ende des Unterrichts überreichte mir ein Schüler einen Strauß Tulpen als Zeichen der Wertschätzung. Als die Studenten ihren Abschluss machten und eine Exkursion unternahmen, schickten sie mir eine Postkarte, die von jedem Studenten unterschrieben wurde. Ich schätzte ihre Aufmerksamkeit. Ich wiederum schickte dem Lehrer und jedem Schüler mein Gedichtbuch „A Song in the Night" (Ein Lied in der Nacht).

Eine Woche später traf ich die Reiseagentin Melissa Porzak aus San Diego und ihre Gruppe auf einer Donaukreuzfahrt. Zuerst buchte sie Zimmer für uns alle im luxuriösen Aria Hotel in der schönen Stadt Prag. Als nächstes fuhren wir mit dem Bus nach Vilshofen, wo wir uns auf das Schiff Ama-cruise begaben.

Nachdem Melissa, unsere Reiseleiterin, uns einander vorstellte, fühlten wir uns für den Rest der Ausflüge und Mahlzeiten verbunden. Die Busfahrt durch die südbayerische Seegegend hielt am Mondsee, Österreich, um die Stiftskirche St. Michaels zu besuchen. Die Trauung von Maria und Georg von Trapp im Musical „The Sound of Music" wurde in der Kirche gedreht. Der exquisit verzierte Altar zeigt im unteren Bereich Relikte ehemaliger österreichischer Herrscher, die mit kostbarem Schmuck verziert sind. Während der Dreharbeiten zur Hochzeitsszene von Julie Andrews und Christopher Plummer hatte der Fotograf eine Decke über die Relikte gelegt. Daneben stand das mittelalterliche, historische Kloster Mondsee. Es beherbergt eine bedeutende Büchersammlung, darunter einige Originalnotenblätter von Ludwig von Beethovens Kompositionen. Ich bewunderte das Konzept der Schönheit und die Künstler, die all die kunstvollen vergoldeten Statuen zwischen den Säulen schufen, nicht nur auf dem Altar, sondern auch auf beiden Seiten der Kirche. Den ganzen Tag über schwelgten die Augen an dem von Menschen geschaffenen Kunstwerk, und besonders an Gottes Schöpfung einer schönen Landschaft.

Bei einem Besuch in Wien, der Hauptstadt Österreichs, sahen wir den Einfluss von Kaiserin Maria Theresia (1740-1780) und Kaiser Franz Josephs (1848-1916), die viele monumentale Gebäude im Barockstil schufen. Wir besuchten die Kaiserburg und die gegenüberliegende Struktur, den Stall der berühmten Lipizzaner Pferde der Spanischen Hofreitschule. Wir bekamen nur einen flüchtigen Blick auf einige Pferde und sahen leider nicht ihre großartige Aufführung. Wien bietet viele kulturelle und musikalische Veranstaltungen und zieht Künstler aus der ganzen Welt an. Die Wiener Symphoniker, die Wiener Philharmoniker, die Wiener Sängerknaben und der Opernball sind weltbekannt; so auch die Musikfestivals auf Schloss Schönbrunn. Glücklicherweise besuchten wir ein Konzert in der Orchesterhalle. Ich erinnere mich an einen Vorfall, der mir vor Beginn der Aufführung passierte. Auf dem Weg zur Toilette im Obergeschoss traf ich einen Musiker mit einer Geige. Ich fragte ihn:

„Habe ich genug Zeit, um zur Toilette zu gehen?" Er antwortete höflich: „Ja." Als ich zurückkehrte, entdeckte ich, dass der Musiker, mit dem ich gesprochen hatte, der Dirigent des Orchesters war. Er wartete, bis ich Platz nahm und begann dann, zu dirigieren und den Walzer „Die Blaue Donau" von Johann Strauß zu spielen. Ein Tenor und eine Sopranistin sangen Opernarien, und zwei Ballerinen, männlich und weiblich, tanzten für das Publikum. Wir haben alle Darsteller mit tosendem Applaus belohnt. Natürlich konnten wir Wien nicht verlassen, ohne das Riesenrad im Prater zu sehen und einen authentischen Wiener Strudel mit warmer Vanillesoße zu probieren.

Die nächste Stadt, durch die wir fuhren, war Budapest. Die nächtliche Kreuzfahrt durch Budapest, mit dem Parlament und all seinen beleuchteten historischen Gebäuden, beendete die unvergessliche Kreuzfahrt mit einem großen Finale. Eine gewisse Traurigkeit erfüllte mein Herz als ich mich von meinen Reisegefährten trennte, die mir Freundlichkeit und Interesse an meinem Buch gezeigt hatten. Sie alle gaben mir ihre E-Mail-Adressen, damit ich sie benachrichtigen konnte, wenn mein Buch veröffentlicht würde. Von Budapest aus flog ich nach London, San Francisco und zurück nach Reno.

Im Sommer hatte ich viele Besucher; sogar die Lehrerin Sabine Scheidemann kam mit ihrem Mann und ihrer Tochter aus Deutschland, zwei Nichten, Christa und Ilse mit ihren Ehemännern, Rick und Ron, und Freunde Sue und Ed Guzek aus San Diego. Wir alle genossen die Gesellschaft und die landschaftliche Schönheit von Lake Tahoe.

Später, bei der routinemäßigen jährlichen Mammographie, entdeckte der Radiologe einen Tumor in meiner linken Brust. Die Biopsie bestätigte ein Krebswachstum, das der Chirurg Dr. Evans kurz nach der Biopsie entfernte. Während meiner Vorbereitungen für die Operation sah ich, wie Dr. Evans mit gefalteten Händen an der Wand lehnte. Ich vermutete, sie betete, und ich fühlte mich beruhigt. Später fand ich heraus, dass Dr. Evans eine christliche Chirurgin war und vor, während und nach der Operation für ihre Patienten betete. Dr. Alexis Carrel, Nobelpreisträger von 1912, dessen Forschung den Weg für Organtransplantationen ebnete, hatte folgendes über das Gebet zu sagen:

„*Das Gebet ist die einzige Kraft in der Welt, die die ‚Naturgesetze‘ zu überwinden scheint. Richtig verstanden, ist das Gebet eine reife Tätigkeit, die für die vollste Entwicklung der Persönlichkeit unerlässlich ist – die ultimative Integration der höchsten Fähigkeiten des Menschen. Nur im Gebet erreichen wir jene vollständige und harmonische Versammlung von Körper, Geist und Seele, die dem gebrechlichen menschlichen Schilf seine unerschütterliche Kraft verleiht.*"[34]

Meine Freundin, Carol Miller, wartete in der Lobby auf mich. Nachdem ich aufstand, ohne schwindlig von der Liege im Aufwachraum zu sein, brachte sie mich nach Hause. Ein paar Stunden später hatte ich immer noch keine Schmerzen und fühlte mich sehr wohl, so beschloss Carol, nach Hause zu gehen, anstatt über Nacht zu bleiben. Der Plastik-Sprühverband ermöglichte mir das Duschen, und ich litt nie unter Beschwerden oder Schmerzen. Ich dankte Gott für die erfolgreiche Operation, die von einer christlichen Chirurgin durchgeführt wurde, und dafür, dass der Onkologe keine Chemotherapie verschrieb, denn der Tumor war nun vollkommen entfernt.

Kapitel 24

Besondere Feierlichkeiten

Da mein Mann, Dr. Aldo Bruni, am 28. September 2009 verstorben war, wollte ich ihn mit einer besonderen Feier ehren. Jedes Mal, wenn ich darüber nachdachte, mich auf die Feier vorzubereiten, überwältigte mich die Trauer, und Tränen flossen und stoppten meine Pläne. Sieben Jahre später dachte ich, warum nicht ein doppeltes Ereignis feiern, das Leben meines Mannes und meinen achtzigsten Geburtstag. Ich sprach mit der Familie meines Mannes, und sie stimmten zu. Also begann ich, die Einladung und das Programm für die Veranstaltung im San Carlos Country Club zu entwerfen. Als Souvenir habe ich Lesezeichen mit einer Rose für die Damen und Kornblumen für die Herren erstellt, mit einem Gedicht, das ich über Freunde schrieb. Ich druckte auch eine kurze Biografie meines Mannes pro jedem Pärchen oder einzelnem Gast. Ich arbeitete mehrere Monate fleißig; meine Freunde und mein Dienstmädchen Chava halfen mir, wo immer sie konnten.

Die halbformelle Feier begann am Sonntag, dem 29. Januar 2017, um 15:00 Uhr. Ich hatte vier kleine Jungen der McLean Familie engagiert, um die Gäste an die Tische zu bringen. Blumensträuße von rosa Rosen, kleinen blauen Blumen, weißen Margareten, und grünen Blumen schmückten die Tische. Während des Abendessens sang Valeria, eine Opernsopranistin, in Begleitung ihres Verlobten Roberto am Klavier populäre Lieder. Auch ein Priester in einem elegant bestickten Anzug und passendem Sombrero sang mexikanische Lieder begleitet von Gitarren. Meine Familie, Peggy, Frank, Joanne und Dave, erfreuten mich mit ihrer Anwesenheit. Meine wunderbaren Nachbarn Kelly und Ron aus South Lake Tahoe, meine Freundin Marcia

Bogan aus Bakersfield und Penny aus Phoenix ebenso. Dr. Benda und Dr. Patterson, Mark und Curt, Mitglieder des medizinischen Teams aus Bozeman, Montana, feierten mit mir, ebenso wie Pastor Glenn Driedger und Jeannine und über hundert Gäste. Nachdem die Kellner ein frühes Abendessen mit Filet Mignon und Kokosnussgarnelen serviert hatten, begrüßte mein Zeremonienmeister David Long eloquent die Gäste und kündigte den Beginn des Programms an, um meinen verstorbenen Ehemann Dr. Aldo R. Bruni zu ehren.

Mexikanische Freunde von San Carlos

Jenny Navarra übersetzte die Biografie und die Reden ins Spanische. Der Priester, Padre Rogelio, begann das Programm, indem er „Amore Eterno" (Ewige Liebe) von Juan Gabriel sang, während ich auf der Bühne vor dem großen Porträt meines Mannes neben meiner Freundin Maria de Los Angeles stand. Juan Gabriel schrieb dieses emotionale Lied, als seine Mutter 1984 starb.

Dann begann mein Zeremonienmeister, David Long, die Biografie meines Mannes vorzulesen. David steckte so viel Emotion in seine hervorragende Präsentation, dass er die Aufmerksamkeit der Gäste voll auf sich zog. Während einer kurzen Pause sang Valeria eine der Lieblingsarien meines Mannes und meiner auch, „Casta Diva", aus der Oper „Norma" von Bellini. Monserat sang „You lift me up" (Du erhebst mich hoch) und Ricardo „Non ti scordar mai di me" (Vergiss mich nie), eines der Lieblingslieder meines Mannes. Als nächstes drückten Joanne und Frank ihre Liebe zu ihrem Vater aus und erwähnten einige wichtige Ereignisse, die sie geteilt hatten. Sie zeigten mir auch ihre Dankbarkeit und wie viel ich zu ihrem Leben und dem Leben ihres Vaters beigetragen hatte. Ihre Reden bewegten mich; auch die von Tato, einem dreizehnjährigen Jungen, dessen Großmutter und Mutter Freunde von mir waren. Tato fragte mich, ob er auch eine kurze Rede halten könne. Ich stimmte zu, ohne zu wissen, was mich erwartete. Seine Mutter, die er sehr liebte, hatte Krebs und andere gesundheitliche Probleme, und weil er ihren Schmerz teilte, reifte er vorzeitig. Tato drückte seine Zuneigung zu mir aus und erzählte, dass er von mir gelernt hatte, in der Gegenwart zu leben, das Gute jedes Augenblicks zu schätzen und bedingungslos zu lieben. Normalerweise erwerben wir diese Lektion später im Leben, er hatte sie aber von mir gelernt, als er noch ein Teenager war. Ich fühlte mich demütig. Nach Tatos Rede begann mein Dienstmädchen Chava, ihre Notizen vorzulesen. Sie fing an zu weinen und konnte ihre Wertschätzung und Bewunderung für die Art und Weise, wie wir sie behandelten, nicht in Worte fassen. Dann sangen Valeria, Monserat und Aubrey „Die letzte Rose des Sommers".

Jede junge Dame gab mir eine rosa Rose, um zu symbolisieren, dass das Leben weitergeht, auch wenn ein geliebter Mensch stirbt, und dass wir auf dem veränderten Lebensweg wieder Sinn, Schönheit und Zufriedenheit finden sollen.

Nach einer kurzen Pause brachte Nancy Dreiling den Kuchen, der geschmackvoll mit den gleichen Blumen wie die der Blumenarrangements der Tische und mit zwei Kerzen mit der Aufschrift 80 verziert war. Alle sangen zuerst „Happy Birthday" auf Englisch und dann das mexikanische Geburtstagslied „Las Mananitas".

In der Zwischenzeit kamen Obregons folkloristische Tänzer, gekleidet in atemberaubende, bunte Kostüme, auf die Bühne und führten über eine Stunde lang mexikanische Tänze auf. Am Ende der Aufführung traten die Gäste nach draußen, um aufgeblasene, beleuchtete Luftballons loszulassen und sahen sich ein Feuerwerk an, das eine Freundin als Geschenk arrangiert hatte. Nach fünf Stunden gingen die meisten Gäste. Marcello jedoch, der sein Akkordeon mitgebracht hatte, unterhielt meine Familie und enge Freunde noch eine Stunde länger. Er sang italienische Lieder, und wir sangen mit. Sechs Stunden später, um 21:00 Uhr, gingen wir alle müde aber froh und zufrieden nach Hause. Ich dankte Gott für all seine Führung und Segnungen.

Bevor meine Familie und Freunde aus den USA abreisten, bestellte ich ein mexikanisches Abendessen, und als Überraschung engagierte ich eine Mariachi-Band, um sie zu unterhalten. Gerade als alle mit dem Essen fertig waren, öffnete sich die Tür und die Musikanten betraten spielend das Haus. Wir gingen alle auf die Terrasse und lauschten der Mariachi-Musik unter dem Sternenhimmel. Bevor alle gingen, dankte ich meiner lieben Familie und meinen Freunden, dass sie das Ereignis für uns alle unvergesslich gemacht hatten.

Mein Bruder Edmund und meine Schwägerin besuchten mich im Sommer in Lake Tahoe. Wir genossen es, uns an unsere Kindheit in Ostpreußen zu erinnern, etliche Ostpreußische Gerichte zu genießen, die unsere Mutter zu kochen pflegte, und die wunderschöne Landschaft des Lake Tahoe zu bewundern. Auch wenn Ostpreußen mit beiden Weltkriegen verloren ging, bleiben unsere Kindheitserinnerungen an die Heimat stets bei uns.

Ein weiteres angenehmes Ereignis war eine mexikanische Hochzeitsfeier meiner Freunde Valeria und Roberto am 19. November 2017, die mich mit der mexikanischen Tradition vertraut machte. Valeria fragte mich, ob ihre Brautparty sich in meiner Wohnung fertig machen könnte. Ich war einverstanden. Am Sonntagmorgen trafen zuerst vier Kosmetikerinnen ein und verwandelten die Wohnung in einen Schönheitssalon. Dann kamen die Mütter des Brautpaares und die acht Brautjungfern.

Jede Brautjungfer trug eine farbige Satinjacke, die die Braut ihnen gegeben hatte, und die Farbe des Kleides angab, die sie für die Zeremonie am Strand des San Carlos Plaza Hotels trugen. Die Kosmetikerinnen kreierten elegante und unterschiedliche Frisuren für jede Dame, auch für mich. Nachdem sie ihre Kleider angezogen hatten, sahen sie alle attraktiv aus. Eine Brautjungfer vergaß ihr formelles Kleid; jemand musste es von Guaymas holen. Es verzögerte den Beginn der Zeremonie um eine Stunde. Arbeiter errichteten am Strand eine Holzplattform mit weißen Stühlen für die Gäste hinter einem geschmückten Altar. Der Pastor bezog auch die Eltern der Braut und des Bräutigams in die Zeremonie ein, als er einen großen Rosenkranz über die Schultern der Braut und des Bräutigams legte, während er sie zu Ehemann und Ehefrau erklärte. Die Eltern und die Gäste gratulierten dem Brautpaar. Nach der Zeremonie bedienten sich die Familien und Gäste mit Appetitanregern, Wein und alkoholfreien Getränken von einem schön gedeckten Tisch am Strand. Am Abend folgte ein Empfang in einem Bankettsaal mit Mariachi-Musik, die die Familienmitglieder und Freunde bis spät in die Nacht unterhielt. Als Hochzeitsgeschenk stellte ich dem Brautpaar eine Woche in meiner Wohnung zur Verfügung. Bevor sie gingen, lud ich ihre Familien und Freunde zum Abendessen ein. Ich präsentierte das folgende Gedicht, das ich für sie schrieb:

„Liebe ist ein Lied

Liebe ist ein Lied, das nie enden muss.
Es hat die süßeste Melodie, die sie gewähren kann.

Die junge Liebe des Brautpaares ist nur
Ein Prolog einer stärkeren liebevollen Glückseligkeit.
Nachdem sie mehrere Jahre
Freud' und Leid geteilt haben,
wächst Ihre Liebe, wird tiefer; und später
Wird sie Gottes endlose göttliche Liebe widerspiegeln,
Und wird selbstlos, gebend und edel sein.

Ihre Herzen werden von Melodien überfließen
Hier und in die Ewigkeit hindurch.

Liebe ist ein Lied, das nie enden muss,
Es ist die süßeste Melodie, die sie gewähren kann."

Sowohl Valerie als auch Roberto mochten das Gedicht so sehr, dass Roberto eine Melodie dazu komponierte. Valeria sang das neue Lied mit so viel Gefühl bei unserem nächsten Treffen; Es hat mich tief bewegt. Alle genossen unsere musikalischen Veranstaltungen, also beschlossen wir, jedes Jahr eine in meinem Haus zu arrangieren. Valeria, Roberto und ihr Vater Louis haben meinen Freunden und mir so viel Freude bereitet; wir schätzen unsere Freundschaften.

Als ich im folgenden Frühjahr nach Lake Tahoe zurückkehrte, hatte ich das Vergnügen, meine neuen Nachbarn Dr. Tatjana, ihren Ehemann Keith und ihre beiden Töchter Erika und Evelina sowie einige ihrer Freunde und ihre Nachbarn Rayna und Dan Currier zu treffen. Wir haben uns auch mit meinen unmittelbaren Nachbarn und Freunden Kelly und Ron getroffen. Wir alle genossen die Gesellschaft des anderen und halfen uns gegenseitig, wann immer es nötig war. Wir feierten den vierten Juli mit Kelly und Ron und ihren Freunden. Die köstliche Atmosphäre, Kellys liebenswürdige Gastfreundschaft zu genießen und das Feuerwerk auf dem See von ihrem schönen Zuhause aus zu beobachten, ist immer ein Genuss. Beide sind nicht nur fürsorgliche Nachbarn, sondern auch herzensgute Freunde.

Im folgenden Jahr traf ich eine Ärztin, Dr. Connie Hahn, die mit dem medizinischen Team aus Bozeman, Montana, nach San Carlos, Mexiko, kam. Während eines Besuchs in Lake Tahoe stellte mich Dr. Hahn, der Kinderärztin Dr. Pattie Francis, vor, die in Lake Tahoe lebt.

Dr. Francis und Dr. Hahn gehören zu der christlichen Organisation namens Christian Woman Physicians for Christ (CWPC). Als sich fünfzehn Mitglieder im Haus von Dr. Francis trafen, um die Agenda für die nächsten fünf Jahre zu planen, schlossen sie mich auch in ihren Kreis ein. Ich bewunderte ihre Mission, bedürftigen Patienten im Ausland zu helfen, die nicht über die Mittel verfügen, um sich medizinische Behandlungen zu leisten.

Für den Vierten Juli 2019 lud ich Dr. Francis und ihre Familie ein. Ich hatte zu der Zeit auch zwei Hausgäste aus Idaho. Wir alle verbrachten einen unvergesslichen Abend unter anderem damit, das Feuerwerk über dem See vom Balkon meines Hauses aus zu beobachten. Hunderte von Booten mit ihren roten und grünen Lichtern umzingelten die Lastkähne, von denen das Feuerwerk abgeschossen wurde. Sie verleihen dem Wasser eine farbenfrohe Widerspiegelung und einen hervorragenden Effekt in der Luft. Beim Finale, als viele Feuerwerke gleichzeitig in die Höhe schossen, waren meine Gäste und ich begeistert.

Am nächsten Tag, als ich versuchte, einen Eierkarton in den Mülleimer zu werfen, fiel ich und verletzte meinen rechten Arm. Da ich dachte, es sei nur eine Muskelverletzung des Oberarms, nahm ich einige Schmerztabletten und hoffte, dass es bald heilen würde.

Im August kamen mich meine Freunde Sue und Ed aus San Diego besuchen. Dan und Rayna luden meine Freunde Sue, Ed und mich zu einer eintägigen Bootsfahrt ein. Wir bewunderten die Schönheit der Küste des Lake Tahoe mit all den prächtigen Villen. Dan ist ein ausgezeichneter Kapitän, der das Boot in engen Kurven gut manövriert, er erklärte auch die Geschichte der einzigartigen Orte von Lake Tahoe, wie ein professioneller Reiseleiter. Als Sue und Ed nach San Diego fuhren, ging ich mit ihnen. Wir hielten in Bakersfield an und besuchten meine Freundin Marcia Bogan, die vor kurzem eine Rückgratoperation hatte. und einen Ganzkörpergips trug. Sie und ihr Sohn Gene trafen uns im bekannten baskischen Restaurant Woolgrowers. Trotz ihrer Unfähigkeit schien Marcia gut gelaunt zu sein, und wir freuten uns, einander wiederzusehen. Sie nennt mich ihre Schwester in Christus. Wir haben uns vor vielen Jahren in San Carlos kennengelernt. Nach dem Tod ihres Mannes kehrten sie und ihr Sohn jedoch nach Bakersfield zurück, um ihrer Mutter nahe zu sein. Wir fuhren von Bakersfield direkt zum Laguna Beach, um meine Stieftochter Joanne und ihren Mann Dr. Trotter zu besuchen.

Ed hatte am nächsten Morgen eine Verpflichtung und kehrte nach San Diego zurück. Mary Ellen, die Schwester von Sue, kam zu uns, um den Festzug der Meister zu sehen. Das Thema des Jahres war „Die Zeitmaschine", die Kunst und Wissenschaft in der Ausstellung kombinierte. Darüber hinaus enthielt der Produzent des Festzugs eine Mondlandung, die mit einem lebenden Astronauten nachgebildet wurde; sehr eindrucksvoll. Die Aufführung endete mit Leonardo Da Vincis Bild „Das Letzte Abendmahl" mit der passenden Hintergrundmusik des Live-Orchesters. Es war der Höhepunkt der Show, die wir alle genossen.

Als ich aus San Diego zurückkam, hatten die Schmerzen in meiner rechten Schulter nachgelassen, aber ich bemerkte eine eingeschränkte Beweglichkeit meines rechten Arms. Ich beschloss, einen orthopädischen Chirurgen aufzusuchen. Die MRT der rechten Schulter zeigte einen vollständigen Riss der Sehnen des Humerus und arthritische Veränderungen. Der Orthopädische Chirurg schlug einen totalen Schulterersatz vor. Ich sagte dem Arzt, dass ich vorhabe, im nächsten Monat nach Mexiko zu fahren und ich über eine Operation nachdenken werde. Ich schickte den Bericht sofort per E-Mail an meinen Stiefschwiegersohn David, einen ausgezeichneten orthopädischen Chirurgen, und fragte ihn nach seiner Meinung. Er rief mich an und stellte mir nur eine Frage: „Hast du große Schmerzen?" Als ich ihn mit der Antwort überraschte und: „Nein", sagte, erklärte er: „Dem Befund entsprechend solltest du große Schmerzen haben. Da du keine hast, schlage ich keine Operation vor." Ich folgte seinem Rat und lernte, mit der begrenzten Funktion des rechten Arms zu leben. Ich dankte Gott, dass ich keine Schmerzen hatte und keinen Schulterersatz oder eine spezielle Operation benötigte. Einen Monat später fuhren mein Dienstmädchen Chava und ich froh nach Mexiko.

Kurz nachdem ich in San Carlos angekommen war, schockierte mich sowie die Familie und ihre Freunde der tragische Tod meiner lieben Freundin Carol Miller. Wir alle vermissen ihre freundliche, liebevolle und großzügige Freundschaft. Ihr Sohn James und seine Familie, die in Reno leben, wurden Freunde von mir, und sie besuchten mich auch in Lake Tahoe. Im selben Jahr verlor ich auch zwei andere liebe Freundinnen, Betty Barengo und Maria Esther Morales. Als wir nach San Carlos zogen, stellte Betty mir den Club Recuerdo vor, und wir arbeiteten viele Jahre zusammen und spendeten das Geld, das wir sammelten, an Wohltätigkeitsorganisationen und bedürftige Menschen. Auch Maria Esther verstarb nach langem Leiden an Krebs und Wirbelsäulenproblemen. Maria Esthers Tochter Monserat und die Söhne Tato und Ricardo, drei begabte und intelligente Kinder, haben mir viel Freude bereitet, indem sie gemeinsam für mich sangen oder wir zusammen kochten.

Leider habe ich auch meine neunzigjährige Schwester Meta Seidel verloren. Sie ging zu ihrem Herrn, dem sie ihr ganzes Leben lang treu diente. Bevor Mutter ihrem Erretter von Angesicht zu Angesicht begegnete, lehrte sie uns durch ihr Beispiel christliche Werte und, dass Leiden im Leben notwendig ist, um einen edlen christlichen Charakter zu entwickeln. Wir versuchten, nach ihren moralischen Werten zu leben und ihre Erwartungen zu erfüllen. Mein Vater, meine älteren Schwestern Emma und Marta, sowie meine Brüder Georg und Richard sind ebenfalls verstorben. Infolgedessen schrumpfte unsere Familie auf meine Brüder Edmund, Horst und mich.

Der libanesische Autor Khalil Gibran, der vor allem für „Der Prophet" bekannt ist, zitiert: „Trauer erweitert das Herz, damit es mehr Freude enthalten kann." Der Verlust des Lebens bringt Trauer, aber ein neugeborenes Baby bringt den Eltern, der Familie und den Freunden Freude. Meine Freunde Katie und Denver Janz begrüßten ihre Tochter Noel, und Valeria und Roberto ihren Sohn Robertito. Valeria brachte ihr Baby durch einen Kaiserschnitt zur Welt, und ihr Mann spielte während der gesamten Geburt Klavier im Operationssaal. Sie hoffen, dass ihr Sohn entweder Sänger oder Pianist wird. Als Valeria und ihre Familie im Januar 2020 zu einer Geburtstagsfeier von drei meiner Freundinnen und mir kamen, bewegte Robertito seine kleinen Füße rhythmisch, während die Mutter wunderschöne Arien und beliebte mexikanische Lieder sang. Die Geburtstage meiner Freundinnen, Judy Long und Maggie Snell, waren am 1. Januar, meiner am 2. Januar, und am 10. Dezember war Sahsha Sturts. Wir beschlossen, mit unseren gemeinsamen Freunden zu Hause zu feiern. Valerias Vater, Luis Quijada, spielte Gitarre und sang solo oder mit seiner Tochter. Wir alle genossen einen herrlichen, musikalischen Nachmittag.

Im Februar breitete sich COVID-19 aus und verursachte eine globale Pandemie. Sofort wurde soziale Distanzierung und das Tragen von Masken Pflicht. Die Weltmarktführer schränkten internationale Reisen ein und ordneten die Schließung vieler Unternehmen wie Hotels und Restaurants. Darstellende Künstler sagten Konzerte und öffentliche Veranstaltungen ab. Zum Nachteil der Sportfans konnten sie ihre Lieblingsspiele nicht persönlich sehen. Viele Familien konnten ihre Hochzeiten und andere Zusammenkünfte aufgrund der sich schnell ausbreitenden Infektionen nicht feiern. Universitäten, Schulen und Kirchen wurden geschlossen, wodurch eine völlig andere soziale Norm für die gesamte Welt geschaffen wurde. Die vorübergehend reduzierte Produktion von Papierwaren und anderer Artikel führte zu langen Schlangen in den Supermärkten. Das Schlimmste von allem war, dass viele, die an COVID-19 erkrankten, starben, und die Familien sich nicht einmal zu ihren Beerdigungen treffen konnten. Ich bemitleidete die Betroffenen sehr und betete für unglückliche Menschen, die geliebte Menschen, Arbeitsplätze und ihre Häuser verloren, weil die Regierung ihnen keine finanzielle Unterstützung gewährte, wie es die amerikanische Regierung tat.

Den ganzen Sommer über wüteten Brände rund um Lake Tahoe. Der dichte Rauch bedeckte die Berge und den See, sodass man nichts sehen konnte. Glücklicherweise konnte ich im Herbst wieder nach Mexiko zurückkehren. Meine Freunde Kathryn und Harvey Teitzel, die eine Eigentumswohnung in Seattle und San Carlos, Mexiko, besitzen, holten mich auf dem Weg nach San Carlos ab. Kathryn fuhr mein Auto und ihr Mann ihres. Wir genossen lebhafte Gespräche über ihre russische Missionsarbeit und meine früheren Erfahrungen während des Zweiten Weltkriegs. Wir haben Gott immer dafür gedankt, dass er uns siegreich durch die Stürme unserer Leben half und uns über alle Maßen segnete.

Als wir San Carlos erreichten, kam mein Dienstmädchen Rosalba (Chava) an ihrem freien Tag ins Haus, um mir beim Auspacken des Autos zu helfen. Sie empfing mich mit offenen Armen und setzte zu meiner Freude einen Strauß frischer Blumen auf den Tisch. Ich bin dankbar für ihre Güte, Aufmerksamkeit und Loyalität. Sie ermutigt mich immer zum Schreiben. An den Tagen, an denen ich ihr erzählte, dass ich ein paar Seiten geschrieben habe, klatscht sie in die Hände und ruft fröhlich aus: „Das ist gut." Sie arbeitet seit vierzehn Jahren für mich. Allerdings habe ich mein Versprechen, das ich Gott vor fünfundsechzig Jahren gegeben habe, immer gehalten und halte es immer noch, die Mitarbeiter mit Respekt zu behandeln und sie nicht herabzusetzen, sondern sie zu loben und ihnen zu helfen, wo es angebracht ist.

Soziale Entfernung ist in San Carlos geboten; es fühlte sich seltsam an, einige unserer Gottesdienste im Internet zu sehen, anstatt sich mit den Gemeindemitgliedern in der Kirche zu treffen. Wir vermeiden auch viele gesellschaftliche Zusammenkünfte. Ich bleibe jedoch mit all meinen Familienmitgliedern und Freunden in Kontakt, indem ich anrufe und E-Mails sende. Wir trösten und ermutigen uns gegenseitig, Gott zu vertrauen, und ich habe aus der Not dieser chaotischen Zeit gelernt, ein besserer und nicht verbitterter Mensch zu werden.

Kapitel 25

Rückblick mit Dankbarkeit

Während ich mein Buch schrieb, blickte ich zuerst mit Dankbarkeit gegenüber Gott auf mein Leben zurück. Jesus hat mich aus Gnade gerettet, als ich noch ein Kind war. Er führte meine Familie und mich siegreich durch beide Weltkriege. Gott half uns, Gefahren, Leiden, Hungersnöte, Kälte, Trauer, Enttäuschungen und Krankheiten zu überwinden, während wir seinem Walten vertrauten und seinen Willen befolgten. Ich staune darüber, wie er uns während des Krieges viele Male aus dem Rachen des Todes selbst riss und unser Leben rettete. Als uns die emotionale Dunkelheit umgab, brachte Gott Licht und Freude in unser Leben, oft auf wundersame Weise. Das Leben ist wie eine leere Leinwand. Das endgültige Kunstwerk hängt davon ab, ob wir einen göttlichen oder weltlichen Künstler engagieren. Gott wird all unsere Enttäuschungen und Leiden als Schatten und die Freuden und das Glück als Höhepunkte des Gemäldes verwenden. Ich vertraute mein Leben Gott an. Er fügte anmutige goldene Höhepunkte hinzu, um dem fertigen Meisterwerk Schönheit, sowie Ausstrahlung zu verleihen, und den Menschen Freude zu bereiten.

Im Gegensatz, wenn ich den Einfluss und das Böse der Welt hätte mein Gemälde schaffen lassen, würde es hässlich und deprimierend aussehen und den Betrachtern missfallen oder sogar verabscheuenswürdig erscheinen. Als Individuum hatte ich, unabhängig von den Lebensumständen, die Wahl, welches Lebenswerk ich erschaffen würde. Ich bin dankbar, dass meine Mutter meine Geschwister und mich mit christlichen Prinzipien aufzog. Die Lehrer instruierten nicht nur ihren zugewiesenen Lehrplan, sondern auch moralische Werte und Weisheit für das Leben. Ich schätze auch die vielen Freunde, die Gott mir begegnen ließ, um die Erfahrungen des Lebens zu teilen. Eine geteilte Freude vervielfacht sie; ein geteiltes Leid verringert es. Gott ließ mich die Vielfältigkeit des Lebens kosten. Ich habe gelernt, dass geschützte Leichtigkeit nicht die günstigste Lebensbedingung ist.

Im Gegenteil, Not und der Glaube an Gott schaffen einen starken und edlen Charakter. Ich bin Gott dankbar, dass er mich auf schwierige und unglaubliche Reisen durch viele stürmische Meere und Gefahren und auch über friedliche Berggipfel führte. Dennoch hat er mich immer sicher und triumphierend in seine liebevollen Arme genommen, mein Leben bereichert und über alle Maßen gesegnet. Gott erfüllte alle Verheißungen, die ich beanspruchte, und besonders die aus Römer 8:28: „Denen, die Gott lieben, werden alle Dinge zum Besten dienen."

Jetzt ist es mein Ziel, nach den Regeln Gottes zu leben und die goldene Regel für mich mit meiner Platinregel zu ersetzen: „Denke, spreche und handle, wie mein Heiland mich durch sein Beispiel gelehrt hat." Ich weiß, dass ich Mängel habe, aber ich vertraue auf Gottes Gnade, Führung und Hilfe, um einige zu überwinden. Ich möchte Gott alle Ehre geben und anderen Trost und Freude bringen.

Obwohl ich weiß, dass ich meine Heimat Ostpreußen und mein Zuhause im Zweiten Weltkrieg verlor, weiß ich auch, dass Gott ein ewiges Zuhause im Himmel für alle seine treuen Kinder und für mich vorbereitet hat. Was für eine unvorstellbare und grandiose Pracht wird es sein, Gott, unseren Himmlischen Vater, und seinen geliebten Sohn Jesus Christus von Angesicht zu Angesicht zu sehen und die herrlichen Stimmen der Engelchöre zu hören. Ich werde mich mit meinen Lieben, Freunden und Gläubigen aus allen Nationen der Welt treffen, die vor mir in den Himmel gegangen sind. Gottes Liebe wird alle Wunden heilen und mir ewige Freude schenken. Ich werde meinen Vater im Himmel und meinen Heiland Jesus Christus anbeten, loben und preisen ewiglich.

Endnoten

Kapitel 1

Ostpreussen.de Geschichte, Landsmannschaft Ostpreußen, e.v.
Hamburg, Germany
https://ostpreussen.de/Ospreussen/geschichte.htm

Das Königreich Preußen – Wikipedia
https://enWikipedia.org

Kapitel 2

Zusammenfassung der Geschichte des Ersten Weltkriegs
https://Britannica.com/event/world/war

Kaiser Wilhelm II, Ansprache zum Ausbruch des 1 Weltkrieges
(Balkonreden 31. Juli und 1. August 1914) Wilhelm II,

Review of The Lusitania by Colin Simpson, published by Reason (1976)
(61- 63) Book Review by Roger Hummel
jeff@jrhummel.com

Tag des Waffenstillstands: Ende des Ersten Weltkriegs – Geschichte
https://www.history.com >this-day-in-history> Welt-...

Kapitel 3

Der Versailler Vertrag, Herausgeber A&E TV Network, ursprünglich veröffentlicht
29. Okt. 2009; aktualisiert am 3. März 2020
https://www.history.com < Themen> world-war-I > Vertrag

Kapitel 4

Die Weimarer Republik – Geschichte, erschienen am 4. Dezember. 2017 von A & E TV Network; aktualisiert am 4. März 2021
Kapitel 4, Seite 30-31
https://www.history.com/topics/Germany/Weimar-Republic

Kapitel 6

Drittes Reich| Facts & History | Britannica
http://www.britannica.com > ... > Historical Places

Kapitel 6

(Fakten und Zusammenfassung zum Zweiten Weltkrieg) Geschichte, Daten, Kombattanten,
2 Minuten summary, 27. September 2021 – Zweiter Weltkrieg > Ereignisse > World – Krieg – II
http://www.britannica.com>events>World-War-II.

Kapitel 10

Marshallplan – Geschichte; history.com Herausgeber, ursprünglich veröffentlicht am 16. Dezember 2009, aktualisiert am 5. Juni 2020
https://www.history.com/topics/world-war-ii/marshall-plan-1 ...

THE NATIONS: Operation Bird Dog – TIME
Article/0,9171,779865,000.html 28.06.1948
http://content.time.com > Magazin > Artikel

Die Berlin-Blockade – Der kalte Krieg
Autor: Brian Dorn (BA, MA, Dip, Tch) & Jennifer Llewellyn, BA, MA, Di Ed
John Rae (MA, MEd) Steve Thompson (BA, M Lit. Dip. Ed.)
Australians
http://alphahistory.com/cold war/berlin-blockade

https://www.history.com > this-day-in-history > federal ...

Gründung der Bundesrepublik Deutschland|Britannica-Artikel ursprünglich veröffentlicht am 13 November, 2009 aktualisiert am 20. Mai, 2010
https://www.history.com>this-dayin-history>federal ...

Content and analysis, Atlantic Charter from Wikipedia the free Encyclopedia.
Atlantic-Charter – Wikipedia
http://en.wikipedia.org/wiki/Atlantic-charter

Die Wahrheit über den Zweiten Weltkrieg – Europa
The Truth about the Second World War, by John Torell, page 1, 2.
http://www.eaec-de.org/Wahrheit_ueber_den_2.Weltkrieg

Renegade Tribune Artikel veröffentlicht am 24. März 2018, von John Wear

Haben die Alliierten die Deutschen in Verbrechen und Gräueltaten übertroffen?
www.renegadetribune.com/allies-outdo-germans-crime-atrocities

Das dunkle Geheimnis des deutschen Vernichtungslagers im Zweiten Weltkrieg
Artikel veröffentlicht am 13. Januar 2017 von Richard Stockton, überprüft und
aktualisiert von John Kuroski 20. Juli 2017.
https://allthatinteresting.com >Rheinwiesenlager
The Dark Secret of WWII German Death Camp
Article published Jan 13, 2017, by Richard Stockton, checked and updated by John Kuroski July 20, 2017.
https://allthatinteresting.com >Rheinwiesenlager

Kapitel 11

Martin Luther/Biographie/Reformation/Leistungen
Deutscher Geistlicher von Hans Hildebrand
http://www.britannica.com > Biografie > Martin-Luther

Kapitel 14

Zweiter Weltkrieg, Frankreich, Adolf Hitler, Sophie Scholl
Artikel veröffentlicht 08.05.2020 von Andreas Noll
Nach dem Zweiten Weltkrieg wurden deutsche Kriegsgefangene angeworben, um Frankreich wieder aufzubauen.
https://www.dw.com > ein 533374941

Article published 08.05.2020 by Andreas Noll
After World War II, German POWs were enlisted to rebuild France
https://www.dw.com > a 533374941

Mein Heimatland Zeitschrift für Geschichte, Volks- und Heimatkunde
Mai 1945, Kriegsgefangene im amerikanischen Lager (POWs in the American camp) In den Hersfelder Haunewiesen bei Prof. Ernst-Hermann Rübsam, Bad Hersfeld, Germany

Nichts ist vergessen. Nothing is forgotten
Gespräche von deutschen und russischen Kriegsgefangenen
Reden deutscher und russischer Kriegsgefangener
http://nanopdf.com >anzeigen -634 – hb_19 -Nano – PFG

Addendum,
Tabelle über die Judenverfolgung bei Michael Palamino, published in 2003, updated August, 2015
Zusammenfassung über die Judenverfolgung 1933 – 1945
http://www.hist.com/judentum-aktenlage/hd/6-mio-partition-GB.htm

Gelesene Bücher

1. Das Argument für Ostern by Lee Strobel (Zondervan)
   Images of Science and God in bing.com images Article by Lee Strobel published 26/11/2012

2. Mein Kampf
   By Adolf Hitler, published July 18, 1925, in Germany

3. Freund so du etwas bist
   Von Heinrich Tieck im Walther Schauermann Verlag in Wien, Österreich, 22. Auflage gedruckt 1960 bei R. Kiesel in Salzburg, Österreich

4. Der Kampf um Ostpreußen
   Autor Dieckert, Kurt und Grossman Horst (Hardcover)

Verlag Lindenbaum Verlag, GmbH 2010
ISBN 97839 381 76160

5. Bäche in der Wüste
   Von Mrs. Chas. E. Cowman, Einundzwanzigste Ausgabe
   Veröffentlicht von Oriental Missionary Society, Los Angeles, Calif.
   1941, neunzehnhunderteinundvierzig (1941)

6. Robins Reader Nr. 1, 1972 für Ärzte und Patienten
   Wie man glücklich ist, obwohl man verheiratet ist
   Von Reverend J.H. Randolph Ray, von Little Church um die
   Ecke aus New York.

7. Robins Reader Frühjahr 1986 für Ärzte und Patienten
   Ein Arzt schaut auf das Gebet, Dr. Alexis Carrel der Nobel-
   preis von 1912 Gewinner in Medizin.

8. Das goldene Gänsemärchen
   Von Jacob Grimm und Wilhelm Grimm
   Ursprünglich 1812 veröffentlicht. Arne –Thompson Grup-
   pierung
   ATU571 (Episode vom Typ 513 B0

9. Hypochonder oder Imaginary Invalid – Komödie in drei Ak-
   ten Von Jean-Baptiste Moliere Premiere 10. Februar 1673 im
   Theatre du Palais-Royal in Paris
   Ursprünglich choreographiert von Pierre Beauchamp

10. Oper Otello
    Komponiert von Giuseppe Verdi, nach Shakespeares Schau-
    spiel Othello
    Uraufführung am Teatro alla Scala Milano am 5. Februar 1887

Liedtexte

1. Kapitel 9
   Befiehl du deine Wege und was dein Herze kränkt,
   Autor Paul Gerhardt 1867
   http://hymnary.org/text/commit_whatever_grieves_the

2. Kapitel 10,
   Der Erlkönig, Gedicht von Johann Wolfgang von Goethe,
   Geschrieben 1782 und veröffentlicht im selben Jahr.
   https://www.britannica.com > Literatur > Poesie

3. Kapitel 12
   Lied: Hohe Nacht der klaren Sterne
   Komponiert von Hans Baumann (1914 – 1988) Veröffentlicht 1936
   https://de Wikipedia.org > Wiki > Hoh...

Siehe auch

Kaiser aller Lügen (Teil 1)
veröffentlicht Okt. 8, 2014
waykiwayki.com

Alliierte Kriegsverbrechen 1941-1950

http://www.thetruthseeker.co.uk/article.asp?ID=135>(web13)

https:www.nationsonling.org >one world>Federal – Repu...
Gründung der Ersten Bundesrepublik Deutschland

Https://www.deutschland.de/en/topic/politics/germany-euro-
pe/two-plus-four-treaty
Bedingungen des Zwei-mal-Vier-Vertrags

HERZ FÜR AUTOREN A HEART FOR AUTHORS À L'ÉCOUTE DES AUTEURS MIA KAPΔIA ΓIA ΣYΓΓ
FÖR FÖRFATTARE UN CORAZÓN POR LOS AUTORES YAZARLARIMIZA GÖNÜL VERELIM S
PER AUTORI ET HJERTE FOR FORFATTERE EEN HART VOOR SCHRIJVERS TEMOS OS AUT
SÖINKÈRT SERCE DLA AUTORÓW EIN HERZ FÜR AUTOREN A HEART FOR AUTHORS À L'ÉCO
ΑÇÃO BCEЙ ДУШОЙ K ABTOPAM ETT HJÄRTA FÖR FÖRFATTARE Á LA ESCUCHA DE LOS AUT
MIA KAPΔIA ΓIA ΣYΓΓPAΦEIΣ UN CUORE PER AUTORI ET HJERTE FOR FORFATTERE EEN

Die Autorin

Hildegard Bonacker Bruni wurde 1937 im damaligen Ostpreußen geboren. Sieben Jahre später musste ihre Familie mit Pferd und Wagen vor der russischen Armee fliehen. Nach acht Monaten fanden sie eine Heimat am Sophienhof, wo Hildegard ihre Schulbildung in der Volksschule in Pratjau und später in der Mittelschule in Schoenberg fortsetzte. Nach einem erneuten Umzug nach Essingen schloss sie die Mittlere Reife am Neusprachlichen Gymnasium in Landau ab. Als Praktische Kaufmännische Arzthelferin arbeitete sie ein Jahr in Gelnhausen. 1956 wanderte sie nach Amerika aus. In Chicago lernte sie Dr. Aldo Bruni kennen, den sie heiratete. 18 Jahre leitete sie die Praxis in Barrington, bevor sie sich am Lake Tahoe zur Ruhe setzten. Seit 2009 ist sie verwitwet. Ihr Gedichtbuch „A Song In The Night" wurde 2002 veröffentlicht und 2022 „Gone With The World Wars". Neben Geschichte begeistert sie sich für Kunst, Klassische Musik, Wissenschaft, und Philosophie.